Deutsche und Polen

Serie Piper
Band 1538

Zu diesem Buch

Die schwierigste innereuropäische Grenze, die zwischen Deutschen und Polen, kann Tor eines offenen und vielfältigen Europas werden – oder auch eine Trennmauer zwischen sich fremd gewordenen Welten. In rund einhundert kurzen Essays zeigen deutsche und polnische Wissenschaftler und Publizisten, Künstler und Schriftsteller zentrale Begriffe, Fragestellungen und Erfahrungen von Deutschen und Polen auf und setzen sie zueinander in Beziehung.

Dr. *Ewa Kobylińska*, geboren 1954, wissenschaftliche Mitarbeiterin am Deutschen Polen-Institut Darmstadt.

Dr. *Andreas Lawaty*, geboren 1953, wissenschaftlicher Mitarbeiter am Deutschen Polen-Institut Darmstadt.

Dr. *Rüdiger Stephan*, geboren 1938, Leiter des Referats Völkerverständigung bei der Robert Bosch Stiftung Stuttgart.

DEUTSCHE UND POLEN

100 Schlüsselbegriffe

Herausgegeben von
Ewa Kobylińska, Andreas Lawaty und
Rüdiger Stephan

Piper
München Zürich

Folgende Texte wurden von Friedrich Griese aus dem Polnischen übersetzt:

Baran, »Moderner« und »prämoderner« Geist; *Błoński*, Sarmatismus – Zur polnischen Adelskultur; *Bieniasz*, Schlesien – Die dritte Option; *Dmitrów*, Flucht – Vertreibung – Zwangsaussiedlung; *Garewicz*, Messianismus; *Hajnicz*, Deutschland 1989–1990: Die andere Seite verstehen; *Holzer*, Jalta; *Holzer*, Teilung und Einheit Deutschlands; *Huelle*, Danzig/Gdańsk; *Janion*, Der »polnische« und der »deutsche« Teufel: Über die Figuren des Bösen; *Karpiński*, Literatur im Exil; *Kobylińska*: Intellektuelle; *Kołakowski*, Kleine reaktionäre Betrachtung über die deutsch-polnisch-englische Philosophensprache; *Król*, Polnische Romantik und Moderne; *Kuderowicz*, Die polnischen Hegelianer; *Lamentowicz*, Recht und Rechtskultur; *Lem*, Deutschland und Polen: Die pessimistische Betrachtung eines Futurologen; *Łysakowski*, Bismarck; *Markiewicz*, Modernisierung und industrielle Revolution; *Prawda*, Polnische Neurosen und die Deutschen; *Salmonowicz*, Friedrich II. der Große; *Siciński*, Lebensstil: Aufgabe oder Frage?; *Śpiewak*, Antisemitismus in Polen; *Staszewski*, Sachsen; *Szacki*, Soziale Schichtung; *Szarota*, Die Armee; *Szarota*, Der »deutsche Michel«; *Tomaszewski*, Deutsche in Polen; *Vincenz*, Deutsch-polnische Sprachkontakte.

ISBN 3-492-11538-1
Originalausgabe
August 1992
3. Auflage, 9.–12. Tausend Juni 1993

Umschlag: Federico Luci
Gesamtherstellung: Clausen & Bosse, Leck
Printed in Germany

Inhalt

II. KULTUR UND GEDÄCHTNIS

III. GESELLSCHAFT UND LEBENSWELT

IV. POLITIK UND ANTIPOLITIK

V. DER KRIEG UND DIE FOLGEN

VORWORT

Als 1989 der Band »Esprit/Geist. 100 Schlüsselbegriffe für Deutsche und Franzosen« erschien, lag der Gedanke nahe, Vergleichbares auch für Deutsche und Polen zu erarbeiten. Bei der konkreten Arbeit an diesem Vorhaben wurde jedoch erneut deutlich, wie sehr die Vergangenheit sowie die bis heute bestehenden gesellschaftlichen und ökonomischen »Ungleichzeitigkeiten« auf den deutsch-polnischen Beziehungen lasten und wie anders geartet sie dadurch gegenüber den deutsch-französischen sind.

Die ideologische und machtpolitische Teilung Europas ist weggefallen. Viele Probleme bleiben jedoch ungelöst und können zu neuen Reibungen führen: gerade in den sensiblen Fragen der Mentalität, nationaler Identität oder historischer Erinnerung. Die jüngere Geschichte hat einen tiefen Graben von Schuld, Anklage, Rechtfertigungsversuchen und Vorurteilen hinterlassen. Und dennoch besteht gerade heute die Chance, einen deutsch-polnischen Dialog frei von Tabus, ohne politische oder ideologische Rücksichten zu führen. Dazu soll das vorliegende Buch ermuntern.

Das Ende des Kalten Krieges und der völkerrechtlich gültige Verzicht auf territoriale Ansprüche müßte Deutsche und Polen von Beweis- und Legitimationszwängen befreien. Daß der Prozeß der Verständigung länger andauern und von neuen Erwartungen und Ängsten beeinflußt werden kann – damit werden wir leben müssen. Ein offenes Gespräch verlangt jedoch, daß Unterschiede nicht »überwunden« oder weggeredet werden. Es gibt »polnische« und »deutsche« Entwicklungen, die sich tief in die jeweilige Mentalität eingegraben haben. Vielmehr gilt es, die Differenzen von Übertreibungen und Verzerrungen zu befreien, sie für das Miteinander in Europa fruchtbar zu machen. Und die Konflikte auszuhalten, wenn es anders nicht geht. In den Essays dieses Bandes werden zentrale Begriffe, Fragen und Erfahrungen von Deutschen und Polen thematisiert, die polnischen und deutschen Sichtweisen dargestellt und zueinander in Beziehung gesetzt. Dies soll dem Leser erleichtern, von seinen eigenen Traditionen ausgehend, die Argumentationszusammenhänge des anderen zu verstehen und ihm verständnisvoll zu begegnen.

Die Autoren – und ihnen gilt unser besonderer Dank – haben den Versuch unternommen, die gegenseitige Entfremdung abzubauen und die oft verschütteten Gemeinsamkeiten sichtbar zu machen. Dabei wollten wir vermeiden, daß Symmetrien und Harmonien dort entstehen, wo es sie nicht gibt, oder daß die Beiträge ausgewogen wirken, wenn sich hinter ihnen in Wirklichkeit Schmerz, Betroffenheit und Vorurteile verbergen. Wichtiger war es uns, daß der Leser Einsicht in die historischen Hintergründe der Stereotypen und Projektionen gewinnt, um sich so ein eigenes Urteil bilden zu können. Wohl eher als ein einfühlsamer Teilnehmer denn als Beobachter.

Die kommunikative Absicht des Buches soll auch in der geplanten polnischen Ausgabe einen praktischen Ausdruck finden. Die deutsche Ausgabe wurde am Deutschen Polen-Institut editorisch betreut und aus Mitteln der Robert Bosch Stiftung gefördert. Unser Dank gilt darüber hinaus der Gesellschaft für Deutsche und Polnische Kultur – Freundeskreis Frankfurt/Kraków für eine zusätzliche finanzielle Unterstützung, Jutta Wierczimok für die Mitwirkung an der Redaktion sowie Inge Hermann für organisatorische Hilfe.

Die Herausgeber, im April 1992

I. GESCHICHTE UND GESCHICHTSBEWUSSTSEIN

Rudolf Jaworski
Leben mit Geschichte

Es fällt schwer, sich einen zweiten Gegenstand vorzustellen, der so geeignet wäre, die Besonderheiten in der politischen Kultur von Deutschen und Polen seit dem Zweiten Weltkrieg anschaulich zu demonstrieren, wie gerade ihre unterschiedliche Einstellung zur Geschichte. Will man den öffentlich kommunizierten Umgang mit der Geschichte in Deutschland und Polen vergleichen, dann ist von der Zäsur am Ende des Zweiten Weltkriegs auszugehen. Da der Kontinuitätsbruch damals in Deutschland ungleich gravierender ausgefallen ist als in Polen, soll mit der deutschen Problematik begonnen werden.

Der militärische und ökonomische Zusammenbruch, die territoriale Abtrennung der Ostgebiete, das nunmehr offenkundige Zutagetreten der nationalsozialistischen Gewalttaten in ganz Europa sowie die noch frische Erinnerung an die historischen Zerrbilder der NS-Propaganda entzogen dem bis dahin gültigen historischen Selbstverständnis der Deutschen nahezu alle Voraussetzungen. Die Aufteilung des verbliebenen Staatsterritoriums in zwei Staaten mit unterschiedlichen Gesellschaftssystemen und deren exponierte Position im Kalten Krieg machten die Rekonstruktion eines gesamtdeutschen Geschichtsverständnisses für lange Zeit vollends undenkbar. Statt dessen ging die Partei- und Staatsführung der DDR in einer ersten Abrechnungsphase daran, alle problematischen Seiten der deutschen Geschichte aus der offiziellen Geschichtsideologie auszuklammern bzw. als historisches Erbe der Bundesrepublik anzulasten. Im Gegenzug wurden die »fortschrittlichen« Traditionen von den Bauernkriegen bis hin zum kommunistischen Widerstand gegen das NS-Regime exklusiv in Beschlag genommen und gradlinig auf den historischen Kulminationspunkt des »ersten deutschen Arbeiter- und Bauernstaates« hin interpretiert. Auf diese Weise konnte sehr rasch ein zwar einseitiges, aber kompaktes und positives Geschichtsbild aufgebaut werden. In welchem Maße es von der Bevölkerung tatsächlich angenommen wurde, läßt sich schwer ermitteln. Jedenfalls dürfte diese Art von Geschichtspropaganda einer kritischen historischen Standortbestimmung nicht gerade förderlich gewesen sein, nicht zuletzt wegen der in ihr implizit enthaltenen Entlastungsangebote mit Blick auf die jüngste deutsche Vergangenheit.

In der demokratisch verfaßten und zudem als Provisorium angelegten Bundesrepublik tat man sich ungleich schwerer, einen von allen politischen Kräften gleichermaßen akzeptierten historischen Referenzrahmen abzustecken. Die Reichsidee war nach zwei verlorenen Weltkriegen in allen ihren historischen Erscheinungsformen diskreditiert. Paulskirche, Weimarer Republik und 20. Juli wurden zwar in großen politischen Reden immer wieder als historische Bezugspunkte des jungen westdeutschen Staates gewählt, sie boten indes nur begrenzte Identifikationsmöglichkeiten und erreichten keine sonderliche Popularität.

Unter diesen schwierigen Bedingungen stellte sich ein Gedächtnisschwund ein, der mit Schlagwörtern wie »Verlust an Geschichte«, »unbewältigte Vergangenheit« u.ä.m. belegt wurde. Die zahlreichen Aporien der jüngeren deutschen Geschichte veranlaßten die Mehrheit der Bundesrepublikaner zu einem kollektiven Verdrängungsakt, der zwar in erster Linie auf die NS-Zeit gerichtet war, letztlich aber ihre Einstellung zur Geschichte insgesamt beeinflußt hat. Anstatt sich geistig und moralisch mit der unbequemen Vergangenheit auseinanderzusetzen, steckte man alle Aufmerksamkeit und Energie in den Aufbau einer Wohlstandsgesellschaft und in die politische Integration in den Westen. Aus den daraus resultierenden Erfolgen versuchte man dann ein neues Selbstbewußtsein zu gewinnen.

Die Protestbewegungen der Jugend in den ausgehenden sechziger Jahren machten indes deutlich, daß eine dauerhafte Ausblendung der Geschichte aus dem öffentlichen Bewußtsein nicht durchzuhalten war und daß sich ein erheblicher historischer Klärungsbedarf angestaut hatte. Von konservativen Kräften wurde mit ganz anderer Zielrichtung die aus der Not geborene Chance, der eigenen Nationalgeschichte nach 1945 künftig nur noch mit größter Behutsamkeit entgegenzutreten, als ein Nachteil empfunden und der Rückkehr zu einem robusteren Geschichtsbewußtsein der Deutschen das Wort geredet. Zusammen mit dem Auftauchen ökonomischer Wachstumsgrenzen und einer globalen Ost-West-Entspannung ergab sich eine Konstellation, in welcher der Blick auf die historischen Wurzeln der eigenen Existenz wieder zu einem öffentlichen Anliegen und Orientierungsfaktor werden konnte.

Große historische Ausstellungen, feierlich begangene Jubiläen und Pläne für zwei Häuser der deutschen Geschichte in Bonn und Berlin fanden eine beachtliche Resonanz. Da in der DDR die rigorose Ausgrenzung bestimmter Personen und Ereignisse der deutschen Geschichte inzwischen aufgegeben worden war, kam es zu einer Reihe von Gedenkjahren, die zwar noch in rivalisierender Weise, aber doch schon in beiden deutschen Staaten gleichzeitig begangen wurden wie das Luther-Jahr, das Friedrich-II.-Jahr oder die 750-Jahr-Feiern Berlins.

Für die Bundesrepublik bestehen jedenfalls berechtigte Zweifel, ob diese neuerlichen Inszenierungen historischen Erinnerns tatsächlich als Manifestationen eines neugefundenen Geschichtsbewußtseins zu bewerten sind. Das Schwanken zwischen saturierter Selbstgefälligkeit und hyperkritischen Selbstzweifeln spricht eher dafür, daß das gestörte Verhältnis zur eigenen Geschichte noch längst nicht behoben ist. Der öffentlich ausgetragene Historikerstreit hat diese anhaltende Unsicherheit gleichsam auf Expertenebene noch einmal in aller Deutlichkeit sichtbar werden lassen. Etwas anders wird man die zahlreichen Initiativen regional- und lokalgeschichtlicher Spurensuche zu bewerten haben, wie sie von Schulen, Geschichtswerkstätten und Heimatmuseen in den letzten Jahren unternommen worden sind, um in teils kritischer, teils nostalgischer Absicht »Geschichte zum Anfassen« aufzubereiten und somit unmittelbar erfahrbar zu machen.

Mehr oder weniger sind aber alle diese Erscheinungsformen, Ebenen und Phasen des Umgangs der Deutschen mit ihrer Geschichte von der grundlegenden Prämisse geprägt, die Geschichte als von der Gegenwart abgesetzte Vor-Geschichte aufzufassen und sie je nach Bedarf als solche zu pflegen, zu zelebrieren, tagespolitisch zu verwerten, sie gegebenenfalls auch teilweise oder ganz zu ignorieren. Entscheidend ist dabei immer eine Gegenwartsperspektive, von der ausgehend retrospektiv eine historische Verankerung gesucht bzw. negiert wird.

Eine vergleichbare Beliebigkeit bei der Hinwendung zur Geschichte ist in Polen kaum vorstellbar. Der dramatische Verlauf der polnischen Geschichte während der letzten drei Jahrhunderte mit ihren tiefgreifenden und nachhaltigen Auswirkungen auf alle Bevölkerungsgruppen, dazu die identitätserhaltende Bedeutung eines historischen Langzeitgedächtnisses in Zeiten der Staatenlosigkeit und Fremdherrschaft setzen ganz andere Maßstäbe der öffentlichen Aufmerksamkeit.

Dabei waren die geographischen, gesellschaftlichen und politischen Veränderungen, die Polen nach dem Zweiten Weltkrieg zu bewältigen hatte, in mancher Hinsicht mit der »Stunde Null« der Deutschen vergleichbar. Dennoch gab es keinen Bruch im historischen Selbstverständnis der Polen. Die Aufeinanderfolge von Krieg, Okkupation, Widerstand und Befreiung sowie die erneute Fremdbestimmung durch die kommunistische Herrschaft und die Abhängigkeit von der Sowjetunion haben im Gegenteil die überlieferten historischen Selbstdeutungen nur noch bestätigt und verfestigt.

Die entsagungsvolle Rekonstruktion des Warschauer alten Marktes machte deutlich, wie sehr der Wiederaufbau des Landes von Anfang an mit dem Bedürfnis nach historischer Kontinuität verknüpft war. Sicher kam es unter den neuen politischen und geographischen Bedingungen zu bestimmten Akzentverschiebungen, wie z. B. die Überbetonung der »piastischen Idee« in den »wiedergewonnenen Gebieten«. Auch hat es in der Volksrepublik Polen anfänglich Versuche gegeben, die »reaktionären« Bestandteile der polnischen Geschichte zu verschweigen oder anzufeinden. Doch die polnische Staats- und Parteiführung sah sich im Laufe der Jahre zusehends veranlaßt, der traditionellen nationalpolnischen Geschichtsauffassung sukzessive nachzugeben und sie schließlich selbst zu beanspruchen, wollte sie diese wichtige, weil in vieler Hinsicht einzig mögliche geistige Verbindungsschiene zur Bevölkerungsmehrheit nicht verlieren.

Unter diesen Voraussetzungen mischte sich in Polen der von einer patriotischen Grundeinstellung getragene Vergangenheitskult breitester Bevölkerungsschichten mit den volksaufklärerischen Ambitionen einer geschichtsbewußten, zum Teil oppositionellen Intelligenz und dem historischen Repräsentationsbedürfnis von Kirche und Staat zu einer komplexen Präsentation der Geschichte, die zu einem markanten Kennzeichen für die politische Kultur dieses Landes geworden ist. Die zahlreichen, kommentarlos verwendeten und doch allseits verstandenen historischen Metaphern im öffentlichen Diskurs Polens legen davon ebenso Zeugnis ab wie die Auslagen der Bücherläden und Zeitungskioske, die historische Symbolik in Kirchen und auf öffentlichen Plätzen oder die Themen von Theater-, Kino- und Fernsehprogrammen.

Hinter der beeindruckenden Vielgestaltigkeit solcher historischer Bezugnahmen wird freilich ein weitgehend identischer Geschichtskanon sichtbar, der offensichtlich trotz unterschiedlicher Motivationen und Beweisabsichten mittlerweile von allen gesellschaftlichen und politischen Kräften des Landes als vorgegebener Rahmen anerkannt ist und der im wesentlichen die national relevanten Grundlinien und Höhepunkte der polnischen Geschichte umfaßt. Dazu gehört die Erinnerung an die tausendjährige polnische Staatstradition, an die europäische Großmachtstellung des Jagiellonischen Doppelreiches, an die Entsetzung Wiens durch den polnischen König Sobieski im Jahre 1683, dazu zählen die Freiheiten des Adels und der Toleranzgedanke im alten Polen, die Maiverfassung von 1791, die polnischen Aufstände des 19. Jahrhunderts usw. In Polen werden also in der Regel gesamtnationale Tatbestände vergegenwärtigt, und diese werden nicht wie in Deutschland durch partikulare historische Identifikationsangebote auf Landes-, Regional- und Stadtebene ernsthaft relativiert.

Selbstverständlich hat der ständige und globale Rückblick auf die Geschichte in Polen auch seine problematischen Seiten und kann nicht darüber hinwegtäuschen, daß auch das Verhältnis der Polen zu ihrer Geschichte nicht ungestört ist. So ist das Pantheon der polnischen Nationalgeschichte reichlich bestückt mit unhaltbaren Verzerrungen, Tabus, Mythen, Manipulationen und Instrumentalisierungen historischer Fakten. Kritische Geister haben in Polen schon wiederholt sowohl vor einem Schwelgen in den Großtaten der Vorväter gewarnt wie vor einer selbstgerechten Opferperspektive. Von einem »kollektiven Betäubungsmittel«, ja sogar von einer pathologischen Fixierung der Polen auf ihre Vergangenheit ist die Rede gewesen. Doch auch diese gnadenlosen Scherbengerichte gehören zum intensiven Umgang mit der Geschichte in Polen und bestätigen ex negativo deren überragende Bedeutung in der Öffentlichkeit.

Wenn Polemiken gegen die »Geschichtsdroge« in Polen bislang ohne nennenswerten Erfolg geblieben sind, dann liegt das gewiß nicht an ihrer mangelnden Berechtigung, sondern am Beharrungsvermögen, an tiefliegenden mentalen Prägungen, die sich nicht so einfach wegkritisieren lassen. Das ständige historische Bewerten und Vergleichen ist ja in Polen nicht Ausdruck einer willkürlichen Geschichtsseligkeit. Geschichte ist hier, ganz anders als in Deutschland, keine Appellationsinstanz, an die man sich wenden kann oder auch nicht, sondern wird verstanden als ein objektiv vorgegebener ideeller Bezugsrahmen, dem man sich nicht ernsthaft entziehen zu können glaubt. So gesehen gibt es in Polen keine »Gnade der späten Geburt«, sondern das Gefühl einer allseits spürbaren »Pression der Geschichte«, die durchaus auch als ein Ballast und als beengendes Korsett empfunden wird. Man könnte in diesem Zusammenhang davon sprechen, daß die Geschichte mehr mit den Polen umgeht als umgekehrt.

Dabei spielt es eine eher untergeordnete Rolle, in welchem Ausmaß diese Zwänge bloß eingebildeter Natur sind und einer kollektiven Selbststilisierung entspringen. Wichtiger ist die Tatsache, daß beim Vorherrschen solcher Auffassungen Geschichte niemals nur Gegenstand beschaulicher Rückbesinnung oder sinnstiftender Befragung sein kann. In Polen stellt sich Geschichte als ein Medium kollektiver Selbstverständigung dar und als ein Filter, durch den auch die Gegenwart wahrgenommen und beurteilt wird. Stehen in Deutschland historische Standortbestimmung und Identitätsfindung im Vordergrund des öffentlichen Interesses an der Geschichte, so geht es in Polen um die Mobilisierung historischer Erfahrungen zur Deutung und Bewältigung von Gegenwartsproblemen. Diese mit Sicherheit überzogene Erwartungshaltung an die Geschichte ist nicht zuletzt darauf zurückzuführen, daß die Lebensverhältnisse im Nachkriegspolen bislang stets so beschaffen waren, daß die Zuflucht in die Geschichte zugleich ein unverzichtbarer ideeller Kraftquell und ein Substitut für verstellte Entfaltungsmöglichkeiten in der Gegenwart war.

Nun darf man bei einer Erörterung der Bedeutung von Geschichte in Deutschland und in Polen nicht außer acht lassen, daß es sich hierbei niemals um einen bloßen Vergleich handeln kann, sondern daß auch beziehungsgeschichtliche Aspekte mitzuberücksichtigen sind. Die jahrhundertealte Nachbarschaft von Deutschen und Polen hatte dazu geführt, daß die Geschichte der einen Nation zumindest für bestimmte Regionen und Zeitabschnitte zugleich zu einem Bestandteil der Geschichte der anderen geworden war. Da diese Verschränkung aber nicht symmetrisch verlief und die Polen insgesamt von der deutschen Geschichte mehr betroffen waren als umgekehrt, hat dieser Tatbestand auch einen unterschiedlichen Niederschlag im historischen Selbstverständnis beider Nationen gefunden.

In Anbetracht des ohnehin wacheren Geschichtsbewußtseins in Polen ist es dergestalt zu erheblichen Disproportionen in der wechselseitigen Wahrnehmungsbereitschaft solcher historischer Zusammenhänge gekommen. So wurde beispielsweise die nationalsozialistische Ära in Polen – und zwar nicht nur in ihren unmittelbaren Auswirkungen auf die polnische Nationalgeschichte – viel früher und auf viel breiterer Basis zu einem öffentlichen Thema gemacht als in der Bundesrepublik. Demgegenüber ist die nationalsozialistische Herrschaft in Polen in Westdeutschland lange Zeit ein eher akademisches Thema geblieben. Die in der ehemaligen DDR betriebene Vergangenheitsbewältigung dem sozialistischen Bruderstaat Polen gegenüber hatte zu dieser Abstinenz keinen überzeugenden Ausgleich schaffen können, weil sie von oben verordnet und außerdem mit der entlastenden historischen Schuldzuweisung an den anderen deutschen Staat verbunden war. So hat es in beiden deutschen Staaten lange Zeit – wenn auch auf sehr unterschiedliche Weise – Neigungen gegeben, sich um den deutschen Anteil an der jüngsten Geschichte Polens herumzudrücken.

Wenn auch das Ungleichgewicht in der wechselseitigen Wahrnehmung der gemeinsamen Geschichte längst nicht aufgehoben ist, so hat es doch deutlich abgenommen, weil mittlerweile auch in

Deutschland diese Dinge auf breiter Basis diskutiert werden und weil in Polen in jüngster Zeit die bislang tabuisierten östlichen Beziehungsfaktoren der polnischen Geschichte stärker in den Vordergrund des öffentlichen Interesses gerückt sind. Der Systemwandel in Polen, die deutsche Einheit und der deutsch-polnische Nachbarschaftsvertrag haben einen endgültigen Schlußstrich unter die Nachkriegszeit gezogen und damit für beide Völker die Notwendigkeit mit sich gebracht, ihr historisches Selbst- und Nachbarschaftsverhältnis neu zu überdenken.

Es bleibt abzuwarten, inwieweit die gewaltigen Umbrüche, die Polen und Deutsche in den letzten Jahren durchgemacht haben, sich auch auf den Umgang mit der Geschichte auswirken werden, ob es zu einer Angleichung oder gar zu einer Umkehrung der bisherigen Einstellungsmuster kommt. Seit der Wiedervereinigung Deutschlands ist eine verstärkte, affirmative Rückbesinnung auf die gleichfalls wiedervereinigte deutsche Geschichte nicht mehr auszuschließen. Und in dem demokratischen Polen könnten ja die positiven Anreize und Möglichkeiten einer souveränen Gegenwartsgestaltung und Zukunftsplanung so attraktiv werden, daß der gebannte Blick auf die eigene Vergangenheit seinen zwanghaften Charakter vielleicht verliert. Mit diesen Überlegungen soll abschließend lediglich darauf hingewiesen werden, daß die Umgangsformen mit der eigenen Geschichte in Polen und in Deutschland keine statischen Größen darstellen und darum auch die hier hervorgehobenen Unterschiede nicht als absolute Gegensätze aufzufassen sind.

Hans Lemberg

Der »Drang nach Osten« – Mythos und Realität

Die Vorstellungen, die Angehörige verschiedener Nationen voneinander haben, ihre Freund- und Feindbilder, scheinen sich oft gegenseitig zu bestätigen, gewinnen darum aber keineswegs an Wahrheitsgehalt. Eines der wichtigsten Stereotype, die bei der Darstellung des Verhältnisses zwischen Polen und Deutschen, ja zwischen diesen und ihren östlichen Nachbarn ganz allgemein herangezogen werden, ist die These vom deutschen »Drang nach Osten«. Nur allzu oft wurde und wird dieses Phänomen in politischen Kampfschriften, aber durchaus auch in Publikationen mit wissenschaftlichem Anspruch verwendet. Der Umstand, daß die Formulierung »Drang nach Osten« meist in deutscher Fassung vorkommt, auch in polnischen, russischen, tschechischen, englischen u. a. Texten, läßt darauf schließen, daß dieser Begriff ursprünglich in deutscher Sprache aufgebracht und fortan aus dieser zitiert wurde.

Ebenso wie »Geschichte« zweierlei bedeutet, das Geschehen selbst wie auch das, was davon erzählt und geschrieben wird, so verhält es sich auch mit politischen Schlagworten: Sie bezeichnen, verzeichnen oder unterstellen einerseits eine Realität, die auf ihren historischen Wahrheitsgehalt zu überprüfen wäre, und sie sind andererseits als Begriff, als Mythos, als ideologisches Element der wissenschaftlichen Analyse, ja der Entlarvung bedürftig. Im folgenden soll zunächst die Begriffsgeschichte des »Dranges nach Osten« skizziert, dann aber untersucht werden, worauf sich dieses Schlagwort stützt, und diese Überlegungen sollen in die Frage nach der Tragfähigkeit des Begriffes, nach seinem Charakter als »Mythos oder Realität« münden.

Zunächst zum Begriff selbst: Die Formulierung in der exakten Form »Drang nach Osten« läßt sich bis in die sechziger Jahre des 19. Jahrhunderts zurückverfolgen. Wolfgang Wippermann hat darüber hinaus dem engerwerdenden Rinnsal ähnlicher Redeweisen noch weiter nachgespürt – in seinen Verästelungen kommt es aus dem Quellgebiet der romantischen Vorstellung vom Volk als dem unwandelbaren Träger der Geschichte, also einer organischen Konzeption, die es erst ermöglicht, einem Volk, etwa dem deutschen, bestimmte Züge eines Nationalcharakters zuzuschreiben, darunter jenen »Drang« in eine bestimmte, sozusagen schicksalsgegebene Himmelsrichtung, nach Osten.

Es ist wohl kein Zufall, daß eine Denkweise, wie sie der Vorstellung vom »Drang nach Osten« des deutschen Volkes zugrunde liegt, schon bei Johann Gottfried Herder anzutreffen ist, einem der Väter des modernen Volksbegriffs und des nationalen »Erwachens« bei den Slawen. Herder hat ja die Vorstellung vom Gegensatz zwischen den friedliebenden, ackerbautreibenden Slawen und den kriegerischen, eroberungsbegierigen Germanen ins Gespräch gebracht, eine Vorstellung, die bei deren vermeintlichen Nachfahren auf beiden Seiten – aus unterschiedlichen Gründen – gern aufgenommen wurde.

Hinzu kommt, daß in der philosophischen Sprache der ersten Hälfte des 19. Jahrhunderts »Drang« ein vielgebrauchter Begriff war, der ein dumpfes, nicht bewußtes Wollen bezeichnete, einen »dunklen Drang«, wie es in einem geläufigen Goethe-Zitat heißt. Der »deutsche Drang nach Osten« bedeutet also: Aus dem deutschen Volk breche – das sei Teil seines Nationalcharakters – dumpf und unerklärlich der Trieb hervor, erobernd und »germanisierend« im Laufe seiner Geschichte sich nach Osten zu bewegen.

Ein so oft strapaziertes Schlagwort kommt nun freilich nicht ohne irgendwelche historisch-faktischen Grundlagen aus, auf die es sich stützen kann. Als Beleg für den deutschen »Drang nach Osten« werden zwei Phänomene herangezogen, die miteinander kaum etwas zu tun haben, die aber zum Beweiszweck in einem eleganten Argumentationsbogen vom Mittelalter bis zur Gegenwart des 19. oder 20. Jahrhunderts zusammengefaßt werden.

Im Mittelalter haben verschiedene Ereignisse ganz unterschiedlicher Art und Dauer stattgefunden, die gemeinsam in der Rückschau das auf Kartenbildern gut zu fassende Ergebnis erbrachten: die sogenannte deutsche Ostbewegung, Ostsiedlung oder Ostkolonisation. Die in den Formen der Epoche vorangetriebene Heidenmission auf dem Gebiet Mitteldeutschlands östlich der Elbe und Saale, das lange Zeit eine Insel des Heidentums zwischen längst christianisierten mittelalterlichen Staaten (Polen, Dänemark und dem Reich) bildete, und später in Preußen, hat im Verein mit einer Siedlungsbewegung, die aus ganz anderen Wurzeln gespeist war, zum Ergebnis gehabt, daß in vielen Landstrichen Mittel- und Ostdeutschlands, wo früher Slawen oder baltische Völker gesiedelt hatten, seit dem 14. Jahrhundert Menschen deutscher Sprache als nahezu ausschließliche Bevölkerung zu finden waren.

Dieser Vorgang wurde zunächst, in einer Zeit, da es in der Geschichtsschreibung nur um »Staatsaktionen« ging, von Historikern gar nicht beobachtet. Im nationalen Zeitalter aber, da es – im späten 19. Jahrhundert – über die Registration der staatlichen Historie hinaus auch um Ansätze einer National-, also Volksgeschichte zu gehen begann, wurde die mittelalterliche Ausbreitung des deutschen Siedlungsgebiets interessant. Sie wurde auch alsbald in Beziehung zu Reibungen an der deutschen Ostgrenze in der Gegenwart gesetzt und gewann so einen eminent politischen Akzent. Gerade in der Phase des deutsch-polnischen Konflikts um Siedlungspolitik seit den achtziger Jahren des vorigen Jahrhunderts spielte die Überhöhung der deutschen Siedlung im Mittelalter eine große Rolle, von deutschen Historikern als »Großtat des deutschen Volkes« verherrlicht, von polnischen als früher Beweis für den deutschen »Drang nach Osten« angeprangert.

Erst lange Zeit nach dem Zweiten Weltkrieg setzte sich bei einer nüchterner gewordenen deutschen und polnischen Geschichtswissenschaft die Auffassung durch, bei dem mittelalterlichen Vorgang habe es sich ganz allgemein um »Landesausbau« gehandelt, der unter bestimmten Bedingungen und privilegiert von Landesherren auch in anderen Regionen Europas und durch andere ethnische Gruppen vorangetragen wurde. Wenn aber dieser Vorgang nichts spezifisch Deutsches mehr war und nicht einmal ausschließlich nach Osten, sondern nach allen möglichen Seiten hin und von verschiedenen Ausgangspunkten aus verlief, dann ist die These von der »deutschen Ostbewegung« als Beleg für den »Drang nach Osten« recht wertlos geworden.

Die Phase des gesteigerten Nationalismus im späten 19. und beginnenden 20. Jahrhundert, in der diese Formel, wie zu zeigen war, geprägt wurde, war allerdings tatsächlich durch eine aggressive preußisch-deutsche Polenpolitik gekennzeichnet, die der befürchteten Slawisierung des Deutschen Ostens Einhalt gebieten und sie zurückdrängen sollte. Jetzt konnte die schon geläufige Vokabel vom deutschen »Drang nach Osten« nicht nur bei Polen, sondern in ganz Europa auch bei argwöhnischen und kritischen Beobachtern dieser aktuellen deutschen Expansionspolitik verwendet werden.

Daß zwischen der vermeintlichen mittelalterlichen Phase des

deutschen »Dranges nach Osten« und der Gegenwart kaum etwas zu verzeichnen war, das einer solchen These hätte Vorschub leisten können, daß auch die spektakulären Teilungen Polens kaum einen modern-nationalen Charakter hatten, sondern vielmehr dem frühneuzeitlichen Konvenienzprinzip des preußischen Staates und der anderen Teilungsmächte entsprachen, tat hier nichts zur Sache: In dieser Epoche des hochgesteigerten Nationalismus wurde die gesamte zurückliegende Geschichte durch die nationale Brille gesehen und interpretiert.

Die Formulierung vom »Drang nach Osten« hat sich, einmal geprägt, als eine außerordentlich gut verwendbare politische Münze erwiesen. Sie ist in der zweiten Hälfte des 19. Jahrhunderts und im 20. zu unzähligen Malen gebraucht worden, und zwar meist von Gegnern oder zumindest Kritikern der Deutschen, inbesondere des Deutschen Reiches nach 1871, im Osten wie im Westen. Im Ersten Weltkrieg wurde die Abwehr oder Verhütung des deutschen »Dranges nach Osten« zu einer Parole, die die Vertreter der zukünftigen jungen Staaten Ostmitteleuropas in den Rang eines Kriegsziels der Alliierten hinaufspielen und zu einem der Prinzipien der Ordnung des »neuen Europa« (T. G. Masaryk) erheben konnten. Die Vokabel war nun ganz geläufig; kein Wunder, daß sie dann, als die Aggression Hitlerdeutschlands sich Ende der dreißiger Jahre wiederum gegen das östliche Europa richtete, abermals in Umlauf kam.

Die durch das Programm der NSDAP begründete Expansion des Hitlerreiches nach Osteuropa, die dort durch Deutsche verübten Greuel im Zweiten Weltkrieg lieferten mehr als je zuvor Anlässe, einen neuen Höhepunkt des »Dranges nach Osten« zu konstatieren, und so brachte die nach 1945 folgende Einbeziehung der Staaten Ostmitteleuropas in ein »sozialistisches Lager« dieser Formel Verwendung in einem Bereich, für den sie vorher als grundsätzlich unbrauchbar erschienen war: Waren romantische Vorstellungen wie die eines Volkscharakters und spezifischer Eigenschaften, die an diesen gebunden waren, dem rationalistischen Denkgebäude der Marxisten grundsätzlich zuwider (tatsächlich ist in der frühen Sowjetzeit dieses Schlagwort kaum je verwendet worden), so wurden, in den dreißiger Jahren durch das Einschwenken des Stalinschen Marxismus-Leninismus auf positive Werte eines russischen »Sowjetpatriotismus« vorbereitet, im »Großen Vaterländischen Krieg« zwischen der UdSSR und Hitlerdeutschland die grundsätzlichen Bedenken gegen eine so romantisch-irrationale Formel weit in den Hintergrund gedrängt. Seither wurde als festes Element des antideutschen Feindbildes der deutsche »Drang nach Osten« auch in der marxistischen Literatur herangezogen. Dies galt insbesondere nach dem Triumph über Hitlerdeutschland und – seit dem beginnenden kalten Krieg – für die Länder des Sowjetblocks; ja selbst in der DDR wurde die Politik des anderen deutschen Staates, der »BRD«, denunziert, eines ihrer Prinzipien sei der »imperialistische Drang nach Osten« – auch der deutsche Nationalcharakter war jetzt offensichtlich geteilt.

Hier erwies sich auf sehr anschauliche Weise die Funktion dieses Schlagwortes: Die Floskel vom »Drang nach Osten« bot eine irrationale Schein-Erklärung für einige Phänomene in der Geschichte des Verhältnisses der Deutschen zu ihren östlichen Nachbarn; sie war Teil eines Feindbildes und als solche so wichtig, daß etwaige grundsätzliche Bedenken hinsichtlich seiner romantischen Irrationalität, seines Widerspruchs zum »wissenschaftlichen Weltbild« dahinter zurücktreten mußten. Es hat – gerade im nationalen Zeitalter des 19. und 20. Jahrhunderts – in der Tat aggressive Akte deutscher Politik und Kriegführung in östlicher Richtung genug und in bemerkenswerter Brutalität gegeben; zu ihrer Erklärung müssen jedoch ganz andere Instrumente herangezogen werden als ein nebelhafter »Drang nach Osten«. Dieser als ein sozusagen dem deutschen Volke innewohnendes, die Geschichte durchziehendes Prinzip erweist sich als ein typisches »Hetero-Stereotyp«, ein Gespenst, das genausowenig einer Überprüfung in der Sicht der modernen Geschichtswissenschaft standhält wie das entgegengesetzt gerichtete, bei Deutschen und Ungarn ebenfalls etwa seit der Mitte des 19. Jahrhunderts verbreitete und gepflegte Phantom des »Panslawismus«, das der Floskel vom »Drang nach Osten« aus der Gegenrichtung ziemlich genau entspricht.

Beide Schlagworte verdienen, als interessante ideologische Elemente erkannt, beobachtet und analysiert zu werden – als Argumente im politischen Kampf oder gar als Interpretationshilfen für die Geschichte der deutsch-polnischen Beziehungen und weit darüber hinaus für das Verhältnis der Deutschen zu Osteuropa sind sie ganz und gar untauglich.

Janusz Tazbir

Die »Kreuzritter« – kurze Geschichte und lange Legende

Als vor mehr als 15 Jahren eine aus polnischen und westdeutschen Historikern zusammengesetzte UNESCO-Kommission mit der Ausarbeitung von Empfehlungen für Schulbuchautoren begann, waren wir überzeugt, die größten Schwierigkeiten würde uns die neuere Geschichte bereiten. Entgegen diesen Erwartungen war es relativ unproblematisch, die Beurteilung der Germanisierungspolitik im preußischen Teilungsgebiet oder die der NS-Besatzung in Polen aufeinander abzustimmen. Wirkliche Schwierigkeiten setzten erst ein, als es an die Einschätzung des Deutschen Ordens ging; schließlich mußten wir es bei einer Registrierung der Diskrepanzen bewenden lassen. In den Empfehlungen heißt es u. a.: »In den polnischen Schulbüchern wird vor allem die säkularstaatliche und militärisch-expansive Rolle des Ordens hervorgehoben, in den westdeutschen seien zivilisatorische und missionarische Aufgabe betont.«

Nicht wenige Fragen waren strittig geblieben; dem Deutschen Orden wurden einige der folgenden Symposien gewidmet, die nur teilweise zu einer Annäherung der Standpunkte führten. Historikerkonferenzen unterscheiden sich jedoch darin von Friedenskonferenzen, daß nicht in allen Punkten Übereinstimmung erzielt werden muß. Unabhängig von den Ergebnissen der nächsten Treffen wird die Schlacht bei Grunwald/Tannenberg in den polnischen Schulbüchern immer als großer Sieg und in den Abrissen der Geschichte des Ordens als Niederlage dargestellt werden, und auch die längste Konferenz wird da nicht viel ausrichten. Des Jahres 1410 gedachte man wohl am besten in Preußen Königlichen Anteils, also in dem Teil des Ordensstaates, dessen Bewohner sich schon 1454 gegen die Herrschaft des Hochmeisters erhoben hatten. Der Jahrestag der »glücklichen Befreiung von dem so schweren Joch der Ordensherren« wurde in Danzig, Thorn, Elbing und anderen preußischen Städten, die seit 1466 zu Polen gehörten, mit feierlichen Umzügen begangen. Sie wurden von entsprechenden Publikationen begleitet, herausgegeben in Lateinisch und – Deutsch. Aber auch die Vertreter der aufständischen preußischen Stände brauchten einen Dolmetscher, als sie sich nach Krakau begaben, um die Angliederung an das Königreich zu erbitten. Denn die Abgesandten konnten kein Polnisch und erst recht kein Litauisch, während Kasimir IV. kein Deutsch verstand.

Zwischen den Geschichtsauffassungen der Bürger, die überwiegend protestantisch und deutsch waren, und denen des Adels gab es erhebliche Unterschiede. Die Meinungen über die Ordensritter, in denen sowohl Maciej Stryjkowski und Paweł Piasecki als auch Gottfried Lengnich eine tödliche Gefahr für Polen erblickten, stimmten allerdings überein. Wenn man in Preußen Königlichen Anteils jemanden unbedingt beleidigen wollte, dann verglich man ihn mit einem Ordensritter. Dem fielen die von den Protestanten so ungemein verabscheuten Jesuitenpater zum Opfer, in denen man würdige Nachfolger der Ordensritter von Grunwald sah. Das waren jedoch sozusagen regionale Animositäten, die erst im 19. Jahrhundert die gesamte Nation erfaßten.

Wenngleich auch die allgemeindeutsche Geschichtsschreibung im Zeitalter der Aufklärung die Kreuzrittermethoden zur Bekehrung der Heiden und die diesbezüglichen »Verdienste« des Ordens kritisierte, hob sie zugleich nachdrücklich dessen zivilisatorische Mission im Osten hervor. Nach dem Untergang des polnischen Staates verwendeten deutsche Forscher diese These »in einem aktualisierenden und zugleich aggressiven Sinne« (W. Wippermann). Sie sollte nämlich das Recht des preußischen Staates auf die Gebiete der Adelsrepublik begründen, die ihm nach der Teilung zugefallen waren.

In der 2. Hälfte des 19. Jahrhunderts wurde das Lob auf die Ordensritter noch nationalistischer und aggressiver. Es sollte sowohl die gegenüber Polen im Kaiserreich angewandte Denationalisierungspolitik rechtfertigen als auch die expansionistische Außenpolitik. Einige Forscher (Treitschke) waren der Meinung, der Ordensstaat habe in seiner Organisationsstruktur erfolgreich das Ideal der harmonischen Synthese zwischen dem Führer- und dem Elitegedanken realisiert. In der katholischen Geschichtsschreibung verübelte man jedoch Albrecht von Preußen die Säkularisierung des Ordensstaates und bezeichnete den dem polnischen König geleisteten Lehnseid als Verrat an der Nation. Der Lehnseid wurde im übrigen auch von der polnischen Geschichtsschreibung negativ bewertet; man vertrat den Standpunkt, Preußen hätte dem polnischen Staat einverleibt werden sollen, was möglicherweise dessen spätere Teilung vereitelt hätte.

Die deutsche Geschichtsschreibung im 19. Jahrhundert, die den deutschen Drang nach Osten positiv einschätzte, betrachtete den Ordensstaat als Bollwerk gegen das Slawentum, das ihrer Ansicht nach die Ordensritter mit Recht hatten germanisieren wollen. Die Geschichte des Ordensstaates wurde zum Gegenstand eines politischen Spiels und propagandistischer Manipulationen. Historiker beider miteinander polemisierender Seiten – der polnischen und der deutschen – sahen im Deutschen Orden den Beweis für die uralte und unüberwindbare Feindschaft, die diese beiden Nationen seit Jahrhunderten trennte.

Das Fehlen eines eigenen Staates bewirkte, daß die Polen ihr Wissen über die eigene Vergangenheit nicht aus den Schulen bezogen; denn diese befanden sich in den Händen der Teilungsmächte. Zu den Hauptarchitekten des nationalen Geschichtsbildes wurden Maler und Schriftsteller. Józef Ignacy Kraszewski und Jan Matejko, Henryk Sienkiewicz und einige Generationen der Kossaks bevölkerten sie mit Helden, die mehrheitlich bis auf den heutigen Tag in diesem Bild angesiedelt sind. Mit Helden und – Antihelden, zu denen zweifelsohne die Ordensritter gehören. Einer der unfreiwilligen Mitschöpfer der »schwarzen Legende«, die die Geschichte dieses Ordens umgab, war Otto von Bismarck selbst. Aufgrund der vom »Eisernen Kanzler« initiierten antipolnischen Politik wurde das Bollwerk der europäischen und christlichen Zivilisation, wie die Adelsrepublik im 16./17. Jahrhundert genannt wurde, nunmehr »drehbar«. Nach der Vorstellung der polnischen Geschichtsschreibung am Ende des 19. Jahrhunderts hatte das Bollwerk nicht nur die Bedrohung aus dem Osten (Moskau) oder dem Süden (der Türkei), sondern auch die aus dem Westen (dem Deutschen Orden) abzuwehren.

In der Zeit des Kulturkampfes, der aggressiven preußischen Ansiedlungspolitik im polnisch besiedelten Osten und des Streiks polnischer Schulkinder in Wreschen gegen den Religionsunterricht in deutscher Sprache erhob sich Adam Mickiewiczs »Grażyna« (1823) – ein in seiner Tendenz biederes Epos, dem ein halbes Jahrhundert zuvor niemand größere Beachtung geschenkt hatte – plötzlich zum Rang eines geradezu prophetischen Werkes. Aus dieser rührenden Erzählung über die Kämpfe der Litauer gegen die Ordensritter bezog man Redewendungen, ohne die heute kein polnischer Zitatenschatz und keine Sammlung geflügelter Worte denkbar ist. Demnach war der Ordensritter habgierig und hinterlistig, grausam und nimmersatt, denn »das Kreuzritter-Reptil wirst du niemals zähmen, weder durch Gastlichkeit, noch Bitten, noch Geschenke«. Der grausame Ordensbruder, der ein schwarzes Kreuz auf einem weißen Mantel trägt, wird zum Synonym des Deutschen, ähnlich wie er zuvor mit dem »Schwaben« oder mit »Luther« personifiziert wurde.

Nach einem langweiligen und zu Recht bald vergessenen Roman von Kraszewski (1874) erschien 1900 unter demselben Titel (Die Kreuzritter) das berühmte Werk von Sienkiewicz, das sich europäischen Ruhm erwarb. Es endet mit einer Beschreibung der vernichtenden Niederlage, die die Titelhelden des Romans auf den Feldern von Grunwald erleiden. Die Ankündigung einer neuerlichen Niederlage der Deutschen fand man auch in der »Rota« (Der Eid) von Maria Konopnicka, die neben »Noch ist Polen nicht verloren« und »Gott, der Du Polen ...« gleichsam zu einer dritten polnischen »Nationalhymne« wurde. Die Autorin starb im selben Jahr 1910, in dem auf dem Krakauer Markt, zum Kummer von Kaiser Franz Joseph, ein Denkmal für König Jagiełło zu Ehren des Sieges bei Grunwald errichtet wurde. Aus Konopnickas Hymne schöpfte man ähnlich wie aus Sienkiewiczs Roman Stärkung: »bis zum letzten Atemzug verteidigen wir des Geistes Gut. Bis sich zu Schutt und Staub zerschlug der Kreuzritter böse Brut.«

Das schwarze Bild des Ordensritters diente recht erfolgreich der Errichtung eines Mythos: Der Mantel des Ordensritters sollte ein weiteres Kostüm desselben Deutschen darstellen, der früher die Westslawen mit Stumpf und Stiel ausgerottet hatte und später in der Leitung des antipolnischen Ostmarkenvereins (1894) saß. Eben dieses Stereotyp verdrängte beinahe völlig das Bild des biederen Michels, der den polnischen Roman den größten Teil des 19. Jahrhunderts hindurch bevölkert hatte. Erinnert sei hier nur an »Die Puppe« von Bolesław Prus, die voller sympathischer, wenn auch ein wenig kauziger Michels ist, die sich sogar zu ihrer adligen Herkunft bekennen, obschon einer ihrer Vorfahren ein so vernagelter Schwabe war, »daß er aus dem Sarg kroch, um seine Schlafmütze zu holen, die man ihm aufzusetzen vergessen hatte«.

Es liegt auf der Hand, daß die Polen die Pickelhaube des preußischen Gendarmen an der Wende dės 19. zum 20. Jahrhundert nicht mehr mit einer gutmütigen Schlafmütze assoziieren konnten. Wenn schon mit irgendeiner Kopfbedeckung, dann eher mit dem Visier des Kreuzritters. Analogien zwischen der deutschen Teilungsmacht und dem kriegerischen Orden drängten sich beinahe auf Schritt und Tritt auf, hatten doch auch die Ordensritter einst Polen den Zugang zum Meer genommen. In Lehrbüchern der Geschichte Polens »für das Volk« wurden die Leser darüber belehrt, daß »unser Vaterland zerfetzt wurde vom Preußen – dem ehemaligen Kreuzritter, dem Österreicher – dem ehemaligen Deutschen und dem Moskowiter – dem ehemaligen Tataren, unseren ewigen Feinden«. In Deutschland erinnerte man hingegen gern an die »slawische Gefahr« und warnte vor der Wiederholung eines zweiten Tannenbergs.

Irgend etwas mußte man mit dem Umstand anstellen, an den man sich auch heute noch kaum zu erinnern pflegt: daß von allen Grenzen des polnischen »Bollwerks« gerade die westliche Grenze zweieinhalb Jahrhunderte hindurch (1525–1772) die ruhigste blieb. Polnische Waffen feierten damals Triumphe auf den Schlachtfeldern gegen die Türken, gegen Rußland oder Schweden. Folglich mußte man jedesmal bis auf die Schlacht bei Grunwald zurückgehen, wenn man unter der Bevölkerung antideutsche Stimmungen oder die Überzeugung bestärken wollte, dereinst würden wir »sie« wieder besiegen. Ähnlich war es in Deutschland, und zwar sowohl in der Weimarer Republik als auch, in einem noch erheblich stärkeren Maße, während des Nationalsozialismus. Die Propaganda des Dritten Reiches bezog sich gern auf die Ordensrittertraditionen; durch Berufung auf die im geschichtlichen Bewußtsein verankerten Symbole wollte sie ihre Propaganda glaubwürdiger erscheinen lassen. Der Ordensstaat war angeblich ein rassisch reiner Staat gewesen, der, auf das Führer- und Eliteprinzip gestützt, seine historische Mission der Eroberung und Zivilisierung des »barbarischen Ostens«, darunter auch Polens, erfüllt hatte.

In Polen berief man sich auf den Sieg über den Deutschen Orden gleichermaßen im Juli 1939 wie im Mai 1945, als die Eroberung Berlins ein »neues Grunwald« der slawischen Völker genannt wurde. Die nicht weit zurückliegende NS-Besatzung ließ die Gestalt des einst besiegten Feindes wieder lebendig und aktuell werden. Nicht zufällig wurde anstelle des von den NS-Besatzern in Krakau zerstörten Tannenbergdenkmals am 28. Januar 1945 eine Tafel aufgestellt mit der Inschrift: »Der niederträchtige Kreuzritter wollte die Spuren seiner historischen Niederlage verwischen [...]. An dieser Stelle wird das Volk ein Denkmal seines alten und neuen Grunwald errichten [...]«

Das Gedenken an den Sieg über die Ordensritter pflegte die Regierung Volkspolens mit besonderer Pietät, davon zeugen u. a. die Geschicke des Films von Aleksander Ford (1960), dem Sienkiewiczs Roman »Die Kreuzritter« zugrunde lag. Obwohl der Regisseur nach 1968 wegen seiner jüdischen Herkunft schikaniert wurde und Polen verlassen mußte, konnte sein Film einer ähnlichen Verbannung nicht anheimfallen. Allzusehr benötigte ihn die Propaganda, die ein Gleichheitszeichen zwischen dem Jahr 1410 und 1945 setzte. Denn die deutsche Bedrohung gehörte zu den wenigen Brücken der Verständigung zwischen der kommunistischen Partei und der Bevölkerung. Nicht mit Gold aufzuwiegen war daher auch jede Meldung der bundesdeutschen Presse über die Tätigkeit der Nachfolger des Deutschen Ordens dort und in Österreich, die bereitwillig nachgedruckt wurde. Und die Photographie Konrad Adenauers im »Kreuzritter-Mantel« verschwand in Zeiten besonderer Anspannung auf der Linie Warschau–Bonn erst gar nicht von der ersten Seite der Zeitungen. Auch von Plakaten aus der Zeit des Kriegsrechts ist sie uns im Gedächtnis. Die Photographie weckt unangenehme Assoziationen selbst in kommunismusfeindlichen Kreisen.

Im Prolog zu »Konrad Wallenrod« finden wir das Bild des Kreuzritters, der in Helm und Rüstung »reglos sitzt auf seinem Pferde, die Augen geheftet auf des Feindes Schanze, die Flinte lädt und einen Rosenkranz betet«. Über diesem von Mickiewicz geschaffenen Bild vergaß man gewöhnlich, daß dieser auf dem Posten stehende Ritter auch ein hervorragender Verwalter, Baumeister oder Politiker zu sein verstanden hatte.

Deutsche Historiker berufen sich nicht mehr auf den Drang nach Osten als eine zivilisatorische Mission ihres Volkes. Ihre polnischen Kollegen haben aufgehört, die Ordensritter zu dämonisieren und diesen Orden als ein weiteres Glied in dem angeblich konsequent und jahrhundertelang realisierten Drang des Deutschtums nach dem Osten darzustellen. Die polnische Bevölkerung fürchtet eher eine Völkerwanderung in umgekehrter Richtung. Käme es nämlich in der schon beschnittenen Sowjetunion zum Bürgerkrieg, könnte ein großer Drang nach Westen einsetzen, der sich durch polnisches Territorium vollziehen würde.

Hoffen wir also, daß beide Kreuzritter ihre Posten aufgeben – sowohl der Kulturträger, der in der Zeit des Zweiten und Dritten Reiches idealisiert wurde, als auch der dämonische aus dem »Konrad Wallenrod«. Um jedoch jenen »Stachel der Kreuzritter« aus der Vorstellungskraft beider Völker zu ziehen, müssen sich beide »zur Normalität«, d. h. zu einer sachlichen historischen Diskussion durchringen.

Janusz Małłek

Nikolaus Kopernikus

Die Frage nach der Zugehörigkeit von Nikolaus Kopernikus, dem Wiederentdecker des heliozentrischen Systems und einem der Genies der Menschheitsgeschichte, entweder zum polnischen oder zum deutschen Volk, war und ist bis heute Gegenstand von Kontroversen unter den Biographen, wenn auch der Streit etwas an

Schärfe verloren hat; zunehmend wird von Kopernikus als dem Eigentum Europas und nicht ausschließlich eines Volkes gesprochen.

Die Familie Kopernikus kam aus Schlesien, genauer aus dem Dorf Koperniki im Kreis Ottmachau (Otmuchów). Die polnischen Historiker sind der Auffassung, daß diese Region von einer überwiegend polnischen Bevölkerung bewohnt war und der Familienname vom Namen des Dorfes herrühre. Die deutschen Historiker hingegen vertreten die Meinung, die Bevölkerung dort sei mehrheitlich deutsch gewesen und der Familienname leite sich von dem Wort »Kupfer« her.

Der Vater des Astronomen, ebenfalls mit Vornamen Nikolaus, kam aus einer bürgerlichen Familie, die in der damaligen Hauptstadt Polens, Krakau, seit Ende des vierzehnten Jahrhunderts – soviel läßt sich mit Sicherheit sagen – ansässig war. Daraus läßt sich aber nicht der Schluß ziehen, es sei zweifelsohne eine polnische Familie gewesen, da ein gewisser Teil der Bürgerschaft Krakaus deutscher Herkunft war und auch Deutsch sprach.

Der Vater von Kopernikus zog während des dreizehn Jahre lang währenden Kriegs zwischen Polen und dem Deutschen Ritterorden (1454–1466) nach Thorn. Dort heiratete er Barbara Watzenrode, deren Familie ebenfalls aus Schlesien stammte.

Kopernikus' Vater und die Familie seiner Mutter nahmen aktiv am Krieg teil. Sie kämpften auf der polnischen Seite. Im Jahre 1454 wurde der Großvater von Kopernikus während einer Schlacht in der Nähe von Lassin (Łasin) verwundet. Kopernikus wurde folglich in eine familiäre Atmosphäre hineingeboren, die dem Ritterorden nicht wohl gesonnen war. Die Trennungslinie zwischen den Konfliktparteien orientierte sich damals allerdings nicht an ethnischen Kriterien.

Kopernikus wurde am 19. Februar 1473 in Thorn geboren, sieben Jahre, nachdem im Zweiten Thorner Frieden ein Teil Preußens als das Königliche Preußen an Polen gefallen war, was dem Willen der Stände Preußens entsprochen hatte. Er war also bereits in Polen geboren und folglich polnischer Staatsbürger. Ein bedeutender Teil des Thorner Patriziats war deutscher Herkunft. Die Vororte Thorns dagegen sowie die umliegenden Ortschaften waren fast ausschließlich von Polen bewohnt. Um Handel treiben zu können, war die Kenntnis beider Sprachen ohne Zweifel unerläßlich. Es ist äußerst wahrscheinlich, daß Kopernikus neben Deutsch bereits in seiner Jugend Polnisch konnte. Das war und ist fast die Regel bei Grenzbewohnern. Kopernikus begab sich zum Studium nicht nach Deutschland, sondern nach Krakau. Er hat seine Verbundenheit mit den beiden Städten Thorn und Krakau folgendermaßen ausgedrückt: »Me genuit Thorunia, Cracovia me arte polivit« (Thorn hat mich geboren, Krakau mich in der Kunst gebildet). Um zu studieren, genügte Kopernikus selbstverständlich die Kenntnis der lateinischen Sprache. Dennoch ist es schwer sich vorzustellen, daß er vier Jahre in Krakau (1491–1495) gelebt und die polnische Sprache nicht beherrscht haben soll.

Die deutschen Historiker führen als Beleg für die Zugehörigkeit von Kopernikus zum deutschen Volk folgende Argumente an: 1. daß Kopernikus sich an der Universität Bologna als ein der deutschen Nation Angehöriger einschrieb, 2. daß er seinen Familiennamen mit zwei »p« – »Coppernicus« – zu schreiben pflegte, 3. daß von Kopernikus ausschließlich auf Deutsch oder Lateinisch und keine auf Polnisch geschriebenen Briefe existieren.

Die polnischen Historiker bringen folgende Gegenargumente vor: 1. Daß Kopernikus sich als Deutscher in Bologna einschrieb, mußte zur damaligen Zeit keineswegs die Zugehörigkeit zu diesem Volk bedeuten, schließlich hat Kopernikus sich in Padua als Pole eingeschrieben. 2. Den Familiennamen mit zwei »p« zu schreiben war seine persönliche Eigenart, die er später auch aufgegeben hat. 3. Das schwierigste Problem für die polnischen Wissenschaftler ist das Fehlen polnischer Briefe. Bislang hat sich damit niemand näher befaßt.

Die polnischsprachige Eintragung »Bóg pomagaj« (Gott hilf) am Schluß von Kopernikus' Werk wird heute Hildebrandt Ferber und nicht Kopernikus zugeschrieben. Interessant sind in diesem Zusammenhang die Überlegungen von Marian Biskup in der Einleitung zur Edition von Kopernikus' Schrift »Locationes mansorum desertorum« (Pachtverträge der verlassenen Gutshöfe, in der Edition von 1970); dort schreibt Biskup: »Die Eintragung der Vornamen und Familiennamen der polnischen Bauern in die Pachtverträge [...] berücksichtigt meistens die phonetischen Eigentümlichkeiten der polnischen Sprache. Er kannte die polnische Sprache [...], er bediente sich dieser in der tagtäglichen Praxis im ermländischen Dorf. Einige Eintragungen in die Locationes sind als eigenhändig von Kopernikus geschriebene polnische Texte anzusehen.«

Da die Frage, ob Kopernikus Polnisch konnte, nicht eindeutig zu beantworten ist, richteten die polnischen Historiker ihre Aufmerksamkeit vermehrt auf öffentliche Erklärungen von ihm, die seine Loyalität Polen gegenüber belegen. Während des Krieges zwischen Polen und dem Deutschen Ritterorden 1520 bis 1521 verteidigte Kopernikus das Allensteiner Schloß gegen den Deutschen Ritterorden. Damals, am 16. November 1520, schrieb er einen Brief an Sigismund I., König von Polen, und adressierte ihn auf Lateinisch folgendermaßen: »An seine Durchlaucht, den Herrscher und Herrn, Herrn Sigismund von Gottes Gnaden, König von Polen, Großherzog von Litauen, Herren und Erbherren von Reussen und Preussen etc., Unseren allergnädigsten Herrn«, und fährt in demselben Brief fort: »Wir wünschen nämlich so zu handeln, wie es einem edlen und aufrichtigen, vollkommen Seiner Majestät ergebenen Menschen ansteht, möge auch der Tod uns bevorstehen. Zuflucht suchend im Schutze dieser Majestät, anempfehlen wir unsere ganze Habe und uns selbst und vertrauen uns ihr an.«

Kehren wir aber dennoch zu der von deutschen Historikern gestellten Frage zurück, warum es keine Briefe von Kopernikus in polnischer Sprache gibt und ob sich Kopernikus der polnischen Sprache bediente. Kopernikus schrieb auf Lateinisch, denn das war die Sprache der Gebildeten und die Korrespondenzsprache des Ermländischen Domkapitels. Er hatte keinen Grund, sein Werk »De revolutionibus« in Polnisch zu verfassen, da seine Adressaten Lateinisch konnten. Latein war die Sprache der Königlichen Kanzlei in Polen. An den in Königsberg residierenden Herzog Albrecht, der nur ungenügende Kenntnisse des Lateinischen besaß, schrieb Kopernikus auf Deutsch. (Bekannt sind zwei Briefe.) Eine Analyse der deutschen Sprache, deren sich Kopernikus bediente, ist bislang nicht geleistet worden. Es fällt aber auf, daß er vornehmlich die Hauptsätze ausbaute, während die für die deutsche Sprache charakteristischen Neben- und Relativsätze fehlen, was man in der Korrespondenz mit seinem Freund T. Giese beobachten kann.

Es ist indessen nicht auszuschließen, daß auch Briefe auf Polnisch existieren. Das wären Briefe an Personen, die kein Latein und kein Deutsch konnten und die deshalb auf Polnisch angesprochen werden mußten. Das Erbe von Kopernikus fiel vielfacher Zerstörung anheim; aus der Korrespondenz des Astronomen sind nur einige wenige Briefe erhalten, so daß es schwierig ist, definitiv die Möglichkeit auszuschließen, daß es Briefe von Kopernikus auf Polnisch gibt. Schließlich sollten wir uns daran erinnern, daß 1543, in demselben Jahr, in dem Kopernikus sein arbeitsreiches Leben beendete, die »Krótka rozprawa« (Kurze Abhandlung) von Mikołaj Rej erschien, und das waren doch erst die Anfänge des im Druck erscheinenden literarischen polnischen Wortes.

Als was fühlte sich nun Kopernikus? Was betrachtete er als seine Heimat, was als sein Vaterland? Wenn man auf diese Fragen eine Antwort sucht, darf vor allem nicht übersehen werden, daß moderne Definitionen des Nationalbewußtseins nicht ohne weiteres auf das 15. oder 16. Jahrhundert übertragbar sind. Wenn man die Heimat von Kopernikus kreisförmig umschreiben will, so lag ihm am nächsten – wie ich es sehe – seine Heimatstadt Thorn, daneben das Königliche Preußen und Ermland, aber auch ganz Preußen, also einschließlich des Herzoglichen; die Heimat im weitesten Sinne war für ihn Polen. Gewiß fühlte er sich als Preuße und als Bürger des polnischen Staates. Der Streit um die nationale Herkunft von Kopernikus stellt in der europäischen Geschichtsschreibung nichts Außergewöhnliches dar. Man stritt sowohl um die Nationalität von Kolumbus als auch um die von Erasmus von Rotterdam, um nur bei Kopernikus' Zeitgenossen zu bleiben. An dem Streit beteiligt waren deutsche und polnische Historiker. Es genügt, auf zwei Titelformulierungen hinzuweisen: »Nikolaus Kopernikus – ein Deutscher« (Hans Schmauch) oder »Das Polentum von Mikołaj Kopernik, einem Schlesier der Herkunft nach« (Stanisław Rospond). Doch wird Kopernikus weder der deutschen noch der polnischen Vereinnahmung gerecht. Diese Erkenntnis müßte eigentlich dazu beitragen, die Grenzen des Denkens in nationalen Kategorien besser zu erkennen.

Gottfried Schramm
Reformation und katholische Erneuerung

Im 16. Jahrhundert driftete die bis dahin parallel verlaufene Entwicklung des religiösen Lebens der Polen und der Deutschen weit auseinander. Im Deutschen Reich spaltete sich eine Gruppe lutherischer (und reformierter) Territorien ab, der ein katholisch bleibender Block gegenüberstand. Innerhalb der einzelnen Territorien setzte die Landesherrschaft ihr jeweiliges Bekenntnis, wo nötig mit Zwangsmitteln, durch. Der Reichsverband wurde immer lockerer. Neben den Großkirchen blieben für theologisch abweichende Richtungen kaum Freiräume. Die deutsche Kultur gabelte sich, bevor sich im 18. Jahrhundert allmählich wieder eine Vereinheitlichung anbahnte, in zwei deutlich voneinander unterschiedene Äste: Bei den Protestanten lag das Gewicht mehr auf der Pflege des Wortes und der gelehrten Bildung, bei den Katholiken mehr auf einer üppigeren Entfaltung von Bild und Baukunst, während die Hochschätzung der Musik beiden gemeinsam blieb. Keines dieser Merkmale trifft auch für das polnisch-litauische Doppelreich zu.

Polen wurde stark von dem Umbruch in Deutschland beeinflußt, aber der Protestantismus entfaltete sich hier in mehrfacher Hinsicht anders als beim westlichen Nachbarn. So wurden innerhalb des polnisch-litauischen Staatswesens nur deutsche Gruppen schon bald nach 1517 von reformatorischen Gedanken erfaßt, während diese unter den Polen erst eine Generation später breiteren Anklang fanden. Zum Typus einer »Spätreformation« gehörte, wie in anderen europäischen Ländern auch, daß der Protestantismus hier von vornherein dogmatisch uneinheitlich, in verschiedene Glaubensgemeinschaften aufgefächert in Erscheinung trat.

Das Luthertum fand seine Anhänger naturgemäß im Königlichen Preußen und in Großpolen, Gebiete, auf die der Protestantismus der benachbarten deutschen Territorien am frühesten und intensivsten eingewirkt hatte. In Großpolen (um Posen) erwuchs den Lutheranern sogleich eine Konkurrenz in den Böhmischen Brüdern, die, in ihrem Mutterland verfolgt, hier Zuflucht gesucht hatten. Kleinpolen (zwischen Krakau und Lublin), Reußen (um Lemberg) und Litauen wurden zu Hochburgen des Kalvinismus. Hier bildeten sich aber auch – als Abspaltungen von den Reformierten – geistig sehr intensive Gemeinden von Antitrinitariern, die mit den Täufern zu einer Außenseiter-Gemeinschaft verschmolzen. Sie bestritten die Wesensgleichheit von Christus mit dem Vater und dem Heiligen Geist. Damit schlossen sie an eine Lehre an, deren Vorkämpfer im 4. Jahrhundert Arius gewesen war, und nach diesem wurden sie von ihren Gegnern gern als Arianer bezeichnet. Sie hießen auch »Gemeinschaft der polnischen Brüder« oder, nach einem ihrer führenden Köpfe, dem Italiener Fausto Sozzini, Sozinianer. Mehr als jede andere Glaubensgemeinschaft in Polen wirkten die Antitrinitarier auf den europäischen Geist zurück, dem sie wichtige Anstöße auf dem Wege zur Aufklärung und zur Toleranz gaben. Gerade die antitrinitarische Glaubensrichtung ist in Deutschland nie über dünn gestreute, verdeckte Ansätze hinaus gediehen.

Während sich in Deutschland Reformierte und Lutheraner noch lange weithin unversöhnlich gegenüberstanden, war in Polen die Bereitschaft, innerprotestantische Gegensätze zu mildern, größer. Während die übrigen protestantischen Kirchen den antitrinitarischen Glauben scharf ablehnten, empfanden sie untereinander immerhin so viel Zusammengehörigkeitsgefühl, daß sie 1570 den sogenannten Konsens von Sandomierz schließen konnten. Darin bestätigten sich Lutheraner, Kalvinisten und Böhmische Brüder gegenseitig die Rechtgläubigkeit, ohne ihre Eigenständigkeit als gesonderte Kirchen preiszugeben. Das war für ein Jahrhundert der dogmatischen Enge und Rechthaberei ein beachtlicher Durchbruch, der schon bald in Böhmen nachgeahmt werden sollte. Der politische Hintergrund des Konsenses war, daß die Protestanten hofften, für einen nach außen als geeint auftretenden Protestantismus werde staatliche Anerkennung zu erreichen sein. In Wirklichkeit dachte König Sigismund II. August bei aller Toleranz niemals daran, den Protestanten so weit entgegenzukommen.

Überragende Dienste für den Fortschritt im restlichen Europa leistete Polen bei der Entwicklung eines rechtlich abgesicherten Friedens zwischen allen Glaubensparteien. Hier konnte es an die langen und guten Erfahrungen im Zusammenleben von Katholiken und Orthodoxen anschließen. Als 1572 mit Sigismund II. August das Haus der Jagellonen ausstarb, trat ein Interregnum ein, in dem der Adel die Zügel in der Hand hatte und für die kirchlichen Verhältnisse in Polen wichtige Entscheidungen fielen. Schon bald zeichnete sich ab, daß der Frieden in Polen nur gesichert erschien, wenn die Wahl auf einen Katholiken fiel. Und bei dieser Einsicht ist es von da an geblieben. Gleichzeitig wollte der Adel gewährleistet wissen, daß in seinen Reihen kein Streit über konfessionelle Fragen erlaubt sein sollte. Aus diesem Wunsch ging der Beschluß des polnisch-litauischen Konvokationsreichstages vom 28. Januar 1573 hervor, der Adel werde den Frieden zwischen den Glaubensparteien des Landes wahren und die Kandidaten, die sich um den vakanten Thron bewerben würden, verpflichten, im Falle ihrer Wahl diesen Friedensgrundsatz hochzuhalten. Auf dem Wahlreichstag von April bis Mai 1573, auf dem man sich für den Franzosen Henri de Valois entschied, wurde der Text von vielen Anwesenden unterzeichnet und gesiegelt. Der neue König, der in Frankreich eine der treibenden Kräfte beim Blutbad der Bartholomäusnacht gewesen war, mußte bei seiner Krönung beschwören, er werde den Frieden zwischen den Glaubensparteien wahren. Eine entsprechende Verpflichtung sollte von nun an allen neuantretenden polnischen Königen abverlangt werden. Auf dem langen und schwierigen Wege zur Toleranz in der Welt war die Warschauer Konföderation von 1573 ein wichtiger Meilenstein.

In einem Klima, in dem die Beziehungen auch über Glaubensgrenzen hinweg rege blieben, konnte sich die polnische Kultur von der Mitte des 16. bis zum Beginn des 17. Jahrhunderts glänzend entfalten. Damit trat sie in auffälligen Gegensatz zu Deutschland, mit dessen Literatur es während der zweiten Hälfte des 16. Jahrhunderts bergab ging, weil die geistigen Kräfte in der Nation sich im konfessionellen Kampf verschlissen und die Protestanten sich gegen die Anstöße aus den katholischen Mittelmeerkulturen sperrten. In Polen eröffnet ein Kalvinist, Mikołaj Rej, die Reihe der großen polnischsprachigen Schriftsteller. Im 17. Jahrhundert gehörte einer der führenden Barockdichter, Zbigniew Morsztyn, zu den Antitrinitariern. Zwei Katholiken, Jan Kochanowski und

Mikołaj Sęp Szarzyński, die beide in die Schule der italienischen Renaissance gegangen waren, führten die polnische Lyrik auf ihre ersten Gipfel. Der Jesuit Jakub Wujek, dem die polnischen Katholiken ihre bis heute gebrauchte muttersprachliche Bibel verdanken, zehrte wie selbstverständlich von der Vorarbeit protestantischer Übersetzer. Ähnlich wie beim polnischen Staat und seiner Adelsgesellschaft, die trotz aller religiösen Gegensätze miteinander verbunden blieben, war es auch innerhalb der jungen polnischen Literatur. Ihrer Lebendigkeit sollte es dann im 17. Jahrhundert schaden, daß die konfessionelle Vielfalt zurückging.

Gegen Ende des 16. Jahrhunderts kündigte sich der geistige Klimawechsel an. Nachdem der Franzose den polnischen Thron rasch wieder geräumt und sein Nachfolger Stefan Bathory aus Siebenbürgen die Protestanten fair behandelt hatte, zog 1587 mit Sigismund III. aus dem schwedischen Hause Wasa die Gegenreformation auch in Polen ein. Jesuitenschüler zündeten in mehreren Städten des Reiches protestantische Kirchen und Gemeindehäuser an. Und die Evangelischen erfuhren, daß – obwohl die Gegenreformation in Polen nicht mit planmäßigem Gewalteinsatz durchgeführt wurde – in den Städten, die als Königseigentum galten, jene Sicherungen nicht griffen, mit denen die Adelsgesellschaft die friedliche Koexistenz verschiedener Religionsgemeinschaften geschützt hatte. Aus dieser Erfahrung erklärt sich der hohe Anteil von Protestanten an der Konföderation von Zebrzydowski von 1606/07, in der oppositionelle Adelskreise die Waffen gegen den Herrscher und seine Partei erhoben. Mit der raschen Niederlage der Erhebung war dem polnischen Protestantismus das politische Rückgrat gebrochen, aber zugleich die Voraussetzung dafür geschaffen, daß die bewaffnete Auseinandersetzung der Glaubensparteien im Dreißigjährigen Krieg nicht auf Polen überzugreifen vermochte.

Seinen stürmischen Aufschwung zwischen 1548 und 1570 hatte der polnische Protestantismus der Aufgeschlossenheit gehobener Adelskreise für neue Ideen und sozialen Reibungen mit dem Klerus verdankt. Aber selbst im Adel blieben die Protestanten eine Minderheit. Auch unter den Bauern und den Bürgern der Städte fanden sie nur wenige Anhänger. Die alte Kirche verfügte über ein dichtes Netz von Bistümern und Pfarrern, das die Protestanten nicht zu zerreißen vermochten. Die Bischöfe besaßen als Mitglieder des Senats einen festen Platz in der politischen Ordnung des Landes. Daß keiner der durchweg katholischen Könige sich glaubhaft als Verfassungsbrecher auf einem absolutistischen Kurs darstellen ließ, hinderte die Protestanten daran, stärkeren Auftrieb im Zusammenhang von Protestbewegungen politisch Enttäuschter zu finden. Das alles tat ihnen stärkeren Abbruch als alle formalen Einschränkungen der Glaubensfreiheit, wie sie 1655 die Ausweisung der Antitrinitarier aus dem Lande und 1733 das Verbot bedeuteten, Nichtkatholiken als Abgeordnete in den Reichstag zu wählen oder mit Staatsämtern zu betrauen. In der Reformphase am Ausgang des altpolnischen Staates wurden – nicht ohne den Druck auswärtiger Mächte – die Dissidenten rechtlich wieder bessergestellt. Polen fand schließlich – im Zeichen der Aufklärung – zu jener Toleranz zurück, durch die es sich früher ausgezeichnet hatte.

Am großen Übergewicht der Katholiken, das Polen kraß von dem konfessionell gespaltenen Deutschland abhob, sollte sich nun nichts mehr ändern. Das polnische Volk bekennt sich in der Gegenwart – bis auf kleine Prozentzahlen von Angehörigen anderer Konfessionen und Glaubensloser – zum römischen Katholizismus Die religiöse Zugehörigkeit bedeutet für die Polen so viel, wie man das sonst nur von den Iren sagen kann. In beiden Fällen ist die Konfession zu einem wichtigen Abgrenzungsmerkmal zu den Nachbarn geworden. Im polnischen Fall: zum evangelischen Norddeutschland und zu den Orthodoxen und Unierten im Osten. Hier wie dort war der Glaube ein wichtiger Rückhalt des Nationalbewußtseins in einem langen Zeitraum politischer Unfreiheit.

Günter Barudio

Die »Königliche Republik« und der Absolutismus

Die Einsicht, daß »jeder gegen den Strom schwimmen muß, der zur Quelle gelangen will« (St. J. Lec), verweist nicht nur die Polen auf ihre Geschichte. In diesem Geist sind alle Europäer und insbesondere die geschichtsvergessenen Deutschen aufgefordert, sich zur Festigung der *politischen Kultur des Vertrages* auf strukturelle Gemeinsamkeiten mit den Nachbarn zu besinnen.

Wie unsicher man sich in diesem Bereich immer noch bewegt, haben nicht wenige Einschätzungen zur 200-Jahr-Feier der Mai-Verfassung von 1791 gezeigt. Mit einigem Stolz wurde von polnischer Seite ganz im Sinne des Dichters Krasiński darauf hingewiesen, daß es sich dabei um die »erste demokratische Verfassung Europas« gehandelt habe: Tatsächlich aber ersetzte ein Erbfolgemodell das seit 1573 (Articuli Henriciani) erprobte Vertragskönigtum einer demokratischen Wahl durch Vertreter der Adelsnation.

Dieses Ergebnis des Revolutions-Reichstages von Warschau veranlaßte denn auch die drei benachbarten Erbmächte (Rußland, Österreich und Preußen), die Erblichkeit der Krone in Polen zu bekämpfen. Denn man wollte bei jeder Königswahl mit Bestechungen und gezielter Interessenpolitik präsent sein, um auf diese Weise Polen als Machtfaktor zu schwächen. Als die Reformbestrebungen von 1791 nicht mehr rückgängig zu machen waren, nutzten die absolutistischen Nachbarn die Gelegenheit. Denn das revolutionäre Frankreich konnte der einst befreundeten »Königlichen Republik« nicht zu Hilfe eilen. Deshalb setzten die drei Teilungsmächte ihr 1772 begonnenes Werk fort und nahmen 1793 sowie 1795 Polen mit Gewalt das Land weg: Damit erlosch aber auch die politische Kultur der »Goldenen Freiheit«.

Ein ähnliches Los widerfuhr nur wenige Jahre später (1806) dem Heiligen Römischen Reich Teutscher Nation mit seinem Wahlkaisertum. Der Erbkaiser Franz I. von Österreich (seit 1804) und der Erbkaiser Napoleon von Frankreich wollten nicht mehr die »Constitution germanique« anerkennen: Sie ersetzten die föderative, dezentralisierte und auf Frieden gerichtete Ordnung der Teutschen Libertät durch den Behördenapparat der dynastischen Haus-Diktaturen aller ehemaligen Kurfürsten.

Allein diese Gemeinsamkeit zwischen Polen und Deutschen macht deutlich, was an strukturell bestimmter Geschichte noch aufgearbeitet werden muß, um dem von Marxisten wie Positivisten seit Generationen gehegten Fetisch begegnen zu können, der Absolutismus habe mit dem Aufbau des »modernen Staates« begonnen. In Wirklichkeit haben die Machtsysteme dieser Ideologie des »Dominium absolutum« oder der »Erb-Souveränität« all das mit Lug und Trug, List und Terror zerstört, was die Kultur der Freiheit im Rahmen des alteuropäischen Ständewesens vor und nach der Reformation hatte gestalten können.

Die Schlachta oder die Adelsgesellschaft Polens spielte dabei eine hervorragende Rolle. Selbst immer wieder von den eigenen Königen damit bedroht, das Wahlkönigtum in ein absolutistisches Erbsystem zu verwandeln, wurden Hindernisse und Freiheitssicherungen aufgebaut, die voll der späteren Einsicht Nietzsches entsprachen: »Ohne Vertrag kein Recht.«

Das gesamte Öffentliche Recht der Krone Polens und damit seine kontrollierbare Staatlichkeit beruhte von 1573 bis 1795 auf fundamentalen Verträgen oder »pacta conventa«, die von den gewählten Königen feierlich beschworen und gehalten werden mußten. Verträge aber sind als Ausdruck der Gegenseitigkeit (obligatio mutua) auf das Drittrecht (jus tertii) bezogen und damit auf ein System der Gewaltenteilung. Eine französisch abgefaßte Quelle aus dem Jahre 1705 zur »libertären Verfassung« in Polen nannte denn auch die einzelnen Vorrechte des Königs, des Senates und des Reichstages oder Sejm die Trois Prérogatives, in denen, als Inbegriff der königlichen Majestät, der senatorischen Autorität und der Libertät des Reichstages die Vorläufer der Gewaltentrennung (séparation des trois pouvoirs) gesehen werden müssen, wie sie 1789 in der Menschenrechtserklärung und in der September-Verfassung von 1791 definiert wird – als Errungenschaft der Revolution, die in ihrem Kern eine Verfassungsbewegung war.

Bedenkt man, daß diese Dreiteilung oder Trichotomie ebenso die Verfassung Schwedens von 1634 geprägt oder den »tripartite indenture« (Hale) der Verfassung Englands bestimmt hat, dann kommt eine gemeineuropäische Struktur zum Vorschein. Denn auch das vertragliche Verhältnis zwischen dem Kaiser, den Kurfürsten und dem Kurienreichstag im teutschen Wahlreich entspricht dieser Tradition nicht weniger als die libertären Beziehungen zwischen König, Senat und Cortes auf der Iberischen Halbinsel: Selbst die Krone Frankreichs kennt vertragliche Absprachen zwischen dem König, dem Parlement de Paris (oberstes Gericht) und den Generalständen!

Unter diesen Bedingungen erweist sich das Modell einer »Königlichen Republik« in Polen als nicht so einzigartig, wie es gerne von unkundigen Ausländern (Jean Bodin, Lope de Vega oder Simon Dach) und stolzen Polen (W. Goślicki, J. Zamoyski oder S. Orzechowski) hingestellt wird. Denn in seinem Vertragskern ging dieses Gemeinwesen auf die Freiheit von Konsuln, Senat und Comitien in der Römischen Republik vor den absolutistischen Cäsaren zurück. Das Besondere an der Variante in Polen war nur die soziale Trägerschaft in Gestalt des reichstagsfähigen Adels. In seiner Anzahl übertraf er alle aristokratisch geprägten Gesellschaften Alteuropas. Und was die Qualität der »Goldenen Freiheit« betrifft, so hat Polens Schlachta in vielen Bereichen der Parlamentskultur das vorweggenommen und bewußt gelebt, was erst dem »modernen Staat« des Parlamentarismus nach 1789, 1848, 1918 und 1989 in erneuerter Form gelingen sollte.

Gewiß, das Rechtsinstitut des sogenannten Liberum Veto jedes königsfähigen Schlachtschitzen oder Adligen wird immer wieder für die »polnische Anarchie« und Unfähigkeit zu staatlicher Ordnung angeführt. Aber diese grundlegende Einrede gegen einen Reichstagsbeschluß, wie sie seit 1652 verfassungsbezogen möglich war, bedurfte einer genauen Rechtsgrundlage, wenn das entscheidende Wort »Ich erlaube es nicht« (Nie pozwalam) die Wirkung haben sollte, Einstimmigkeit zu blockieren: Man wollte mit dieser rechtlichen Handhabe verhindern, daß Beschlüsse gefaßt wurden, die sich möglicherweise gegen das Gewissen, Recht und Gesetz vergingen.

Die Vorstellung von der Politik als einer »Kunst des Gleichen und Guten« (Ars Aequi et Boni) mag Machthistorikern und Machiavellisten nur ein zynisches Lächeln abgewinnen. Für Alt-Europa war dieser Auftrag im Geist der Nikomachischen Ethik des Aristoteles und der Charitaslehre in Kirche wie Scholastik eine ernsthaft betriebene Verpflichtung – auch dem religiösen Abweichler gegenüber.

Nicht umsonst ging die politische Schlachta über den Augsburgischen Religionsfrieden von 1555 hinaus. In diesem ersten Toleranzvertrag Europas wurden neben den Katholiken lediglich die Lutheraner als eigenständige Konfession im Verfassungsrang anerkannt, nicht jedoch die Calvinisten. In Polen hingegen führte die berühmte Pax dissidentum von 1573 dazu, daß alle christlichen Bekenntnisse in den Schutz des Königseides gelangten: allerdings nur in den Reihen der Schlachta selbst, nicht aber im übrigen unadligen »Volk«, das überwiegend katholisch geblieben war.

Man muß hier von einer strukturellen Verkapselung dieser Adelsgesellschaft sprechen. Sie tat sich als Closed-shop-Society noch 1791 sehr schwer, sich als Nation oder »Glücklich Besitzende« (Beati Possidentes) sozial und rechtlich nach unten hin zu den Städten oder den Bauern zu öffnen. In dieser Unbeweglichkeit liegt eine größere Ursache des Untergangs von 1795 als in der Freiheitskultur, die gegen den entmündigenden Absolutismus demonstrativ gepflegt wurde. Vor allem die großen Magnatengeschlechter wie die Czartoryski, Potocki oder Radziwiłł und Poniatowski haben sich oft wie teutsche Kurfürsten verhalten: Nach oben zum König hin verteidigten sie ihr kostbares Wahlrecht nach altrömischen Vorbildern, nach unten aber betätigten sie sich nicht selten als absolutistische Patrimonial-Herren – die eigenen Untertanen wie »Erb-Sklaven« behandelnd.

Über die Ambivalenz in der Oligarchie der »Königlichen Republik« Polen muß man sich im klaren sein, wenn die Frage gestellt wird, warum dieses adlige Gemeinwesen mit seiner »bizarren Konstitution« (Rousseau) ein Opfer des Absolutismus geworden ist: Es gab in ihm selbst die »Erb«-Krankheit patrimonialer Verfügung über Land und Leute.

An den Völkerrechtsbrüchen der Zaren und der Habsburg- wie Hohenzollern-Diktatoren im Hinblick auf die »Teilungen Polens« (1772, 1793, 1795) besteht kein Zweifel. Aber diese Adelsrepublik hat selbst keine Kraft aufgebracht, als Preußen von 1656 an aus dem »freiesten Land der Christenheit« in das »sklavischste von ganz Europa« (Lessing) verwandelt wurde: Ein Lehen und Vertragsgut der Krone Polens wurde fast widerstandslos zu einem »absoluten Dominat« des Hauses Hohenzollern!

Es mag sein, daß die Schlachta von 1573 an »die großartigste Demokratie« war, die es seit der Polis in Griechenland und der

Römischen Republik »in Europa jemals gegeben hat« (Z. Krasiński). Aber all ihre Errungenschaften bis hin zum aktiven Widerstandsrecht als Ausdruck von Vertragslagen und in Gestalt der Konföderationen, ja des rechtskonformen Aufstandes (Rokosz), schlugen als politische Segnungen in einen Fluch um, sobald sie nur einem hermetischen Narzißmus nach innen wie nach außen dienten – sich also nicht in anderen freiheitlichen Gemeinwesen abstützen mochten.

Der geradezu sprichwörtliche Deutschenhaß in der Schlachta ließ deren führende Köpfe wie den Großkanzler Jan Zamoyski oft nicht erkennen, daß die »Goldene Freiheit« Polens und die »Teutsche Libertät« Ausdruck einer Vertragskultur waren, die von den »absoluten Herren« systematisch und im Zeichen des »blinden Gehorsams« zerschlagen wurde.

Bereits nach dem Frieden von Belgrad 1793 galt die »Königliche Republik« in Europa als ein »herrenloses Gut«, dessen Bestand als »souveräne Krone« niemand mehr so recht garantieren wollte. Allein dieser Umstand hätte der Schlachta-Elite ein Warnzeichen für die Zukunft sein müssen: Aber vom »niederen Volk« abgeschnitten, kam sich dieser Adel wie eine Quelle vor, die sich selbst trinkt und sich dabei erschöpft, ohne es zu bemerken.

Stanisław Salmonowicz

Friedrich II. der Große

Der aufgeklärte Herrscher – Mitstifter der Teilung Polens – Friedrich II. war gewiß die berühmteste Gestalt im Europa der Jahre 1740 bis 1786, und natürlich vor allem für die Deutschen von damals. Für die Geschichtsschreibung des 19. Jahrhunderts, die den Mythos Preußens und seines großen Königs entwickeln sollte, schuf er selber den Ausgangspunkt mit seinen historischen Werken. Doch als Friedrich starb, bezeichneten die Äußerungen von Hertzberg und Mirabeau gewissermaßen den Anfang zweier Linien in der Geschichtsschreibung – einer apologetischen und einer kritischen. Zahlreiche Gründe trugen dazu bei, daß die erstere Linie vor allem die der deutschen Geschichtsschreibung wurde, während die polnische Geschichtsschreibung an dem kritischen Bild anknüpfen sollte.

Wenn in der kurzen Zeit zwischen 1786 und 1815 das Bild des Preußenkönigs in Deutschland ein wenig an Deutlichkeit einbüßte, so entstand, seit sich in der deutschen Geschichtsschreibung die sogenannte preußische Schule (borussische Geschichtsschreibung) an die Spitze schob, vertreten durch L. Ranke, J. G. Droysen, H. von Treitschke und R. Koser, bisweilen durch einen glanzvollen Auftritt eines Auswärtigen unterstützt (T. R. Carlyle), in der deutschen Geschichtsschreibung generell (trotz einer gewissen Kritik österreichischer Kreise) ein hochgradig apologetisches Bild des preußischen Herrschers, dem nicht nur der siegreiche Vormarsch Preußens zu einer Großmachtstellung, sondern auch der Wunsch zugeschrieben wurde, Deutschland zu einigen. Im Laufe des 19. Jahrhunderts wurden bald die aufklärerischen, antiklerikalen, ja sogar liberalen Haltungen Friedrichs, bald seine Verdienste um den deutschen Nationalismus und die im Grunde konservative Konzeption Preußens hervorgehoben. Die nicht von Widersprüchen freien Handlungen und Aussagen Friedrichs ließen es zu, in seinem generell positiven Bild unterschiedliche, manchmal sehr weit voneinander entfernte Motivationen hervorzuheben. Fast immer aber weckte er Bewunderung als Staatsmann und großer Führer, als glänzender Administrator, als vielseitiger Kopf mit großen Talenten und Interessen. Die dauerhaftesten Spuren im allgemeinen Bewußtsein hinterließ jedoch die nationalistische Geschichtsschreibung der wilhelminischen Ära, die von Friedrich ein Bild entwarf, das ihn als Vorläufer der deutschen Expansion und unerreichten Vertreter des preußischen Militarismus zeigte. Daher entwickelte sich in Deutschland erst nach der Niederlage im Ersten Weltkrieg eine äußerst kritische Richtung, die gewissermaßen die Gegenlegende, die schwarze Legende Friedrichs aufbaute. Vorläufer war hierbei der Marxist F. Mehring (1893). Doch das traditionelle Bild, das immer häufiger in nationalistischen Kategorien gemalt wurde, in denen der Preußenkönig niemals gedacht hatte, gewann wieder die Oberhand. Diese Glorifizierung einer selektiv wahrgenommenen preußischen Tradition, deren Symbol Friedrich der Große war, prägte dann auch die Nazizeit, in der Geschichtsschreibung, Publizistik, Theater und Film für die Propaganda eines Bildes der Vergangenheit genutzt wurden, das Friedrich II. als großen Vorläufer Hitlers zeigte. Durch die Niederlage des Dritten Reiches wurden die apologetischen Tendenzen für einige Zeit verdrängt; bis zu einem gewissen Grade setzte sich das Modell des kritischen Blicks auf Preußen, auf die Tradition von Militarismus und Expansion durch, und dies bestimmte auch die kritischen Aussagen über Friedrich. Dennoch spielten gemäßigte Befürworter der Werte des preußischen Erbes (H. J. Schoeps, G. Ritter, W. Hubatsch) in der Geschichtsschreibung weiterhin eine gewichtige Rolle. Die sogenannte preußische Welle um das Jahr 1981 brachte erneute Versuche einer Umwertung, aber auch einer Rückkehr zu einem reichlich traditionellen Bild der preußischen Vergangenheit (G. Heinrich). Anders stellte sich die Situation in der Geschichtsschreibung der DDR dar, wo nach einer Phase des Verschweigens und Verleugnens der preußischen Tradition der Versuch unternommen wurde, die Zeit Friedrichs des Großen einer neuen Betrachtung zu unterziehen (I. Mittenzwei), ein Versuch, der einerseits nicht frei war vom Schematismus des marxistischen Denkens und andererseits weit davon entfernt, das Thema Polen im Handeln Friedrichs, das in der traditionellen deutschen Geschichtsschreibung seit jeher an den Rand gedrängt wurde, in größerem Umfang zu berücksichtigen. Eine Art Resümee der Auseinandersetzungen innerhalb der deutschen Geschichtsschreibung war die Biographie T. Schieders (1983), der die Vielzahl der Ebenen betonte, von denen aus wir das historische Wirken Friedrichs des Großen beurteilen können, an dem er besonders die zahlreichen Widersprüche hervorhob. Die Biographie, die in einem gewissen Maße dem Zauber des Philosophen von Sanssouci erliegt, leugnet nicht, daß die Außen- und Innenpolitik des Preußenkönigs mit großen Gefahren und Passiva verbunden war. Wenn wir die Ebene der wissenschaftlichen Kontroversen verlassen und zum Geschichtsbewußtsein der Gesellschaft kommen, das vielfach durch die Werke von Schriftstellern und Künstlern bestimmt wurde (man denke an die Rolle Adolf von Menzels für die friderizianische Legende!), so läßt sich sagen, daß Friedrich II. im Laufe des 19. und 20. Jahrhunderts zu einer der größten Gestalten der deutschen Geschichte wurde, und wenn gelegentlich auch kritische Stimmen über ihn laut wurden, so wurden sie doch völlig verdrängt durch den großen Mythos, der von Geschichtsschreibung, Literatur, Kunst und Schule aufgebaut wurde.

Friedrich II. gehört zweifellos zu jenen historischen Gestalten, die sich, namentlich vom Ende des 19. Jahrhunderts bis in die Zeit des Zweiten Weltkriegs, aus deutscher und polnischer Sicht ganz verschieden dargestellt haben, und dies gilt weitgehend bis heute. Für die Polen, für die polnische Geschichtsschreibung, speziell die der Zeitspanne 1871 bis 1956, mag Friedrich II. ein großer Herrscher gewesen sein; dennoch war er vor allem nicht nur der Hauptinitiator der ersten polnischen Teilung, sondern während seiner ganzen langen Regentschaft ein entschiedener Feind Polens und der Polen. Wir weisen jedoch darauf hin, daß der polnisch-preußische (noch nicht polnisch-deutsche!) Gegensatz, so deutlich er in der zweiten Hälfte des 18. Jahrhunderts auch schon war, im damaligen Polen zunächst nicht für ein negatives Bild des Preußenkönigs sorgte, was auch daran lag, daß Friedrichs Zeitgenossen sich nicht darüber im klaren waren, welch großen Anteil er am Zustandekommen der ersten Teilung Polens hatte. Die intellektuellen Eliten Polens nahmen deshalb auch noch nach 1772 keine einmütige Haltung gegenüber Friedrich ein. Man kann eine ganze Reihe hervorragender Gestalten des polnischen 18. Jahrhunderts nennen (König Stanisław Leszczyński, der Bischof und Schriftsteller Ignacy Krasicki, der Publizist Piotr Świtkowski), die weiterhin im Banne des Philosophen von Sanssouci standen, und es fehlte auch nicht an Bewunderern seiner militärischen Talente. Piotr Świtkowski schrieb über die posthum erschienenen Werke des Preußenkönigs: »Nach seinem Tod erschienen, sind sie einer der kostbarsten Schätze, die von großen Männern der Gesellschaft hinterlassen wurden.« So hat denn auch die erste Hälfte des 19. Jahrhunderts hier keine grundsätzlichen Wandlungen gebracht: Für die meisten Polen war Rußland weiterhin der Hauptfeind, und die polnisch-preußischen Beziehungen waren in den Jahren 1815 bis 1848 von wechselnden Tendenzen geprägt. Den großen Konflikt, der nunmehr eindeutig zu einem polnisch-deutschen Konflikt geworden war, offenbarte erst das Jahr 1848, und besonders nach 1871 waren die Polen im preußischen Teilungsgebiet mit einem dramatischen Kampf um ihre nationale Existenz konfrontiert, in dem der deutsche Nationalismus auch auf die preußische Tradition zurückgriff. Dies war der Grund dafür, daß die Anfänge des modernen polnischen Nationalismus gegen Ende des 19. Jahrhunderts vor allem von antipreußisch-antideutschen Äußerungen bestimmt waren. Deshalb haben schließlich auch hervorragende polnische Historiker des ausgehenden 19. Jahrhunderts (W. Smoleński, S. Askenazy) in der polnischen Geschichtsschreibung ein kraß negatives Bild Friedrichs II. gezeichnet und ausgemalt: Er war ein Feind des Polentums, vor allem aber war er der Initiator der ersten Teilung Polens, die das Land vom Zugang zum Meer abschnitt und es fürderhin dem preußischen Wirtschaftsdiktat unterwarf. Fortgeführt wurde die deutschfeindliche Haltung in der polnischen Geschichtsschreibung während der Jahre 1918 bis 1939 von W. Konopczyński, der den Alptraum der Nazibesatzung überlebte und 1947 sein Buch »Friedrich der Große und Polen« veröffentlichte. So sehr die Gelehrsamkeit des Verfassers Bewunderung erweckt, so tritt doch in vielen seiner allgemeinen Urteile ein allzu überspitztes Bild des »Slawenfressers« zutage. Für die Einseitigkeit dieses Werkes war die Tatsache verantwortlich, daß es nicht die gesamte Biographie des Preußenkönigs behandelte, sondern ausschließlich sein Verhältnis zu Polen. Hier sei angemerkt, daß die deutsche Geschichtsschreibung kein Werk aufweist, in dem die polnisch-preußischen Beziehungen während der Regierungszeit Friedrichs II. umfassend dargestellt würden. In der Nachkriegszeit war der Blick auf Friedrich in Polen zusätzlich durch die Erfahrungen mit der deutschen Besatzung belastet, und vielfach wurde er als beinahe unmittelbarer Vorläufer Hitlers und des deutschen Militarismus im 20. Jahrhundert dargestellt. Im allgemeinen Bewußtsein blieb er ein Feind des polnischen Volkes und der Schöpfer der preußischen Macht, die so schwer auf dem Schicksal Polens lastete. Ein Versuch, den Preußenkönig nicht nur unter dem Aspekt der polnischen Angelegenheiten zu sehen, war die erste vollständige polnische Biographie Friedrichs aus der Feder von S. Salmonowicz unter dem Titel »Friedrich II.« (1981). Dort heißt es im Versuch eines Resümees: »Diese schillernde Persönlichkeit in eine einfache Formel zu fassen ist keine leichte Aufgabe. Er war nicht nur ein gnadenloser Eroberer und Despot, und er war auch nicht, obwohl er selbst gern daran glaubte, ein Philosoph auf dem Thron. Anders, als er gehofft hatte, ging er nicht als ein großer Schöpfer in die Literaturgeschichte ein, und sein aufgeklärter Absolutismus wies alle Widersprüche auf, die diesem Begriff eigen sind. Alles in allem war er ein außergewöhnlicher Herrscher, doch zum Unglück für Deutschland und Europa eröffnete er den Marsch Preußens zur Hegemonie in Deutschland, die sich zugleich als deutscher Versuch einer Hegemonie über Europa, wenn nicht gar die ganze Welt entpuppen sollte.«

In den letzten Jahren hat es eine Annäherung zwischen der deutschen und der polnischen Geschichtsschreibung gegeben. Die polnischen Historiker sollten die nuancenreiche Gestalt Friedrichs II. nicht nur auf einen, den polnischen Aspekt seines Handelns reduzieren. Die deutschen Historiker wiederum sollten Darstellungen der im gesamteuropäischen Rahmen bedeutsamen Tatsache, daß Friedrich II. für die Polen in hohem Maße daran beteiligt war, daß sie ihre Eigenstaatlichkeit einbüßten, nicht ganz an den Rand drängen. Wenn Kontroversen bis zu einem gewissen Grade unvermeidlich sind, so besteht doch die Chance, daß allzu einseitige Urteile – besonders jene, die auf beiden Seiten von nationalistischen Tendenzen bestimmt waren – aus dem wissenschaftlichen und danach auch aus dem gesellschaftlichen Verkehr gezogen werden.

Michael G. Müller

Das Ende zweier Republiken: die Teilungen Polens und die Auflösung des alten Reichs

Die republikanischen Traditionen der vormodernen Epoche spielen im Geschichtsbewußtsein von Polen und Deutschen ungleiche Rollen. Dabei gilt doch zunächst einmal: Beide Nationen verfügen über solche Traditionen, und ihre historischen Schicksale weisen nicht wenige Parallelen auf. Gleich der polnisch-litauischen »Rzeczpospolita szlachecka« (Adelsrepublik) zählte auch das Heilige Römische Reich zu den großen alteuropäischen Republiken.

Beide Staatsgebilde entfalteten eine ähnliche politische Kultur ständischer Machtbeteiligung und Rechtssicherung. Beide Republiken erwiesen sich dann aber auch in der Konkurrenz zum Absolutismus als machtpolitisch unterlegen: Sie wurden gewissermaßen von innen heraus ausgehöhlt und entmachtet, um schließlich in der Epoche der Revolutionen von außen zerschlagen zu werden – die polnische Adelsrepublik in den Teilungsakten zwischen 1772 und 1795, das alte Reich wenig später, unter den Einwirkungen der napoleonischen Eroberungskriege.

Die historischen Wege scheiden sich allerdings dort, wo es um die Umstände der Ablösung der alten Republiken und – mehr noch – um die Wahrnehmung und die geschichtliche Deutung dieser Umstände im Bewußtsein der Betroffenen geht. Für Polen markiert das Ende der alten Republik in den Teilungen nationalgeschichtlich Höhepunkt und Katastrophe in einem: Mit der Verabschiedung der »Mai-Verfassung« war 1791 der spektakuläre Durchbruch zu einer aufgeklärt-modernen Staatserneuerung unter republikanischen Vorzeichen gelungen – eine friedliche Revolution eigener Art –, als der Staat kurz darauf verlorenging. Die »neue Zeit« aber kam in Gestalt neoabsolutistisch-bürokratischer Fremdherrschaft, unter der sich für mehr als ein Jahrhundert nationale Unterdrückung und die Verweigerung republikanischer Rechte zu einer Einheit verbinden sollten. Die Deutschen dagegen haben das Ende ihrer Republik kaum als Katastrophe erfahren, geschweige denn später als solche erinnert. Denn auch wenn man darüber raisonnieren kann, ob die Auflösung des alten Rechtsgefüges wirklich ohne Verluste an politischer Kultur für die ehemaligen deutschen Reichsstände und Reichsbürger abgegangen ist – fest steht doch, daß die moderne deutsche Nationalgesellschaft ihre historische Identität mehrheitlich nicht von dem niedergehenden Reich, sondern von den gleichzeitig aufsteigenden absolutistischen Territorialstaaten hergeleitet hat. Das heißt, historisch erinnert wird vor allem Preußens Rolle als deutsche Vormacht und Wegbereiter der kleindeutschen, nicht-republikanischen Reichsgründung. Die alte Reichsrepublik dagegen verblaßte hinter den machtpolitischen Erfolgen der territorialstaatlichen »Emanzipation«; nach dem Urteil der modernen Historie ohnehin »immer mehr Rechtswahrungsverband als politisch handelnde Macht« (Heinz Duchhardt), ist sie als vermeintlich unzeitgemäßes Relikt einer schon lange vor der Wende zum 19. Jahrhundert abgeschlossenen Epoche rasch in Vergessenheit geraten.

Jedenfalls stehen am Ende radikale Unterschiede in dem, was sich in den beiden nationalen Geschichtsbildern an Assoziationen des Begriffs Republik sozusagen abgelagert findet: hier, in Deutschland, in Ermangelung eines auf das Reich bezogenen Traditionsbewußtseins eine einseitig moderne Verknüpfung mit dem bürgerlichen Staatsverständnis der Französischen Revolution, das, wie es vielen scheinen mag, erst 1789 in die Welt gekommen und – angesichts des Scheiterns der deutschen Revolution von 1848 – sogar erst im 20. Jahrhundert für Deutschland fruchtbar gemacht worden ist; dort, in Polen, dagegen ein Bewußtsein von »republikanischer Kontinuität« der Nationalgeschichte, in der die alte Republik der Sarmaten und der aufgeklärte Reformstaat der Mai-Verfassung ebenso aufgehoben scheinen wie das bürgerliche Polen der Zwischenkriegszeit und selbst noch die Bürgerbewegung »Solidarność«.

Sind dies nun Unterschiede nur der Wahrnehmung und des Bewußtseins, also Unterschiede zwischen den politisch-historischen Mentalitäten? Oder geht es doch vor allem um die verschiedenen Wege der beiden Nationen im realgeschichtlichen Ablauf? So wenig das eine vom andern analytisch scharf zu trennen sein wird, so klar liegt doch zutage, daß wir es mit den – freilich differenten – Ergebnissen ein und desselben geschichtlichen Vorgangs zu tun haben: nämlich mit den Wirkungen der Geschichte Brandenburg-Preußens, das sich als ein »Staat zwischen den Nationen« (Klaus Zernack) in einer für beide Republiken gleichermaßen destruktiven Weise machtpolitisch durchgesetzt hat. So könnte ein Weg, unser Problem der abweichenden Einstellungen zu den je eigenen Republik-Traditionen zu begreifen, also darin bestehen, daß man die Stadien dieser spezifischen Wirkungsgeschichte Preußens nachvollzieht. Wenigstens ein Orientierungsversuch in dieser Richtung soll im folgenden unternommen werden.

Der Moment, von dem an ein Kausalzusammenhang zwischen den Schicksalen der beiden Republiken wirksam wurde, war der

Ausgang des großen Nordischen Kriegs (1700–1721). Ein zunächst eher unterschwelliger Zusammenhang, zugegeben, denn die Machtverteilung im Reich, schon seit langem mehr Objekt denn Subjekt der europäischen Politik, schien trotz der Überschneidungen zwischen Nordischem Krieg und Spanischem Erbfolgekrieg zunächst unberührt; noch blieb hier der habsburgisch-bourbonische Gegensatz bestimmend. Um so dramatischer veränderte der nordische Hegemonialkonflikt jedoch die Staatenlandschaft Osteuropas und damit zugleich den mächtepolitischen Rahmen, in dem die brandenburgisch-preußische Politik als neuer Faktor gegenüber Polen und künftig auch im Reich wirksam werden konnte. Der Krieg nämlich brachte die beiden Konstellationen hervor, die sich für unsere Frage als die entscheidenden Konstanten des 18. Jahrhunderts erweisen sollten: einerseits die Unterwerfung der im Krieg geschwächten polnischen Adelsrepublik unter eine von Rußland gesteuerte Hegemonialordnung, andererseits jene bündnispolitische Anbindung Preußens an Rußland, welche dem jungen Hohenzollernschen Königtum als dem »Juniorpartner« der russischen Hegemonialpolitik die Chance zur Durchsetzung als eine expansive Großmacht eröffnen sollte.

Unmittelbar hat die polnische Republik diesen Systemwandel als krisenhaften Umbruch erfahren. Schon 1720 verständigten sich Rußland und Preußen darüber, den inneren und äußeren Schwächezustand Polens künftig gemeinsam zu erhalten; 1732 schlossen die drei späteren Teilungsmächte erstmals einen förmlichen Vertrag in der Absicht, die polnische Königswahl nach dem Tod Augusts des Starken im Sinne der eigenen Interessen zu steuern. In der Perspektive »negativer Polenpolitik« spielte sich so eine Kooperation ein, die ungeachtet aller Konflikte zwischen den Beteiligten Bestand hatte; jedenfalls funktionierte sie immer dann, wenn es darum ging, die Adelsrepublik an der Wiedererlangung ihrer Souveränität zu hindern: im Polnischen Thronfolgekrieg (1733–1736) ebenso wie angesichts der Reformbestrebungen der Republik in den 1740er Jahren oder bei der letzten polnischen Königswahl von 1764. Die »Souveränitätskrise« der Adelsrepublik (Emanuel Rostworowski) war im Zeichen der äußeren Einkreisung früh irreversibel geworden.

Aber auch die Reichspolitik geriet in Bewegung, seitdem Preußens Eroberung Schlesiens von 1740 einen preußisch-österreichischen Fundamentalkonflikt und schließlich, im Ergebnis des Siebenjährigen Kriegs, einen spannungsreichen preußisch-österreichischen »Dualismus« im Reich hervorgebracht hatte. Dies bedeutete keinen Zuwachs an Bewegungsfreiheit für die Reichsstände gegenüber der habsburgischen Kaisermacht. Indem das bisher von außen stabilisierte Machtvakuum durch den territorialstaatlichen Konflikt gefüllt wurde, kam es nicht etwa zur Stärkung der ständestaatlichen Reichsstrukturen. Gestärkt wurden vielmehr die zentrifugalen Kräfte, die – wie Preußen – die territoriale Souveränität dem Schutz des alten Rechtsverbands vorzogen.

Für die mittleren und kleineren Reichsstände wurde dies spätestens angesichts der ersten Teilung Polens von 1772 sinnfällig. Etliche protestierten denn auch in den Reichsgremien dagegen. Sie taten es in der Sorge, daß der willkürlichen, ohne auch nur den Anschein von Rechtsansprüchen vollzogenen Aufteilung der polnischen Republik bald auch die Aufteilung der deutschen Republik folgen mochte. Und die Sorge schien in wenigstens zweierlei Hinsicht berechtigt. Denn die Teilung war – wie geläufig »Tausch, Teilung und Länderschacher« (Karl-Ottmar Frh. v. Aretin) der Kabinettspolitik des 18. Jahrhunderts auch gewesen sein mögen – eine präzedenzlos gewaltsame Verletzung der Rechtsgrundlagen der von Edmund Burke so genannten »großen westlichen Republik« Europa, und, was im Rückblick vielleicht noch schwerer wiegt: Die Teilung wertete schlagartig vor allem jene kleinste Teilungsmacht Preußen auf, deren Staatsraison derart unmittelbar an Expansion auf Kosten der Nachbarstaaten gebunden war.

Damit ist denn auch angedeutet, was die herausragende Rolle Preußens in dem oft beschriebenen Vorgang der ersten Teilung Polens selbst ausmacht. Gewiß, der Teilungsakt war die Folge einer internationalen Krise, die Preußen weder ausgelöst noch in ihrem Ablauf bestimmt hat; desgleichen trifft zu, daß die Bereitschaft aller drei Beteiligten, Polen als eine Art Verfügungsmasse für die Bewältigung ihrer Konflikte zu behandeln, offenbar groß war. Doch allein für Preußen stellte die Herbeiführung der Teilung im Krisenverlauf einen Zweck an sich dar; erst der massive

Einsatz der preußischen Diplomatie hat die Krise in dieser Richtung kanalisiert; für keine andere Teilungsmacht schließlich gilt, was Leopold von Ranke über Preußen gesagt hat, daß nämlich der Annexionsgewinn von 1772 sich als »eine Bedingung seines künftigen politischen Bestehens« erweisen sollte: Sachsen, Preußens Nachbar im Reich, mußte als Konkurrent verdrängt und vor allem Polen mußte geteilt werden, damit Preußen als unabhängige Großmacht existenzfähig wurde.

So weit nun, von 1772 aus betrachtet, der Weg zur zweiten und dritten Teilung Polens und zur Auflösung des Reichs noch gewesen sein mag – in der Rückschau erkennen wir doch klar, daß die Entwicklung seitdem in eigener Dynamik darauf zutrieb. Allzu groß war das preußische Interesse an weiteren Annexionen und allzu stark die von 1772 ausgehende Rivalität zwischen den drei Teilungsmächten, als daß die amputierte polnische Republik sich in diesem Staatensystem hätte behaupten können. Allzu tief war im Reich die Kluft zwischen den beiden konkurrierenden Großmächten und den kleineren Reichsständen geworden, als daß das Machtvakuum hier noch durch ein »drittes Deutschland«, also anders denn unter der Ägide einer Großmacht hätte gefüllt werden können. In den Kriegen der Revolutionszeit kamen die lange gewachsenen Spannungen zur Austragung: in Polen mit der gewaltsamen und spektakulären Zerschlagung der um ihren Bestand kämpfenden reformierten Republik 1793 und 1795, in Deutschland mit der eher unspektakulären Auflösung des von den deutschen Großmächten gewissermaßen selbst preisgegebenen Reichs 1806.

Nicht nur in den Umständen dieses Untergangs indessen, sondern auch und vor allem in den Konsequenzen für die jetzt einsetzenden modernen Nationsbildungsprozesse treten die besonderen Wirkungen der preußischen Geschichte, um die es uns geht, dann als trennender Faktor deutlich zutage. Wohl waren Polen und Deutsche als Nationen ohne Nationalstaat am Anfang des 19. Jahrhunderts in ähnlicher Lage, und die Wortführer der frühen Nationalbewegungen haben dies auch als eine Gemeinsamkeit der Ziele verstanden: Der Anspruch auf politische Emanzipation und nationalstaatliche Einheit – auf eine nationale Republik, könnte man sagen – verband Polen und Deutsche zunächst in der Gegnerschaft zu der neoabsolutistischen Ordnung der Heiligen Allianz und deren Trägerstaaten. Doch diese Gemeinsamkeit hatte keinen Bestand. Sie sollte in dem Maße der Konfrontation weichen, wie das durch die Teilungen Polens etablierte Großmächtesystem sich wiederum behauptete und wie die deutsche Nationalbewegung nach »Vormärz« und gescheiterter 48er-Revolution ihrerseits in den Sog der preußischen Politik geriet. Denn ebensowenig wie im 18. Jahrhundert war das monarchisch-bürokratische Preußen jetzt auf eine deutsche Republik hin ausgerichtet, und ebenso unabweislich wie in der Teilungsepoche selbst gründete die großmachtpolitische Staatsraison Preußens auch im 19. Jahrhundert darauf, die staatliche Existenz Polens zu negieren. Der deutsche Nationalismus mußte sich, indem er in der kleindeutsch-preußischen Lösung der nationalen Frage aufging, politisch »borussifizieren« – in der Verfassungsfrage genauso wie in seiner Beziehung zum polnischen Nachbarn.

Die Vertreter der polnischen Nationalbewegung und ihre wenigen verbliebenen deutschen Verbündeten, die im Juli 1848 die berühmt gewordene »Polen-Debatte« des Frankfurter Paulskirchen-Parlaments verfolgten, kamen in diesem Sinne bereits früh zu eindeutigen Urteilen: Schon im politischen Dilemma des Revolutionsjahres hatten sich, wie es ihnen schien, die Deutschen für den auf Preußen gestützten Machtstaat und damit gegen die Freiheit, für das Staatensystem der Teilungsmächte und damit gegen ein Europa der wiederhergestellten Republiken entschieden. Ob sich der historische Prozeß letztlich so auf den Begriff bringen läßt, mag dahingestellt bleiben. Eindeutig erkennen wir in diesem Konfliktbild jedoch den Reflex des Problems wieder, das uns hier beschäftigt hat: des Problems des ungleichen Umgangs von Deutschen und Polen mit den altrepublikanischen Traditionen und des hier wirksamen Zusammenhangs mit der Geschichte Preußens.

Jacek Staszewski
Sachsen

In der polnischen Umgangssprache gibt es den Ausdruck »saksy« – für Saisonarbeit, zu der sich Unbemittelte vor allem ins Ausland begeben. Wenn sie von den »saksy« zurückkamen, konnten sie sich manchmal ein Stück Land kaufen oder eine Werkstatt aufmachen, die ihrer Familie ein Auskommen sicherte. Der Ausdruck kam im 19. Jahrhundert auf, als infolge der Landreform viele Bauern im preußischen Teilungsgebiet ihre Existenzgrundlage verloren hatten. Tausende von Landarbeitern aus Großpolen und Schlesien fanden Arbeit in Sachsen, und anfangs bezeichnete dieser Ausdruck nur eine Beschäftigung im Königreich Sachsen. Als dann die Wanderung der Arbeiter wegen der wirtschaftlichen Entwicklung der zentralen und westlichen Regionen des Deutschen Reiches immer weiter nach Westen führte, erhielt sich der alte Ausdruck, doch der ursprüngliche Sinn ging ganz verloren. Heute benutzt man ihn als Synonym für jede Art von Saisonarbeit im Ausland, und so fährt man »auf saksy« nach Griechenland und Nordamerika.

Ein anderer, mit Sachsen zusammenhängender Ausdruck – »czasy saskie« (»die sächsische Zeit«) – knüpft an die polnisch-sächsische Union (1697–1763) an, als die sächsischen Kurfürsten – Friedrich August I., in Polen als August II. (1697–1733) bekannt, und sein Sohn Friedrich August II. (August III., 1733–1763) – Könige von Polen waren. Dieser Ausdruck umfaßt jedoch nicht die Jahre 1806 bis 1812, als ein Enkel Augusts III., der erste König von Sachsen, Friedrich August I., an der Spitze des von Napoleon geschaffenen Herzogtums Warschau stand. Im polnischen Geschichtsbewußtsein ist die »sächsische Zeit« gleichbedeutend mit dem politischen, wirtschaftlichen und kulturellen Niedergang Polens, in dessen Gefolge es zu den Teilungen Polens kam (1772 die erste, 1793 die zweite, 1795 die dritte). Der bündige Begriff verknüpft die Tatsache, daß Polen für 123 Jahre von der Karte Europas verschwand, mit der Herrschaft der Wettiner in Polen. Dieses vereinfachende Bild verstärkte das negative Urteil, das in historischen Arbeiten über die »sächsische Zeit« gefällt wurde und in den historischen Romanen von Józef Ignacy Kraszewski, die über den polnischen Sprachraum hinaus populär waren, noch entschiedener ausfiel. Kraszewski flocht sein Urteil über die Herrschaft der Sachsen in Polen ein in einen »ewigen« polnisch-deutschen Konflikt, der sich in der Zeit, als seine Romane entstanden, tatsächlich aufs äußerste zuspitzte (Vertreibung polnischer Bauern in der Provinz Posen durch Preußen, Kulturkampf, Gründung des Ostmarkenvereins, Ansiedlungspolitik). Weil das deutsch-polnische Verhältnis im Bewußtsein der Polen von Preußen überschattet wurde, verwischte sich der Unterschied zwischen den einzelnen deutschen Staaten, war ihr jeweiliges Verhältnis zu Polen und den Polen nicht mehr klar erkennbar. Was für starke Emotionen im Spiel waren, kann man beispielsweise daran ablesen, daß die Aufnahme, die polnische Aufständische in den Jahren 1830/31 in Sachsen, Hessen und Bayern fanden, sowie die Bedeutung Dresdens für das Schaffen der bedeutendsten Schriftsteller der Romantik und Leipzigs für den Druck polnischer Bücher, die im geteilten Polen nicht erscheinen konnten, schon in der zweiten Generation praktisch vergessen waren. Die langen, sich über Jahrzehnte erstreckenden Zeiten eines friedlichen Zusammenlebens (auch an der Grenze zu Brandenburg), des friedlichen Austauschs von Menschen und Ideen, »schrumpften zusammen«, verdrängt von der durch die Politik Preußens erzeugten Angst um die nationale Existenz und die kulturelle Identität. Dies versperrte den Weg zu einer Beschäftigung mit der »sächsischen Zeit«. Kazimierz Jarochowski, der erste polnische Historiker, der sich unmittelbar nach dem Völkerfrühling dieser Epoche zuwandte, war noch weit davon entfernt, die Herrschaft der Wettiner in der Weise mit deutscher Vorherrschaft gleichzusetzen, wie es dann üblich war, als er seine Studien beendete. Erst in den zwanziger Jahren unseres Jahrhunderts wurden Jarochowskis unabgeschlossene Untersuchungen von Józef Feldman wieder aufgenommen: Die systematischen Forschungen reichten nur bis zum Jahr 1709! Obendrein waren sie von Willkür und Vergeßlichkeit gekennzeichnet. Des in der Zeitschrift »Kwartalnik Historyczny« 1912 veröffentlichten Plans Augusts II. »Umb Pohlen in Flor und ansehung gegen seine nachtbaren zu setzen« (!)

entsann man sich erst wieder 1962, nachdem eine Gemeinschaftsarbeit »Um die polnische Krone« erschienen war, die in der Erforschung der »sächsischen Zeit« eine Wende einleitete.

In Deutschland nahmen die entsprechenden Forschungen eine recht eindrucksvolle Entwicklung. In der zweiten Hälfte des 18. Jahrhunderts entsann man sich in Sachsen gern der alten Herrlichkeit, die besonders gegen die dürftige Gegenwart nach der preußischen Besatzung und den von ihr während des Siebenjährigen Krieges (1756–1763) verursachten Zerstörungen abstach. Die Ruinen der bombardierten und ausgebrannten Häuser riefen die Zerstörung Dresdens durch Preußen im Jahre 1760 noch jahrelang in Erinnerung, während die Unterwerfung Sachsens unter Preußen den politischen Niedergang belegte. Erst nach der Schaffung des Königreichs Sachsen (1806) begann das Land den ihm gebührenden Platz unter den deutschen Staaten zu finden, obwohl es einen Teil der Lausitz an Preußen verloren hatte. Man knüpfte dabei an die Union mit Polen an, als die glanzvollste Periode der neuesten Geschichte, und als der Tod Augusts II. sich zum hundertsten Mal jährte, gab man ihm den Beinamen »der Starke«, um zu betonen, daß er die zahlreichen Feinde Polens und Sachsens zu schlagen vermocht, sein Erbland von dem Niedergang, in den der Nordische Krieg (1700–1721) es gestürzt hatte, befreit und aus der Hauptstadt ein Zentrum der europäischen Kultur gemacht hatte. Der Kampf um die Identität Sachsens wurde in dieser Zeit von der Rivalität zwischen liberalen und konservativen Tendenzen in Deutschland überlagert und hatte etwas mit den deutschen Einheitsbestrebungen zu tun.

Die preußische Antwort ließ nicht auf sich warten. Die Preußen brachten den Beinamen »der Starke« mit den angeblich übermenschlichen Körperkräften Augusts in Zusammenhang, während sie ihm jegliche Herrscher-Qualifikation absprachen unter Hinweis darauf, daß er, um ungerechtfertigte Ambitionen zu befriedigen, Sachsen mit dem schon im Niedergang befindlichen Polen verbunden habe. Der Niedergang Polens habe zwangsläufig den Niedergang Sachsens nach sich gezogen, was Ranke und Droysen in ihren großen Synthesen bewiesen hätten; auf die Rolle des Einigers Deutschlands könne Sachsen daher keinen Anspruch erheben. Diese Sicht wurde durch die Werke Friedrichs II. bestätigt, deren Behauptungen über Sachsen, seine Herrscher und die Union mit Polen ungeprüft blieben. Als der Breslauer Professor Johannes Ziekursch sie mit Archivmaterialien verglich, wurden seine Feststellungen von den Berliner Historikern, darunter an führender Stelle Paul Haake, zurückgewiesen. Diese eigentümliche Beurteilung der Wettiner und Sachsen führte unter anderem dazu, daß die der Dynastie ergebenen Dresdner Archivare Akten, die nach ihrer Meinung geeignet waren, den Preußen zur weiteren Diskreditierung der Wettiner zu dienen, versteckten beziehungsweise aussonderten und in die Königliche Bibliothek (heute Sächsische Landesbibliothek) verlagerten, wo sie, aus dem Kontext gerissen, kaum einen Historiker interessierten. In der Zeit zwischen den beiden Weltkriegen galt nur noch das preußische Modell der sächsischen Geschichte. Gurlitt, der über August II. und seine Mäzenatenrolle schrieb, stieß auf scharfe Kritik Haakes, der in seiner eigenen Biographie des Königs und Kurfürsten nicht der obersten Pflicht des Biographen – gewissenhafte Prüfung der Quellen – genügte. Das Wort Haakes galt als verbindlich, weil er sich den Ruf des besten Kenners der Geschichte Sachsens, speziell der Zeit Augusts II., erworben hatte und vielen noch heute als ein solcher gilt. Nach dem Zweiten Weltkrieg geriet die Zeit Augusts II. und Augusts III. für viele Jahre in Vergessenheit, bis anläßlich des 250. Todestages des Erstgenannten (1983) in Sachsen eine wissenschaftliche Tagung stattfand, nachdem K. Czok bei den DDR-Behörden die Genehmigung »erkämpft« hatte, diese Problematik in die Regionalforschung einzubeziehen. Das öffentliche Echo auf diesen Gedenktag übertraf die Erwartungen der Forscher und der Behörden. Die Regierungszeit Augusts II. und besonders die von ihm geschaffenen Kunstsammlungen erwiesen sich für den Fiskus als eine hervorragende Einnahmequelle, und so kam es, daß die Bestände das »Grünen Gewölbes« insgesamt oder teilweise auf Ausstellungsreisen gingen (u. a. nach New York, auf die Schallaburg in Österreich und in die Essener Villa Hügel). In zahlreichen Bildbänden wurden die Kunstbestände immer reichhaltiger dokumentiert, während die politische Geschichte weiterhin ein kümmerliches Dasein fristete. Die Geschichte Sachsens (nicht nur der uns interessierende Abschnitt) ging offenbar noch immer niemanden etwas an, sie fand weder im Osten noch im Westen Deutschlands Interesse. In der »Studiengruppe für Sächsische Geschichte und Kultur«, die Dr. Albert Herzog zu Sachsen in München gründete und seit etlichen Jahren leitet, fand sich nur ein relativ kleiner Kreis von Freunden Sachsens zusammen. Ebenfalls relativ klein war die Schar der Historiker, die sich mit der Regierungszeit der beiden Wettiner befassen. Abgesehen von inhaltlichen Erkenntnissen beruhte der Wert ihrer Arbeiten vor allem darauf, daß die Kontinuität der Forschung gewahrt wurde. Allerdings konzentrierte sich die Forschung in Dresden und nicht in Leipzig, wo man sie im Grunde gar nicht haben wollte. Deshalb konnte die Societas Jablonoviana auch nicht die ihr eigentlich zukommende Rolle spielen; eine der ältesten wissenschaftlichen Gesellschaften Europas, war sie 1768 eben in Leipzig von dem polnischen Aristokraten Józef Aleksander Jabłonowski gegründet worden – ihre Tätigkeit nahm sie 1774 auf –, um wissenschaftliche Untersuchungen u. a. auf dem Gebiet der Geschichte Polens und Deutschlands zu fördern. Von den Nazibehörden suspendiert und erst in den sechziger Jahren an der Universität Leipzig wieder ins Leben gerufen, verfehlte sie über Jahrzehnte hin die Ziele, um derentwillen sie gegründet worden war. Ihre erneute Wiederbelebung im Jahre 1991 kann dazu beitragen, daß die Forschungen, die der Gründer im Auge hatte, sich besser entfalten.

In Dresden wurden die erwähnten Forschungen von Kunsthistorikern und Archivaren, Museumsleuten und »Lokalpatrioten« betrieben, die um den Wiederaufbau der in Trümmern liegenden Innenstadt Dresdens oder zumindest der verbliebenen Bauwerke aus der Zeit des Augusteischen Barocks kämpften. Diesem Ziel dienten auch wissenschaftliche Konferenzen, zu deren Früchten die Aufnahme interdisziplinärer Untersuchungen über die Geschichte Sachsens in der Zeit des sächsischen Barocks gehörte, an denen sich ausländische Forscher beteiligten.

Alles in allem werden in Deutschland und Polen erst seit relativ kurzer Zeit die Stereotype mit dem Archivmaterial konfrontiert, was in der Tatsachenfeststellung wie in der Beurteilung der Ereignisse zu zahlreichen Revisionen geführt hat, die für die sächsische und die polnische Geschichte folgenreich sind. Was die polnische Geschichtsschreibung angeht, hat die »sächsische Zeit« dank dieser Forschungen ihr ausschließlich negatives Gepräge eingebüßt. Erhalten hat es sich noch im Alltagsdiskurs (besonders dem politischen, wenn von den Fehlern der Polen die Rede ist, und der nicht sehr wählerischen kulturellen Publizistik), doch in seriösen wissenschaftlichen Arbeiten löst es sich allmählich auf. Eine Reihe von neuen Tatsachenfeststellungen etwa zur Außenpolitik Augusts II., den von ihm eingeleiteten Ansätzen einer inneren Reform, die Zurückweisung des Vorwurfs, er habe die Teilung Polens angestrebt (ein Lieblingsmotiv der preußischen Geschichtsschreibung) – das alles hat dazu beigetragen, daß die Untersuchungen in verschiedenen Bereichen der Vergangenheitserforschung teils das frühere Bild aufhellten, teils die Akzente gerechter verteilten. In den Diskussionen über die Tragweite von Sarmatismus und Aufklärung hat sich die Auffassung durchgesetzt, daß während der Regierungszeit Augusts III. die Aufklärung in Polen Fuß faßte (was eine grundlegende Neubewertung dieser Regierungszeit bedeutete), und es wird ungeachtet sonstiger Argumente allgemein anerkannt, daß sich hier Tendenzen und Ereignisse bündelten, die zur Herausbildung der modernen polnischen Nation, des modernen politischen Denkens in Polen und einer sich von den Beschränkungen des Sarmatismus freimachenden nationalen Kultur beitrugen. Auf diesen Elementen bauten die Faktoren auf, die den Fortbestand der polnischen Nation in der Zeit der Teilungen ermöglichten.

Eine der wesentlichen Folgen der jüngsten Untersuchungen scheint die Überwindung des Stereotyps zu sein, das Deutschland und Preußen mit ihrer – wie Klaus Zernack gesagt hat – negativen Polenpolitik gleichsetzt. Diese Politik war, wie schon erwähnt, ebenso negativ gegenüber Sachsen und wurde ihm gegenüber in der gleichen Zeit betrieben – während des Siebenjährigen Krieges – und bis ins 19. Jahrhundert, in einigen Bereichen sogar noch länger, fortgesetzt. Dies ist aber erst der Anfang des gegenseitigen Kennenlernens, denn die polnisch-sächsischen Beziehungen waren für Polen nicht die einzigen Kontakte zu den deutschen Staaten.

Heinrich Olschowsky
Napoleon

Ob ein Deutscher unserer Tage eine bestimmte Vorstellung von Napoleon besitzt, ist nicht von öffentlichem Belang. Es bleibt der Laune seiner privaten Interessen überlassen. Ein Pole wird durch seine Nationalhymne daran erinnert: »Bonaparte gab das Beispiel, / wie wir siegen müssen [...]« Bei jedem staatsfeierlichen Anlaß singt man die Bewunderung für seine Siege fort. Hierzulande ist der Kaiser der Franzosen ein ferner Schatten, heraufbeschworen durch Gedichte auf die Helden der Befreiungskriege; auf »Lützows wilde verwegene Jagd«, auf Andreas Hofer, auf Blücher, den »Feldmarschall im fliegenden Saus« – Texte, die nationaler Begeisterung entsprungen und zuzeiten populär wie Volkslieder waren.

Napoleon, eine europäische Schicksalsgestalt des 19. Jahrhunderts, hat gleichermaßen tief in die Geschicke der Deutschen wie der Polen eingegriffen, allerdings in gegensätzlichen Rollen; einmal als Eroberer, das andere Mal als Befreier. So lebt sein Bild in der Legende beider Völker in ungleicher Bewertung fort. Ist nun, so könnte man fragen, Bonaparte in die Hymne der Polen wie Pontius ins Credo geraten? Der Zufall hatte in der Tat seine Hand im Spiel, aber blind war er keineswegs. Polen war gerade endgültig unter Rußland, Preußen und Österreich aufgeteilt worden, als General Bonaparte in Norditalien der Teilungsmacht Österreich aufsehenerregende Schlappen beibrachte. Wie ein Magnet zog es Emigranten aus Polen dorthin. Unter General Dąbrowski gründeten sie 1797 an der Seite der Franzosen polnische Verbände, hoffend, fortan »für eure und unsere Freiheit« kämpfen zu können. Das »Lied der Polnischen Legionen in Italien«, die spätere Nationalhymne, hämmerte den Soldaten ein, daß Polen noch nicht verloren sei, solange sie lebten und tüchtig den Säbel zu führen verstanden. Den Soldaten und ihren Führern galt es als Voraussetzung, daß Napoleon ihr Ziel teilte, waren doch seine kontinentalen Hauptgegner zugleich die Teilungsmächte Polens. Der General wie der Kaiser benutzte die polnischen Legionen als militärisches Instrument, belohnte sie mit vagen Versprechungen und schmeichelte ihrem ritterlichen Sinn. So zum Beispiel in Spanien, wo er ihre Kavallerie ins mörderische Feuer der Schlacht von Somosierra schickte und nach geglückter Attacke der halbierten Truppe zurief, sie seien die Tapfersten der Tapferen. Ein vortrefflicher Stoff für die heroische Legende.

Nach dem Frieden von Tilsit (1807) paßte es ins kaiserliche Kalkül, aus preußischen Teilungsgebieten einen polnischen Rumpfstaat zu bilden, der, um Zar Alexander nicht zu reizen, Herzogtum Warschau statt Polen hieß. Trotz solcher Enttäuschungen und ungeachtet wiederholter Angebote, zur Koalition überzuwechseln, hielten die polnischen Verbände Napoleon die Treue – bis zur Völkerschlacht bei Leipzig. Dort fand ihr Befehlshaber, der während der Schlacht zum Marschall von Frankreich ernannte Fürst Józef Poniatowski, den Tod in der Elster. Der romantische Mythos verklärte den untadeligen Ritter und seinen »schönen Tod« als Verkörperung der Ehre, Würde und Treue seiner Nation.

Die literarische Legende entstand nachträglich. Kein Geringerer als Adam Mickiewicz hat die Napoleonverehrung zwei Jahrzehnte später ausgemalt. Sein Epos »Pan Tadeusz« schwelgt in der Atmosphäre des beginnenden Rußlandfeldzuges – der elfte Gesang heißt »Das Jahr 1812« –, den der Dichter als Knabe in Litauen erlebte.

»Frühling! o wer dich damals in unserem Lande gesehen,
Denkwürdiger Frühling des Krieges, Fruchtbarkeit spendender Frühling! [...]
Reich an großen Ereignissen und von Hoffnungen trächtig,
Immer noch seh ich dich vor mir, holdes Gespinst meiner Träume!
Die Frauen erheben die Arme zum Himmel.
Alle sicher des Sieges. Sie weinen und rufen mit Tränen:
Gott mit Napoleon! Napoleon mit uns! Auf in den Kampf nun!«

Alle Facetten der Legende kamen zur Sprache: die Befreiung Litauens, die Aussicht auf Wiederherstellung Polens, die Heldentaten der Legionen und die inbrünstige Erwartung eines Wunders Bilder der Kindheit und geschichtsphilosophische Visionen fließen ineinander; Napoleon bringt nicht nur die nationale Freiheit, sondern auch die des Bürgers. In einem sonderbaren Augenblick versöhnen sich zerstrittene Adelshäuser, Bauern und Herren, Alte und Junge, Juden und Christen, Natur und Geschichte miteinander. Goldene Eintracht, ersonnen von einem Emigranten, um die verwundete Seele der Polen nach dem Novemberaufstand von 1830 zu heilen, beschließt das Werk. Diesem Zauber aus Erinnern und Wunsch ist das polnische Geschichtsbewußtsein weithin erlegen; Napoleon, ein romantischer Ritter der Freiheit, verdient, weil er scheiterte, Mitgefühl und Bewunderung. Versöhnlich stimmte auch die charmante Schwäche des Kriegsgotts gegenüber dem Liebreiz einer Polin, der Gräfin Marie Walewska. Da mochte gegen Ende des 19. Jahrhunderts Żeromski in seinen Romanen Napoleon Wortbrüchigkeit vorhalten und den Mißbrauch der Legionen zur Unterdrückung der Spanier beklagen, dem Kult des Kaisers konnte das nichts anhaben. Selbst die Abwandlung der heroischen Legende ins Komische, die der Realist Bolesław Prus in dem Roman »Die Puppe« (1889) vornahm, worin die Erwartung eines neuen Napoleon, der »auf der Welt Ordnung macht«, als Marotte eines skurrilen Kommis erscheint, bestätigte auf paradoxe Weise die Zählebigkeit des Kults. Als politische Kraft wurde die Legende noch im 20. Jahrhundert erprobt. Zum hundertsten Todestag Napoleons 1921 erließ Marschall Piłsudski einen Tagesbefehl, in dem er dem Feldherrn, dem Meister der Kriegskunst und Genie der Tat huldigte. Über das Kulturzitat und die außenpolitische Empfehlung an Frankreich hinaus war es ein Versuch, in der Nachfolge des großen Kaisers den eigenen autokratischen Anspruch anzumelden und zu stilisieren.

Das Jahr 1812. Auch Theodor Körner hat es gefeiert: »Hell aus dem Norden bricht der Freiheit Licht«, das brennende Moskau verhieß den Niedergang des napoleonischen Imperiums. In Deutschland besitzt die Napoleonlegende mehrere Facetten, es dominiert die negative Variante, die von Preußen ausging und zweifellos die größte Popularität erlangte. In den Gedichten und der Publizistik von Arndt, Körner, Kleist, Schenkendorf erscheint Napoleon als der »kleine korsische Teufel«, als Wüterich und Tyrann, der Henkerhorden befehligt. Die fremde Herrschaft weckte spontanen Widerstand, und vorausgesagt wurde der »süße Tag der Rache« im Namen Gottes, des Vaterlandes, der Freiheit und der Ehre. Die Patrioten empfanden nicht nur das Debakel von Jena und Auerstedt als Schmach, sondern die Servilität der deutschen Fürsten und die Schaukelpolitik des preußischen Königs auch als schändlich. Der Haß, den Napoleon auf sich zog, war zum einen eine Reaktion auf die Preußen zugefügte Demütigung. Zum anderen wurde er als Mittel eingesetzt, um ein nationales (kein landesherrliches) Zusammengehörigkeitsgefühl zu wecken und den Opportunismus der kleinen Könige von Napoleons Gnaden dem Eroberer gegenüber zu kompromittieren. »Man muß die Könige als Instrumente gebrauchen, aber sich nicht zum Instrument machen lassen«, schrieb Arndt an Gneisenau. Der Ausweg, den sie ins Auge faßten, war darum »kein Krieg, von dem die Kronen wissen« (Körner), sondern eine bewaffnete nationale Erhebung, »die lebendige Flamme einer Insurrektion« (Arndt).

Auf dem Spiel stand die herbeizuwünschende Utopie einer Bürgernation. Die Befreiungsdichtung indessen war in ihren Mitteln nicht wählerisch. Ihre gelegentlich schrille Franzosenfeindschaft, auch den verblendeten Patriotismus fand Goethe befremdlich. Ihm seinerseits war Haß auf die Franzosen unbekannt. Mißtrauisch gegenüber der nationalen Aufwallung der zumeist jugendlichen Romantiker, beharrte er auf einer kosmopolitischen, weltgeschichtlichen Betrachtung Napoleons, der für ihn ein Kerl war, »dem wir es freilich nicht nachmachen können«.

Das Kunstgenie fühlte sich von dem Genie der Tat angezogen, fand sich ebenbürtig behandelt auf einer Ebene überlegener Geister, wo Leidenschaften gelenkt oder kultiviert werden, ohne daß man sich ihnen gänzlich überläßt. Arndt notierte mißbilligend eine Bemerkung, die Goethe 1813 an die Adresse der Befreiungskrieger gerichtet hatte: »O ihr Guten, schüttelt immer an euren Ketten, ihr werdet sie nicht zerbrechen, der Mann ist euch zu groß.«

Weniger erhaben ging es im Volksmund zu. Die Quadriga vom Brandenburger Tor, von Napoleon als Trophäe entführt und von Blücher zurückgebracht, hieß daraufhin »Retourkutsche«. Einen unverhohlenen Napoleonkult verbreitete Heinrich Heine. Wie Mickiewicz ein Nachgeborener, schrieb er in den zwanziger Jahren, als der nationale Enthusiasmus der Reformer und Dichter verpufft war und die Restauration das Feld beherrschte, seine Bewunderung für den Kaiser und den »Mann des Volkes« nieder. Er sah ihn als den Erben der Revolution, den Stifter bürgerlicher Rechte und spottete über das »unschuldige Strohfeuer [...] der Befreiungsverse«. Seine wehmütige Ballade auf die Treue der »Zwei Grenadiere« zu ihrem Kaiser reiht sich freilich reibungslos unter die populären Lieder von Körner oder Arndt ein. In dem »idealischen Flegeltum, das Herr Jahn in System gebracht«, erkannte Heine die Anzeichen, wohin die negative Napoleonlegende später mutieren sollte; zur Teutomanie und stupidem Franzosenhaß.

In der doppelt akzentuierten deutschen Legende tritt der historisch zwiespältige Charakter Napoleons deutlich zutage; der Zertrümmerer der feudalen Ordnung des Reiches war zugleich ein fremder Despot. Er hatte den Hohenzollernstaat Preußen zerschlagen und war von einer nationalen Bewegung bezwungen worden, die er als Erbe der Französischen Revolution inspiriert und herausgefordert hatte. Für Polen kam diese Doppelrolle realgeschichtlich nicht zur Geltung. Wo sie sich bemerkbar machte, wurde sie um der national erbauenden Wirkung der Legende willen neutralisiert.

Der schroffe Gegensatz von Verklärung Napoleons in Polen und seiner Verdammung in Deutschland könnte leicht als ein weiterer Beleg dafür genommen werden, daß es ein unabänderliches Fatum der Feindschaft zwischen Deutschen und Polen gebe. Indessen berief man sich zur Begründung der gegensätzlichen Einstellungen beiderseits auf dieselben Motive, nämlich: romantischer Nationalgeist, Freiheitsidealismus und Tyrannenhaß. Ein beredtes Beispiel dafür mag Julius Mosen sein, der nach 1830 eines der bekanntesten Polenlieder schrieb (»Die letzten Zehn vom vierten Regiment«) und ein Jahr darauf die antinapoleonische Erhebung des Andreas Hofer (»Zu Mantua in Banden [...]«) besang. In beiden Fällen erfolgte eine Verklärung der standhaften Freiheitshelden im Augenblick ihres Untergangs. Zum überschwenglichen Geist der Zeit gehörte es auch, nationale Gründe mit religiösen Attributen zu versehen. Der »deutsche Gott«, das

»heilige Vaterland«, die Gleichsetzung der eigenen Sache mit dem Heil und die des Gegners mit der Hölle – diese politischen Phrasen aus Luthers Geist waren ein Mittel patriotischer Mobilisierung. Ihre Ambivalenz sollte insbesondere nach 1848 in verhängnisvoller Weise genutzt werden.

Die Muttergottes als »Königin der Polnischen Krone« war seit dem 17. Jahrhundert Teil der Volksfrömmigkeit. Mickiewicz machte sie zur Schutzpatronin der polnischen Freiheit. Die Befreiung Litauens durch Napoleon erfolgt im »Pan Tadeusz« am Fest der Allerheiligsten Jungfrau in Blüten, erscheint also wie ein Marienwunder und wie die Erfüllung einer messianischen Verheißung, die von den Juden auf ein neues auserwähltes Volk übergegangen ist, die Polen. Auch dieser nationale Messianismus wird später zwiespältigem Gebrauch unterliegen.

Kein Fatum also. Die ungleiche Interessenlage beider Länder an der Wende des 18. und 19. Jahrhunderts bewirkte, daß sich derselbe Zeitgeist von der widersprüchlichen Erscheinung Napoleons zwei gegensätzliche, gleichermaßen legitime Bilder schuf. Nach dem Sieg über Napoleon entfiel in Deutschland der Grund des Hasses auf ihn. Fortan wurde die negative Legende als nationalistischer Vorwand gebraucht, um das Muster der »Erbfeindschaft« zu bestätigen. Solcherart hoffte die restaurierte Macht sich gegen den »welschen Übermut«, die revolutionär-republikanischen Einflüsse Frankreichs, immun zu halten. Da der Wiener Kongreß 1815 die Teilungen Polens nicht aufhob, konnte Napoleon hier weiterhin als Träger nationaler, wenn auch irrealer Hoffnungen fungieren. Mit der Zeit symbolisierte er vor allem die platonische und unerwiderte Liebe der Polen zum fernen Frankreich.

Leonid Luks

Rußlandsehnsucht und Russenhaß

Die Rußlandbilder, die sich um die Mitte des vorigen Jahrhunderts in der polnischen und in der deutschen Öffentlichkeit herauskristallisierten, wiesen große Übereinstimmungen auf. Diese Ähnlichkeit erstaunt, wenn man die völlig unterschiedlichen Ausgangssituationen der beiden Völker bei ihrer Auseinandersetzung mit Rußland in Betracht zieht. Noch 1813 bis 1815 wurde das Zarenreich in Deutschland als Befreier von einem Tyrannen (Napoleon) gefeiert. In Polen hingegen wurde die Niederlage dieses »Tyrannen« als nationale Tragödie empfunden, denn durch sie wurde die letzte Hoffnung auf die Wiederherstellung eines souveränen Staates an der Weichsel zerstört. Ungeachtet solch unterschiedlicher Erfahrungen erreichte die Russophobie in Polen und in Deutschland einige Jahrzehnte später beinahe die gleiche Intensität.

Der polnisch-russische Gegensatz verwundert nicht, denn er hatte eine jahrhundertealte Tradition. Besonders stark sollte er sich aber nach dem Novemberaufstand von 1830 zuspitzen, der eine Art Zäsur in der Beziehung beider Nationen darstellte. Bis dahin hatte es in Rußland nicht an Versuchen gefehlt, die politischen Eliten der eingegliederten Teile Polens zur Loyalität gegenüber dem neuen Souverän zu bewegen. Es mutet beinahe paradox an, daß von allen Teilungsmächten ausgerechnet im autokratischen Zarenreich diese Bemühungen zu Beginn des 19. Jahrhunderts am weitesten gediehen. Dies war nicht zuletzt auf den Charakter dieses Staatswesens zurückzuführen, in dem die Politik in einem außergewöhnlichen Ausmaß von der Person des jeweiligen Herrschers abhing. Insofern wirkten sich die propolnischen und liberalen Sympathien Alexanders I. auf die Lage der Polen ausgesprochen günstig aus.

Bis etwa 1812 ließ sich die liberale Polenpolitik des Petersburger Kabinetts dadurch erklären, daß es dem napoleonischen Polenkonzept eine eigene Alternative entgegensetzen wollte. Aber auch nach der Bezwingung Frankreichs änderte sich der Charakter der russischen Politik gegenüber dem westlichen Nachbarn zunächst kaum. Der Flirt mit Napoleon wurde ihm verziehen. Die politische und militärische Führung des Großherzogtums Warschau (1807–1813) – eines der treuesten Verbündeten Frankreichs – ist von dem auf dem Wiener Kongreß konstituierten Königreich Polen im wesentlichen übernommen worden. Der neue Staat an der Weichsel erhielt, ungeachtet der Personalunion mit dem russischen Herrscher, eine der liberalsten Verfassungen auf dem Kontinent. Zwar wurde diese Verfassung in den letzten Jahren der Herrschaft Alexanders I., vor allem aber nach der Thronbesteigung Nikolaus' I. (1825–1855), immer stärker ausgehöhlt, dennoch blieb sie den russischen Konservativen bis zuletzt ein Dorn im Auge. Deshalb war ihre Empörung über die »Undankbarkeit« der Polen nach dem Ausbruch des Aufstandes von 1830 grenzenlos. Nach der Unterdrückung der Revolte von 1830/31, der sich, nach anfänglichem Zögern, beinahe die gesamte Führungsschicht des Königreichs Polen angeschlossen hatte, wurden die Reste der polnischen Selbständigkeit zerstört.

Der für Polen charakteristische Gegensatz zwischen Staat und Gesellschaft trat nach 1831 mit besonderer Schärfe zutage. Das soziale Prestige war nicht mehr an staatliche Prärogativen und Funktionen gebunden. Es gab zwar auch nach 1831 nicht wenige polnische Aristokraten, die hohe Ämter im Verwaltungs- und Justizapparat des Landes bekleideten. Zu ihrem gesellschaftlichen Ansehen jedoch trug dieser Umstand nicht mehr bei, weil sie nicht mehr dem eigenen Staat, sondern einem fremden Herrscher dienten. Die gesellschaftliche Wertehierarchie hatte sich von derjenigen des Staates weitgehend abgekoppelt. Es entstand ein gesellschaftlicher Ehrenkodex, dessen Verbote und Gebote das Leben im Lande vielleicht noch stärker prägten als die staatliche Gesetzgebung.

Bereits vor 1830 hatte die Gegnerschaft zu Rußland im Bewußtsein der polnischen Eliten eine Sonderstellung eingenommen. Um so radikaler trat diese Tendenz nach dem Debakel von 1831 auf. Das Zarenreich galt an der Weichsel nicht bloß als politischer Gegner, sondern vielmehr als die Verkörperung des Bösen, die Auseinandersetzung zwischen den beiden Nationen wurde als Kampf zwischen Licht und Finsternis aufgefaßt. So sprengte hier der Konflikt die Dimension des Politischen und erreichte einen quasi metaphysischen Charakter. Besonders deutlich spiegelte sich diese Tendenz bei den bedeutendsten Dichtern des Landes wider, so vor allem bei Adam Mickiewicz und Zygmunt Krasiński. Sie warnten den Westen davor, Rußland als normale Großmacht zu betrachten, denn dieser despotische Koloß strebe nicht nur eine totale Unterwerfung seiner Untertanen an, sondern auch die der gesamten freien Welt. Indessen bahnte sich etwa drei Jahrzehnte nach dem Novemberaufstand eine Entspannung im polnisch-russischen Verhältnis an. Das despotische, ängstlich auf die Bewahrung des Bestehenden ausgerichtete System Nikolaus' I. erlitt im Krimkrieg ein Debakel. Das Zarenreich sah sich nun gezwungen, seine veralteten politischen Strukturen zu modernisieren. Auch die Polenfrage blieb davon nicht unberührt. Organisatorische Verbindungen, die 1831 im Lande völlig zerschlagen worden waren, durften nun wieder geknüpft werden. 1857 wurde die Gründung der sogenannten Landwirtschaftlichen Gesellschaft zugelassen, die sich innerhalb kürzester Zeit zum wichtigsten Sprachrohr der polnischen Öffentlichkeit entwickeln sollte. Dieser Umstand erwies sich aber zugleich als großes Handikap. Um die polnische Öffentlichkeit nicht vor den Kopf zu stoßen, vermied der Vorsitzende der Organisation, Andrzej Zamojski, jeden Schritt, der als Kollaboration mit den Russen hätte ausgelegt werden können. So wirkte die anonyme Macht der öffentlichen Meinung, von der niemand wußte, wen sie im Grunde repräsentierte, lähmend auf den einzig möglichen Vermittler zwischen Petersburg und der polnischen Gesellschaft. Die russische Polenpolitik geriet erneut in eine Sackgasse. Die Stimmung im Lande wurde immer radikaler. Dennoch war die überwältigende Mehrheit der politisch aktiven Schichten im Lande gegen einen bewaffneten Aufstand. Auf eine militärische Konfrontation drängte nur eine kleine radikale Minderheit. Ihre Stärke bestand allerdings darin, daß sie, wenn auch in rigoroser Form, Werte vertrat, zu denen sich auch die gesamte politische Elite des Landes bekannte. Denn die Bereitschaft, um die Unabhängigkeit zu kämpfen, stellte eine moralische Verpflichtung dar, vor der es kein Entrinnen gab. Nicht der Sieg, sondern der Widerstandswille war hier von größter Bedeutung. Im rationalen, sachlich kalkulierenden Westen rief dieses Verhalten nur Kopfschütteln hervor. Auch in Polen selbst hat es unzählige Kritiker gefunden. Dabei wird aber folgendes übersehen: Bei einer realistischen Betrachtung der geopolitischen Lage Polens und des Kräfteverhältnisses zwischen ihm und seinen Widersachern hätte man sich genau ausrechnen können, daß das Land im Grunde keine Chance hatte, die Unabhängigkeit wiederzuerlangen. So mußte sich der nationale Wille zum Überleben zwangsläufig aus der materiellen vorwiegend auf die ideelle Ebene verlagern. Als geschichtliches Subjekt existierte Polen nur so lange, solange es die Hoffnung auf nationale Selbstbestimmung – trotz ihres anscheinend utopischen Charakters – nicht aufgab.

Die Bolschewiki wurden in Polen in der Regel als Erben der Zaren angesehen. Der Hitler-Stalin-Pakt, Katyn oder der stalinistische Terror in Polen nach 1944 trugen keineswegs dazu bei, die antirussischen Ressentiments an der Weichsel abzumildern. Dennoch führten die Schrecken der nationalsozialistischen Besatzung, die innerhalb von fünf Jahren die Schrecken der 120jährigen Zarenherrschaft um das Vielfache überstiegen, zu einem Sinneswandel bei einem Teil der polnischen Öffentlichkeit. Führend war hier die Gruppe um das einflußreiche katholische Blatt »Tygodnik Powszechny«. Sie kritisierte die traditionelle Russophobie im Lande und plädierte für eine Aussöhnung mit dem östlichen Nachbarn. Einige Herausgeber prangerten in diesem Zusammenhang die romantische Verklärung der Aufstände von 1830 und 1863 an; mit besonderer Schärfe tat dies der Publizist Stanisław Stomma. Die Revolte von 1863 bezeichnete er (1963) als einen Akt des Wahnsinns, der Polen um Jahrzehnte zurückgeworfen habe. Diese »unvernünftige« Handlungsweise der Gesellschaft versuchte Stomma mit einem tiefverwurzelten »antirussischen Komplex« zu erklären. Jede Politik der Kompromisse mit Rußland sei in der polnischen Öffentlichkeit des 19. Jahrhunderts als eine Art nationalen Verrats angesehen worden. Kompromisse mit den anderen Teilungsmächten hingegen, z. B. mit Österreich, hätten keine vergleichbaren Emotionen ausgelöst. Stommas Thesen riefen eine zornige Entgegnung von Kardinal Wyszyński hervor, der im Aufstand von 1863 ein durchaus gesundes Streben des Volkes nach Eigenständigkeit erblickte. Junge katholische Publizisten, Marcin Król und Wojciech Karpiński, kritisierten ihrerseits (einige Jahre später) polnische Politiker des 19. Jahrhunderts, die Kompromisse mit dem Zarenreich angestrebt hätten. Diese Politiker hätten den Charakter des russischen Staatswesens, das immer die totale Unterwerfung seiner Untertanen anstrebe, gänzlich verkannt. Die Zarenregierung sei nur durch ein einziges Mittel zu Zugeständnissen zu bewegen gewesen – durch revolutionären Druck von unten. Adam Michnik warf den beiden Publizisten vor (1975), sie übersähen, daß es in der russischen Tradition nicht nur eine despotische, sondern auch eine liberale und eine revolutionäre Komponente gebe. Die Ereignisse um 1989–1991 haben die Thesen Michniks eher bestätigt.

Die deutsche Russophobie um die Mitte des vorigen Jahrhunderts hatte eine wesentlich kompliziertere Genealogie als die polnische. Kein einziges Mitglied des Deutschen Bundes (1815–1866) litt unmittelbar unter den Härten des zaristischen Regiments. Dennoch solidarisierte sich die ursprünglich liberale deutsche Nationalbewegung mit den unterdrückten Völkern des Zarenreiches. So erreichte hier die Russophobie nicht umsonst ihren ersten Höhepunkt nach der Unterdrückung des polnischen Aufstandes von 1830/31. Als sich aber 1848 herausstellte, daß sich die Forderung nach Wiederherstellung der polnischen Souveränität mit den territorialen Interessen Deutschlands nicht vereinbaren ließ, kühlte die Polenbegeisterung der deutschen Liberalen merklich ab. Bei der Polendebatte in der Paulskirche im Juli 1848 entschied sich die überwältigende Mehrheit der Abgeordneten für den »gesunden Volksegoismus« und gegen den »sentimentalen, kosmopolitischen Idealismus«, d. h. gegen Polen.

Ungeachtet dieser Abwendung von Polen erreichte die deutsche Russophobie nach dem Ausbruch der Revolution von 1848 einen neuen Höhepunkt. Die Verfechter der deutschen Einheit waren sich darüber im klaren, daß sich die territoriale Umgestaltung Mitteleuropas, die sie anstrebten, ohne eine entscheidende Schwächung Rußlands nicht verwirklichen ließ. Nikolaus I. und sein Außenminister Nesselrode hielten die deutschen Einigungspläne für ein »Hirngespinst deutscher Professoren« und betrachteten die deutsche Kleinstaaterei als Gegebenheit, an der nicht zu rütteln war. Aus diesem Grunde wurden solche »kleindeutschen« Nationalisten wie Gustav Diezel zu Beginn der fünfziger Jahre des vorigen Jahrhunderts zu glühenden Verfechtern eines Krieges gegen Rußland. Zwar vermochten sie ihr Konzept nicht durchzusetzen. Die deutschen Staaten, mit Preußen an der Spitze, blieben im Krimkrieg neutral. Dennoch wurde die deutsche Nationalbewegung zum größten Nutznießer der Dynamisierung der europäischen Verhältnisse, die infolge der Niederlage des Zarenreiches eintrat.

Anders als in Polen spiegelte jedoch die Russophobie nur eine Seite der deutschen Einstellung zu Rußland wider. Vor allem im konservativen Spektrum der deutschen Öffentlichkeit gab es auch starke russophile Tendenzen. Die Kritiker der westlichen Aufklärung und der sogenannten »westlichen Dekadenz« verknüpften mit dem zivilisatorisch »unverbrauchten« Osten große Hoffnungen. Der Münchener Theologe Franz v. Baader schrieb 1841 in diesem Zusammenhang: »Gottes Fürsorge hielt die Russische Kirche von der europäischen Weltbewegung, somit auch von der Bewegung zur Dechristianisierung sowohl der Wissenschaft als auch der bürgerlichen Societät bis dahin fern.« Daher sei diese Kirche »im Stande [...], befreiend auf das Abendland rück zu wirken«.

August v. Haxthausen pries die Vorzüge der russischen Dorfgemeinde und übte einen großen Einfluß auf die russischen Slawophilen aus. Stark waren prorussische Tendenzen auch in der preußischen Oberschicht. Aber auch hier begannen sich um die Mitte des vorigen Jahrhunderts neue Tendenzen anzubahnen. Die Tatsache, daß der Zar den preußischen König als eine Art Juniorpartner betrachtete und sich fortwährend in die innerdeutschen Verhältnisse einmischte (Olmützer Punktation – Dez. 1850), irritierte die regierenden Kreise in Berlin außerordentlich. Sie wollten sich vom übermächtigen Schatten des östlichen Riesenreiches so schnell wie möglich befreien. Zwar bedankte sich Wilhelm I. 1871 in überschwenglicher Weise beim Zaren für die russische Neutralität im deutsch-französischen Krieg. Dennoch befanden sich die beiden Staaten zwei Jahrzehnte später bereits in unterschiedlichen politischen Lagern, und ihre herrschenden Schichten gerieten in den Sog der nationalistischen Phraseologie, in der von einem unausweichlichen Kampf zwischen Slawentum und Germanentum die Rede war. Die Modernisierung Rußlands, die um die Jahrhundertwende solche Staatsmänner wie Sergej Witte und Pjotr Stolypin durchzuführen versuchten, bereitete der deutschen Reichsleitung schlaflose Nächte. Fritz Fischer sieht in der Angst der deutschen Führung vor einem allzu starken Rußland eine der Hauptursachen für den Ausbruch des Ersten Weltkrieges.

Auch nach dem Ersten Weltkrieg, den die beiden Staaten verloren hatten, blieb die Einstellung der Deutschen zu Rußland sehr ambivalent. Auf der einen Seite standen Rapallo und die beispiellose Faszination, die die russische Kultur auf die Weimarer Eliten ausübte. Hugo v. Hofmannsthal beklagte sich 1921, daß Dostojewskij nun drohe, Goethe von seinem Sockel zu stürzen.

Aber auch die antirussischen Tendenzen erreichten damals eine ungewöhnliche Intensität. Die Isolierung des bolschewistischen Staates innerhalb der europäischen Völkergemeinschaft wurde für die extrem nationalistischen Kreise Deutschlands zu einer Versuchung. Für Ernst Nolte handelte Hitler »im Bewußtsein einer einzigartigen weltgeschichtlichen Möglichkeit [...], der Möglichkeit, die Russische Revolution unter bürgerlicher und europäischer Sympathie auszumerzen und damit für [...] Deutschland eine völlig neue und seine Zukunft sichernde raumpolitische Lage zu schaffen«.

Mühelos überwand Hitler den Widerstand mancher prorussischen Kreise im Reich und setzte sein Konzept durch. Und so begann 1941 ein Land, dem oft eine übertriebene Russophilie nachgesagt wird, ausgerechnet gegen Rußland einen Vernichtungskrieg, der in der neueren europäischen Geschichte wohl ohne Beispiel ist.

Das Pendeln zwischen extremer Russophobie und Russophilie war nicht zuletzt mit der Mittellage Deutschlands verknüpft. Rußland wurde entweder als Verbündeter gegen den Westen betrachtet oder als störender Faktor, den es auszuschalten galt, um den Einkreisungsriegel um Deutschland zu zerschlagen. Erst die Westintegration Deutschlands nach 1945, die 1989 ihre Vollendung fand, bereitete diesem Pendeln ein Ende. Zwar sehen die russischen Kritiker Gorbatschows in der Herausgabe des in Moskau deponierten Schlüssels zur deutschen Einheit und damit auch in der Westintegration Gesamtdeutschlands eine »Annullierung der Ergebnisse des Zweiten Weltkrieges« bzw. eine Preisgabe der russischen Interessen. Sie lassen jedoch außer acht, daß die deutsche

Auflehnung gegen den Westen den russischen Interessen nur selten diente, denn sie richtete sich letztlich, und zwar mit besonderer Wucht, gegen Rußland selbst (1914–1918, 1941–1945).

Gerd Koenen

»Vormärz« und »Völkerfrühling« – ein deutsch-polnischer Honigmond?

Die Zeit des »Vormärz« und des »Völkerfrühlings« von 1830 bis 1848 erscheint in der Geschichte der deutsch-polnischen Beziehungen als eine Periode, in der wie niemals vorher und niemals seitdem die Herzen miteinander und sogar füreinander schlugen. Vor allem der vergebliche, aber um so heroischere polnische Aufstand des Jahres 1830/31 und die anschließende »Große Emigration« zehntausender polnischer Aufständischer weckten in Deutschland Gefühle einer mitleidigen Sympathie, aber auch einer ideellen Kampf- und Schicksalsgemeinschaft – Gefühle, die sich nicht von selbst verstanden: »Montag, 30. Januar 1832. Nachmittags kam der erste Zug, circa 60–64 Mann, Polen Officiere aus Gelnhausen hier an. Sie wurden durch den Präsidenten des Polencomités, Pfarrer G. Merz, vor dem Nürnberger Tor mit unaussprechlichem Jubel empfangen. Die Musik spielte das Lied: ›Noch ist Polen nicht verlorn‹, welche Melodie auch von der Menge, namentlich von den Mitgliedern des Vereins ›Frohsinn‹ gesungen wurde [...] Die angesehensten Bürger rissen sich, um einen Polen als Gast zu haben [...] Aus den Fenstern bewillkommneten sie Hanaus Frauen mit weißen Tüchern, auch wurden heiße Tränen der Liebe und des Mitleids geweint.«

So wie hier im hessischen Städtchen Hanau gestaltete sich der Durchzug der geschlagenen polnischen Helden, wo immer er von der Obrigkeit geduldet wurde, zu einem Triumphzug, und die oft Wochen und Monate dauernden Einquartierungen waren von endlosen Bällen und Banketten begleitet, auf denen man sich der tiefen, beiderseitigen Solidarität versicherte. Die »Polenvereine« schossen gleich zu Hunderten aus dem Boden. Eine unübersehbare Publizistik nahm sich mit Artikeln, Broschüren und rasch geschriebenen Büchern der polnischen Sache an. Und nicht weniger als etwa eintausend (!) deutsche »Polenlieder« gaben diesem Honigmond der Völkerfreundschaft ihre folkloristische Note, viele davon aus berühmter Feder. Ob Chamisso, Platen, Lenau, Uhland, Hebbel, die Droste-Hülshoff, Geibel, Grillparzer oder Herwegh – kaum einer, der sich (wie der Skeptiker Goethe) diesem romantischen Appell verweigert hätte.

Der Dramatiker Franz Grillparzer besang das am 8. September 1831 gefallene Warschau: »So bist du denn gefallen, Stadt der Ehre, / Des Heldensinnes letzter Zufluchtsort! / Wo Männerfreiheit nicht mit Satz und Lehre, / Mit Schwertern focht, statt mit dem hohlen Wort.« August Graf von Platen übermittelte als »Vermächtnis des sterbenden Polen an die Deutschen«: »Wir gehn zu Grab, erschöpft und blaß, / Nach manchem kühnen Strauß, / Und atmen unsern Russenhaß / In eure Seelen aus.« Nikolaus Lenau schließlich trieb in seinem Gedicht »Der Polenflüchtling« das vielfach variierte Thema des tragisch-ruhelosen Emigranten buchstäblich ins Extrem: »Im quellenarmen Wüstenland / Arabischer Nomaden / Irrt, ohne Ziel und Vaterland, / Auf windverwehten Pfaden / Ein Polenheld und grollet still, / Daß noch sein Herz nicht brechen will.«

Wenn man schon bei diesen hochliterarischen »Polenliedern« zu Recht die stereotype, oft verkitschte Metaphorik beklagt hat, so gilt das noch mehr für die große Mehrzahl der von lokalen Poeten oder Anonymi produzierten Texte, die auf gängige Melodien gesungen wurden. Freilich, was beweist das anderes als die legendenhafte Verklärung und echte Volkstümlichkeit dieses polnischen Nationalaufstandes? Und man sucht vergeblich nach einem angemessenen historischen Vergleich für soviel schwüle, schwärmerische Identifikation...

Gewiß war die Polenbegeisterung der dreißiger Jahre ein gesamteuropäisches Phänomen. Wahrscheinlich war sie in Frankreich, Belgien oder Italien, in den Ländern also, in denen es 1830/31 ebenfalls zu Aufständen oder Umstürzen gekommen war, politisch eindeutiger und gewichtiger als in Deutschland. Und in vieler Hinsicht nahm diese neue Polonophilie auch nur die Stelle des Philhellenismus der zwanziger Jahre ein, der gleichfalls dem stellvertretenden Kampfe eines kleinen, abendländischen Volkes gegen einen übermächtigen orientalischen Despoten (den Osmanischen Sultan) gegolten hatte.

Aber der Philhellenismus war im großen und ganzen eine Sache der Dichter und der studentischen Jugend gewesen; es fehlte ihm das volkstümliche Element. Genauso schwer würde man sich tun, in Frankreich nach 1831 eintausend »Polenlieder« zu finden. Dazu wurde der Kampf der Polen dort viel zu eindeutig auf der Linie der eigenen, der französischen Revolution gesehen.

Die deutsche Polenschwärmerei hatte demgegenüber ihren ganz eigenen Ton und ihre eigene Intensität. Auf dem »Nationalfest der Deutschen« im Mai 1832 wurden die deutsche Trikolore und die polnische Fahne nebeneinander aufs Hambacher Schloß hinaufgetragen und erklang zu wiederholten Malen aus deutscher Männerkehlen das »Noch ist Polen nicht verloren«. In den Festreden werden die Polen geradezu als »die edelste Nation auf Gottes Erde« apostrophiert, als die »Retter Europas vor dem Joch der Tyrannei«. Und dann heißt es: »[...] ohne Polens Freiheit keine deutsche Freiheit! ohne Polens Freiheit kein dauernder Friede, kein Heil für alle anderen europäischen Völker! Drum fordert auf zum Kampfe für Polens Wiederherstellung, es ist der Kampf des guten gegen das böse Prinzip! – es ist der Kampf für die edle Sache der ganzen Menschheit!«

Die Frage bleibt allerdings, welche Motivationen hinter soviel edler Übereinstimmung und volkstümlicher Verklärung steckten. Die deutsche Polenschwärmerei war, wie die wenigen Zitate bereits zeigen, ein getreues Echo praktisch aller polnischen Selbstlegendisierungen. Man klatschte dem opfermütigen polnischen Heldenkampfe gerührt und begeistert Beifall – ein wenig zu begeistert! Denn allzu gerne wollte man sich im Deutschen Bund der Teilstaaten und Duodezfürstlein ebenfalls als das Opfer einer finsteren Hintermacht der Reaktion im Osten bedauert sehen. Was immer man in Polen aus frischer Erfahrung über den zaristischen Despotismus sagte und schrieb, es wurde von den deutschen Liberalen mit ehrfurchtsvollem Schauer wiederholt – schon um sich nicht eingestehen zu müssen, daß man selbst vor sehr viel geringeren Unterdrückern zu kuschen bereit war. In Wirklichkeit konnte von einer »Oberhoheit« des Zarentums über Deutschland oder Preußen schwerlich die Rede sein.

Überhaupt waren das kleinstaatlich zersplitterte Deutschland und das gewaltsam aufgeteilte, in Stücke gerissene Polen in keiner irgendwie vergleichbaren Lage. Die Deutschen lebten in ihrer Kleinstaaterei weitaus bürgerlich-behaglicher und in größerer Übereinstimmung mit sich selbst, als es den Polen, selbst wenn sie sich für die »organische Arbeit« statt für die Konspiration entschieden, jemals möglich war. So blieb der gemeinsame Aufstand und Befreiungskrieg gegen Rußland, Preußen und Habsburg zur Erringung der jeweiligen nationalen Souveränität und Integrität, so oft er beschworen wurde, eine reine Chimäre. Ja, es war bei all diesen deutschen »Polenvereinen« oder auch »Comités« (französisch geschrieben!) etwas von einer Charade im Spiel. Indem man »Noch ist Polen nicht verloren« sang und die »deutsche Freiheit« gleich mit der Perspektive einer großen, europäischen Revolution verband, die »alle Fürstenthrone stürzen« würde, wich man zugleich auch immer ins unverbindliche Allgemeine aus. Schon Anfang 1834 war von den Hunderten deutscher Polen-Vereine kaum ein Dutzend übriggeblieben.

Heinrich Heine hat diesen imaginären Zug der deutschen Polenbegeisterung Jahre später satirisch gewürdigt, als er schrieb: »Ja, wir Deutschen waren nahe daran, eine Revoluzion zu machen, und zwar nicht aus Zorn und Noth, wie die anderen Völker, sondern aus Mitleid, aus Sentimentalität, aus Rührung für unsere armen Gastfreunde, die Polen. Thatsüchtig schlugen wir unsere Herzen, wenn diese uns am Kamin erzählten, wie viel sie ausgestanden von den Russen [...] Und nichts gleicht der holden Schwärmerei, womit deutsche Mädchen und Frauen ihre Bräutigame und Gatten beschworen, so schnell wie möglich eine Revoluzion zu machen [...] zum Besten der Polen.«

Tatsächlich setzten die polnischen Emigranten auch nicht allzuviel auf die deutsche Karte. Gewiß, Adam Mickiewicz stellte der deutschen Ausgabe seiner »Bücher des polnischen Volkes« eine Widmung voran: »[...] dem deutschen Volke als Zeichen seiner aufrichtigsten Achtung und Dankbarkeit für die brüderliche Aufnahme, die ihm und seinen unglücklichen Landsleuten bei demselben auf ihrer Pilgerschaft geworden«. Aber diese Pilgerschaft hatte ihn wie fast alle anderen nach Paris geführt. Dort, so schien es, lag der Dreh- und Angelpunkt, von dem aus sich das Schicksal Polens, wenn überhaupt, noch einmal wenden ließ, nicht von Deutschland aus.

Das erwies sich freilich als ebenso imaginär. Allzu leicht erlagen die Polen ihren eigenen Selbststilisierungen und ihrem Weltbild, worin sie als Vorposten des zugleich christlichen und aufgeklärten Abendlandes gegen eine finstere, alles verschlingende »asiatische Barbarei« firmierten. An diese Fiktion russischer Weltherrschaftspläne waren alle Visionen einer gesamteuropäischen Revolution, die auch zur Wiederherstellung von Polen führen würde, geknüpft. Aber die Kosaken, deren Hufe einige schon trappeln hörten, wenn sie in Paris das Ohr auf den Boden legten, blieben aus. Die Geschichte nahm einen anderen Verlauf.

1848 standen sich nicht nur »Völker« und »Fürsten« gegenüber, sondern die verschiedenen Nationalbewegungen gerieten sogleich in vielfache Konflikte untereinander. Die Polen hatten davon bereits 1846 einen herben Vorgeschmack bekommen, als ihre neuerlichen Aufstandsversuche und Konspirationen in Galizien und Posen gegen die habsburgische und preußische Herrschaft ohne großes Echo blieben. Zwar genossen die Verurteilten des Berliner Polenprozesses, allen voran der populäre Mierosławski, noch immer die Sympathien der deutschen Liberalen und Demokraten. Bei ihrer Befreiung während der Märzrevolution kam es zu einer letzten Szene der Verbrüderung. Und der Vorschlag Mierosławskis, nun mit dem so oft beschworenen gemeinsamen deutsch-polnischen Befreiungskriege gegen den russischen Despotismus ernstzumachen, fand begeisterten Applaus.

Aber als derselbe Mierosławski in Posen ein Nationalkomitee bildete und ein Freikorps aufstellte, stießen die polnischen Nationalbestrebungen und die nun schon vom national-liberalen Bürgertum mitgetragene preußische Politik hart aufeinander. Auch die Mehrheit der Frankfurter Nationalversammlung dachte, wie sich bald zeigte, in Reichskategorien, in denen für ein unabhängiges Polen allenfalls nach Maßgabe der eigenen Interessen Platz war. Der Abgeordnete Jordan rechnete in der Polendebatte nach dem Ausbruch der Feindseligkeiten in Posen mit der »schwachsinnigen Sentimentalität« und dem »kosmopolitischen Idealismus« der früheren Polenschwärmerei der deutschen Liberalen ab und erklärte programmatisch: »Freiheit für alle, aber des Vaterlandes Kraft und Wohlstand über alles. Ich sage, die Politik, die uns zuruft, gebt Polen frei, es koste was es wolle, ist eine kurzsichtige Politik, eine Politik der Schwäche, eine Politik der Furcht, eine Politik der Feigheit [...] Es ist hohe Zeit für uns, [...] zu erwachen zu einem gesunden Volksegoismus.« Für eine Solidaritätsresolution zugunsten der aufständischen Polen stimmten nur noch 32 radikaldemokratische Abgeordnete.

Die emigrierten polnischen Aufrührer von 1830/31, 1846/48 und schließlich 1863/64 bildeten, wie man weiß, später so etwas wie ein Korps der internationalen demokratischen Revolution. Man fand sie auf den Barrikaden aller aufständischen Städte und in den Schützenlinien aller nach Freiheit strebenden Länder, an der Spitze der ungarischen Armeen 1849 und im Obersten Rat der Pariser Commune 1871, so wie es der Wahlspruch »Für eure wie für unsere Freiheit« befahl. Aber die große europäische Revolution für die eine, unteilbare Freiheit der »Völker« blieb ein Gespenst – nicht anders als dasjenige, das die Urheber des »Kommunistischen Manifestes« 1848 bereits durch Europa schleichen sahen. Der materielle Prozeß der Herausbildung bürgerlicher Gesellschaften verlief überall anders; und er differenzierte unweigerlich die »Völker«, so wie er die reale Verfassung der Staaten veränderte – stärker, als es alle Revolutionen und Aufstände vermocht hatten.

So trägt die Geschichte der vormärzlichen deutschen Polenbegeisterung und der Vision eines gemeinsamen Befreiungskrieges gegen die Autokratien des Ostens viele Züge einer hochherzigen Verkennung – auf polnischer wie auf deutscher Seite.

Gerd Koenen
Marx, Engels und die »polnische Frage«

Das Erbe der vormärzlichen Polonophilie in Deutschland trat die deutsche Sozialdemokratie, und vor allem der durch Marx und Engels politisch und theoretisch geprägte Flügel, an. Für sie wie für einen Großteil der europäischen Demokraten und Sozialisten blieb Polen noch über zwei, drei Jahrzehnte hinweg der prädestinierte Auslöser eines gesamteuropäischen Konfliktes, in dem sich früher oder später die Mächte der feudal-bürokratischen Reaktion und des modern-industriellen Fortschritts über die nationalen Grenzen hinweg gegenüberstehen würden. Von einem solchen »Krieg des Westens gegen den Osten, der Zivilisation gegen die Barbarei, der Republik gegen die Aristokratie«, wie ihn Marx bereits 1848 proklamiert hatte, erhoffte man zugleich eine durchschlagende Bereinigung der gesamten europäischen Landkarte im Sinne moderner, großflächiger Staatsbildungen.

In dem von Marx verfaßten Programm der »Internationalen Arbeiter-Association« aus dem Jahr 1867 war der Eckpfeiler aller außenpolitschen Forderungen denn auch unverändert die »polnische Frage«: »Warum greifen die Arbeiter Europas diese Frage auf? [...] Weil sowohl Aristokraten als auch Bourgeois die finstere asiatische Macht im Hintergrund [den Zarismus] als eine letzte Zuflucht gegen das Voranschreiten der Arbeiterbewegung betrachten. Diese Macht kann nur wirklich gebrochen werden durch die Wiederherstellung Polens auf demokratischer Grundlage.«

Allerdings gerieten den Gründervätern des »wissenschaftlichen Sozialismus« und Mitbegründern der deutschen Sozialdemokratie gerade zu diesem Zeitpunkt einige ihrer festen strategischen Axiome ins Wanken. Denn der durch Bismarck forcierte Prozeß einer deutschen Reichsgründung »von oben« hatte – zunächst durch den erfolgreichen Krieg gegen Österreich 1866/67, dann gegen Frankreich 1870/71 – der Vorstellung weitgehend den Boden entzogen, wonach der Kampf um die Wiederherstellung Polens zwangsläufig mit einer revolutionär-demokratisch erkämpften

Einigung Deutschlands »von unten« zusammenfließen müsse. So wie es Marx noch im September 1863 in einer »Proklamation des Deutschen Bildungsvereins für Arbeiter in London« bei einem Solidaritätsmeeting aus Anlaß des letzten großen polnischen Aufstandes verkündet hatte: »Die polnische Frage ist die deutsche Frage. Ohne ein unabhängiges Polen kein unabhängiges und einiges Deutschland; keine Emanzipation Deutschlands von der russischen Oberherrschaft [...]«

Das war ein ganz bewußtes und fast wortwörtliches Zitat der Proklamation des Hambacher Nationalfestes der Deutschen von 1832 gewesen. Es formulierte genau dasjenige strategische Axiom, von dem auch 1848/49 noch die Minderheit der linken und revolutionären Kräfte in Deutschland ausgegangen war. Im Klartext besagte es, daß eine deutsche Revolution unweigerlich die Form eines Krieges gegen das russische Zarentum annehmen müsse, da dieses mit Preußen einen regelrechten Vorposten auf deutschem Boden unterhalte und sich zum Beschützer aller Mächte der deutschen und europäischen Reaktion aufgeworfen habe.

Befreit werden sollte in diesem großen Befreiungskrieg vor allem Polen. Aber deutlich genug bildete jetzt Deutschland (an Stelle Frankreichs) das neue Zentrum dieser links-»napoleonischen« Kriegs- und Revolutionsperspektive – so wie es bereits 1847 im »Kommunistischen Manifest« geheißen hatte: »Auf Deutschland richten die Kommunisten ihre Hauptaufmerksamkeit [...]« Deutschland stehe nämlich am Vorabend einer bürgerlichen Revolution, die wegen des Grades seiner industriellen Zivilisation nur »das unmittelbare Vorspiel der proletarischen Revolution sein« könne.

Gemäß diesen übergeordneten Gesichtspunkten sollten auch alle Grenzdifferenzen zwischen Deutschen und Polen, wie sie 1848 offen zutage getreten waren, »großzügig« gelöst werden – zugunsten Deutschlands nämlich. In seinem Rückblick auf die Ereignisse von 1848/49 (»Revolution und Konterrevolution in Deutschland«) stellte Engels die Frage so:

»[Sollten] ganze Landstriche, hauptsächlich von Deutschen bewohnt, sollten große, völlig deutsche Städte einem Volk überlassen werden, das bisher noch nicht bewiesen hatte, daß es fähig sei, sich über einen auf bäuerlicher Leibeigenschaft beruhenden Feudalzustand hinaus zu entwickeln? Die Frage war verwickelt genug. Die einzig mögliche Lösung lag in einem Krieg mit Rußland [...] Hätten die Polen ausgedehnte Gebiete im Osten erhalten, so hätten sie über den Westen eher ein vernünftiges Wort mit sich reden lassen, und Riga und Mitau wären ihnen schließlich ebenso wichtig erschienen wie Danzig oder Elbing.«

In einem kurz zuvor geschriebenen Brief an Marx (vom Mai 1851) erscheinen diese bereits recht kultur-imperialistisch anmutenden Überlegungen noch in einem anderen, sehr viel härteren Licht. Engels sah ein einheitliches Deutschland prospektiv bereits von seinen Verbündeten von 1848/49 bedroht – von Frankreich, Italien und Polen, die alle an »seiner Zerstückelung interessiert« seien. In einem solchen »guerre à mort mit unsern edlen Freunden nach allen vier Winden hin« hätte Deutschland »nur einen möglichen Bundesgenossen, Rußland – vorausgesetzt, daß dort eine Bauernrevolution durchgeführt worden ist«. Denn:

»Je mehr ich über die Geschichte nachdenke, desto klarer wird es mir, daß die Polen une nation foutue [eine verlorene, verpfuschte Nation] sind, die nur so lange als Mittel zu gebrauchen ist, bis Rußland selbst in die agrarische Revolution hineingerissen ist. Von dem Moment an hat Polen absolut keine raison d'être [Existenzberechtigung] mehr. Die Polen haben nie etwas anderes in der Geschichte getan, als tapfere krakeelsüchtige Dummheit gespielt. Auch nicht ein einziger Moment ist anzugeben, wo Polen, selbst nur gegen Rußland, den Fortschritt mit Erfolg repräsentiert oder irgend etwas von historischer Bedeutung tat. Polen hat nie fremde Elemente nationalisieren können. Die Deutschen der Städte sind und bleiben Deutsche. Wie Rußland Deutsche und Juden zu russifizieren versteht, davon ist jeder Deutschrusse aus zweiter Generation ein sprechendes Exempel.«

Und dann schreibt der eine Weltstratege dem anderen, fast in verschwörerischem Tone:

»Glücklicherweise haben wir in der Neuen Rheinischen Zeitung keine positiven Verpflichtungen gegen die Polen übernommen, als die unvermeidliche der Wiederherstellung [des Staates] mit suitabler Grenze – und auch die noch unter der Bedingung der agrarischen Revolution. Ich bin sicher, daß diese Revolution in Rußland eher vollständig zustande kommt als in Polen [...]

Resultat: Den Polen im Westen abnehmen, was man kann: ihre Festungen unter dem Vorwand des Schutzes mit Deutschen okkupieren, besonders Posen, sie wirtschaften lassen, sie ins Feuer schicken, ihr Land ausfressen, sie mit der Aussicht auf Riga und Odessa abspeisen, und im Fall [daß] die Russen in Bewegung zu bringen [sind], sich mit diesen alliieren und die Polen zwingen nachzugeben.«

Dieses zynische Programm ist selbstverständlich niemals öffentlich aufgestellt und verfolgt worden, zumal es auf rein spekulativen Annahmen beruhte. Aber als strategisches Gedankenspiel fügte es sich durchaus in die weitergefaßte Perspektive des Kampfes gegen den »Panslawismus« ein, der die Köpfe des »Bundes der Kommunisten« in diesen Jahren vor allem beschäftigte und ihnen als die reaktionäre Bedrohung Europas schlechthin galt:

»Der direkte Zweck des Panslawismus ist die Herstellung eines slawischen Reiches vom Erzgebirge und den Karpathen bis ans Schwarze, Ägäische und Adriatische Meer unter russischer Botmäßigkeit [...]« Und deshalb, so Engels: »Der nächste Weltkrieg wird nicht nur reaktionäre Klassen und Dynastien, er wird auch ganze reaktionäre Völker verschwinden machen.«

Verschwinden (nicht gerade physisch, aber doch kulturell und politisch) sollten sämtliche »Völkerabfälle«, »Völkerruinen« oder »Völkertrümmer ehemaliger Nationen, Serben, Bulgaren, Griechen und anderes Raubgesindel«, aber genauso auch Kroaten, Tschechen, Slowaken, Slowenen usw. usw. – da sie allesamt zur Bildung eigener, moderner Nationalstaaten nicht in der Lage seien und daher nur das Spielmaterial des russischen Panslawismus abgäben. Europa stehe vor der Alternative: »Unterjochung durch die Slawen oder Zerstörung für immer des Zentrums ihrer Offensivkraft – Rußland«.

Als »revolutionäre Völker« mit staatlicher Existenzberechtigung galten außer den Deutschen und Österreichern nur noch die Ungarn – und die Polen, weil sie sich gegen den Panslawismus im allgemeinen immun gezeigt hätten und bei ihnen der Russenhaß die höchste Leidenschaft bilde.

In einer ganzen Serie großteils unveröffentlicht gebliebener Artikel und Broschüren mit Titeln wie »Deutschland und das Slawentum« oder »Germanentum und Slawentum« verstrickten sich die Dioskuren des »wissenschaftlichen Sozialismus« in immer trübere Spekulationen über Völkercharaktere und Kulturstufen, die letzten Endes alle auf die zivilisatorische Überlegenheit des Germanentums über das Slawentum hinausliefen.

Und dennoch wurde Marx in seinem letzten Lebensjahrzehnt von einer merkwürdigen, grimmig-distanzierten Russophilie ergriffen – seit er nämlich verblüfft festgestellt hatte, daß sein »Kapital« ausgerechnet in Rußland zuerst übersetzt und am meisten gelesen wurde! Zwar sah er darin im Grunde ein Mißverständnis. Aber er selbst begann auf seine alten Tage noch Russisch zu lernen und vertiefte sich über Jahre hinweg in die russischen Agrarverhältnisse – so intensiv, daß Engels nach seinem Tode erbittert feststellte, Marx habe es über all diesen »Russica« versäumt, das »Kapital« fertigzuschreiben!

Marx erwartete nämlich ein »russisches 1793«, eine welterschütternde, blutige Leibeigenen-Revolution, und zunehmend beschäftigte ihn die Frage, ob nicht tatsächlich (wie die Slawophilen behauptet hatten) irgendein direkter Weg von der archaischen russischen Dorfgemeinde, der »obschtschina«, in einen bäuerlichen Sozialismus hinüberführen könne – dann nämlich, aber auch nur dann, wenn sich diese russische Bauern-Kommune mit einer deutschen Arbeiter-Kommune verbinden könne.

Engels folgte seinem Freund darin nicht ganz. 1882 schärfte er dem jungen Kautsky als dem angehenden Vordenker der deutschen Sozialdemokratie und ersten, eigentlichen »Marxisten« noch einmal ein: »Ich bin [...] der Ansicht, daß zwei Nationen in Europa nicht nur das Recht, sondern die Pflicht haben, national zu sein: Irländer und Polen. Sie sind am besten international, wenn sie recht national sind. Das haben die Polen in allen Krisen begriffen und auf allen Revolutionsschlachtfeldern bewiesen.«

In der Praxis zogen es die deutschen wie die österreichischen und später auch die russischen Sozialdemokraten vor, die polnischen Sozialisten in ihren eigenen Reihen zu organisieren. Eine polnische nationale Unabhängigkeit war für sie kein bedeutender außenpolitischer Programmpunkt mehr. Auch nicht für Engels, der sich bis an sein Lebensende 1895 mit dem kommenden »Krieg auf Leben und Tod [...] gegen das russische Zarentum« befaßte.

Einer polnischen nationalen Erhebung kam in diesem Panorama kein hervorgehobener Platz mehr zu. Auch bei Engels rangierte – bei allem Mißtrauen gegen die Russen und speziell die russischen »Marxisten« – die Perspektive einer russischen Revolution weit höher auf der welthistorischen Bedeutungsskala. An erster Stelle rangierte freilich der Machtzuwachs für die deutsche Sozialdemokratie in einem solchen Kriege gegen Rußland, der durch das Deutsche Reich »mit den allerrevolutionärsten Mitteln« und möglichst offensiv geführt werden sollte.

Die unmittelbare Verknüpfung von Weltkrieg, deutscher Republik, russischer Revolution und polnischer Unabhängigkeit hat sich in gewisser Weise 1917/18 »bewährt«, wurde zur historischen Realität – allerdings auf recht andere Weise, als es die deutschen, die polnischen und die russischen Revolutionäre des 19. Jahrhunderts vorausgesehen hatten.

Piotr Łysakowski

Bismarck

Wenige Tage nach dem Tode des »eisernen Kanzlers« im Sommer 1898 erschien in der Warschauer Wochenzeitung »Tygodnik Ilustrowany« (Nr. 32, 25. Juli/6. August 1898) ein Artikel mit der Überschrift »Der Große Kreuzritter«, in dem es unter anderem hieß: »Gestorben ist ein schrecklicher Mensch, machtvoll durch die Tat und die Selbstherrlichkeit einer eisernen Faust und eiserner Energie. Schon zu Lebzeiten hat man ihm das Attribut der Große verliehen [...] weil er die große Idee, die von den Genies des deutschen Stammes hervorgebracht wurde, entstellt, sie nicht auf gegenseitige Brüderlichkeit, sondern auf Blut gegründet, nicht die Parolen des Fortschritts, sondern diplomatische Winkelzüge und Waffengeklirr zum einigenden Band gemacht hat [...] Und dieser ›tollwütige‹ – so nannte man ihn im Frankfurter Parlament – Preuße hat sie auf diese Weise verwirklicht und entstellt, weil er sich bei der Einigung Deutschlands von den Prinzipien der Hohenzollern leiten ließ, das heißt von der Verpreußung des Deutschen Reiches [...] Der preußische Junker, dieser typische Nachfahre der alten Kreuzritter, offenbarte bei all seiner Pracht und Herrlichkeit einen Geist der Verachtung für die Schwächeren, Arglist gegenüber Stärkeren, eine Ethik der Faust und eine Vergötterung des Rechts des Stärkeren [...]«

Der anonyme Warschauer Publizist steht mit seiner Meinung über den Schöpfer der deutschen Einheit nicht allein. In der polnischen Geschichtsschreibung und Publizistik und im landläufigen Urteil der Polen erscheint Bismarck grundsätzlich immer als Symbol und Verkörperung der schlimmsten Eigenschaften des deutschen Nationalcharakters. Dieses Bild ist bemerkenswerterweise von allen Schwankungen im Verhältnis zwischen den Deutschen und den Polen, zwischen Deutschland und Polen unabhängig. Alle historischen Erfahrungen verfestigten nur die vorher bestehenden negativen Bilder; weder änderten sie etwas an ihnen, noch lösten sie ein Nachdenken darüber aus. Ein interessantes Beispiel dafür, wie politisches Denken, Geschichtsschreibung und öffentliche Meinung sich gegenseitig beeinflussen, wobei niemand genau sagen kann, welche dieser Kräfte im Falle Bismarck die Urheberin ist.

Indem sie diesen Politiker zum Hauptgegner ihrer Nation und ihrer Eigenstaatlichkeit machen, vergessen die Polen, daß der polnischen Sache in den Jahren 1862–1898 eine weit größere Gefahr von seiten Rußlands drohte. Die Entfaltungsbedingungen des polnischen Elements im preußischen Teilungsgebiet waren mit den Verhältnissen, die im russischen »Weichselland« herrschten, überhaupt nicht zu vergleichen, so wie man selbst das strengste Gesetz nicht mit der Gesetzlosigkeit vergleichen kann. Diese offenkundige Wahrheit dringt jedoch nicht bis zu allen vor, die sich in unserem Lande mit dieser Problematik befassen.

Dafür gibt es viele Ursachen, und zu ihnen gehört ohne Zweifel das Fehlen eines Dialogs zwischen polnischen und deutschen Historikern über Bismarck und sein politisches Handeln. Die deutsche Geschichtsschreibung (von der älteren bis zur heutigen) hat die »polnische Sphäre« des Bismarckschen Handelns immer nur am Rande behandelt und beispielsweise nicht gesehen, welche Folgen sich indirekt aus der deutschen Einigung und den engen Beziehungen des Reiches zu Rußland für die polnische Sache ergaben, und nur im Zusammenhang der Ereignisse von 1863 (Januar-Aufstand) und 1885 (Polenausweisungen aus dem Posenschen) hat sie ihm stärkere Beachtung geschenkt. Beweise für diese These findet man in den jüngsten Bismarck-Biographien von Lothar Gall und Ernst Engelberg. Noch schlimmer scheint es um das allgemeine Bewußtsein der Deutschen in dieser Frage bestellt zu sein. Wir Polen wiederum verfallen in Hysterie und sehen in jeder Geste dieses Politikers einen Anschlag auf alles, was uns teuer war und ist. Obendrein machen wir uns ein einfaches und aus der Sicht eines Volkes, das von der Geschichte so hart geprüft wurde wie die Polen, leicht zu akzeptierendes Schema zurecht: Kreuzritter, Friedrich II., Bismarck, Hitler – von seiten der Deutschen Haß auf alles, was polnisch ist. Jeder Versuch, die Dinge anders zu sehen als bisher, löst in der Öffentlichkeit und bei den Historikern eine heftige Reaktion aus.

Unsere Antipathien gegen den Fürsten von Schönhausen haben, abgesehen von seiner objektiv polenfeindlichen Aktivität, noch andere Ursachen, die im rein psychologischen Bereich liegen. Als Bismarck in der politischen Arena Deutschlands agierte, fehlte es in den Nachbarstaaten an herausragenden politischen Persönlichkeiten (vielleicht ist das eine der Ursachen seiner Erfolge). Auf wem, wenn nicht auf ihm, sollten Polen die Verbitterung über ihr Schicksal abladen? Es gab keinen besseren »Sündenbock« als den Kanzler im Glanze seiner erfolgreichen Einigungsbemühungen, der zugleich ein Gegner der Wiederherstellung der polnischen Staatlichkeit war. In den Jahren nach dem Ersten Weltkrieg, als Deutschland, von der Niederlage und dem Verlust seines internationalen Ansehens bedrückt, auf der Suche nach einem raschen Erfolg den Weg des Nationalsozialismus beschritt, griff man häufig auf das Bismarcksche Erbe zurück. In Polen, das von zwei Seiten bedroht war, festigte dies das schon vorhandene Bild dieses Politikers und seines Vorgehens. Es versteht sich von selbst, daß der letzte Krieg und nach dem Krieg die Herrschaft des Kommunismus in unserem Lande, der die deutsch-polnischen Antagonismen glänzend auszunutzen verstand, ebenfalls nicht einer ehrlichen und vollständigen Darstellung der Biographie dieses Politikers förderlich waren.

In den Urteilen, die polnische Historiker über Bismarck äußern, mischen sich Bewunderung, Angst und Unverständnis. Das negative Stereotyp ist ungemein stark. Bei dessen Überwindung kann es natürlich nicht darum gehen, die Wahrheit über Bismarcks Handeln gegenüber Polen zu verdunkeln, sondern es so objektiv wie möglich darzustellen. Das wird nur möglich sein, wenn Deutsche und Polen den Dialog miteinander aufnehmen. Dabei müßte man beispielsweise auch über die Rolle anderer Politiker im Europa des 19. Jahrhunderts und ihr Verhältnis zur polnischen Frage nachdenken. Im konkreten Fall könnte man zum Beispiel die für das herkömmliche politische Denken und die Wissenschaft in Polen provozierende Frage stellen, ob nicht das Handeln Napoleon Bonapartes, der in der polnischen Geschichtsschreibung und Tradition einen ehrenvollen Platz einnimmt, der Sache Polens mehr geschadet hat als Bismarcks Tun. Gerade dieser Staatsmann hat ja bei dem entmündigten Volk Hoffnungen geweckt, die er gar nicht zu erfüllen gedachte. Das von ihm geschaffene »Herzogtum Warschau« betrachtete er vor allem als eine Ausfallbasis gegen Rußland. Er verwickelte die Polen in eine Reihe von Konflikten, die nichts als materielle und demographische Verluste mit sich brachten, und obendrein weckte und stärkte er durch sein Vorgehen den deutschen Nationalismus, der sich mit der Zeit unweigerlich gegen die Polen kehren mußte. Bismarcks Vorgehen wiederum war zwar objektiv gegen uns gerichtet, aber es hat letztlich entschlossenen Widerstand hervorgerufen und zu einer Stärkung des polnischen Nationalbewußtseins im preußischen Teilungsgebiet beigetragen.

In unserem Bild des »eisernen Kanzlers« als des führenden Exponenten des deutschen Nationalismus fehlen also, wie schon gesagt, die Zwischentöne. Wir vergessen, daß die Woge des Chauvinismus und der Fremdenfeindlichkeit, die Deutschland in den Jahren nach der Einigung überschwemmte, nichts mit dem zu tun hatte, was Bismarck als Repräsentant einer bestimmten gesellschaftlichen Gruppe in Preußen sich für die Zukunft wünschte. Wenn er 1861 an seine Schwester schrieb: »Haut doch die Polen, daß sie am Leben verzagen. [...] Wir können, wenn wir bestehen wollen, nichts anderes tun [...]«, so sehen wir darin vor allem die Elemente von »Sozialdarwinismus«, doch wir lassen jene Teile fort, aus denen sich ein anderer Bismarck als der herzlose Feind des Polentums ergeben könnte. Ein solcher war zweifellos Hitler, während die Feindseligkeit des Kanzlers des Zweiten Reiches eindeutig eine andere Dimension und auch eine andere Begründung hatte. Diese bestand in der »Staatsräson« Deutschlands und den sich aus ihr ergebenden Implikationen. Als Polen müssen wir uns diese Werte Bismarcks nicht zu eigen machen, aber wir müssen sie zur Kenntnis nehmen und bei der Darstellung der Geschichte dieses Politikers berücksichtigen.

Es ist verblüffend, aber ähnliche Tendenzen in der Darstellung Bismarcks können wir auch in der deutschen Literatur beobachten. Sie ist qualitativ und quantitativ nicht mit der polnischen zu vergleichen (der einzigen Monographie über diesen Staatsmann aus der Feder von Józef Feldman stehen auf deutscher Seite einige hundert gegenüber). Das beste Beispiel wäre in diesem konkreten Fall eine Gegenüberstellung der Geschichtsschreibung der DDR und der BRD. Trotz großer Differenzen (einerseits Engelberg, Wolter, Canis – andererseits Gall, Mommsen, Richter, Stern) im Blick auf die Person Bismarck zeichnen sie sich gemeinsam dadurch aus, daß es (im Grunde) kein neutrales Bild des Kanzlers gibt und man sich (bisweilen gegen die Intentionen des Autors, was im Fall der nicht mehr existierenden DDR besonders »komisch« ist) vor allem auf seine Erfolge konzentriert. Hier waren die Historiker offenbar vom Werk Bismarcks überfordert.

Angesichts des Ganges der Ereignisse in Europa – besonders des Einigungsprozesses Deutschlands – frage ich mich, ob einmal die Zeit kommen wird, da wir Polen diesen bis heute verhaßten Politiker in anderen Kategorien als bisher werden sehen können. Es hat den Anschein, als ließe dieser Moment noch auf sich warten. Wenn er aber eintritt, wird das ein gutes Omen sein.

Heinrich August Winkler

Im Schatten von Versailles
Das deutsch-polnische Verhältnis während der Weimarer Republik

Käme es darauf an, das deutsch-polnische Verhältnis in den Jahren der Weimarer Republik in größtmöglicher Kürze zu kennzeichnen, so könnte das Urteil nur lauten, es sei von Anfang an vergiftet gewesen. Als Ursache dieses Sachverhalts würden die Deutschen damals wohl einhellig den Vertrag von Versailles genannt haben. Und in der Tat: Außer dem Kriegsschuldartikel 231, der Deutschland und seine Verbündeten mit der Verantwortung für den Ersten Weltkrieg belastete, hat kein Teil des Friedensvertrages die Deutschen so aufgewühlt und so unvorbereitet getroffen wie jene Passagen, die sich auf die Gebietsabtretungen an Polen bezogen.

Das neu entstandene Polen sollte, so wollten es die Sieger, ein wirtschaftlich lebensfähiger Staat mit direktem Zugang zur Ostsee sein. Deshalb verlor Deutschland nicht nur, was absehbar gewesen war, die ganz überwiegend polnische Provinz Posen, sondern auch, ohne Befragung der Betroffenen, den größten Teil des ethnisch gemischten, aber überwiegend deutschen Westpreußen einschließlich seiner Hauptstadt Danzig, die den Sonderstatus einer Freien Stadt unter einem Hohen Kommissar des Völkerbunds erhielt. 1921 erfolgte die Regelung des Problems Oberschlesien: Die im Friedensvertrag vorgesehene Abstimmung fiel für Deutschland mit einem Verhältnis von etwa 60 zu 40 Prozent insgesamt günstig aus, wurde aber von der polnischen Bevölkerung nicht hingenommen, sondern mit einem Aufstand beantwortet, der seinerseits deutsche Freiwilligenverbände auf den Plan rief; der Völkerbundsrat, von den Alliierten um eine Entscheidung ersucht, beschloß eine Teilung Oberschlesiens, die die Hauptmasse des besonders umstrittenen Industriegebiets in den Besitz Polens brachte. In Deutschland wurden diese Verluste von rechts bis links als schreiendes Unrecht empfunden. Einschneidende Korrekturen der Ostgrenze, obenan die Beseitigung des

»polnischen Korridors«, der Ostpreußen in eine vom übrigen Reich getrennte Exklave verwandelte, und die Wiedergewinnung Danzigs, gehörten fortan zum Kernbereich dessen, was man den »revisionistischen Konsens« der ersten deutschen Republik nennen kann.

Die Empörung über Versailles im allgemeinen und die neue Ostgrenze im besonderen hing aufs Engste mit dem verbreiteten Gefühl zusammen, daß Deutschland keine spezifische Kriegsschuld traf. Zwar sprachen die deutschen Dokumente zum Kriegsausbruch, die der Unabhängige Sozialdemokrat Karl Kautsky im Auftrag des Rates der Volksbeauftragten gesammelt und im März 1919 der Regierung Scheidemann vorgelegt hatte, eine ganz andere Sprache: Sie ließen keinen Zweifel daran, daß die Reichsleitung in der Julikrise von 1914 Österreich-Ungarn zum Krieg gegen Serbien gedrängt und damit entscheidend zur Auslösung des großen Krieges beigetragen hatte. Aber die Mehrheit der Reichsregierung, eines Koalitionskabinetts aus Sozialdemokraten, Zentrum und Deutscher Demokratischer Partei, wünschte, entgegen dem Rat des Reichspräsidenten Friedrich Ebert und dem Drängen einer Minderheit der Minister, keine Stunde der Wahrheit und entschied sich gegen die Veröffentlichung der Aktensammlung.

Die Regierung tat auch nichts, um die Deutschen auf die zu erwartende Härte der alliierten Friedensbedingungen vorzubereiten. Die Folge war, daß die übergroße Mehrheit der Deutschen im Vertrag von Versailles nur einen Ausdruck von Siegerwillkür erblicken konnte. Vergessen und verdrängt war, was Deutschland im März 1918 im Diktatfrieden von Brest-Litowsk den Russen abverlangt hatte, und wer 1919 in der Hitze des innenpolitischen Kampfes um die Annahme oder Ablehnung des Friedensvertrags an das Unrecht der Teilung Polens und der preußisch-deutschen Polenpolitik erinnert hätte, wäre als geistiger Landesverräter gebrandmarkt worden. Als Eduard Bernstein im Juni jenes Jahres auf dem ersten Nachkriegsparteitag der Sozialdemokraten in Weimar ein Eingeständnis der deutschen Kriegsschuld forderte und einen Großteil der alliierten Bedingungen »unabweisbare Notwendigkeiten« nannte, wurde er von der Parteiführung und den Delegierten förmlich niedergemacht.

Eine Kriegsunschuldlegende begann zu wuchern, die den deutschen Nationalismus der Weimarer Jahre nicht minder stark prägen sollte als ihre Zwillingsschwester, die Dolchstoßlegende, die die Schuld an der Niederlage von 1918 den »Marxisten« in die Schuhe schob.

Einen glühenden Nationalismus gab es nach 1918 natürlich nicht nur in Deutschland, sondern auch im neu entstandenen polnischen Staat. Die Nationaldemokraten um Roman Dmowski wollten ein viel größeres Polen als jenes, das ihnen die Sieger des Ersten Weltkrieges zugestanden. Deutschland hätte, soweit es nach diesen Kräften ging, auch noch große Teile Ostpreußens an Polen abtreten müssen. Von einer schonenden Behandlung der Deutschen, die fortan auf polnischem Territorium lebten, konnte keine Rede sein; der Minderheitenschutzvertrag, den Polen im Juni 1919 unter dem Druck der Alliierten abschließen mußte, wurde allgemein als Schmach empfunden und allenfalls widerwillig befolgt. Insgesamt jedoch wird man den polnischen Nationalismus der Zwischenkriegszeit, soweit er sich gegen Deutschland richtete, als eher defensiv chrakterisieren können. Der weit gefährlichere Nachbar war aus der Sicht des wichtigsten polnischen Staatsmanns jener Jahre, des Marschalls Piłsudski, Sowjetrußland.

Die für Polen bedrohlichste Konstellation war folglich ein Zusammengehen Deutschlands und Sowjetrußlands. Anzeichen für eine Annäherung der beiden »Parias« der Weltpolitik gab es bereits 1920. Während des polnisch-russischen Krieges erklärte sich Deutschland im Juli jenes Jahres offiziell für neutral. Wenig später erließ die Reichsregierung Verordnungen, die die Durchfuhr von Waffen und Kriegsmaterial nach dem Osten verhindern sollten. In der Sache stellte sich Deutschland damit gegen Polen und seine westlichen Verbündeten, allen voran Frankreich, und indirekt auf die Seite Sowjetrußlands.

Einer der Architekten der geheimen Zusammenarbeit zwischen Reichswehr und Roter Armee, der spätere Chef der Heeresleitung General von Seeckt, machte Anfang Februar 1920, im Vorfeld des polnisch-russischen Krieges, in einer Denkschrift die langfristigen Absichten deutlich, die die Reichswehrführung beim Ausbau der deutsch-russischen Beziehungen verfolgte: »Nur im festen Anschluß an ein Groß-Rußland hat Deutschland die Aussicht auf Wiedergewinnung seiner Weltmachtstellung [...] Nun und nimmermehr kann Preußen-Deutschland sich mit einem Bromberg, Graudenz, Thorn, (Marienburg), Posen in polnischer Hand abfinden, und wie ein Wunder Gottes erscheint jetzt am Horizont die Hilfe für uns in tiefer Not. In diesem Augenblick soll niemand Deutschland zumuten, auch nur den kleinen Finger zu rühren, wenn das Unheil über Polen hereinbricht.«

Im September 1922 wurde Seeckt noch deutlicher. »Polens Existenz ist unerträglich, unvereinbar mit den Lebensbedingungen Deutschlands«, führte der Chef der Heeresleitung in einem Memorandum aus. »Es muß verschwinden und wird verschwinden durch eigene innere Schwäche und durch Rußland – mit unserer Hilfe. Polen ist für Rußland noch unerträglicher als für uns; kein Rußland findet sich mit Polen ab. Mit Polen fällt eine der stärksten Säulen des Versailler Friedens, die Vormachtstellung Frankreichs [...] Die Wiederherstellung der breiten Grenze zwischen Rußland und Deutschland ist die Voraussetzung beiderseitiger Erstarkung. Rußland und Deutschland in den Grenzen von 1914! sollte die Grundlage einer Verständigung zwischen beiden sein.«

Seeckts Linie deckte sich, was das deutsche Verhältnis zu Polen und Rußland anging, ganz mit der des Reichskanzlers der Jahre 1921/22, Joseph Wirth. Der badische Katholik Wirth, der innenpolitisch eindeutig links von der Mitte stand, sprach im April 1922 auf der Weltwirtschaftskonferenz von Genua, an deren Rand der deutsch-russische Vertrag von Rapallo unterzeichnet wurde, dem sowjetischen Außenminister Tschitscherin gegenüber ganz unverblümt von der »Wiederherstellung der Grenze von 1914«. Im Juli 1922 erklärte der Reichskanzler in einem Gespräch mit dem Grafen Brockdorff-Rantzau, dem späteren ersten Botschafter der Weimarer Republik in Moskau, Polen »müsse erledigt werden [...] In diesem Punkt bin ich ganz einig mit den Militärs, besonders mit dem General von Seeckt.« Im Oktober 1922 bemerkte er dem gleichen Gesprächspartner gegenüber, Deutschland und Rußland müßten wieder Nachbarn werden; Polen sei zu »zertrümmern«, und auch die Randstaaten, also die baltischen Republiken, würde er, Wirth, lieber heute als morgen »zusammenschlagen«.

Verglichen mit dem, was Wirth und Seeckt dachten und sagten, nimmt sich die Position des am längsten amtierenden und erfolgreichsten Außenministers der Weimarer Republik geradezu maßvoll aus. Aber auch Gustav Stresemann lehnte es strikt ab, die deutsche Ostgrenze in ähnlich verbindlicher Form anzuerkennen wie die Westgrenze – dem Vertrag von Locarno vom Oktober 1925 mit den Westmächten also ein »Ost-Locarno« zur Seite zu stellen. Am 19. April 1926 legte er in einem Schreiben an den deutschen Botschafter in London seine Haltung unmißverständlich klar: »Eine friedliche Lösung der polnischen Grenzfrage, die unseren Forderungen wirklich gerecht wird, wird nicht zu erreichen sein, ohne daß die wirtschaftliche und finanzielle Notlage Polens den äußersten Grad erreicht und den gesamten polnischen Staatskörper in einen Zustand der Ohnmacht gebracht hat. Solange sich das Land noch irgendwie bei Kräften befindet, wird keine polnische Regierung in der Lage sein, sich auf eine friedliche Verständigung mit uns über die Grenzfrage einzulassen.«

Die Spekulationen auf einen Zusammenbruch Polens, die damals in Deutschland grassierten, erfüllten sich nicht; der Staatsstreich von Marschall Piłsudski im Mai 1926 leitete vielmehr eine Phase der autoritären Stabilisierung ein. Die deutsch-polnischen Beziehungen aber verbesserten sich in der Folgezeit kaum. Über einen Handelsvertrag zwischen beiden Ländern wurde jahrelang gestritten, wobei auf deutscher Seite die Landwirtschaft mit besonderer Vehemenz gegen einen großzügigen Import polnischer Schweine zu Felde zog. Im März 1930 schien ein Ende des »Zollkriegs« zum Greifen nahe: In Warschau wurde der Text eines Vertrages über die Handelsbeziehungen zwischen dem Deutschen Reich und Polen unterzeichnet. Aber kurz darauf wechselte in Deutschland die Regierung, ja das Regierungssystem: An die Stelle der letzten parlamentarischen Mehrheitsregierung, der Großen Koalition unter dem Sozialdemokraten Hermann Müller, trat das Präsidialkabinett Brüning. Dessen Landwirtschaftsminister, der bisherige Präsident des Reichslandbundes, Martin Schiele, war ein geschworener Gegner des Vertragswerkes. Über die erste Lesung im Plenum des Reichstags und die Beratung in den Ausschüssen kam der deutsch-polnische Handelsvertrag nicht hinaus. Nach den Reichstagswahlen vom September 1930, bei denen die Nationalsozialisten zur zweitstärksten Partei aufstiegen, war an eine Ratifizierung des Vertrags nicht mehr zu denken.

Der »revisionistische Konsens« wurde, was Polen anging, bis zuletzt auch von jener Kraft nicht in Frage gestellt, die seit jeher die stärkste Säule einer friedlichen Außenpolitik bildete: der Sozialdemokratie. Daß in Sachen deutsche Ostgrenze das letzte Wort noch nicht gesprochen war, stand für die SPD außer Frage. Der preußische Ministerpräsident Otto Braun, ein gebürtiger Ostpreuße, verlieh im November 1930 in einer Rede vor der Handelshochschule Königsberg Gefühlen Ausdruck, die von vielen seiner Parteifreunde geteilt wurden: »So wenig ich das an der polnischen Nation verübte Unrecht früherer Zeit gebilligt habe, ebenso wenig kann ich es billigen, daß dieses Volk sein staatliches Dasein auf ein Unrecht gegen ein anderes, das deutsche Volk, aufbaut [...] Gegen dieses Unrecht werden wir immer protestieren, die gewaltsam durchgeführte, willkürliche, ungerechte neue Grenzziehung werden wir niemals als berechtigt anerkennen. Sie wird immer einen Stachel im deutschen Volkskörper bilden und einer wahren Befriedigung Europas hindernd im Wege stehen.«

Für die linke Konkurrenzpartei der SPD, die Kommunisten, waren Äußerungen wie die Brauns nichts als Täuschungsmanöver. Weil die Führer der Sozialdemokraten für einen friedlichen Ausgleich zwischen Deutschland und seinen Nachbarn eintraten, waren sie, so hieß es etwa in der »Programmerklärung zur nationalen und sozialen Befreiung des deutschen Volkes« vom 24. August 1930, »nicht nur Henkersknechte der deutschen Bourgeoisie, sondern gleichzeitig die freiwilligen Agenten des französischen und polnischen Imperialismus«. Zwei Jahre später ging die KPD in ihrem Versuch, Wähler der äußersten Rechten zu beeindrucken, noch ein erhebliches Stück weiter. Ein von der Kommunistischen Internationale veranlaßtes gemeinsames Manifest der Kommunistischen Parteien Deutschlands und Frankreichs vom 25. Oktober

1932 geißelte den Vertrag von Versailles mit einer Schärfe, die auch von den Nationalsozialisten nicht mehr übertroffen werden konnte: »Das räuberische Diktat unterdrückt zahllose Millionen in Elsaß-Lothringen, West- und Ostpreußen, Posen, Oberschlesien, Südtirol, ohne sie zu befragen, durch brutale Annexion. Es preßt sie unter die Herrschaft des imperialistischen Frankreich und seiner Vasallenstaaten, des faschistischen Polen, der Tschechoslowakei, unter die Gewalt Belgiens und Litauens oder die faschistische Barbarei Mussolinis. Auch das österreichische Volk wird durch das Versailler System, vom Vertrag von St. Germain und dem neuen Völkerbundspakt, jedes Rechts auf Selbstbestimmung beraubt.«

Die Nationalsozialisten konnten also, was ihren militanten Kampf gegen Versailles anging, durchaus kein Monopol für sich in Anspruch nehmen. Im Hinblick auf Polen schien der Österreicher Hitler sogar um einiges beweglicher zu sein als die preußisch geprägten Eliten in der Reichswehrführung und im Auswärtigen Amt. Den Nichtangriffspakt, den er im zweiten Jahre seiner Kanzlerschaft mit dem östlichen Nachbarn schloß, hätte keine der Weimarer Regierungen innenpolitisch durchzusetzen vermocht. Hätte Polen sich zu der Rolle hergegeben, die Hitler ihm zeitweilig zugedacht hat – der eines Juniorpartners beim Eroberungskrieg gegen die Sowjetunion –, würde der »Führer und Kanzler des Großdeutschen Reiches« das Land anders behandelt haben, als es dann vom September 1939 ab geschah. An einschneidenden Gebietsabtretungen an Deutschland wäre Polen freilich auch in diesem Fall nicht vorbeigekommen.

Polen war für Deutschland zwischen 1918 und 1933 ein Staat, der nicht sein durfte. Wer das Existenzrecht Polens grundsätzlich bejahte, knüpfte an dieses »Zugeständnis« oft genug Bedingungen, die die Unabhängigkeit Polens zur Fiktion machen mußten. Stresemann etwa bezeichnete es in der zitierten Direktive an den deutschen Botschafter in London als »unser Ziel [...], eine endgültige und dauerhafte Sanierung Polens so lange hinauszuschieben, bis das Land für eine unseren Wünschen entsprechende Regelung der Grenzfrage reif und bis unsere politische Machtstellung genügend gekräftigt ist«.

Auf der Ebene der populären Klischees blieb für Polen »der« Deutsche in der Zwischenkriegszeit ein martialisches Wesen, das entweder eine preußische Pickelhaube oder den Mantel der Kreuzritter trug. Umgekehrt wurden die Polen in deutschen bildlichen Darstellungen häufig als heruntergekommenes Diebsgesindel gekennzeichnet und mit Schweinen und Läusen, Ratten und Wölfen verglichen. »In den antipolnischen Feindbildern der Weimarer Republik mischt sich ohnmächtige Wut und tiefe Verachtung für den neuen Nachbarn im Osten«, urteilt der deutsche Historiker Rudolf Jaworski. »Der polnische ›Saison- und Räuberstaat‹ wurde nicht einmal als ebenbürtiger Kontrahent anerkannt, geschweige denn als möglicher Partner. Daß sich ausgerechnet dieser Staat ehemals preußische Territorien einverleibt hatte und sich auch noch zu den Siegermächten zählen durfte, wurde als besondere Demütigung empfunden. Denn hier glaubte man ein in jeder Beziehung niedriger stehendes Volk über die große Kulturnation und ehemalige Weltmacht Deutschland ungestraft triumphieren zu sehen.«

Die »Aggressivität, die sich aus der Frustration einer geschlagenen Großmacht ergibt«, hatte, um nochmals Jaworski zu zitieren, notwendigerweise eine andere Qualität als diejenige, »die aus der euphorischen Hochstimmung eines Volkes entspringt, das nach über hundert Jahren endlich wieder seine Freiheit erlangt hat und in dem Bemühen, die Gunst der historischen Stunde optimal auszunützen, da und dort über seine eben wiedergewonnenen machtpolitischen Möglichkeiten hinausdrängt, um dann gleich wieder in eine Schutzstarre zu verfallen, weil es sich seiner Grenzen und inneren Einheit nicht sicher sein kann«.

Die Arroganz gegenüber Polen, die sich in Deutschland lange vor 1918 eingebürgert hatte, war ein Teil jener kollektiven Gefühlslage, die den Nationalsozialismus erst möglich machte. Der Nationalsozialismus steigerte die kulturelle Verachtung Polens bis zur physischen Vernichtung der polnischen Intelligenz. Am Ende des von Hitler entfesselten Zweiten Weltkrieges stand der Verlust des deutschen Ostens. Es vergingen Jahrzehnte, bis die Deutschen in ihrer überwältigenden Mehrheit die Endgültigkeit dieses Verlustes akzeptierten. Inzwischen tun sie es, und daraus erwächst die

Chance, daß sich zwischen dem zweiten, 1990 geschaffenen deutschen Nationalstaat und Polen etwas entwickelt, was es, solange der erste, von Bismarck gegründete Nationalstaat bestand, nie gegeben hat: ein Verhältnis der guten Nachbarschaft.

II. KULTUR UND GEDÄCHTNIS

Leszek Kołakowski
Kleine reaktionäre Betrachtung über die deutsch-polnisch-englische Philosophensprache

Wenn ich an englischsprachigen Universitäten Seminare durchführe, kommt es natürlich vor, daß ich Übersetzungen deutscher Denker in diese Sprache benutze. Kant schneidet bei diesem Test meistens erfolgreich ab, Fichte leidlich, Hegel entsetzlich, Husserl ungeschickt und schwerfällig, während Heidegger eine groteske Figur macht. Daran sind nicht unbedingt die Übersetzer schuld. Husserl kann man ja nicht nachsagen, daß er sich bewußt verschroben ausdrückt, und doch sträubt sich das Englische entschieden gegen viele seiner wohlkonstruierten deutschen Wörter. Wie soll man »die Gegebenheit« auf englisch wiedergeben? Wir lesen »the giveness«, aber das ist eine unangenehm klingende Neubildung, ähnlich wie »presupposition-lessness« als Übersetzung von »Voraussetzungslosigkeit«. Die Sprache Lockes, Berkeleys, Humes und Russells ist auf die deutsche Metaphysik nicht vorbereitet und kommt gut ohne sie zurecht. Es ist mir vollkommen unerfindlich, wie Leute, die »Sein und Zeit« auf englisch lesen, von diesem Text überhaupt etwas verstehen können (obwohl die Übersetzung, die ich mir angesehen habe, sehr sorgfältig gemacht ist). Dennoch hat Heidegger in den Vereinigten Staaten ungeheuer viele Leser.

Ich weiß nicht, was zuerst da war: der sprichwörtliche englische Empirismus oder die Sprache als solche, die nur mit Mühe eine andere Philosophie zuläßt. Ich nehme jedoch an, daß ein Volk die Philosophie hat, die es braucht, und daß die Sprache, sollte sie den Bedürfnissen nicht gewachsen sein, so präpariert und erweitert wird, daß sie den neuen Aufgaben gerecht wird. Ich habe den Eindruck, daß man so, wie man im Deutschen aus fast allem ein Substantiv machen kann, im Englischen aus fast allem ein Verb machen kann, und zudem lassen intransitive Verben sich bei Bedarf leicht in transitive verwandeln (»she walked the dog«, »an officer marched the soldiers« u. dgl.). Es scheint, als hinge die metaphysische Leistungsfähigkeit einer Sprache weitgehend von der geschickten Manipulation von Substantiven ab, während eine Sprache, in der das Verb dominiert, zum empirischen Denken neigt. Diese Hypothese ist, zugegeben, etwas leichtfertig, aber eine bessere habe ich einstweilen nicht.

Ins Polnische läßt sich die deutsche Philosophie hingegen ziemlich leicht übertragen; der Übersetzer Hegels steht zwar vor etlichen Schwierigkeiten, aber wenn er gut ist, kommt er mit ihnen zurecht, und die Übersetzung ist lesbar oder doch wenigstens ebenso lesbar wie das Original. Ähnlich ist es bei Husserl. Heidegger ist natürlich ein Fall für sich, denn seine Philosophie wurde wohl in der Absicht verfaßt, daß niemand sie in eine andere Sprache zu übertragen vermag und diejenigen, die den Freiburger Propheten hören wollten, seine Sprache lernen mußten. Dennoch fällt Heidegger auf polnisch nicht übel aus. Die beiden Sprachen – das Deutsche und das Polnische – sind geistesverwandt; begrifflich stehen sie einander näher als die eine oder andere von ihnen dem Englischen oder Französischen (ich wiederhole diese Bemerkung, die ich bereits an anderer Stelle in gedruckter Form geäußert habe: Das Deutsche und das Polnische sind, wenn man einmal vom Wortschatz, der Grammatik und der Syntax absieht, ein und dieselbe Sprache). Ein einfaches Beispiel: Im Deutschen wie im Polnischen lassen sich zwanglos und auf natürliche Weise adverbiale Substantive bilden, die im Französischen gekünstelt und im Englischen unbeholfen klingen. Solche Wortbildungen haben sich indessen als ungemein geeignet für metaphysische Betrachtungen erwiesen. Philosophie läßt sich daher nach beiden Richtungen übersetzen – ich will nicht sagen »leicht«, aber doch gut und gekonnt.

Die Polen sind gewiß ein Volk von Poeten; wenn es erlaubt ist, dem nationalen Größenwahn die Zügel schießen zu lassen, würde ich sagen, daß sie am Himmel der Poesie einen Stern erster Größe entzündet haben (wovon sich jedoch nur überzeugen kann, wer sie im Original kennt). Sie sind jedoch kein Volk von Philosophen. Sie hatten zwar, angefangen von der Scholastik, nicht wenige Philosophen und auch nicht wenige hervorragende Geister. Einige davon, die in weniger exotischen Sprachen wie dem Französischen, dem Deutschen und dem Englischen publizierten, haben sich kurzfristig einen inzwischen verklungenen Ruhm erworben, so Józef Hoene-Wroński und Cieszkowski in der ersten sowie Wincenty Lutosławski in der zweiten Hälfte des 19. Jahrhunderts. In unserem Jahrhundert haben sich insbesondere Logiker wie Łukasiewicz, Leśniewski, Ajdukiewicz und Tarski weltweit anerkannte Verdienste um die Philosophie erworben. Vielleicht hätten einige der Polen – aber das ist eine nicht überprüfbare Spekulation – sich einen Platz im Pantheon der Philosophie erobern können, wenn sie zu ihrer Zeit, als die Kulturformation, der sie angehörten, noch lebendig war, in einer der Weltsprachen »auf den Markt gekommen« wären; wer verspätet antritt, gelangt dort selten hinein. Gleichwohl halte ich das, was ich gesagt habe, aufrecht: Wir sind kein Volk von Philosophen. Es hat in Polen Thomisten, Kantianer, Hegelianer und Phänomenologen gegeben; einen Thomas von Aquin, Kant, Hegel oder Husserl hat es nicht gegeben. Woran das liegt, weiß ich nicht. War vielleicht eine gewisse Neigung zum pragmatischen Denken und eine daher rührende geringe Begeisterung für metaphysische Höhenflüge im Spiel? Oder der historische Zufall, daß die Polen vom 18. Jahrhundert an allzu sehr von ihrer nationalen Sache und den Mißgeschicken ihrer Nation in Anspruch genommen waren, als daß sie große Energie für universale Abstraktionen hatten aufbringen können, die in keinem erkennbaren Zusammenhang mit dem standen, was sie am schmerzlichsten bedrückte? Haben vielleicht der historisch erklärbare, aber bedauerliche Sieg der – ihrer Erscheinungsform nach hauptsächlich sarmatischen – Gegenreformation und die Macht der mit sich zufriedenen, intoleranten, von keinem Gegner geplagten katholischen Religiosität dazu beigetragen? (In der zweiten Hälfte des 16. Jahrhunderts war die Reformation in Polen stark, wurde aber im folgenden Jahrhundert zu einer unbedeutenden Randerscheinung zurückgestutzt, und die aufgeklärten Unitarier, die intellektuelle Crème, wurden aus dem Lande gejagt; es hat keine Religionskriege und auch nie eine Revolution im eigentlichen Sinne gegeben.)

Dies ist indessen kein Grund zu verzweifeln oder sich zu schämen; man kann durchaus ein blühendes, ansehnliches Kulturleben haben, aber in der Philosophie zur zweiten Klasse gehören, ohne darunter auch nur im geringsten zu leiden. Die Philosophie aber bemißt sich nicht nach der Zahl der Professoren, sondern nach den außergewöhnlichen Fällen, welche die in jedem Jahrhundert nur einige Male vorkommenden Genies darstellen; man könnte von Extravaganzen der Kulturgeschichte sprechen, und es gibt weder ein Rezept für ihre Herstellung, noch gibt es eine brauchbare Erklärung dafür, warum sie hier und nicht dort auftreten, jetzt und nicht früher oder später. Wenn wir jedoch als gesichert voraussetzen, daß der Geist weht, wo er will, dürfen wir annehmen, daß die Philosophie etwas mit der ethnischen Sprache zu tun hat, in der sie vorgetragen wird. Wenn wir sagen: Die Deutschen schufen die deutsche Philosophie, so mag das als eine Tautologie erscheinen; diese Tautologie erklärt nicht, dank welcher kulturellen Bedingungen gerade das deutsche Philosophieren – trotz des Widerstandes und der Abneigung anderer Sprachen gegen seine Assimilation – mehr als jedes andere zur Herausbildung der modernen europäischen Kultur beigetragen hat. Und doch ist es so, daß in einer Aufstellung der zehn oder zwölf größten Philosophen der Moderne, die wir mit dem 17. Jahrhundert beginnen lassen wollen, mehr als die Hälfte der Plätze von Deutschen oder deutschsprachigen Autoren eingenommen wird.

In der Philosophie waren die Polen während der letzten zweihundert Jahre weitgehend Schüler der Deutschen. »Schüler sein« heißt auf diesem Gebiet allerdings nicht, daß man fertige Gedanken unverändert weitergibt. Dafür ein Beispiel: Husserl war ein Schüler Brentanos, und Kazimierz Twardowski war ein Schüler Brentanos; Heidegger war ein Schüler Husserls, und Ajdukiewicz war ein Schüler Twardowskis. Dennoch kann man sich kaum eine größere Kluft vorstellen als die, welche Ajdukiewicz von Heidegger trennt. Innerhalb von zwei Generationen ist eine nicht mehr zu überbrückende Fremdheit der Sprache und des Denkens entstanden, obwohl es sich in jedem einzelnen Fall um eine wirkliche »Schülerschaft«, eine reale Fortführung des Gedankens handelte und nicht bloß um die belanglose Tatsache, daß jemand bei einem anderen Vorlesungen gehört hat.

Ähnlich verhält es sich, wenn wir etwas weiter zurückgreifen:

Die polnischen Kantianer waren keine richtigen Kantianer, und die polnischen Hegelianer waren keine richtigen Hegelianer, ja, wenn man es recht bedenkt, waren sie gar keine; die meisten widersprachen dem Pantheismus und Rationalismus, den sie bei Hegel erkannten, und ließen sich auf eine »Philosophie der Tat« ein, die eine Antwort auf den Hegelschen »Passéismus« oder die »Eule der Minerva« sein sollte. In der Regel standen sie dem traditionellen Christentum näher als die deutschen Meister, auch wenn es sich dabei häufig nicht um ein orthodoxes Christentum in diesem oder jenem Sinne handelte, sondern eher um eine christliche Häresie. Auch der bedeutendste polnische Schüler Husserls, Roman Ingarden, war in Wirklichkeit kein Husserlianer, denn mit dem transzendentalen Idealismus seines Lehrers war er überhaupt nicht einverstanden.

Die Deutschen suchten nach geistigen Prinzipien, die so fundamental sein sollten, daß man sich auf sie mit der gleichen Gewißheit und dem gleichen Vertrauen würde berufen, sich auf sie ebenso gefahrlos würde stützen können wie auf Gott, doch verfuhren sie dabei so, daß der Gott der Offenbarung überflüssig wurde. Die Polen vertrauten eher auf den Gott der christlichen Tradition, oder sie verwarfen ihn gänzlich und verließen sich – zumindest in der philosophischen Reflexion – auf die strengen Normen des Empirismus und der Logik, wobei ihnen sowohl englische wie später auch österreichische Quellen hilfreich waren; alles in allem handelte es sich dabei doch um eine Entgermanisierung. Nicht selten waren sie Eklektiker, ohne sich dessen zu schämen; überwiegend mißtrauten sie den Doktrinen – auch denen, die sie sich als Schüler zu eigen machten –, die alles aus einem einzigen Grundgedanken ableiteten, und es kann sein, daß sie deshalb keine großen Philosophen hervorgebracht haben, denn diese waren in der Regel Abenteurer, die scheinbar mit nichts begannen, ausgetretene Pfade verließen und die vorgefundenen Ordnungen revolutionierten.

Die polnische Sprache hatte nie und wird niemals Weltgeltung erlangen. Das Deutsche ist bis vor kurzem die Philosophensprache schlechthin gewesen, ähnlich wie das Französische die Sprache der Diplomatie war. Noch vor wenigen Jahrzehnten war es ebenso undenkbar, daß jemand, der als Philosoph gelten wollte, nicht deutsch lesen konnte, wie es unvorstellbar war, daß ein ernstzunehmender Diplomat nicht des Französischen mächtig war. Das ist nach dem Zweiten Weltkrieg ganz anders geworden; es gibt auf der Welt eine Menge Philosophieprofessoren, die absolut nicht Deutsch können und der Meinung sind, sie könnten das, was man unbedingt gelesen haben muß, auch in englischer Übersetzung lesen, und was nicht übersetzt sei, brauche man wohl auch nicht gelesen zu haben. Allerdings beobachtet man neuerlich eine gewisse Abkehr von dieser hochmütigen Selbstgenügsamkeit des Englischen, und man trifft immer häufiger auf junge Leute, die sich darüber klargeworden sind, daß es keine Philosophie gibt ohne die deutsche Philosophie und daß man diese nicht kennt, wenn man sie nicht in der Originalsprache studieren kann.

Auf der anderen Seite liegt, wie man weiß, gerade in der Elastizität beider Sprachen – des Deutschen und des Polnischen – und in ihrer Neigung zu ausgefallenen Wortbildungen eine Gefahr: Man ist leicht versucht zu glauben, man habe ein Problem gelöst oder geistiges Neuland entdeckt, wenn man sich ein elegantes Wort ausgedacht hat. Deshalb sollte man sich manchmal fragen: »Wie würde ich das auf englisch sagen?«; denn wenn es auch absurd wäre anzunehmen, etwas, das auf englisch nicht geläufig klingt, sei nicht wert, gedacht zu werden, so ist doch das Englische mit seiner Strenge hervorragend geeignet, Scheinlösungen und -entdeckungen zu entlarven (ich meine die semantische, nicht die syntaktische Strenge, denn in der Syntax ist das Deutsche ziemlich unelastisch, zumindest erscheint es Menschen aus anderen Sprachgebieten so).

Die Engländer besitzen außerdem die lobenswerte Fähigkeit, Philosophie so zu betreiben, daß sie für das gebildete, nichtphilosophische Publikum lesbar sind. Die Deutschen mögen das nicht; manchmal hat man den Eindruck, als kultivierten sie ganz bewußt ihre exotischen Wortrituale und plusterten sich in ihrer professoralen Überlegenheit auf (wie immer treffen solche Stereotype nie ganz zu). Als ich auf einer internationalen Konferenz einen deutschen Kollegen fragte, warum er einen Vortrag hielte, von dem er wußte, daß fast keiner der Zuhörer ihn verstehen würde, antwortete er mir geradeheraus: »Ein Philosoph, der so spricht, daß die

Allgemeinheit ihn versteht – macht sich bei uns (d. h. in Deutschland) lächerlich und erniedrigt sich.« Ein denkwürdiges Eingeständnis.

Wenn ich aber das Englische derart rühme, so doch nicht, wie schon gesagt, ohne Einschränkungen. Wie das Gedicht und der Roman, sollte auch die Philosophie in vielen Sprachen gepflegt werden. Es gibt sicher Bereiche und Stile des Philosophierens, bei denen es auf die Sprache, in der man sich äußert, nicht ankommt und alles mühelos übersetzbar ist. Gerade solchen Bereichen und Stilen widmen englischsprachige Philosophen sich bevorzugt, und darum neigen sie zu der Ansicht, andere Bereiche und Stile, die in der Übersetzung in ihrer Sprache unbeholfen und gekünstelt wirken, seien ein Produkt gedanklicher Unklarheit und mangelnder logischer Ausbildung. Die englische Sprache hat ihren eigenen Willen und ihre eigenen Ambitionen: Sie möchte das Latein unserer Zivilisation sein. In den Naturwissenschaften hat sie es praktisch geschafft, aber wenn es ihr in der Philosophie völlig gelingen sollte, wäre dies das Ende der Philosophie, so wie wir sie kennen. Das Lateinische hat sich jahrhundertelang als Instrument der wissenschaftlichen und philosophischen Kultur Europas bewährt, doch irgendwann konnte es den neuen geistigen Bedürfnissen, den neuen Verlockungen und Interessen nicht mehr gerecht werden. Die auf lateinisch betriebene scholastische Philosophie hat sich zwar bis in unser Jahrhundert behauptet, doch nur als ein unfruchtbares, für intellektuelle Anstöße von außen nicht mehr empfängliches Fossil einer untergegangenen Zivilisation. Schon bei Meister Eckhart besteht ein deutlicher Unterschied zwischen den ausgewogenen lateinischen Schriften und der unerhörten mystischen Wortgewalt der deutschen Predigten. Die europäische Kultur verdankte ihre Blüte und Lebendigkeit ihrer Vielfalt, den zahlreichen ethnischen Sprachen, in denen sie sich äußerte, mehr noch, dem, was in diesen Sprachen in den nicht übertragbaren Erfahrungen der einzelnen Völker wurzelte und daher, strenggenommen, unübersetzbar ist. Würde das Englische sein Ziel erreichen und seine Stellung als lingua franca des philosophischen Denkens festigen, so würde es entweder die Philosophie für alle Zeit töten, oder seine Vorherrschaft wäre von kurzer Dauer. Wir sprechen gelegentlich vom Heraufziehen einer »planetaren« Zivilisation; sollte diese planetare Zivilisation aber darauf beruhen, daß jegliche Vielfalt zerstört wird, daß wir uns – freiwillig oder nicht – einer vollständigen kulturellen Uniformität unterwerfen, daß sämtliche Gewebe des unruhigen und in seinen Reaktionen unberechenbaren Organismus, den die Menschheit darstellt, identisch werden, so wäre es nicht nur keine planetare, sondern überhaupt keine Zivilisation. Dann ist es schon besser, Philosophie in den verschiedenen ethnischen Sprachen zu betreiben – auf deutsch, polnisch, finnisch, türkisch –, entsprechend den Erfahrungen, die in den einzelnen Regionen der Welt jeweils andere und spezifische sind, selbst wenn daraus diese oder jene Schwierigkeit erwachsen mag. Andernfalls könnte die Philosophie zu einer harmlosen Trivialität oder zu einem Zeitvertreib herunterkommen, der ebenso unfruchtbar ist wie das Lösen von Kreuzworträtseln. Hinter der Schwärmerei für »die eine« Welt wittere ich immer eine totalitäre Mentalität, so als sei es etwas Schlimmes und irritierend Krankhaftes, daß es Vielfalt in der Welt gibt, verschiedene Kulturen, verschiedene Völker, verschiedene Sitten, verschiedene Religionen und politische Institutionen, so als müsse man sich unablässig bemühen, diese Mannigfaltigkeit zu beseitigen und alles gleichzumachen.

Darüber, daß es gegenwärtig nicht einen großen, lebenden Philosophen gibt, brauchen wir uns keine Sorgen zu machen; hoffen wir, daß die Welt noch ein paar Jahrhunderte besteht.

Andrzej de Vincenz

Deutsch-polnische Sprachkontakte

Mit den Beziehungen zwischen dem Deutschen und dem Polnischen befassen sich Sprachwissenschaftler seit gut hundert Jahren, und zwar am meisten mit dem Wortschatz. Nun besteht der Wortschatz nicht nur in einem Namenskatalog von Begriffen, Personen und Dingen. Der Wortschatz einer jeden Sprache besitzt seine eigene Struktur, es ist, genauer gesagt, eine Menge von semantischen Strukturen, in der gleichsam die historischen Erfahrungen der jeweiligen Sprachgemeinschaft festgehalten sind. Die Gesamtheit dieser Erfahrungen, so wie sie in Wortschatz, Grammatik und Syntax kodiert sind, nennen wir »Weltbild« einer Sprache. Wenn wir davon ausgehen, daß jedes Volk ein solches »Weltbild« besitzt, das in der Sprache kodiert ist und mittels der Sprache von einer Generation zur nächsten weitergegeben wird, so folgt daraus unter anderem, daß die Sprache, in die wir hineingeboren werden und in der wir aufwachsen, uns gewissermaßen ihr Weltbild aufzwingt.

Und wenn wir davon ausgehen, daß die Vorfahren der Polen im Jahre 966 ihr »Weltbild« hatten, das sie vermutlich mit ihren slawischen Nachbarn teilten, dann muß sich dieses Bild im Laufe von tausend Jahren grundlegend verändert haben, so wie sich auch alles übrige verändert hat.

Eine entscheidende Rolle spielten hier die kulturellen und sprachlichen Beziehungen zum christlichen Westen (wenngleich es auch Beziehungen zum christlichen bzw. türkischen Osten gab). Die Annahme der Taufe war ohne Zweifel die größte Zäsur in der Geschichte Polens, so wie sie es auch bei anderen Völkern Europas war. Die begrifflichen Strukturen des Christentums wurden auf dem Weg über die sprachlichen Strukturen des religiösen Wortschatzes übernommen.

Die Missionare, die in Begleitung von Dubrava aus Prag kamen, um Mieszko und seinen Hof mit der christlichen Lehre bekanntzumachen, gehörten – wie ganz Böhmen – zur Diözese Regensburg. Sie brachten den Wortschatz der ersten, noch karolingischen westlichen Missionen unter den Slawen mit. Wenn wir einige Ausdrücke betrachten, die für den ältesten christlichen polnischen Wortschatz typisch sind, so sind es entweder Übersetzungen aus dem Deutschen: *miłosierdzie* (Barmherzigkeit), *męczennik* (Märtyrer), oder deutsche Lehnwörter wie *post* (altdeutsch *fast* – Fasten) oder *papież* (*papes*, heute *Papst*, aus dem Altfranzösischen) usw. In vielen Fällen läßt sich nicht klären, ob die Vorlage für die Übersetzung lateinisch oder altdeutsch war, weil das Altdeutsche getreu die lateinische Vorlage kopiert, wie z. B. *bekehren – nawrócić (się) – convertiri* oder *heiligen – święcić – sanctificare* usw.

Das Christentum brachte auch moralische und rechtliche Normen. Es ist wohl kein Zufall, daß das Wort *prawy* (urslawisch *gerade*) in seinen verschiedenen Bedeutungen dem französischen *droit* und dem deutschen *recht* (beides ursprünglich »*gerade*«) entspricht: *prawo* (das *Recht*) als die Gesamtheit rechtlicher Normen, *prawa ręka (rechte* Hand), *prawy człowiek (recht*schaffener Mensch) usw. Das ganze Begriffsfeld beruht auf der christlichen Vorstellung vom geraden Weg, der den Gerechten ins Paradies führt, und wenn der Sünder von ihm abweicht, gerät er auf Abwege und beginnt zu *błądzić* (lat. *errare*, dt. *irren*); daher die polnischen wie deutschen Wörter *błąd* (Irrtum), *błędy* (Irrwege) und *błędne nauki* (Irrlehren).

Hier war nicht nur von unmittelbaren Entlehnungen, sondern auch von Lehnübersetzungen die Rede. Beide übertragen ins Polnische begriffliche Strukturen, die im Latein des mittelalterlichen Frankreich und Italien entstanden waren und in die Volkssprachen übernommen wurden. Die mittelalterlichen lateinischen Entlehnungen im Polnischen stammen fast durchweg nicht direkt aus dem Lateinischen, sondern sind aus dem Deutschen über das Tschechische gekommen, wobei ein Teil der deutschen Übersetzungen (Lehnübersetzungen) nochmals übersetzt, ein anderer Teil in deutscher Form aus dem Tschechischen übernommen wurde.

Gehen wir zum 13. Jahrhundert über, das gemeinhin als Periode der deutschen Ostsiedlung bezeichnet wird. Auch schon vorher hatte es in Polen Siedlungen mit Wällen und Toren gegeben, die im Inneren Straßen und Häuser aufwiesen. Doch nun entstehen erstmals richtige Städte – *civitates*, planmäßig angelegt, mit geschriebenen Gesetzen, gewählten Stadtbehörden und einem ebenfalls gewählten Bürgermeister. Ihre gesamte Organisation kommt aus Frankreich und Italien in den östlich des Rheins gelegenen Teil Deutschlands, dringt dann über die Elbe vor und gelangt durch deutsche Siedler nach Polen. Das deutsche Recht wurde in Polen Magdeburger Recht genannt. Magdeburg, von Otto I. gegründet, war die erste und zwei Jahrhunderte lang die einzige *civitas* östlich des Rheins.

Die Siedler bringen nicht nur die Organisation mit, sondern auch die Sprache und damit die Wörter, die aus dem Lateinischen oder Französischen entlehnt oder irgendwo im Rheinischen bereits übersetzt wurden, aber durch ihre phonetische oder semantische Struktur die römisch-lateinischen Vorbilder verraten. So verhält es sich mit der Bezeichnung *miasto* (die, wie das deutsche Vorbild *Stadt*, ursprünglich »Ort« bedeutete, zum lateinischen *locare, locus* ›Ort‹), aber auch mit *wał, mur und plac* (über das Deutsche aus dem latenischen *vallum, murum, platea*), usw. Hier wurde also ein im Polnischen bereits bestehendes Begriffsfeld erweitert und seine Struktur den deutschen, westlichen Vorbildern angepaßt. So verhält es sich auch mit den Ämtern: *burmistrz (Bürgermeister)* ist zur Hälfte lateinisch, denn *meister* ist *magister* (im Polnischen wird daraus dann *mistrz*), lateinisch ist *wójt (Vogt – vocatus)*, ins deutsche übersetzt die *Gemeinde* (lat. *communio*, polnisch *gmina*), ins Polnische aus dem Deutschen *ustawa (Gesetz*, vgl. *stawiać – setzen*, aus dem lateinischen *statutum*) und viele andere Beispiele.

Als nächstes folgt das »Rittertum«. Eine Entlehnung ist hier bereits der Name selbst: *rycerz (Ritter*, übersetzt aus dem Französischen *chevalier*), und daraus werden im Polnischen *rycerstwo* und *rycerski* gebildet, die der deutschen und französischen Bedeutung (*ritterlich, chevaleresque*) entsprechen, sowie *szlachta (slähte*, nach dem französischen Vorbild *gent*, vgl. *gentilhomme*). Im Gegensatz zu *rycerstwo (Rittertum)*, das eine sich aus einzelnen Rittern zusammensetzende Gesamtheit bezeichnet, wird die *szlachta* (Adel), im Einklang mit der deutschen und französischen Bedeutung von *slähte* bzw. *gent*, als eine einzige große Familie betrachtet, als deren Nachfahre sich gewissermaßen jeder einzelne Adlige (*szlachcic*) versteht. Die Vorbilder für die staatlichen Ämter waren karolingisch, daher auch Titel wie *wojewoda* (»der die Krieger anführt« – *Herzog – dux militum*), *kasztelan (castellanus)* usw.

Innerhalb dieser großen Familie haben wir den *ród* (Geschlecht), was wiederum mit dem Begriff *dobrze urodzony, bene natus, wohlgeboren* zusammenhängt. Das Geschlecht hat ein Wappen, das *klejnot* (dt. *Kleinod*, lat. *clenodium*), und dies bezeichnet das Wertvollste, was der Adlige besitzt. Wir sehen hier, wie gewisse Wörter, die anfangs nur Bezeichnungen sind, symbolischen Charakter annehmen und ein Element einer bestimmten Tradition ausdrücken. Diese drei Bereiche des Wortschatzes, der religiöse, der ritterliche und der städtische, entsprechen der im europäischen Mittelalter allgemeingültigen und bis ins 18. Jahrhundert fortgeltenden Einteilung der Gesellschaft in drei Stände: den betenden, den kämpfenden und den arbeitenden (tiers état – Dritter Stand).

Vom 16. Jahrhundert an nahm die polnische Geschichte einen völlig anderen Verlauf als die deutsche, italienische oder französische, und so ist denn auch die polnische *szlachta* etwas ganz anderes als der deutsche *Adel* oder die französische *noblesse*, obwohl es auch hier viele gemeinsame Begriffe gibt, so etwa die übertragene Bedeutung der Wörter *szlachetny* und *szlachetność (nobilitas*, frz. *nobilité*, vgl. dt. *edel* und *Adel*).

Mit Beginn des 16. Jahrhunderts ändert sich auch der Charakter der sprachlichen Kontakte mit dem westlichen Europa: Am königlichen Hof taucht das Italienische auf, und breite Schichten des Adels und des Bürgertums entwickeln eine polnisch-lateinische Zweisprachigkeit, die sie bis ins 18. Jahrhundert beibehalten.

Nicht minder bedeutsam ist, daß die bis dahin zweisprachigen polnischen Städte mit Beginn des 16. Jahrhunderts das Polnische als Umgangs- und Schriftsprache übernehmen. Das heißt jedoch nicht, daß die Beziehungen zwischen dem Polnischen und dem Deutschen damit aufhören. Das letztere bleibt in hohem Maße ein Mittler zwischen dem Polnischen und den Sprachen Westeuropas, auch wenn sich um die Mitte des 17. Jahrhunderts in Polen französische Einflüsse ausbreiten, die sich auch noch unter der Herrschaft der sächsischen Dynastie behaupten (so bringt das »Teatr Saski« [Sächsisches Theater] in Warschau ausschließlich italienische und französische Aufführungen).

Denn auch wenn die Städte zum Polnischen übergegangen sind, so sprechen doch die benachbarten Provinzen deutsch: jene, die polnischer Oberhoheit unterstehen, wie Westpreußen und Danzig, aber auch Schlesien und Brandenburg. Seit dem Ende des 15. Jahrhunderts waren auch in Krakau deutsche Drucker tätig, was wiederum Spuren im Wortschatz hinterläßt, z. B. *druk* (Druck), *drukować* (drucken), *drukarz* und davon *drukarnia* wie vom deutschen *Drucker* die *Druckerei* (es gibt aber auch *prasa*, dt. *Presse*, aus dem Französischen).

Man darf ferner nicht den im 16. Jahrhundert machtvollen polnischen Protestantismus vergessen, mit seinen Kontakten nach Königsberg, Wittenberg und Basel (selbstverständlich auch nach Genf und zum französischen Kalvinismus). Im 16. und 17. Jahrhundert ist Deutsch auch bei verschiedenen gesellschaftlichen Gruppen bekannt, angefangen vom königlichen Hof über die Höfe der Magnaten bis hin zu Künstlern und Handwerkern.

Im Bereich der Architektur und der schönen Künste, deren Bedeutung im 16. Jahrhundert allmählich wächst, schließt die Anwesenheit italienischer Künstler und Handwerker nicht aus, daß darüber hinaus andere aus Österreich und Deutschland kommen, so zum Beispiel schon der jüngere (Hans) Dürer. Das gilt auch für den Handel mit Bildern, die über zwei deutschsprachige Städte, Danzig und Breslau, nach Polen gelangen.

Der Wortschatz der Malerei konstituiert sich allmählich vom Ende des 15. Jahrhunderts an (vgl. Wörter wie *malarz* [Maler], *malować* [malen]), aber noch um die Mitte des 16. Jahrhunderts läßt Łukasz Górnicki in seiner Übersetzung von B. Castigliones »Il Cortegiano« Passagen über Malerei und Bildhauerei aus, weil – so schreibt er in seinem Vorwort – sowohl die *pictura* als auch die *sculptura* dem polnischen Höfling nicht hinreichend bekannt seien (die polnischen Entsprechungen dieser Wörter tauchen tatsächlich erst im 18. Jahrhundert auf).

Das ändert sich in der zweiten Hälfte des 16. Jahrhunderts, als zum Beispiel das Wort *lanczaft* auftaucht (dt. *Landschaft*, zu Beginn des Jahrhunderts ins Deutsche aus dem italienischen *paese* übersetzt), ferner *konterfekt*, »Porträt« (aus dem Deutschen, das es aus dem Französischen hat) oder *wizerunek* »Prototyp, Vorbild des Porträts« (dt. *Visierung*, aus dem franz. *viser*). In diesem Sinnbezirk kommen fast alle Begriffe aus dem Westen, allen voran das Hauptwerkzeug des Malers: *pędzel*, dt. *Pinsel*, aus dem altfranz. *pincel*, heute *pinceau*.

Seit dem Ende des 18. Jahrhunderts änderten sich die äußeren Bedingungen der deutsch-polnischen Sprachkontakte, denn durch die polnischen Teilungen geriet Großpolen mit Posen unter preußische, Kleinpolen mit Krakau unter österreichische Herrschaft. Doch einerseits hörten die Kontakte mit Italien und Frankreich nicht auf, sie verstärkten sich sogar (die Große Emigration 1830–1860), und andererseits war das Deutsche weiterhin Mittler.

Das läßt sich an jenem Bereich zeigen, der dem 19. Jahrhundert, dem »Jahrhundert des Dampfes«, den Namen gab: am Wortschatz der Eisenbahn. Die ersten Züge fuhren erst 1846 von Warschau nach Wien, doch hatten polnische Ingenieure sich schon früher in England, Frankreich und Belgien mit der neuen Technik vertraut gemacht. Aus dem Englischen kann das Wort *lokomotywa* nicht stammen (sonst wäre es maskulin), wohl aber aus dem Französischen oder dem Deutschen (und dieses wiederum aus dem Französischen). In Warschau übersetzte man *droga żelazna* direkt aus dem französischen *chemin de fer*, in Krakau dagegen *kolej żelazna* aus dem deutschen *Eisenbahn* (wobei *Bahn*, genau wie *kolej*, ursprünglich die Wagenspur auf der Landstraße bedeutete). Auch dieses deutsche Wort war aus dem Französischen übersetzt. Die Vorbilder der Wörter *parowóz* und *dworzec kolejowy* waren dagegen eigene deutsche Schöpfungen: *Dampfwagen (Dampf – para, wagen – wóz)* und *Bahnhof (Hof – dworzec)*.

Seit Ende des 19. Jahrhunderts vermittelt das Deutsche sogar bei Entlehnungen aus dem Englischen in Bereichen wie der Politik und insbesondere dem Sport (z. B. *bramka*, übersetzt aus dem deutschen *Tor*), und eine ganze Reihe weitere Wörter aus dem Sinnbezirk des Fußballs; *rower* (Fahrrad) stammt aus dem Englischen, aber *kolarz* und *kolarstwo* (zum poln. *koło*, »Rad«) wurden aus dem Deutschen übersetzt.

Die Eisenbahn, das Automobil und das Fahrrad können wir als Elemente des größeren Sinnbezirkes Landverkehr sehen, dessen Struktur im Polnischen ziemlich genau den Strukturen der deutschen bzw. französischen Sprache entspricht. Wenn wir unter der Struktur die gegenseitige Abhängigkeit der Wörter des jeweiligen Sinnbezirkes verstehen, dann wird diese Struktur durch die Übersetzungen nicht verändert (sowohl *kolarz* als auch *rowerzysta* bezeichnen eine Person, die Fahrrad fährt).

Eine erschöpfende Darstellung des Themas war in diesem knappen Überblick nicht möglich. Ich wollte zeigen, daß direkte Entlehnungen und Lehnübersetzungen keine Fremdkörper sind (wie es in dem Terminus *wyraz obcy*, der übrigens aus dem deutschen

Fremdwort übersetzt ist, angedeutet würde), sondern daß dank ihrer im Laufe der Jahrhunderte neue begriffliche Strukturen entstanden sind, während die bereits vorhandenen so starke Umwandlungen erfuhren, daß den meisten heute im Polnischen »kodierten« Begriffen ähnliche deutsche oder französische Bedeutungsstrukturen entsprechen.

Der Leser hat das Recht, an dieser Stelle zu fragen, ob die derart massiven und langfristigen deutschen Einflüsse nicht durch irgendwelche Einflüsse des Polnischen auf das Deutsche »ausgeglichen« werden. Wenn man so fragt, vergißt man, daß die Geschichte Europas die Geschichte der Ausbreitung der christlich-lateinischen Kultur von Italien und Frankreich auf den Rest des Kontinents, nach Norden und Osten, ist. So gibt es im Deutschen Hunderte von Lehnwörtern aus dem Französischen, während man im Französischen kaum zwanzig oder dreißig deutsche Lehnwörter zusammenbekommt.

Das Polnische hat dem Deutschen ein wichtiges Wort gegeben: *Grenze – granica*, das schon um 1260 in Urkunden des Deutschen Ordens auftaucht: so als ob er in diesem grenzenlosen Raum des Ostens auf die einzige, dort bereits bestehende Grenze gestoßen wäre. Der Rest sind zufällige, mit der einen oder anderen polnischen Mode zusammenhängende Wörter: im 18. Jahrhundert *Uhlan* (poln. *ułan*, übrigens aus dem Türkischen) und *Mazurka*, im 19. Jahrhundert die Namen von Kleidungsstücken wie *Litewka* oder *Wildschur* (Rock aus Wolfspelz, poln. *wilczura*).

Mit der Ausstrahlung der deutschen Kultur und Sprache auf Polen kann man jedoch vom 15. Jahrhundert an die Wirkung der polnischen Sprache (und damit der westlichen, lateinischen Kultur) im Osten Europas vergleichen: im Norden in Litauen, im Süden in Rumänien, vor allem aber im Osten auf die ukrainische und weißrussische Sprache, von wo aus sie sich hundert Jahre später in Moskau bemerkbar macht. Hier war das Polnische der Hauptfaktor der Europäisierung, der Mittler der Akkulturation an Europa bis ins 18., in einem gewissen Umfang sogar noch bis ins 19. Jahrhundert.

Zum Schluß möchte ich noch einmal ein wichtiges Prinzip unterstreichen, das der Sprache als Mittler, da die bisherigen Untersuchungen über die Kontakte zwischen dem Deutschen und dem Polnischen fast ausschließlich bilateralen Charakter hatten und aus der langen Liste der deutschen Lehnwörter im Polnischen bisweilen, besonders vor 1945, recht merkwürdige Schlüsse gezogen wurden, angefangen von der Überlegenheit der »germanischen« Kultur bzw. des »germanischen Geistes« bis hin zu der berühmt-berüchtigten »urdeutschen Stadt Krakau« der Jahre 1939–1945.

Bei dieser Betrachtungsweise wurde vor allem ein wichtiges Prinzip aller Sprachkontakte ignoriert: Die passive Seite ist hier die »gebende« Sprache, die aktive Seite diejenige Sprache, die »empfängt« oder vielmehr »nimmt«. Die Akkulturation erfordert, anders gesagt, eine aktive Auswahl dessen, was man übernimmt, und ihr Ergebnis ist eine Verwandlung der übernommenen wie der überlieferten Werte in eine neue Einheit.

Dieser Prozeß, der das Polnische im gleichen Maße bereicherte, wie die Kultur reicher wurde, hat weder die Kultur noch die Sprache um ihre Identität gebracht. In einem seiner Texte hat Czesław Miłosz das Polnische als lateinische Sprache im slawischen Lautgewand bezeichnet. Ist das Polnische, als es lateinischer wurde, weniger slawisch geworden? Bestimmt. Ist es auch weniger polnisch geworden? Oder vielleicht mehr? Doch vergessen wir nicht, wenn wir uns die Formulierung von Miłosz zu eigen machen, daß das Polnische diesen »lateinischen« Charakter in einem gewissen Umfang der Vermittlung der deutschen Sprache verdankt.

Bogdan Baran

»Moderner« und »prämoderner« Geist

Wenn die neuere Philologie recht hat, dann bezeichnet das Wort »Geist« ursprünglich nicht »pneuma« oder »Atem«, sondern »Anregung«. Der Geist bringt den Verstand zum »Philosophieren«. Es ist die Antwort auf die ursprüngliche Anregung. Fehlt sie, dann verschwindet die Philosophie.

Das Verschwinden der Philosophie, das Heribert Boeder (Topologie der Metaphysik, 1980) für das Kennzeichen der »Moderne« hält, die jeglicher in Begriffen faßbaren »Weisheit« (sophia) entbehrt, geht mit einem Aufblühen des polnischen Geisteslebens einher. Die 30er und 40er Jahre des 19. Jahrhunderts in Polen sind die bis heute fruchtbarste Zeit geblieben – besonders für die Literatur. Doch hat sich damals auch die polnische Philosophie in der Auseinandersetzung mit der deutschen entwickelt.

Der Geist der schon in den 20er Jahren einsetzenden polnischen Romantik war keinesfalls, wie man vielfach meint, »provinziell«, wohl aber prämodern.

Nach der Begegnung mit dem deutschen Geist unternahm er sogleich den Versuch, die deutsche Philosophie zu »überwinden«. Der Primat der Literatur im polnischen Geistesleben ist wohl auch eine Folge dieses Versuchs. Unablässig wurde – vor allem gegen Hegel – verkündet, der deutsche Idealismus habe »das höchste« erreicht, was die deutsche Philosophie »zu leisten vermag« (August Cieszkowski); laut Zygmunt Krasiński gab es »noch etwas Größeres als Hegel und Stärkeres als die deutsche Metaphysik«, für Bronisław Trentowski war »der Gegenstand der Hegelschen Spekulation bloß ein Schatten des wahren Gegenstandes«. Für Krasiński ist die Wahrheit der deutschen Philosophie nur eine »Schwester« anderer Wahrheiten. Auch für andere polnische Romantiker und Philosophen heißt (ein halbes Jahrhundert vor Nietzsche und Dilthey, wenn auch nach dem frühen Hegel) die höchste Wahrheit: »Leben«.

Auch Trentowski, der in Freiburg im Breisgau philosophierte, wollte »das polnische Gemüt« von der deutschen »Klugheit« reinigen. Der deutschen Vernunft setzte er den polnischen Geist als moralisches Wesen entgegen. Die Philosophie war für ihn »die wichtigste Poesie«.

Es war dies jedoch durchaus kein leichtfertiges Zurückweisen eines schwierigen Denkens. Romantikern wie Krasiński und besonders den Philosophen war die deutsche Philosophie wohlbekannt. Cieszkowskis auf deutsch erschienene Arbeit »Prolegomena zur Historiosophie« (1838) ist als ein Werk bekannt, das gegen Hegel polemisiert, sich aber noch im Horizont der Hegelschen Problematik bewegt. Auch der frühere Trentowski schrieb seine Abhandlungen auf deutsch.

Die Distanz zur deutschen Philosophie wurzelte nicht im bloßen »Primat« der Literatur, sondern tiefer in der »Weisheit«, die den polnischen Geist bestimmte. Dieser ist eine Figur, in der »Gott« und »Leben« sich in der »Nation« treffen. Nicht von ungefähr wollte Trentowski einerseits eine »nationale« polnische Philosophie begründen, während die Philosophie für ihn andererseits Erkenntnis der Wirklichkeit Gottes war. Die Tatsache, daß die Nation im Mittelpunkt stand, bedeutete nicht Provinzialismus, sondern vielmehr Providentialismus, weil die Nation gerade als Verwirklichung des von Gott geschaffenen Lebens verstanden wurde. Der damalige moralisch-religiöse Begriff der Nation ist weit von seinen heute geläufigen Inhalten entfernt, was oft zu der Fehlinterpretation führt, er wäre ein Hindernis für jegliches inter- und übernationale Denken.

Von einer nationalen Literatur träumte z. B. auch Goethe, wenn er über den vom »Nationalgeiste« durchdrungenen »Nationalautor« nachdachte (»Literarischer Sanscülottismus«). Goethe ging es jedoch eher um die Nation mit einem »hohen Grad der Kultur«. Der polnische Begriff der Nation war dagegen leidenschaftlicher. Diese andere »Architektonik des Gemüts« hat dazu geführt, daß die »deutsche Vernunft« oft abgewertet und mißdeutet wurde.

Der Romantiker Maurycy Mochnacki schätzte die passive Einbildungskraft höher ein als den Verstand und die Vernunft, noch wichtiger war ihm aber die aktive Phantasie. Der von der Romantik weniger geprägte Philosoph Trentowski verlegte dagegen die Phantasie und den Verstand als »Urteils-Kraft« auf die unterste Ebene und setzte darüber die Vernunft als »gereinigten« Verstand. Die höchste Fähigkeit des Ichs heißt bei ihm jedoch Wahrnehmung (Wahrheit-nehmen). Dieses Ich ist seinerseits Sub-jekt, d. h. »einer überragenden« Macht unter-worfen. Das mit Wahrnehmung bezeichnete Vermögen ist Quelle der Erkenntnis sowohl des erschaffenen Seins als auch Gottes.

Mit Parolen wie »Irrationalismus« oder »Mystizismus« ist hier nicht viel auszurichten. Es handelt sich vielmehr um die Konzeptualisierung einer prämodernen Weisheit. Ihr eilte die Weisheit der deutschen Philosophie in dem Sinne voraus, daß sie zu ihrem

Thema machte, was jene noch nicht konzeptualisierte: den Begriff, d. h. die sich mit sich selbst befassende Vernunft (Kant).

Das Anknüpfen an die vorkantische Weisheit hatte ohne Zweifel politische und religiöse Gründe. Die Teilungen Polens im 18. Jahrhundert und der Katholizismus haben daran einen wesentlichen Anteil. Trentowski bekannte sich, obwohl ein engagierter Freimaurer, nur aus Protest gegen die »Jesuiten« als Kalvinist. Die Pariser Messianisten (Mickiewicz, Słowacki) waren, obwohl auch sie Schwierigkeiten mit der kirchlichen Hierarchie hatten, unerschütterliche Katholiken.

Der Grund, warum die Polen damals den deutschen Geist als einseitig, *nur* auf Vernunft beschränkt, trocken und kalt betrachteten, scheint im unterschiedlichen Verständnis von Weisheit zu liegen. Er, der deutsche Geist, sollte überwunden werden durch die »Philosophie des Thuns« (Cieszkowski), das »unendlich concret« sei und ein »Hinausgehen der Philosophie über sich selbst« ermögliche. Wegen der Andersartigkeit der Weisheiten ist die polnische Idee der Nation als Verwirklichung Gottes sehr verschieden von der Hegelschen Idee des Staates als Verwirklichung des (objektiven) Geistes.

Boeders Auslegung sieht in der »philosophischen« Moderne – also nach der Erschöpfung des Hegelschen Denkens – keine Philosophie mehr, sondern nur noch eine Simulation des früheren metaphysischen »Concipierens« der Weisheit. Die moderne Besinnung (Marx, Nietzsche, Heidegger) soll eine Reaktion auf die Enteignungserfahrung des modernen Menschen sein. So gesehen wäre die spätere literarisch-philosophische Besinnung der Polen eine Imitation vor allem der Romantik.

Die Imitation wurde schon von den Zeitgenossen erkannt. Die erste Wiederbelebung des polnischen Geistes seit der Romantik – den Modernismus der Jahrhundertwende – verurteilte der seinerzeit berühmte Literaturkritiker Stanisław Brzozowski als »weisheitslose« Wiederholung: Das Junge Polen und seine angeblich neoromantischen Züge (Przybyszewskis »nackte Seele«, der Symbolismus und andere »Ismen«) seien keine Vertiefung der Romantik. Die Romantiker versuchten, sagt Brzozowski, »Polen in ihrer eigenen Seele zu retten«, um den »geistigen Sieg« über Europa davonzutragen. Die Jungpolen dagegen wollten Europa einfach vergessen. Die Romantiker kämpften gegen den Zerfall, das Junge Polen dagegen pflegte den Zerfall als idealen Seelenzustand.

Einem derart traumatisierten Geist erscheint die Gefahr der Entfremdung als die eine Seite des Dilemmas. Die andere Seite, das wahrhafte Streben nach der eigenen Nation, bedeutet die Gefahr des Provinzialismus. Wenn es jedoch an der leitenden Wahrheit fehlt, ist die Entfremdung unvermeidlich. Dieses Dilemma schließt jene Distanz zum Geist aus, die es erlaubte, ihn als »Kultur« zu bezeichnen.

Den deutschen Idealismus bestimmte das von Hegel formulierte Prinzip der »Freiheit der Subjektivität«. Der aufklärerische Kontext der freien Subjektivität, der Vernunft und ihres Begriffs war jedoch den Polen insoweit fremd, als sie ihn nicht einmal als das Kennzeichen ihrer Epoche erkannten. Für Trentowski war diese Epoche immer noch »der Schwanz des Mittelalters«. Für Krasiński kündete seine eigene Erfahrung der Moderne vom Verschwinden des Individuums und dem Hervortreten der Masse. Krasiński glaubt »aber nicht an Hegel«, sondern an den Menschen und an Gott als Person, d. h. ein Wesen, das »sich selbst« ist. Krasińskis Individualität war jedoch keine Subjektivität im Sinne des deutschen Idealismus.

Zwar ist der deutsche Geist von der Aufklärung beeinflußt worden, doch wäre er wegen seiner religiösen Grundlagen und des fehlenden Materialismus eher mit der polnischen als der französischen Geistigkeit zu vergleichen. Für die Polen war die (theoretische) Vernunft nur »einseitig«. Weil sie nicht den reinen Begriff, sondern das Dreieck Gott-Leben-Nation konzeptualisierten, gelangten sie nicht zur Erkenntnis des »Totalitarismus« der Vernunft. »Totalitär« war für sie nur die Un-Vernunft.

Die angedeutete Gestalt von »Weisheit« bestimmt noch immer den polnischen Geist zumindest in dem Sinne, daß sie bislang, abgesehen von der modernen Lockerung, noch durch keine andere ersetzt wurde.

Jan Błoński

Sarmatismus – Zur polnischen Adelskultur

Woher kamen die Polen? Sie stammten – wie alle – von Noah ab, genauer von seinem Sohn Japhet, auf dessen Abkömmlinge Negnon die slawischen Völker zurückgehen... Aber wo hatten die Slawen der Frühzeit ihren Sitz? Wenn es dort war, wo sie im Mittelalter siedelten, dann stammen sie vermutlich von den Sarmaten ab, in denen Herodot Nachkommen der Skythen und der Amazonen sah (daher heißt es »Sarmati duri«, »feroces«, Epitheta, auf die man noch im 18. Jahrhundert stößt). Er siedelte die Sarmaten jedoch jenseits des Don (Tanais) an, also in Asien... Sieben Jahrhunderte später sah Ptolemäus sie sehr viel näher, und so mußte er zwischen einem europäischen und einem asiatischen Sarmatien unterscheiden. Die Grenzen des ersteren bildeten im Westen das sarmatische Gebirge (die Sudeten?) und ein Fluß, dessen Lauf der oberen Oder und der unteren Weichsel ähnelt, im Norden der sarmatische Ozean, im Süden das gefährliche Gebirge der Karpaten und im Osten der Don, also das asiatische Sarmatien. Im Nordosten erstreckte sich ein unbekanntes Land, das gewiß noch fürchterlicher war.

Von den Sarmaten, die in diesem Sinne mehr oder weniger in Europa angesiedelt sind, ist im Mittelalter des öfteren die Rede. In der Regel sind die Slawen gemeint, bisweilen eindeutig die Tschechen (Flodoardus von Reims, 955) oder die Polen (Epitaphium Ottonis Magni Imperatoris). In Polen findet man die erste Erwähnung bei Gallus Anonymus (um 1115), die aber keineswegs auf die Polen bezogen ist; erst Jan Długosz gab in den »Annales« (ab 1445) eine annehmbare Darstellung der sarmatischen Genealogie seiner Landsleute. Diese Herkunft wurde aber erst mit den lateinischen Ausgaben des Ptolemäus (seit 1464) in Polen (und in ganz Europa) allgemein bekannt und als gesichert angesehen...

Doch stammten alle Polen von den Sarmaten ab? Ja, alle, die sich als Polen betrachteten und als Polen betrachtet wurden. Mit anderen Worten: der gesamte Adel. Die Bezeichnung »Pole« kam damals nur Adligen zu. Bauern und Bürger hatten ein eher begrenztes Vaterland: Großpolen, Preußen, Masowien, Samogetien usw. Das Sarmatentum hatte im übrigen nichts mit der ethnischen Herkunft zu tun: Der ruthenische und litauische Adel, der damals noch nicht gänzlich polonisiert war, empfand sich in gleichem, wenn nicht stärkerem Maße als sarmatisch wie die Herren aus der Gegend um Krakau. Um die Mitte des 16. Jahrhunderts fand die Überzeugung, sarmatischer Abstammung zu sein, beim Adel allgemein Gefallen, trug sie doch zu seiner Verherrlichung und Vereinigung bei.

Dieser Adel war sehr zahlreich (rund zehn Prozent der Bevölkerung) und von politischem Ehrgeiz beseelt. Im Streit mit dem König und den Magnaten errang er von 1374 an ein Privileg nach dem anderen, bis er schließlich – auf dem »Exekutions«-Reichstag 1562 bis 1564 – die Demokratie in Polen einführte! Aber dieser Erfolg wurde – unerwartet – zum Anfang des Niedergangs.

Im Kampf um die Vorherrschaft lernte der Adel, Gesetze zu schreiben, Glaubenswahrheiten zu erörtern und sich – mehr oder weniger gut – um die Staatsangelegenheiten zu kümmern. Daher sein Hang zum Reisen, auch außerhalb des Landes, zu Versammlungen und Festlichkeiten, seine intellektuelle Neugier, seine Vorliebe für Rhetorik und Literatur... Gegen Ende des 16. Jahrhunderts lassen diese Tugenden und Fähigkeiten jedoch nach und verschwinden allmählich. Es ist nicht mehr nötig, in Polen irgendetwas zu ändern! Man braucht sich nur umzuschauen, um sich zu überzeugen, daß man nirgendwo glücklicher lebt als in Polen! In Moskau haut der Zar auf die Bojaren ein, in Deutschland herrscht ein Krieg aller gegen alle, Italien wird nach Belieben zerstückelt, in Frankreich die Bartholomäusnacht... Der polnische Adel, zum Teil noch protestantisch, war dem konfessionellen Zwang sehr abgeneigt. Dann sollte doch lieber jeder nach seiner Façon selig werden!

Oder allgemeiner ausgedrückt: Jeder Adlige soll sich sein Leben so einrichten, wie er mag und kann! Und niemand soll den Adligen allzu sehr belehren, kontrollieren oder zu irgend etwas zwingen! Selbstverständlich schätzte der Adlige den König, aber seine Beamten wollte er nicht sehen (Steuern!). Er achtete die Geistlichen, aber er liebte es nicht, daß sie ihm in die Seele und in die Tasche drangen (Steuern!). Und was liebte er? Haus, Garten, die – in der Regel nicht sehr große – Landwirtschaft, das Gut – es konnten auch einige, gewöhnlich einen Schlag (ca. 80 ha) große Güter sein. Mit der Landwirtschaft plagte er sich nicht, zumal das Getreide lange eine gute Konjunktur hatte. Was er erlöste, wurde für Pferde, Gewänder, für »Luxus« ausgegeben.

Mit wem verkehrte er? Die Bauern verachtete er ungemein. Ob er sie stärker peinigte, als es anderswo üblich war, ist schwer zu sagen: Bauernaufstände gab es in Polen (wenigstens im ethnisch polnischen Teil) nicht. Die Bürger mochte er nicht, und er hatte kaum mit ihnen zu tun. Eher zog er die Juden vor, die ihm billiger und demütiger zu Diensten waren... Die Bindung an, mehr noch, der Kult von Haus, Hof, Familie und engerer Umgebung ist ein ins Auge springender Zug dieser Landadelskultur. Daher waren die Genealogien und Schwagerschaftsverhältnisse der Nachbarn und deren Schicksale ein unerschöpfliches Thema von Überlegungen und Diskussionen. Denn auch mit der Nachbarschaft war der Adlige eng verbunden, da er nur dort, bei seinesgleichen, Anerkennung und Achtung finden konnte. Er war deshalb darum besorgt zu gefallen, zu glänzen, noch mehr aber darum, keine Abneigung zu wecken. Nach 1562 begann die Freiheit des Adels unübersehbar in Anarchie überzugehen, und man wagte es, durch das berüchtigte »liberum veto« Reichstage zu sprengen, so daß ein normales Funktionieren des Staates unmöglich wurde. Doch die Provinziallandtage wurden fast nie gesprengt, weil der Adlige sich vor den Nachbarn fürchtete; ohne die Nachbarn war er niemand...

Deshalb besuchte er sie auch ständig und hatte sie bei sich zu Gast. Ein geselligeres Brauchtum läßt sich kaum vorstellen. Unbemerkt förderte es die Einmütigkeit, den Konformismus, obwohl es individuelle Abweichungen und zumal Schrullen ohne weiteres tolerierte. So waren die Adligen denn auch unablässig damit beschäftigt, sich gegenseitig zu schmeicheln, sich mitsamt ihren Ansichten und Sitten gegenseitig zu rühmen, wobei ihnen nach und nach der Sinn für die Wirklichkeit, besonders die fernere, abhanden kam. Freilich war das damalige Polen in der Tat ein riesiges (eine Million km^2) Konglomerat von Nachbarschaften: Mit nachbarlichen Angelegenheiten beschäftigt, verloren die Adligen den Staat sozusagen aus den Augen. Der Ort der öffentlichen Angelegenheiten, Streitigkeiten und Treffen war entweder der Hof des Magnaten oder – höchstens – die Gerichtssitzung und alle zwei Jahre der Landtag. Daher der Rückzug in die glückliche Rückständigkeit, die immer rascher fortschreitende Archaisierung und Provinzialisierung der Mentalität. Je schlimmer es im Lande zuging, desto lauter wurden die Adelsfreiheit und die vaterländischen Tugenden gerühmt; man kann sagen, daß die Sarmaten sich schließlich zu Tode logen.

Der Sarmatismus ist denn auch nichts anderes als der Denk-, Empfindungs- und Verhaltensstil, mit einem Wort: der Lebensstil des mittleren und niederen Adels. Er ist seine ureigenste Kultur, gespeist aus katholischen und barocken – aus welchen auch sonst? – Quellen, die man aber auf eigentümliche Weise auswählte und sich aneignete. Der Sarmatismus ist ein naiver Rückschritt, köstlich und zugleich erschreckend... Man darf jedoch nicht vergessen, daß diese Kultur aus dem »Goldenen Zeitalter« des noch von der Renaissance geprägten Polen erwuchs, das mit seinen Errungenschaften ohne Zweifel den Nachbarn überlegen war. Dies erklärt seine fast bis zum Ende des 18. Jahrhunderts anhaltende Ausstrahlung nach Osten und Süden hin. »Schaut auf den seiner Freiheit stolzen und vor aller Welt in seiner Unabhängigkeit glänzenden Polen; ein vorzügliches Gewand trägt der Pole, das ist die Freiheit, in der er seinem König nicht nachsteht; dazu trägt er einen glänzenden goldenen Ring, das ist der Adel, in dem der höchste dem niedrigeren in Polen gleich ist; er hat mit seinem Herrn, dem König, einen gemeinsamen Ochsen, das ist das allgemeine Recht, das ihm ebenso wie seinem König in Polen gleichermaßen als Ochse dient. Als ein solcher ist der Pole in seinem Königreich stets fröhlich, er singt und tanzt ungehindert, von jeder knechtischen Pflicht ledig [...]« Der hier zitierte Stanisław Orzechowski, ein farbenfreudiger, glänzender Schriftsteller, war auf der anderen Seite ein – selbst für die damaligen Zeiten (1564) – unverantwortlicher Abenteurer... Im sarmatischen Apfel saß von Anfang an der Wurm.

Man kann daher sagen, daß der Sarmatismus Polen zugrunde gerichtet hat, um so mehr, als er den Adel am Ende keineswegs davor bewahrt hat, in eine (erneute) Abhängigkeit von den Magnaten zu geraten... Kaum verwunderlich ist denn auch das erbitterte Urteil, das bald nach der Wiedererlangung der staatlichen Unabhängigkeit ein Historiker über ihn fällte: »grenzenloser Standeshochmut und Führungsanspruch, Streitsucht und Prozeßwut, Händel und Ränke, Starrköpfigkeit und Feigheit, Dummheit und Unwissenheit, Rückständigkeit und Ignoranz, Sittenlosigkeit und Willkür, Nichtachtung und Geringschätzung des Rechts« (L. Bernacki, 1928). Er gab damit das Urteil wieder, das die Aufklärung, die Polen langsam aus dem sarmatischen Elend aufrichtete, über diese Kultur gesprochen hatte. Und man kann nicht sagen, daß dieses Urteil völlig aus der Luft gegriffen war. Nur darf man es nicht auf zwei Jahrhunderte ausdehnen. Das Polen des Jahres 1700 war ein vollkommen anderes Land als das Polen des Jahres 1600! Und seine Erneuerung kam, was auch immer man sagen mag, von innen. Gewiß kam sie zu spät, aber sie wurde nicht von außen unterstützt oder aufgezwungen. Im Gegenteil, sie wurde, kaum verwunderlich, von begierigen Nachbarn verzögert.

Haben also die Sarmaten wenigstens ihr Vaterland geliebt? Doch, sie haben es geliebt und verteidigt, wenngleich nur mit dem Säbel, seltener mit dem Kopf... Die letzte Auflehnung der Sarmaten – die Konföderation von Bar (1768–1772) – war zugleich der erste Aufstand gegen auswärtige Interventionen. Deshalb hat sie Mickiewicz gerührt und Słowacki begeistert, der ihr eine mystische und messianische Deutung verlieh. Was die Romantiker bewegte, war das beinahe religiöse Pathos, während sie hingerissen waren von der exotischen Pracht der Sarmaten, die sie in ihrer Jugendzeit noch selbst erleben konnten (Rzewuski belegt das mit seinen »Denkwürdigkeiten des Herrn Soplica«). Sie entdeckten auch den Zauber der litauischen und ruthenischen Grenzmarken, in denen sich der Sarmatismus am längsten behauptete und mit einer bisweilen barbarischen Üppigkeit ins Kraut schoß. Von Paris aus zurückblickend, begannen sie zu verstehen, daß er in seinem Untergang Werte mitnahm, welche die moderne Gesellschaft verachtete: das Gesellige, das Spielerische, den spontanen Einklang mit der Natur, ganz zu schweigen vom Vorrang der Würde vor der Nützlichkeit. Das alles verbarg sich schließlich, wenn auch in einer nicht allzu klugen Gestalt, im sarmatischen Verständnis von Freiheit, Gleichheit und brüderlicher Nachbarschaft.

Die Polen schämen sich des Sarmatismus, aber insgeheim lieben sie ihn, was man am »Pan Tadeusz« ebenso ablesen kann wie an den Romanen von Sienkiewicz. Einen weiteren Beweis mag man darin sehen, daß überkommene Verhaltensweisen fortdauern, so etwa der Traum von der Einmütigkeit in der Politik oder der Brauch, die Nachbarn jederzeit besuchen zu können. In unserer Zeit kam es zur Entdeckung der bisher unterschätzten Kunst der Sarmaten, genauer gesagt, der Kunst, die von den polnischen »Sarmaten« als Mäzenen gefördert wurde. Der sarmatische Barock ist insofern schwer zu beschreiben, als er – genau wie z. B. die bretonische oder die lateinamerikanische Kunst – gleichsam eine Auswahl darstellt, eine Anthologie von Motiven und Kunstgriffen unterschiedlicher Herkunft. Dennoch ist er so aufdringlich und eigentümlich, daß er schließlich der ganzen Umwelt ein spezifisches Gepräge zu geben vermochte! Als Beispiele nenne ich die Figur des kummervollen Christus und das Totenporträt, das Herrenhaus mit dem Säulengang und den Altar mit den gewundenen Säulen, die orientalische Ornamentik und die der Geschwätzigkeit des Adels entsprechende Fülle an Dekorationen.

»Der Stil des Adels (d. h. der sarmatische Stil)«, sagt Gombrowicz, sei »etwas ungeheuer Beständiges«. Und er nennt als Beispiel – sich selbst! Jahrhundertelang, so führte er aus, bemühten sich die Polen um Reife, um europäischen Charakter, und deshalb warfen sie das, was ihre ausschließliche Eigenheit ausmacht, auf den Müllhaufen: die Fähigkeit der Verstellung, das Schauspielerische, die Unreife, die unauflöslich mit der Ungezwungenheit, der Leichtfertigkeit, der Unernsthaftigkeit verbunden sind. Die Polen schämen sich heute der einzigen Epoche, in der sie von der Höhe des Sarmatismus auf die Welt herabschauten. Doch wie kann man Europa täuschen, ihm etwas entgegensetzen, wovon man keine Ahnung hat? Das ist nur möglich durch Rückgriff auf den sarmatischen »Müllhaufen«. »Ich könnte mich als einen polnischen Adligen bezeichnen, der seine allgemeine Daseinsberechtigung in dem gefunden hat, was ich Distanz zur Form (und damit zur Kultur) nenne. Der polnische Adlige – eine etwas anachronistische Erscheinung – erfreut sich keiner allgemeinen Sympathie. Um so besser! Das kommt mir sehr gelegen! Ich werde zeigen, was für eine Kraft die adlige Kritik der Werte haben kann!«

Und er nimmt – halb im Ernst, halb im Scherz – den Kampf gegen alle auf, von Dante bis zu den Strukturalisten! Alle möchte er überzeugen, besiegen, lächerlich machen, demaskieren! Sich durchsetzen, beweisen, daß er besser, interessanter, unterhaltsamer ist. Kurz, sich an den Menschen erfreuen, indem er mit ihnen kämpft – doch um was? Um nichts, um Anerkennung, um Prestige! Das ist kein Duell der Argumente, sondern ein Kampf der Individualitäten. Gombrowicz verhält sich also wie ein adliger Sarmate, für den es das Wichtigste war, sich durchzusetzen, in der Nachbarschaft Eindruck zu machen, den Leuten zu zeigen, was er für einer ist und was er kann. »Ich habe das von zu Hause mitgebracht«, sagt er. »[...] Ich bin immer noch [...] der polnische Krautjunker aus der Provinz.« Aber auch das muß man selbstverständlich cum grano salis aufnehmen. Denn wir haben es hier mit der avanciertesten, esoterischsten Sublimation jenes Lebensstils, jener Haltung oder jenes Ethos zu tun, das auf Gombrowicz tatsächlich einen Einfluß ausgeübt hat. Dieser sarmatische Adlige ist jedoch ebenfalls eine Maske. Die Maske des Künstlers, der uns, wenn auch nur für einen Moment, in den Bereich des Spiels und der Freiheit führt...

Wenn sogar Gombrowicz – und sei es auch nur ein wenig – Sarmate ist, was soll man dann über uns alle sagen?

Tadeusz Namowicz

Aufklärung

Man ist stolz in Polen auf das Zeitalter der Aufklärung, war es doch eine Epoche, in der progressive Kräfte einer adligen Nation Reformen einleiteten, die für das Land von größter Wichtigkeit und auch für die europäische Geschichte der Zeit von Belang waren. Die Verfassung vom 3. Mai 1791 – die bedeutendste politische Leistung der polnischen Aufklärung – muß, nach der amerikanischen Unabhängigkeitserklärung (1776) und der französischen Deklaration der Menschenrechte (1789), als die dritte legislative Festlegung der Fundamente einer neuzeitlichen Demokratie gesehen werden. In diesen Kontext gehört ferner, daß 1773 in Polen die erste weltliche Erziehungsbehörde, die »Kommission für nationale Edukation«, eingerichtet wurde.

Waren die Teilungen von 1772, 1793 und 1795 eine politische Katastrophe für das polnisch-litauische Doppelreich, so erwies sich doch, daß trotz der über 120 Jahre dauernden Fremdherrschaft weder das Gefühl für nationale Identität Einbuße erlitt noch die Kultur des Landes ernsthaft bedroht war. Daß dabei die Selbstaufopferung im Kampf fürs Vaterland nahezu als selbstverständlich erschien, läßt sich nicht zuletzt auf Anregungen und Vorbilder zurückführen, die gerade im Zeitalter der Aufklärung entstanden.

Die Aufklärung meint in Polen vorerst einen Zeitraum, der durch die politische Geschichte bestimmt ist. Ihre Hauptphase wird stets mit der Regierungszeit des Königs Stanisław August assoziiert und auch nach ihm die »stanisławsche Aufklärung« genannt. Das auslösende Moment bildeten die Bemühungen des herrschenden Hochadels um eine Reform des polnisch-litauischen Reiches, die es vor den imperialen Bestrebungen der Nachbarstaaten retten sollte. Erforderlich waren die Sanierung der Wirtschaft, die Hebung des Bildungsniveaus und vor allem tiefgreifende Änderungen des politischen Systems, um Polen wieder regierbar zu machen und eine schlagkräftige Armee aufzustellen. Diese Reformen – eine »Revolution von oben« – sollten viel ändern, aber das Wesentliche erhalten: das uneingeschränkte politische und wirtschaftliche Machtmonopol des Hoch- und Landadels. Es war, wenn man so will, eine »konservative Revolution«. Die Aufklärung wurde vom Adel getragen, nur vereinzelt beteiligten sich an ihr Vertreter des dritten Standes, zumal das Bürgertum sich zu dieser Zeit erst neu herauszubilden begann.

So unpolitisch manches von den Bemühungen der polnischen »Aufgeklärten« tatsächlich war (z. B. die Ästhetik-Diskussion), so galten doch die meisten Diskussionen der Reform der Gesellschaft und des Staates. Ihnen folgten politische Entscheidungen, gehörten doch der König, wenngleich beschränkt in seinen Machtbefugnissen, und ein Teil des Hochadels zu den engagierten Befürwortern der Reformen. Schließlich war der bewaffnete Kampf um die national-adlige Identität und die politische Existenz des Reiches in diese Bestrebungen integriert: 1768–1771 die Konföderation von Bar, 1794 der Kościuszko-Aufstand und die Allianz mit Napoleon seit 1796.

Als das schwierigste Problem der polnischen Aufklärung erwies sich die Unumgänglichkeit eines Kompromisses zwischen der tradierten Lebens- und Denkweise des Sarmatismus, der sich nahezu der gesamte Adel immer noch zugehörig fühlte, und den Erfordernissen für eine zeitgemäße Auffassung von Staat und Gesellschaft. So viel sich auch von dem in Angriff genommenen Reformwerk realisieren ließ, so scheiterte dessen Weiterführung an der Unlösbarkeit des grundsätzlichen Widerspruchs zwischen Tradition und Innovation, ganz zu schweigen von dem ausschlaggebenden militärischen Eingreifen der drei Teilungsmächte.

Der grundlegende Unterschied zur Aufklärung in Deutschland bestand im Stellenwert des Politischen. Zwar muß man den deutschen Dichtern und Denkern des 18. Jahrhunderts vielfach das Interesse für politische Fragen bescheinigen, in einigen Fällen auch deren bedeutsame Beiträge zur allgemeinen Staatsphilosophie und zum Staatsrecht würdigen (Thomasius, Wolff, Kant), festzuhalten bleibt jedoch, daß es sich dabei um die Formulierung allgemeiner Prinzipien der Staatslehre handelte. Politisches Wirken, d. h. Einleitung konkreter Vorhaben zur Änderung bestehender politischer Verhältnisse in den deutschen Teilstaaten, gehörte nicht dazu. Ein Mann wie Justus Möser, der mit den polnischen Aufklärern noch am ehesten zu vergleichen wäre, blieb eine Ausnahme, und immer noch wird er nur am Rande erwähnt, wenn es gilt, von großen Leistungen der deutschen Aufklärung zu sprechen. Er konnte zwar auf die Regierungsgeschäfte Osnabrücks Einfluß nehmen, auf Deutschland (was das auch damals heißen mochte) einzuwirken lag außerhalb des Möglichen.

Wir begegnen dagegen in der deutschen Aufklärung einer Reihe von Grundsatzfragen, die in Polen entweder gar nicht oder, durch den erwähnten Kompromiß zwischen Tradition und Innovation gehindert, nur unzureichend diskutiert und in die gesellschaftliche Praxis kaum umgesetzt wurden.

Richteten die polnischen »Aufgeklärten« ihr Augenmerk vor allem auf das Engagement des einzelnen in der Öffentlichkeit, so kam es in Deutschland schon seit der Reformation vornehmlich auf die Freiheit des »inneren Menschen« an. Um ihn bemühte sich die deutsche Aufklärung in ihrer ersten Phase. Es ging nämlich darum, dem einzelnen die »Liebe zur Tugend« beizubringen, d. h. das bürgerliche Ethos – Arbeit und Sparsamkeit, Ordnung und Gehorsam, Genügsamkeit und ehrlichen Müßiggang – zu unterstützen und zu propagieren. Gegen Ende des 18. Jahrhunderts wurde dieser Tugendkatalog vorwiegend ökonomischer Provenienz um bedeutsame geschichtsphilosophische und anthropologische Aspekte erweitert. Individuelle Leistung und Verantwortlichkeit erhielten nun ein gesteigertes Gewicht. Dies führte mitunter zur Rebellion gegen Arbeit und Ordnung, wie es in der Dichtung des Sturm und Drang manifest wurde, bald aber suchte man zum Ausgleich der Extreme zu gelangen, und so ließen sich Verhaltensmuster aufstellen, die Arbeit und Ordnung voraussetzten, diese jedoch nicht als Selbstzweck sanktionierten, sondern zur Grundlage einer Zukunftsvision machten, die einerseits die Perfektibilität des einzelnen, andererseits die Entwicklung der Menschheit zur Humanität in sich schloß. Heroik blieb, sofern überhaupt reflektiert, ähnlich wie Politik, eine nur »zufällige Tugend«.

Entscheidend war also ein zunehmendes Interesse am Einzelmenschen, in dessen Persönlichkeit das Individuelle das Gefühl der Zugehörigkeit zur Gemeinschaft nicht ausgrenzte. Der Mensch zeichnete sich zunächst einmal durch »Alltagstugenden« aus. So schrieb 1803 Johann Ludwig Ewald in einem Erbauungsbuch für Frauen: »Es gehört weit mehr dazu, im Stillen etwas Gutes, *alle Tage thun*, als *manchmal* etwas Großes mit Geräusch.« Auf diesen »Alltagstugenden« konnte ein Universum errichtet werden, in dem sowohl der Natur des Menschen als auch der Geschichte der Völker, sowohl dem Ideal als auch der Realität Rechnung getragen wurde. Und in der Humanitätsidee der Weimarer Klassik fand man eine Formel, auf die sich die ganze Vielfalt möglicher Fragen und Lösungen beziehen ließ.

Diese »kopernikanische Wende« – die neuzeitliche Anthropologie mit einer nicht mehr religiös gedeuteten Geschichte verknüpft – vollzogen die polnischen »Aufgeklärten« nicht nach. Der Vorstoß in den Bereich der Anthropologie blieb auf die aus dem politischen Engagement resultierende patriotische Haltung reduziert. Dabei ließ man die Position der Kirche unangetastet. Wollte man nämlich die angestrebten Reformen durchsetzen und möglichst viele Anhänger für sie gewinnen, durfte an der katholischen Tradition des Landes nicht gerüttelt werden. Solange es sich nicht erklärtermaßen um einen Kampf gegen die herrschenden Eliten handelte (und das war weder in Polen, noch in Deutschland der Fall), konnte die antiklerikale Haltung in einem noch weitgehend konfessionellen Zeitalter nur Rückschläge für das Reformwerk zur Folge haben. Gering blieb der Stellenwert der im neuzeitlichen Empirismus und Rationalismus gründenden Wissenschaften: Für unmittelbare politische Maßnahmen sah man ihre Kenntnis als nicht unbedingt erforderlich. Und wenn auch die »bürgerlichen Alltagstugenden« durchaus zum Reformprogramm für die adlige Gesellschaft gehörten, so bedeutete es die Quadratur des Kreises, den auf dem ritterlich-adligen Ethos aufgebauten Sarmatismus mit »Arbeit und Ordnung« in Einklang bringen zu wollen. Es mußte bei zaghaften Versuchen bleiben, die Arbeit zu nobilitieren, dies sowohl in der Literatur als auch im Wirtschaftsleben.

Die angedeutete Eigenart der Aufklärung in den beiden Ländern hinterließ Spuren, die bis heute nicht verwischt sind. Findet das Wissen um die Leistungen der Aufklärung nur allmählich Eingang in das kollektive Gedächtnis der Deutschen (als Bestandteil der neuzeitlichen Fortschrittsideologien stärker erst nach 1945 in der DDR und später in der Bundesrepublik), so steht es außer Zweifel, daß es doch die Aufklärung war, die auf die Formen des sozialen Lebens und auf die Denkweise der Deutschen einen nachhaltigen Einfluß ausübte. Es war eben die eigentümliche Verbindung von Arbeit und Ordnung mit den idealistischen Konzepten einer Musterwelt, die zumindest bis in die sechziger Jahre unseres Jahrhunderts vorherrschend war, nicht zuletzt gerade durch ihre Unbestimmtheit, durch ihre nur regulative Funktion. Ohne sich zur Aufklärung zu bekennen, blieb man in Deutschland (vor allem im wirtschaftlich und politisch tonangebenden Preußen) über zwei Jahrhunderte lang dem aufklärerischen Wertsystem verpflichtet. Es scheint, daß die 68er Generation hier bewußt einen Kontinuitätsbruch herbeiführen wollte, nicht zuletzt deswegen, um im Programm tätiger Weltveränderung die bislang verdrängte politische Emanzipation an den ersten Platz zu setzen.

Stimuliert durch die kritische Theorie der Frankfurter Schule, ist ein anderer Aufklärungsbegriff entstanden (Aufklärung als Widerstand gegen den Betrug), der das bisherige Verständnis einzuengen droht, weil die tradierte offene Formel entweder einseitig politisch bestimmt (verständlich als Nachholbedarf in einer Situation, in der das politische Denken seit Jahrhunderten durch die wie auch immer formulierten Moralprinzipien ersetzt war) oder auf den Widerstand des Ich gegen das Zeitalter der Massenzivilisation reduziert wird (Zukunft der Aufklärung nach Habermas: Klarzumachen, wie in immer enger werdenden Handlungsräumen gleichwohl unsere gemeinsamen Verantwortlichkeiten für immer längere und immer unübersichtlichere Handlungsketten wachsen). Die Tradition der europäischen Aufklärung des 18. Jahrhunderts und deren bisheriges Nachwirken erfahren damit eine grundsätzliche Wende, in der von umfassendem Aufklärungsverständnis nur wenig in unsere Zeit hinübergerettet wird.

Die Leistungen der polnischen Aufklärung ließen sich nur partiell in das eigene Polenbild der Neuzeit integrieren. Schuld war daran die Ausrichtung auf aktuelle politische Fragen, denn mit der Besiegelung der Teilung Polens auf dem Wiener Kongreß 1815 war es mit der polnischen »Revolution von oben« endgültig vorbei. Was allerdings blieb, war die Hochschätzung von Vaterlandsliebe und Patriotismus. Dieses Erbe griff die Romantik auf und führte es mit neuer Intensität fort, auch wenn sie vorgab, sich von der Aufklärung (in Wirklichkeit: vom literarischen Kanon der Aufklärung) zu distanzieren. Mystisches und Heroisches – wichtige Momente des Polenbildes seit dem 19. Jahrhundert – können ihre aufklärerische Provenienz nicht verleugnen, allerdings erfuhren sie bei den Romantikern eine Steigerung ins Gefühlsmäßige und Pathetische.

Anders war es um die »Alltagstugenden« bestellt. Unter dem

Zwang der Umstände (Konfrontation mit der modernen Zivilisation des Westens, Anfänge der industriellen Revolution in Polen gegen Ende des 19. Jahrhunderts) mußten sie akzeptiert und auch, so gut es ging, gepflegt werden. Sie waren jedoch von den gebildeten Schichten, die sich vorwiegend aus dem verarmten, der sarmatischen Zeit nachtrauernden Adel rekrutierten, nie wirklich verinnerlicht worden. Hinzu kam, daß die Ansätze zu einer stärker an der Bürgerlichkeit orientierten Lebens- und Kunstauffassung nicht zur Entfaltung gelangen konnten, weil unter der Fremdherrschaft den romantischen Idealen des Freiheitskampfes der absolute Vorrang eingeräumt wurde.

Von der Aufklärung blieb die glorreiche Tradition des staatsmännischen Denkens (vom staatsmännischen Handeln zu sprechen ist problematisch) und des militärischen Einsatzes zur Verteidigung des Vaterlandes. Denn: Obgleich sich die »Aufgeklärten« an der Kultur Westeuropas orientierten, gelang es ihnen nicht, die Distanz zum Westen zu verringern, weil die Umwertung traditioneller Werte, nämlich das Bekenntnis zum bürgerlichen Ethos, nicht erfolgte. Bis ins späte 19. Jahrhundert hinein, vielleicht auch bis heute, sah man Regulative des gesellschaftlichen Seins eher im Politisieren und in spektakulären Aktionen als in »Arbeit und Ordnung«. Im Ringen zwischen Tradition und Innovation, das der Epoche der Aufklärung sein Gepräge verlieh, siegte die postsarmatische Tradition, die sich dem bürgerlichen Wertsystem verschloß. Es war ein verhängnisvoller Sieg, dessen Folgen bis heute spürbar sind. In Anspielung an den zitierten Johann Ludwig Ewald könnte man sagen, daß sich bereits in der Aufklärung die Neigung gefestigt hat, lieber manchmal etwas »Großes mit Geräusch« zu tun, als tagtäglich »im Stillen etwas Gutes« zu vollbringen.

Karl-Heinz Bohrer
Deutsche Romantik und Moderne

Aus poetisch-literarischen Texten ideologisch-begriffliche Identifikationen ableiten zu wollen ist ein prinzipieller Verstoß gegen die Erkenntnis ästhetischer Autonomie. Es war und ist deshalb ein apriorisches Mißverständnis, die deutsche Romantik – sei sie nur als Früh- oder Spätromantik betrachtet – vornehmlich als Sinnproduzent konservativer, weltanschaulicher Angebote (Nationalismus, Geschichtsmythos, Volkstum, Religion, Gemeinschaft) zu lesen, wie sich dies seit Georg Lukács' Buch »Die Zerstörung der Vernunft« (1954) eingebürgert hatte. Auch die Umkehrung führt in die Irre: wenigstens die Frühromantik als aufklärerisch-progressiv betonte Bewegung »retten« zu wollen. Es war Heinrich Heine, selbst ein ironisch-melancholischer Schüler der Frühromantik, nicht zuletzt Friedrich Schlegels, der neben Hegel das folgenreiche Verdikt über die Romantik als eine reaktionäre »Gegenwarts«-entzogene Bewegung begründete (»Die Romantische Schule«, 1836), dem sowohl Lukács als auch Carl Schmitt (»Politische Romantik«, 1919) mit spezifischen Nuancen ihres jeweiligen sehr unterschiedlichen Interesses folgten. Deren Polemik folgte nach dem Zweiten Weltkrieg lange die generelle, erst kürzlich bestrittene Ansicht, irgendwie handele es sich bei der deutschen Romantik um eine besonders gefährliche Grundlegung des deutschen »Irrationalismus«, während die europäische Romantik als Ganzes, sei es in der katholisch-französischen Spielart, sei es in der national-polnischen – die italienische, die englische, die spanische wäre gesondert zu charakterisieren –, doch nur eine Bewegung innerhalb einer institutionell und geistig gesicherten aufgeklärten Zivilisation gewesen sei und überdies nicht von so einschneidenden intellektuellen Folgen. Daß sich im deutschen Bürgertum des Vor- und Nachmärz unter Bezug auf romantische Motive ein charakteristischer apolitischer Quietismus entwickeln konnte, mit verheerenden Konsequenzen, sollte nicht vergessen sein. Aber dies betrifft sein sozialpsychologisch-soziologisches Phänomen, dem man die romantischen Texte und den romantischen Diskurs nicht unvermittelt zuschlagen kann. Spätestens seit den Erkenntnissen Walter Benjamins (»Der Begriff der Kunstkritik in der deutschen Romantik«, 1917) und Theodor W. Adornos (»Zum Gedächtnis Eichendorffs«, 1958) sollte das Mißverständnis von der »Zerstörung der Vernunft« nicht mehr möglich sein.

Daß die deutsche Romantik allerdings mehr gewesen ist als bloß eine literarische Schule, die sich gegen die Normen der idealistischen Ästhetik wandte, war ihr nachdrücklich selbst bewußt. Friedrich Schlegels berühmtes Athenäum-Fragment, wonach »die Französische Revolution, Fichtes Wissenschaftslehre und Goethes Meister« als »die größten Tendenzen des Zeitalters« anzusehen seien, eine Pointe, die Schlegel bis zu der narzißtischen Frivolität steigern konnte, die »Französische Revolution für eine vortreffliche Allegorie auf das System des transzendentalen Idealismus« (»Über die Unverständlichkeit«) zu erklären, war im Kern eine eschatologische Inanspruchnahme der Jenaer Romantik als archimedischer Punkt des Zeitalters, ja des neuen europäischen Jahrhunderts. Denn was Fichte und Goethe für Friedrich Schlegel mit der Revolution vergleichbar machte – und hier liegt der ganze Anspruch in nuce begriffen –, war ihre jeweilige Selbstbegründung des Subjekts, vor allem aber die *Selbstreflexion des Kunstwerks*, wie er es in Goethes »Wilhelm Meister« erstmalig zur Vollendung geführt sah, ganz im Sinne jenes anderen berühmten Fragments, das die romantische Poesie als eine »progressive Universalpoesie« charakterisierte, die »zwischen dem Dargestellten und dem Darstellenden, frei von allem realen und idealen Interesse, auf den Flügeln der poetischen Reflexion in der Mitte« schwebe und »diese Reflexion immer wieder« potenziere und »wie in einer endlosen Reihe von Spiegeln« vervielfache. Inwiefern diese *Subjektivität* eine objektiv begründete war, zeigt sich hier. Walter Benjamin hat das Prinzip dieser Selbstreflexivität des Kunstwerks als die romantische Eröffnung der Moderne erkannt und dabei auch Hegels Vorwurf, diese verfalle einem »leeren« Subjektivismus, überzeugend widerlegt.

Nun hat Friedrich Schlegel von Heine und Hegel bis Benjamin, Carl Schmitt und Lukács als eigentlicher Skandalfall der Romantik den Löwenanteil des kritischen Interesses auf sich gezogen, und sicherlich darf man seine Aphorismen, Fragmente und poetologischen Essays, vor allem »Das Gespräch über die Poesie« (1800), als die theoretische Grundlegung einer modernen Ästhetik ansehen, die erst im 20. Jahrhundert wirklich verstanden werden sollte. Aber die deutsche Romantik ging bekanntlich nicht in ihrem großen Theoretiker Friedrich Schlegel, dem ironischen Widerpart zu Schellings, Schillers und Hegels idealistischer Geschichts- und

Kunstphilosophie, auf. Und sie läßt sich auch nicht auf die Frühromantik des größeren Jenaer Kreises der Novalis, Tieck, Fichte, A. W. Schlegel und ihrer Frauen Caroline und Dorothea konzentrieren, wie exzentrisch, genial und freisinnig diese frühe Künstler- und Lebensgemeinschaft auch gewesen ist, deren Mythos Novalis wurde, der Erfinder des ersten modernen Gedichts, der »Hymnen an die Nacht«. Literarisch fruchtbarer war sicherlich die mittlere und spätere Romantik, unter der vornehmlich die eklektische Prosa und Essayistik Heinrich von Kleists und die unheimlichen Motive E.T.A Hoffmanns und schließlich Joseph von Eichendorffs wunderbar seelenhafte Lyrik, die alle landsmannschaftlich-landschaftliche Bindung transzendiert, als Beispiele romantischer Dichtung von kontinentaleuropäischer und angelsächsischer Wirkung herausragen, während die ebenso innovatorischen Dichter Clemens Brentano und Achim von Arnim erst eigentlich vom französischen Surrealismus, namentlich André Breton, wiederentdeckt wurden, wenngleich schon Kierkegaard sich der Bedeutung Arnims bewußt war. In Brentanos und Eichendorffs Gedichten ist wahrscheinlich die Substanz der romantischen Gefühlsambivalenz faßbar, so daß in Eichendorffs »Zwielicht« (1815) schon Trakls »In den Nachmittag geflutet« (1912) ahnbar wird, am Ende aber jene von Novalis vorgedachte Selbstbezüglichkeit (»Nach innen geht der geheimnisvolle Weg. In uns, oder nirgends ist die Ewigkeit mit ihren Welten, ...«) eintreten kann, wenn es im berühmtesten Gedicht der Deutschen Romantik heißt: »Und meine Seele spannte / Weit ihre Flügel aus, / Flog durch die stillen Lande, / Als flöge sie nach Haus.« (Mondnacht, 1837.) Paradoxerweise hat schon Heinrich Heine, der in ästhetischen Valeurs Unbestechliche, wider sein eigenes politisches Vorurteil in Tieck, Brentano und Achim von Arnim das Genie der romantischen Erzählung gefeiert! Er erkannte es im Begriff des »*Phantastischen*«. Damit hat er die neben der *Ironie* und *Selbstreflexivität* entscheidendste Kategorie der romantisch-modernen Literatur gefaßt, die zum gleichen Zeitpunkt von Hegel einer vernichtenden Analyse unterzogen wurde, allerdings mit dem Nachteil, daß diese Analyse im Zeichen einer klassizistischen Ästhetik stand, was das Romantisch-Phantastische umso stärker in das künstliche Licht moderner Phantasie rückt, so daß die Faszination der französischen Surrealisten angesichts dieser raffinierten Konstruktionen, vor allem in Brentanos »Geschichte vom braven Kasperl und dem schönen Annerl« (1817) und Arnims Novelle »Isabella von Ägypten« (1812), besonders verständlich wird.

Was aber ist das Romantisch-Phantastische, was sind seine benachbarten Ausdruckssphären: das *Böse* und das *Mystische*? Angesichts von Tiecks und E.T.A. Hoffmanns dämonischen Erfindungen sowie ihren Weiterführungen bei Edgar Allan Poe einerseits und Brentanos und Arnims esoterischen Fassungen des Unheimlichen als ein ständig anwesendes Archaisches, andererseits eine kaum in wenigen Sätzen beantwortbare Frage. Wir können als sichere Angabe nur folgende wagen: Was als Priorität der ästhetischen Einbildungskraft sich in Abirrungen von dem sozial und psychologisch Bekannten und Anerkannten ausdrückt, kann sicherlich als die von der Romantik neuentdeckte Sphäre des *Unbewußten* und der »Nachtseite der Naturwissenschaften« (G.H. Schubert, 1808) identifiziert werden, sodaß Freud den psychoanalytisch relevanten Begriff des »*Unheimlichen*« an Hoffmanns Erzählung »Der Sandmann« (1816) erläutern konnte. Es muß andererseits jedoch einer für den normalen Diskurs unzugänglichen Sphäre des ausschließlich ästhetisch vermittelten Fremden, Anderen gelten, das nicht mehr bloß als Zeichen für ein psychologisch Gewußtes steht. Kierkegaard hat diesen eigentümlichen, sozial verständiger Aneignung sich verweigernden Ausdruck des Romantisch-Phantastischen am Beispiel von Tiecks früher Erzählung »Der blonde Eckbert« (1797) zu fassen versucht und dabei erstmalig den später für die Existentialphilosophie wichtig werdenden Begriff der »Angst« verwandt. Er verweist dabei auch auf eine Abbildung im dritten Band von »Des Knaben Wunderhorn« (1808), das heißt das Angsteinflößende der frühen und mittleren Romantik wird nicht von ihm unterschieden. Wollte man es tun, ohne in eine der Literatur inadäquate historische Reihenbildung zu verfallen, wie das die konventionelle Literaturgeschichte, aber auch neuere Sozialgeschichten der Literatur in Analogiebildung zur politisch historischen Ereignisgeschichte versuchen, dann ließe sich folgende Differenz aufmachen: Während die noch frühidealistisch geprägte Frühromantik *das Phantastische der Natur* unter die Vorherrschaft des Selbstbewußtseins zu bannen versuchte beziehungsweise sie an eine Symbolik des Geistes zurückband – Novalis erinnerte an den Menschen als den »Herrn der Welt«, dessen Ich über dem »Abgrund« der Natur, einem »entsetzlichen Tier« für manche, sicher schwebe (»Die Lehrlinge zu Sais«) –, hat die mittlere und späte Romantik diesen prinzipiellen Unterschied nicht mehr aufrecht erhalten und das Ich ganz dem Phantastischen der Natur anheim gegeben. Die phantastische Natursymbolik E.T.A. Hoffmanns (»Der goldene Topf«) läßt sich nicht mehr auf eine kosmologische Utopie zurücklesen wie bei Novalis (»Heinrich von Ofterdingen«, 1802), und sie hat auch keine moralischen Warnzeichen wie noch bei Tieck. Das Phantastische Brentanos erwächst aus einer *ästhetischen Selbstreferenz* des mythologisch-sadistischen Vokabulars des »*Schmerzes*« (»Geschichte vom braven Kasperl und dem schönen Annerl«), und ebenso souverän-artistisch ist die Kalkulation mit dem Phantastischen bei Arnim. Sehen wir noch genauer hin, dann zeigt sich, wie in der Karriere des Phantastischen von der frühen zur spätromantischen Version die ästhetische Textur überhand nimmt: Ihr *Unheimliches* läge dann auch in der Radikalität der semantischen Erfindung, das heißt die Zeichen der Unheimlichkeit und der ästhetische Akt selbst werden identisch. Indem die literarische Produktion der Romantik immer mehr von einem mimetischen Verständnis der Kunst abrückt, um so produktiv willkürlicher können ihre Zeichen werden. Dieser Prozeß der ästhetischen Selbstreferenz der Motive und der expressiven Sprache setzt schon bei Novalis' »Hymnen an die Nacht« (1800) ein, deren Sinn sich letztlich nicht über ideengeschichtliche Identifikationen, seien sie mystischer oder christologischer Herkunft, herstellen läßt, sondern durch das Erkennen des sprachlich innovatorischen Umgangs mit den vorgegebenen kosmologischen und religiösen Motiven.

Damit ist nur die spezifische Verkennung der Romantik thematisiert: ihr angeblicher Rückfall in eine vormoderne parareligiöse oder mythologische Tradition. Hier knüpft auch der Vorwurf einer reaktionären politischen Romantik an, die man mit Novalis' Schrift »Die Christenheit oder Europa« (1799 geschrieben, vollständig erst 1826 publiziert) und in Friedrich Schlegels »Signatur des Zeitalters« (1820) enden läßt. Als Erfinder dieser Methode gilt vor allem letzterer mit seiner 1800 veröffentlichten Theorie von der Notwendigkeit einer *»Neuen Mythologie«*. Das Entscheidende an ihr aber ist, daß der Mythos nicht als Vorlage des Archaischen verstanden wird, sondern als ein poetologisches Modell einer konsequent phantastisch-modernen Literatur. Der bekannte Satz aus Schlegels »Rede über die Mythologie« lautet: »Denn das ist der Anfang aller Poesie, den Gang und die Gesetze der vernünftig denkenden Vernunft aufzuheben und uns wieder in die schöne Verwirrung der Phantasie, in das ursprüngliche Chaos der menschlichen Natur zu versetzen, für das ich kein schöneres Symbol bis jetzt kenne, als das bunte Gewimmel der Götter.« Diese alten Götter sind für Schlegel nicht aus dem archaischen Mythos zu rekonstruieren, sondern sie sind seine Metapher, die mit den Zentralbegriffen seiner Poetik korrespondieren: *Arabeske* und *Witz*. Insofern hat Schlegels frühromantische Poetik den theoretischen Grund zu allen späteren romantischen Formen ästhetischer Selbstreferenz gelegt, die in der Kategorie und Form des »Phantastischen« ihren spezifischen romantischen Ausdruck fand und sich im Werke Nietzsches, Kafkas, Musils und Bretons fortsetzte, um nur vier repräsentative Namen einer divergierenden, in der Realitätsdistanz aber identischen Moderne zu nennen. Insofern ist Schlegels Begriff einer »Neuen Mythologie« aber auch eindeutig von dem Mythologie-Begriff zu unterscheiden, den das »Älteste Systemprogramm des deutschen Idealismus« von Hegel (1796/97) entwickelt, wonach der »ästhetische Akt« durchaus ein »Akt der Vernunft« bleibt. Es ist folgerichtig, wenn eine neuere rhetorisch-ästhetisch orientierte Literaturwissenschaft in Schlegels Poetik ihren Kronzeugen und eigentlichen Begründer findet.

In Anbetracht des Sachverhalts, daß die Sprache der romantischen Texte sich nach 1800 zunehmend vom Verständlichkeitskodex des generellen Diskurses entfernt und eine neue Esoterik metaphorischen Sprechens anstrebt, steht der Vorwurf weltanschaulich konsumierbarer Angebote und Funktionen auf schwachen Füßen. Man darf diese Einsicht erweitern: Indem Friedrich Schlegel in seiner ironischen Anrede an die Unverständigen unter den Lesern des Athenäum in der *Unverständlichkeit* seiner Fragmente eine neue Dimension des romantischen Stils behauptete (»Über die Unverständlichkeit«, 1800), indem Novalis (»Monolog«) und Heinrich von Kleist (»Über die allmähliche Verfertigung der Gedanken beim Reden«) die absolute *Selbstbezogenheit der Sprache* beziehungsweise des Sprechens gegen einen intentionalen, vorgegebenen Sinn ausspielten, wurde endgültig das Programm jener pädagogisch-ethischen Normbildung verworfen, das der deutsche Idealismus (Schiller, Goethe, Humboldt, Hegel) kanonisch formuliert hatte. Der romantische Widerspruch gegen die teleologischen Konstruktionen und den verspäteten Theodizeeversuch ging Hand in Hand mit der Erfindung einer neuen Poesie, der die *Kontingenzerwartung* adäquat war. Beispielhaft hierfür sind Friedrich Schlegels frühe Kritik an der aufklärerisch-rationalistischen Geschichtsphilosophie Condorcets sowie sein entdeckerischer Umgang mit den Kategorien des »*Zufalls*« und der »*Überraschung*« oder Heinrich von Kleists endgültige Absage an teleologische Theorien. Der romantisch-moderne Paradigma-Wechsel trat allerdings als intellektuelle Vorherrschaft nicht sofort ein, wie immer wieder behauptet wird, sondern der idealistische Kanon blieb für das deutsche Bildungsbürgertum noch für Epochen verpflichtend, weshalb Kafka in seinen Tagebüchern von einer Gefahr Goethes für die Entwicklung der deutschen Literatur sprechen konnte. Die poetisch und poetologisch so avancierten Erfindungen der deutschen Romantik sind, abgesehen von Walter Benjamins divinatorischen frühen Einsichten, erst in der zweiten Hälfte des 20. Jahrhunderts, nach Vollendung der klassischen Moderne verstanden worden: Charakteristischerweise nur zögernd von der deutschen Intelligenz und Wissenschaft, weitaus hellsichtiger von der amerikanischen und französischen. Im deutschen schlechten Gewissen nach 1945 verdoppelte sich jener idealistische Kanon, dessen Sinnbedürfnis in Hegels erhabener Geist-Teleologie eine sicherere Orientierung fand als in der romantischen Ironie, die den deutschen Zivilisationsprozeß immer schon überfordert hatte.

Marcin Król
Polnische Romantik und Moderne

Die Entwicklung der polnischen Romantik in den Bereichen von Kunst und Philosophie vollzog sich unmittelbar unter deutschem und – in weit geringerem Maße – unter französischem und englischem Einfluß. Der großen Literatur und dem Denken der polnischen Romantik könnte man sogar Nichtoriginalität vorwerfen. Dieser Vorwurf würde jedoch nur enthüllen, wie wenig es im Kulturbereich auf Originalität ankommt, denn zweifellos war die polnische Romantik, was die Qualität angeht, die größte Errungenschaft in der Geschichte Polens, und zugleich war sie der wichtigste Beitrag der Polen zur europäischen Kultur. Woher dieses Paradoxon? Wie konnte dieses im Grunde a-soziale, irrationale, teils konservative, teils utopisch-sozialistische und seiner Form nach apolitische Denken und Kunstschaffen eine so gewaltige Bedeutung erlangen? Eine Bedeutung, die in politischer Hinsicht einzig vergleichbar ist mit der deutschen Romantik und ihrer die nationale Wiedergeburt und die Einigung Deutschlands fördernden Funktion.

Die einfachste und dabei banale Antwort verweist auf die Tatsache, daß das zersplitterte Deutschland und das geknechtete Polen eines solchen geistigen Anstoßes bedurften, daß die Romantik also eine Reaktion von Unterdrückten war, eine irrationale Reaktion, die aber emotional stark genug war, so daß der von ihr geweckte »Volksgeist« anschließend ohne sie sein politisches Werk verrichtet hätte. Diese Auffassung ist in der Geschichte Polens zweifellos vorherrschend. Die romantischen Dichter und Philosophen galten nicht nur als Bewahrer, sondern geradezu als Schöpfer des patriotischen Geistes. Eine endlose Reihe zweitklassiger Dichter, die auf Mickiewicz, Słowacki, Krasiński und Norwid folgten, hat die Überzeugung bestärkt, es komme nur auf das geistige Wollen an, wenn man wolle, könne man alles, und eine Niederlage im materiellen Bereich sei im Grunde ein Sieg im geistigen Bereich. Sie – und nicht die großen romantischen Denker – haben das Stereotyp vom Polen als einem Romantiker entstehen lassen, der nicht rational denkt, sondern mit der Sense als Waffe gegen Kanonen anstürmt und mit der Kavallerie gegen Panzer vorgeht, dafür aber von ökonomischem Kalkül nicht einmal etwas hören will und mit Vergnügen die »polnische Wirtschaft« kultiviert.

Dieses vollkommen falsche Bild der Romantik hat in Polen – und nicht nur in Polen – zu der verbreiteten Vorstellung geführt, es gebe einen Gegensatz zwischen einer »romantischen« und einer »realistischen« Haltung. Romantiker in diesem Verständnis waren die Organisatoren der polnischen Aufstände bis hin zum Warschauer Aufstand von 1944, in einer extremen Interpretation sogar alle, die sich nach 1945 aktiv gegen die kommunistische Herrschaft auflehnten. Als Realisten galten dagegen jene, die durch Kollaboration mit den jeweiligen Besatzungsmächten zu retten suchten, was zu retten war. Die Realisten kannten angeblich die Grenzen des Möglichen, die Romantiker jedoch nicht, und diese Unkenntnis konnte sogar gefährlich sein, weil sie die Gesamtheit der Gefahr unnötiger Repressionen aussetzte.

Heute erkennen wir genau, daß die Realisten nicht recht hatten, daß die Geschichte sich nicht im Kompromiß mit den Kräften erschöpft, die im Augenblick gerade unbezwingbar erscheinen. Die Vorwürfe, die den Romantikern von den Realisten gemacht wurden, waren ganz und gar sinnlos, denn nur ein Geisteskranker ist kein Realist in dem Sinne, daß er nicht mit der Realität rechnet und die von ihr ausgehenden Beschränkungen und Bedingungen unterschätzt. Die Romantiker waren keine Verrückten, aber gewiß haben sie die Realität ein wenig anders gesehen als ihre Gegner aus dem Lager der Realisten. Wie haben sie sie gesehen?

Besprechen wir hier lediglich das, was für den politischen Hintergrund des romantischen Denkens charakteristisch war. Denn die Dichter der polnischen Romantik betrachteten sich als politische Denker, und mögen sie alle auch Erotisches und Lyrisches geschrieben haben, so war doch die politische Bedeutung ihres Schaffens auch für sie selbst grundlegend.

Sie waren, erstens, der Ansicht – auf gewichtige Differenzen zwischen Mickiewicz, Słowacki und Krasiński gehe ich hier nicht ein –, daß es etwas gibt, das man als *Polentum* (oder *polnisches Wesen*) bezeichnen kann und das unter den Bedingungen politischer Unfreiheit den Charakter eines idealen Wesens hat. Realisiert wurde dieses ideale Wesen jedoch durch die Aufständischen, die nach Sibirien Verbannten, die Leidenden und diejenigen, die litten, auch wenn sie keiner direkten physischen Gewalt ausgesetzt waren. Mehr noch, dieses ideale Wesen entwickelte und veränderte sich mit der Zeit gerade durch die geistige Arbeit all derer, die an ihr teilnahmen. Als Słowacki gelobte, er werde »Brotesser in Engel verwandeln«, war das ein überaus ernstes Gelöbnis. Es ging nicht darum, daß die Menschen kein Brot mehr essen sollten, sondern darum, das Polentum nicht untergehen zu lassen.

Was nun das Polentum angeht, so haben die Romantiker es immer als Element einer umfassenderen und entschieden universalistischen Vision aufgefaßt. Daher die nicht endende Schwierigkeit, die die polnischen Nationalisten mit den Romantikern haben. Bald versuchten sie, sie für sich zu gewinnen, bald kritisierten sie sie wegen mangelndem Realismus. Dabei bestand zwischen Nationalismus und Romantik ein fundamentaler philosophischer Konflikt, weil der Nationalismus in der klassischen Version Roman Dmowskis und seiner Nachfolger auf dem Sozialdarwinismus beruhte, einem Denken, das der geistigen Sphäre jegliche Bedeutung abspricht. Nach Ansicht der Nationalisten propagierten gerade die Romantiker die altruistische Haltung von Polen, die »für eure und für unsere Freiheit« kämpfen, und daher waren sie ganz einfach schlechte Patrioten. Das Vaterland der Romantiker und das Vaterland der Nationalisten sind einfach zwei verschiedene Länder.

Zweitens war die Vergangenheit Polens für sie ein Residuum an Vorbildern und Haltungen. Nicht etwa, weil die Vergangenheit uneingeschränkte Bewunderung verdient hätte, sondern weil die *Tradition* die einzige Garantie für historische Kontinuität bot. Ohne eine bewußt fortgeführte Tradition (die von dem gleichsam automatisch übertragenen materiellen Erbe zu unterscheiden ist) hätte Polen nach Ansicht der Romantiker nicht weiterbestehen können. Natürlich wurde die Tradition nach den jeweiligen persönlichen und ideologischen Präferenzen unterschiedlich konstruiert, doch an ihrer Kraft als Autorität war nicht zu rütteln. Adam Mickiewiczs »Pan Tadeusz« sollte eine maximale, auch im Hinblick auf politische oder, wenn man so will, nationale Ziele formulierte Bekräftigung der Tradition sein. Das Problem des Kampfes zwischen Tradition und Revolution, in Zygmunt Krasińskis Drama »Die un-göttliche Komödie« anhand von Beispielen, die mit Polen nichts zu tun haben, glänzend entfaltet, hat die Romantiker unablässig beschäftigt. Selbst Krasiński, der konservativste unter ihnen, war sich darüber im klaren, daß eine Wiedergeburt Polens ohne eine (zumindest militärische) Revolution undenkbar war, zugleich war ihm aber auch bewußt, daß die Revolution eine Gefahr für die Tradition und damit für das Polentum bedeutete.

Mit dem Traditionalismus als einer europäischen Denkschule hatte die Tradition im Sinne der polnischen Romantik freilich nichts gemein. Außerdem mußten die Traditionen nicht unbedingt *polnische* Traditionen sein. Die romantischen Visionen, sei es des Slawentums, sei es Europas, sei es schließlich der polnisch-israelischen Gemeinschaft, besaßen einen schlechthin universalistischen Charakter. Man kann sich sogar fragen, ob die deutsch-polnischen Bande nicht gerade in der Zeit der Romantik am stärksten und lebendigsten waren.

Doch das wichtigste Element des politischen Hintergrundes des romantischen Denkens war, drittens, die Überzeugung, daß die Realität in erster Linie *geistiger* und erst in zweiter Linie materieller Natur sei. Diese Überzeugung durchdringt noch heute das Denken Johannes Paul II., der ohne Zweifel vieles von den Romantikern aufgenommen hat, und sie ist – vielmehr: sie war – deutlich erkennbar in der heroischen Phase der »Solidarität«.

Diese Überzeugung ist nicht nur Ausdruck einer philosophischen Haltung. Aus ihr ergeben sich unmittelbare Konsequenzen für die Beurteilung der politischen Welt. Das beste Beispiel dafür liefern die Überlegungen Zygmunt Krasińskis, der in den vierziger Jahren des 19. Jahrhunderts die europäische Kultur, ja sogar die künftige Existenz Europas überhaupt von zwei großen Gefahren bedroht sah: Die eine Bedrohung ging – bei einem Konservativen verständlich – von der aufkommenden sozialistischen Idee und den aufbegehrenden Arbeitern aus. Die andere aber, im Grunde mit der ersteren im Gleichklang, ging vom zaristischen Rußland aus. Krasiński erkannte richtig – wie sich später gezeigt hat – und früher als irgendein anderer europäischer Denker, daß Rußland ein potentieller Bundesgenosse des umstürzlerischen Wirkens der äußersten europäischen Linken war. Er verfaßte Memoranden zu diesem Thema, die er den Großen der damaligen Welt zukommen ließ, er empörte sich über die riesigen Kredite, die Frankreich Rußland gewährte, aber das blieb natürlich wirkungslos.

Wie kam er zu diesem verblüffenden Scharfblick? Krasiński meinte, es gebe eine geistige Dimension Europas, die für seine sichtbare, auch politische, Präsenz entscheidend ist. Die linken Revolutionäre wollten nach seiner Überzeugung die Wurzeln dieser Tradition abschneiden, doch eine noch ernstere Gefahr für die geistige Dimension Europas war das zaristische Rußland, da es sich aus seinem Wesen heraus gegen die europäische Tradition richtete. Realismus hieß daher für Krasiński, das Spiel der politischen Kräfte aus der Perspektive ihres geistigen Hintergrundes zu durchschauen. Dank dieser Betrachtungsweise vermochte Krasiński in weitreichenden Kategorien zu denken und zu erkennen, was andere Konservative, Hüter der europäischen Ordnung und Gegner der Revolution, nicht erkannten: Das beste Beispiel dafür ist die Heilige Allianz.

Man muß jedoch, um auf den Ausgangspunkt zurückzukommen, klar und deutlich sagen, daß die Romantik in der geistigen und politischen Geschichte Polens keine so große Bedeutung erlangt hat, wie sie sie hätte haben können und müssen. Auch im Hinblick auf die Erneuerung des polnischen Katholizismus hat sie diese Bedeutung nicht erlangt. Die wichtigste unter den zahlreichen Ursachen ist in der Vulgarisierung der romantischen Ideen zu sehen, einer Vulgarisierung, die naheliegend und für die unterdrückte Nation eine Zeitlang sicherlich auch notwendig war, die jedoch zur Folge hatte, daß die große Weisheit der Romantiker überaus rasch zum rührselig-patriotischen Gemeinplatz verkam. Es ist dies jedoch nicht der erste Fall in der Ideengeschichte, daß Perlen vor die Säue geworfen wurden.

Jan Garewicz

Messianismus

Der Glaube an den Messias und die Lehre vom Messias gehen auf vorchristliche Zeit zurück, doch der Begriff »Messianismus« ist relativ jungen Datums. Geprägt wurde er von einem Polen, der ausschließlich auf französisch schrieb, Józef Maria Hoene-Wroński, der im Jahre 1831 unter dem Titel »Prodrome du Messianisme« den ersten Teil seines Hauptwerkes »Messianisme. Union finale de la philosophie de la religion« veröffentlichte. Dieses Buch fand kein größeres Echo, bis der Mystiker Andrzej Towiański und vor allem der größte polnische Dichter der Romantik, Mickiewicz, die Idee Wrońskis aufgriffen. Wie eng der Begriff »Messianismus« mit dem polnischen Geistesleben verbunden ist, ersieht man daraus, daß sich in der 14., der Jubiläumsausgabe der Brockhaus-Enzyklopädie, deren Band auf den Buchstaben M im Jahre 1902 erschien, bei dem Stichwort der Verweis findet: siehe Towiański.

Die polnischen Messianisten entwickelten eine weltliche eschatologische Konzeption. Im Grunde nahmen sie den Faden des von Joachim von Fiore begründeten Chiliasmus (Millenarismus) auf, den sie in die Sprache der Philosophie des 19. Jahrhunderts übersetzten. Es handelte sich um eine Vision einer radikalen Verwandlung der Welt, einer religiös-sozialen Wiedergeburt der Menschheit und ihrer Erlösung in einem göttlichen Reich, das als Vollendung der Geschichte verstanden wurde. Der polnische Messianismus stellt eine eigentümliche »Millenarisierung« der modernen Fortschrittsidee dar.

Die besondere Aufmerksamkeit der Messianisten galt dem Subjekt der kollektiven Erlösung. Die Rolle des Paraklet übernahm in ihrer Konzeption ein auserwähltes Individuum bzw. eine auserwählte Nation. In seiner verbreitetsten Version war der polnische Messianismus ein nationaler Messianismus.

Wir werden hier nicht auf Einzelheiten und Varianten dieser Lehre eingehen, sondern nur ihre allgemeinen Umrisse nachzeichnen. In der jüdischen Lehre trat der Messias in zweierlei Gestalt auf: als leidender (ben Joseph) und als triumphierender Messias (ben David). Das Christentum vereinte diese beiden Gestalten zu einer einzigen, die zweimal auftritt: als Christus-Erlöser von den Sünden, als zu Tode gemarterter Heiland; und als Paraklet, als Christus, der wieder auf die Welt herabsteigt, um die Lebenden und die Toten zu richten. Die Frage war, ob die Menschheit bloß geduldig auf das Kommen des Paraklet warten solle oder ob sie es durch bestimmte Handlungen beschleunigen könne.

Ein messianistisches Bewußtsein entsteht in Zeiten großer historischer Katastrophen, kollektiver Verfolgungen, des Zusammenbruchs der Hoffnung auf eine Änderung des Schicksals. In einer solchen Situation befand sich Polen. Angesichts des Scheiterns des Novemberaufstands (1831), der »Großen Emigration« nach Frankreich, der Tragödie des »heimatlosen Soldaten« und der Verurteilung der polnischen Unabhängigkeitsbestrebungen durch den Papst wandten viele Denker sich einer nicht orthodoxen Form der Lehre vom Messias zu.

Der »Tod Polens« nahm eine eschatologische Bedeutung an, sein Leiden war eine notwendige Bedingung der geistigen, dann aber auch der realen Wiedergeburt nicht nur Polens selbst, sondern der ganzen Welt. Polen mußte, von der Welt verlassen, im Grabe liegen, um durch eigene geistige Anstrengung, durch die Opferbereitschaft der Polen zum ersten Platz unter den europäischen Nationen vorzustoßen, ihr anerkannter Führer im Kampf gegen jegliche Tyrannei um die Freiheit der Völker zu werden.

Die romantischen Dichter und Denker Polens, die diese Konzeption propagierten – Mickiewicz verbreitete sie von seinem Lehrstuhl am Collège de France aus (1840–1844) –, gaben der geistigen Führungsrolle der Polen eine je eigene Gestalt. Hoene-Wroński, der Schöpfer dieser Richtung, schrieb die erlösende Rolle der von ihm geschaffenen »absoluten Philosophie« zu, die zur Vereinigung von Philosophie und Religion, zur Versöhnung von Wissenschaft und Glaube führen sollte. Praktischeren Charakter nahm diese Idee bei August Cieszkowski, dem glänzendsten Denker jener Zeit, an, der 1838 seine »Prolegomena zur Historiosophie« veröffentlichte; danach sollte auf das Altertum als Zeitalter des spontanen Handelns und das Christentum als Zeitalter der Vernunft die jetzt anbrechende Epoche der Tat folgen, wobei die Tat verstanden wurde als bewußte Gestaltung der eigenen Zukunft durch die Menschheit, die große Synthese, in der die Ideale verwirklicht werden, in der nationale und soziale Konflikte verschwinden und auf Erden eine dynamische Harmonie herrscht, die zum Motor einer immer schnelleren Entwicklung der Menschheit wird.

Polen und die polnische Nation sollten bei diesem Übergang der Menschheit zu einer neuen Entwicklungsstufe eine entscheidende Rolle spielen. Ihre Führungsrolle sollte sich äußern in der Schaffung einer wahrhaft universalen Philosophie, in der vollkommensten Synthese von Empfinden und Denken: in der Dichtung, vor allem aber in der tätigen Teilnahme am Freiheitskampf, wo auch immer er stattfinden möge. *Da die Polen die Knechtung ihres eigenen Vaterlandes zugelassen hatten, mußten sie ihre Schuld dadurch abbüßen, daß sie für die Freiheit anderer kämpften.* Denn da die Freiheit unteilbar ist, kann die Befreiung Polens nur zusammen mit der Befreiung der gesamten Menschheit erwirkt werden, in dem »allgemeinen Krieg für die Freiheit der Völker«, um den Mickiewicz betete.

Der polnische Messianismus war somit die Negation schlechthin des Nationalismus. Der Primat Polens sollte ein Primat des Leidens und der Aufopferung für die ganze Menschheit sein. Die Mission und der herausgehobene Status der Polen als eine unterdrückte, aber nicht kapitulierende Nation sollten ihnen gewissermaßen zu einem normalen Status, zu den natürlichen Rechten verhelfen, wie sie alle Nationen genießen.

Für Haß und Xenophobie war im polnischen Messianismus kein Platz. Bezeichnend war in dieser Hinsicht das Verhältnis zu den Juden: Israel, das Volk, das dem Buch die Treue hielt und sich dank dessen nicht in die jeweilige Umgebung auflöste, in die das Schicksal es geworfen hatte, war für die polnischen Messianisten der »ältere Bruder«, das Vorbild an Treue zu sich selbst und seinen Idealen, das durch sein Verdienst, Gottes Wort bewahrt zu haben, für die Menschheit unentbehrlich geworden war.

Der polnische Messianismus besaß viele Varianten. Bisweilen bürdete er einem Individuum eine besondere Mission auf – es mußte aber auf jeden Fall Mitglied der ausgezeichneten Nation sein. Bisweilen forderte er ein Zusammenwirken zweier Nationen, zum Beispiel Polens und Frankreichs. Bisweilen übertrug er die erlösende Mission dem Slawentum, mit einer besonderen Rolle für Rußland und Polen. Immer jedoch verknüpfte er die Idee der Erlösung der Menschheit mit der nationalen Mission, immer hatte Polen gegenüber der Menschheit eine besondere Aufgabe zu erfüllen und stellte sich an die Spitze der Kämpfer für eine vollkommen verwandelte Welt. Die polnischen Messianisten waren Aktivisten. Von den »tatenlosen« utopischen Konzeptionen unterschied sich ihre Denkweise durch die Überzeugung, daß sich der Wille der Vorsehung im historischen Prozeß der Weltgeschichte durchsetze. Die messianistische Historiosophie hat einen katastrophischen und apokalyptischen Zug. Die Hinwendung zur Zukunft in Gestalt eines prophetischen Pathos geht einher mit dem Versuch einer Restauration der Vergangenheit. Der polnische Messianismus des 19. Jahrhunderts war insofern nicht isoliert, als auch andere Geschichtsvisionen in den Leiden und Niederlagen ein Werk der Vorsehung sahen; zugleich forderte er aber, daß sie dadurch gesühnt werden, daß den Leidenden zu dem ihnen gebührenden Ruhm verholfen wird. Die Zukunft ist eine Aufgabe, die auserwählten Individuen und auserwählten Gemeinschaften anvertraut ist. Daher der programmistische Aktivismus und der »praktische« Zug des Messianismus. Hoene-Wroński definierte den Messianismus denn auch als »praktische Philosophie«. Cieszkowski sah einen engen Zusammenhang zwischen dem Messianismus und der »Philosophie der Tat«.

Der von Mickiewicz erwartete »nationale Messias« sollte jene Rolle ausfüllen, die Max Weber als charismatische Führung bezeichnet hat. Ihm ging es um die notwendige nationale Einigkeit, die Beendigung der Streitigkeiten in der Emigration und um praktische Folgerungen aus seiner Überzeugung, daß der Novemberaufstand scheiterte, weil es an einem großen Führer fehlte. Mit Hilfe der Idee der charismatischen Führung konnte Mickiewicz eine originelle Synthese der polnischen Geschichte formulieren, die weder eine »republikanische« noch eine »monarchische Synthese« war. Er versuchte die Forderung nach einer starken, »napoleonischen« Führung mit der romantischen Idealisierung der altpolnischen Tradition in Einklang zu bringen, Mickiewicz verknüpfte einen Kult der nationalen Tradition mit der Erwartung eines plötzlichen, wundersamen und umfassenden Wandels, bewirkt durch das Auftreten eines großen, die »neue Offenbarung« verkörpernden Mannes. Diese Eigentümlichkeit wurde zu einem Bestandteil der polnischen Mentalität; sie trat wieder zutage, als Karol Wojtyła zum Papst berufen wurde. Diese Verknüpfung der Tradition mit der Erwartung des »Neuen« ist typisch für den Millenarismus, der sowohl dem deutschen (Franz von Baader) als auch dem russischen Konservativismus (Slawophilie) fremd ist, die sich beide für eine organische Kontinuität der Geschichte aussprechen. Was Mickiewicz jedoch mit den Vertretern beider Strömungen teilte, war die Kritik am Rationalismus der westlichen Zivilisation.

Die französische Historiographie bezeichnete zwar die Epoche des Vormärz als »Erwachen der Völker« und hob damit deren Rolle in der Geschichte hervor, und schon Hegel hatte verkündet, daß der Weltgeist sich durch verschiedene Volksgeister verwirklicht, doch finden wir nirgendwo sonst im damaligen Europa jenes Bewußtsein einer *menschheitsumfassenden Mission eines bestimmten Volkes* und nur selten die Forderung nach einer *Ethisierung der politischen Beziehungen*, die den Kern des polnischen Messianismus bilden, zu einer Lehre ausgebaut. Der russische Panslawismus betonte statt der durch die Zivilisation deformierten ursprünglichen Eigenschaften des russischen Volkes stärker dessen natürliche Eigenschaften und schrieb ihnen die Führungsrolle innerhalb des Slawentums zu, er rechtfertigte sogar die Expansion Rußlands und seine Vorherrschaft über andere slawische Völker und die russischen Ansprüche auf die Führung Europas, er berief sich, statt die Pflichten der Russen gegenüber der Menschheit zu betonen, auf den Gegensatz zwischen dem unverdorbenen russischen Volk und den durch die Entwicklung hoffnungslos korrumpierten Völkern. Er enthielt keine Hoffnung auf eine religiöse Erneuerung der Menschheit, keine Prophetie oder Eschatologie und erst recht keinen Fortschrittsglauben. Die dem russischen Volk zugeschriebene Mission war die des Hüters einer alten Tradition, nicht die des Erneuerers.

Eine gewisse Verwandtschaft mit der Lehre des Messianismus wies, wenn wir uns Deutschland zuwenden, die Idee einer deutsch-französischen Allianz in den vierziger Jahren des 19. Jahrhunderts auf. Der Bund zwischen den Deutschen, dem Volk des Denkens, und den Franzosen, dem Volk der Tat, sollte zum Wendepunkt der Menschheitsgeschichte werden. Diese von Moses Heß und Karl Marx verkündete Idee fand in Deutschland jedoch keinen größeren Anklang, obwohl sie von Leuten von Bedeutung eines Heinrich Heine unterstützt wurde.

Statt dessen tauchte die Idee auf, daß die Deutschen etwas Besonderes seien, und die daraus abgeleitete Überzeugung, anderen überlegen zu sein. Ihre Quelle war eine tiefe Frustration im 17. und 18. Jahrhundert, als Deutschland nicht Subjekt, sondern Objekt der europäischen Politik wurde und – als Reich mit dem Kaiser an der Spitze theoretisch das führende Land Europas – de facto in jeder Hinsicht weit hinter Frankreich, England, ja sogar Spanien und das gerade erst die europäische Bühne betretende Rußland zurückfiel. Der Abwehr der französischen Dominanz diente in der Literatur die Hinwendung zu England, in der Kunst die Wiederentdeckung der Antike durch Winckelmann. Der Frustrationsabwehr dienten die Forderung nach einer wahrhaft deutschen Kunst (Lessings »Hamburgische Dramaturgie«) und die begeisterte Aufnahme, die die Werke Goethes und Schillers fanden. Keine Staatsnation, wollten die Deutschen sich als Kulturnation behaupten.

Doch erst nachdem die Deutschen in Frankreich als Volk der Dichter und Denker (Madame de Staël, »De l'Allemagne«, Paris 1814) anerkannt worden waren, fanden diese Bestrebungen allseitige Zustimmung. Europa – und das hieß vor allem Frankreich und England – erkannte Deutschland als ebenbürtigen Partner an, nicht in der Politik, denn dort zählten die deutschen Einzelstaaten, Österreich und Preußen, und nicht in der Wirtschaft, aber in der Sphäre des Geistes. Hatte zuvor der preußische König einen Franzosen zum Präsidenten der Berliner Akademie berufen, so begannen nun die Franzosen nach Berlin zu fahren und bei Hegel zu hören.

Hier steckten Ansätze, den Deutschen eine menschheitsumfassende Mission zuzuschreiben. Sie traten jedoch verspätet und vor allem in deformierter Gestalt zutage, in der Idee des »Kulturträgertums« und dann in der Kritik der europäischen Dekadenz.

In Polen ist den Deutschen unterstellt worden, schon im Mittelalter (Kreuzritter) hätten sie ihren Eroberungsdrang mit kultureller Überlegenheit gerechtfertigt – eine vollkommen anachronistische Vorstellung. Die Ordensritter wollten gewiß einen starken eigenen Staat schaffen – aber nicht um das Deutschtum im Osten zu verbreiten. Als jedoch deutsche Historiker (Treitschke) in der zweiten Hälfte des 19. Jahrhunderts die Expansion im Osten rechtfertigten, griffen sie auf die Idee der kulturellen Mission zurück. Sie war die Negation der Idee des polnischen Messianismus: Sie lieferte eine Begründung dafür, den »tiefer stehenden« Völkern die ihnen gegenüber privilegierte deutsche Position aufzuzwingen, sie rechtfertigte die Entnationalisierung, und sei es durch Zwang, und letzten Endes die Einteilung der Völker in bessere und schlechtere, in Herren und Knechte. Während der polnische Messianismus allen Völkern der Welt die Freiheit bringen wollte, verkündete die Idee des »Kulturträgertums«, daß ein Mensch, der einem »schlechteren« Volk angehört, seine nationale Eigenart aufgeben und Deutscher werden müsse, um Gleichberechtigung zu erlangen. Bei dem Bismarck-Verehrer Eduard von Hartmann nahm der Gedanke, daß die Deutschen anderen von Natur aus überlegen seien, paradoxe Gestalt an. Er sagte eine »Götterdämmerung« voraus, wenn die Welt den Gipfel der Entwicklung, ihre durchgehende Rationalisierung, erreicht haben würde. Da der deutsche Staat die Verkörperung der höchsten Rationalität war, würde das Ende der Welt eintreten, wenn sie restlos unter die Herrschaft der Deutschen geraten wäre. Im Nationalsozialismus hat diese Idee eine entsetzliche Gestalt angenommen.

Eine Renaissance erlebte der Messianismus in Polen am Anfang des 20. Jahrhunderts, als einerseits sozialistische und andererseits borniert-nationale Ideen einen gewaltigen Aufschwung erfuhren. Von der schönen, traditionellen Parole der Polen »Für eure und unsere Freiheit« blieb nicht viel übrig. An den Messianismus knüpfte die polnische Rechte an, um nach Wiedererlangung der staatlichen Unabhängigkeit den nationalen Minderheiten Rechte zu verweigern und die Parole des ethnisch homogenen Staates zu verkünden.

Heute nimmt man – speziell im Ausland – den Messianismus nur noch als Ethnozentrismus und kollektiven Größenwahn wahr; der Begriff als solcher ist dermaßen ausgeweitet worden, daß so unterschiedliche Erscheinungen darunter gefaßt werden wie der die Brüderlichkeit der Völker beschwörende Messianismus der polnischen Romantik und der biologische Nationalismus des deutschen Ostmarkenvereins.

Man muß bei der Analyse des polnischen Messianismus, der in »Polen den Christus der Nationen« sieht, vor allem darauf verzichten, ihn als eine exotische Besonderheit aufzufassen. Um die Mitte des 19. Jahrhunderts trifft man fast überall auf Konzeptionen, die den Nationen eine Mission im göttlichen Heilsplan zuschreiben, auf ein Gefühl, als Nation etwas Besonderes zu sein, auf ein (besonders in Frankreich) grassierendes utopisches Denken und auf die Überzeugung, in einer Umbruchszeit zu leben. Józef Ujejski spricht nicht ohne Berechtigung von einer »allgemeinen messianistischen Atmosphäre in der ersten Hälfte des 19. Jahrhunderts«.

In der europäischen Geistesgeschichte stoßen wir immer wieder auf messianistische Motive, die eindeutig mit dem Millenarismus oder mit der biblischen Konzeption des »auserwählten Volkes« korrespondieren. Als Beispiele nenne ich die Verknüpfungen messianistischer Hoffnungen mit der philosophischen Spekulation, die den eschatologischen Irrationalismus in der Zeit des Niedergangs des römischen Imperiums charakterisieren, oder die Lehre von »Moskau als dem Dritten Rom«. Prototypen »nationaler Messianismen« sind zum Beispiel die von einem anonymen oberrheinischen Revolutionär zu Beginn des 16. Jahrhunderts verkündete Vorstellung, die Deutschen seien das auserwählte Volk, dazu berufen, das Reich Gottes auf Erden zu errichten, oder verschiedene adelig-sarmatische Ideologien, die die Lehre vom »auserwählten« Volk auf Polen übertragen. In der ersten Hälfte des 19. Jahrhunderts – nach der Französischen Revolution und den Napoleonischen Kriegen, in der Sturm- und Drangzeit der nationalen Befreiungsbewegungen – finden wir bei der Linken wie bei der Rechten viele messianisierende Ideen: bei den utopischen Sozialisten wie bei de Maistre, der einen »dritten Aufbruch des Christentums« prophezeit; bei Novalis, Schelling und

Moses Heß, bei Michelet wie bei Mazzini, der in dem um seine Freiheit kämpfenden italienischen Volk den Messias der Nationen sieht, dazu berufen, auf Erden die Kirche der Menschheit zu errichten. Im messianistischen Denken verbindet sich die Vision eines Ideals mit dem Bewußtsein einer Mission, die die Menschen veranlaßt, die Pläne des höchsten Willens zu verwirklichen. Aber nur in Polen wurde dieser Gedanke zu einer Lehre ausgebaut.

Zbigniew Kuderowicz

Die polnischen Hegelianer

Die vierziger Jahre des vorigen Jahrhunderts waren eine außergewöhnliche Epoche in der polnischen Ideengeschichte. Bronisław Baczko schrieb über sie: »In der Geschichte der polnischen Kultur kommt es selten vor, daß gerade die Philosophie zu dem Gebiet wird, auf dem sich die zentralen weltanschaulichen Kontroversen konzentrieren und äußern, auf dem sich die Bewußtwerdung der zentralen moralischen und intellektuellen Konflikte der Zeit vollzieht. Nie zuvor und nie seither sind in Polen gerade an die Philosophie so große kognitive, aber auch moralische, soziale und nationale Hoffnungen geknüpft worden.« In der Philosophie suchte man damals nach nationaler Selbsterkenntnis. Die philosophische Bewegung der vierziger Jahre war ein ehrgeiziger Versuch, die Problematik der klassischen deutschen Philosophie auf polnischen Boden zu übertragen und ein eigenständiges Verhältnis zu ihr zu entwickeln; ein Versuch, nicht nur das Geistesleben der Polen, sondern die gesamte gesellschaftliche Praxis philosophisch zu begründen. Die Eigentümlichkeiten dieses Philosophierens ergaben sich aus der damaligen Lage Polens, das in den Grundlagen seiner nationalen Existenz bedroht war. Deshalb kreisten die Fragen um die Praxis: die Tat, das Schöpfertum, die Arbeit. Andererseits erwuchs aus dem Bewußtsein der erlittenen Niederlage der kompensatorische Traum, Polen allein aus der Kraft des Geistes wiederaufzurichten.

Über die universale Bedeutung der polnischen Philosophie sollte ihre Fähigkeit entscheiden, die spekulative deutsche Philosophie mit dem in der Lösung praktischer politischer und sozialer Fragen spezialisierten französischen Denken in einer höheren Synthese zu vereinen.

Schon in der polnischen philosophischen Romantik der zwanziger Jahre begann die Kategorie der Nation eine grundlegende Rolle zu spielen. Man muß bedenken, daß das Nationalbewußtsein der Polen sich als Bewußtsein einer politischen, staatlichen, dabei aber multiethnischen Nation herausbildete. Das kulturelle und sprachliche Band wurde nach den Teilungen zum wichtigsten Bindemittel der Nation. Es ist daher kein Wunder, daß die Aufmerksamkeit der polnischen Denker sich auf Deutschland, das klassische Modell einer Kulturnation, richtete. Als wichtig für die weitere Entwicklung erwies sich der Gedanke Maurycy Mochnackis, daß eine nationale polnische Philosophie geschaffen werden müsse. Eine Bedingung für die Erfüllung dieser Forderung sah Mochnacki in der schöpferischen Aneignung dessen, was der deutsche Idealismus geschaffen hatte. In dem Artikel »Über die Revolution in Deutschland« (1833) änderte er jedoch seine Meinung; er schrieb, die Überlegenheit der Deutschen auf dem Gebiet der Philosophie sei die Kehrseite ihrer politischen Unfähigkeit. Einige Jahre später wurde es zu einem gängigen Motiv der polnischen Philosophie, den deutschen Idealismus des Kontemplativismus zu bezichtigen. Das Postulat, das für Cieszkowski, Dembowski, Kamieński und Libelt daraus folgte, hieß nicht, die Philosophie zugunsten der Tat zu verwerfen, sondern eine »*Philosophie der Tat*«.

Einige der Schöpfer dieser Richtung bezeichneten ihren Standpunkt als nationale Philosophie und betonten, sie würden zum Erbe der Menschheit Werte beisteuern, die in Polen entwickelt worden seien. Einer nationalistischen Einstellung konnte man sie nicht bezichtigen, denn nach ihrer Ansicht besaß das, was der polnischen Kultur entstammte, allgemeinmenschliche Bedeutung. Diese Auffassung des Verhältnisses von Menschheit und Nation hatten sie bei Hegel entlehnt, für den in jeder Epoche eine andere Nation den allgemeinen Fortschritt anführt, so daß ein eigentümliches Staatensystem entsteht. In seinen Vorlesungen verkündete Hegel, die slawischen Völker hätten ihre historische Mission noch zu erfüllen. Seine polnischen Hörer griffen diesen Gedanken erfreut auf und fühlten sich dadurch ermutigt, eine eigene nationale Philosophie zu schaffen.

Den ersten Versuch einer Adaptation des Hegelianismus unternahm Bronisław Trentowski in seinem Buch »*Grundlagen der universellen Philosophie*«, 1836. Diese an der Universität Freiburg (Baden) vorgelegte Doktordissertation enthielt das Programm eines neuen Systems, das die Einseitigkeiten der Philosophie Hegels überwinden sollte. Trentowski griff die Vorwürfe Schellings auf und kritisierte an Hegel, daß er in der Erkenntnis nur die Autorität der Vernunft gelten lasse und die Rolle der Erfahrung unterschätze. Damit begründe er eine kontemplative Haltung und sei außerstande, die Erscheinungen des menschlichen Handelns zu erklären. Trentowski schlug eine Synthese von Erfahrung und Vernunft in einem neuentwickelten Erkenntnisvermögen vor, das er Wahrnehmung nannte und das auf der synthetischen Erfassung der Phänomene im umfassenden Kontext und in ihren spontanen Veränderungen beruhen sollte. Nur wenn sie sich der Wahrnehmung bediene, könne die Philosophie aktiv auf die Umgebung und das Schicksal der Menschen einwirken.

Als Trentowski seine auf deutsch verfaßten Arbeiten Mickiewicz übersandte, drückte er den Wunsch aus, seine Gedanken sollten »das Echo einer Philosophie (sein), die den Kern der polnischen Nation belebt«, was seiner Begeisterung für Zivilisation und Kultur der Deutschen nicht im Wege stand. Der Verfasser der »*Grundlagen der universellen Philosophie*« sah in den Deutschen die aufgeklärteste Nation Europas, und die Befreiung Polens war für ihn daran geknüpft, daß es sich die europäische Aufklärung gründlich zu eigen machte. Er glaubte, gerade der Pole, der sich die Errungenschaften der Deutschen ganz zu eigen mache, werde die deutsche Philosophie überwinden und ein neues Zeitalter in der Geschichte des menschlichen Denkens einleiten können. Mickiewicz würdigte durchaus die philosophischen Bemühungen Trentowskis, gab ihm aber zu verstehen, daß sein Denken noch nicht den Namen einer nationalen polnischen Philosophie verdiene, indem er ihm – in Abwandlung der Dąbrowski-Mazurka (der späteren polnischen Nationalhymne, in der es heißt:

»Marsch, marsch, Dąbrowski, aus Italien nach Polen [...]«) – das Lied vorsang: »Marsch, marsch, Trentowski, aus Deutschland nach Polen.« Trentowskis Antwort an Mickiewicz ist bezeichnend: »Ich verdanke Dir viel. Du bist mein Lehrmeister auf dem Gebiet des heftigen Gefühls und der flammenden Phantasie. Das Denken der philosophierenden Deutschen ist kalt wie ein Totengerippe, ich bemühe mich, ihm Wärme einzuflößen und ihm lebendige Farben einzuflößen. Dies aber habe ich von Dir gelernt.« Die Mission der polnischen Philosophie sah Trentowski in der Überwindung der Einseitigkeiten der deutschen Philosophie. Dennoch waren die Deutschen für ihn die Nation, die auf der Höhe ihrer historischen Sendung ist, in der Bildung den Franzosen in jeder Hinsicht überlegen und den Polen in der Entwicklung um mindestens drei Jahrhunderte voraus. Die Größe Deutschlands war in seinen Augen ein Resultat der Reformation.

Trentowski ging 1840 dazu über, auf polnisch und für die Polen zu schreiben. In seiner »Chowanna« versuchte er, den Idealen und persönlichen Leitbildern entgegenzutreten, die in Polen von der romantischen Dichtung verbreitet wurden. Er betonte jedoch, sein Kampf gelte nicht so sehr Mickiewicz und den Romantikern als vielmehr der Verteidigung der Philosophie als solcher. Er deutete sie als ein Ringen des Geistes Europas mit dem Geist Asiens. Trentowski meinte, die »Mystik«, die Vorrangstellung der Poesie im Leben der Nation, sei ein »geistiger Alptraum« der Polen und habe zum Niedergang Polens beigetragen. Für Mickiewicz wiederum waren Cieszkowski und Trentowski, die beiden hervorragendsten polnischen Philosophen, »Slawen, die in die Gefangenschaft des deutschen Denkens geraten waren«. Die geschichtlichen Ereignisse machten diesen Streitigkeiten ein Ende und bewirkten, daß Trentowski sich dem Messianismus annäherte. 1848 brach er endgültig mit seiner prodeutschen Orientierung. Von den Österreichern enttäuscht, knüpfte er noch eine gewisse Hoffnung an das aufgeklärte, protestantische Preußen. Doch als es in Großpolen zum Aufstand kommt, enttäuschen die deutschen Demokraten die Erwartungen der Polen. Das Frankfurter Parlament verwirft den Antrag, die Teilungen Polens zum Verbrechen zu erklären. Dieser moralische Rückschlag hinterließ bei Trentowski bleibende Spuren. Er kehrte nicht nur den Deutschen, sondern auch der deutschen Philosophie den Rücken.

Der hervorragendste Vertreter der philosophischen Bewegung der vierziger Jahre war der mit der französischen wie der deutschen Kultur verbundene August Graf Cieszkowski. In seinem auf deutsch geschriebenen Buch »Prolegomena zur Historiosophie« gab er eine »Philosophie des Thuns« als Losung aus, die in der deutschen und polnischen Philosophie sogleich aufgegriffen wurde. »Hegel«, behauptete Cieszkowski, »hat den Geist bloß bis zum An- und Für-sich geführt«; daher die für den Hegelianismus charakteristische Vernachlässigung des Seins zugunsten des Denkens. Cieszkowskis »Philosophie des Thuns« antizipierte Tendenzen, die später in der Hegelschen Linken verbreitet waren. Es war Moses Heß, der als erster die Ideen der »Prolegomena« erfaßte und ihnen bahnbrechende Bedeutung zuschrieb, jener Philosoph, der zu Recht als Mittelglied zwischen der Hegelschen Linken und dem jungen Marx mit seiner Konzeption der Praxis gilt. Cieszkowski bezeichnete seine philosophische Lehre nicht mit dem herkömmlichen Ausdruck als »Geschichtsphilosophie«, sondern mit dem neuen, an das Griechische anknüpfenden Ausdruck »Historiosophie«. Hinter dem terminologischen verbarg sich ein tieferer Wandel.

Hegel betrieb die Geschichtsphilosophie als Wissenschaft von der Vergangenheit der Völker und Staaten. Er leitete daraus keine Erkenntnis der Zukunft und der Richtung der weiteren Entwicklung ab. Zu dieser kontemplativen Haltung traten eine Abneigung gegen die Utopie und die Überzeugung, daß die Entwicklung der Staaten nicht geplant werden könne, weil das menschliche Bewußtsein begrenzt sei und die Individuen sich vom Streben nach ihrem eigenen Glück leiten ließen. In der Geschichte erreichen die Individuen aber nicht das Glück, weil es zu unvorhergesehenen und unvorhersehbaren politischen Veränderungen kommt, die letztlich jedoch eine Realisierung der Vernunft in der Politik mit sich bringen. Hegel bezeichnete dies als »List der Vernunft«, welche sich der Individuen gleichsam als ihrer Rolle nicht bewußter Werkzeuge bei der Realisierung allgemeiner Ziele und der Verwirklichung der Vernunft bedient.

Eine solche Geschichtsphilosophie war ungenügend für Cieszkowski, der eine Möglichkeit der Tat als einer bewußten Teilnahme an der geschichtlichen Entwicklung finden wollte. Die Tat sollte zur Vervollkommnung der Gesellschaft führen. In der Verbindung der Tat mit der Vervollkommnung ist eine Inspiration durch das Denken Fichtes zu erkennen. Cieszkowski faßte die Tat jedoch weiter als Fichte, denn ihm ging es nicht nur um sittliche Vervollkommnung, sondern auch um eine Verbesserung in einzelnen Lebensbereichen wie Wirtschaft, Recht, Politik usw.

Zur Erläuterung dessen, was er als Tat verstand, berief Cieszkowski sich auf die hegelsche Dialektik im Sinne eines Entwicklungsschemas, nach dem das Neue durch Zutagetreten widersprüchlicher Tendenzen und ihre anschließende Synthese entsteht. Er warf Hegel vor, die Dialektik nicht auf die Geschichte angewandt zu haben. Nach dem dialektischen Schema müsse die Geschichte in drei Epochen unterteilt werden: Vergangenheit, Gegenwart und Zukunft. Vergangenheit war für Cieszkowski die Kultur des Altertums, in der sich die ästhetische Empfänglichkeit, die künstlerische Sensibilität und Kreativität entwickelten. Die Gegenwart begann mit der Entstehung des Christentums und dauerte bis zur Errichtung des Hegelschen Systems; es ist dies die Epoche, in der die Menschheit ihre eigene Vernünftigkeit erkennt. Als Krönung der Gegenwart erweist sich das Denken Hegels. Aus der Synthese von Vergangenheit und Gegenwart ergibt sich dann die Zukunft. Sie ist eine Synthese von Gefühl und Vernunft, Kreativität und intellektueller Kritik. Eine solche dialektische Synthese vollzieht sich in der Tat, die die Prinzipien der Vernunft im gesellschaftlichen Leben verkörpert. Die Zukunft erweist sich als die Epoche der Tat, welche die Vervollkommnung der Menschheit bringen wird.

Cieszkowski forderte, daß zu der »abstrakten Vernunft« Inhalte hinzutreten müßten, wie sie von französischen Gesellschaftstheoretikern, besonders von Saint-Simon und seiner Schule, entwickelt worden waren. In Frankreich war das Ideal einer industriellen Gesellschaft entstanden, die Naturwissenschaften und Technik nutzte, um Wohlstand und christliche Gerechtigkeit zu erreichen. Cieszkowski propagierte Reformen, die zu einem vorbildlichen liberalen System führen sollten, in dem es keine soziale und nationale Ausbeutung mehr geben würde und christliche Moralprinzipien die Beziehungen zwischen den Individuen und den Nationen bestimmen würden. In dieses Ideal flossen nicht nur französische Anregungen sein, sondern auch die Erfahrungen der polnischen Nation, in der nach dem Verlust der staatlichen Souveränität häufig die Notwendigkeit unterstrichen wurde, die internationalen Beziehungen nach sittlichen Grundsätzen zu gestalten und jeder Nation das Recht auf Eigenstaatlichkeit zu garantieren. Das Hegelsche Ideal des Vernunftstaates erwies sich im Lichte dieser Erfahrungen als ungenügend.

Mit Rücksicht auf das historische Schicksal Polens nahm die polnische Philosophie der Tat an der Auffassung des Verhältnisses von Staat und Nation eine wichtige Modifikation vor. Hegels Überzeugung, die Nation und der »Volksgeist« fänden erst in der Staatwerdung ihren vollen Ausdruck, stieß auf Widerspruch. Der Staat, so schien die Hegelsche Philosophie zu besagen, ist eine notwendige Bedingung für die Existenz und Entwicklung der Nation. Da die polnische Nation auch ohne eigenen Staat weiterbestand, war diese Auffassung für die polnischen Denker kaum akzeptabel. Sie maßen daher den nationalen Banden große Bedeutung bei und hielten sie für wichtiger und beständiger als den Staat.

Es gab auch polemische Auseinandersetzungen innerhalb der Philosophie der Tat. Edward Dembowski wandte gegen Cieszkowski ein, er täusche sich in der Annahme, daß die historische Entwicklung in der Verwirklichung der von den Philosophen aufgestellten Ideale besteht. Nach seiner Ansicht bilden sich die Ideale spontan im Bewußtsein des Volkes. Dembowski kehrte also gewissermaßen zurück zu Hegel und der These von der Geschichte als einem Entwicklungsprozeß der Freiheit. Aus Hegels Formel vom »Fortschritt im Bewußtsein der Freiheit« las er dessen Überzeugung heraus, in der Geschichte vollzögen sich schrittweise die Befreiung des Volkes und eine Demokratisierung des gesellschaftlichen Lebens. Er berief sich bei der Begründung demokratischer Ideale auf die Autorität Hegels, obwohl Hegel eine kritische Meinung über die Demokratie hatte und eher mit der konstitutionellen Monarchie und der bürokratischen Herrschaft sympathisierte.

Auch von der Dialektik hatte Dembowski ein anderes Verständnis als Cieszkowski. Seiner Meinung nach lehrt die Dialektik, daß Widersprüche zwischen den Volksmassen und den konservativen Kräften zu Systemveränderungen führen. Aus diesen Widersprüchen ergeben sich mit der Zeit immer demokratischere Institutionen.

Die polnische Philosophie der Tat entstand aus der Vermischung zweier kultureller Traditionen: des deutschen Hegelianismus – ihm wurden die zentralen Begriffe entlehnt – und der polnischen Kultur – ihr entstammte die Betonung der bewußten Gestaltung der Zukunft sowie der Unzerstörbarkeit der Nation und ihres Vorrangs vor dem Staat. Aus diesen Inspirationsquellen entstand eine originelle Denkweise – ein Beispiel für den schöpferischen Dialog zweier Kulturen.

Die Bedeutung der Philosophie der Tat schwächte sich in der zweiten Hälfte des 19. Jahrhunderts ab, als sich der Positivismus ausbreitete, der die philosophische Spekulation ablehnte und ein an den Naturwissenschaften ausgerichtetes Wissenschaftsmodell propagierte.

Anfang des 20. Jahrhunderts äußert sich erneut ein Interesse am Hegelianismus, vor allem an der Dialektik als einer Methode des systematischen, synthetischen Denkens. Der Neohegelianismus, der sich in Deutschland und England entwickelt hatte, sollte nach Polen verpflanzt werden, und Urheber dieser Bestrebung war Adam Żółtowski (1881–1958). Sein Versuch, das analytische Denken zu bekämpfen und einer ganzheitlichen Auffassung der Phänomene Bahn zu brechen, mißlang. Żółtowski fand keinen Anklang, und in der polnischen Philosophie setzte sich die analytische Auffassung durch, die auf Brentano zurückgriff und dem »Wiener Kreis« nahestand.

Zu einer weiteren Phase der Rezeption des Hegelianismus kam es nach dem Zweiten Weltkrieg, als aufgrund politischer Entscheidungen die marxistische Philosophie verbreitet wurde. Man erinnerte daran, daß der Hegelianismus die ideelle Wurzel des Marxismus war, und begann die polnische Rezeption des Hegelianismus in der Absicht zu erforschen, linke polnische Traditionen dem Vergessen zu entreißen. Gleichzeitig wurde die Kritik verbreitet, die der bekannte Ideologe und Stalin-Mitarbeiter A. Schdanow am Hegelianismus übte; dieser war nach seiner Meinung eine »aristokratische Reaktion auf die französische Revolution«; ohne Kenntnis der historischen Tatsachen verurteilte er Hegel, weil dieser den Krieg gepriesen habe und ein Vertreter des »Preußentums« gewesen sein soll.

Die Instrumentalisierung des Hegelianismus für unmittelbare politische Zwecke wurde von Forschern revidiert, die sich dem ideologischen Druck des Stalinismus nicht beugten. Im Rahmen der 1956 einsetzenden »Entstalinisierung« wurde eine Neubewertung des Hegelschen Werkes möglich. Man entdeckte, daß die Hegelsche Geschichtsphilosophie neue Fragen zum Verhältnis von Moral und historischer Notwendigkeit enthielt. Zu den ersten gehören hier Tadeusz Kroński und Bronisław Baczko. In ihrer Faszination für den Hegelianismus drückte sich die Überzeugung aus, daß das Individuum in den von Gesetzmäßigkeiten bestimmten Geschichtsprozeß verstrickt ist, der die moralischen Werte festlegt. Man sah bei Hegel Argumente für einen historischen Relativismus in der Ethik und für die These von der Priorität des gesellschaftlichen Ganzen gegenüber der individuellen Persönlichkeit. Unter Berufung auf Hegel widmete man sich dem Problem der Rolle des Bösen im Geschichtsprozeß, in der Absicht zu zeigen, daß kein historischer Zweck das Böse rechtfertigen und das sittlich Böse in der Geschichte letztlich nicht überwunden werden könne. Der Mißbrauch der Hegelschen Dialektik für die ideologischen Machenschaften des Stalinismus wurde verurteilt. Allerdings verstärkte die Berufung auf die Hegelsche Dialektik die Ansicht, daß das Individuum und die individuellen Werte bei gesellschaftlichen Veränderungen nur begrenzten Einfluß haben. Dadurch wurden passive und kontemplative Einstellungen gefördert.

Als die Protestbewegung gegen das System des »Realsozialismus« erstarkte, verlagerten sich in der polnischen Rezeption des Hegelianismus die Akzente. Es schwand der Glaube an die Vernünftigkeit der Geschichte. Dafür wuchs das Interesse an der Philosophie der Tat als einer Philosophie der Zukunft, welche die Problematik der bewußten Teilnahme der Menschen an gesellschaftlichen Veränderungen artikuliert. Gleichzeitig wandte man sich verstärkt der »nationalen Philosophie« zu, wodurch die Souveränität der polnischen Kultur als ein Aspekt der politischen Souveränität betont wurde. Aufgrund dessen sieht man den Hegelianismus heute durch das Prisma der Kritik an ihm, die schon im 19. Jahrhundert von der Philosophie der Tat inspiriert wurde.

Maria Janion

Der »polnische« und der »deutsche« Teufel. Über die Figuren des Bösen

Die Vorstellung vom Bösen hängt vor allem von den religiösen Ideen ab. Für die landläufigen Vorstellungen vom Bösen und den Formen seiner Bekämpfung spielt die allgemeine religiöse Mentalität der Gesellschaft eine entscheidende Rolle. Natürlich distanzieren sich die Intellektuellen mitunter von diesen Vorstellungen, doch ändert das nichts am Wesen der Sache, das heißt an dem Boden, auf dem auch ihre verneinende oder ironische Haltung beruht. Man kann den Gegensatz zwischen den religiösen Mentalitäten Polens und Deutschlands, zwischen der protestantischen und der katholischen Mentalität, aus unterschiedlichen Perspektiven betrachten. Ich spreche von einem Gegensatz, auch wenn manche von einer erstaunlichen Ähnlichkeit gewisser Vorstellungen vom Teufel bei Luther und bei Johannes Paul II. sprechen.

Was den Vergleich betrifft, mag der Hinweis genügen, daß der polnische Teufel konkret und leibhaftig ist und das Böse in einer ihm sehr angemessenen Weise darstellt. Volkstümlich und trivial, philosophiert er nicht wie der deutsche Teufel. Sehr häufig ist der Teufel in Polen ein Ausländer, bisweilen ein Ketzer, ein Andersgläubiger, etwas »Fremdes« und daher Feindliches. Gelegentlich paradiert er in einem kurzen deutschen Frack und spricht ein deutsches Kauderwelsch. Natürlich gibt es auch einheimische, nationale Teufel, aber die sitzen meistens irgendwo in Sümpfen, Mooren und Urwäldern, und man kennt sie von ihren letztlich recht harmlosen Streichen und Gaukeleien. Sie sind dumm, lassen sich leicht irreführen, wie in den Volksmärchen. Der polnische Bauer wird mühelos mit ihnen fertig.

Richtige Satane kamen aus dem Ausland nach Polen, manchmal zusammen mit einer fremden Zivilisation, insbesondere der deutschen. Als Krasiński ausrief: »Die verdammten Deutschen, die Weisen, die Philosophen«, da schwebte ihm der eigentümliche Diabolismus vor, der in der deutschen idealistischen Philosophie steckt, speziell in ihrem Hang zum Pantheismus. Gerade vor dem im deutschen Spinozismus und seinen Folgen so verbreiteten Pantheismus fürchteten sich die polnischen katholischen Philosophen, auch wenn an der Korrektheit ihres Katholizismus gelegentlich Zweifel laut wurden.

An dieser Stelle darf man auch die »Trockenheit« des Protestantismus erwähnen, der in Polen so stark als Ausdruck einer »abstrakten« Religiosität empfunden wird, die man gelegentlich in negativer Weise als »philosophisch«, d. h. »räsonierend«, »vernünftelnd« bezeichnet, und die Farbigkeit, das Theatralische, das Rituelle, die Glaubensinbrunst im Katholizismus. Die barocke Sinnlichkeit des polnischen Katholizismus hat das Volk wie die Eliten gleichermaßen stark beeinflußt. Ihren Regeln waren auch die Teufel unterworfen.

Die Religion konnte in Polen ihre Aufgabe in der Brandmarkung und Bekämpfung des Bösen vor allem deshalb erfüllen, weil sie zumeist als Tröstung aufgefaßt wurde. Auf böses historisches Ungemach (von dem es, wie man zugeben muß, in der Geschichte Polens genug gegeben hat) reagierte man, indem man sich zu Gott flüchtete, der auf der anderen Seite aber auch als Sinngeber des Unabhängigkeitskampfes beschworen wurde. In Polen entwikkelte sich ein umfassender Kult der Muttergottes als Trösterin der Betrübten. Eines der beliebtesten Gebete beginnt mit den Worten: »Unter Deinen Schutz flüchten wir uns, heilige Muttergottes.« Die tröstende Rolle der Religion befreite vom Gefühl und Erleben des Übernatürlichen.

Das religiöse Ritual lief eigentlich an der Oberfläche ab und drang nach Meinung von Kritikern nicht in die Tiefe der Seele. Deshalb hat man gelegentlich zwei Arten von Frömmigkeit einander gegenübergestellt – die protestantische und die katholische, die »tiefe« und die »oberflächliche«.

Im großen und ganzen wird dieser Gegensatz von den Tatsachen bestätigt. In Polen gab und gibt es nur wenige Gläubige, die den absoluten Standpunkt von Simone Weil unterstützen würden: »Die Religion als Quelle des Trostes ist ein Hindernis für den wahren Glauben«; nur wenige, die den Versuch des Glaubens in dem vollen Bewußtsein unternehmen würden, sich unabhängig zu machen von den Zufällen, und seien es die schrecklichsten, die ihnen die Vorsehung schickt. Die eigentümliche »Unreinheit« des polnischen Katholizismus hat diverse Vorbehalte geweckt, die von K. L. Koniński, Gombrowicz und Miłosz formuliert worden sind; der letztere hat eine Auswahl der Schriften von Simone Weil mit dem Wunsch herausgegeben, eine Prothese zu schaffen, die zu verstehen hilft, was im wahren Glauben das Übernatürliche ist, das nicht verunreinigt ist durch irgendwelche »Anliegen«, und seien es selbst die erhabensten – sagen wir: nationalen – Anliegen.

In Polen hat es (nun aber) immer sehr viele (solcher) »Anliegen an Gott« gegeben, konkrete und eindringlich vorgetragene Anliegen. Es gibt zu der Leibnizschen Theodizee eine spezifische Variante: die polnische nationale Theodizee. Es handelt sich hier um eine echt polnische Spezialität: die Rechtfertigung Gottes in der bösen, von Unglück und Verfolgung strotzenden Geschichte Polens. Zum Ausweg, den man in dieser Situation beschritt, wurde der Messianismus. Wenn Polen besonderen Leiden und Kränkungen ausgesetzt war, wenn es in ungewöhnlicher Weise vom Bösen bedrängt wurde, so deshalb, weil Gott es als Opfer ausersehen hatte – für andere, sündhafte Völker. So konnte Polen von den Romantikern zum »Christus der Völker« erklärt werden. Überaus verständlich wird dann die *Angelisierung* Polens, die ganz auffällig ist vor dem Hintergrund anderer, sündhafter und böser Völker, insbesondere der Russen und Deutschen. In seinem während des Zweiten Weltkriegs geschriebenen Tagebuch stellte Koniński mutig und unbarmherzig fest, daß »der Historische Gott tot ist«, daß die Geschichte die Domäne des Bösen war, ist und sein wird und daß »das Gute in der Geschichte niemals gesiegt hat«. Er befreite sich auf diese Weise von der Verstrickung seines Glaubens in die geschichtliche Steigerung des Bösen und des Unglücks, in dem Bestreben, sich dem Übernatürlichen zu überlassen. Aber Denker wie ihn gab es in Polen nicht oft.

In nicht sehr veränderter Gestalt treffen wir diesen, das Märtyrertum glorifizierenden romantischen Messianismus während der großen nationalen Unterdrückung in der Zeit des Zweiten Weltkriegs und noch während des Kriegszustands der achtziger Jahre. Der Messianismus als Waffe des Kampfes gegen das Böse verkündete den Grundsatz, daß man dem Bösen nicht mit Bösem entgegentreten dürfe, daß das Gute stets siege und nur dann unterliege, wenn es mit dem Bösen in Unterhandlungen trete. Zu den antimessianistischen Reaktionen kann man den in Polen selten auftretenden, aber doch vorkommenden vampirischen Patriotismus rechnen, der das Böse mit Hilfe des Bösen zu vernichten sucht. Durch den vampirischen Patrioten, der sowohl Landsleute beißt (damit sie ebenfalls zu Vampiren werden) als auch Feinde (um sie in einem geeigneten Moment ihres Vampirdaseins für immer zu töten), ist in die polnische Mentalität ein Gefühl für den metaphysischen Horror des Bösen eingedrungen, das über die bloßen nationalen Peripetien hinausreicht.

Die Angelisierung Polens mußte – sogar automatisch – zur *Satanisierung* seiner Verfolger führen. Im 19. Jahrhundert wurde besonders Rußland zur Verkörperung des Satans, des politischen Satans, wie Mickiewicz zu sagen pflegte; das bolschewistische Rußland sollte diese Überzeugung erhärten. Diese Vorstellungen waren nicht weit von Reagans »Reich des Bösen« entfernt. Der Weg führte von Mickiewicz zu Marian Zdziechowski und den Gefangenen des Gulag. Die Existenz des Teufels sei, so wurde behauptet, im Gulag wissenschaftlich feststellbar. Während des Zweiten Weltkriegs zeigte sich das grausige apokalyptische Tier in noch anderer Gestalt – als faschistisches Deutschland und häufig ganz einfach als Deutschland schlechthin. Das antideutsche Trauma wurde in Polen sehr stark. Der Deutsche erschien erneut als Synonym des Bösen, des Bösen der absoluten Vernichtung.

Dennoch teilen die hervorragendsten polnischen Werke, die der Erfahrung der Konzentrationslager gewidmet sind, Werke, die einen ehrenvollen Platz in der Weltliteratur einnehmen – die Auschwitz-Erzählungen von Tadeusz Borowski und »Welt ohne Erbarmen« von Gustaw Herling-Grudziński –, nicht die ziemlich verbreitete Ansicht von der angeborenen moralischen Überlegenheit der Polen und ihrer Unbeflecktheit von allem Bösen sowie der ebenfalls angeborenen vollkommenen Bestialität der russischen und deutschen Verfolger Polens.

Borowski hat in einer Erzählung mit dem provozierenden Titel »Bei uns in Auschwitz« der gesamten europäischen Zivilisation eine ungeheure Anklage entgegengeschleudert. Erst im deutschen Konzentrationslager glaubte er den Lauf der Geschichte durchschaut und ihren Preis erkannt zu haben. Schon die Antike bezeichnete er als »ein riesiges Konzentrationslager«, in dem die einen, nämlich die Mehrheit, zur Sklavenarbeit verdammt waren, während die anderen Dialoge und Dramen schrieben, Geschichte machten, ästhetisch und erhaben waren... Wenn die Deutschen siegen sollten, schrieb er, werden sie alle umbringen. »Und keiner wird etwas von uns wissen. Die Dichter, Advokaten, Philosophen und Priester werden uns übertönen. Sie werden das Schöne, Gute und Wahre schaffen. Sie werden eine Religion schaffen.« Borowski verstand seine Wahrheit über den Totalitarismus als universale Wahrheit, als die Wahrheit aller Sklaven.

Herling-Grudziński, ein Häftling, der eines der besten Bücher über den Gulag schrieb, lehnte die in der polnischen Literatur, besonders der Memoirenliteratur so verbreitete Methode ab, die roten Häscher zu dämonisieren. Er führte einen siegreichen Kampf um das Allerschwerste: um den eigenen Stil einer Erzählung, die der Grausamkeit der Geschichte gewidmet ist, die sich bei ihm in Rußland abspielt. Er machte sich keines der Stereotype zu eigen, welche die überreiche martyrologische Legende der Polen ihm nahelegte. Er wagte es, Joseph Conrad als dem Verfasser von »Mit den Augen des Westens« ein einseitig verzerrtes Verhältnis zu Rußland vorzuwerfen. Conrad, so Herling-Grudziński, habe es an der Distanz fehlen lassen, die nötig ist, wenn ein Pole sich zum Thema Rußland äußert. Der Autor von »Welt ohne Erbarmen« hatte die Lehre aus Defoes »Tagebuch aus dem Pestjahr« beherzigt, daß »bestimmte Kapitel der ›schwarzen Geschichte‹ der Menschheit – Katastrophen, Seuchen, Ausrottungen, barbarische Eroberungen, Völkermorde – nur mit der Feder eines maximal unpersönlichen Chronisten nacherzählt werden können«. In diesem Sinne hat er denn auch seine »Welt ohne Erbarmen« zu schreiben versucht – mit einem manchmal (besonders in den Biographien russischer Häftlinge) unübersehbaren Zug kühlen Stendhalismus. In den extremsten Situationen, wenn er ganz unten war – und das, wie er betonte, »ohne religiösen Trost« –, nahm er immer noch wahr, daß da »etwas spezifisch Menschliches« war. Auf dieser Reise an die Grenzen der Existenz begleiteten ihn Camus und Kafka. Der Sinn für die Tragik der *condition humaine* rückt Herling-Grudziński in die Nähe Camus' und des existentialistischen Heroismus, nimmt ihm aber keinesfalls seine – durch eigene Erfahrung erkaufte – Originalität: Originalität innerhalb der europäischen, aber auch der polnischen Literatur, die so häufig von Moralismus durchtränkt ist und dazu neigt, mit Schwarz-Weiß-Schemata zu arbeiten.

Der für die polnische Literatur eigentümliche tugendhafte Moralismus hat Gombrowicz in Rage gebracht. Er schrieb in einer Studie über Sienkiewicz, den populärsten polnischen Schriftsteller, die Polen seien von ihrer Schönheit (die Sienkiewicz ihnen eingeredet hatte) entzückt und könnten sich das Schöne nicht ohne das Gute vorstellen. Die Lektion der französischen und deutschen Romantik, die Lektion Baudelaires von der Schönheit Satans fand nur mit Mühe Eingang in das polnische Denken, das gewöhnt war an bruchlose Kriterien, die das Helle säuberlich vom Dunklen scheiden. Die Situation änderte sich im ausgehenden 19. Jahrhundert in der Epoche des Jungen Polen, vor allem dank Stanisław Przybyszewski, der als Satanist aus Berlin nach Krakau kam und schwarze Messen veranstaltete. Aber Gombrowicz hatte auch so alle Hände voll zu tun, zumal er dem Dämonismus nicht eine Schönheit von der Art des Jungen Polen zuerkannte. Der Autor des »Tagebuchs« träumte davon, daß in der polnischen Literatur jemand aufgetreten wäre, der »sich nicht dem Dienst an der Nation ergeben hätte, sondern in stolzer Verachtung all unseres Elends, all der Zwänge der Unfreiheit versucht hätte, als freier, geistig unabhängiger Mensch zu Schönheit zu kommen«. Frei von diversen nationalen, religiösen und sonstigen Absolutheiten. Dann wäre das Stereotyp der edlen, vom Bösen verfolgten Unschuld gefallen, und an seiner Stelle hätte sich vielleicht die ganze unermeßliche Kompliziertheit des modernen Menschen gezeigt – des Menschen, nicht des Polen.

Der Akzent ist auf die von Gombrowicz immer wieder aufgeworfene Frage der geistigen Freiheit zu legen. Die Polen haben häufig und über lange Zeit erlebt, daß die politische Freiheit entweder liquidiert oder erheblich eingeschränkt war – und das mußte zwangsläufig zu ihrer Obsession werden. Der Kampf um die Unabhängigkeit verschleierte ihnen andere Formen der Freiheit. Sie waren zu allen Entsagungen bereit, wenn dies der »heiligen Sache« nützen würde. Das private und innere Leben der Polen war gewöhnlich höheren nationalen Zielen untergeordnet. Jetzt, im letzten Jahrzehnt des 20. Jahrhunderts, sind alle bisherigen politischen Beschränkungen Vergangenheit geworden, und in dem Streit, der nun entbrannt ist, geht es um nichts anderes als um das Verständnis der Freiheit. Er hat in Polen auch eine religiöse Nuance.

Die Wahl eines Polen zum Papst hat nicht nur das Gefühl äußeren Prestiges, sondern auch das Innenleben Polens tief beeinflußt. Während seiner letzten Pilgerfahrt durch Polen im Jahre 1991 sprach der Papst des öfteren von den Mißbräuchen der Freiheit und warnte vor ihren in Europa so häufigen Entartungen. In der Kirche, so betonte er, müsse der Mensch »einen Raum (finden), in dem er gewissermaßen vor sich selbst geschützt ist, vor dem bösen Gebrauch seiner Freiheit«. In der Erkenntnis, daß Polen sich in einem besonderen historischen Moment befindet, stellte er zwei Freiheiten einander gegenüber: »Die Freiheit, zu der Christus uns befreit hat, ist der eine Weg, der andere die Freiheit von Christus.« Nur zwischen diesen beiden Wegen könne Polen wählen.

Die »Gazeta Wyborcza«, die von Adam Michnik herausgegebene meistgelesene Tageszeitung Polens, brachte nach dem Ende der Pilgerfahrt eine Fülle von Äußerungen zu ihrem Sinn und Zweck. Konstanty Gebert (Dawid Warszawski) warf Johannes Paul II. vor, die scharfe, brutale Alternative, vor die er Polen gestellt habe, sei falsch. »Die Freiheit ist unteilbar und enthält die Freiheit zur Sünde – und nur ein freier Mensch kann moralisch sein.« Geberts Artikel mit dem bezeichnenden Titel »Wahre Freiheit und normale Freiheit« löste eine heftige Diskussion aus, weil er das Problem auf den Punkt brachte. Es ließe sich in der schwierigen Antinomie fassen: entweder ein katholisches oder ein demokratisches Polen. Die Polen müßten das Problem der Freiheit und des Bösen, das die Freiheit mit sich bringen könnte, mit Hilfe neuer philosophischer Argumente lösen. Vielleicht sei es nützlich, über die These von Eugen Drewermann nachzudenken, der anregt, die *katholische Kirche solle lutheranischer werden*, das heißt aufgeschlossener für die Tragödie des menschlichen Lebens, offener für die Freiheit des einzelnen, weniger repressiv, mitfühlender, weniger rachsüchtig, verzeihender.

Große Nachdenklichkeit bewirkte in Polen der kolossale Unterschied in Ton und Inhalt zweier Erklärungen, die im Mai 1991 an die Öffentlichkeit gelangten: auf der einen Seite die Erklärung der Synode der evangelisch-reformierten Kirche, die sich dagegen wendet, daß »erst Gesetze gegen die Abtreibung beschlossen und dann die Schuldigen verfolgt werden«, und andererseits der Appell der polnischen Bischöfe, der die Katholiken aufruft, ein »Referendum über das Leben« abzulehnen, da »eine Abstimmung über die Legalisierung der Vernichtung von menschlichem Leben nicht nur gegen das Menschenrecht verstößt, sondern sich unmittelbar gegen die gesamte natürliche Ordnung richtet«. Sollte es zu dieser Abstimmung kommen, so wäre das nach Ansicht der Bischöfe eine Rechtfertigung für eine radikale Infragestellung des Rechts auf Leben anhand von Kriterien, wie sie auch in den Konzentrationslagern herrschten. Vielen Polen, darunter auch Katholiken, entsprach indes mehr die Erklärung der evangelisch-reformierten Kirche: »Wenn man die Lösung des Problems durch ein gesetzliches Abtreibungsverbot zu forcieren versucht, bedeutet das, daß die Kirche als moralische Kraft versagt hat.«

Der Nachdruck, mit dem die katholische Kirche die Lehre von der Erbsünde verkündet, und die Überzeugung, der Mensch sei vor allem ein Sünder, erscheinen geschwächt durch das Interesse für gnostische Strömungen, das sich in den letzten Jahren besonders unter der Jugend zeigt. Die Gnosis, für die schon die polnische Romantik empfänglich war, vermag noch immer jene zu beeinflussen, die nach Selbsterlösung durch Selbsterkenntnis streben. Der prometheische Mythos ist noch nicht restlos zerstört, auch wenn einige aus ihm hervorgegangene sozialistische Konzeptionen gescheitert sind. Es wurde behauptet, der »Prometheus«

Goethes sei mehr gnostisch als griechisch. Dies ist auch darauf zurückzuführen, daß die Erkenntnis die Erlösung als Wieder-Gott-Werden des Menschen versteht. Vermittler eines solchen Denkens kann auch Meister Eckhart werden, der über Angelus Silesius Einfluß auf Mickiewiczs »Sätze und Bemerkungen« nahm und auch heute noch in Polen gelesen wird. Hier wäre auch an die Anthropologie Ludwig Feuerbachs zu erinnern, nach dessen Überzeugung allein der Mensch des Menschen Gott ist. Man hat darauf hingewiesen, daß zwischen Gombrowiczs Idee der »zwischenmenschlichen Kirche« und Feuerbach eine entfernte Verwandtschaft besteht. Von Gombrowicz läßt sich in Polen eine moderne Version des anthropologischen Humanismus herleiten, der den »ontologischen Sinn des Bösen«, wie Kołakowski zu sagen pflegt, negiert. Die (für Goethes »Faust« so charakteristische) dialektische Sicht des Bösen würde dann die in Polen stärker verbreitete apokalyptische Vision zurückdrängen.

In Polen wurde die Erkenntnis seit jeher sehr stark mit der Moral verknüpft. So gab es die Meinung, der Drang zu einer alle, auch und besonders die von Gott gezogenen Grenzen überschreitenden Erkenntnis sei unmoralisch und verbreite also das Böse. Unter diesem Gesichtspunkt ist es interessant, wie Goethes »Faust« in Polen rezipiert wurde. Stanisław Szczepanowski betonte beispielsweise in einer Abhandlung über die aus den Anfängen unseres Jahrhunderts stammende »polnische Idee«, zwischen den nationalen Stilen in Philosophie und Literatur gebe es einen grundlegenden Unterschied, was im Vergleich zwischen dem zweiten Teil des »Faust« und dem ebenfalls 1832 erschienenen dritten Teil von Mickiewiczs »Totenfeier« deutlich werde. »Der Pole hat einen elementaren Hang zur Gerechtigkeit, so wie der Deutsche ihn zur ›Erkenntnis‹ aller Dinge hat.« Es gehe hier nicht um die oberflächliche, des öfteren geäußerte polnische Abneigung gegen das deutsche Vernünfteln. Das Problem liege sehr viel tiefer – und gerade die »Totenfeier« erlaube es, diesen wesentlichen Unterschied zu begreifen.

In diesem Stück werde nämlich eine ganz andere Welt dargestellt: »Das, was im ›Faust‹ an erster Stelle steht: die unstillbare Begierde nach Wissen und Lust, wird geradezu verdammt. Das, was im ›Faust‹ nicht vorkommt: Glaube und Gewissen, rückt an die erste Stelle.« Szczepanowski meinte, Goethe habe, als er den »Faust« schrieb, das Buch Hiob als eine erschütternde Erzählung von einem Menschen vor Augen gehabt, der Fragen nach Gott, dem Bösen und der Gerechtigkeit stellt. Er sei aber bewußt von diesem Vorbild abgewichen. »Was bei Hiob eine Frage des Herzens und der Gerechtigkeit ist, das ist im ›Faust‹ eine Frage der Vernunft, der Vorstellungskraft und des Wissens.« Goethe habe daher einen bezeichnenden Wechsel vorgenommen und ein *Problem des intellektuellen Wissens* an die Stelle eines *Problems der moralischen Gerechtigkeit* gesetzt. Diese aber habe im Mittelpunkt des dritten Teils der »Totenfeier« gestanden. In den Augen der Polen, so Szczepanowskis Meinung, mache das zugrunde liegende Fehlen des moralischen Prinzips der Gerechtigkeit die faustischen Werte des Strebens nach Erkenntnis und der Erkenntnis selbst zunichte.

In den Vorlesungen über slawische Literatur, die Mickiewicz in den vierziger Jahren in Paris hielt, polemisierte er gegen die Ansicht, daß »jeder mächtige Mensch areligiös ist und jegliche Macht von Satan stammt«. Mickiewicz widerlegte die Überzeugung, daß die Macht, besonders die politische Macht und Herrschaft, diabolischen Ursprungs sei, und wies im Gegenteil auf das hin, was er für moralisch recht erachtete: die Verknüpfung von Religion und Tat im Namen der Liebe. Eine von dieser Überzeugung geleitete Tat könne nicht als unziemlich, unrein, besudelnd oder den erhabenen Absichten widersprechend gelten, denn in der Tat offenbare sich die aktive Natur des Menschen, der nach der Verwirklichung des Ideals strebt. Mickiewicz konnte – wie auch die übrigen Romantiker und darüber hinaus alle, die sich von ihnen inspirieren ließen, so etwa Piłsudski – in der Politik nichts Schmutziges sehen, was man von einem wahrhaft erhabenen Leben schamhaft ausschließt. Für ihn verband sich »Politik« nämlich aufs engste mit dem »Geist«, das heißt mit der Moral.

Darum wälzt sich die polnische Tat nicht in der »deutschen Sünde«, nämlich der programmatischen Trennung von Politik und Geist. Thomas Mann hat 1945 unmittelbar nach Kriegsende in einem Vortrag unter dem Titel »Deutschland und das deutsche

Volk«, aber auch im »Doktor Faustus« das, wie er es nannte, »deutsche Verhängnis« charakterisiert. In der deutschen Musik und im Verhältnis der Deutschen zur Musik sah er Größe, aber auch Gefahr, weil sich darin definitiv die Lösung des Geistes vom Leben zeige. Schon Luther habe, so Mann, die Freiheit nicht begriffen und die christliche Freiheit von der politischen, bürgerlichen Freiheit abgekoppelt und damit den sich ständig wiederholenden »deutschen Fehler« begangen, das spekulative Element der menschlichen Energie vom gesellschaftlich-politischen Element zu trennen und dem ersteren absoluten Vorrang zu geben. Das falsche Freiheitsverständnis der Deutschen, die Trennung von Politik und Geist, habe im Faschismus geendet. Der ausschließlich auf geistige Faktoren eingestellte Deutsche, der die Politik als Übel betrachtet, »wird zum Satan«, weil er meint, die Politik sei nichts anderes als Lüge, Mord, Betrug und Gewalt. Soweit Thomas Mann. Vor diesem Hintergrund wird deutlich, wie der Pole sich durch das Bemühen auszeichnet, Ideal und Wirklichkeit in Einklang zu bringen, »Geist« und »Leben«, Moral und Politik miteinander zu verbinden. *Die Politik moralisch zu machen* ist die vornehmste Forderung der polnischen Unabhängigkeitsbewegungen.

Ganz allgemein gesagt, neigt das polnische Denken auch im Hinblick auf das Verständnis des Bösen zu einer eindeutigen moralischen Qualifikation, die alle Bereiche menschlicher Tätigkeit einschließt, während das deutsche Denken nicht so ohne weiteres die Welt und die Wirklichkeit moralisiert. In beiden Fällen hat das natürlich seine positiven und negativen Folgen.

Wojciech Karpiński
Literatur im Exil

Ende der dreißiger Jahre reist ein Pole von Paris nach Berlin, einen Packen mit deutscher, in der Emigration erschienener Zeitschriften und Bücher im Gepäck. Es war gefährlich, mit im Ausland herausgegebenen Veröffentlichungen angetroffen zu werden. Gibt es viele Werke, die es wert sind, daß man seine Freiheit für sie riskiert? Der Pole, von dem die Rede ist, war Jerzy Stempowski, der »gemächliche Passant«, ein aufmerksamer Beobachter von Kultur und Politik, der auf die Stimme der Geschichte und der Gegenwart lauschte. Vor ihm stand damals deutlich die Frage nach dem Sinn des schriftstellerischen Schaffens in der Emigration. Er betrachtete dieses Problem aus einer gewissen Distanz, bemüht, alles in dieser Weise zu betrachten. Doch schon damals, im Polen und im Europa der Vorkriegszeit, fühlte er sich ein wenig wie ein Exilant. Der Erste Weltkrieg und seine Folgen, der Triumph des Kommunismus, des Nazismus, des Faschismus, der Nationalismen jeglicher Art waren eine Bedrohung für die Welt, die ihm nahestand. Bald wurde das Los des Emigranten zu seinem Schicksal. Er widmete diesem Problem große Beachtung.

Stempowski bemühte sich, Glanz und Schatten der Emigration zu bestimmen. Er sah voraus, daß die Mehrzahl der Verbannten nicht zurückkehren würde. Er wußte im übrigen, daß man nicht zu seinen Erinnerungen zurückkehren kann. Die Erinnerung war für ihn ein Schutzschild, allerdings die lebendige, nicht die zu einer Mythologisierung der Vergangenheit erstarrende Erinnerung. Er erinnerte sich auch an unangenehme Wahrheiten, zum Beispiel an die eiskalten Seiten des Exils. Für ihn war es wichtig, daran zu erinnern, was frühere Emigranten über ihre Lage gedacht hatten. Er wollte auf die antike Literatur zurückgreifen, denn er sah in der Überlieferung der Griechen und Römer das Fundament der europäischen Kultur. In einem Brief an Józef Wittlin, einen anderen Emigranten, schrieb er (1957): »Es wäre für die heutigen Emigranten ein großer Gewinn, wenn sie etwas über ihre Ahnen wüßten, womit ich natürlich nicht die meine, die in den Wappenbüchern erwähnt werden, sondern ihre Vorfahren und Vorgänger in der Emigration. Das Problem der Emigranten besitzt eine gewaltige Tradition, die weder die heutigen Emigranten noch die Völker kennen, unter die sie geraten sind.«

Stempowski war kein »Ideologe« der Emigration; er fühlte sich nicht dazu berufen, Urteile über jene abzugeben, die in der Heimat geblieben waren; er spottete über Beschlüsse von Emigrantenzirkeln, die Veröffentlichungen in der heimatlichen Presse mit einem Verbot belegen wollten; die Ansicht, man könne literarische Probleme mit Hilfe von Dekreten lösen, hielt er für naiv, und der Versuch, sich gegenüber den Schreibenden als Mentor aufzuspielen, war für ihn unannehmbar. Die Bedeutung der Emigrationsliteratur begriff er jedoch sehr gut: Letzten Endes wird das freie, treffende Wort bleiben. Schreiben ist eine zugleich individuelle und gesellschaftliche, die Zeit überdauernde Tätigkeit. Deshalb sprach Stempowski, wenn er über die Emigration sprach, vor allem über die Literatur. Politische Institutionen im Exil haben ihre Rolle zu erfüllen, doch ist ihr Wirken naturgemäß nicht von Dauer. »Die Literatur ist der einzige sich jeder Berechnung entziehende Ausdruck der Kraft, die in der Emigration steckt. Bleibt sie das nicht, so schrumpft die Emigration auf berechenbare Phänomene zusammen, deren Summe bei nüchterner Überlegung nahe bei Null liegen wird.«

Einer der wichtigsten Texte zum Thema Emigration stammt aus der Feder von Józef Wittlin. Er trägt den Titel »Glanz und Elend des Exils«. Für Wittlin wie für jeden polnischen Schriftsteller dieses Jahrhunderts schien das Problem der Emigration zunächst ein zwar wesentliches, aber doch fernes und abgeschlossenes Problem der Tradition zu sein: Die große romantische Literatur Polens war im Ausland entstanden; sie hatte den Stil und die Problematik fixiert, an denen alle Schreibenden sich irgendwie messen mußten. Es wurde dann zu einem zeitlich näherliegenden, aber doch äußerlichen Problem. Wittlin war eng mit der Kultur des deutschen Sprachraums verbunden, hatte in Wien studiert, und einer seiner engsten Freunde war Joseph Roth. Wittlin übersetzte seine Bücher, nahm Anteil an seinem Leben, und Roth bezeichnete ihn als seinen Busenfreund. Wittlin befreundete sich auch mit anderen deutschsprachigen Schriftstellern, die sich nach 1933 bzw. 1938 im Exil wiederfanden. Er versuchte ihnen zu helfen, sorgte für Einladungen durch den polnischen PEN-Club, regte bei polnischen Verlagen Übersetzungen an. Bald wurde das Los des Emigranten zu seinem eigenen Schicksal. Dank der Hilfe des deutschen Freundes Hermann Kesten konnte er sich in die Vereinigten Staaten durchschlagen, wo er bis zu seinem Tode als Emigrant lebte.

Wittlin bedient sich in seinem Essay des Wortes »Exilant« nicht nur deshalb, weil dieser Text in München auf dem Kongreß der

PEN-Clubs im Exil vorgetragen wurde. Er erinnert an die in den katholischen Kirchen gesungene Antiphon »Salve Regina«, in der das ganze Menschengeschlecht als »exsules, filii Haevae« (Exilanten, Söhne Evas) und das Erdendasein als »exilium« bezeichnet werden. Dieser Gesang macht deutlich, daß das Exil – zumindest in einer bestimmten religiösen Optik – ein Grundelement des menschlichen Loses ist. Wittlin spricht auch davon, daß viele originelle Künstler sich wie Fremde im eigenen Vaterland empfanden – eben weil sie originell waren, mochten sie auch seit jeher im eigenen (und dazu wohlhabenden) Haus gelebt haben. Der Schriftsteller, der sich aus politischen Gründen im Exil befindet, ist daher nach Wittlins Ansicht ein dreifacher Exilant. Manche Zwänge wirken stärker auf ihn ein, andere Impulse schwächen sich ab, doch unterliegt er derselben »literarischen Physiologie« wie die Mehrheit der Schreibenden. Die Verbannung aus dem Vaterland bedeutet für den Künstler weder den sicheren Triumph noch die sichere Niederlage. Wer außerhalb des Vaterlandes weilt, ist vor allem *abgeschnitten*: von seinem sprachlichen Element, von den politischen Angelegenheiten, vom Pulsschlag der Gegenwart, von der literarischen Börse und der durch sie festgelegten Rangordnung. Diese Ferne kann wie eine Amputation sein, sie kann die Feinfühligkeit der Sprache, die Schärfe des Blicks beeinträchtigen, sie kann die Bitterkeit des Verlassenen und Vergessenen hervorrufen. Sie kann aber auch zur Befreiung werden: das literarische Gehör schärfen, eine unabhängigere Sicht auf die psychologischen und gesellschaftlichen Mechanismen ermöglichen. Alles kommt auf die Persönlichkeit des jeweiligen Menschen an – was er aus den Bedingungen, die er angetroffen hat, zu machen versteht.

Gombrowicz hat sich in seinem »Tagebuch« des öfteren mit den Problemen des Künstlers in der Emigration befaßt. Seine Bemerkungen sind durch ihren »Commonsense« provokant. Der Schriftsteller in der Emigration? Fragen wir doch erst einmal, was für ein Schriftsteller und ob er wirklich ein Schriftsteller ist. Mickiewicz hat Bücher geschrieben, auch Herr X schreibt annehmbare und gern gelesene Bücher, doch damit endet auch schon die Übereinstimmung. Das Exil hat verschiedene Gesichter: Rimbaud, Kafka, Norwid... Sie alle waren einsam, sie alle erlebten die Demütigungen, die mit dem Mangel an Verständnis, an Lesern verbunden sind. Jegliche Kunst, sagt Gombrowicz auf den Spuren Thomas Manns, eines ihm besonders nahestehenden Künstlers, jegliche Kunst ist aufs engste an den Zerfall gebunden, entsteht aus der Dekadenz, ist die Verwandlung einer Krankheit in Gesundheit; jegliche Kunst grenzt ans Lächerliche. Für die Schriftsteller kann die Emigration eine Chance sein: Sie gewinnen Abstand. Sie können sich frei fühlen, doch diese Freiheit erschreckt. Plötzlich haben sie das Gefühl, den Boden unter den Füßen zu verlieren. Sie finden nicht genügend Halt in sich. Die Kunst aber fordert Stil, Disziplin, Ordnung (eine immer wieder neu zu entdeckende Ordnung). Doch die erschrockenen Emigranten klammern sich aneinander, geben die individuelle Freiheit, um derentwillen sie in die Emigration gegangen sind, auf – sie hören auf, Schriftsteller zu sein. So entstehen Emigrantenghettos, bilden sich künstliche, falsche Hierarchien (die in »Trans-Atlantik« überaus treffend beschrieben sind). Gombrowicz fordert – darin mit einem anderen großen Emigranten, Vladimir Nabokov, einig –, die außerhalb ihres Heimatlandes schreibenden Künstler müßten sowohl den demokratischen wie auch den aristokratischen Aspekt ihrer Existenz akzeptieren: Ihrer früheren Privilegien und Bindungen beraubt, einander gleich in der Freiheit, sollen sie sich trauen, an Talent Charakter, Phantasie verschieden zu sein, sollen sie sie selbst sein und anderen ihre Einzigartigkeit vermitteln. Diese Forderung richtet sich an jeden wahren Schriftsteller, gleichgültig, wo er sich aufhält und was für einen Paß er vorweist.

Czesław Miłosz hat in seiner Nobelpreis-Rede gesagt, Dante bleibe der Patron der im Exil Schreibenden, doch habe sich Florenz seither vervielfacht. Dies sei die Folge einer relativ jungen Entdeckung, daß nämlich, wer die Macht besitzt, auch die Sprache kontrollieren könne und dadurch über das Bewußtsein herrsche, daß er darüber entscheide, was gesagt werden darf, daß er nicht nur Gegenwart und Zukunft gestalte, sondern auch die Vergangenheit, und daß er zum Herrscher über die Erinnerung werde, zu einem wahrhaft absoluten Herrscher. Dadurch werde das souveräne Wort zu einer entscheidenden Waffe, und die Kenntnis der Vergangenheit sei eine der Garantien innerer Freiheit.

Der Schriftsteller in der Emigration, sagt Miłosz in den »Notizen über das Exil«, muß bei sich einen neuen Blick auf sich selbst und andere ausbilden, muß sich zu einem aktiven – und kritischen – Verhältnis zum literarischen Erbe durchringen. Dieses subjektive Interesse an der Vergangenheit zeigt sich auch bei Schriftstellern, die vom Konservativismus weit entfernt sind: Sie möchten einen Platz in der Zukunft einnehmen, und darum betrachten sie sorgfältig, was früher geleistet worden ist. Die langfristige Geltung eines Schriftstellers hängt von seinem (bewußten oder unbewußten) Verhältnis zur Tradition ab: Der Künstler ähnelt einem Geizhals, der seine Matratze mit Banknoten vollstopft; diese Banknoten besitzen keinen absoluten Wert, und wenn sie abgewertet oder aus dem Verkehr gezogen werden, erweist sich die ganze Mühe als fragwürdig. Zwei Künstler, die sich gegen die bestehenden Hierarchien und gegen beträchtliche Teile der sie umgebenden Emigrantenwelt auflehnten, Gombrowicz und Miłosz, haben in ihren literarischen Werken ihre eigene Geschichte der modernen polnischen Literatur entworfen; sie zeichneten eine Landkarte der literarischen Tradition und bestimmten ihren eigenen Platz auf ihr; explizit findet man diese Karten im »Tagebuch« und im »Poetischen Traktat«; implizit ist ihr gesamtes Schaffen ein Entwurf einer solchen Landkarte.

Es gibt nämlich so etwas wie einen Kanon der Literatur; er besteht aus den Werken, die für die jeweilige Sprache »den Ton angeben«. Mickiewicz nimmt deshalb eine herausragende Stellung ein, weil er der polnischen Dichtung ein Vorbild aufgezwungen hat. Nach dem Verblassen des Jungen Polen ist die Hauptströmung der polnischen Literatur erneut zutage getreten, und gegenwärtig findet sie wohl ihren vollsten Ausdruck in der Dichtung von Czesław Miłosz. Einen so eindeutigen Kanon besaß die polnische Prosa nicht. Deshalb ist das Werk Gombrowiczs eine außergewöhnliche Leistung, auch in rein sprachlicher Hinsicht, und es sichert ihm eine herausragende Stellung im polnischen Kanon. Seit zweihundert Jahren sind die maßgebenden Werke der polnischen Literatur zum überwiegenden Teil im Ausland entstanden. Können Werke, die unter anormalen Bedingungen geschaffen wurden, überhaupt Vorbild sein? Wie so oft in literarischen Dingen, werden wir darauf sicher keine eindeutige Antwort erhalten.

Und in der deutschen Tradition? Über sie zu urteilen fällt jemandem schwer, der diese Literatur schüchtern, durch eine trübe Scheibe, betrachtet, aber ungeheure Bewunderung für sie empfindet, mehr noch, eine für ihn selbst nicht ganz verständliche Faszination. Aber sieht man gewisse Dinge nicht vielleicht deutlicher aus der Ferne? Man braucht im übrigen nur auf das zu hören, was deren Schöpfer über die Tradition der deutschen Literatur sagen. Unzweifelhaft ist die Hauptströmung der deutschen Literatur durch einen Namen gekennzeichnet – Goethe. Im Drama, im Roman, in der Dichtung aller Gattungen, in der Autobiographie. Immer wieder ist der für das Problem von Tradition und Erbe so empfängliche Hugo von Hofmannsthal auf dieses Thema zurückgekommen. Im »Buch der Freunde« (Leipzig 1922) schrieb er: »Wir haben keine neuere Literatur, wir haben Goethe und Ansätze«, und er sah in Goethe eine Art Quelle, aus der die ganze zeitgenössische Literatur entspringt. Ähnlich urteilte ja auch Thomas Mann. Auf Goethe kam er immer wieder zurück, und dessen Geist erfüllt und erhellt den im Exil geschriebenen Roman »Lotte in Weimar«. Bei Goethe ist nicht nur von einer äußeren, sondern auch von einer inneren Emigration kaum etwas zu bemerken, und die Episode des Ausbruchs nach Italien unterstreicht diese Haltung nur noch. Aber über einem anderen, weit tragischeren Roman, den Mann in der Emigration verfaßte, über »Doktor Faustus«, schwebt ein anderer Geist, der verwandelte Geist Friedrich Nietzsches.

Mann war zeitlebens von Nietzsche fasziniert, er sah in ihm einen Bruder Dostojewskis: »Es wäre mir ganz unmöglich, über Nietzsche und Dostojewski zu scherzen, wie ich es gelegentlich, im Roman, über das egoistische Sonntagskind Goethe, und, im Essay, über die Riesentölpelei von Tolstois Moralismus getan habe. Woraus hervorgeht, daß meine Ehrfurcht vor den Vertrauten der Hölle, den großen Religiösen und Kranken im Grunde weit tiefer – und nur darum schweigsamer – ist als die vor den Söhnen des Lichts.« (»Dostojewski – mit Maßen«, 1946.)

Mann bewunderte in Nietzsche nicht den Ideologen, nicht den Propheten Zarathustras, sondern den mitleidlosen Psychologen, der an sich selbst das grausame Experiment ausführte, sich vor dem Menschen verneigte, der mit seinem Leben der Welt »ein Schauspiel von mythisch schrecklicher Größe« bot. Man könnte vielleicht sagen, daß die Deutschen, während sie in Goethe ihrer eigenen, aber auch (wie er es wünschte) der Weltliteratur »ein feste Burg« , eine machtvolle Festung des Humanismus gaben, so in Gestalt Nietzsches, eines zumindest zweifachen Exilanten, der vor Deutschland und vor den früheren Verkörperungen seiner eigenen Person floh, der Welt einen eiskalten Spiegel, den vielleicht ergreifendsten irdischen Anblick gegeben haben. Ecce homo.

Am Beispiel der deutschen Literatur zeigt sich, wie schwierig es ist, die Emigrationsliteratur zu definieren. Der Zeitraum 1933–1945 erscheint eindeutig und die Gestalt Thomas Manns exemplarisch. Aber auch hier kann man zahlreiche Einwände machen: War er im Jahre 1934 ein Emigrant, war er es 1947 oder 1955? War Hermann Hesse ein Emigrant, und ab wann? Ist Klaus Mann als Emigrant gestorben? Es geht hier nicht in erster Linie um den Paß oder die Adresse. Das Problem des Exils betraf die deutsch schreibenden Autoren auch schon vor 1933. Die Gestalt Nietzsches ist nur ein Extremfall einer bei Künstlern häufig anzutreffenden Situation – was Wittlin darüber gesagt hat, bleibt aktuell. Ein Liebhaber der Dichtung, besonders ein polnischer Liebhaber der deutschen Dichtung denkt unwillkürlich an zwei Künstler, die wie verfeindete Brüder erscheinen: Heinrich Heine und August von Platen. Sie waren ungerecht gegeneinander, aber es verband sie mehr miteinander als die literarische Rivalität, der persönliche Stolz und das Emigrantenschicksal. Sie waren Dichter der Freiheit, der inneren und der äußeren; beide sympathisierten sie mit den polnischen Freiheitskämpfen und den polnischen Emigranten – ihre Gräber in Paris und Syrakus sollten im Gedächtnis der Polen einen herausragenden Platz einnehmen.

Wie schwer es ist, das Exil zu definieren, wird wohl am deutlichsten bei dem ungewöhnlichen literarischen Dreigestirn von Schriftstellern, die in den Jahren 1874–1875 geboren wurden: Hofmannsthal, Mann, Rilke. Von den dreien hat nur Thomas Mann noch die Katastrophe von 1933 erlebt, ist nur er zum »offiziellen« Emigranten geworden. Er war von den dreien aber auch derjenige, der in sich am wenigsten von einem Exilanten hatte. Er wußte das genau und schrieb an Albert Einstein 1933 über seinen Entschluß, im Ausland zu bleiben: »Der Bruch mit meinem Lande, der fast unvermeidlich ist, bedrückt und beängstigt mich sehr – ein Zeichen eben dafür, daß er zu meiner Natur nicht recht paßt, die mehr durch goethisch-repräsentative Überlieferungselemente bestimmt ist, als daß sie sich eigentlich und bestimmungsgemäß zum Märtyrertum geschaffen fühlte. Nur die außergewöhnliche Bosheit und Falschheit konnten mir diese Rolle aufzwingen.« Unwichtig, ob er tatsächlich den Satz geäußert hat: »Wo ich bin, dort ist die deutsche Kultur«, aber so sah er sich, und so sah ihn die ganze Welt. Mann war es, der in zwei herrlichen Manifesten des deutschen Humanismus – seinem Brief an den Dekan der philosophischen Fakultät der Universität Bonn aus dem Jahre 1937 und dem Brief an Walter von Molo aus dem Jahre 1945 – die staatsbürgerliche Bedeutung der Emigration erläutert hat. Den literarischen Ausdruck des existentiellen Exils würde ich jedoch nicht in seinen Werken aus der Emigrationszeit suchen, sondern in früheren Schöpfungen; am vollständigsten spiegelt diese Haltung vielleicht seine Jugendnovelle »Tonio Kröger«. Witold Gombrowicz, der mit Lob im allgemeinen geizte, war nicht nur über die Kunstfertigkeit dieser Erzählung entzückt, sondern erkannte in ihr schon früh eine Beschreibung seines Schicksals, und Czesław Miłosz sieht in ihr eine exemplarische Formulierung des Verhältnisses zwischen Kunst und Wirklichkeit. Denn die Bedeutung der Kunst wird nicht in erster Linie von der Adresse, dem Paß, der Nationalität oder der sozialen Herkunft des Künstlers bestimmt, sondern von seiner Fähigkeit, in Worten, Farben, Klängen und Gesten, die es wert sind, in Erinnerung zu bleiben, etwas von der Welt zu erfassen.

Hubert Orłowski

Der Topos der »verlorenen Heimat«

Das Phantom »Heimat« ist, was zahlreiche Anthologien zu diesem Thema bezeugen, anscheinend nicht totzukriegen. In der Forschung allerdings werden Zweifel laut, ob jede Thematisierung des

»Landes oder auch nur des Landstriches, in dem man geboren ist oder bleibenden Aufenthalt hat« (Grimmsches Wörterbuch, 1877), schon Heimatliteratur sei. Diese Zweifel ändern jedoch wenig an der Tatsache, daß der Topos der »verlorenen Heimat« sowohl in der deutschen als auch in der polnischen Literatur der Nachkriegszeit eine vorrangige Rolle (nicht nur) in der literarischen Öffentlichkeit gespielt hat – und auch weiterhin spielt.

Die Bedeutung, die er in Deutschland bzw. Polen hat, sollte jeweils für die andere Nation durchschaubar sein, womit keine (Ab-)Rechnung gemeint ist, die ja nicht aufgehen würde, auch kein quantitatives Abwägen des verlorenen Gutes, sondern ein nachbarschaftlicher Seitenblick auf die Probleme und (Über-)Empfindlichkeiten des anderen.

Erinnert sei an allgemein Bekanntes: Es gab in Europa nur zwei Nationen, die deutsche und die polnische, innerhalb derer zur Epochenwende 1945 infolge der Entscheidung nur weniger Politiker ein großer Bevölkerungsteil, jeweils mehrere Millionen Menschen, aus seiner Heimat »weggeschoben« wurde. In beiden Fällen in Richtung Westen. (Leider gibt es im Polnischen keinen adäquaten Begriff für »Heimat«; am nächsten käme wohl der 1946 von dem Soziologen Stanisław Ossowski vorgeschlagene Terminus »prywatna ojczyzna«, »privates Vaterland«. Für die polnische, im Osten »verlorene Heimat« gibt es den Begriff der »kresy«, also das »östliche Grenzland«.) Weder bei den Deutschen noch bei den Polen handelte es sich dabei um die »Verpflanzung« einer geschlossenen »Heimat«. In zerstückelter Form fanden sich die Kulturlandschaften der litauischen, weißrussischen und galizischen Polen (und Ukrainer) in Schlesien, Pommern oder Ostpreußen wieder. Ähnlich verlief die Völkerwanderung der Deutschen aus Schlesien, Pommern und Ostpreußen nach Bayern, Westfalen oder Schleswig-Holstein. Eine gewaltsam erzwungene Mobilität war das, mit kaum voraussehbaren Folgen, nicht nur für die Betroffenen. Mobilisiert wurde damit das nationale Kollektivgedächtnis ebenso wie die Erinnerungen an die persönlich erlebte und zumeist mündlich überlieferte Geschichte.

Die »verlorene Heimat« der Deutschen wie der Polen im Osten und die neue, die »wiedergewonnene Heimat« – wie es nicht nur in der offiziös-offiziellen Sprache hieß (erinnert sei an den Terminus »Ziemie Odzyskane«) – in Polens Westen bzw. Deutschlands Osten: Diese Problematik ist für das nationale Selbstverständnis von grundsätzlicher Bedeutung. Für alle Zeit waren zwei große, von der Ostsee bis in die Sudeten bzw. in die Karpaten reichende »Grenzländer«, zwei Begegnungsräume also, untergegangen: das der Polen mit den Litauern, Weißrussen, Ukrainern und den Ostjuden sowie das der Deutschen mit der polnischen Bevölkerung, aber auch mit der litauischen, der lettischen und der tschechischen. Zwei feste »Friedensgrenzen« längs der Bug- und der Oder-Neiße-Linie gaben der Herausbildung neuartiger Nachbarschaften und Begegnungsräume jahrzehntelang kaum eine Chance.

Um so stärker drängten die aufgestauten Emotionen, nicht zuletzt als Nostalgieliteratur, an die Öffentlichkeit. Der nicht gerade hochkarätig thematisierte Topos von der »verlorenen Heimat« leistete der (west)deutschen Öffentlichkeit bei ihren politischen Aktivitäten vielerlei Unterstützung. Bei Siegfried Lenz (»Heimatmuseum«) heißt es: »Heimat, das ist der Ort, wo sich der Blick selbst näßt, wo das Gemüt zu brüten beginnt, wo Sprache durch ungenaues Gefühl ersetzt werden darf [...]« Diese unreflektierte, in der unmittelbaren Nachkriegszeit vorherrschende, sozial und politisch rückwärtsgewandte Geborgenheitsutopie der »verlorenen Heimat« konnte teilweise an die Heimat- und Grenzlandliteratur (und -publizistik) der Zeit nach Versailles anknüpfen. Mit den Topoi »blutende Grenze« und »Brüder unterm Fremdjoch« war dafür ein begrifflich-emotionaler Anknüpfungspunkt gegeben. Solch eine nostalgische Literatur durfte es bislang in Polen nicht geben. Die Strategien der Außenpolitik sowie die interne Kulturpolitik (d. h. die Zensurmaßnahmen) hatten sie gar nicht erst aufkommen lassen, ausgenommen die polnische Literatur und Publizistik im Exil. Seit der politischen Wende jedoch erscheinen, recht oft in autobiographischer Form, Werke, die den »ungeheuren Verlust« (Louis Ferdinand Helbig) der Polen an emotional-geistigen Werten, jenseits zeitgeschichtlicher Gegebenheiten, aufzuarbeiten versuchen. Als die objektiv »eigentliche« Literatur der »verlorenen Heimat« sollte jedoch diejenige (deutsche, polnische) Literatur gelten, die – die selbstzweckhafte topographische Verankerung meidend – die Randprovinzen als nationale Begegnungsräume von vor 1945 für die jeweilige Nationalliteratur salonfähig gemacht und aus der muffigen Enge einer vorwiegend nur bibliographisch erwähnenswerten Erfassung à la Artur Luther (vgl. »Land und Leute in deutscher Erzählung«, 1954) herausgeholt hat.

Wiederholt beruft sich Horst Bienek auf die »verlorene Heimat« als die (literarisch) wirkliche Heimat: »Bei Joseph Roth [...] lese ich: Die eigentlich literarischen Provinzen sind die verlorenen Provinzen« (»Beschreibung einer Provinz«, 1983); und: »Die verlorenen Paradiese sind die wirklichen Paradiese, schrieb Marcel Proust. Die verlorene Heimat ist die wirkliche Heimat« (»Kindheit«, 1988). Die literarische Praxis deutscher und polnischer Autoren der Nachkriegszeit bestätigt erstaunlicherweise diese Erkenntnis. Doch schon bei Joseph Roth und einigen polnischen Schriftstellern wie Bruno Schulz (»Die Zimtläden«, 1933) und Józef Wittlin (»Das Salz der Erde«, 1936), die bereits vor 1945 Ostgalizien, den einmaligen ethnisch-konfessionellen Schmelztiegel von Nationalitäten beschrieben, klingt das an, was Ende der 50er Jahre und später als Literatur der großen Erinnerungslandschaften der Polen und der Deutschen auftauchen sollte. Bei allen Unterschieden zwischen der polnischen und der deutschen Literatur lassen sich einige verblüffende Strukturverwandtschaften feststellen: 1. Die Topographie der faktisch verlorengegangenen Provinzen ist (fast) immer mit der der literarisch wiedergewonnenen identisch. 2. Immer liegt der literarischen Artikulation das Einzigartige der Erfahrung und des (Kindheits-) Erlebnisses zugrunde. 3. Die Literatur der »verlorenen Heimat« entgeht nur dann dem Nostalgischen, wenn sie die Barrieren des »geschichtslos Privaten« (Jürgen Habermas) zu überwinden vermag.

Von der Kurischen Nehrung bis nach Oberschlesien einerseits und von Wilna bis nach Lemberg und in die Bukowina andererseits ziehen sich die »literarisierten« Landschaften der deutschen und der polnischen »verlorenen Heimat«. Auf den ersten Blick ein gefundenes Fressen für Leute, denen eine »Literaturgeschichte der Stämme und Landschaften« am Herzen liegt. Aber nur auf den ersten Blick! Johannes Bobrowskis Pregel- und Drewenzlandschaften, die der Masurischen Seen bei Siegfried Lenz, der Kaschubei und Danzigs im Werk von Günter Grass sowie die Welt der oberschlesischen Erfahrungen des »kleinen Mannes« bei Horst Bienek auf der einen Seite und auf der anderen Stanisław Vinzenz' fast arkadische Huzulenwelt, Czesław Miłoszs geistige Wilnatopographie, Julian Stryjkowskis Panorama des ostjüdischen Schicksals und des zum Untergang verurteilten k. u. k.-Reiches, die kosmopolitische Welt von Andrzej Kuśniewiczs Podolien, Tadeusz Konwickis historisierende »kresy«-Betroffenheit sowie nicht zuletzt die apokalyptischen Weltkriegs- und Bürgerkriegsvisionen eines Leopold Buczkowski oder Włodzimierz Odojewski: Dieses »Gesamtkunstwerk verlorene Heimat« entzieht sich der kleinkarierten Optik einer tradierten, die Landschaften selbstzweckhaft erfassenden Heimatliteratur.

Alle genannten Autoren, ob deutsche, ob polnische, beuten fiktional wie essayistisch ihre unwiederholbaren Erfahrungen, ihre individuelle, nur partiell mitteilbare Erlebniswelt (aus der Kindheit) aus. »Die Geschichte des Ortes, an dem einer wohnt, ist gegeben, die Geschichte der Person ergibt sich aus unzähligen Einzelheiten und Erlebnissen, die unbeschreiblich und unwiederbringlich sind« (Heinrich Böll, »Heimat und keine«, 1965). Mit dem Tod all dieser Schriftsteller, die eine solche Erinnerungsarbeit zu leisten imstande waren und sind, wird auch die Relevanz der »verlorenen Heimat« verloren gehen. Heimat »gibt es« – so Horst Bienek (1988) –, »solange wir uns daran erinnern. Die Topographie der Erinnerung ist also eine temporäre.« Hier wäre an die Lenzsche Unterscheidung zwischen Heimat als »Erfindung hochfahrender Beschränktheit« und als »Erfindung der Melancholie« (1978) zu erinnern. Bei den genannten Autoren, und nicht nur bei ihnen, läuft jedoch das Erinnern nur bedingt über das geschichtslos Private. Dem Persönlich-Singulären wird zugleich das Historisch-Überindividuelle abgewonnen. Grass' Gedicht über Langfuhr (»Langfuhr war so groß und so klein, daß alles, was sich in dieser Welt ereignet oder ereignen könnte, sich auch in Langfuhr ereignet oder hätte ereignen können«) beinhaltet die wohl berechtigte Anmaßung, daß jede Weltliteratur zuerst Provinzliteratur ist. Erinnerungsarbeit ist zugleich Trauerarbeit; ihr liegt ein Lernprozeß zugrunde. Aus verständlichen, zeitgeschichtlich bedingten Gründen liegt in der deutschen Literatur die Akzentsetzung deutlich auf dem Problem der schuldbeladenen Nachbarschaft. Sie dominiert in der rückwärtsgewandten Utopie des »Sarmatischen Divans« (Johannes Bobrowski), in der In-Frage-Stellung des diskontinuierlichen Geschichtsverständnisses des (masurischen) »Heimatmuseums« (Siegfried Lenz), in der umgekrempelten Poetik des Bildungsromans aus Danzig (Günter Grass), in der Frage »Kleiner (oberschlesischer) Mann, was nun?« (im Werk von Horst Bienek), in der Befragung der Lebensverhältnisse in einem (Landsberger) Alltagsfaschismus (Christa Wolf). Die reflektierende Memoirenliteratur von Intellektuellen, die der »verlorenen Heimat« entstammen (Marion Gräfin Dönhoff, Christian Graf Krockow), bekräftigt das oben Gesagte.

Die Rettung der »verlorenen Heimat« als eines wenn auch nur brüchigen Konzepts hat unterschiedliche Formen angenommen. Sie reicht von überdeutlich antiquiert-agrarromantischen Retrospektionen (Hans Lipinsky-Gottersdorf, »Die Prosna-Preußen«, 1968) bis zur Entdeckung von Identifikationsräumen in einer als Kindheit apostrophierten Heimat: »Wir können« – so Bienek (»Reise in die Kindheit«, 1988) – »nicht mehr zurückkehren in das Haus der Kindheit. Aber wir können uns diese Kindheit imaginieren. Wir können sie beschreiben und auf diese Weise festhalten.« Auf den Heimatverlust scheint nun also eine poetische Rettung folgen zu müssen. Und sie erfolgte auch als ein Konstrukt von Wunschträumen, von »Winkeln vielfältiger Geborgenheit«. Was im Laufe der letzten Jahrzehnte über literarische Konfektion hinauszugehen versuchte, sah sich gezwungen, eine solche Geborgenheit in Frage zu stellen. Wo »das Fremde« – ob es nun um den Polen, den (Ost-)Juden, den Litauer in der deutschen oder um den Litauer, den Ukrainer, den (Ost-)Juden in der polnischen Literatur geht, ist hier nebensächlich – miteinbezogen wird, dort erscheint »Geborgenheit im Widerspruch«, dort wird in der »verlorenen Heimat« ein Begegnungsraum für schwierige Nachbarschaft gesucht und gefunden. Innerhalb des breiten Spektrums einer möglichen Problematisierung der »verlorenen Heimat« – zwischen Refugium und geistigem Vermächtnis – scheint die literarische Praxis die moralische Verantwortung ernst genommen zu haben.

Polnische Autoren haben, verglichen mit den deutschen, zu dem Erfahrungsraum »verlorene Heimat« meist ein weniger gebrochenes Verhältnis. Dem litauischen Dichter Tomas Venclova gab Czesław Miłosz 1977, über die Motive des Interesses an seiner litauischen Heimat befragt, folgende Antwort: »Eine Rolle spielt gewiß die Suche nach einer Wirklichkeit, die vom Vergehen der Zeit gereinigt wäre [...] Aber es gibt auch eine andere Erklärung. Ich habe in Wilna meine Jugendzeit verbracht, als ich noch dachte, mein Leben würde noch einigermaßen normal verlaufen; erst später ist alles im Leben durcheinandergeraten, so daß Wilna für mich als Möglichkeit, als Möglichkeit der Normalität, ein Bezugspunkt geblieben ist.« Ganz ähnlich hatte es auch Bruno Schulz gesehen: »In die Kindheit zurückzukehren wäre eine absolute Vollkommenheit [...]«

Die bei Miłosz angedeutete und bei einigen anderen polnischen Autoren (Stanisław Vincenz, Andrzej Kuśniewicz, Jerzy Harasymowicz) auffallende Mythisierung der litauischen bzw. ostgalizischen »verlorenen Heimat« könnte auch als ein Hinweis auf ein Defizit an individuellen Identitätsräumen verstanden werden. Auf der Suche nach Identitätsmöglichkeiten hat man die Kindheit entdeckt. Zu bedenken nämlich ist, daß das Verlassen der »kresy« wohl von allen polnischen Autoren als ein Akt geschichtlicher Ungerechtigkeit verinnerlicht und thematisiert worden ist.

Ein eigenes Kapitel innerhalb der polnischen Literatur der »verlorenen Heimat« stellt deren »katastrophistischer Strang dar. Insbesondere in der die galizischen Landschaften behandelnden Prosaliteratur wird an der beispiellosen Ausrottung der ostgalizischen Juden, zuerst in den Pogromen des zerfallenden zaristischen und des k. u. k.-Reiches und danach im Holocaust des Zweiten Weltkriegs, der Untergang einer europäischen Wertewelt beschworen: Die Prosa von Julian Stryjkowski (»Austeria«, 1966) hat den Beginn der Auflösung des ethnisch-kulturellen Schmelztiegels Galizien während des Ersten Weltkriegs zum Thema; Leopold Buczkowski vermag der Alptraumwelt der Nationalitätenkämpfe nach 1939 (»Der schwarze Strom«, 1954, »Dorischer Säulengang« 1957) nicht zu entrinnen; Włodzimierz Odojewski befragt in seinen Prosawerken (»Der Weltuntergang«, 1962, »Adieu an die Geborgenheit«, 1966, »Katharina oder Alles verwehen wird der Schnee«, 1977) kontinuierlich die jüngste Geschichte der tragischen polnisch-ukrainischen Nachbarschaft (»aufgerissene Wunden« – so der Verfasser – »heilen besser«).

Für manchen Literaturkritiker gibt es also eine arkadische und eine düster-tragische Literatur der »verlorenen Heimat«. Eine solche Zweiteilung wird jedoch der Kompliziertheit der »kresy«-Problematik nicht gerecht. Wohl zu Recht stellt Jan Błoński (1990) subsumierend fest: »Die« polnische »Literatur bastelt sich ihr eigenes, absolut inoffizielles, wenn auch keineswegs oppositionelles Vaterland zusammen, aus Provinzen und Milieus, die bisher die Schriftsteller wenig bewegt haben [...] Die ›kresy‹ erweisen sich als ein Land nachbarschaftlicher Bindungen und menschlicher Verständigung, anders als vor dem Kriege, als sie wegen ihrer Rückständigkeit und Nostalgie nach der Schlachta-Vergangenheit nur irritierten.«

Fortbestehen wird die »verlorene Heimat« in der Sprache. Die »Sprache als Heimat« (Wolfgang Frühwald, 1984) bestand schon immer; die großen Dialektwörterbücher von Hermann Frischbier (für das West- und Ostpreußische) oder von Walter Mitzka (für das Schlesische) bezeugen das. Nicht anders verhält es sich mit Wörterbüchern für das Wilnaer und das Lemberger Polnisch, für das Polnisch der »kresy«. Ist solch ein Fortbestehen jedoch auf immer garantiert? Grass' oder Bieneks Untertauchen im Dialekt und im Umgangssprachlichen ihrer Heimat oder die jüngste Renaissance des Lemberger Soziolekts im polnischen Rundfunk und unter den Fittichen der leichten Muse sind wohl eher als ein Ausklingen der literarischen Melodie der »verlorenen Heimat« denn als deren Auftakt zu verstehen.

1964 konnte Heinrich Böll in seinen »Frankfurter Vorlesungen« mit dem Blick auf die deutsche Gegenwartsliteratur noch sagen: »Es entsteht der Eindruck eines Volkes auf der Flucht, Flucht aus dem Osten, Flucht in den Westen.« Ein Vierteljahrhundert später muß Bienek feststellen (»Reise in die Kindheit«): »Oberschlesien ist für mich nicht mehr Heimat. Gewiß, die alte unveränderbare Landschaft ist noch da [...] Aber die vertrauten Menschen fehlen, die für mich zur Heimat gehörten. Tradition, Aura, Sprache, das ist alles verloren.«

Karol Sauerland
Literarische Rezeption

Wenn man die Ausführungen polnischer Germanisten zum Thema der Rezeption deutscher Literatur und Geistesgeschichte liest, muß man zu dem Schluß kommen, daß es um die Kenntnis des Geistesgutes des westlichen Nachbarn in Polen glänzend bestellt ist. Es wird der Eindruck erweckt, daß der polnische Durchschnittsleser wie ein Hungriger auf alle geistigen Speisen aus dem Westen wartet, denn kaum erscheint ein literarisches oder auch philosophisches Werk eines bekannteren Autors, da ist es schon vergriffen. Das Kauf- und Rezeptionsverhalten der Leser in Polen, zumindest bis 1989, wird man aber nach anderen als in Westeuropa üblichen Kriterien analysieren müssen. So mußte man bisher ein Buch, das einen auch nur im geringsten interessierte, sofort kaufen, weil man gewiß sein konnte, daß es in den nächsten Jahren, manchmal sogar in den nächsten Jahrzehnten, nicht wieder aufgelegt werden würde. Im besten Fall lagen zwischen den einzelnen Auflagen fünf bis zehn Jahre, eher aber war der Fall »Doktor Faustus« die Regel, wo 23 Jahre vergehen mußten, bis er 1985 in einer nächsten, d. h. dritten Auflage gedruckt wurde. Und wenn man sich den 1990 vom Deutschen Polen-Institut in Darmstadt herausgegebenen Katalog deutscher Literatur in polnischer Übersetzung ansieht, kommt man zu dem Schluß, daß die meisten Titel nur eine Auflage erlebt haben. Die Zahl und die Höhe der Auflagen im vormarktwirtschaftlichen Verlagssystem – und Auflagen zwischen 10000 und 20000 Exemplaren waren keine Ausnahme – sagen allerdings über den eigentlichen Bedarf nur wenig aus.

Ferner sind kritische Ausgaben des Werkes eines nicht polnischen Autors so gut wie unbekannt. Einen bescheidenen Anfang machte man mit Goethe und Schiller in den fünfziger Jahren, als im sozialistischen Volkspolen die Erbetheorie in Umlauf kam. Nach dem Oktober 1956 wurde sie zu Recht über Bord geworfen, ohne daß man jedoch an ihre Stelle eine neue Praxis gesetzt hätte. Es gibt im übrigen auch kaum kritische Ausgaben der großen polnischen Autoren des 20. Jahrhunderts. Ein Pole, der etwas von

Max Frisch auf Polnisch lesen will, wird sich nicht in eine Buchhandlung, sondern in eine Bibliothek begeben in der Hoffnung, daß das im Katalog angezeigte Exemplar nicht gerade ausgeliehen ist. Vieles, z. B. die Dramen, wird er in Zeitschriften suchen müssen, weil sie nur dort veröffentlicht worden sind. Wenn man diese und andere Schwierigkeiten in Betracht zieht, ist die Kenntnis der deutschen Literatur und Geistesgeschichte unter denjenigen, die in Polen zu den Lesenden gehören, wiederum erstaunlich. Wenn sich Barańczak, Zagajewski, Karasek, Szaruga und andere in den siebziger und zu Beginn der achtziger Jahre in einer lebhaften Debatte über die Rolle des Intellektuellen in der heutigen Zeit nicht nur auf Thomas Mann, sondern auch auf den Streit zwischen Naphta und Settembrini berufen konnten, so deshalb, weil sie wußten, daß ihre Leser sie verstanden. Schon in den Titeln ihrer Beiträge spielten sie auf die beiden philosophischen Köpfe im »Zauberberg« und auf Figuren im »Doktor Faustus« an. »Die veränderte Stimme Settembrinis« (Barańczak 1975), »Zweifel betreffs Settembrinis« (Karasek 1976), »Frau Schweigestill« (Szaruga 1977) lauten einige dieser Titel. Thomas Mann bildete hier den Anlaß für eine Diskussion über Fragen, die damals im Kampf gegen den opportunistisch eingestellten Teil der polnischen Intelligenz in einem letztlich auf dogmatisch-terroristischen Grundlagen beruhenden System von grundlegender Bedeutung waren. Der zu erwartende, allerdings verspätete germanistische Einwurf, daß es neben dem Streit zwischen Settembrini und Naphta auch noch den Entschluß Castorps gebe, in den Krieg zu ziehen, sowie die lehrhafte Mahnung, man solle bei »archetypisch-imputierenden Deutungen« vorsichtiger sein, kam nicht nur einer indirekten Parteinahme für das alte System, das den Reisekadern so viel Gutes angetan hatte, gleich, sondern ging auch an der Rolle vorbei, die Literatur ausüben sollte, wenn sie lebendig bleiben will.

Die deutsche Literatur wurde in Polen nie so rezipiert, wie es sich Akademiker oder gar Germanisten wünschten. Goethe galt z. B. immer als ein Romantiker. In dieser Rolle hat er nicht wenig zur Herausbildung der großen polnischen Dichtung in der ersten Hälfte des 19. Jahrhunderts beigetragen. Und vielleicht hat dieser im Grunde europäische Blick auf Goethes Schaffen auch größere Berechtigung als die ständigen Versuche, ihn zusammen mit Schiller in die deutsche Klassik als eine Literaturperiode (das klassische Jahrzehnt) zu zwängen. Man muß allerdings hinzufügen, daß Goethe in Polen vor allem der Autor der »Leiden des jungen Werthers«, des »Faust«, einer großen Zahl von Gedichten und einiger Dramen ist, wobei es bis heute weder eine zufriedenstellende Übersetzung des »Faust« noch einen ordentlichen Kommentar zu diesem höchst komplizierten Werk gibt, was polnische Dichter und Regisseure nicht daran hindert, sich immer wieder von ihm inspirieren zu lassen.

Ein besonderes Phänomen ist die Rezeption Nietzsches in Polen. Seine Hauptwerke wurden zur Jahrhundertwende von bekannten Schriftstellern in den sprachlichen Konventionen des Jungen Polen übertragen. Später fanden sich keine neuen Übersetzer mehr, was zur Folge hatte, daß es im Polnischen schwierig ist, ihn als Philosophen zu lesen. Hinzu kommt, daß Löwith, Jaspers, Heidegger und natürlich auch die postmodernen Franzosen als Nietzsche-Interpreten so gut wie unbekannt sind, so daß man sich wundern muß, warum Nietzsche, dessen »jungpolnische Werke« in den letzten Jahren im zweiten Umlauf oder, wenn man will, Untergrund fotomechanisch nachgedruckt worden waren, dennoch die Geister anzuregen vermag.

Oft kann man sich des Eindrucks nicht erwehren, daß nicht unbedingt das Werk eines Dichters oder Denkers rezipiert wird, sondern ein Mythos, der entweder den Namen des Autors oder den eines seiner Werke trägt. Rainer Maria Rilke beispielsweise ist ein großer Name in Polen, obwohl er mit nur wenigen guten Übertragungen im Polnischen vertreten ist. Er gilt wahrscheinlich als das Symbol einer bestimmten ästhetischen Haltung, die gerade in einem Land, in dem sich die Künstler immer wieder politisch deklarieren müssen, auf tiefes Verständnis stößt. So mancher polnische Dichter sehnt sich danach, nur dem reinen Wort verpflichtet zu sein. Oder wie ist es möglich, daß so viele polnische Intellektuelle der Philosophie Heideggers huldigen, ohne das Deutsche so weit zu beherrschen, daß sie auch nur einen Teil seiner Sprachschöpfungen verstünden. Auf Polnisch liegen nur einige kleine, schon längst vergriffene Schriften von ihm vor, nicht dagegen »Sein und Zeit«. Möglicherweise gehört sein Schaffen bereits zum »gesunkenen Kulturgut«, möchte man ironisch hinzufügen.

Während man in Polen eine endlose Liste von deutschsprachigen Werken aufzählen könnte, die entweder neu aufgelegt oder überhaupt erst einmal übersetzt werden müßten und die auch gelesen werden würden, hat man im deutschsprachigen Kulturraum den Eindruck, daß dort mehr Literatur aus dem Polnischen übertragen worden ist, als es Leser für sie gibt. Zwischen 1957 und 1960 erschienen in der Bundesrepublik 35 Erstausgaben von Übersetzungen aus dem Polnischen, während im gleichen Zeitraum nur 21 bundesdeutsche Bücher ins Polnische übersetzt wurden; für die Jahre 1961–1970 betrug die Zahl der Erstausgaben in der Bundesrepublik 156, in Polen waren es 68; für 1971–1980 stehen 113 gegen 52 Titel. Freilich gleicht sich das Bild weitgehend aus, wenn man einerseits die Übersetzungen nicht nur der bundesdeutschen, sondern der deutschsprachigen Literatur überhaupt, andererseits aber die der polnischen in allen deutschsprachigen Ländern dem Vergleich zugrunde legt.

In der DDR erschienen zahlreiche Übersetzungen allerdings in einer streng kontrollierten Auswahl, die es dennoch nicht verhindern konnte, daß die polnische Literatur »unbotmäßige Ideen über die Grenze getragen und zu alternativem Denken ermunterte« (Heinrich Olschowsky). An der tatsächlichen Breitenwirkung dieser Literatur in der DDR wird man allerdings zweifeln dürfen. Ähnliches betrifft ganz Deutschland. Wenn man hört, daß der Hanser-Verlag eine dreizehnbändige Gombrowicz-Ausgabe plant, von der bereits einige Bände erschienen sind, dann fragt man sich, wer sie kaufen und lesen wird, zumal ein Reich-Ranicki über »Ferdydurke« die Meinung äußert, es stelle an die »Geduld des Lesers einen zu hohen Anspruch«, obwohl es mit zu den amüsantesten Prosawerken dieses Autors gehört. Aber vielleicht findet das Urteil eines Rezensenten in der »Süddeutschen Zeitung« Gehör, wonach Gombrowicz einer »der ganz Großen dieses Jahrhunderts« ist. Vielleicht werden immer mehr Leser zu dem Schluß kommen, daß sich die Geduld gelohnt hat. Vielleicht. Denn insgesamt scheinen die Hürden für die Rezeption der polnischen Literatur in Deutschland, Österreich und der Schweiz sehr groß zu sein. Karl Dedecius erklärte in einem Interview mit Adelbert Reif, die Deutschen würden die polnischen Autoren vielfach nicht verstehen, weil sie in Rätseln schreiben, die das allgemeine Publikum, von dem sie die Kenntnis der polnischen Geschichte verlangen, überfordern. Außerdem liege das »Problem der Rezeption polnischer Literatur in Deutschland [...] nicht zuletzt darin, daß die polnische Literatur vor dem Hintergrund der negativen, ja furchtbaren historischen Erfahrungen eines bedeutenden Teils ihrer Autoren mit Deutschland eine offen oder verdeckt antideutsche Literatur« repräsentiere. »Die Trauerarbeit, die es von uns zu leisten gilt, besteht nun darin«, fährt Dedecius fort, »aus der Fülle der polnischen Literatur jene Werke auszuwählen, die geeignet sind, Deutsche und Polen als europäische Nationen wieder zusammenzubringen«. Dedecius will das jedoch nicht in dem Sinne verstanden wissen, daß plötzlich ein polnischer Roman vor allem deshalb großen Erfolg hat, weil es da »einen guten SS-Mann« gibt, »der den Juden hilft, und einen schlechten Polen, der die Juden verrät«. Er denkt vielmehr an einen solchen Autor wie Janusz Korczak, in dessen Werk sich »kein einziger antideutscher Satz« befinde, oder an Bruno Schulz. Dedecius weiß allerdings auch, daß man sich in Deutschland einfach lieber mit den großen Staatsvölkern auseinandersetzt wie den Russen oder Amerikanern, obwohl es kurzsichtig ist, da es dem gutnachbarlichen Zusammenleben schadet. Bei einer besseren Kenntnis des polnischen Nachbarn wäre vielleicht vieles Negative in der Vergangenheit vermeidbar gewesen. Damit sich Ähnliches in der Zukunft, die angesichts der erneut aufkommenden Nationalitätenkonflikte im Süden und Osten Europas so rosig nicht aussieht, nicht wiederholt, wäre es gut, wenn sich mehr Deutsche für den kleineren östlichen Nachbarn stärker interessieren würden, zumal die Voraussetzungen, sich über Polen und insbesondere die polnische Literatur ein Bild zu machen, heute mehr als gut sind, denn das meiste, was die neuere Zeit betrifft, liegt in deutscher Sprache vor. Man muß es nur in die Hand nehmen und lesen. Bei Autoren wie dem erwähnten Bruno Schulz und Witold Gombrowicz, bei Stanisław Ignacy Witkiewicz, Sławomir Mrożek, von dem bereits eine vierbändige Werkausgabe veröffentlicht worden ist, bei Tadeusz Różewicz, Czesław Miłosz, Tadeusz Konwicki und anderen lohnt sich die Auseinandersetzung auch intellektuell. Wer sich auf ihre Hintergründigkeiten einläßt, trägt für sich den gleichen Gewinn davon, den die zahlreichen deutschen Leser der Aphorismen von Stanisław Jerzy Lec und der Gedichte von Zbigniew Herbert für sich bereits verbucht haben.

Zur literarischen Rezeption gehören auch lesbare Monographien über Dichter und literarische Erscheinungen des anderen Landes. Man bedenke nur, wie wichtig Mereschkowskis Darstellungen für die Vermittlung des Gedankenguts von Dostojewski und Tolstoi in Deutschland waren. Auf sie stützte sich z. B. ein Thomas Mann, als er seine großen Essays über diese beiden russischen Epiker und Denker im untergehenden Zarenreich verfaßte. Über Polen fehlt es im deutschen Sprachraum an solchen Monographien. Man kann sich natürlich damit trösten, daß auch die Zahl der Monographien über deutsche Dichter in Polen nicht gerade überwältigend ist. Zu Beginn dieses Jahrhunderts verfaßte der Kritiker und Prosaautor Karol Irzykowski ein bemerkenswertes Buch über Hebbel. In Volkspolen traten erst einmal die Verteidiger des Sozialistischen Realismus auf, unter ihnen auch Reich-Ranicki mit einer Geschichte der deutschen Literatur von 1871 bis 1954, in welcher er im damaligen Geiste die Literatur in eine bürgerlich-dekadente und eine fortschrittliche unterteilte. In den sechziger Jahren gab Andrzej Wirth einen Band mit interessanten Skizzen über Brecht heraus. In etwa der gleichen Zeit schrieb der Dichter Mieczysław Jastrun sehr einfühlsame Texte über Rilke; leider brachte er es zu keiner gesonderten Monographie, sondern nur zu einem umfassenden Vorwort zu einer Gedichtauswahl in seiner Übertragung. In den folgenden Jahrzehnten erschienen nur einige wenige lesbare Buchausgaben zur deutschen Literatur. Wenn es nicht die zahlreichen polnischen Zeitschriften gegeben hätte, in denen immer wieder über den westlichen Nachbarn berichtet wurde, stünde es miserabel um die Kenntnis dessen, was sich in der deutschen Literatur tat und tut. Um so beunruhigender ist es, daß Polen derzeit von einem allgemeinen Zeitschriftensterben heimgesucht wird. Aber es ist zu hoffen, daß, wenn die Wirtschaftskrise überwunden sein wird, sich in der Rezeption deutscher Literatur einiges zum Besseren wenden wird und daß in Zukunft auch die deutschen Leser in ihrem östlichen Nachbarn einen interessanten europäischen Partner entdecken werden. Schließlich ist es kein Zufall, daß in diesem Land so viele hartnäckig um ihre Zugehörigkeit zur westlichen Kultur gekämpft haben und immer noch kämpfen.

Ewa Kobylińska

Die Intellektuellen

1978 erschien in Deutschland ein Buch mit dem bezeichnenden Titel: »Die Intellektuellen. Die Geschichte eines Schimpfwortes«. Der Autor Dietz Bering zeigte, wie tief das negative Stereotyp des Intellektuellen als »innerer Feind« in der deutschen Tradition verwurzelt ist. Das deutsche Stereotyp dieser Figur weist viele Merkmale auf, die Georg Simmel unter dem Begriff des »Fremden« beschrieben hat (z.B. »instinktlos«, »entwurzelt«, »abstrakt«, »dekadent«, »illoyal«, »übertrieben kritisch« usw.). Bis 1945 wagte man kaum, das Wort »Intellektueller« im positiven Sinne zu gebrauchen. Lieber sprach man von »Geist«. Kritik und Selbstkritik an der Tradition des Bildungsbürgertums wurde erst nach der »moralischen Katastrophe« des Faschismus laut. Einen Wendepunkt bildete das Jahr 1968. Allmählich akzeptierte man den Intellektuellen als eine Figur der Öffentlichkeit, die sich ohne politischen Auftrag engagiert, die imstande ist, ein öffentliches Risiko einzugehen, und falschen Kontinuitäten mißtraut. Die Einmischung in die öffentliche Angelegenheit gehörte, anders als in Frankreich und Polen, bis vor kurzem nicht zum Selbstverständnis der deutschen Intelligenz.

In Deutschland wollte kaum jemand ein Intellektueller sein, in Polen jeder. Seit der Romantik besteht einer der wichtigsten polnischen Mythen darin, daß die Intelligenz glaubt, eine Mission gegenüber der Nation zu haben, und sich als eine moralische Instanz versteht, an der keiner vorbeikommt. Meinungsumfragen ergaben 1990, daß neunzig Prozent derer, die sich zur Intelligenz zählen, es als ihre Pflicht betrachteten, Führungs- und Erziehungsaufgaben gegenüber der Nation zu erfüllen.

Im 19. Jahrhundert wurde in Deutschland die Gelegenheit »verpaßt«, Nationalstaat und bürgerliche Demokratie miteinander zu verbinden. Der Verzicht des Staates auf demokratische Legitimation wurde zur Ursache dafür, daß die deutsche Bildungsschicht sich entpolitisierte. Von politischer Tätigkeit ferngehalten, konnte die Intelligenz »denken und gestalten«. Das »rein Geistige« und die »Bildung« wurden zur Kompensation der politischen Ohnmacht. Das Selbstverständnis der Intelligenz äußerte sich in dem radikalen Gegensatz von »Tiefe« und »Oberflächlichkeit«, »Kultur« und »Zivilisation«, der die deutsche Tradition lange geprägt hat.

In Polen entstammte die Intelligenz nicht dem Bürgertum, sondern dem verarmten Adel. Und so wie der Begriff der polnischen Nation sich zunächst nur auf den Adel bezog, so betrachtete sich die Intelligenz später nicht nur als Repräsentantin der Nation, sondern als Nation schlechthin. Sie übernahm vom Adel nicht nur ihr Ethos, sondern auch den geistigen Führungsanspruch, der in einem von drei fremden Mächten geteilten Land ein Ersatz für mangelnde politische Betätigungsmöglichkeiten war.

Die romantische Tradition war neben dem Adel das zweite Element, aus dem die Intelligenz ihre Identität bezog. In der vormodernen polnischen Gesellschaft errang die Intelligenz eine außergewöhnliche Stellung, die von Anfang an mit der Idee der Nation zusammenhing. Die Hauptsorge der Intellektuellen des 19. Jahrhunderts war, unabhängig von ihrer romantischen, positivistischen oder sozialistischen Gedankenwelt, die Wiedergewinnung der Unabhängigkeit Polens. Für die Intelligenz der ersten Generation – die polnischen Emigranten in Paris – war Polen eine Idee, eine Möglichkeit, ethische und transzendente Probleme zu artikulieren. Das »Polentum« stellte gleichzeitig eine moralische Figur dar, die man nicht zuletzt der »deutschen Vernunft« entgegengesetzt hat. Das blieb nicht ohne Einfluß auf das Selbstverständnis der polnischen Intelligenz, die sich vor allem in moralischen und nicht in kognitiven Begriffen definierte. Sie war vor allem die »fühlende Klasse« im Dienste der Nation – nicht die denkende. Das Fehlen der reflexiven Distanz, die aus dem Geist Kultur entstehen läßt, versperrte den Weg zur Herausbildung einer modernen Subjektivität, die durch die Erfahrung der Enteignung, der Entfremdung hindurchgehen muß. Nach dem Scheitern des Novemberaufstandes (1830) entstand – in der Emigration – eine »Kultur der Niederlage«, in der das Leiden einen eschatologischen Wert besaß und eine Bedingung der geistigen Wiedergeburt durch die Tat nicht nur für Polen, sondern auch für die Welt war. Der religiös-nationale Messianismus wurde eine sublimierte Kompensation für die Niederlage in der materiellen (und politischen) Sphäre, die man als einen geistigen Sieg verklärte. In Polen wie in Deutschland sollte (um 1830 und später) die geistige Realität die nicht vorhandene staatliche Realität kompensieren. In Polen machte man sich die Herdersche Idee des Volksgeistes zu eigen. Wie in Deutschland sollte – in Ermangelung der politischen Einheit – der Volksgeist die Nation mittels Sprache und Kultur integrieren. Beide Völker verstanden sich somit als »Kulturnationen«, beide hielten ihr Geistesleben für außergewöhnlich, mit dem Unterschied aber, daß der deutsche Geist sich nach und nach von anderen Kulturen abgrenzte und am Ende zur Hypostase des Geistes schlechthin wurde. Das deutsche Geistesleben war vom Begriff der Kultur, das polnische vom Begriff der Ethik und des Opfers bestimmt. Darin steckt der bedeutsame Unterschied. Der deutsche Geist wurde immer deutscher und verwandelte sich in »Kulturträgertum«. Der polnische verstand sich (welcher Anspruch!) als Vorstufe zum ethischen Universalismus. In zwei Punkten bestand jedoch Übereinstimmung: Der materielle Aspekt des Lebens wurde ebenso verachtet wie die Politik, die als garstig, oberflächlich und unehrlich galt.

Aus einem apolitischen Kulturbegriff, der Pflege des inneren Menschen, und der gleichzeitig an den Staat gerichteten Erwartung, er solle Stärke demonstrieren, erwuchs die berühmte »machtgestützte Innerlichkeit« der Deutschen. In Polen wurde die vergeistigte Nation nicht gleichermaßen asozial aufgefaßt, im Gegenteil: Eine gewisse Verbindung zwischen Intelligenz und Gesellschaft blieb erhalten. Das Vorhaben, »Polen als Idee« im Kampf zu verwirklichen, ließ die Gestalt des *unbeugsamen* Intellektuellen entstehen, während der von der Macht gestützte Rückzug auf den »reinen Geist« in Deutschland die Figur des *Untertans* schuf.

In Deutschland besaßen die Universitäten und vor allem die Professoren fast ein Monopol auf die Kultur. Sie bildeten eine Schicht von »Geistesbeamten«. Wie Max Weber 1920 schrieb, bestand praktisch der einzige Zugang zur Verwaltungslaufbahn in der humanistischen Bildung und einer quasi religiösen Verehrung der Klassiker. Bis heute spielen die Universitäten in Deutschland eine bedeutende, wenn auch ungleich geringere Rolle als vor 1968. Anders in Polen. Hier war der Prototyp des Intellektuellen nicht der Professor, sondern der Schriftsteller-Dissident, der oft auch Emigrant war.

In beiden Ländern war die Überzeugung lebendig, daß die Kultur eine Führungsrolle und eine Mission gegenüber der Nation besitze. Das meinte der romantische Dichter Juliusz Słowacki, wenn er »Brotesser« in »Engel verwandeln« wollte. Doch nicht der Geist der Nation, sondern die *vergeistigte Nation*, deren Idee die polnische Intelligenz von Generation zu Generation weiterzugeben hatte, fesselte sie an das Ethos des 19. Jahrhunderts. Sie verhielt sich so, als wäre die neue historische Situation eine Wiederholung des früheren und als müßte man wie gehabt auf sie reagieren. Die Tradition war so mächtig, daß man fast nicht erkannte, daß das 20. Jahrhundert nicht das 19. ist, der Kommunismus nicht die Zarenherrschaft, der Kriegszustand '81 nicht die Besatzung. Das traditionelle Ethos war imstande, gegen die Erfahrung des Totalitarismus zu immunisieren. Czesław Miłosz schreibt verbittert: »Die Polen wollten nach dem Zweiten Weltkrieg zur Vorkriegszeit zurückkehren, als seien die Gaskammern und Krematorien nur Episoden gewesen und als könnte die einzige Antwort darauf das unablässige Lamento über den Untergang der Ehre sein.« Der kommunistische Bruch mit der Kontinuität löste bei der oppositionellen Intelligenz die Gegenreaktion aus: »Der Leitgedanke im Nachkriegspolen lautete: Kontinuität trotz allem« (M. Król). Die von der oppositionellen Intelligenz rekonstruierte Vergangenheit beschränkte sich im Grunde auf die Martyrologie.

Die polnische Intelligenz wurde während des Zweiten Weltkrieges dezimiert. Dennoch ist die Erfahrung des Faschismus bis heute nicht verarbeitet worden. Was die Denkweise der polnischen Intelligenz nach dem Krieg prägte, waren der Rückzug auf die

Opferrolle, das Beharrungsvermögen traditioneller Verhaltensweisen, die von den kommunistischen Machthabern ausgehende Erpressung mit dem Antifaschismus und der Deutschfeindlichkeit sowie ein ungenügendes Bewußtsein für den Holocaust.

Anders in Deutschland. In den Nachkriegsjahren wurde eine oberflächliche »Entnazifizierung« durchgeführt, im öffentlichen Leben überwogen restaurative Tendenzen. Die Instrumentalisierung der Totalitarismustheorie durch konservative Denker erfüllte eine konkrete Funktion: die Nazivergangenheit zurückzudrängen. Der konsequente Antifaschismus der linken Intelligenz spielte daher eine kaum zu überschätzende Rolle; gleichzeitig machte er sie jedoch blind für die realsozialistische Erfahrung Osteuropas. Aufklärungsarbeit, Abwehr deutschnationaler Tendenzen, Aufgreifen aktueller Themen wie Frieden und Ökologie, Durchsetzung eines antiautoritären Stils – das sind die Verdienste der 68er Generation. Allerdings bewirkte die antifaschistische Einstellung, bisweilen begleitet von überzogenem Selbstmitleid und falscher Betroffenheit, daß die polnischen Erfahrungen nur selektiv wahrgenommen wurden. Der Dialog zwischen der polnischen und der deutschen Intelligenz wurde dadurch erschwert, daß die letztere sich vornehmlich in Bußübungen und einer antideutschen Einstellung erging. Der bundesdeutsche Gesinnungssozialismus, die Vision »einer ganz anderen Gesellschaft« blockierte bei der Linken die kritische Auseinandersetzung mit dem Totalitarismus und verwehrte es ihr, ein positives Verhältnis zur Demokratie im eigenen Land zu finden.

Die neue Gesellschaftsordnung im Nachkriegspolen stellte die Intelligenz vor ein vergleichbares Dilemma: entweder ein kommunistisches Polen oder das sentimental-klerikale, fremdenfeindliche Polen, das man aus der Vorkriegszeit kannte. Vielleicht kann das Bewußtsein dieses Konflikts den Weg der polnischen Intelligenz zum Stalinismus etwas verständlicher machen. Aber schon nach dem Tauwetter im Oktober (1956) entstand der Typ des oppositionellen Intellektuellen. Die Opposition war in Polen in den Jahren 1956–1970 ausschließlich eine Sache der Intelligenz. Zu ihr zählten Schriftsteller, Wissenschaftler und Publizisten. Zum größten Teil waren es sogenannte Revisionisten, die die Traditionen der Linken fortsetzten und den Stalinismus von marxistischen Positionen aus kritisierten. Die Gruppe, zu der Leszek Kołakowski, Krzysztof Pomian, Andrzej Walicki und Bronisław Baczko zählten, war für die Entwicklung des polnischen Geisteslebens und die Entstehung der späteren Opposition von ungeheurer Bedeutung. Sie verteidigten die Freiheit des Individuums, und sie lehrten Skepsis und einen gewissen Relativismus – bitter nötig in der poststalinistischen Zeit. Es gehört zu der deutsch-polnischen Komödie der Irrungen, daß der marxistische Revisionist Leszek Kołakowski, der mit der Kritik an der Bürokratie, der Verdinglichung und dem historischen Determinismus Themen behandelte, die dem westlichen Marxismus nicht fremd waren, 1967 von linken deutschen Studenten als »*bourgeoiser* Philosoph« bezeichnet wurde. Das war vielleicht nicht ganz verkehrt, wenn man bedenkt, daß Kołakowski lange vor den französischen Diskussionen ernsthaft über die marxistischen Wurzeln des Stalinismus nachzudenken begann. Er sah sie im »Mythos der menschlichen Einheit«, in der Auffassung der Gesellschaft als einer homogenen, antipluralistischen Gemeinschaft. Insofern, als er diese Auffassung kritisierte, war er in der Tat ein *bürgerlicher Philosoph*.

Mit dem März 1968 endete in Polen definitiv die Zeit, in der sich der linke Teil der Intelligenz auf Marx berief. Es waren gerade Angehörige dieser Generation und dieser Richtung, die in einem Schnell-Lehrgang von der Kritik an der konkreten Politik zur Kritik am gesamten System gelangten und dann im Jahre 1976 das Komitee zur Verteidigung der Arbeiter (KOR) gründeten; später spielten sie eine bedeutende Rolle in der »Solidarność«. Die demokratische Opposition ist in Polen aus dem Ethos der Linken hervorgegangen.

Daß die linke deutsche Intelligenz sich so schwer damit tat, die demokratische Opposition in Polen zu unterstützen, hat zwei tiefere Gründe. Zum einen war der Marxismus für sie nicht nur Gesellschaftskritik, sondern auch eine Ersatzidentität. Die »linke« Identität wurde durch die »pazifistische« Identität ersetzt, deren Fundamentalismus erst durch den Golfkrieg erschüttert wurde. Jetzt scheinen sich die Intellektuellen, die sich nicht mit ihrer »Heimatlosigkeit« abfinden können, in die »europäische

Identität« flüchten zu wollen. Auch sie versucht man eifrig in eine Weltanschauung zu verwandeln und aus ihr ein definitives, direktes Kriterium zu machen, nach dem man die anderen beurteilt.

Der andere Grund besteht darin, daß man sich auf das Schema des Antifaschismus zurückzog, genauer: des *Anti-Antikommunismus* (M. Sperber); die innerdeutschen Angelegenheiten traten so sehr in den Vordergrund, daß man blind wurde für das, was sich einige Kilometer weiter östlich abspielte. Die linke deutsche Intelligenz war mehr mit dem konservativen Antikommunismus beschäftigt als mit dem totalitären Kommunismus.

Der Antifaschismus war eine verständliche Reaktion vieler Intellektueller auf die Erfahrung des Nazismus. Das Bemühen, sein Schuldgefühl dadurch loszuwerden, daß man die Verbindung zur Gesellschaft der Täter abschnitt, und sich eine neue Identität auf der Seite der Opfer zu schaffen, führte vielfach zu einer dogmatischen Einteilung der Welt in anti- und profaschistische Kräfte. Erst der Golfkrieg spaltete die linke Intelligenz in einen konsequent pazifistischen und einen anderen Flügel, der sich von einer Verantwortungsethik speziell gegenüber Israel leiten läßt.

In Polen traten, als die Intelligenz sich um ein antitotalitäres Minimalprogramm zu organisieren begann, die kritischen Analysen immer stärker zurück zugunsten eines Katalogs von Werten, die durchgesetzt werden sollten. Im Mittelpunkt des Programms der Opposition standen die Menschen- und Bürgerrechte sowie die traditionelle polnische Sorge um die Unabhängigkeit. Das antitotalitäre Denken ist zwar universeller als das antifaschistische, aber darum noch nicht gegen Schematismus gefeit. Schon Mitte der achtziger Jahre warnte ein anonymer Verfasser in der Untergrundzeitschrift »Krytyka« vor dieser Gefahr: »Lassen wir uns nicht in den Kreis der antitotalitären Realität einsperren«, schrieb er, »sondern bewahren wir uns die Fähigkeit, in universellen Kategorien zu denken, denn das ist eine der Bedingungen des geistigen Widerstands [...] Man kann sich Gedanken über die Welt als solche machen, nicht nur über eine Welt ohne Gitter. Man muß die Dinge nicht unbedingt mit den Augen der erschöpften Bewohner des mißratenen Paradieses sehen, man kann sie auch anders sehen.« Der Antitotalitarismus als legitimierende Figur löste bei der polnischen Intelligenz die Illusion aus, nach dem Fall des kommunistischen Regimes werde wie Phönix aus der Asche die liberale Demokratie auferstehen. Man mußte, um antitotalitär zu denken, zunächst die Realität als eine totalitäre »verklären« – an das Warschauer Gefängnis den Maßstab des Gulag anlegen. Das antitotalitäre Schema, dem zufolge die Gesellschaft unbeugsam und unschuldig war, während die Staatsmacht als leibhaftiges Übel sie durch Terror zum Gehorsam zwang, knüpft an die optimistische polnische Tradition der »unschuldigen Gemeinschaft« (Janion) an.

Es gab eine Ausnahme von der den Westen faszinierenden »Revolution der Intellektuellen«, die DDR. Nirgendwo sonst in Osteuropa haben Gesellschaft und Intelligenz so unterschiedliche Wege eingeschlagen. Diese, von der Partei bevormundet und vom Staat versorgt, glaubte nach wie vor an ihre Sonderrolle als »großer Erzieher« der Gesellschaft. Die Perspektive der ostdeutschen »oppositionellen« Intelligenz war ein »wahrer Sozialismus« mit protestantisch-familiären Zügen. Man kann an ihm Elemente jener wohlbekannten deutschen Tradition entdecken, die dem wirtschaftlichen Materialismus und Pragmatismus und dem politischen Alltag eine »geistige Innerlichkeit« entgegensetzt. Richtete die polnische Intelligenz sich an den Menschenrechten und den liberalen Traditionen Europas aus, so standen in der DDR Fragen der sozialen Gerechtigkeit und der sozialen Sicherungen im Vordergrund. Grundlage der Identifikation der Intelligenz mit dem SED-Staat war die Instrumentalisierung der antifaschistischen Einstellung zu einem totalisierenden Erlösungsmythos. Christa Wolf, selber Opfer dieses Mechanismus, hat recht, wenn sie schreibt, daß die ein für allemal erfolgte Absolution des ganzen Volkes und das daher rührende schlechte Gewissen die Möglichkeit versperrte, sich mit dem Stalinismus auseinanderzusetzen. Zwischen den ostdeutschen und den polnischen Intellektuellen bestehen nach fünfundvierzig Jahren, die sie zusammen in der Wirklichkeit des Realsozialismus verbracht haben, trotz ihrer unterschiedlichen Einstellungen gewisse Gemeinsamkeiten. Die Intellektuellen beider Länder glaubten an die pädagogische Rolle, die Mission der Kultur – mochte es bei den einen auch um eine kommunistische, bei den anderen um eine antikommunistische Erziehung gehen. Deshalb sind sie nun enttäuscht, daß sie endlich aufhören können, Sklaven der »Sache«, Verfechter einer historischen Mission und Pädagogen der Gesellschaft zu sein.

Die polnische Intelligenz besaß eine ungeheure Fähigkeit, die Menschen für eine Sache zu mobilisieren. Ohne sie ist schwerlich vorstellbar, daß Polen als kulturelle Gemeinschaft hätte überleben können. Aber ihr Kollektivismus beschädigte das geistige Leben.

Der berühmte polnische Freiheitskampf – dieser »Terror der Tugend« – verhüllte andere Fragen, andere Verdienste, andere Leiden. Der romantisch-symbolische Kanon der polnischen Kultur, der gegenwärtig seine Geltung verliert, beruhte, wie Maria Janion schreibt, auf einer kompensatorischen Absicht und war für ein Kollektiv bestimmt. In ihm war kaum Platz für die Selbstartikulation des Individuums, ganze Lebensbereiche blieben ausgespart, und er hatte keine Distanz zur »Hochkultur« und zu den in sie eingeweihten Intellektuellen. Wenn Polen sich heute auf dem Weg zu einer modernen, vielgliedrigen Gesellschaft befindet, werden auch die Intellektuellen aufhören müssen, eine rühmliche, aber doch anachronistische Rolle als Erziehungs-, Führungs- und Opferelite zu spielen, sie werden sich wohl auch von der Selbstheroisierung und der restlosen Identifikation mit der »polnischen Sache« befreien. Sie könnten die historische Mission, die sie glaubten erfüllen zu müssen, zurückschrauben auf die persönliche Verantwortung eines in der Öffentlichkeit engagierten Einzelnen.

Es ist das unzweifelhafte Verdienst der osteuropäischen und damit auch der polnischen Intellektuellen, daß sie sich bemüht haben, eine gemeinsame Sprache zu sprechen, in der beispielsweise das Wort »Demokratie« der Adjektive »bourgeois« oder »sozialistisch« entraten kann und überall dasselbe bedeutet, gleich, ob es in Warschau oder Frankfurt ausgesprochen wird.

Wenn die deutsche Intelligenz ihre europäische Gesinnung unter Beweis stellen will, so könnte sie mehr tun, als aus der Position der letzthin angenommenen »europäischen Identität« heraus anderen Lehren zu erteilen; sie könnte beginnen, über die deutsche Vergangenheit als die eigene Vergangenheit nachzudenken, und jetzt ohne ost-westliche Projektionen. Deutschen und polnischen

Intellektuellen gelingt es in endlosen Gesprächen immer öfter, sich so zu verständigen, daß diese Gespräche mehr sind als die Erfüllung der Illusionen, die sie sich über einander gemacht haben, es gelingt ihnen, die Differenz der Perspektiven zu erfassen und zu vermitteln und das Bewußtsein wachzuhalten, daß die Welt prinzipiell unvollendet ist. Eine solche beständige kulturelle Übersetzungsarbeit ist durchaus nicht die schlechteste Beschäftigung für einen Intellektuellen.

Tadeusz Nowakowski

Deutsches Lachen

Lachen die Deutschen anders? Daß sich ein Volk von einem anderen bestimmte Klischeevorstellungen macht, ist bekannt. Vor den Tücken der voreiligen Völker-Psychologie aber kann nicht genug gewarnt werden, denn die Kunde von den »typischen« oder »spezifischen« Eigenschaften der anderen ist wohl kaum eine exakte Wissenschaft.

Das elfte Gebot, »Du sollst nicht verallgemeinern«, ist strengstens zu beachten. Also Vorsicht mit der vorschnellen Behauptung, *die* Deutschen seien humorlos. Bestimmt sind es nicht alle: vielleicht nur diejenigen, die – ut vivere – gezwungen sind, Woche für Woche etwas Witziges zu schreiben. »Humor ist, wenn man trotzdem lacht.« Wie oft haben wir diesen seltsamen Satz gehört. Er klingt wie eine Selbstrechtfertigung. Worauf es also ankommt, ist der gute Wille auf beiden Seiten. Wir, die Adressaten, nehmen an, die Textlieferanten hätten sich bona fide vorgenommen, uns zum Lachen oder wenigstens zum Schmunzeln anzustiften, wobei die Absicht manchmal wichtiger zu sein scheint als die Ausführung. Kaum ein Plauderer vom Dienst erzählt eine Anekdote zu Ende, ohne sich zu entschuldigen: »Spaß muß sein« oder »Witz beiseite« – »Doch im Ernst«. Als wenn er eine Taktlosigkeit begangen hätte.

Mein französischer Freund, ein regelmäßiger Besucher der Münchener Oktoberfestwiese, beklagt den »Bierernst der Bajuwaren«, mehr noch: Er macht sich über den »tierischen Ernst der

Teutonen« lustig. Eine Übertreibung, gewiß. Schon abgesehen davon, daß die Vergleiche mit der Tierwelt nicht immer stimmen müssen. Man hört immerhin von grinsenden Schimpansen in Afrika, ironisch lächelnden Alligatoren in Florida, einem laut lachenden Vogel in Australien.

Die Deutschen lachen gerne. »Fröhliches Beisammensein« wird gepflegt, was keineswegs bedauernswert ist. Ganz im Gegenteil: Die metaphysische Einsamkeit des Menschen schmerzt uns bestimmt mehr. Kollektives Lachen scheint vielen ein besonderes Vergnügen zu bereiten. Man braucht nur auf die Beliebtheit gewisser Fernsehsendungen hinzuweisen. Das gesunde Lachen aus Mainz, das rhythmische Klatschen des begeisterten Publikums an der Festtafel, Witze, die mit einem Paukenschlag angekündigt oder akustisch »abgerundet« werden, klingen uns im Ohr.

Dabei werden dem entzückten Publikum auch Exkurse in die Quasi-Erotik nicht erspart. Nur die Spielverderber schweigen eisig. Worüber amüsiert man sich eigentlich so köstlich? Die Frau als Hexe – fast ein Lieblingsthema. Orwell schrieb einmal, die frauenfeindlichen Requisiten, die man in der englischen Provinz bei Karnevalsumzügen sehe, ließen sich sozialkritisch interpretieren: Der schlecht bezahlte Arbeiter konnte seine Frau nur mit Mühe ernähren. Die gleichen Motive tauchen aber auch heute in der Wohlstandsgesellschaft auf, wo Frau und Mann beide arbeiten und nicht schlecht verdienen. Ein ähnliches Gaudium gibt es auch in Amerika (»das Lachen aus der Büchse«) oder in Australien. Auch manch »bunter Abend« in Kanada ist nicht gerade ein Leckerbissen für Intellektuelle. Nur keine Überheblichkeit nach dem Motto: »Wer ein Witzbold mit Niveau ist, bestimme ich.« Solange uns das Lachen im Zeitalter des Ozonlochs nicht vergeht, dürfen wir nicht besonders wählerisch sein. Wie dem auch sei, jedes Volk lacht auf seine Weise. Die Franzosen lachen nicht, sie kichern verstohlen, meinte Sartre. Angeblich gibt es einen wissenschaftlich nachgewiesenen Zusammenhang zwischen der Trinkkultur und der Qualität der guten Laune: Biertrinker haben danach einen anderen Sinn für Humor als Wein- oder Wodkatrinker. Wie lachen die Abstinenzler? Ignorabimus. Es stimmt wohl auch nicht so ganz, daß die Radikalinskis, ob sie nun aus der äußeren linken oder der rechten Ecke stammen, nur ungern lachen.

»Doch im Ernst.« Der Redakteur einer angesehenen Zeitung scherzte einmal: »Wenn ich mich mit einem kaum verständlichen Manuskript plage, versehe ich es vorsichtshalber mit dem Untertitel ›Satire‹. Auch lustige Geschichten, die ich nur gähnend zur Kenntnis nehme, nenne ich ›skurril‹.«

De gustibus *est* disputandum. Kürzlich las ich in einer deutschen Zeitschrift eine verächtliche Bemerkung: Ein angesehener Pariser Historiker sei in Wirklichkeit »nur« ein charmanter Anekdotensammler. Die Entlarvung entlarvt hier den Entlarver. In England wird ein Historiker, der es versteht, nicht nur die Geschichte, sondern auch Geschichten zu erzählen, keineswegs von den Kollegen abgelehnt. Dort dürfen sogar die Theologen scherzen. Cromwell dreht sich im Grabe. Satiriker, die hierzulande Wortspiele betreiben, sind nicht zu beneiden. Samuel Butler schrieb seinerzeit nicht ohne gewisse Bewunderung über einen dichtenden Zeitgenossen: »He plays with his tongue as a cat with her tail.« Es ist uns schon aufgefallen, daß in den meisten deutschen Schreibstuben – im Gegensatz zu Frankreich oder Polen – Wortspiele verpönt sind; man ist geneigt, sie polizeilich zu verbieten. So streng sind die Bräuche. Kalauer, so lesen wir im Wörterbuch, bedeutet »fader Witz«. Wieso »fade«? »Er kalauert« – mit diesem Urteil lehnt man einen Satiriker ab, der sich die Sache angeblich »viel zu leicht macht«, indem er versucht, gewisse Worte oder Namen zu verdrehen. Anders in Polen: Den Satiriker Adolf Nowaczyński hat man als »kalamburzysta« (einer, der Kalauer macht) sogar gefeiert. Ben Jonson versuchte in seiner Komödie »Everyman in his humour« die Menschen nach ihrer Laune zu klassifizieren. Darf man derartige Maßstäbe bei der Charakterisierung von Völkern anlegen? Kaum, denn auch die Humorlosen sind gut gelaunt. Heinrich Böll hat mich einmal gewarnt: »Erzählen Sie keine Witze in der Flensburger Gesellschaft. Zuerst werden sie mit herzlichem Beifall quittiert, aber kurz danach wird jemand im Saal aufstehen und die Frage stellen: ›Was wollten Sie eigentlich damit sagen?‹« Mißverständnisse dieser Art gibt es überall, und nicht nur das Publikum allein ist daran schuld, auch der Vortragskünstler trägt zur Niederlage bei.

Der polnische Dichter Julian Tuwim, der auch mit der leichten Muse erfolgreich zu flirten wußte, beschrieb in einer Glosse, wie es die Schöngeister in den verschiedenen Ländern mit der Rose halten. Den Deutschen, meinte er, interessiere am meisten die philologische Bedeutung dieser Blume. Er genieße sie – lexikalisch.

Wie lachen die Fremden? Der »trockene« britische Humor (sherry dry), »sophisticated«, wird von den Deutschen hochgeschätzt – vor allem in Hamburg, wo bekanntlich die vielgepriesene nordische Reserviertheit gepflegt wird –, aber wohl kaum als nachahmungswürdig empfunden. Auch das Interesse am absurden Humor mit dem l'art pour l'art-Ehrgeiz ist in Frankreich, Italien oder Spanien größer als in Deutschland, wo man sich außerhalb des Abstrakten und Surrealen sicherer fühlt. Auch beim Lachen braucht man festen Boden unter den Füßen. Man möchte wissen, wogegen oder wofür man »eigentlich« die Lachmuskeln strapaziert.

Sogar manchem harmlosen Nonsens-Gedicht von Ringelnatz stand man ratlos gegenüber: Die Gebrauchsanweisung war nicht mitgeliefert worden. »Albern«, schrieb ein Kritiker. Und dies in einem Lande, wo die herrlich eigenwillige Poetik eines Nonsens-Monologisten von sich reden machte. Ich meine den unterschätzten Karl Valentin, den Patenonkel des absurden Theaters, den man »nur« für einen vertrackten Kabarettisten hielt.

Vor dreißig Jahren konnte man in einer besonders fortschrittlichen Gazette lesen, der deutsche Humor sei nicht kämpferisch. Er leide nämlich unter Bewußtseinsstörungen; eine Satire, die sich der Milchzähne bediene, sei ein Widerspruch in sich (Wo ist ein neuer Kurt Tucholsky?). Das politische Kabarett als Frühwarnsystem habe kläglich versagt: Den wiedergeborenen Spießern und Philistern sei es doch gelungen, den selbstzufriedenen Bürgern die Zipfelmütze aufzusetzen und ein falsches Idyll vorzugaukeln. Mit anderen Worten: Pereat die Wirklichkeit, es lebe die Doktrin.

Der deutsche Leser, so sagte mir ein Buchhändler, kaufe bevorzugt nicht-deutsche Satiriker. Er finde Gefallen an den Büchern von Stanisław Jerzy Lec und an den witzigen Geschichten von Ephraim Kishon und Gabriel Laub, um nur diese drei Namen zu nennen. Humor scheint hierzulande eine viel zu ernste Angelegenheit zu sein, um sie leichtsinnig der eigenen Mannschaft anzuvertrauen. Die Nachfrage nach satirischen Blättern ist nicht besonders groß. Dasselbe gilt für Polen, wo die Glossen einer Art Buchwald (in denkbar schlechter Übersetzung) die bäuerliche Jugend in Bluejeans mehr faszinieren als die Texte der hauseigenen Humoristen. Die Kultursoziologen stehen vor einem Rätsel.

Wie dem auch sei, die Sache mit dem Lachen hat in jedem Lande ihre gelehrten Theoretiker, denn ohne die Theorie wird jede Praxis grau und unbehaglich. Es gibt zahlreiche Aufsätze über die philosophischen Aspekte des Humors, u. a. in den Schriften von Bergson, Nietzsche, Marx oder Kierkegaard. Auch das Lachen trockener Tränen wird untersucht. Die Oberprimaner schreiben heute, nicht nur in Düsseldorf, ihre Hausarbeiten über jenen traurig-fröhlichen Poeten, dessen Kritik aus enttäuschter Liebe geboren wurde, dessen Ironie, so heißt es, zur Tarnung einer beschädigten Sehnsucht nach Humanitas diene. Die meisten Männergesangvereine am Rhein haben ihm manchen kosmopolitischen Höhenflug längst verziehen. Denn – Humor ist, wenn man trotzdem lacht. Ein gesamteuropäisches Lachen erübrigt sich. Nicht nur der Homo ludens, jeder Mensch in jedem Lande soll lachen nach bestem Wissen und Gewissen. »Was wollte ich eigentlich damit sagen?«

Dietrich Scholze
Polnischer Humor

Über den Humor der Polen ist außer Landes kaum Verläßliches in Umlauf. Es kommt, wer ihn ergründen will, nicht ohne Blick auf die Geschichte aus.

Die Polen hatten, in der ungeschützten Weichselebene siedelnd, sich von Beginn an gegen fremden Andrang zu behaupten. Auch in der Sprache; erst spät (um 1500) lösten sie sich vom Lateinischen. Der Renaissancemensch Mikołaj Rej, Vater der polnischen Literatur, hielt allen Nachbarn die komisch-ernste Beteuerung entgegen, daß seine Landsleute nicht wie Gänse schnatterten, sondern über eine richtige Sprache verfügten. Die wurde recht bald benötigt, um den immerwährenden Streit zwischen dem über Gebühr zahlreichen Adel und den unter ihm leidenden Bauern auszutragen. Von 1414 stammt die erste bissige Satire der einen gegen die andern: »Voll Schläue täuscht den Herrn der Bauer, / Liegt stets mit Arglist auf der Lauer« und so weiter. Manche Magnaten ließen bei Narrenfesten gern den Bären unters Volk – so ihr Humor. Über die drei Jahrhunderte der Adelsrepublik, die mit der letzten Teilung (1795) ausklang, reklamierte die Schlachta den stolzen Titel »polnisches Volk« für sich. Was Wunder, daß in- und ausländische Meinungsführer die Laster, die den Polen nachgesagt wurden, allein auf sie bezogen: Händelsucht und Anarchie, Starrsinn und Sendungsbewußtsein, äußeres Gepränge bei provinzieller Beschränktheit und Sorglosigkeit; nicht zu vergessen die Trunksucht. Klar, daß solcherlei Untugenden von Sängern und Schreibern aufs Korn genommen wurden, daß die polnische Literatur mithin seit eh und je von Satire und Ironie durchsäuert, mit grotesken und absurden Zutaten gewürzt ist. In frechen, parodistischen Eulenspiegeleien wehrten sich zum Beispiel die Unterprivilegierten gegen ihr Los. Denn was stellte Heinrich Heine 1823 verwundert fest? Der polnische Bauer zeige oft gar mehr Verstand und Gefühl als der deutsche. »Nicht selten fand ich bei den geringsten Polen jenen originellen Witz (nicht Gemütswitz, Humor), der bei jedem Anlaß mit wunderlichem Farbenspiel hervorsprudelt [...]«

Wie nahe Ernst und Spaß im alten Polen beieinanderlagen, beweist der Fall des bedeutendsten Dichters der Aufklärung, des Fürstbischofs von Ermland Ignacy Krasicki, der bei Friedrich dem Großen verkehrte. Jener geistliche Herr erfand Fabeln, Satiren, komische Epen en masse. Einer seiner Verse beleuchtet, verschlüsselt, das permanent prekäre Verhältnis der Herren zu den Knechten: »Ein Hund verjagte die Diebe, er bellte die ganze Nacht. / Er wurde bestraft, weil den Herrn sein Gebell um den Schlaf gebracht. / Zur nächsten Nacht schlief er und ließ die Beute den Diebsgesellen. / Man prügelte ihn noch mehr, weil er versäumte zu bellen.« Von 1795 bis zum Ersten Weltkrieg wurde dieser innere Konflikt überlagert von der nationalen Unfreiheit, der politischen Entmündigung. Nun erst wurde die Fähigkeit, trotzdem zu lachen und zu spotten, zum polnischen Charakterzug – und der Humor zur Speerspitze gegen eine schlimme Wirklichkeit. Analytisch mit Freud zu reden: »Der Humor ist nicht resigniert, er ist trotzig, er bedeutet nicht nur den Triumph des Ichs, sondern auch den des Lustprinzips.« (Ein Trost immerhin.)

Aus welchen Quellen konnte sich Polens Humor im 19. Jahrhundert denn speisen, was wurde als Tradition ans 20. weitergereicht? Die Anekdote, in der wahre Begebenheiten mit satirisch-didaktischer Absicht dargeboten wurden, war schon im Troß den ersten Königen gefolgt. In Adelskreisen galt als unabdingbar, Schnurren über Vorfahren zungenfertig zu erzählen. Eine dem Epigramm verwandte, eigene Form des Scherz- oder Lehrgedichts, Fraschka genannt, führte der Renaissancedichter Jan Kochanowski ein. Daran haben alle modernen Aphoristiker, von der Romantik bis zur Gegenwart, geistreich angeknüpft. Daß die romantische Literatur entscheidend dazu beitrug, die nationale Identität zu wahren, ist bekannt. Weniger bekannt dürfte sein, daß ein Mickiewicz, ein Słowacki nicht nur zu tieferer Bedeutung, sondern auch zu Scherz und Ironie imstande waren; man muß ihr Œuvre füglich daraufhin prüfen. Und auch der allerfleißigste Komödienschreiber, der polnische Molière Aleksander Fredro, der mit seiner Situations- und Sprachkomik die alte Adelswelt ein letztes Mal heraufbeschwor, gehört ins 19. Jahrhundert und wirkte über es hinaus.

Die polnische Kultur, die ja abendländischen Ursprungs ist, hat in ihren besten Zeiten den Austausch mit anderen Kulturen nicht gescheut. Seit dem lateinischen Mittelalter bürgten Kontakte zu Frankreich und Italien, zu Deutschland und Rußland dafür, daß Eigenes mit Fremdem kräftig verschmolz. Und so fand die Kultur, als 1918 der polnische Staat wiedererstand, rasch Anschluß an Europa, auf einigen Gebieten stieß sie zur Avantgarde. Was einschloß, daß Ausländer mitunter gerade jenes Gran Exotik faszinierte, das aus der Spezifik der Nationalgeschichte erwuchs. Wo mögen andere Völker den typisch polnischen Humor *heute* am ehesten vermuten? Wir nehmen an: im politischen Witz, im grotesken Bühnenstück, in der satirischen Grafik.

Der Witz in seiner engeren Bestimmung ist der ordinäre, ungewaschene Bruder der Anekdote. Er entstammt dem derben Volkshumor und wurde jüngst salonfähig. In existentiell bedrohlichen Lebenslagen, etwa während der deutschen Besatzung, suchte man mit seiner Hilfe – unter anderem – seelische Linderung. Ventilfunktion erfüllte der Witz vor allem nach 1945. Dabei zeigte sich auch zu Stalins Zeiten die ererbte polnische Toleranz, denn wie sagte Antoni Słonimski: »Der Witz ist eine Waffe, aber sein illegaler Besitz wird nicht bestraft.« Im Nachkriegspolen (apropos: »wie ein Radieschen – außen rot, innen weiß«) nutzten die Regierenden zuzeiten selbst den Witz, um die Stimmung im Volke zu erkunden. Und obgleich ihre Ideologen sich mühten, Witze in progressive und reaktionäre einzuteilen, mußten sie doch häufig vor der Vieldeutigkeit passen: »Ein Diktator, der beim Volk verhaßt ist, tritt in der Not vor sein Porträt und fragt: ›Was wird nun mit uns beiden?‹ Darauf erwidert das Porträt: ›Tja, mich nehmen sie ab und dich hängen sie auf.‹« – Mit der grotesken Umkehrung ihrer Welt bekamen es die Polen nach den Teilungen zu tun. Gewohnte Werte wurden abgeschafft, ungewohnte Sitten machten sich breit. Romantische Dichtung und Malerei reagierten erstmals mit adäquat komischen Mitteln. Das hat sich erhalten. Die weltweite Hausse polnischer Dramatik im 20. Jahrhundert war und ist an die satirisch-groteske Traditionslinie gebunden. In den entsprechenden Stücken wurde – vor dem Zweiten Weltkrieg – die Groteske zu einem Menetekel der kommenden Katastrophe (bei Witkiewicz, Gombrowicz), das Absurde – nach 1945 – zum Indiz einer verpfuschten Gegenwart (bei Różewicz, Mrożek). Dabei sind, in parabolischer Verkürzung, nicht bloß nationale Fehler und Mängel benannt, sondern universelle Konstellationen heiter versinnbildlicht worden. – Die moderne polnische Karikatur schlüpfte im 18. Jahrhundert, zur Zeit eines Daniel Chodowiecki. Die Geistesart der Polen insgesamt ist, da von der römisch-katholischen Tradition geprägt, stärker als die deutsche aufs Bildliche gestützt. Und so sind jegliche Anwandlungen der polnischen Psyche, welche beständig zwischen Selbstgeißelung und Selbstüberschätzung schwankt, unzählige Male in humoristische Zeichnungen übersetzt und namentlich von Journalen kolportiert worden. Hohe Auflagen nach Kriegsende sicherten hier Massenwirksamkeit. Die

Karikaturisten Polens, häufig in mehreren Sätteln gerecht, sind als Partner im Scherz allenthalben gefragt. Die nationale Leiderfahrung – Polen: das Vaterland auf Rädern, der Prügelknabe Europas – bringt einen Hauch schwarzen Humors mit ein, der zeitgemäß ist. Dazu taugen einfachste Mittel: Unter einer überdimensionalen, autoritären Hand, die dem kleinen Mann die Richtung weist, blickt dieser ihr skeptisch in den Jackenärmel. Gewiß, bis 1956 haben auch polnische Zeichner gegen die Wiederbewaffnung der Bundesrepublik oder die Arbeitslosigkeit in den USA agitiert. Doch sie brachten diese Phase schneller hinter sich als andere Osteuropäer, schneller etwa als die Deutschen in der DDR.

Kein Tag im Lande ohne Humor. Ein vortreffliches Pressefeuilleton schlägt mit seiner feinen Klinge Kenner in Bann; das Kabarett, das in den zwanziger Jahren die größten Triumphe feierte, öffnet Genießern jeden Abend seine Pforten; beides ist naturgemäß auf heimische Anlässe konzentriert. Und da die Polen das Talent besitzen, jeden Sieg alsbald in eine Niederlage zu verwandeln, sind sie mit Selbstironie stets bei der Hand; beispielsweise, wenn eine Zeitung den Bericht vom verlorenen Fußballspiel »Finis Poloniae« überschreibt. Hingegen waren ihnen Theorien und Typologien des Komischen offenbar entbehrlicher als uns tiefschürfenden Deutschen. Die in- und auswärtig beliebteste Spielart polnischen Humors freilich – eine Domäne der Herren, die ansonsten Damen definitiv den Vortritt lassen – ist die Aphoristik. Keiner hat letztlich den zugigen Platz der Polen zwischen den Kulturen, ihre unbewußten Ängste und bewußten Wünsche so kurz und schmerzlich zusammengefaßt wie Stanisław Jerzy Lec in einem seiner »unfrisierten« Gedanken: »Ex oriente lux, ex occidente luxus.«

III. GESELLSCHAFT UND LEBENSWELT

Jerzy Szacki
Soziale Schichtung

Ähnlichkeiten und Unterschiede zwischen Gesellschaften sind selten Gegenstand systematischen Nachdenkens. Die ersteren gehören gleichsam zum Reich der Natur und bleiben unbemerkt, bis uns durch Zufall bewußt wird, daß es irgendwo auf der Welt etwas ganz anderes gibt. Die letzteren bleiben gewöhnlich im Bereich der Stereotype, über die man sich keine Gedanken macht, bis etwas Ungewöhnliches geschieht, etwas, »das einem nicht in den Kopf will« – bis beispielsweise »der teutsch Michel« die Schlafmütze gegen die phrygische Mütze vertauscht oder, sagen wir: in SS-Uniform erscheint. Gewiß haben die Deutschen den Polen viele derartige Überraschungen bereitet – sie müssen übrigens nicht unbedingt unangenehmer Art sein –, doch scheint die Frage »Wie sind sie?« die letzteren nicht um ihren Schlaf zu bringen. Ich glaube auch nicht, daß der Durchschnittsdeutsche sich über die Frage »Wie sind die Polen?« allzusehr den Kopf zerbricht. Über derartige Dinge scheint jeder ein Wissen zu besitzen, das er quasi von der Natur mitbekommen oder doch zumindest ohne jede intellektuelle Anstrengung durch einen flüchtigen Blick auf Nachbarn und Passanten erworben hat. Meistens ist es ein Scheinwissen, das sich aber kaum in Zweifel ziehen läßt. Es umfaßt in der Regel die Überzeugung, es gebe eine Einheitsformel, die auf alles paßt; und was nicht darunter paßt, wird zur Welt des Scheins gezählt.

Die Sozialwissenschaften verfügen natürlich über viele Informationen, die einen Vergleich der uns interessierenden Gesellschaften unter den verschiedensten Aspekten erlauben, was indes nur von recht begrenzter Bedeutung ist, denn erstens haben diese Wissenschaften keinen größeren Einfluß auf das Denken der gewöhnlichen Leute und zweitens operieren sie zumeist mit quantitativen Indikatoren, die zwar sehr wichtig sein mögen, aber leider keine hinreichende Vorstellung sei es von der Ähnlichkeit, sei es vom Anderssein vermitteln. Was hilft es uns, wenn wir etwa wissen, wie sich das Pro-Kopf-Einkommen zwischen zwei Gesellschaften unterscheidet, oder wenn wir korrekt den jeweiligen Lebensstandard angeben können? Es hilft uns ja nicht einmal weiter, wenn wir die Ähnlichkeiten und Unterschiede im Bereich des politischen Systems, des Rechts, der Wirtschaft, der Sozialpolitik usw. exakt charakterisieren können, solange sich aus unserer Beschreibung nicht ein Bild zweier spezifischer Lebens-, Empfindungs- und Denkweisen ergibt, die, mögen sie auch noch so sehr durch »harte« statistische Fakten bestimmt sein, dennoch von einer Vielzahl anderer Faktoren abhängen, vor allem aber wohl von einem historischen Hintergrund, vor dem sich die politischen, wirtschaftlichen und gesellschaftlichen Prozesse von heute abspielen. Um aus methodisch gewonnenen Fakten ein sinnvolles Ganzes zu rekonstruieren, bedarf es des Genies eines Alexis de Tocqueville.

Wer die wirklich wesentlichen, qualitativen Ähnlichkeiten und Unterschiede zwischen Gesellschaften erfassen will, braucht etwas mehr als nur das leidlich exakte Standardwissen der Sozialwissenschaften. Obwohl ich von Berufs wegen Soziologe bin, neige ich zu der Ansicht, daß die schöne Literatur in diesem Fall noch den größten Wert hat; zwar führt sie uns nicht selten in die Irre oder von der Realität fort, doch verdient sie als Spiegel der »Volksseele« immer noch das größte Vertrauen. Als sehr wertvoll erweist sich bisweilen die Philosophie, bisweilen die Publizistik, gelegentlich noch etwas anderes. Es sind in jedem Fall Disziplinen, deren Vertreter vor einer Synthese auch dann nicht zurückscheuen, wenn diese nicht durch pedantische Induktion zustande kommt und auf die Hilfe der Intuition angewiesen ist. Bei schwierigeren Fragen geben die nach Exaktheit strebenden Sozialwissenschaften eher auf, als daß sie versuchen würden, sie immer besser zu beantworten, und sei die Antwort auch noch weit von der Vollkommenheit entfernt.

Man verzeihe mir diese gewiß etwas zu lang geratene Einleitung. Sie war notwendig, um den Charakter der Antwort zu erhellen, die keine Antwort vom Lehrstuhl der Soziologie sein kann. Bei meinen Überlegungen zu dem mir gestellten Thema haben die Arbeiten meiner Fachkollegen mir nicht viel geholfen, selbst dann nicht, wenn sie sich um eine Synthese der Erkenntnisse über ihre Gesellschaft bemüht oder vergleichende Untersuchungen durchgeführt haben. Überraschenderweise hat Thomas Mann mir am meisten zu denken gegeben, auf dessen Vortrag »Goethe als Repräsentant des bürgerlichen Zeitalters« ich zufällig stieß.

Ich lasse es mit einem Zitat aus dem erwähnten Vortrag bewenden: »Die Welt feiert in diesem Jahre, diesen Tagen den großen Städter; mit jener Familiarität aber, von der ich sprach, aus unserer Substanz, die die seine war, können nur wir Deutsche es tun. Das Würdig-Bürgerliche als Heimat des Allmenschlichen, Weltgröße als Kind der Bürgerlichkeit – dies Schicksal von Herkunft und kühnstem Wachstum ist nirgends zu Hause wie bei uns; und alles Deutsche, das aus Bürgerlichkeit ins Geistige wuchs, ist lächelnd zu Hause im Frankfurter Elternhaus.«

Was diese Bürgerlichkeit, dieses Bürgertum, das bürgerliche Zeitalter, die bürgerliche Gesellschaft usw. bedeuten, darüber könnte man lange streiten. Wir benötigen indes keine Definitionen, denn unabhängig davon, welche Definitionen wir wählen würden, ist eines unstreitig: Diese Begriffe, die innerhalb der deutschen Geschichte so inhaltsreich sind, sind in der Geschichte Polens weitgehend leer, sie beziehen sich auf etwas, das außerhalb der empirischen Realität dieses Landes liegt. Etwas Fernes, das für die einen erstrebenswert, für die anderen abstoßend sein mochte, keinesfalls aber zum Bereich der täglichen Erfahrung gehörte. Dieses Etwas gab es irgendwo im Westen, dem die Polen zwar unablässig (und nicht ohne Gründe) anzugehören trachteten, an dem sie aber im Grunde nie richtig teilhatten, weil der Westen nicht bloß aus diesen oder jenen geistigen Werten bestand, sondern auch aus einer Zivilisation, die eben vom Bürgertum geschaffen worden war, das es in Polen nicht gab.

Diese Formulierung ist gewiß eine starke Vereinfachung, übergeht sie doch sowohl bestimmte Episoden der polnischen Geschichte wie auch die Tatsache, daß es außer polnischen Bürgern auch andere, zumal deutsche Bürger (in Polen) gegeben hat. Es geht mir jedoch darum, daß in diesem Land eine bestimmte Art von Kultur nicht entstanden ist, jene Kultur nämlich, der Thomas Mann sicherlich zu Recht sowohl Goethe als auch sich selbst zurechnete, war er doch auch einer dieser »großen Söhne des Bürgertums, die aus ihm hinaus in Geistige und Überbürgerliche wuchsen«. In Deutschland konnte man die bürgerliche Kultur kritisieren (und deutsche Denker haben diese Möglichkeit recht häufig genutzt), ohne das Bewußtsein einzubüßen, daß sie der Boden war, aus dem man hervorgewachsen war, daß sie überdies – ungeachtet aller Unruhen, Umwälzungen, Kriege und Revolutionen – etwas relativ Stabiles war: »Lebensbürgerlichkeit, das ist das breitbeinige Fußen im Leben«, wie der zitierte Verfasser schrieb.

In Polen gab es dergleichen nicht, jedenfalls nicht seit der Zeit, da der Gutshof des Kleinadels zu verarmen begann, der noch im 19. Jahrhundert allgemein als Inbegriff und Bastion des Polentums und selbstverständlich auch als Hort aller erdenklichen Tugenden galt. In Polen hätte kein Dichter schreiben können, was Goethe schrieb: »Wo käm die schönste Bildung her, und wenn sie nicht vom Bürger wär.« Der polnische Bürger (im Sinne des citoyen, nicht des Bourgeois) lebte auf dem Lande. Er war selbstverständlich ein Adliger oder gab sich doch zumindest als ein solcher aus; die Bauern waren nichts anderes als »Hiesige«, und sie gehörten nicht zur nationalen Gemeinschaft, was in den sogenannten nationalen Aufständen restlos klar wurde. Noch 1869 wird ein hervorragender polnischer Historiker und Politiker sagen, die »Nation« müsse dem »Volk« helfen, Bildung zu erwerben und die »Bürgerschaft« zu erlangen. Es war ein langer Weg bis dorthin. Józef Chałasiński könnte recht haben mit seinem Beweis, daß die »Nationwerdung der Volksmassen« sich erst nach 1944 richtig vollzogen hat.

Im 19. Jahrhundert reduzierte sich die soziale Problematik in Polen fast ausschließlich auf die Frage nach der Zukunft des Kleinadels und danach, ob der Bauer schließlich zum Bürger (im Sinne des citoyen) werden würde. Selbst der Kapitalismus wurde oft eher als ein im Grunde technisches Verfahren zur Modernisierung des kleinen Adelsgutes denn als ein Vorbote einer völlig anderen Kultur aufgefaßt. Nur einzelne, inspiriert vom Vorbild Westeuropas, murmelten etwas von der Notwendigkeit einer Mittelklasse und von der historischen Rolle der städtischen, industriellen Zivilisation. Solche einzelnen wurden in den letzten drei Jahrzehnten des 19. Jahrhunderts sogar zahlreicher und kritisierten immer nachdrücklicher die Rückständigkeit des polnischen Kleinadels, doch eines blieb praktisch unverändert: Aus den ideologischen

Postulaten ging im großen und ganzen keine neue Kultur hervor; was entstand, war eher ein bürgerliches Bewußtsein denn ein Bürgertum als solches. Der Träger dieses übrigens keineswegs massenhaft verbreiteten Bewußtseins war zumeist ein Abwanderer vom Kleinadelsgut, den die Verhältnisse in die Stadt getrieben hatten; seine Lektüre waren englische und französische Zeitungen, während er die schmalen Bände der romantischen Dichter, aber auch die dicken Bände von Schelling und Hegel links liegen ließ. Es war der verarmte polnische Intelligenzler, der nach und nach zur Hauptgestalt der nationalen Szene wurde und sich eigentlich nicht sehr von seinen romantischen Vorgängern unterschied, wenngleich ihm bereits bewußt war, daß das Polen des Adels fast schon der Vergangenheit angehörte. Sein Element war weiterhin das Wort, wobei aber der Zugang zur bürgerlichen Zivilisation des Westens überwiegend ideologischer Natur war. Es ging nach wie vor mehr um eine Absichtserklärung als um die verbale Bekräftigung von etwas bereits Bestehendem. Die Situation derer, die diese Erklärung abgaben, hatte fast nichts gemein mit der Situation der westlichen Industriekapitäne. Wenn sie überhaupt Kapitäne waren, dann solche ohne Schiffe.

Das war sicherlich nicht ihre Schuld. Es lag nicht an einem angeborenen Mangel an Unternehmergeist oder organisatorischen Fähigkeiten. Andere junge Polen machten – sogar zur Zeit der Romantik – im Ausland auf allen Gebieten bürgerlicher Betätigung rasch Karriere. In der Heimat mußten sie sich im großen und ganzen damit begnügen, Artikel zu schreiben. Eine Generation früher hätten sie vermutlich Gedichte geschrieben und Geheimbünde für den Unabhängigkeitskampf gegründet. Dies hatte seine Ursache offensichtlich nicht nur in der wirtschaftlichen Unterentwicklung und den anachronistischen gesellschaftlichen Verhältnissen, sondern auch im Fehlen eines eigenen Staates, der in vielen Fällen, so etwa auch in Deutschland, die wirtschaftliche Rückständigkeit bis zu einem gewissen Grade dadurch kompensiert, daß er in Gestalt der modernen Bürokratie so etwas wie eine Mittelklasse schafft. Auch gab es kein alle Schulstufen umfassendes nationales Bildungswesen, das einen Bedarf an Lehrern und Professoren geschaffen und ihnen zugleich eine angemessene gesellschaftliche

Position gesichert hätte. Während der besagte polnische Intelligenzler an die Idee der Nation glaubte, hatte er es in der staatlichen Realität nur mit einer Teilungsmacht zu tun. Darin dürfte der größte Unterschied zur deutschen Situation im ausgehenden 19. Jahrhundert bestehen. Von der Rolle, die der Staat bei der Anregung des wirtschaftlichen Wachstums und der Modernisierung der Gesellschaft spielen kann, will ich hier gar nicht erst reden. In Polen konnte man daran allenfalls denken. Im übrigen scheinen jene Polen, die den Aufbau eines unabhängigen Staates vorzubereiten begannen, daran nicht in erster Linie gedacht zu haben. Weit bedeutender als eine klare Vorstellung von der Unabhängigkeit als einem Weg zur Modernisierung des Landes waren Traditionen, Gefühle und Symbole.

Dennoch wurde dieser Weg durch die Entstehung des unabhängigen polnischen Staates im Jahre 1918 unzweifelhaft eröffnet. Mochte dieser Staat auch weit von allen Idealvorstellungen entfernt, schwach und in mancherlei Hinsicht anachronistisch sein, so bewirkte er doch einen gewaltigen Fortschritt, den man dergestalt umschreiben könnte, daß auf polnischem Boden eine normale Gesellschaft entstand, eine sich selbst regierende, lernende und zunehmend rational wirtschaftende Gesellschaft. Unter vielen Aspekten war dieser Fortschritt geradezu imponierend, besonders wenn man bedenkt, daß der Ausgangspunkt dieses Staates ein verheerender Krieg war, daß nach wenigen Jahren die Weltwirtschaftskrise einsetzte und die internationale Lage sich von Jahr zu Jahr zuspitzte. Doch diesem Fortschritt waren nur zwanzig Jahre beschieden, dann kam wieder ein Krieg, der gewonnen und zugleich verloren wurde. Polen befand sich zwar im Lager der Sieger, doch es verlor seine politische Selbständigkeit und geriet in das Räderwerk des kommunistischen Systems, das sich auf die gesellschaftliche Aktivität lähmend auswirkte und die Wirtschaft zwar ausbaute, aber gleichzeitig entsetzlich unrationell und ineffektiv machte. Hier ist nicht der geeignete Ort, dieses System, mit dem sich Legionen von Fachleuten seit Jahren befassen, näher zu charakterisieren. Belassen wir es beim Hinweis auf das Wichtigste: Polen wurde – wie die anderen, von Kommunisten regierten Länder – zu einem großen Staatsunternehmen, in dem jeder Mitarbeiter einer kleinlichen Kontrolle unterliegt und sich mit anderen Mitarbeitern nicht verständigen darf, es sei denn, der Staat oder der Partei-Staat würde ihn dazu auffordern und als Vermittler dazwischentreten. Gewiß, dies ist stark vereinfacht, denn die Realität war nicht gar so schlimm. Doch es geht um etwas anderes: Die unzweifelhafte Beschleunigung der Modernisierung Polens, welche die sogenannte sozialistische Revolution in gewisser Hinsicht bedeutete, bestand praktisch vor allem in der Entwicklung einer neuen industriellen Basis, während wirklich neue gesellschaftliche Beziehungen nicht entstanden, obwohl die Ideologen bis zum Überdruß von einer »neuen Moral«, der »moralisch-politischen Einheit« usw. sprachen. Sogar die Einebnung der krassen sozialen Ungleichheit der Vorkriegszeit entpuppte sich als äußerst fragwürdig, trat an ihre Stelle doch eine neue Ungleichheit, die auf dem ungleichen Zugang zu den staatlich reglementierten Gütern beruhte.

Es wird häufig gesagt, der Kommunismus habe in Polen die staatsbürgerliche Gesellschaft zerstört. Tatsächlich kam es zu einer ungleich gründlicheren Atomisierung der Gesellschaft, als sie seit fast zwei Jahrhunderten von den Kritikern des Kapitalismus behauptet wird, haben sich die Machthaber doch nicht ohne Erfolg bemüht, alle spontan und unkontrolliert entstehenden zwischenmenschlichen Bindungen zu zerschneiden. Machtlos erwiesen sie sich lediglich gegenüber der Familie und den kleinen Freundeskreisen sowie, was die Großorganisationen angeht, der Kirche, die auf diese Weise in Polen zum Zentrum des nationalen Lebens wurde – eine Rolle, die sie in anderen Ländern wohl unwiderruflich verloren hat. Der Gedanke der Nation kehrte in den Bereich der erhabenen Abstraktionen zurück und löste sich erneut vom Staatsgedanken, ja er wurde sogar, entgegen den Bemühungen der kommunistischen Ideologen, zu einem Gegenbegriff zu diesem. Er bekam damit zwangsläufig jene starke nostalgische Note, die er in der Zeit der Teilung Polens besessen hatte. Jeglicher Gedanke an eine wie auch immer geartete Gemeinschaft geriet in Konflikt mit einem Alltag, der davon ausgefüllt war, daß jeder für sich den Kampf ums Dasein führte, einen Kampf, der unter Bedingungen, die nicht von der Gesellschaft gewollt waren, unablässig Kompromisse und Heuchelei verlangte.

Der unaufhaltsame Aufstand, der in der zweiten Hälfte der siebziger Jahre begann und in den Jahren der »Solidarität« zur Massenerscheinung wurde, war insofern bedeutsam, als er es mit sich brachte, daß innerhalb der Gesellschaft Beziehungen geknüpft wurden, die – zunächst unter der Kontrolle des Staates – sich immer häufiger gegen ihn richteten. Eine erstaunliche Karriere machten die Begriffe des »Subjektcharakters der Gesellschaft« und der »bürgerlichen (zivilen) Gesellschaft«, die als jener Bereich spontaner Aktivität verstanden wurde, in dem die kollektiven Interessen sich artikulieren und die ihrer Verteidigung dienenden Organisationsformen sich ausbilden. Dieser Aufstand enthielt jedoch von Anfang an einen Widerspruch. An ihm beteiligten sich nämlich einerseits Intellektuelle, die in der Unabhängigkeit vom Staat vor allem ein moralisches Gebot sahen, und andererseits abhängig Beschäftigte der verstaatlichten Wirtschaft, deren Ansprüche sich vielfach darauf beschränkten, die Lebensbedingungen zu verbessern und den Staat – wie auch immer er beschaffen sein mochte – dazu zu zwingen, das zu halten, was die Kommunisten leichtfertig versprochen hatten. So kam es, daß die neue Ordnung, die an die Stelle des kompromittierten kommunistischen Systems treten sollte, im Grunde keine gesellschaftliche Basis besitzt und die bürgerliche Gesellschaft, von der wir sprechen, im wesentlichen eine schöne Idee ist, die in den realen sozioökonomischen Verhältnissen keine Wurzel hat. Daher rührt die Sehnsucht nach einer polnischen Mittelklasse, die in den letzten Jahren in den Äußerungen und zunehmend auch in der praktischen Wirtschaftspolitik polnischer Politiker deutlich wird. Wenn vom Aufbau des Kapitalismus und einer Marktwirtschaft die Rede ist, dann geht es nicht nur um die Dynamisierung und aus vielen Gründen absolut notwendige Effektivitätssteigerung der Wirtschaft, sondern auch um die Schaffung eines neuen gesellschaftlichen Subjekts, das die Lücke zwischen den Atomen der verstaatlichten Gesellschaft und jenen erhabenen Idealen schließen würde, aus denen wir zwar Zuversicht und Hoffnung schöpfen, die wir aber im Alltagsleben nicht antreffen. So naiv und komisch die Formen sind, die diese Idealisierung der Mittelklasse bisweilen annimmt, und so sicher sie viele Enttäuschungen mit sich bringen wird, so schwer läßt sich andererseits vorstellen, daß es sie nicht gibt.

Wie also stellt sich heute die polnische Gesellschaft dar? Das läßt sich eigentlich nicht klar beantworten. Fest steht, daß sie eine Gesellschaft ist, die nach ihrer neuen Identität und, bildlich gesprochen, nach festem Boden unter den Füßen sucht. Insofern unterscheidet sie sich grundlegend von allen westlichen Gesellschaften. Zugleich setzt sie sich aber aus sehr heterogenen Individuen und Gruppen zusammen, die zum Teil eine Entsprechung in den westlichen Gesellschaften finden, zum größeren Teil aber wohl nicht. Einzigartig ist mit Sicherheit die allgemeine Atmosphäre, die nur ein genialer Schriftsteller zu erfassen vermag.

Nora Koestler

Soziale Schichtung

Wenn die Deutschen noch heute von den Polen gelegentlich als »Szwaby« (Schwaben) bezeichnet werden, so liegt diesem wenig schmeichelhaften Begriff ein tiefverwurzeltes Stereotyp zugrunde, dessen Ursprung in der historischen Entwicklung der beiden Nationen und ihrer Gesellschaften zu suchen ist. Die Szwaby sind nämlich nichts anderes als Julian Tuwims »schrecklich schreckliche Bürger«, über die er 1930 in Form eines Gedichts ein vernichtendes Urteil gefällt hat. Die Verachtung des Bürgers ist hier nur vordergründig eine intellektuelle Attitüde. Dahinter verbirgt sich ein Phänomen, das für Polens Sozialgeschichte kennzeichnend ist – der Mangel an Bürgertum. Die polnische Gesellschaft war bis in die neueste Zeit eine agrarische Gesellschaft geblieben, in der zunächst die zahlenmäßig starke adlige Oberschicht und dann die teilweise aus ihr erwachsene Intelligenz die Wertmaßstäbe setzte. Aufklärerische und revolutionäre Impulse entstammten weitgehend diesen Schichten. Und sie trugen in der langen Zeit der Teilungen die Verantwortung dafür, daß der Widerstand gegen die Fremdherrschaft nicht erlosch. Bürger – das waren die andern: Deutsche und Juden, die von der polnischen Krone und vom polnischen Adel, mit großzügigen Privilegien ausgestattet, schon früh ins Land gerufen worden waren. Ihre zivilisatorischen Aufgaben lagen meist in der Begründung einer städtischen Kultur. Die Verquickung von nationaler und gesellschaftlicher Abgrenzung führte allerdings auf die Dauer zu einer einseitigen Orientierung der polnischen Gesellschaft, die (zumindest in ihren Bildungsschichten) dazu neigte und neigt, das »Bürgerliche« schlechthin als etwas dem polnischen Wesen Fremdes zu empfinden. Andererseits wurde gerade im 19. Jahrhundert, in der Zeit des bürgerlichen Aufbruchs in die Moderne, der Ruf nach einem polnischen »dritten Stand« laut, der die Nation auf dem Wege des Fortschritts in die Unabhängigkeit führen könnte. Ohne Zweifel ist es Polen gelungen, diesen Mittelstand – vom Kleinbürger bis zur Bourgeoisie –, wenn auch mit Verspätung, hervorzubringen. Ob sich damit aber bürgerliches Bewußtsein eingestellt hat und ob eine wirkliche Umwertung der Werte stattfand, bleibt fraglich. Mentalitäten überdauern bekanntermaßen soziale und ökonomische Umbrüche. Wer heute beobachtet, mit welchem Mißtrauen weite Kreise der postsozialistischen polnischen Gesellschaft die unternehmerischen Aktivitäten einzelner betrachten, kann dahinter die alten Vorbehalte gegen den Bürgergeist vermuten – eine heimliche Verachtung für die »Heilige Habe, den Bürgerbettel, das eigentümlich, das ausschließlich Ihre« (Tuwim). Die berüchtigten »Polenmärkte« widersprechen dem nicht. Im Gegenteil, daß die unternehmerische Initiative in so großem Ausmaß einer Randschicht überlassen wird, bestätigt eher das gestörte Verhältnis zum normalen bürgerlichen Handel und Wandel. Trotzdem schaut Polen jetzt über die Grenzen nach Westen und ist sich dessen bewußt, daß vor der ökonomischen Angleichung eine Neuorientierung der Gesellschaft erfolgen muß.

Daß die Deutschen eine bürgerliche Gesellschaft sind, scheint kaum noch erwähnenswert. Ohne nachzudenken, bringen wir in diesem Begriff alle und alles unter: Bundesbürger und Staatsbürger, Wahlbürger und Wohlstandsbürger, Bildungsbürger, Stadtbürger und Weltbürger. Modernisierung, Technisierung, Urbanisierung und die dazu passenden Wertsysteme von Liberalität und Erfolg bestimmen die Lebenswelt dessen, der zu dieser Gesellschaft gezählt werden möchte und gezählt wird und dessen Rechte und Pflichten im Bürgerlichen Gesetzbuch kodifiziert sind. In großem Ausmaß ist diese bürgerliche Gesellschaft aber zu einer Angestelltengesellschaft geworden, in der sich die Spezifika von Beruf und »Schicht« zugunsten des Status und seiner Symbole verwischt haben. Der selbständige Großunternehmer, als Relikt des Großbourgeois, kann sich über diese Gehaltsempfängergesellschaft nur im schmalen Feld zwischen der Anonymität des Konzerns und der Dutzendhaftigkeit des kleinen »Betriebs« erheben.

Der breite Randstreifen, das fehlende Drittel der Zweidrittel-Wohlstandsgesellschaft, muß als antibürgerlich definiert werden, weil ihm die Symbole bürgerlichen Daseins fehlen. Die Vertreter dieser Schicht bilden eine Negativgesellschaft – ohne Anstellung, Erfolg, Wohlstand, oft genug ohne Wohnung, ohne Anerkennung, vor allem aber ohne das Wohlverhalten, das der Schlüssel zur egalitären Exklusivität der »positiven« Gesellschaft ist. Ein unerschöpfliches Potential unerhörten, aber auch ungehörten Protestes der Ausgestiegenen und Ausgegrenzten.

Protest gibt es allerdings auch von innen, aus dem Zentrum der etablierten Gesellschaft, und dieser Protest versteht sich allemal als antibürgerlich. Dabei bleibt der Begriff des Bürgers diffus, eher Staffage als wirkliches Ziel der Aggression. Eine ganze Generation, der das Jahr 1968 den Namen gab, verkleidete sich als Bürgerschreck, um sich in späteren Jahren mit allen Statussymbolen der verachteten Gesellschaft auszustatten. Letztlich wurde so die Tragfähigkeit der Mitte nur gestärkt; die progressiven Ideen wurden von liberalen Intellektuellen aufgegriffen und entschärft. Das bürgerliche Haus ließ durch ein linkes Fenster den scharfen Wind des Dissens ein, ohne zusammenzustürzen. Die Linke diskreditierte sich hier längst vor dem Zusammenbruch des sozialistischen Systems. Ihre Unfähigkeit zum Dialog mit den Arbeitern machte diese um so anfälliger für die integrierende Wirkung des kapitalistischen Wohlstands. Die dünne Schicht der bäuerlichen Produzenten gibt die letzten Reste ihrer eigenständigen Kultur preis, die zwischen Fremdenverkehr und Eierfabriken zerrieben wird. Wo das einfache Leben zum Bestseller stilisiert wird, hebt es sich selbst auf. Auch die Gruppen des ökologischen

Dissens werden langsam, aber sicher durch die Vermarktung ihrer Programme ihrer ursprünglichen revolutionären Kraft beraubt.

Aller Glanz, aller Elan, alle Tugenden, aber auch alle Laster, die das 19. Jahrhundert dem sich entfaltenden Bürgertum verdankte, sind in der Massengesellschaft zum Mittelmaß geworden. Der Unternehmergeist muß sich den smarten jungen Herrn mit den Aktenköfferchen unterwerfen, das Ethos der Beamtenschaft ist zum bloßen Lippenbekenntnis der Bürokratie geworden, und das Bildungsbürgertum löst sich in der geforderten Chancengleichheit auf und verrät seine traditionelle Bildung zugunsten der von Intelligenzblättern vorgegebenen Modetrends.

Die vom Konsens des allgemeinen Wohlstands getragene Einheitsgesellschaft ist aber nicht das wärmende Miteinander des gemeinsamen Glücks (oder Unglücks). Der einzelne ist zugleich nie allein und immer einsam. Der gehätschelte Individualismus sollte Künstlern und Intellektuellen den idealen Freiraum schaffen, der zur überragenden Leistung befähigt. Aber auch hier droht der Maßstab des Käuflichen und Verkäuflichen die Massenproduktion anzuregen. Das Exklusive muß sich in immer extremere Absurditäten flüchten, um auch noch das Einfachste zu verfremden. Und dies alles sind nicht mehr nur Zeichen einer städtischen Existenz. Bis in die hinterste Provinz reicht die Auflösung der quasibürgerlichen Gesellschaft in eine von festgelegten Werten freie wirtschaftliche und kulturelle Konsumentenassoziation.

Der polnische Don Quichote reitet also gegen Windmühlenflügel an, wenn er glaubt, sich an einer mit den traditionellen preußischen Tugenden ausgestatteten deutschen Bürgergesellschaft reiben zu müssen. Der Bürger, den Tuwim im Visier hatte, hat den Zweiten Weltkrieg nicht unbeschadet überstanden. So sehr damit der Verlust einer soliden und zugleich glanzvollen Kultur zu beklagen ist, hat sich doch andererseits der Horizont geweitet, und die Kräfte der Innovation, die diese Mittelklasse immer besessen hat, haben sie für die Aufgaben der schönen neuen Welt der Medien und Manipulationen prädestiniert. Ihre Anziehungskraft für die Unterschichten hat den Prozeß der kulturellen und sozialen Einebnung befördert.

Polens Weg war und ist ein anderer. Nicht nur, daß die Wertvorstellungen einer Agrargesellschaft bis in die Neuzeit das Lebensgefühl und das Denken der polnischen Gesellschaft weithin bestimmt haben – der Verlust der staatlichen Souveränität im 18. Jahrhundert hat bewirkt, daß die Nation sich nicht mehr als Staatsverband, sondern als gesellschaftliche Notgemeinschaft begriff. Also gab es auch keine Staatsbürger – dafür die Gesellschaft in Opposition. Diese Konstellation, die im 19. Jahrhundert das Zusammenwachsen von (fremdem) Staat und (polnischer) Gesellschaft verhindert hat, begründete eine Tradition gesellschaftlichen Handelns, das sich staatlicher Bevormundung nur ungern unterordnet. Im Zweiten Weltkrieg hat sich diese Unbotmäßigkeit im Widerstand bewährt. In der Volksrepublik Polen hat der »Eigen-Sinn« der Gesellschaft, vor allem der Arbeiter und der Intelligenz, das staatsparteiliche System im Laufe von 40 Jahren langsam, aber sicher ausgehöhlt. Auch der Weg zur modernen Demokratie wird dieser Gesellschaft nicht leicht werden, weil stets basisdemokratische Vorstellungen staatliche Verfügungsgewalt behindern. Der Ruf nach dem »starken Mann«, einst von Piłsudski verkörpert, ist der Ruf nach einem Führer der Gesellschaft, nicht des Staates.

So sehr der politische Gesellschaftsbegriff im Konsens der Gesellschaft aufzugehen scheint, so stark ist andererseits die soziale Differenzierung noch immer ausgeprägt. Es genügt, das Stadt-Land-Gefälle in Polen mit der kulturellen und zivilisatorischen Nivellierung der städtischen und ländlichen Gesellschaft in Deutschland zu vergleichen. Zwar hat die städtische Oberschicht in Warschau, ihres Einflusses, aber nicht ihrer Eleganz beraubt, im sozialistischen Polen die Proletarisierung und Provinzialisierung der Stadt beklagt. Noch aber ist die »stolica« ein Zentrum, vor dem das »Land« deutlich zurücktritt. »Na wsi« – auf dem Land –, das bedeutet noch Bauern und Pferde, die nicht bloß folkloristische Staffage sind. Die relativ späte Entstehung einer modernen Arbeiterschaft läßt sie ihr – ebenfalls verspätetes – Klassenbewußtsein unverblümt gegen die anderen Schichten ausspielen. Die Intelligenz, traditionell von ihrem gesellschaftlichen und politischen Sendungsauftrag überzeugt, ist nicht frei von den Versuchungen einer Kastenbildung. Ihr 1989 erfolgter massenweiser Einzug ins Parlament scheint einen alten Traum zu erfüllen, ist aber vom Mißtrauen der anderen Bevölkerungsschichten begleitet. Das Bündnis mit der Arbeiterschaft, entstanden im Zeichen des Antagonismus zwischen Staat und Gesellschaft, hat den Herausforderungen des unspektakulären Alltags nicht standgehalten.

Arbeiter – Bauern – Intelligenz – die drei wichtigsten, voneinander abgegrenzten sozialen Kategorien, wobei die Arbeiterschaft teilweise immer noch stark mit dem Land verbunden ist. Und was liegt dazwischen? Gibt es eine Mittelschicht mit erkennbarem Profil? Zweifellos hat das sozialistische System das Entstehen einer Bürokratie mit kleinbürgerlichen Zügen forciert, die schon bei der Gründung der Zweiten Republik in der Zwischenkriegszeit vorgebildet war. Dagegen wurde die Schicht des kommerziellen Bürgertums – vom kleinen Einmannbetrieb des Schneiders bis zum Unternehmertum – mit wenigen Ausnahmen diskreditiert und unterdrückt. Jetzt bedürfte man seiner mehr denn je. Man kann nicht annehmen, daß Polen jetzt eine bürgerliche Gesellschaft im Sinne des 19. Jahrhunderts nachträglich hervorbringt. Derlei historische Prozesse lassen sich nicht nachholen. Aber mit der so sehr ersehnten Angleichung an das westliche Europa wird auch Polens Gesellschaft ihre besondere Struktur und ihren besonderen Charme verlieren. Es ist zu befürchten, oder zumindest zu bedauern, daß damit auch die letzten Reste einer agrarisch-feudalen Mentalität verschwinden, für die »Ehre und Vaterland« mehr bedeutet haben als Staatsloyalität und garantierter Wohlstand.

Władysław Markiewicz

Modernisierung und industrielle Revolution

Der Versuch, den Begriff »Modernität« oder »Modernisierung« zu einer analytischen Kategorie zu machen, stößt auf unüberwindliche Schwierigkeiten. Man kann sich nur damit trösten, daß es sich hier ähnlich verhält wie mit vielen anderen Termini, denen, nachdem sie sich in der Umgangssprache eingebürgert haben, so viele unterschiedliche Bedeutungen und Konnotationen zugewachsen sind, daß es schließlich unmöglich wird, sie genau und eindeutig zu definieren. Als Beispiel könnte man das Wort »Kultur« nennen, für das es angeblich über zweihundert verschiedene Definitionsversuche gibt.

Angesichts dieser unangenehmen Situation habe ich beschlossen, den Begriff »Modernität« in dem Sinne zu verwenden, der ihm intuitiv im Alltagsleben verliehen wird, ohne jedoch zu vergessen, daß sein semantischer Sinn immer von dem Kontext abhängt, in dem er erscheint. Daher kann man über die Frage, ob wir es mit Prozessen oder Phänomenen der Modernisierung zu tun haben, verbindlich nur dann urteilen, wenn man deren Ausmaß und Intensität in einem historischen Zeitabschnitt berücksichtigt und für ihre Beurteilung einen bestimmten Bezugsrahmen zugrunde legt. Dies gilt mit Sicherheit für die Analyse der Bedingungen und Umstände, unter denen Polen und Deutschland im 19. und zu Beginn des 20. Jahrhunderts versuchten, die Idee der Modernität zu verwirklichen.

Die Deutschen sagen ebenso wie die Polen von sich, sie seien eine »verspätete« Nation, und zumindest in diesem Sinne ähneln sie einander. In Deutschland hat diese Formel durch Helmuth Plessners Werk »Die verspätete Nation« (1959) große Verbreitung erlangt. Man versuchte, alle Besonderheiten der Entwicklung Deutschlands im politischen, gesellschaftlichen und kulturellen Bereich mit dieser Verspätung gegenüber dem Westen, speziell gegenüber England und Frankreich, zu erklären. In Polen zeigte sich ein Komplex der Rückständigkeit gegenüber Westeuropa in Verbindung mit Tendenzen zu einer primitiven Nachahmung des dortigen Lebensstils in der Epoche des Niedergangs der Adelsrepublik, und er hat sich bis heute erhalten. Jedenfalls konnten nicht nur die alten Polen die bittere Sentenz von Juliusz Słowacki »Du warst der Pfau und der Papagei der Nationen« auf sich beziehen.

Als synthetischer Indikator der Modernität eines Landes hat sich der Grad seiner Industrialisierung eingebürgert. Dies gilt insbesondere für das 19. Jahrhundert, das in der Geschichte Europas und der Welt das sogenannte industrielle Zeitalter einleitete. Daß sowohl Deutschland als auch Polen auf wirtschaftlichem Gebiet im internationalen Wettlauf mit erheblicher Verspätung starteten, ist unbestritten. Gemessen an England und Frankreich, machte die industrielle Revolution, deren erste Phase Hans Mottek zufolge in die Jahre 1843–1873 fällt, in Deutschland zunächst nur geringe Fortschritte. Dafür spricht die Tatsache, daß die Roheisenerzeugung, die noch bis vor relativ kurzer Zeit als repräsentativster Maßstab für den wirtschaftlichen Aufstieg eines Landes galt, im Jahre 1840 in England 1,2, in Frankreich 0,4 und in Deutschland 0,2 Millionen Tonnen betrug.

Zu einem intensiven industriellen Wachstum kam es in Deutschland jedoch erst in den siebziger und neunziger Jahren des vorigen Jahrhunderts, und es vollzog sich mit ungleich schnellerem Tempo als im Westen. In dem Zeitraum 1870–1910 erhöhte sich die Roheisenerzeugung in England auf das Zweifache, in Frankreich auf das Dreifache, in Deutschland aber auf das Vierzehnfache. Nimmt man für die gesamte Industrieproduktion das Jahr 1913 mit dem Index 100 an, so lag sie in England im Jahre 1860 bei 34, 1880 bei 53 und 1900 bei 79; für Deutschland lauten die entsprechenden Indices dagegen 14, 25 und 65. Deutschland war somit auf dem besten Wege, nicht nur seine historische Verspätung rasch aufzuholen, sondern außerdem seine westlichen Rivalen in absehbarer Zeit zu überholen.

Ganz anders gestaltete sich die Situation in derselben Zeit in Polen. Die in der ersten Hälfte des 19. Jahrhunderts vorherrschende industrielle Produktionsform war noch immer das Handwerk, auch wenn die Manufaktur und von den fünfziger Jahren an die mechanisierte Maschinenproduktion relativ schnell an Bedeutung gewannen. Die industrielle Revolution kam in den einzelnen Gebieten ungleich schnell voran, am schnellsten in Oberschlesien, wo die Kohleförderung in den Jahren 1852–1890 auf das Zwölffache anstieg. Kongreßpolen gehörte zwar zu den am stärksten industrialisierten Gebieten des russischen Reiches, doch verteilten sich die modernen Produktionsmittel auf verhältnismäßig wenige Inseln innerhalb dieses Teilungsgebiets, darunter Warschau, die Bezirke Lodz und Żyrardów, die Reviere von Dąbrowa und Staropol sowie der Bezirk Białystok. In der preußischen Provinz Posen und in Westpreußen dominierte die kleinindustrielle Verarbeitung landwirtschaftlicher Produkte. In Galizien wurde die Erdölförderung zum Kennzeichen industriellen Fortschritts.

Das Ausmaß des industriellen Wandels in Polen und Deutschland läßt sich kaum vergleichen. Wie es in der Geschichte bisweilen vorkommt, erwies sich die anfängliche Rückständigkeit Deutschlands am Ende als Vorteil. Die Deutschen konnten nämlich aus fremden Erfahrungen Lehren ziehen, die Fehler und Irrtümer ihrer angelsächsischen und französischen Vorläufer vermeiden und sich die modernsten technischen und organisatorischen Lösungen zunutze machen. Das äußerte sich u. a. darin, daß die Industrie in Deutschland stärker konzentriert war als in anderen Ländern und früher als anderswo eine enge Verbindung zwischen Produktions- und Finanzkapital entstand. Zwar beobachten wir am Übergang vom 19. zum 20. Jahrhundert auch in Polen eine Umwandlung von Unternehmen in Aktiengesellschaften, Syndikate, Kartelle und Konzerne, doch verlief diese Entwicklung ungleich langsamer, und außerdem waren die Promotoren dieser Veränderungen zumeist ausländische, vor allem deutsche Kapitalisten.

Eine Eigentümlichkeit der Industrialisierung in Deutschland war, worauf Ralf Dahrendorf hinweist, von Anfang an der staatliche Protektionismus, der Industrialisierungsprozesse und monopolistische Tendenzen förderte, indem er für ein höheres Organisationsniveau des gesamten Wirtschaftslebens und eine effektivere Marktkontrolle sorgte. Die polnische Industriellenklasse konnte dagegen selten mit der Unterstützung der jeweiligen Teilungsmächte rechnen, sondern stieß häufiger auf Behinderungen und absichtliche Erschwernisse seitens der Behörden.

Die Beteiligung des Staates am Prozeß der Industrialisierung Deutschlands – im Gegensatz zu dessen Verlauf in den westlichen Ländern, ganz zu schweigen von Polen, das überhaupt keinen eigenen Staat besaß – äußerte sich besonders deutlich in dem ungewöhnlich stark entwickelten staatlichen Eigentum. Schon in der Zeit der staatlichen Zersplitterung Deutschlands engagierten sich einzelne Herrscher aktiv im Wirtschaftsleben und mehrten auf diese Weise den Besitz ihres Staates. Nach der Einigung Deutschlands verstärkten sich diese Tendenzen ungemein. Der Staat wurde zum Eigentümer von Eisenbahnen und Kanälen, aber auch im Bergbau und im Hüttenwesen sowie in anderen Industriebereichen verfügte er über gewaltige Mittel. So war Preußen im Jahre 1913 Eigentümer von vierzig Bergwerken und zwölf Hochöfen. Parallel dazu entwickelte sich auch das kommunale Eigentum, das Kraftwerke, Gas- und Wasserwerke, Verkehrsbetriebe, Banken sowie land- und forstwirtschaftliche Betriebe umfaßte. Auf diese Weise wurde in die Realisierung von Modernisierungsvorhaben ein großes Heer von Beamten der staatlichen Verwaltung und Angehörigen der kommunalen Selbstverwaltung einbezogen; sie mußten zwangsläufig nach Wegen suchen, die Interessen der Privateigentümer von Industrieunternehmen mit den Interessen von Betrieben und Einrichtungen im öffentlichen Besitz in Einklang zu bringen.

Eine weitere Besonderheit der industriellen Revolution in Deutschland bestand darin, daß praktisch mit ihrem Einsetzen vielfältige Institutionen der sozialen Fürsorge errichtet wurden. Das kaiserliche Deutschland war unzweifelhaft ein Vorläufer des Wohlfahrtsstaates, der eine Verelendung des Industrieproletariats und eine Zerrüttung der zwischenmenschlichen Beziehungen im Arbeitsleben, wie sie im England des 18. Jahrhunderts zu beobachten war, nicht zuließ. Zwar fehlte es auch in Deutschland nicht an Beispielen äußerster Not und entwürdigender Arbeitsbedingungen, doch Tatsache ist, daß auf Initiative des im Grunde feudalen Staates die ersten Institutionen der Versicherung für den Krankheitsfall, für Arbeitsunfälle und Invalidität geschaffen wurden; ferner wurden eine Beschränkung der Arbeitszeit und der Arbeitsschutz für Frauen und Kinder eingeführt.

In Polen, wo, wie schon erwähnt, die polnischen Fabrikanten auf einen effektiven Protektionismus der jeweiligen Teilungsmacht im Grunde nicht rechnen konnten, mußten jene Pflichten, die im Reich auf den Gebieten der Förderung der großindustriellen Produktion und der Sozialgesetzgebung von staatlichen Ämtern wahrgenommen wurden, durch Initiativen von unten übernommen werden. Sie schlugen sich nieder in einer Bewegung der sogenannten »organischen Arbeit«, der Arbeit an den Fundamenten der Gesellschaft. Diese Bewegung, die nicht zufällig immer dann an Popularität gewann, wenn wieder einmal ein nationaler Aufstand gescheitert war, zielte darauf ab, polnische Brückenköpfe der modernen Wirtschaft und des sozialen Wohlstands zu schaffen und auszubauen. Die besonders im preußischen Teilungsgebiet rege Aktivität der »organischen Bewegung« hatte in erster Linie defensiven, nicht expansiven Charakter; sie war ein im übrigen weitgehend erfolgreicher Versuch, die durch Fortschritte der erzwungenen oder spontanen Russifizierung beziehungsweise Germanisierung bedrohte nationale Substanz zu bewahren, bis sich die historische Chance ergeben würde, wieder einen unabhängigen polnischen Staat zu errichten. Bezeichnend ist aber, daß die von den Positivisten eifrig propagierte Bewegung der organischen Arbeit von der polnischen Gesellschaft nicht als Alternative zum bewaffneten Kampf für die Freiheit des Vaterlandes übernommen wurde. In der staatsbürgerlichen Erziehung dominierte weiterhin das Modell der heroischen Opferbereitschaft, und statt der alltäglichen, geduldigen und disziplinierten Arbeit zum Wohle des Landes blieb die Bereitschaft, Blut zu vergießen und sein Leben hinzugeben, das geachtetste Kennzeichen einer patriotischen Haltung.

Am Verlauf der Industrialisierungsprozesse in Deutschland und Polen ist deutlich abzulesen, daß die Industrialisierung kein selbsttätig wirkender Faktor ist, daß der technische Fortschritt im Gegensatz zu den Behauptungen der orthodoxen Marxisten nicht die einzige Triebfeder der Modernisierung des sozio-ökonomischen Systems ist. Jedes Land, in dem sich die Industrialisierung mit ihren untrennbaren Begleiterscheinungen wie Verstädterung, erhöhte soziale Mobilität, Veränderungen in der Sozialstruktur, im Bildungs- und Erziehungswesen, in den Verhaltensweisen, den Wertsystemen usw. vollzieht, absorbiert früher entstandene Korrelate der industriellen Revolution auf seine Art. »Deutschland«, sagt Dahrendorf, »wurde ein Industrieland, ohne dadurch England auch nur um ein Jota ähnlicher zu werden, als dies vorher der Fall war.« Über Polen und Deutschland ließe sich das mit noch größerer Sicherheit sagen. Die Industrialisierung war in beiden Ländern kein mechanisches Kopieren angelsächsischer und französischer Vorbilder, auch wenn diese ihren Bezugsrahmen bildeten, sondern nahm eine jeweils spezifische Gestalt an, die sich nach den vorgefundenen historischen Traditionen, den

Eigentümlichkeiten von Kultur und Brauchtum, vor allem aber nach dem politisch-staatlichen Status des jeweiligen Landes richtete.

Ein besonders eindeutiges Kennzeichen für das Ausmaß der Industrialisierung ist die Verstädterung. Sie machte in Polen nur in einigen Regionen einen merklichen Fortschritt. Dies gilt besonders für Oberschlesien, wo zu Beginn des 20. Jahrhunderts über 50 Prozent der Bevölkerung in Städten lebten; in den übrigen Regionen bildete die Landbevölkerung weiterhin die eindeutige Mehrheit. In Kongreßpolen entstanden lediglich drei größere Ballungsräume: Warschau, Lodz und Sosnowiec. Parallel zur Entwicklung einiger Städte kam es in Kongreßpolen und Galizien – in geringerem Maße im Großherzogtum Posen – zu einem Niedergang zahlreicher historischer Städte und Kleinstädte. Die größten Städte waren Warschau, Lodz, Krakau, Lemberg und Posen.

Die Kommunalwirtschaft, die sanitären Anlagen und generell der zivilisatorische Standard der polnischen Städte ließen sehr zu wünschen übrig (in Kongreßpolen waren zum Beispiel nur Warschau, Lublin, Łomża und Płock, in Galizien nur Krakau und Lemberg kanalisiert, und auch das nicht vollständig); noch am besten stellte sich die Situation im preußischen Teilungsgebiet dar, obwohl auch hier das Niveau der städtischen Infrastruktur weit hinter durchschnittlichen Städten im Reich zurückblieb. Zwischen den einzelnen Teilungsgebieten bestand schon im Aussehen der Städte, in ihrem architektonischen Aufputz, ein grundlegender Unterschied. Während in Kongreßpolen und Galizien in den meisten kleinen und mittleren Städten Holzhäuser überwogen, dominierten nur im preußischen Teilungsgebiet gemauerte Häuser. Die Bevölkerung der polnischen Städte stellte geradezu ein nationales und konfessionelles Mosaik dar: In Kongreßpolen war sie überwiegend polnisch-jüdisch, in Galizien polnisch-ukrainisch-jüdisch, im preußischen Teil polnisch-deutsch, aber es gab auch Städte wie beispielsweise Lemberg, in denen über ein Dutzend ethnischer und konfessioneller Gruppen – zumeist harmonisch – nebeneinander lebte.

Wegen des relativ geringen Tempos der Industrialisierung und Verstädterung blieb auch die innere Mobilität der polnischen Gesellschaft auf einem verhältnismäßig niedrigen Niveau. Die Bevölkerung der übervölkerten Dörfer fand in den Städten keine Arbeitsplätze und ging auf der Suche nach Arbeit und Brot in großen Scharen ins Ausland. Die größten Zentren der polnischen Arbeitsemigration waren die Vereinigten Staaten und Deutschland, wo im Jahre 1914 rund 800000 Polen lebten, davon rund 500000 im Ruhrgebiet. Es ist ein historisches Paradoxon, daß deutsche Weber und Unternehmer zur Entwicklung der polnischen Textilindustrie beitrugen und, wie Wilhelm Röpke bestätigt, polnische Bergleute und Hüttenarbeiter im Gegenzug am Aufbau der großindustriellen Potenz des Deutschen Reiches teilnahmen. Diese im 19. Jahrhundert überaus seltene Tatsache einer freilich durch die historischen Umstände erzwungenen, wahrhaft konstruktiven und friedlichen deutsch-polnischen Zusammenarbeit ist leider jahrzehntelang von der Geschichtsschreibung beider Länder verschwiegen oder unzureichend gewürdigt worden. Sie sollte heute zu einem gewichtigen »Ansatzpunkt« für die Annäherung und Freundschaft zwischen beiden Nationen werden.

Wegen der verspäteten Industrialisierung Polens blieben das polnische Dorf und die Landwirtschaft in einem Zustand schrecklicher zivilisatorischer Rückständigkeit. Die einzige Ausnahme bildete der preußische Teil, in dem die protektionistische Politik der preußischen Regierung und die Eigeninitiativen aufgeklärter Grundbesitzer sich in einer rechtzeitigen Modernisierung auch der polnischen Bauernhöfe niederschlugen. Durch die Nutzung des technischen Fortschritts in der Landwirtschaft wurde im Großherzogtum Posen im Jahre 1913 eine Getreideerzeugung von 586 kg je Einwohner erreicht, was in etwa den damaligen europäischen Standards entsprach, in Kongreßpolen dagegen nur von 223 kg und in Westgalizien von 144 kg. Das preußische Teilungsgebiet hatte somit eine gewisse Chance, zu einer modernen Agrargesellschaft zu werden, doch auf längere Sicht erwies sich das als unmöglich, weil die der Provinz Posen zugeschriebene Rolle einer Ernährungsbasis des Deutschen Reiches mit dessen Zusammenbruch endete.

In dieser Zeit, am Übergang vom 19. zum 20. Jahrhundert, nahmen die Verstädterung und die Wanderungsbewegungen in

Deutschland einen völlig anderen Verlauf als in Polen. Die Verstädterung vollzog sich ungleich schneller, vielleicht am schnellsten von allen europäischen Ländern. Noch 1871 waren zwei Drittel der Bevölkerung Deutschlands Dorfbewohner; 1939 hatte sich das Verhältnis genau umgekehrt. Anfang des 19. Jahrhunderts waren in Frankreich 30, in Deutschland 20 Prozent der Beschäftigten außerhalb der Landwirtschaft tätig. Hundert Jahre später waren es in Frankreich 50, in Deutschland schon 65 Prozent (gegenwärtig über 90 Prozent).

Bezeichnend ist jedoch, daß die Stadt und besonders die Großstadt in Deutschland nie allgemeine Sympathie genoß. Während das Dorf für den durchschnittlichen Deutschen als liebenswerte Verkörperung von Gesundheit und Ordnung in den zwischenmenschlichen Beziehungen gilt, wurden und werden die großen industriellen Ballungsräume als Brutstätten aller Unregelmäßigkeiten betrachtet. Die deutsche Landwirtschaft hat jedenfalls durch die intensive Industrialisierung keinen Schaden genommen und konnte sich strukturell und technologisch an die Erfordernisse der neuen Zeit anpassen. Das ging selbstverständlich nicht ohne soziale Kosten ab. Auch in Deutschland kam es während der Umstrukturierung der Landwirtschaft nach industriellem Vorbild zu einer verstärkten Abwanderung der Bauern, auch zu einer massenhaften Auswanderung in die Vereinigten Staaten, nach Südamerika und Afrika.

Die untypischen, jedenfalls von den als klassisch geltenden angelsächsischen und französischen Vorbildern deutlich abweichenden Resultate der Industrialisierungsprozesse im Kaiserreich und in Polen hatten ihre Hauptursache in den – wenn ich so sagen darf – anomalen Verhältnissen im Bereich des politischen Überbaus.

In Polen war die Situation einigermaßen klar: Ohne eigenen Staat, von den drei Teilungsmächten materiell und geistig gefesselt, war die Gesellschaft nicht in der Lage, alle potentiell in ihr steckenden Kräfte zu mobilisieren, um eine schwungvolle Modernisierung in Gang zu setzen und die gesellschaftlichen Strukturen sowie die politischen und rechtlich-konstitutionellen Institutionen aufzubauen, die einer freien Marktwirtschaft förderlich sind. Ohne eigenes Verschulden in jeder Hinsicht in ihrer Entwicklung verspätet, besaß diese Gesellschaft ein strukturelles Übergewicht konservativer feudaler Elemente, eine hauchdünne Schicht der neuen Mittelklasse, die bei den mit der Industrialisierung verbundenen Veränderungen »normalerweise« die Führungsrolle übernommen hätte, eine sehr schmale intellektuelle Elite (die sogenannte Intelligenz war lediglich in Ansätzen vorhanden), während die große Masse aus ungebildeten, durch Elend und Ausbeutung eingeschüchterten Bauern bestand, die kein nationales Bewußtsein und kein voll entwickeltes Bewußtsein ihrer Klassenlage hatten (Ende des 19. Jahrhunderts war allein im preußischen Teilungsgebiet der Analphabetismus überwunden, während in Kongreßpolen rund 70 Prozent und in Galizien etwa die Hälfte der Bevölkerung aus Analphabeten bestand).

In Deutschland erwiesen sich die Folgen der plötzlichen Beschleunigung der Modernisierungsprozesse in der zweiten Hälfte des 19. Jahrhunderts trotz anfangs vielversprechender Ergebnisse als verheerend für die Zukunft der Nation, weil es – wie Dahrendorf es definierte – zu einer beispiellosen, unseligen Mesalliance des dynastischen Staates und seiner archaischen Schichtungsstrukturen sowie der auf den Feudalismus zurückgehenden hierarchischen Beziehungen im Herrschaftssystem mit den liberalen und pluralistischen Erfordernissen des industriellen Zeitalters kam. Die Formation, die auf diese Weise entstand, könnte man als industrielle Feudalgesellschaft bezeichnen. Die Strukturen dieses eigentümlichen Gebildes durchdrangen alle Bereiche des gesellschaftlichen Lebens; sie vereitelten die Herausbildung eines Bürgertums, das sich als eigenständige soziale Klasse der Besonderheit seiner Interessen und politischen Bestrebungen bewußt war; sie führten dazu, daß soldatische und Beamtentugenden sich mit Managereigenschaften verflochten, und verfestigten auf diese Weise das autoritäre politische System; vor allem aber verankerten sie im allgemeinen Bewußtsein die Überzeugung, daß nicht die Freiheit und die Rechte des einzelnen, nicht die Autonomie der gesellschaftlichen Gruppen den höchsten Wert darstellen, sondern einzig und allein das Interesse der Nation und des Staates. Es war von hier aus nur noch ein Schritt, der Deutschland vom nationalen Größenwahn und vom ausufernden Nationalismus trennte.

Der Weg zur Modernität hat, meine ich, das deutsche und das polnische Volk nicht einander nähergebracht, sondern ihre gegenseitige Fremdheit eher vertieft.

Thomas Schmid
Stadt – Dorf, Metropole – Provinz

Es gibt Länder, in denen über das Verhältnis von Stadt und Dorf, von städtischer und von provinzieller Kultur vergleichsweise gelassen geredet werden kann. Das gilt etwa für Frankreich. Die alles überstrahlende Dominanz der Metropole Paris ist hier so unbestritten und so tief in der Geschichte des Landes verwurzelt, daß ein Streit über das Thema noch immer nahezu undenkbar ist. Die Provinz hat in Frankreich ihre Rechte (und ihre Schönheiten) – niemandem aber käme es in den Sinn, einen Konflikt zwischen Stadt und Land für möglich zu halten und die Hierarchie zwischen beiden in Frage zu stellen.

Ganz anders liegen die Dinge in Polen und in Deutschland. Beide Länder sind – teilweise aus den gleichen, teilweise aus unterschiedlichen Gründen – von alters her durch ein stetes Spannungsverhältnis zwischen Stadt und Land geprägt. Und beiden Ländern ist dies von Geschichtswissenschaft und Publizistik zumeist zum Nachteil ausgelegt worden. Man hat darin vor allem Zurückgebliebenheit erkennen wollen: Die Kultur der städtischen Zivilisation habe sich nicht durchsetzen können; das Bürgertum sei – wenn überhaupt – viel zu spät zur prägenden Kraft geworden und habe die Gesellschaft nie politisch erobert; viel zu lange habe der quälende Prozeß der Nationwerdung gedauert. Und dies alles kulminiert in dem Verdikt, beide Länder hätten die Standards der westlichen Zivilisation verfehlt, hätten die Westbindung entweder verweigert oder wären zu ihr nicht in der Lage gewesen. Beide Länder seien, überspitzt formuliert, in vorgesellschaftlicher Gestaltlosigkeit befangen geblieben, und das habe sich nicht zuletzt im Übergewicht provinzieller Beharrungskräfte ausgedrückt. Die moderne städtische Kultur der Vielfalt *und* der Zentralisierung sei daher in beiden Ländern nie wirklich zum Zuge gekommen.

Dieses Urteil ist jedoch nur berechtigt, solange man einen Normalfall bürgerlicher Gesellschaftsentwicklung unterstellt, demgegenüber alle Abweichungen als Fehlentwicklungen erscheinen müssen. Verzichtet man auf dieses normativ daherkommende Vorurteil, dann stellt sich die Wirklichkeit beider Länder jedoch anders dar. Provinzialität war in ihnen deswegen stets stark ausgeprägt, weil die Staatlichkeit beider Länder den längsten Teil ihrer Geschichte auf äußerst schwachen Beinen stand – wenngleich aus je unterschiedlichen Gründen.

Zwar gab es vergleichsweise früh eine klare Idee von der polnischen Nation, die Konturen des polnischen Staates aber waren im Laufe der Jahrhunderte ständigen Wandlungen unterworfen, mal war Polen ein Riesenreich, mal schrumpfte es zusammen, mal verschwand es gar ganz von der politischen Landkarte. Wie kaum ein anderes Land Europas war Polen lange Zeit ein Spielball dynastischer Strategien, die das Land ständigen politischen Umwälzungen und Neuorientierungen aussetzten und seine gesellschaftliche Konsolidierung behinderten. Die auf Autonomie und Selbstverwaltung der Gemeinden zielende Bewegung, die im Westen Europas (am deutlichsten in der späteren Schweiz und in Südwestdeutschland) schon vor der Zeit der Reformation einsetzte und die trotz schwerer Rückschläge ein wichtiger Schritt zur Emanzipation der Bauern und der Provinz war, konnte in Polen kaum Fuß fassen. Im Gegenteil, seit dem 16. Jahrhundert wuchs die Bindung der Bauern an die Scholle, ihre persönliche, administrative, gerichtliche und materielle Abhängigkeit vom adligen Herrn wurde vollendet im System der Leibeigenschaft. Die im 15. und 16. Jahrhundert noch blühenden Städte mußten seit dem 17. Jahrhundert Einschränkungen hinnehmen, wurden politisch entmachtet und waren so geschwächt einer wirtschaftlichen Krise ausgeliefert, zu einem Zeitpunkt, als anderswo in Europa Urbanisierungsprozesse erst richtig in Gang gekommen sind.

Dazu trug paradoxerweise jene spezifische polnische Entwicklung bei, die wegen ihres zivilen und freiheitlichen Charakters lange Zeit in ganz Europa bewundert wurde: die sogenannte Adelsdemokratie, die Demokratie der Schlachta, die mit der dritten Teilung Polens im Jahre 1795 unterging. Es gelang dem Adel, sich – unabhängig vom König – als eine eigene Rechtskorporation zu etablieren, Fundament war die allgemeine Gleichheit und Freiheit aller Edelleute. Die Schlachta wuchs zur homogensten und bestimmendsten gesellschaftlichen Schicht heran (sie machte 8 bis 12 Prozent der Gesamtbevölkerung aus, während sonst in Europa selten mehr als ein Prozent der Bevölkerung adelig war). Sie war ein Garant für Freiheit, Toleranz und auch multiethnische Koexistenz, und die polnische Ständeverfassung sicherte sogar (wenn auch in Grenzen) die Selbstverwaltung der Gemeinden, in denen der Adel, der zum größten Teil der Gruppe der mittleren Possessoren angehörte, das Sagen hatte. Doch die Mobilität zwischen den Klassen der Bauern, der Bürger und des Adels, die zu Beginn der Adelsrepublik sehr groß gewesen war und die ja das Erstarken des Adels erst möglich gemacht hatte, nahm im Laufe der Zeit immer mehr ab, der Adel – nach innen demokratisch organisiert – wurde immer mehr zu einer oligarchischen Schicht, die die gesellschaftliche Entwicklung blockierte. Der Adel hielt energisch an der Leibeigenschaft der Bauern fest, und die neuentstehende Adelsschicht der Magnaten (deren Besitzungen zum Teil größer waren als manche deutsche Fürstentümer) untergrub – vor allem mit ihrer ökonomischen Macht – die Rechte der Städte. Die Ausdifferenzierung der Gesellschaft, die auf der Tagesordnung gestanden hätte, wurde verhindert. Die Bestrebungen in der zweiten Hälfte des 18. Jahrhunderts, die Städte politisch und wirtschaftlich zu stärken, haben zwar 1791 vom Reichstag auch eine rechtliche Grundlage erhalten, konnten aber der Aufteilung Polens wegen nicht mehr realisiert werden. Die Auflösung der Leibeigenschaft, formell 1794 im Kościuszko-Aufstand proklamiert, wurde erst allmählich in den drei Teilungsgebieten – nach 1807 im preußischen, 1848 im österreichischen, 1807 und 1863 im russischen – vollzogen. Das hatte für das Verhältnis von Stadt und Land in doppelter Hinsicht Konsequenzen. Zum einen blieb den bäuerlichen Massen länger und härter als anderswo der Weg in die Moderne versperrt. Daß Bauern Staatsbürger werden könnten, war selbst in den nationalrevolutionären polnischen Kreisen des 19. Jahrhunderts ein nur schwer vorstellbarer Gedanke – und das hatte u. a. zur Folge, daß die ländliche Bevölkerung den Aufständen und Kämpfen zur Wiedererringung der nationalen Unabhängigkeit weithin fernblieb. Überspitzt formuliert: Die Bauern gehörten nicht zur Nation, nicht zur Gesellschaft, nicht zum Staat (und das machte – im romantisch-nationalen Umkehrschluß – erst den populistischen Kult der Bauerntümelei möglich). Zum andern wurde durch die Dominanz des Adels die Herausbildung und Konsolidierung des Bürgertums verhindert; die kritische Intelligenz, die in anderen europäischen Ländern zum Advokaten der Bürgergesellschaft wurde, war in Polen lange Zeit noch den Idealen des Adels verpflichtet. Polen – absorbiert von der Frage der nationalen Souveränität und eingeschlossen in ein überkommenes System scharfer gesellschaftlicher Segmentierung – wurde zu einem rückständigen Land. Die polnische Intelligenz (deren Angehörige zumeist die Erfahrung des Exils machten) war weitaus weltoffener und kosmopolitischer orientiert als die deutsche – doch diese Impulse erreichten nicht die gesellschaftliche Wirklichkeit des Landes. Trotz erster staatlicher Modernisierungs- und Industrialisierungsversuche wurde die Kluft zwischen den Klassen eher noch größer. Alle modernen Gesellschaften sind städtisch geprägte Gesellschaften, die die Provinz in ein Abhängigkeitsverhältnis zu den Metropolen gebracht haben. Darin ist ein Konfliktpotential enthalten, das zwar lange unter Verschluß gehalten werden kann, das aber – wenn es unbearbeitet bleibt – früher oder später zum Protest der provinziellen »Modernisierungsverlierer« führen wird. Mit anderen Worten: Gelingen kann Modernisierung nur, wenn sie die ganze Gesellschaft erfaßt, wenn sie darauf verzichtet, das Land entweder zu vernachlässigen oder nach dem Bild der Metropole zu formen, wenn sie bemüht ist, das Gefälle zwischen Provinz und Metropole gesellschaftlich auszugleichen. Weil aber in Polen Provinz *und* Städte in ihrer Entwicklung behindert waren, konnte es nicht zu einem ausgeglichenen Verhältnis zwischen Stadt und Land, zwischen Bürgern und Bauern kommen. Die zum Teil überstürzte industrielle Modernisierungspolitik der polnischen Republik in den zwanziger und dreißiger Jahren dieses Jahrhunderts hat daran nicht mehr viel ändern können: Den industriellen Zentren (wie etwa Lodz) stand ein nach wie vor agrarisch geprägtes Land schroff gegenüber. Und natürlich hat auch die forcierte industrielle Modernisierungspolitik, die das sozialistische Regime nach 1945 in Gang gesetzt hat, daran nichts ändern können; sie hat im Gegenteil – nicht zuletzt durch die von ihr betriebene Zerstörung des ohnehin schon schwachen Bürgertums – einen ausgeglichenen Modernisierungsprozeß verhindert.

Auch Deutschland ist stark von Provinzialität oder genauer: von Provinzialitäten geprägt, wenngleich aus anderen Gründen als Polen. Warschau gehört – verglichen mit London, Paris, Madrid, Lissabon und Wien – zu den jüngsten Hauptstädten Europas; noch viel später indes folgte Deutschland: Erst in der zweiten Hälfte des 19. Jahrhunderts kam es mit Berlin zu einer Hauptstadt, die dem Land – gegen nicht unbeträchtliche Widerstände – von der Hegemonialmacht Preußen oktroyiert wurde. Die Kapitale, die *eine*, das politische, kulturelle und gesellschaftliche Leben des Landes bestimmende Metropole hat nie als zwingende Notwendigkeit auf dem Weg der deutschen Geschichte gelegen, und diese Tatsache beschreibt – entgegen einem verbreiteten Vorurteil – keineswegs nur einen Mangel. Wohl gab es über Jahrhunderte hinweg das ideelle Dach des – universalistisch angelegten – Römischen Reichs Deutscher Nation, dieses war aber nichts weniger als eine Nation im modernen Sinne und noch viel weniger ein auch nur einigermaßen strukturierter Staat. In Frankreich setzte sich in der frühen Neuzeit der absolutistische Territorialstaat durch, der zentralistisch organisiert war und die Provinzen dem Zentrum der Macht strikt unterordnete; das Ergebnis war ein außerordentlich homogener gesellschaftlicher Körper. Dazu kam es in Deutschland aus den verschiedensten Gründen nicht (einer der wichtigsten bestand in dem Kampf der Städte *und* Dörfer für die Gemeindefreiheit, die eine dem aufkommenden Absolutismus entgegengesetzte Antwort auf das Ende der mittelalterlichen Ordnung beinhaltete). Weil aber der souveräne Territorialstaat allmählich als der Normalfall galt, sah sich die politische Philosophie weithin außerstande, das Alte Reich auch nur zu beschreiben; der Staatsphilosoph Samuel Pufendorf etwa nannte es im 17. Jahrhundert einen irregulären, monströsen Körper. Die Kehrseite dieser Gestaltlosigkeit war freilich ein überaus ausgeprägter Polyzentrismus, eine – in nur wenigen anderen Teilen Europas erreichte und bewahrte –

regionale Vielfalt. Weil es keine Zentrale gab, konnten die unterschiedlichen regionalen Kulturen überleben.

Man hat das mit dem Verweis auf die zum Teil absurde deutsche Kleinstaaterei des 18. Jahrhunderts in Mißkredit gebracht, und man hat den deutschen Polyzentrismus mit dumpfem Provinzialismus, mit spießiger Enge und Weltabgeschlossenheit in Verbindung gebracht. Das ist nicht ganz falsch, doch nur die halbe Wahrheit. Wohl waren die deutschen Kleinstaaten oft genug ein Hort der Reaktion; sie pflegten die landsmannschaftliche, dynastische und folkloristische Vielfalt – sperrten sich aber entschieden gegen alle Versuche, Gesellschaftlichkeit politisch, zivil und demokratisch zu begründen. Auf der anderen Seite lag im deutschen Polyzentrismus stets auch das Potential für eine föderale Gliederung und für eine föderale Assoziierung der Regionen und Länder zu einem Staat (und es gab deutsche Kleinstaaten, deren weltoffene Regenten auch für diese Tendenz standen). Deutschland setzte sich die längste Zeit seiner Geschichte aus vielen staatlichen Gebilden zusammen, und deren Konturen haben sich lange Zeit erhalten. Weil es das eine Zentrum nicht gab, gab es viele regionale Zentren. Das Gefälle zwischen Provinz und Metropole war nie so groß wie etwa in Frankreich, die Regionen konnten ihr Eigenleben entfalten und sich eigene Strukturen schaffen. Goethe, der gewiß kein Provinzler war, der das Fehlen eines »Mittelpunkts gesellschaftlicher Lebensbildung« in Deutschland beklagte und die Deutschen als »Partikuliers« bezeichnete, sah zugleich die Vorteile, die in diesem Eigensinn lagen. Ihm sei nicht bange, sagte er einmal, daß Deutschland eins werde, fügte jedoch hinzu: »Wenn man aber denkt, die Einheit Deutschlands bestehe darin, daß das sehr große Reich eine einzige große Residenz habe, und daß diese eine große Residenz wie zum Wohl der Entwicklung einzelner großer Talente, so auch zum Wohl der großen Masse gereiche, so ist man im Irrtum. [...] denken Sie an Städte wie Dresden, München, Stuttgart, Kassel, Braunschweig, Hannover und ähnliche; denken Sie an die großen Lebenselemente, die diese Städte in sich selber tragen; denken Sie an die Wirkungen, die von ihnen auf die benachbarten Provinzen ausgehen... Frankfurt, Bremen, Hamburg, Lübeck sind groß und glänzend, ihre Wirkungen auf den Wohlstand von Deutschland gar nicht zu berechnen. Würden sie aber wohl bleiben, was sie sind, wenn sie ihre eigene Souveränität verlieren und irgendeinem großen deutschen Reich als Provinzialstädte einverleibt werden sollten? Ich habe Ursache, daran zu zweifeln.« Provinziell wurde Deutschland nicht durch seine regionale Vielfalt – provinziell wurde es vielmehr, weil es nicht gelang, dieser Vielfalt eine moderne und demokratische gesellschaftliche Form zu geben.

Gerade weil Deutschland eine so schwache Disposition zum Zentralismus hatte, wurde dieser in der nationalstaatlichen Epoche um so rücksichtsloser durchgesetzt. Der faktisch unitarische Bismarcksche Staat degradierte die Ländervielfalt zur Folklore (sehr zutreffend war von sogenannten »Reservatrechten« die Rede). Was bisher noch im Zusammenhang gedacht werden konnte, trat nun auseinander: Föderalismus und Demokratie, regionale Vielfalt und Fortschritt. Von Karl Marx stammt der törichte Satz von der unausweichlichen »Idiotie des Landlebens«; diese Wendung machte nun, weit über die Grenzen der Linken hinaus, Karriere. Lagerübergreifend huldigte man der Überzeugung, die brachiale Modernisierung sei der einzige Weg, um Deutschland aus seiner traditionsreichen Gestaltlosigkeit herauszuführen. Marx und Treitschke waren sich, von extrem entgegengesetzten Positionen aus, darin zumindest einig, daß der herkömmlichen Vielfalt Deutschlands ein Ende bereitet werden müsse und daß ein straffer und rücksichtsloser Zentralismus das Gebot der Stunde sei. Es gab (bei den kommunalistisch orientierten Liberalen, bei den wirklich Konservativen und ein wenig auch bei den frühen Sozialisten) Kräfte, die sich dieser großen Koalition der eisernen Modernisierung widersetzten; sie hatten aber, weil sie zu spät und zu diffus agierten, keine Chance. Auch in Deutschland kam es zu einer forcierten industriellen Modernisierung, auch in Deutschland gelang der Brückenschlag zwischen städtischem Bürgertum und ländlicher Bevölkerung nicht.

Als dann das nationalsozialistische Regime – das auch ein Regime der Modernisierung war – die verblaßte bäuerliche Kultur auf völkische Weise für seine Zwecke instrumentalisierte, war die Provinz in Deutschland endgültig diskreditiert. Was die Anhänger des Fortschritts immer schon geahnt hatten, war ihnen nun zur

Gewißheit geworden: daß Zivilisation und Demokratie in Deutschland nur dann eine Chance haben könnten, wenn – wie es Heinrich Mann schon 1920 programmatisch formuliert hatte – das ganze Land radikal nach dem Bilde der Metropole, der Stadt umgestaltet würde.

Nach dem Ende des Zweiten Weltkrieges hat es in der Bundesrepublik Deutschland nicht an Versuchen gefehlt, dieses Programm in die Tat umzusetzen. Daß es dennoch nicht voll realisiert werden konnte, liegt am untergründigen und doch zähen Fortleben jener traditionellen Regional- und Ländervielfalt, deren Auslöschung in den knapp 75 Jahren deutscher Reichsgeschichte eben doch nicht restlos gelang. Herausgekommen ist vorerst ein merkwürdiger Zwitter: eine halb provinzielle, halb weltoffene Gesellschaft, in der sich – nicht nur städtebaulich – Stadt und Land in der häßlichen Mitte treffen.

Stadt-Land, Provinz-Metropole: In Polen und in Deutschland ist das Thema heikel geblieben.

Andrzej Siciński

Lebensstil: Aufgabe oder Frage?

Eine vergleichende Charakterisierung der Lebensstile in Deutschland und Polen ist insofern schwierig, als es in beiden Ländern viele unterschiedliche Lebensstile gibt. Es erscheint im Sinne des angestrebten Vergleichs zweckmäßig, einen wichtigen, allgemeineren Unterschied (oder Unterschiede) zwischen den Lebensstilen beider Gesellschaften in idealtypischer Weise herauszuheben. Auf den unseres Erachtens derzeit bedeutsamsten Unterschied verweist die folgende Beobachtung: In der deutschen Gesellschaft ist der Lebensstil – der sich nach der sozialen Stellung und dem selbstgewählten Umfeld richtet – eine *Aufgabe*, die der einzelne oder die Gruppe tagtäglich mehr oder weniger konsequent verwirklicht. Das Alltagsleben der Polen verlangt dagegen weit öfter eine Antwort auf eine *Frage*: ob man sich so oder anders verhalten soll; welche Verhaltensmuster man befolgen soll; welche Wahl man treffen soll. Wir wollen zeigen, worin dieser grundlegende

Unterschied eigentlich besteht, worauf er beruht und was aus ihm folgt:

Eindeutigkeit und »Verschmieren«.

Die Lebensstile der deutschen Gesellschaft sind in der Regel recht deutlich auskristallisiert. Sie lassen sich anhand vielfältiger Kriterien differenzieren, doch immer sind die Unterschiede zwischen ihnen ziemlich offenkundig. Wenn wir prüfen, welche Eigentümlichkeiten so exemplarische Stile wie der kleinbürgerliche Lebensstil, der mittelschichtspezifische Lebensstil, der Lebensstil wirtschaftlich erfolgreicher größerer Familienhaushalte, der Lebensstil ohne ausgeprägtes Sozialprofil (konservativ-asketisch), der typische »High-Life«-Lebensstil usw. aufweisen (Lüdtke, »Zur Soziologie der Lebensstile«, 1989), dann lassen sie sich ohne weiteres bestimmten Milieus zuordnen. Diese Stile sind sowohl für den äußeren Beobachter wie für jene, die sie verwirklichen, eindeutig voneinander zu unterscheiden. Sie werden verwirklicht in Kenntnis eines »Musters«, das zumeist nicht nur akzeptiert, sondern auch geschätzt wird.

In Polen ist das Bild der Lebensstile gewissermaßen »verschmiert«, die Grenzen zwischen den Stilen sind nicht scharf, die »Muster« sind nicht eindeutig bestimmt. So nimmt sie der Beobachter wahr, und so erscheinen sie auch den Menschen, die die unterschiedlichen Stile verwirklichen. Oft sind sie sich nicht sicher, was in bestimmten Bereichen und Situationen »angebracht« und »unangebracht« ist. Sie haben kein klares Bild von dem Stil, den sie verwirklichen wollen, können oder (z. B. im Hinblick auf ihre berufliche oder wirtschaftliche Situation) sollen. Auch lassen sich die in der polnischen Gesellschaft vorkommenden Lebensstile nicht eindeutig bestimmten Milieus zuordnen.

In der deutschen Gesellschaft, die in einem wirtschaftlich und politisch stabilen Staat lebt, besteht das Alltagsleben zumeist in der Verwirklichung eines bestimmten »Plans«, der entweder von den Eltern übernommen oder mehr oder weniger bewußt gewählt wird. In der polnischen Gesellschaft kommt es weit häufiger zur »Improvisation« unter Bedingungen unterschiedlicher Streßfaktoren, des

Drucks äußerer Umstände, des Verlustes der Wertorientierung und – während der Nachkriegsjahre – periodischer Krisen (bei denen Phasen des verstärkten Drucks der totalitären Macht mit Phasen des »Tauwetters« abwechselten). Im Alltagsleben tritt ein Paradoxon auf, das auch für viele andere Bereiche charakteristisch ist: eine Planlosigkeit, die in den Ländern der zentralen Planung weit größer ist als in den Ländern des wirtschaftlichen und politischen freien Marktes.

Lebensstil und soziale Differenzierung.

Zu den wichtigsten Ursachen der aufgezeigten Verschiedenheit in der Ausgestaltung der Lebensstile zwischen Polen und Deutschland gehören die Unterschiede in der Sozialstruktur beider Länder. Die deutsche Gesellschaft weist eine relativ stabile, transparente Sozialstruktur auf: ein Ergebnis evolutionärer – was nicht heißt: geringfügiger – Veränderungen, die sich nicht erst in den letzten Jahrzehnten vollzogen haben, sondern an Prozesse anknüpfen, die sich über Jahrhunderte erstrecken. Die deutlichen Unterschiede der in den einzelnen Schichten und Segmenten der Gesellschaft herrschenden Lebensstile stabilisieren diese Struktur.

Die Sozialstruktur Polens erfuhr in den letzten fünfzig Jahren grundlegende, revolutionäre Veränderungen. Sie waren ein Ergebnis des Krieges und der Kriegsverluste, der Grenzverschiebungen nach dem Krieg (und der damit verbundenen Migration), der massenhaften Nachkriegsmigration der Landbevölkerung in die Städte und schließlich des – durch die wirtschaftlich-soziale Politik der Kommunisten bedingten – Rückgangs oder gar des Verschwindens solcher sozialer Schichten wie der Intelligenz, des Bürgertums und des Landadels. Im Ergebnis haben wir in Polen heute: pauperisierte Überreste der alten Intelligenz, eine neue Arbeiter- und Bauern-Intelligenz, die von manchen treffend als »Salariat« bezeichnet wird, eine Arbeiterklasse mit bäuerlichen Traditionen und eine bäuerliche Schicht, die durch das System des »realen Sozialismus« weitgehend aus der alten Tradition herausgerissen wurde, während eine »Mittelklasse« fehlt. Lebensstile, die für die einzelnen sozialen Schichten spezifisch sind, sind in dieser Situation schwerlich zu finden. Stildifferenzierungen verlaufen gewissermaßen quer zu den Schichten.

In Polen haben die wichtigsten sozialen Ungleichheiten einen geringeren Einfluß auf den Lebensstil als in Deutschland. Die stärksten Ungleichheiten hängen in Deutschland mit dem Lebensstandard, der beruflichen Position, der Bildung, dem Zugang zur Macht und schließlich der ethnischen Zugehörigkeit zusammen. Auch in Polen sind all diese Kriterien (außer der ethnischen Zugehörigkeit) für die sozialen Ungleichheiten maßgebend; außerdem müßte man noch mindestens zwei hinzufügen: den Wohnort und die soziale Herkunft. Dennoch gibt es, was die sozialen Ungleichheiten unter den Deutschen bzw. den Polen angeht, einen recht eindeutigen Unterschied, für den die Tatsache verantwortlich ist, daß sich in der deutschen Gesellschaft weit stärker ein Phänomen äußert, das die Soziologen wissenschaftlich als Konvergenz der Statusfaktoren bezeichnen. Einfacher ausgedrückt: In Deutschland ist weit häufiger als in Polen eine höhere Position in einer der erwähnten »Dimensionen« mit einer höheren Position in den übrigen Dimensionen verbunden. Ein Beispiel: Menschen mit höherem Lebensstandard haben häufiger als solche mit niedrigerem Lebensstandard eine höhere Bildung, eine höhere berufliche Position, sie verfügen über einen größeren Machtbereich, stammen häufiger aus ethnisch deutschen Familien.

Für die polnische Gesellschaft dagegen ist eine fehlende Konvergenz der Statusfaktoren – z. B. Lebensstandard, Bildung und Prestige – charakteristisch. In Polen finden daher soziale Ungleichheiten in geringerem Maße als in Deutschland ihren Niederschlag in differenzierten Lebensstilen.

Lebensstil und zugängliches Verhaltensrepertoire.

Daß die Lebensstile bei den Deutschen in höherem Maße recht eindeutig umrissene und festgelegte »Aufgaben« sind, während sie in Polen immer wieder zu »Fragen« führen, liegt unter anderem daran, daß das Repertoire der zugänglichen Verhaltensweisen und die Kenntnis dieses Repertoires in Deutschland größer sind. Ich meine damit, daß die deutsche Gesellschaft über weit reichere Bestände als die polnische an drei Arten von Kapital verfügt: wirtschaftlichem, kulturellem und sozialem (P. Bourdieu). Das erste äußert sich unter dem uns interessierenden Aspekt in einem sehr viel reicheren und zugänglicheren Markt materieller Güter (aber nicht nur darin), das zweite in einem weit höheren Bildungsniveau, das dritte in einer sehr viel breiteren Differenzierung der sozialen Kontakte sowohl innerhalb wie außerhalb der eigenen Gesellschaft.

Je größer diese Kapitale sind, desto größer ist auch die Kenntnis der Möglichkeiten, im Alltagsleben der Menschen unterschiedliche Wahlen zu treffen. Desto größer ist auch das Bewußtsein der Besonderheit der in verschiedenen Situationen von Individuen und Gruppen gewählten Verhaltensweisen. Nachdem solche Wahlen getroffen wurden, ist folglich die Bindung an sie, das Gefühl für ihren Wert stärker. Dieses Gefühl für den Wert des eigenen Lebensstils ist in der deutschen Gesellschaft sehr viel ausgeprägter als in Polen.

Die in Polen weit geringeren Bestände an den erwähnten Kapitalen sind eine der Ursachen dafür, daß die Wahlen, die hier getroffen werden, oft etwas Provisorisches haben: Man wählt, ohne sicher zu sein, daß die getroffene Wahl die richtige ist, daß man die potentiellen Möglichkeiten, die Chancen, welche die getroffene Wahl gewährt, genutzt hat.

Deutlicher als in Polen unterscheiden sich viele Stile in Deutschland vor allem im Hinblick auf die mit der Arbeitssphäre, der beruflichen Aktivität verbundenen Verhaltensweisen und Orientierungen. In Polen sind eher Verhaltensweisen der Freizeit für den Lebensstil konstitutiv.

Ist dies auf die unterschiedlichen Systeme zurückzuführen, in denen Deutsche und Polen nach dem letzten Krieg gelebt haben? Im »realen Sozialismus« war fast jeder beim Staat beschäftigt, und der Staat als Arbeitgeber entschied willkürlich, was in der Arbeitssphäre geschieht. Einzig das Leben außerhalb der Arbeit konnte vom einzelnen, von der Familie oder dem Milieu durch eigene Entscheidungen reguliert werden. Es ist aber auch denkbar, daß der Unterschied eine weiter zurückliegende Ursache hat und auf den Wertvorstellungen beruht, die bei einer Gesellschaft mit protestantischen Traditionen andere sind als bei einer katholischen Gesellschaft.

Schlußbemerkungen

Auch wenn die grundlegenden Unterschiede im Lebensstil der Deutschen und der Polen richtig dargestellt wurden, so ist doch immer noch die Frage offen, ob diese Unterschiede nur im Vergleich zwischen beiden Gesellschaften zutage treten oder ob sie allgemeinerer Natur und für das Alltagsleben einerseits in Westeuropa, andererseits in den postsozialistischen Ländern charakteristisch sind.

Zwischen den Lebensstilen verschiedener westeuropäischer Länder gibt es zwar deutliche Übereinstimmungen, doch stärker springen die Unterschiede im Alltagsleben der Einwohner von Bonn (aber auch Berlin), Paris, London und Helsinki ins Auge. Desgleichen unterscheiden sich die polnischen Lebensstile eindeutig von den tschechischen, slowakischen oder ungarischen, obwohl das kommunistische Regime bestrebt war, die »Bruderländer« einander anzugleichen. Zum Teil ist diese Angleichung jedoch gelungen, beispielsweise in der scharfen Trennung zwischen der Teilnahme am öffentlichen, offiziellen Leben mit dem Scheincharakter vieler Aktivitäten und dem authentischen Privatleben.

Einige der aufgezeigten Unterschiede dürften ihre Ursache in den Verschiedenheiten des politischen und wirtschaftlichen Systems haben, in dem die Bürger der alten Bundesrepublik Deutschland und die Bürger Polens gelebt haben, während andere wohl in der ferneren Vergangenheit beider Gesellschaften verwurzelt sind.

Helga Hirsch
Frauen

Ein tieferes Verständnis zwischen westdeutschen und polnischen Frauen dürfte im ersten Anlauf schwerfallen. Während die einen schon jahrelang um Gleichberechtigung kämpfen, empfinden die anderen den Beruf oft nur als unerträgliche Last. Wenn die einen es als entwürdigend erleben, als Sexualobjekt begehrt und als Hausfrau mißbraucht zu werden, gefallen sich die anderen, wenn sie die Männer umwerben und als Familienmütter umsorgen können. Zwar entstanden auch in Polen einzelne Frauenorganisationen – erst spät, Ende der 80er Jahre –, doch blieben sie bis heute ohne größeren Zuspruch. Denn polnische Frauen hinterfragen in der Regel die traditionelle Rollenverteilung noch nicht, sie reiben sich nur an der entnervenden Doppelbelastung im Alltag.

Wer diesen oft verbitterten, unzufriedenen Ehefrauen jedoch vorschlägt, weniger zu arbeiten oder die Hausarbeit mit dem Mann zu teilen, wird nur darüber belehrt, warum angeblich alles beim alten zu bleiben habe: Aus wirtschaftlichen Gründen seien sie zum Mitverdienen gezwungen, und außerdem sei beim Mann ohnehin alle Liebesmüh der Umerziehung vergebens. Also muß es Gründe geben, warum Polinnen, obwohl der Doppelbelastung wesentlich stärker ausgesetzt als die deutschen Frauen, nicht ohne masochistischen Genuß (noch) in diesen Bedingungen verharren.

Am Ende des 18. Jahrhunderts wurde Polen unter Preußen, Österreich und Rußland aufgeteilt und als eigenständiger Staat ausgelöscht. Wollte die Nation unter der Fremdherrschaft ihre Identität erhalten, mußten ehemals staatliche Aufgaben wie die Erziehung der nachfolgenden Generation oder die Weitergabe des kulturellen Erbes im nicht kontrollierbaren privaten Rahmen von den Familien übernommen werden. Die Männer aber waren meist abwesend, da sie sich an den Aufständen gegen die Besatzungsmächte beteiligten, später im Gefängnis saßen, in die sibirische Verbannung geschickt wurden oder aus wirtschaftlichen Gründen in den Westen emigrierten. Also lag es allein in den Händen der Frau, das Gut in Abwesenheit des Mannes zu führen, die Kinder im nationalen Geist zu erziehen und die polnische Sprache vor deutscher und russischer Überfremdung zu schützen. Die Frau sorgte für mehr als nur für die eigene Familie, sie fühlte sich verantwortlich für das Überleben der Nation.

Dieser »Mutter Polin« – so der Titel eines Gedichts des polnischen Nationaldichters Adam Mickiewicz – galt höchste Bewunderung und Verehrung. Manchmal zog sie, eine polnische Jeanne d'Arc, selbst in den Kampf (wie Emilia Plater in dem gleichnamigen Gedicht ebenfalls von Adam Mickiewicz), immer aber nutzte sie ihre mütterliche Fürsorge, ihre Aufopferungsbereitschaft und selbstlose Liebe, um in Abwesenheit des Mannes männliche Werte wie Ehre, Mut und Prinzipientreue hochzuhalten.

Der in der romantischen Literatur idealisierte Prototyp der »Mutter Polin« entstammte dem Adel, war einerseits feinsinnig und gebildet, rezitierte französische Gedichte und spielte Klavier. Andererseits aber war sie entschlußfreudig und tatkräftig wie ein Mann. Und wie ein Mann ließ sie sich weder von Mitgefühl noch Schmerz und Trauer überwältigen, wenn Glück, Gesundheit und Wohlergehen der eigenen Kinder gefährdet waren. Notfalls war sie sogar bereit, den Sohn oder die Tochter für das Vaterland, für die nationale Ehre, für das übergeordnete Prinzip zu opfern. Diese »Mutter Polin« erschien immer als tragische Gestalt, die litt, weil ihr zu große Pflichten ein entsagungsreiches Leben aufzwangen. Sie war eine ganz und gar unerotische Heldin, der irdischen Liebe, Lust und Sexualität weit entrückt – einer Heiligen gleich, bei der die mütterlichen Tugenden der Realisierung männlich-transzendenter Ziele dienten. Nicht zufällig hat der volkstümliche polnische Katholizismus bis heute an der Verehrung für die Jungfrau Maria festgehalten, die nach einem ihrer Hilfe zugeschriebenen Sieg der Polen über die Schweden im 17. Jahrhundert auch zur Königin Polens gekrönt wurde.

Der Mythos aus der Romantik wäre sicher längst verblaßt, wenn die historischen Bedingungen den Frauen einen Abstand von der Rolle als »Mutter Polin« ermöglicht hätten. Aber faschistische Besatzung und später die ebenfalls als fremdbestimmt empfundene kommunistische Herrschaft erforderten im 20. Jahrhundert ein ähnliches Verhalten wie während der Zeit der Teilungen 100 oder 150 Jahre zuvor. Im Zweiten Weltkrieg standen Frauen als Melderinnen oder Krankenschwestern an der Seite der Männer, die im Untergrund gegen deutsche Faschisten und russische Kommunisten kämpften. Und in den 70er und 80er Jahren übernahmen sie den illegalen Vertrieb von Flugblättern oder sammelten Mitgliedsbeiträge für die illegale »Solidarność«, wenn die Männer inhaftiert, interniert waren oder unter permanenter Observation standen.

Auch wenn diese Frau starke autonome Züge aufwies, so blieb die grundsätzliche Abhängigkeit der Frau vom Mann unangetastet: Abgesehen von einigen »heiligen« Ausnahmefällen à la Jeanne d'Arc war die verehrte Frau verheiratet, zumindest verwitwet; eine Unverheiratete hingegen galt und gilt als unvollständig, mit einem Mangel und Makel behaftet. Erst die Ehe schuf den tugendhaften und sittsamen Ordnungsrahmen für eine Frau, die sich vor allem als Mutter definierte. Aber auch erst die Ehe bildete jene bis heute typische Konstellation zwischen der Mutter-Frau und dem Sohn-Mann heraus. Denn die heroische Frau machte dem abwesenden oder unfähigen Mann die Rolle als Familienoberhaupt streitig, schalt ihn einen Versager und Schwächling, weigerte sich aber gleichzeitig, Aufgaben an ihn zu delegieren, eben weil auf der tendenziell überfordernden Selbstaufopferung die Überhöhung des Frauenbildes beruhte.

Und so stoßen wir in Polen ständig auf Frauen, die als Mütter jene Sohn-Männer großziehen, die sie als Ehefrauen verachten. Dieser Circulus Vitiosus wird so lange nicht durchbrochen werden, wie den Frauen die entbehrungsreiche, aber geachtete Rolle als »Mutter Polin« noch attraktiver erscheint als ein gleichberechtigtes Verhältnis zwischen den Geschlechtern, das von ihnen das Eingeständnis eigener Schwäche voraussetzte, sie aber mit größerer Geborgenheit und Wärme entschädigen könnte.

Während in Polen fast 200 Jahre Fremdherrschaft die zivilisatorische Entwicklung der Gesellschaft und ihre innere Differenzierung hemmten und sich so ein idealisiertes Frauenbild adliger Herkunft hielt, sind Rolle und Selbstverständnis deutscher Frauen bis heute im wesentlichen von der bürgerlichen Industriegesellschaft geprägt.

Patriarchales Recht schrieb die Minderwertigkeit der Frau in Ehe und Beruf fest: Das öffentliche und das Arbeitsleben waren die Domäne des Mannes, der Frau stand nur, weil die Natur es angeblich so vorgesehen hat, ein Platz als Hausfrau und Mutter zu. Erforderten allerdings wirtschaftliche und politische Interessen ihre Integration in das Berufsleben, so mußte sie sich mit einem unqualifizierten Arbeitsplatz begnügen und als Lohndrückerin gegen männliche Kollegen einsetzen lassen. Lange blieben die Frauen von Bildung und der Teilnahme am öffentlichen Leben ausgeschlossen; erst 1919 erhielten sie das Wahlrecht. So schon in materieller und geistiger Abhängigkeit gehalten, waren sie den Männern auch in der Ehe untertan – zum Geschlechtsverkehr ebenso verpflichtet wie zur Hausarbeit.

Der eklatante Widerspruch zwischen dem Gleichheitsgrundsatz der bürgerlichen Revolution sowie der rechtlichen, materiellen Benachteiligung und ideologischen Diskriminierung des weiblichen Geschlechts ließ jedoch in Deutschland schon früh eine Frauenbewegung entstehen. Der Kampf gegen den § 218, anfänglich stärker aus der Sorge um das Leben der Schwangeren als aus dem Wunsch nach Selbstbestimmung über ihren Körper entstanden, läßt sich bis zur Jahrhundertwende zurückverfolgen.

Am nachhaltigsten ist das Verhältnis zwischen den Geschlechtern aber wohl erst durch die Neue Frauenbewegung in den letzten 20 Jahren verändert worden. Immer mehr Frauen suchen bewußt nach Entfaltungsmöglichkeiten im Beruf und erzwingen damit eine Teilung der Arbeit im Haushalt und bei der Kindererziehung. Immer mehr wehren sich gegen eine Diskriminierung weiblicher Eigenschaften und plädieren in einer von Leistungsdruck und zunehmender Spezialisierung gekennzeichneten männlichen Berufswelt für eine solidarischere und ganzheitliche Zusammenarbeit.

Dadurch hat sich nicht nur das Klima im öffentlichen Leben, sondern auch das Gefüge in der Familie nachhaltig verändert. Die Frauen wollen nicht mehr einseitig »drinnen« den emotionalen Rückhalt schaffen, damit der Mann »draußen« leistungsfähig bleibt. Wenn aber beide Partner, erschöpft vom Berufsleben, vom anderen jene Wärme und Zuneigung erwarten, die er/sie selbst nicht mehr geben kann, liegt der enttäuschte Rückzug nahe. Einerseits ziehen immer mehr Frauen (und Männer) in Deutschland und anderen Industriegesellschaften das Single-Dasein einer Paarbeziehung vor. Andere Frauen entscheiden sich umgekehrt, nachdem die Mutterrolle in der Frauenbewegung zunächst als Sackgasse für die persönliche Entwicklung verpönt war, bewußt wieder für Familie und ein Kind: Weniger egalitär soll die Emanzipation bei ihnen aussehen, dafür bewußter die Unterschiede zwischen Mann und Frau akzeptieren, ohne aus ihnen ein hierarchisches Oben und Unten von Geschlechtern, Eigenschaften und Tätigkeiten abzuleiten.

Während deutsche Frauen also schon relativ bewußt zwischen verschiedenen Möglichkeiten einer Selbstverwirklichung wählen können, steht den Polinnen der eigentliche Aufbruch in die bisher von Männern dominierte Welt »draußen« noch bevor. Denn selbst wenn der sozialistische Staat den Frauen weitgehend gleiche Rechte wie den Männern einräumte und ihnen sogar die Abtreibung zugestand, blieb ihre Emanzipation nur äußerlich. Angesichts der Mangelwirtschaft erwies sich die Doppelbelastung als Alptraum, und das unattraktive, jede Eigeninitiative tötende Berufsleben im Kommunismus ließ die Frauen ins Private als den einzig authentischen Bereich fliehen. Deutlich läßt sich der Trend hin zur Familie seit Anfang der 80er Jahre feststellen.

Wenn aber nun in der neuen Freiheit die Mutterrolle in ihrer national überhöhten Form überflüssig wird, wenn zudem neue Entfaltungsmöglichkeiten außerhalb des familiären Bereichs lokken, dann wird ein Identifikationskonflikt unausweichlich. Und nicht zufällig, so scheint es, haben die Polinnen wie 20 Jahre zuvor die deutschen Frauen anläßlich des geplanten Abtreibungsverbots neu über sich nachzudenken begonnen.

Tomasz Szarota
Die Armee

Gegenstand der folgenden Betrachtungen ist die Stellung des Militärs in der nationalen Tradition der Polen und der Deutschen sowie deren heutige Haltung zur eigenen Armee. Ergänzend beleuchten wir das Bild der deutschen Armee in den Augen der Polen und das Bild des polnischen Militärs in den Augen der Deutschen.

Wenn es um die Geschichte Polens im 19. Jahrhundert und die polnische Tradition geht, kann man sich nicht auf die Armee im engeren Wortsinne beschränken, unter der man ja reguläre Truppen versteht, die die Grenzen des eigenen Staates schützen und seine Souveränität verteidigen. Die Soldaten einer solchen Armee tragen Uniformen und nationale Abzeichen, und die Befehle werden in ihrer Muttersprache erteilt. Der Dienst in der Armee ist unter diesen Bedingungen die Erfüllung einer bürgerlichen und patriotischen Pflicht. Die Polen waren während der 123 Jahre, in denen sie einer eigenen Staatlichkeit beraubt waren, in einer anderen Lage. Von einem polnischen Militär kann man lediglich während der kurzen Zeit des von Napoleon geschaffenen Herzogtums Warschau (1807–1815) und der wenigen Jahre des Königreichs Polen (1815–1831) sprechen. Es muß hinzugefügt werden, daß es Offiziere des polnischen Heeres waren, die weiterhin unter dem russischen Oberbefehl von Fürst Konstantin standen, welche den Novemberaufstand 1830 auslösten.

Während der Jahrzehnte der Unfreiheit wurden polnische Rekruten zwangsweise in die Armeen der drei Teilungsmächte eingezogen. In der preußischen Armee bildete man aus ihnen sogar spezielle Abteilungen, und im Krieg von 1870/71 erregten die sogenannten »Kaczmarek-Regimenter« durch ihre Tapferkeit Bewunderung. Polen, die nach dem Besuch der entsprechenden Schulen in Petersburg, Berlin und Wien in der Armee des Feindes Karriere machten, wurden von der Mehrheit ihrer Landsleute als Vaterlandsverräter betrachtet. Erst durch Desertation, Ablegen der Uniform und Teilnahme am Kampf gegen die Teilungsmacht konnten sie sich rehabilitieren.

In der Zeit der Unfreiheit versuchten die Polen immer wieder, »sich zur Unabhängigkeit emporzuschwingen«. Zu diesem Zweck meldeten sie sich immer dann freiwillig zu den polnischen Legionen, die innerhalb der fremden Armeen bestanden, wenn diese gegen eine der Teilungsmächte Krieg führten (die Legionen von Jan Henryk Dąbrowski kämpften an der Seite Napoleons, die Legionen Piłsudskis im Ersten Weltkrieg auf seiten der Mittelmächte, während andere Formationen in dieser Zeit die Entente unterstützten). Um die Unabhängigkeit zu erreichen, nahmen Polen auch an den revolutionären Bewegungen in ganz Europa teil. Unter der Losung »Für eure und für unsre Freiheit« kämpften General Józef Bem 1848 in Ungarn und General Ludwik Mierosławski 1849 in Baden, während General Jarosław Dąbrowski als Anführer der Pariser Kommune starb. Im Kampf um die Befreiung des Vaterlandes organisierten die Polen schließlich immer wieder Geheimbünde und Aufstände. Auch wenn er keine Uniform trug, war doch jeder Geheimbündler und Freischärler in den eigenen Augen wie auch für seine Landsleute ein Soldat der »nationalen Sache«, und wenn er fiel, gab er sein Leben für das Vaterland und wurde als Held geehrt.

Gewiß, auch in der Geschichte Deutschlands fehlte es im 19. Jahrhundert nicht an Geheimbünden und Freiheitsbewegungen, um nur den Völkerfrühling zu erwähnen. Doch in der nationalen Tradition und auch im Geschichtsbewußtsein der Deutschen nehmen die Siege, die von der regulären Armee errungen wurden, einen sehr viel größeren Raum ein. Den Generälen und Kommandeuren dieser Armee wurden in Deutschland Denkmäler errichtet, sie wurden zu Namenspatronen von Schulen und Anstalten, nach ihnen wurden Straßen und Plätze benannt. Im deutschen Wertesystem wurde jegliche illegale Untergrundaktivität, die gegen Gesetz und Ordnung verstieß, eher negativ eingestuft. Alles, was nach Aufstand, Revolte, Verschwörung und Aufruhr aussah, wurde von den meisten Deutschen abgelehnt. Der bewußte politische Einsatz der Armee als »Schule der Nation« in Preußen und im wilhelminischen Deutschland, das hohe Ansehen militärisch-hierarchischer Muster mit ihren äußerlichen Statussymbolen und ihrer Ethik, schließlich die Begründung des Bewußtseins von eigener nationaler Größe in der militärischen Durchsetzungskraft haben zu einer tiefgreifenden und bis in die Lebensgewohnheiten hinein sichtbaren Militarisierung der Gesellschaft geführt. Die von Heinrich Mann geschaffene Gestalt des »Untertans« kann fast als Symbol gelten – ihr polnisches Gegenstück wäre der »Unbeugsame«. Auf der anderen Seite darf man jedoch nicht vergessen, daß es in Deutschland eine pazifistische Strömung gab, die sehr viel stärker war als die polnische. Vergeblich würde man in polnischen satirischen Zeitschriften nach einem Pendant der von Ironie strotzenden antimilitaristischen Zeichnungen suchen, die Thomas Theodor Heine im Münchener »Simplicissimus« brachte.

Mit der Wiedererlangung der Unabhängigkeit im Jahre 1918 erstand auch wieder eine polnische Armee. Durch den Sieg, den sie 1920 über die Rote Armee errang, erwarb sie sich rasch großes Ansehen. Die Bedeutung des Militärs im Polen der Zwischenkriegszeit hing auch mit der Rolle zusammen, die Marschall Józef Piłsudski im politischen Leben des Landes spielte, der 1926 dank der Unterstützung der Armee einen Staatsstreich durchführte. Piłsudski wurde zwar zu einem Diktator, doch nach seinem Tode im Jahre 1935 wurde die Macht in Polen von Leuten ausgeübt, die eng mit dem Militär verbunden waren – die Opposition sprach von einem »Regime der Obersten«. Die Propaganda der Weimarer Republik stellte Polen als einen militaristischen Staat dar, der darauf lauerte, das seiner Armee beraubte Deutschland zu überfallen. Um die Abneigung und Feindseligkeit gegenüber den Polen zu schüren, stellte man den polnischen Soldaten in der Karikatur als üblen Verbrecher und gemeinen Banditen dar. Hitler hat im Gespräch mit Rauschning geäußert, er könne sich den primitiven Polen nicht am Steuerknüppel eines Flugzeugs vorstellen. Hier ist an den Anteil zu erinnern, den polnische Piloten an der Schlacht um England hatten.

Am 1.9.1939 war die polnische Armee nicht auf die Abwehr der deutschen Aggression vorbereitet. Die deutschen Kräfte waren den polnischen in jeder Hinsicht überlegen. Der Kampfesmut des polnischen Soldaten (Goebbels verbot der deutschen Presse am 11.9., in bezug auf die Polen das Wort »tapfer« zu benutzen) reichte nicht aus, den Feind zu bezwingen, dem am 17.9. obendrein ein neuer Bundesgenosse zu Hilfe eilte – die Sowjetunion. Vor dem Angriff auf Polen wurde den deutschen Soldaten eingeredet, die Polen seien Barbaren und pflegten Kriegsgefangenen die Augen auszureißen. In Wahrheit waren es Wehrmacht und Luftwaffe, die in Polen die geltenden Konventionen über die Kriegsführung brachen: Gefangene wurden erschossen, Zivilpersonen ermordet, Krankenhäuser, die das Zeichen des Roten Kreuzes auf dem Dach trugen, bombardiert. Die Kriegshandlungen in Polen unterschieden sich grundlegend vom Vorgehen der Deutschen während des Westfeldzugs im Mai und Juni 1940. Anders sah auch die anschließende Besatzung aus. Die Warschauer konnten sie im übrigen mit der vorhergehenden Besatzung der Jahre 1915–1918 vergleichen. Überraschend waren für sie nicht nur die Brutalität und Grausamkeit der deutschen Soldaten, sondern auch Akte des Vandalismus, die Demoralisierung (auf dem Schwarzmarkt wurden Waffen verkauft) und das Ausmaß von Bestechlichkeit und Korruption. Das war eine andere Armee.

Der von den Polen verlorene Septemberfeldzug endete nicht damit, daß Oberbefehlshaber Edward Rydz-Śmigły die Kapitulation unterschrieb. Der polnisch-deutsche Krieg ging weiter und endete mit der Beteiligung der Polen an der Erstürmung Berlins. Schon im Juni 1940 begannen die Polen die im September erlittene Schlappe mit anderen Augen zu sehen, denn ihnen wurde klar, daß sie tapferer gekämpft und größeren Widerstand geleistet hatten als die Franzosen.

Während des Zweiten Weltkriegs standen die Polen vor derselben Aufgabe wie schon in der Zeit der Teilung: die verlorene Unabhängigkeit wiederzuerlangen. Wie damals traten wieder Freiwillige in die im Ausland (in Frankreich, Großbritannien und der Sowjetunion) gebildeten Abteilungen des polnischen Heeres ein. Andere schlossen sich den Widerstandsbewegungen in den besetzten Ländern an und wurden zu Waffenbrüdern der Franzosen, Jugoslawen oder Griechen. Polen kämpften an allen Fronten dieses Krieges. Viele Formationen trugen den Namen der polnischen Armee.

Ein Phänomen für sich war die Untergrundarmee im Lande, die als Bestandteil der bewaffneten Streitkräfte der polnischen Exilregierung unterstand. Der Oberbefehlshaber der größten militärischen Geheimorganisation – nicht zufällig nannte sie sich »Armia Krajowa« (Heimatarmee) – trug den Titel »Kommandant der Streitkräfte in der Heimat«. Es muß betont werden, daß diese Untergrundarmee Bestandteil des von den Polen geschaffenen Untergrundstaates war, der über ein Ersatzparlament, eine eigene Administration, ein Justizwesen, ein geheimes Schulwesen und sogar über eine Polizei verfügte. Man bemühte sich, in der Konspiration die Strukturen der regulären Armee nachzubilden, die im geeigneten Moment den nationalen Aufstand auslösen sollte, der zur Befreiung des Landes führen würde. Bezeichnenderweise wurden die Gliederungen der Untergrundarmee als Zug, Kompanie, Bataillon und Division bezeichnet. Auch wurden Offiziersanwärter im Untergrund ausgebildet.

Die Führung der Heimatarmee sah, eingedenk der eigenen Erfahrungen aus dem Ersten Weltkrieg, voraus, daß das Ende des gegenwärtigen Krieges dem November 1918 ähneln werde: Man rechnete damit, daß die Moral der deutschen Armee zusammenbrechen und diese sich auflösen würde. Daher die propagandistischen Diversionsbemühungen, die einen Keil zwischen Wehrmacht auf der einen und SS sowie Polizei auf der anderen Seite treiben sollten (in der Wehrmacht wurden Schriften und Flugblätter in deutscher Sprache verbreitet, die den Anschein einer dort bestehenden Widerstandsbewegung erweckten; dies war die sogenannte »Aktion N«, wobei N für »Niemcy« = Deutsche stand). Daher auch der Befehl des Oberkommandierenden der Heimatarmee, General Stefan Rowecki, Anschläge auf Soldaten der Wehrmacht einzustellen.

Der Warschauer Aufstand (1.8.–2.10.1944) hatte ohne die Unterstützung der Roten Armee keine Erfolgsaussichten. Der Beschluß, ihn auszulösen, war im übrigen mehr politisch als militärisch begründet. Am 22. Juli 1944 war in Moskau das Polnische Komitee der Nationalen Befreiung gebildet worden – damit bestand die Gefahr, daß eine kommunistische, gänzlich von Stalin abhängige Regierung die Macht in Polen übernehmen würde. Der Warschauer Aufstand war ohne Zweifel eine der blutigsten Schlachten, die das polnische Militär in seiner ganzen Geschichte jemals geschlagen hat. In einer am 21.8.1944 gehaltenen Rede konnte Himmler dem Gegner nicht seine Anerkennung versagen: »Der Kampf ist der härteste, den wir seit Kriegsbeginn durchgeführt haben. Er ist vergleichbar mit dem Häuserkampf um Stalingrad. Ebenso schwer ist er.«

Das Ende des Zweiten Weltkriegs bildete eine enorme Zäsur für beide Nationen; im Hinblick auf die Bedeutung des Militärs in Politik und Gesellschaft war sie jedoch für Deutschland größer als für Polen. Dort brach nämlich eine Tradition zusammen, an die militärisch nicht mehr angeknüpft werden konnte. Es bedurfte des kalten Krieges, um die Hemmungen abzubauen und die »Remilitarisierung« der Bundesrepublik zu ermöglichen, was allerdings weder in den fünfziger Jahren noch danach ohne Widerspruch geblieben ist. Es ist zwar gelungen, die Bundeswehr als Verteidigungsarmee unter der politischen Kontrolle eines demokratischen und letztlich nicht ganz souveränen Staates auch gesellschaftlich zu integrieren: Spätestens seit den siebziger Jahren, nach der Gründungsphase, wurde die Bundeswehr als ein Stück Normalität »eher von indifferentem Wohlwollen begleitet« (Klaus von Schubert). Dennoch blieben die verteidigungspolitischen Standpunkte in der Bevölkerung gespalten, was sich in den achtziger Jahren mit dem Auftreten der Friedensbewegung deutlich artikulierte: Einerseits gab es die Überzeugung, daß Demokratie und Freiheit gegebenenfalls auch mit militärischer Gewalt verteidigt werden müssen, andererseits den Zweifel an der Wirksamkeit solcher Mittel, davon ausgehend, daß sie ethisch und historisch spätestens seit dem Zweiten Weltkrieg endgültig diskreditiert worden sind. Wie schwierig diese Standpunkte im Ernstfall sind, zeigte die Reaktion der Regierung, vor allem aber der Öffentlichkeit im Golfkrieg: Darf gegen einen Aggressor ein »gerechter« Krieg geführt werden? Die Verwicklung wirtschaftlicher Interessen in der Region und die zivilen Opfer des Krieges haben es manchem erleichtert, trotz der Bedrohung, der Israel ausgesetzt war, eine ablehnende Position zu beziehen. Soll sich das nunmehr vereinigte Deutschland aber grundsätzlich weigern, sich an den militärischen Mechanismen der Vereinten Nationen zu beteiligen? Sind die Deutschen zu einer der friedlichsten oder einer der bequemsten Nationen geworden? Immerhin ist die deutsche Einheit 1990 im Unterschied zu der von 1871 – mit allgemeinem Einverständnis, trotz rechtskonservativer, vor allem aber rechtsextremer Proteste – u. a. durch territorialen Verzicht und Truppenreduktion zustande gekommen. Eine so tiefgreifende Infragestellung der eigenen militärischen Tradition hat es in Polen nie gegeben; die »Friedenspolitik« konnte darüber hinaus durch kommunistische Vereinnahmung nur schlecht zum Gegenstand einer echten Diskussion werden.

Nach dem Zweiten Weltkrieg befand Polen sich unter sowjetischer Vorherrschaft. Gewiß, offiziell war es ein unabhängiger Staat, doch von Souveränität kann man erst seit 1990 sprechen (solange noch sowjetische Truppen auf polnischem Territorium stationiert sind, ist es freilich keine völlige Souveränität). Die polnische Armee (vergebens versuchten die Massenmedien, die

Bezeichnung Polnische Volksarmee zu verbreiten – die Entsprechung zur Nationalen Volksarmee der DDR) unterstand genaugenommen von Anfang an sowjetischem Oberbefehl. Formalisiert wurde dieses Verhältnis durch die Schaffung des Warschauer Pakts im Jahre 1955. In den Jahren 1949–1956 stand an der Spitze der polnischen Armee der von Stalin eingesetzte Marschall Konstanty Rokossowski, seiner Herkunft nach ein Pole und, nebenbei gesagt, einer der hervorragendsten sowjetischen Kommandeure. Viele Führungsposten beim polnischen Militär waren mit sowjetischen Offizieren besetzt, und andere fungierten als Berater. Gleichzeitig wurden polnische Offiziere der Vorkriegszeit aus der Armee entfernt, und Teilnehmer der Widerstandsbewegung sowie jene, die im Westen als Angehörige der Streitkräfte am Krieg teilgenommen und sich zur Rückkehr entschlossen hatten, wurden ins Gefängnis geworfen. Es gab Prozesse (u. a. wurden fünf Generäle verurteilt), in denen man Soldaten der Heimatarmee Landesverrat (Zusammenarbeit mit der Gestapo, Spionagetätigkeit für die »imperialistischen Mächte«) vorwarf. Mindestens mehrere Dutzend Offiziere wurden aufgrund von Militärgerichtsurteilen erschossen, darunter Witold Pilecki, einer der mutigsten, der sich freiwillig nach Auschwitz bringen ließ, um dort eine konspirative Organisation zu schaffen.

Der Oktober 1956 führte zu wesentlichen Veränderungen in Polen, auch in der Armee, doch blieb diese weiterhin eher der »bewaffnete Arm« der über das Land herrschenden kommunistischen Partei und nicht der der Nation. Durfte vor dem Krieg kein Offizier einer politischen Partei angehören, so war die Mitgliedschaft in der Polnischen Vereinigten Arbeiterpartei jetzt Bedingung des Aufstiegs und der militärischen Laufbahn. Während die Beteiligung der polnischen Armee an der Intervention in der Tschechoslowakei im Jahre 1968 von der Mehrheit der Polen verurteilt wurde, führte der Einsatz des Militärs bei der blutigen Unterdrückung der Streiks an der Ostseeküste im Dezember 1970 dazu, daß die Armee in den Augen der Bevölkerung immer eindeutiger zum Bestandteil des Unterdrückungsapparats des kommunistischen Regimes wurde.

Der am 13. Dezember 1981 von General Wojciech Jaruzelski

verhängte Kriegszustand wurde von den meisten Polen so aufgefaßt, als hätten das Militär und die Sicherheitskräfte dem eigenen Volk den Krieg erklärt. Die Macht im Lande übte ein Militärrat der Nationalen Rettung aus, dessen Abkürzung WRON dem polnischen Wort für Krähe (wrona) ähnelt, worauf die populäre Parole zurückgeht, die die herrschende Stimmung hervorragend wiedergab: »Wrona orła nie pokona!« (»Die Krähe wird den Adler nicht bezwingen!«)

Mit der Zeit änderte sich die Einschätzung des Kriegszustandes, und immer mehr Menschen in Polen sahen in ihm das geringere Übel im Verhältnis zu einer sowjetischen Intervention. Auch das Urteil über die Armee begann sich zu ändern, zumal sie sich äußerlich veränderte. Man griff auf die nationalen Symbole zurück, es wurde wieder der Persönlichkeiten und Ereignisse gedacht, welche die Kommunisten aus der Geschichte zu tilgen versucht hatten (Piłsudski, der Krieg von 1920, die Heimatarmee), man begann, die Wahrheit über Katyn, über die sowjetischen Lager und über die während der Stalinzeit in Polen begangenen Verbrechen auszusprechen.

Innerhalb weniger Jahre hat sich das Verhältnis der polnischen Gesellschaft zu ihrer Armee diametral verändert. Wie aus Umfragen hervorgeht, die im Januar 1991 in Polen durchgeführt wurden, genießt das Militär bei den Polen das größte Vertrauen. Die Differenz zwischen positiven und negativen Meinungen (die sogenannte Netto-Zustimmung) betrug für das Militär 60 Prozent (die Kirche kam mit 56 Prozent erst an zweiter Stelle, die Regierung erhielt nur 30 Prozent). Eine so hohe Wertschätzung der Armee muß, ehrlich gesagt, ein wenig verwundern, wenn man bedenkt, daß die Mehrheit des alten Offizierskaders weiterhin in ihr dient und die Ausstattung mit modernen Geräten und Waffen weit von einem befriedigenden Zustand entfernt ist.

Kann man sagen, daß Deutsche und Polen heute, zu Beginn der neunziger Jahre dieses Jahrhunderts, ein ganz unterschiedliches Verhältnis zur eigenen Armee haben? Bestimmt würde die Jugend beider Länder die Abschaffung der Wehrpflicht und die Aufstellung einer Berufsarmee mit Freude aufnehmen. Man muß dazu erwähnen, daß die polnischen Studenten bis vor kurzem während des Studiums eine militärische Ausbildung absolviert haben. Ein ziviler Ersatzdienst für sogenannte Wehrdienstverweigerer (im Januar 1991 in der BRD 22197 Anträge) findet in Polen sehr viel geringere Anwendung als in Deutschland. Es gibt aber die Möglichkeit, statt des 18monatigen Wehrdienstes einen einjährigen Dienst bei der Polizei zu absolvieren. Dem, der (z. B. aus religiösen oder moralischen Gründen) den Wehrdienst verweigerte, drohte bis 1990 eine einjährige Haftstrafe. Die Abneigung dagegen, die Uniform anzuziehen, bedeutet in Polen aber nicht, daß man die Notwendigkeit einer starken Armee bestreitet. Eine 1990 durchgeführte Umfrage unter Oberschülern und Studenten brachte hierzu interessante Ergebnisse (»Polityka«, Nr. 3/1991). Von den Befragten war jeder dritte der Meinung, daß »die neue Situation in Europa von Polen eine Steigerung seiner Verteidigungsfähigkeit und seiner militärischen Stärke fordert«. 41 Prozent äußerten sich zustimmend zur Existenz einer starken Armee. Rund 60 Prozent meinten, die Vereinigung Deutschlands werde sich, auch wenn sie Polen wirtschaftliche Vorteile bringe, auf die Verteidigungsfähigkeit des Landes negativ auswirken. In Polen gibt es demnach ein Gefühl der Bedrohung durch Deutschland, das bei der älteren Generation im übrigen noch stärker ist als bei der Jugend.

Offenbar sind die Polen über das Verhältnis der Deutschen zu ihrer eigenen Armee und zur Wehrhaftigkeit nicht sonderlich gut im Bilde. Die kommunistische Propaganda hat den Polen 45 Jahre lang eingebleut, die »westdeutschen Revanchisten« strebten unbeirrt nach einer Revision der Oder-Neiße-Grenze, und nur von der BRD drohe Polen die Gefahr einer erneuten Aggression. Diese Indoktrination fiel bei all jenen, die die »Lehren aus der Geschichte« und aus den eigenen schmerzlichen Erfahrungen zogen, auf fruchtbaren Boden. Die Bezeichnung Bundeswehr löste – und löst wohl noch immer – bei vielen Polen Angst und Besorgnis aus. Die Polen wissen nicht, was aus dem Führungskader und dem Offizierskorps der früheren Volksarmee wird, und sie befürchten, diese Leute könnten antipolnische Ressentiments in die Bundeswehr hineintragen. Die Polen denken bei dem großen Deutschland an eine militärische Macht, und viele assoziieren mit ihm ein

Streben nach Weltherrschaft. In diesem Zusammenhang beobachten die Polen mit Sorge das Anwachsen antiamerikanischer Stimmungen (z. B. die Reaktionen auf den Golfkrieg) in der deutschen Gesellschaft.

Die Polen würden wohl mit Verwunderung die Ergebnisse einer Meinungsumfrage aufnehmen, die im Oktober/November 1990 im Auftrag der »Süddeutschen Zeitung« von der Firma Infratest durchgeführt wurde. Zweitausend Deutsche wurden befragt, wie nach ihrer Meinung »das deutsche Land und Wesen im Jahre 2000 bestellt sein sollte«. »Ganz unten auf der Skala rangiert«, wie sich herausstellte, »der Ausbau des Militärs, und eine Weltmacht wollen die Deutschen schon gar nicht sein.« Nicht minder bezeichnend waren die Äußerungen zum Staatshaushalt. 85 Prozent der Befragten waren der Meinung, die Ausgaben für den Umweltschutz müßten steigen, und sogar 90 Prozent sprachen sich für eine Senkung der Ausgaben für Heer und Rüstung aus.

Abschließend einige Worte zu den Militärbündnissen. Am 1. April 1991 wurde der Warschauer Pakt aufgelöst. Polen möchte mit Rußland, Litauen, Weißrußland und der Ukraine, die allmählich selbständig werden, gutnachbarliche Beziehungen aushandeln, es strebt engere Bindungen zu Ungarn und der Tschechoslowakei an, in Kürze soll es in das Übereinkommen Pentagonale (Tschechoslowakei, Ungarn, Jugoslawien, Österreich und Italien) aufgenommen werden, und es will sich bei EG und NATO um Aufnahme bemühen. Es nähert sich der Tag, da die deutsche und die polnische Armee verbündete Armeen sein werden. Das wäre zweifellos nicht nur für die Versöhnung beider Völker, sondern auch für die Zukunft des ganzen vereinten Europa von größter Bedeutung.

Tomasz Szarota

Der »deutsche Michel«

Mir ist bekannt, daß das geflügelte Wort vom »deutschen Michel«, das es seit mindestens 450 Jahren gibt (1541 wird es erstmals belegt), für manchen Deutschen nur noch leerer Schall ist. Mir ist ebenfalls bekannt, daß etliche Deutsche auf die karikaturistische Figur des »deutschen Michel« mit Befremden, wenn nicht mit Ablehnung reagieren. Dennoch bedienen sich deutsche Publizisten und Karikaturisten noch immer gern dieses Symbols. Offenbar ist es weiterhin vonnöten, brauchbar und vor allem für die Leser verständlich. Hätte man sonst nicht nach einem anderen, »besseren« oder »würdigeren« Symbol gesucht? Andererseits sollte man sich auch fragen, warum nur noch deutsche Karikaturisten sich der Gestalt des »deutschen Michel« bedienen, während er außerhalb Deutschlands gänzlich in Vergessenheit geriet. Zunächst einige weitere Informationen, bevor ich versuche, diese Fragen zu beantworten.

Vergleichen wir den »deutschen Michel« mit anderen Symbolgestalten, die als Verkörperung einer Nation – die Franzosen sprechen von einem »sobriquet« – dienen. Eigentlich gibt es nur noch zwei derartige Figuren: den britischen John Bull und den amerikanischen Uncle Sam (Marianne verkörpert für die Franzosen die Republik, nicht das französische Volk). Warum es nicht mehr solcher Symbole gibt, ist nur schwer befriedigend zu erklären. Auch die Polen haben kein derartiges »sobriquet«. Wenn es um Polen geht, stellt der deutsche Karikaturist entweder eine konkrete Person dar – früher konnte das Piłsudski sein, heute Wałęsa –, oder er benutzt ein Erkennungszeichen (tab of identity), das die Identifikation erleichtert: im 19. Jahrhundert in der Regel die viereckige Krakauermütze (krakuska), in der Zwischenkriegszeit die ebenfalls viereckige Militärmütze (rogatywka).

Worin unterscheidet sich der »deutsche Michel« von John Bull und Uncle Sam? Vor allem darin, daß die deutsche Figur – und nur sie – gleichzeitig die Funktion eines nationalen Symbols und die eines visuellen Autostereotyps erfüllt. Unter einem Autostereotyp sind hier Vorstellungen über Merkmale des eigenen »Nationalcharakters« zu verstehen. Im Unterschied zu seinen »Artverwandten« ist der »deutsche Michel« außerdem kein statisches Symbol, er wird vielmehr verändert und der aktuellen Situation angepaßt. Das wird ungemein erleichtert durch ein Attribut, ohne das diese Figur unvorstellbar ist, nämlich die Kopfbedeckung. Verändert sich dieses Attribut, so verändern sich auch die Bedeutung und die

Aussage des Symbols. Mit einer Schlaf- oder Zipfelmütze, einer Zwerg- oder Narrenkappe ist der »deutsche Michel« ein anderer, als wenn auf seinem Kopf eine militärische Pickelhaube oder eine phrygische Freiheitsmütze erscheint. Nicht genug damit, kann schon die Schlafmütze allein als Symbol der Zwiespältigkeit des »deutschen Wesens« verstanden werden – mal verträumt, dann plötzlich wieder munter. Wir denken dabei an den sich zur Winterruhe begebenden Wotan/Odin, aber auch an den Mythos von den im Kyffhäuser schlafenden Rittern des Kaisers Barbarossa. Wir denken auch daran, daß der die Schlafmütze absetzende »deutsche Michel« das Erwachen des Volkes verkörpert, eine Aufforderung zum Handeln wird – schließlich war der Ruf »Wach auf, deutscher Michel!« zumeist gleichbedeutend mit »Deutschland, erwache!«. Mit dem Wechsel der Kopfbedeckung sind die Möglichkeiten der Verwandlung des »deutschen Michel« noch keineswegs erschöpft. Einen Symbolwandel ermöglichen ferner zwei »austauschbare« Gestalten: Hans Michael Elias von Obentraut (1585–1625), einer der Helden des Dreißigjährigen Krieges, der – natürlich – auf protestantischer Seite kämpfte (den Beinamen »der deutsche Michel« hat man ihm wohl erst nach seinem Tode verliehen), vor allem aber der Erzengel Michael, Streiter Gottes und Schutzpatron der Deutschen (im 10. Jahrhundert!). Peter R. Hofstätter spricht in diesem Zusammenhang von einer Kippfigur.

Der »deutsche Michel« kann, wie man sieht, ein gutmütiger, treuherziger, in den Wolken schwebender Biedermann sein, um sich mit einemmal in eine zornige und bedrohliche, zum Kampf aufbrechende Gestalt zu verwandeln. Dies ist wohl die Erklärung dafür, daß der »deutsche Michel« – im Unterschied zu den anderen Symbolen – außerhalb der Grenzen seiner Heimat nie populär geworden ist. Der Grund ist einfach, daß die erste Verkörperung, das Bild des gutmütigen Biedermanns, ganz und gar nicht zu dem Bild paßte, das andere Völker vom Deutschen hatten, und als eine schlaue Tarnung wahrgenommen wurde, während der »deutsche Michel« in der zweiten Verkörperung (nach dem Absetzen der Schlafmütze) ebenfalls nicht angenommen wurde, weil seine Militanz als gekünstelt, bisweilen sogar grotesk erschien. Man sah den »wahren« Deutschen lieber in Uniform, den Helm auf dem Kopf und das Gewehr in der Hand – eine Vorstellung, die, unnötig hinzuzufügen, mit dem »deutschen Michel« nichts mehr gemein hatte. Bis zum Ende des Ersten Weltkriegs wurde diese Figur von französischen und polnischen Karikaturisten noch recht häufig benutzt, in den Jahren 1918–1939 schon sehr viel seltener, und nach dem Zweiten Weltkrieg wurde dieses Symbol praktisch kaum noch verwendet. Bezeichnend dabei ist, daß die satirischen Zeitschriften des Auslands dem »deutschen Michel«, wenn er denn dargestellt wurde, zwar nicht immer, aber doch häufig und gern statt der Schlafmütze eine preußische Pickelhaube aufsetzten. Hier ist anzumerken, daß das Symbol des »deutschen Michel« im Dritten Reich in Acht und Bann war, daß den Karikaturisten (1936) verboten wurde, diese Figur zu zeichnen – sie entsprach nun gar nicht dem propagierten Ideal des Übermenschen. In der DDR wurde der »deutsche Michel« (bis 1957) gelegentlich als Symbol der westdeutschen Gesellschaft verwendet, doch verschwand er rasch, diesmal vermutlich, weil er so gar nicht dem propagierten Ideal des Erbauers des Sozialismus entsprach. Daß er nach dem Fall der Berliner Mauer wieder in der satirischen Zeitschrift »Eulenspiegel« auftauchte, ist bezeichnend.

Heute ist der »deutsche Michel« – zumindest für einen Teil der Deutschen – noch immer eine Verkörperung bestimmter Eigenschaften ihres »Nationalcharakters«. Viele Deutsche erkennen sich in diesem biederen, gutmütigen, ehrlichen, Ruhe und Gemütlichkeit liebenden Menschen wieder. Auch andere Züge dieser Gestalt – eine Neigung zum Selbstmitleid, Naivität, Ängstlichkeit, Ungehobeltheit und schlichte Manieren – bezieht ein Teil der Deutschen auf sich. Andere Merkmale, die früher mit dem »deutschen Michel« assoziiert wurden, wie Verträumtheit, Schläfrigkeit, Trägheit, schreiben nur noch wenige Deutsche sich selbst zu. All diese Eigenschaften stehen ja in krassem Widerspruch zu den Erfolgen, die die Deutschen nach dem Krieg auf den Gebieten der Wirtschaft, der Kunst, der Wissenschaft und des Sports erreicht haben – ohne deutsche Tüchtigkeit wären sie schließlich nicht möglich gewesen. Zugleich zeigen Meinungsumfragen in der alten BRD, daß die Mehrheit der Deutschen nicht der im Ausland geäußerten Ansicht zustimmt, im deutschen Volk schlummerten noch immer militaristische Neigungen. Indem sie sich mit dem »deutschen Michel« identifizieren, wollen die Deutschen gewissermaßen zeigen, daß solche Ansichten kränkend, unbegründet und falsch sind.

Hier ist meines Erachtens die Erklärung dafür zu suchen, daß dieses Symbol zum Zeitpunkt der Wiedervereinigung Deutschlands bei den Deutschen populärer wird. Sie möchten die Welt davon überzeugen, daß niemand sich vor dem geeinten Deutschland zu fürchten braucht, daß dieser in jeder Hinsicht stärkste Staat Europas niemanden bedroht, sondern vielmehr einer der Hauptverfechter der europäischen Integration, der Verständigung, der Annäherung und der Zusammenarbeit aller Völker unseres Kontinents ist. Gleichzeitig konnte man das Symbol des »deutschen Michel« sehr gut dazu verwenden, die Idee des Zusammenschlusses der beiden deutschen Staaten darzustellen. Die Vereinigung verkörpern zwei Michels, Brüder, die nach Jahren der Trennung wieder unter einem Dach wohnen. Hoffen wir indessen, daß die Parole »Wach auf, deutscher Michel!« aus dem Gesamtrepertoire der Verwandlungen dieses Autostereotyps für immer in die Rumpelkammer verbannt wurde.

Leszek Żyliński
Gemütlichkeit

Es muß in diesem anscheinend simplen Begriff doch etwas Besonderes liegen, wenn ihn sogar philosophische Wörterbücher zu definieren versuchen. Ist »Gemütlichkeit« lediglich »eine angenehme Stimmung des Sich-wohl-Fühlens« (»Wörterbuch der philosophischen Begriffe« von Johannes Hoffmeister), oder heißt »gemütlich« nun auch – wie im Grimmschen Wörterbuch – »wer vor lauter Gemüt die Strenge des Denkens wie die Entschiedenheit des Tuns scheut und dem Ernst des Lebens aus dem Wege geht oder ihn ganz übersieht, um nicht aus seinem gemütlichen Behagen hinausgetrieben zu werden«?

Nichts gegen diese Sätze, aber sie beschreiben kaum den vollen Inhalt jenes deutschen Phänomens, das in anderen Sprachen auszudrücken immer ein Unterfangen bleibt. Die Gemütlichkeit hört nicht nur in Geldsachen auf, wie die Redensart besagt, sie hört förmlich an den deutschen Sprachgrenzen auf. Man kann sich doch auch außerhalb Deutschlands gemütlich fühlen (zum Beispiel in Polen), selbstverständlich haben wir dafür auch eigene Begriffe, trotzdem besitzt das deutsche Wort in seiner Komplexität und in seiner Bedeutungsgeschichte einen eigenartigen Sinn. Die Gemütlichkeit zeichnet nämlich nur deutsche *Gemüter* aus. Die besagte Unübersetzbarkeit dieses Wortes liegt gerade in seiner Bedeutungsgeschichte.

Die Bedeutungsgeschichte der Wörter Gemüt und Gemütlichkeit stellt ein Stück deutscher Geistesgeschichte dar. Ursprünglich hieß Gemüt schlechthin Seele – im Gegensatz zu Leib. Mit der Zeit gewinnt dieses Wort immer mehr Sonderbedeutungen. Es bekommt zum Beispiel den Sinn »Charakter«, so wie man über ein redliches oder männliches Gemüt spricht. Goethe benutzt dieses Wort sowohl im Sinne der Gesamtheit der seelischen Kräfte als auch in einer engeren Bedeutung (Teilnahme, Verständnis, Gefühl). So heißt es etwa im »Egmont« von König Phillip: »Er hat kein Gemüt gegen uns Niederländer.« Bei Kant sind im Begriff des Gemüts das Geistige, die Vorstellungswelt und der Verstand inbegriffen.

Eine wahre Bedeutungsumkehrung setzt Anfang des 19. Jahrhunderts ein, als die Romantiker das Gemüt im Gegensatz zum Geist gebrauchen. Das Wort wird als spezifisch deutsch erklärt, es hat nun, anders als der an der äußeren Erfahrung orientierte Intellekt, das innere Leben zu bezeichnen. Ein tiefes, ein treues Gemüt gilt als gleichbedeutend mit deutschem Wesen. Die deutsche Gemütlichkeit wird dem französischen Esprit gegenübergestellt. Sie wird schlagartig zu einem Modebegriff zeitgenössischer Deutschtümler, so daß schließlich Goethe empfiehlt: »Die Deutschen sollten in einem Zeitraume von dreißig Jahren das Wort Gemüt nicht aussprechen, dann würde nach und nach Gemüt sich wieder erzeugen: jetzt heißt es nur Nachsicht mit Schwächen, eigenen und fremden.« (»Maximen und Reflexionen, Politik.« Berlin und Weimar 1966, BDK, Bd. 7, S. 548.)

Diesem guten Rat sind sie nicht gefolgt. Sie haben im Gegenteil mit ihrer völkischen Rhetorik im nächsten Jahrhundert die Welt mehrmals das Fürchten gelehrt. Die ganze selbstgefällige Philisterhaftigkeit dieser Wendung bietet Anlaß zu Spott und Ironie, deren beißende Proben sich etwa bei Heine finden lassen. So heißt es zum Beispiel in »Lutetia«: »Ja, jenes Haus war eine Oase, eine sehr aasige Oase deutscher Gemütlichkeit in der Sandwüste der französischen Verstandeswelt [...]« (2. Teil, Kap. LVII).

Die gegenwärtige Variante der deutschen Gemütlichkeit, zu der, je nach sozialer Schicht, mal familiäres Musizieren und Kerzenlicht, mal Stammtischabend und ein Gartenzwerg im Schrebergarten gehören, empfinden viele als einen immanenten Bestandteil der deutschen Seele. Es mag so sein, und das Ringen um die deutsche Identität, um das obsolet gewordene Wort »Seele« zu vermeiden, reicht bis in diese scheinbar so vollkommen gesellschaftlich neutrale Sphäre hinein. Für die Deutschen ist nämlich auch ihre Gemütlichkeit problematisch geworden. Sie ist ihr Ziel und ihre Last zugleich. Auch für sich selbst bieten die Deutschen »ein seltsam widersprüchliches Bild«. »Im Grunde ihres Herzens möchten sie es wohl gerne gemütlich haben; eine Sehnsucht nach der Idylle verbindet sogar die Generationen, sei es mit unterschiedlichen – oder mit ähnlichen Vorstellungen; am Ende sind sich der Schrebergartenverein und die Landkommune, die ein alternatives Leben erprobt, gar nicht so fern. Aber auf vertrackte Weise mißlingt das gute Leben, und die Mißgelauntheit regiert. Mit jedem Ferienbeginn setzt eine Massenflucht ein. ›Bloß raus hier!‹ scheint die Parole zu sein, als biete einzig die Ferne noch Heil; kaum von ungefähr sind die Bundesbürger nicht nur die Weltmeister des Exports, sondern auch des Verreisens geworden.« (Christian Graf von Krockow. »Die Deutschen in ihrem Jahrhundert 1890–1990«, Reinbek 1990. S. 323.)

Ist all das nur ein böswilliges Klischeebild oder steckt auch eine Dosis Neid darin? Sind etwa die Polen ganz anders? Warum können wir nicht so sein? Es scheint mir, daß dieses Phänomen nicht primär psychologischer, sondern eher sozialer Provenienz ist. Die Deutschen haben in ihrer Entwicklung, vor allem der letzten zweihundert Jahre, eine sehr breite Schicht des Bürgertums herausgebildet, die in ihrer Masse alle jene Merkmale verkörpert, die als

Gemütlichkeit bezeichnet werden. Durch die gestörte historische Entwicklung kam es in Polen nicht dazu. Polnische Lebenskultur ist bis heute entweder bäuerlich (mit einem ausgeprägten Sinn für familiäre und nachbarschaftliche Beziehungen) oder adlig-aristokratisch orientiert. In diesen beiden Sphären bilden die Nation und die Familie grundlegende Werte. Folglich ist für die meisten Polen das nationale Pathos immer noch genießbar (wo viele Deutsche einen Krampfanfall bekommen), und ihre Familienrollen sind viel intakter. Hier ist also Platz genug für gemeinschaftliche Erhebungen, fürs Zusammenhalten in der Zeit der Bedrohung, für Geselligkeit. Nation und Familie decken also den Überschuß an gemeinschaftlichen Gefühlen eines durchschnittlichen Polen.

Ganz anders verhält es sich in Deutschland, wo sowohl Nation als auch Familie nach den geschichtlichen Irrwegen des 20. Jahrhunderts in starkem Maße als Grundwerte in Verruf gerieten. Darüber hinaus spielt in Deutschland das sozial starke Bürgertum eine entscheidende Rolle, auch wenn es lange keine entsprechende politische Stellung erringen konnte. »Der deutsche Bürger, das war eigentlich der deutsche Mensch«, schreibt 1918 Thomas Mann in den »Bekenntnissen eines Unpolitischen«. Sein Selbstbewußtsein gründete auf Herrschaft und Hierarchie, nicht auf Gleichheit und Emanzipation, wie etwa im angelsächsischen Raum. Im Obrigkeitsstaat fand der deutsche Bürger eine angemessene Lebensform. Hier galten Recht, Ordnung und Pflicht, hier fand man die ersehnte nationale Gemeinschaft. Freiheit war dagegen vor allem ein unpolitischer Begriff, sie äußerte sich zuerst als jene »machtgeschützte Innerlichkeit«, die Thomas Mann so treffend beschrieb. Hier liegen die Quellen und Ursachen jener Eigenschaften, die die Außenwelt als »deutsche Gemütlichkeit« bezeichnet. Gemütlich kann nämlich alles sein, was gemeinschaftlich und unpolitisch zugleich ist, was dem Ernst des Lebens aus dem Wege geht. Nicht umsonst ist gerade in Deutschland die Feierabendkultur so ausgeprägt. Hier blühen die Vereine, man trifft sich abends im Clublokal und verbringt den freien Vormittag im Garten oder beim Frühschoppen.

Doch die meiste Zeit wird ohnehin gar nicht so gemütlich verbracht, denn bei der Arbeit hört bei den Deutschen die Gemütlichkeit auf. Dort gelten Leistung und Effektivität. Um so mehr bekommt die Gemütlichkeit irreale Züge, um so mehr wird sie zur Flucht aus dem Alltag, es sei denn, daß die Leistungsverweigerung und gesellschaftlicher Protest zum Programm erhoben werden. Dann erblühen die Landkommunen, die Bürgerinitiativen oder die Grünen (wo gibt es sie sonst noch in dem Maße wie in Deutschland). Vor-politische Themen beherrschen die Szene: Ozonloch, Tierschutz, gesunde Ernährung. Deutsche Gemütlichkeit in der zweiten Potenz oder vielmehr die Suche nach Gemütlichkeit in unheimlicher Zeit. Wie es damit auch sein mag, diese Erscheinung entzieht sich ebenfalls allen gängigen Erklärungsformeln und ist im Ausland gar nicht so einfach nachvollziehbar.

Ein deutsches Phänomen bis in unsere Zeit? Zum Teil ist das sicherlich der Fall, andererseits aber besitzt wohl jedes Volk ein Harmoniebedürfnis (als ein solches ist die Gemütlichkeit ohnehin zu verstehen), das sich nur verschieden offenbart. Völker haben charakteristische Verhaltensmuster, die sich in ihrem Kern kurz- und mittelfristig zwar nicht wandeln, dafür aber übertragbar sind. Und vielleicht sind Deutsche und Polen einander ähnlicher, als sie glauben wollen. Vielleicht werden wir uns im kommenden Jahrhundert um Gemütlichkeit keine Gedanken mehr machen. Nachdem wir selbst unsere middle-class aufgebaut haben, nachdem wir uns alle im europäischen Einigungsprozeß immer mehr angeglichen haben, nachdem der ganze Kontinent zu einem verkabelten Teledorf geworden ist, ergreift uns eine neue postmoderne europäische Nostalgie, die wir vielleicht einmal mit dem altmodischen Begriff »Gemütlichkeit« zu verstehen versuchen werden.

Brigitte Waterkott

Glaube und Religiosität

Als deutsche Theologiestudentin wurde ich vor Jahren in Tschenstochau mit polnischer Volksfrömmigkeit konfrontiert; hilflos stand ich vor einem mir unverständlichen Phänomen. Menschen aller sozialer Schichten, Frauen vom Lande mit Kopftüchern, aber auch modisch gekleidete Studenten, waren einzeln oder in Pilgergruppen gekommen, um die »Königin Polens« zu verehren. Durch inbrünstige Gebete und Lieder, mit Gesten der Hingabe, die mir devot erschienen, drückten sie religiöse Gefühle aus, die zu meinem Erstaunen gleichzeitig nationale Emotionen waren und politischen Widerstand signalisierten.

Der Kult der Gottesmutter von Tschenstochau steht unübersehbar im Mittelpunkt polnischer Volksfrömmigkeit, die von einem reichen religiösen Brauchtum und von traditionellen Riten geprägt ist. Die Marienverehrung spricht die Gefühle der Menschen an, ihre Sehnsucht nach Geborgenheit und Wärme, nach mütterlichem Schutz und barmherzigem Angenommensein, bezieht aber durch die Erinnerung auch die nationale Geschichte mit ein. Sie schaffte ein Erleben von Gemeinschaft, hat also einen gesellschaftlichen sowie politischen Bezugsrahmen und ist weit weg von individualistischer Spiritualität, von kritischer Distanz und persönlicher, rationaler Auseinandersetzung mit den Inhalten des Glaubens. So jedenfalls war mein erster Eindruck von polnischer Volksfrömmigkeit. Oder ist dies eine typisch deutsche Sicht?

In beiden Völkern ist die geschichtliche und geistesgeschichtliche Entwicklung sehr unterschiedlich verlaufen. Das hatte Konsequenzen auch für die Entwicklung der Frömmigkeit. Reformation und Gegenreformation hatten für die Menschen in Deutschland eine existentielle Bedeutung. Man denke an die unterschiedliche Konfessionszugehörigkeit deutscher Kleinstaaten (cuius regio, eius religio) und die damit verbundenen Religionskriege. Im Gegensatz dazu wird die religiöse Toleranz in Polen besonders herausgestellt. Meines Erachtens trifft diese Einschätzung jedoch nur bedingt zu. Denn die privilegierte Stellung der römischen Kirche als Fundament für die politische und religiöse Einheit des polnischen Staates war nie ernsthaft gefährdet. Der Wahlreichstag von 1573 hatte beschlossen, daß nur ein Katholik König von Polen werden könne, und schuf damit die Voraussetzung für die unangefochtene Machtposition der katholischen Kirche, aber auch für eine relativ großzügige Duldung anderer Bekenntnisse, solange diese sich mit einem Minderheitenstatus zufriedengaben, also eine Randerscheinung ohne Massenbasis blieben. Diese begrenzte Toleranz belegt die Verfassung vom

3. Mai 1791 in ihrem ersten Abschnitt: »Die herrschende Religion des Volkes ist und bleibt der heilige römisch-katholische Glaube mit allen seinen Gesetzen. Der Wechsel von diesem Glauben zu einem anderen Bekenntnis ist unter Strafe der Apostasie verboten. Da uns aber dieser heilige Glaube auferlegt, unseren Nächsten zu lieben, schulden wir allen Menschen jeden Bekenntnisses den Frieden des Glaubens und die Regierungsfürsorge, und wir nehmen deshalb die Freiheit der Religion und aller Kulte in polnischen Landen nach den Landesgesetzen unter Schutz.«

Durch die Teilungen Polens änderte sich im 19. Jahrhundert die tolerante Einstellung gegenüber den nichtkatholischen Konfessionen grundlegend. Die Unterdrückung polnischer Nationalität im preußischen und russischen Teilungsgebiet ging mit der Unterdrückung der katholischen Religion einher, so daß am Ende nicht nur die Nationalität der Unterdrücker, sondern auch ihr Glaubensbekenntnis als feindlich galt, eine Entwicklung, die sich bis heute etwa im mangelnden ökumenischen Interesse des polnischen Katholizismus auswirkt.

Die Aufklärung entwickelte sich in Deutschland vor dem Hintergrund der Reformation und den darauf folgenden Religionskriegen. Sie war am Bewußtwerdungsprozeß des einzelnen interessiert, an seiner Emanzipation von gesellschaftlichen und religiösen Autoritäten. Im Ringen Luthers um die Rechtfertigung des Menschen vor Gott, in seiner quälenden Frage, wie bekomme *ich* einen gnädigen Gott, war das Interesse am einzelnen bereits konstelliert, allerdings in der Beziehung zu seinem Gott, also im Rahmen einer religiösen Weltdeutung. Nicht zuletzt vor dem Hintergrund der Religionskriege hat die Aufklärung diesen Rahmen gesprengt. In einem säkularen Welt- und Menschenbild thematisierte sie u. a. den geistigen Reifungsprozeß des nicht mehr religiös gebundenen Menschen, seine Befreiung aus der selbstverschuldeten Unmündigkeit durch den mutigen Gebrauch der eigenen Vernunft (nach I. Kant).

In Polen blieb die »Aufklärung« an einen religiösen Deutungsrahmen gebunden und diente einem gesellschaftlichen Interesse, nämlich der pädagogischen und politischen Reformbewegung, die im ausgehenden 18. Jahrhundert den drohenden Verfall des Staates durch die Bildung einer Verfassung aufzuhalten versuchte. Katholische Geistliche nahmen in dieser Bewegung eine führende Rolle ein. Eine Auseinandersetzung mit philosophischen und theologischen Grundsatzfragen in bezug auf die Situation des einzelnen in einer säkularen Welt und auf die innere Freiheit des Menschen war dagegen kein Thema. In Deutschland hatte sich diese Entwicklung durch Renaissance und Reformation bereits angebahnt, war durch den Bruch der Aufklärung mit dem geschlossenen System religiöser Welt- und Geschichtsdeutung verschärft worden, so daß Kirche und Theologie, auch die katholische Kirche in Deutschland, zu einer Auseinandersetzung mit solchen mehrheitlich säkularen Denkmustern gezwungen waren. Sie haben die Entwicklung der deutschen Theologie wesentlich befruchtet.

Die polnische Theologie hat sich dagegen weder mit der Reformation noch mit der Religionskritik der Aufklärung ernsthaft auseinandersetzen müssen. Sie hat u. a. aus diesen Gründen keine bemerkenswerte Tradition hervorgebracht. Somit ist sie wenig vorbereitet auf Konflikte, die aus einer Konfrontation mit der modernen Wissenschaft und mit den Fragen der Zeit hervorgehen. Der polnische Katholizismus trägt eher fideistische Züge, wobei eine starke emotionale Bindung an die Kirche sich mit einer antirationalistischen Grundeinstellung in Fragen des Glaubens und der Moral verbindet. Persönliche Glaubensüberzeugungen sind relativ schwach ausgebildet. Abweichungen vom Glauben der Kirche bezüglich einzelner Dogmen sind größer, als man angesichts der demonstrativen Massenfrömmigkeit vermutet. Mit den moralischen Grundsätzen der Kirche geht man angesichts der schwierigen Lebensverhältnisse eher pragmatisch und selektiv um. Niemand aber käme auf die Idee, sich für weniger katholisch zu halten, nur weil seine Lebenspraxis, z. B. in der Sexualmoral, von der Lehre der Kirche erheblich abweicht.

Hier deuten sich tiefe Unterschiede im Frömmigkeitsverhalten zwischen Deutschen und Polen an. Reformation und Protestantismus haben auch die deutschen Katholiken beeinflußt. Eine sehr persönlich verstandene Gottesbeziehung, eine private Spiritualität, eine rationale Reflexion der Glaubensinhalte und eine starke

Konzentration auf das Wort einschließlich der – häufig ökumenischen – Wortgottesdienste haben die deutsche Frömmigkeit stark geprägt. Polnischen Katholiken ist dagegen schon der Begriff Wortgottesdienst weitgehend fremd, und mit einem ökumenischen Wortgottesdienst wissen die meisten nichts anzufangen. Für sie spielt der emotionale Ausdruck eine viel größere Rolle, wobei der ganze Mensch, einschließlich seines Körpers und aller Sinne, durch Gesänge, Kniebeugen, Weihrauch, Bilder usw. angesprochen wird. Im Mittelpunkt steht ein Kult (Lieder, Gebete, Fahnen, Rosenkranz), der sich weniger auf das Gottesverhältnis des einzelnen bezieht, sondern auf die Geschichte Gottes mit der polnischen Nation durch die Vermittlung Marias gemäß dem Wahlspruch von Primas Wyszyński »Soli Deo per Mariam«. Viele Frömmigkeitsübungen, z. B. Wallfahrten oder Massengottesdienste anläßlich eines Papstbesuches, sind kollektive Gefühlserlebnisse und ermutigen zu gesellschaftlichem bzw. politischem Handeln aus dem Glauben, was in Deutschland weitgehend unbekannt ist. Wer sich an den Streik auf der Danziger Werft 1980 erinnert und die politische Bedeutung der Solidarność-Bewegung vor Augen hat, wird wissen, wovon hier die Rede ist. Was hier zu sehen war, wird für deutsche Bischöfe ebenso fremd gewesen sein wie für westliche Gewerkschaftler: Religiöse und nationale Symbole schmückten zusammen mit politischen Parolen das Werfttor, Priester hörten öffentlich Beichte, Arbeiter knieten im Freien während gemeinsamer Gottesdienste und sangen religiös-nationale Lieder, der damalige Streikführer und heutige Staatspräsident Wałęsa trug ein Marienbild an der Jacke und einen Rosenkranz um den Hals. Er verhandelte nicht nur mit den Vertretern der Regierung, sondern gab auch im Gottesdienst in der ersten Reihe den Ton an. Der Forderungskatalog der Arbeiter umfaßte neben politischen und wirtschaftlichen Zielen auch den Ruf nach religiösen Freiheiten.

Durch eine schmerzliche Geschichte nationaler und religiöser Unterdrückung, deren Wurzeln weit zurückreichen, mindestens in die Zeit der Belagerung Polens durch die protestantischen Schweden im 17. Jahrhundert, wurden religiöse Symbole im 19. Jahrhundert ganz selbstverständlich zu politischen Chiffren im nationalen

Widerstand. Als Dank an die Gottesmutter für ihre Hilfe bei der erfolgreichen Abwehr der Schweden hatte König Jan Kazimierz 1656 Maria zur »Königin der Krone Polens« und zur Patronin des Landes erklärt. Dies war der Beginn eines geschichtlich außerordentlich wirksamen Bündnisses zwischen Maria und der polnischen Nation. Nach der Vernichtung des polnischen Staates scharte sich die Nation um die Altäre der Mutter Gottes. Die äußere staatliche Einheit wurde durch eine innere mystische ersetzt. Das bedeutete aber nicht, daß sich die Kirche auf den Bereich der Innerlichkeit zurückgezogen hätte, ganz im Gegenteil. Sie hat den Freiheitskampf der Nation aktiv unterstützt, z. B. durch die Pflege der polnischen Sprache in Gottesdiensten, im Religionsunterricht und durch eine nationale Deutung der Geschichte, die breite Bevölkerungskreise erleben ließ, daß Polentum und Katholizismus eins sind. Die Kirche unterstützte den Widerstand auch durch politische und diplomatische Aktivitäten der Hierarchie und durch konspirative Aktionen des niederen Klerus, u. a. durch Waffenschmuggel. Die Gottesmutter, deren Kult sich immer mehr auf Tschenstochau konzentrierte, wurde im Bewußtsein der Menschen zur Mitstreiterin und Garantin für ein freies, unabhängiges Polen. Tschenstochau wurde zum geistig-geistlichen Zentrum des Landes. Die nationale Identität Polens hat hier ihr Herz und ihre Mitte gefunden. In einer Predigt am 26. September 1968 in Warschau begründete Primas Wyszyński die Symbiose zwischen Polentum und Katholizismus als historisch notwendig.

»Niemand möge an der Behauptung, Pole gleich Katholik, Anstoß nehmen [...] es handelt sich hierbei nicht um ein Schlagwort, sondern um eine lebendige Frucht, die aus den Existenzgegebenheiten der Kirche inmitten des gequälten Volkes herangereift ist. Das ist lebendige Wirklichkeit! Die Nation war auf eine andere Weise nicht vor Ausrottung, Russifizierung, Germanisierung, vor Orthodoxie und Protestantismus zu bewahren. Das konnte nur um den Preis der Verschmelzung dieser beiden lebenswichtigen Kräfte zu einer Einheit gelingen.«

Wyszyński ließ es nicht zu, daß die Volksfrömmigkeit, besonders die Marienverehrung, durch nachkonziliare Reformbestrebungen geschwächt wurde. Er sah in ihr eine kreative Kraft für das gesellschaftliche und politische Leben der Nation, ein Fundament, das es zu stärken galt, um die vom Staat verordnete Atheisierung des öffentlichen Lebens zu verhindern. Dies hielt er nicht nur im Interesse des einzelnen für gefährlich, sondern auch hinsichtlich der Einheit, Freiheit und Unabhängigkeit Polens.

Aus dieser Einsicht zog der Kardinal die Konsequenz, die Pflege des Marienkultes in den Mittelpunkt seines Pastoralprogramms zu stellen. Er initiierte entsprechende Frömmigkeitsaktionen, z. B. die »Reise« des Gnadenbildes von Tschenstochau durch alle Diözesen und Pfarrgemeinden des Landes als Vorbereitung auf die Tausendjahrfeier der Christianisierung Polens. Ein anderes Beispiel: Nach der Wahl Wojtyłas zum Papst lud er alle Polen ein, durch die »Hingabe in die mütterliche Knechtschaft Mariens« nach mittelalterlichem Brauch persönlich »Sklave« Mariens zu werden. Wissensvermittlung über die religiös-nationale Geschichte und die Stärkung des gesellschaftlichen Verantwortungsgefühls sollten damit über praktische Aktionen erreicht werden und kaum durch eine bewußte Auseinandersetzung mit kirchlichen Glaubensinhalten.

Durch die Marienverehrung mit ihrem Appell an die Sehnsüchte aller Menschen nach mütterlichem Schutz und durch das emotionale Erleben nationaler Identität sprach der Primas mit seinem Pastoralprogramm alle Polen an. Niemand war ausgegrenzt, auch jene nicht, die areligiös waren oder in ihrem Leben mit den Grundsätzen der Kirche nicht übereinstimmten, z. B. wiederverheiratet Geschiedene. Über die kulturelle Identifikation blieben auch sie religiös ansprechbar. Alle Polen wurden eingeladen, durch ihre Marienverehrung zur Rettung der Kirche in der ganzen Welt beizutragen, eine Vorstellung polnischer Nationaltheologie, des sogenannten polnischen Messianismus. In der Wahl Karol Wojtyłas zum Papst sah Wyszyński mit der ganzen Nation seine These bestätigt. Im Hirtenbrief der polnischen Bischöfe zur Papstwahl im Oktober 1978 hieß es: »Nach allgemeiner Überzeugung ist die Wahl eines Polen zum Papst das Werk der allerheiligsten Mutter, der Jungfrau von Tschenstochau und Königin Polens! Christus hat [...] dadurch vor aller Welt die Richtigkeit unseres marianischen, d. h. polnischen Weges bestätigt.«

Eine Frömmigkeit, die sich in solchen Formen ausdrückt, wird Deutschen fremd erscheinen. Man sollte sie aber nicht einfach als gefühlsbetont und traditionalistisch abstempeln, sondern bedenken, daß sich in ihr eine andere Glaubenserfahrung ausdrückt. Sie bezeugt einen Glauben, der nicht primär als Beziehung zwischen Gott und dem Einzelmenschen erlebt wird, sondern ganz wesentlich als die Geschichte Gottes mit der Nation. Sie hat einen direkten Bezug zu politischen und gesellschaftlichen Existenzfragen der Nation in Vergangenheit und Gegenwart, die Botschaft von Kreuz und Auferstehung mit ihrer kritisch-befreienden Kraft erhält durch das Einbeziehen des öffentlichen Lebens eine zusätzliche Bedeutung. Dadurch hat die uns so vertraute Aufteilung der Wirklichkeit in einen rein religiösen, sakralen und einen profanen, rein weltlichen Bereich in Polen nie an Boden gewinnen können. Die für Deutsche selbstverständliche und positiv verstandene Säkularisierung des Denkens hatte auch eine Reduzierung der Glaubenserfahrung auf den privaten Lebensbereich zur Folge. In Polen wurde eine solche Trennung verhindert, und der Begriff »laicyzacja« (Laisierung, Verweltlichung) hat eine eher abwertende Bedeutung, obgleich sie im alltäglichen Leben sehr fortgeschritten ist. Unter den politischen Bedingungen Polens hat sich ein Katholizismus entwickelt, der mit seiner inneren Geschlossenheit und seiner gesellschaftlich-politischen Stoßkraft beeindruckend ist. In dieser Stärke des polnischen Katholizismus liegt jedoch gleichzeitig seine Schwäche begründet, ein Mangel an Offenheit und kritischem Hinterfragen. Eine ungeschützte Auseinandersetzung mit den Fragen des Glaubens, mit säkularen Denkmustern und mit innerkirchlich umstrittenen theologischen Entwicklungen blieb von vornherein eingeschränkt. Sie galt als gefährlich, da die politische Situation Einheit und Geschlossenheit der Kirche gegenüber dem atheistischen Staat erforderte. Eine Folge davon war, daß Lehre und Leben unvermittelt nebeneinander stehenblieben, ohne daß man die Spannung zwischen ihnen für eine Weiterentwicklung der Lehre kreativ genutzt hätte. Diese Haltung brachte eine geistige Enge mit sich, die sich durch autoritäre Maßnahmen, u. a. kirchliche Zensur, auf die Theologie in Polen hemmend auswirkt.

Polen betrat in den letzten Jahren den schwierigen Weg zu einer modernen Gesellschaft. Die Glaubenspraxis der beginnenden 90er Jahre ist frei von bis dahin geltenden »politischen Verpflichtungen«. Ob und wie die traditionellen Formen der Religiosität von der Veränderung der bisherigen Rahmenbedingungen beeinflußt werden, bleibt jedoch abzuwarten. Bereits jetzt läßt sich ein deutlicher Rückgang der religiösen Praxis beobachten. Die Kirche Polens steht vor einer großen Herausforderung. Wird es ihr möglich sein, die Zahl der bewußt und aus persönlicher Überzeugung Glaubenden zu erhöhen, so daß diese eine Basis werden könnten für die oberflächlich Frommen, die ja von der bisherigen politisch-nationalen Motivation gegenwärtig nicht stark genug getragen werden?

Für dieses Anliegen hat eine kleine Gruppe katholischer Intellektueller, zu denen der erste nichtkommunistische Ministerpräsident Tadeusz Mazowiecki gehört, bereits in den 70er Jahren mit ihrer geistigen Offenheit im Rahmen engagierten Christseins Pionierarbeit geleistet. Hinzu kam in den 80er Jahren der Solidarność eine äußere Öffnung der Kirche gegenüber Künstlern und Intellektuellen, denen sie ihre Räume für öffentliche Veranstaltungen zur Verfügung stellte. Diese äußere Öffnung der Kirche führte umgekehrt bei einem Teil des katholischen Milieus zu einem Aufschwung des geistig-religiösen Lebens. Die geistige Offenheit einer Gruppe katholischer Intellektueller muß im Kontext der Reformen des 2. Vatikanischen Konzils, aber auch der Begegnung mit der oppositionellen Linken auf der Basis einer antitotalitären Grundhaltung gesehen werden. In ihren Reihen entwickelten sich Ideen zur Neugestaltung des religiös-gesellschaftlichen Lebens und ein Dialog mit anderen Weltanschauungen, was in ambitionierten Zeitschriften wie »Znak«, »Więź« oder »Tygodnik Powszechny« artikuliert wurde und nicht ohne gesellschaftliche Wirkung blieb. In den Klubs der Katholischen Intelligenz (KiK) wurde über polnische Geschichte diskutiert und natürlich über theologische Probleme, z. B. über Fragen der nachkonziliaren Reform, aber auch über die in Polen traditionellen Richtungen des Thomismus, Neothomismus und Personalismus. Man las religiöse Lyrik, die Übersetzung der Bibel von Czesław Miłosz und Essays über

Religion von Leszek Kołakowski. Dieser intellektuelle Katholizismus trat in den 80er Jahren zusammen mit der Massenreligiosität und von ihr gewissermaßen überdeckt in den Dienst des politischen Kampfes der »Solidarność«.

In Deutschland zeigt sich im Vergleich zu den polnischen Erfahrungen gelegentlich ein anderes Extrem, daß nämlich theologisches Theoretisieren das Leben aus dem Glauben gleichsam ersetzen soll, so daß die kirchliche Lehre nicht selten mit dem Glauben selbst verwechselt wird. Wenn aber die Sorge um die Orthodoxie im Mittelpunkt des Glaubensbewußtseins steht, dann wird die Radikalität und Verbissenheit verständlich, die mit Grundsatzdebatten oft verbunden und für theologische Diskussionen typisch ist. Bereits im Jahrhundert der Aufklärung hat der Pietismus auf diese Tendenzen mit der Betonung der persönlichen Heiligung des einzelnen reagiert. Durch die Verbindung von ethischer Kasuistik und puritanischer Weltflucht mit mystischen Motiven aus dem Katholizismus wurde religiöses Leben vornehmlich durch intime Erbauungsversammlungen und individuelle Wohltätigkeiten realisiert, im Gegengewicht zur Überbetonung von Wort und Ratio. Inzwischen hinterläßt nicht nur die hier apostrophierte extrem rationalistische Entwicklung von Kirche und Theologie, sondern auch die Säkularisierung und materialistisch-technologische Ausrichtung der Gesellschaft ein Vakuum, das mit religiösem Erleben gefüllt werden will. Vieles davon bewegt sich dabei innerhalb des christlich-kirchlichen Rahmens, wie etwa in Gruppen charismatischer Gemeindeerneuerung oder in Form von christlich motivierten politischen bzw. sozialen Engagements für die Nöte der Dritten Welt, für die Erhaltung der Umwelt und des Friedens; für das soziale Engagement bietet die Kirche selbst weit ausgebaute Strukturen an. Das Vakuum wird aber in der modernen Gesellschaft in Deutschland, und im Westen überhaupt, dagegen nur in verschwindend geringem Maße in Polen, auch mit Elementen einer Religiosität gefüllt, die in ihrem Synkretismus über die christliche Tradition hinausgehen. Dazu wird man esoterische Richtungen und okkultistische Praktiken sowie die New-Age-Bewegung oder die Anthroposophie angesichts ihrer Popularität zählen können. Hier drückt sich eine Sehnsucht nach übersinnlichen Erlebnissen, nach Transzendenzerfahrungen und ganzheitlichem Erleben aus, die weder von den Kirchen noch vom modernen Leben gestillt werden kann.

Die hier angedeuteten Unterschiede im Denken und Empfinden zwischen Polen und Deutschen reichen weit in das Lebensgefühl und in die Lebensart der Menschen hinein und verursachen im Falle der Konfrontation auf beiden Seiten Befremden. Die Unterschiede sollten aber in ihrer religiösen, gesellschaftlichen sowie politischen Bedingtheit und Wandelbarkeit gesehen und weder verwischt noch höflich übersehen werden. So können sie zu einer gegenseitigen Herausforderung und Bereicherung werden.

Klaus Ziemer
Kirche

Mit dem Begriff »Kirche« werden in Polen und Deutschland in erster Linie die sozialen Organisationsformen christlicher Religion verbunden, doch divergieren die inhaltlichen Ausgestaltungen teilweise beträchtlich. Dies ist bedingt durch die Verschiedenartigkeit der historischen Erfahrung, der konfessionellen Zusammensetzung, der Bedeutung der Kirche(n) im öffentlichen Leben und der kirchlichen Bindung der Bevölkerung.

Das entscheidende Datum für die kirchliche Entwicklung in Deutschland setzte die Reformation. Die Konsequenzen des Grundsatzes »cuius regio, eius religio« sind auch nach der Integration von 12 Millionen Flüchtlingen und Vertriebenen nach dem Zweiten Weltkrieg noch erkennbar: Der Westen und Süden sind stärker katholisch, der Norden und Osten dagegen protestantisch geprägt. Bildeten im Deutschen Reich ab 1871 Katholiken eine Minderheit von etwa einem Drittel der Bevölkerung, so wurde durch die Teilung Deutschlands nach 1945 im Westen erstmals ein ungefähres Zahlengleichgewicht zwischen beiden Konfessionen erreicht. Allerdings haben in den vergangenen Jahrzehnten vor allem durch Industrialisierung und Säkularisierung beide großen Kirchen erhebliche Einbußen erlitten. So sank für die evangelischen Christen der Anteil an der Gesamtbevölkerung von 1970 28,5 Mio. (= 46,4 %) auf 1988 25,2 Mio. (= 41,0 %). Die katholische Kirche hatte zwar gleichfalls hohe Verluste hinzunehmen (1970 27,2 Mio., 1988 26,5 Mio.). Sie waren jedoch geringer als die der evangelischen Kirchen, u. a. aufgrund einer höheren Geburtenrate der Katholiken, so daß diese Ende der 80er Jahre mit 43,1 % der Wohnbevölkerung zur stärksten Religionsgemeinschaft in den alten Bundesländern avancierten. In der DDR nahm die Mitgliedschaft in den Kirchen in noch dramatischerem Ausmaß ab, nicht zuletzt weil sich praktizierende Christen im Berufsleben häufig mit Diskriminierungen konfrontiert sahen. Bei einer Bevölkerung von 16,6 Mio. zählte der Bund der Evangelischen Kirchen in der DDR 1986 5,104 Mio. Mitglieder (30,7 %), die katholische Kirche 1988 1,090 Mio. (6,6 %) und sonstige Kirchen und Religionsgemeinschaften 1986 rund 210000 Mitglieder (1,3 %). Der überwiegende Teil der Bevölkerung (61,4 %) war konfessionslos. Mit der Einführung der Kirchensteuer nach der Wiedervereinigung 1990 setzte in der ehemaligen DDR und mit dem den Kirchen gar nicht zugute kommenden Solidaritätszuschlag zur Lohn- und Einkommenssteuer für die neuen Bundesländer ab Juli 1991 auch in der alten Bundesrepublik eine neue Austrittswelle insbesondere in der evangelischen Kirche ein.

Im Gegensatz zu Deutschland ist Polen heute konfessionell weitgehend homogen: 1990 laut Statistischem Jahrbuch bei 38,2 Mio. Einwohnern 35,9 Mio. oder 94,0 % Katholiken des lateinischen und 300000 des griechischen Ritus (Unierte), rund eine Million Angehörige der autokephalen orthodoxen Kirche (meist im Osten Polens), rund 100000 Protestanten (die Hälfte in der südpolnischen Wojewodschaft Bielsko-Biała). Die hieraus gegebenenfalls abzuleitende Schlußfolgerung, die Gleichung: »Polak – katolik« (Pole = Katholik) sei eine feste Größe in der polnischen Geschichte, griffe jedoch zu kurz. Über Jahrhunderte war Polen nicht nur ein multinationaler Staat, sondern auch durch mehrere Religionen (nach der Volkszählung 1931 waren 9,8 % der Bevölkerung jüdischen Glaubens) und – bei deutlicher Dominanz der katholischen Kirche – Konfessionen gekennzeichnet (1931 75,2 % Katholiken, davon 10,4 % nach griechischem Ritus; 11,8 % Orthodoxe; 2,6 % Protestanten), was sich durch die Ermordung der jüdischen Bevölkerung während der nationalsozialistischen Besatzung sowie durch die verschiedenen, meist »zwangsweisen« Umsiedlungen nach Kriegsende dann grundlegend änderte.

In Deutschland wirkte von der Reformation bis 1918 das »Bündnis von Thron und Altar« für das Verhältnis Staat – Kirche und Kirche – Gesellschaft prägend. Bis heute besitzen die großen Kirchen den privilegierten Status öffentlich-rechtlicher Anstalten, die sich überwiegend aus vom Staat eingezogenen Kirchensteuern finanzieren. Die weitgehende Kontrolle über das Kirchengut war für die Landesfürsten mit der Pflicht verbunden gewesen, für die Finanzausstattung der Kirchen zu sorgen, eine Pflicht, die die deutschen Staaten im Laufe des 19. Jahrhunderts durch die Einführung der Kirchensteuer auf die Kirchenmitglieder abwälzten. Die Kirchen nehmen heute fast durchweg das Angebot des Staates wahr, die kirchliche Lohn- und Einkommensteuer (in der Regel 8 oder 9 % der Summe der entsprechenden staatlichen Steuer) für sie einzuziehen. Der dafür zu entrichtende Betrag liegt beträchtlich niedriger, als der Aufwand für ein eigenes kirchliches Einzugssystem betragen würde. Die vielfach kritisierte Erhebung der Kirchensteuer durch den Staat wird gerechtfertigt durch den Beitrag der Kirchen zum Gemeinwohl, nicht zuletzt durch ihr umfangreiches Netz sozialer Dienste, für deren Finanzierung der Staat erhebliche Mittel aufwenden müßte. Die beiden Großkirchen zählen inzwischen zu den wichtigsten Arbeitgebern (Ende der 80er Jahre hatte das Diakonische Werk 263000, die Caritas 320000 Beschäftigte), die als »Tendenzbetriebe« ihren Mitarbeitern gegenüber eine stärkere soziale Kontrolle als andere Unternehmen ausüben können. Beachtlich ist das jährlich dreistellige Millionenbeträge erreichende Spendenaufkommen für kirchliche Hilfswerke in der Dritten Welt wie »Misereor«, »Brot für die Welt« u. a.

Zu den rechtlichen Besonderheiten des Verhältnisses von Staat und insbesondere katholischer Kirche in Deutschland zählen vor allem im Konkordat von 1933 festgelegte Regelungen wie der staatlich finanzierte Religionsunterricht an öffentlichen Schulen, die Ernennung von Theologieprofessoren an staatlichen Universitäten nur nach kirchlichem Einverständnis oder bei Besetzung einer Bischofsstelle das Mitspracherecht des oder der für die betreffende Diözese zuständigen Ministerpräsidenten (u. U. eines Protestanten oder gar eines Atheisten).

Auch nachdem im 19. Jahrhundert große Teile der katholischen Bevölkerung in Deutschland unter die Herrschaft protestantischer Dynastien gekommen waren, blieben die innergesellschaftlichen Grenzen zwischen den Konfessionen scharf gezogen, nicht zuletzt durch das bis weit in das 20. Jahrhundert für Katholiken geltende Verbot gemischt-konfessioneller Ehen. Die Minderheitssituation im Deutschen Reich sowie die Verfolgungen im »Kulturkampf« erleichterten den Aufbau eines politischen Katholizismus und eines umfangreichen, fast alle Lebensbereiche und alle sozialen Schichten umfassenden katholischen Verbändewesens. Für den Protestantismus bestand angesichts des Staatskirchentums keine Notwendigkeit für analoge Strukturen. Nach der Aufhebung des Staatskirchentums in der Weimarer Republik tat er sich schwer, seine neue Rolle zu finden. Gegenüber dem Nationalsozialismus leisteten beide Großkirchen bei mutigem Einsatz einzelner als Institutionen nur relativ wenig Widerstand. Trotz der »Bekennenden Kirche« galt dies insbesondere für den Protestantismus.

Nach 1945 konnte der Katholizismus in Westdeutschland einen starken politischen Einfluß gewinnen, nicht zuletzt durch die Gründung der die Konfessionsgrenzen überschreitenden CDU/CSU. In den 60er und 70er Jahren durchgeführte Studien zeigten allerdings, daß Katholiken weiterhin ein deutlich niedrigeres Bildungsprofil als Protestanten aufwiesen und in fast sämtlichen Führungspositionen in Staat, Wirtschaft und Gesellschaft unterrepräsentiert waren, ausgenommen die Führung von CDU und CSU. Das katholische »Milieu«, das die gewissermaßen »natürliche« Basis für CDU und CSU zu sein schien, ist heute stark geschrumpft. Aber auch in den 80er Jahren noch war die Korrelation zwischen regelmäßigem Kirchenbesuch und Stimmabgabe für die Unionsparteien signifikant hoch. Weitgehend eingeebnet ist heute indessen in der Gesellschaft der Gegensatz zwischen Protestanten und Katholiken. Die deutlich abnehmende kirchliche Identifikation der Bevölkerung einerseits und die beachtlichen Rechte der Großkirchen im öffentlichen Leben andererseits machen auch eine zunehmende Annäherung der beiden Kirchenführungen verständlich.

Der starke Rückhalt der Kirche in der polnischen Gesellschaft ist zurückzuführen auf die enge Verbindung von Staat, Kirche und Nation seit der Gründung des polnischen Staates 966 sowie die Verdienste der Kirche insbesondere in der Zeit der staatlichen Teilung Polens vom Ende des 18. Jahrhunderts bis 1918, als sie als wichtigste Organisation den Zusammenhalt der Polen als Nation aufrechterhielt. Hohes Ansehen erwarb sie sich durch ihre kompromißlose Haltung während der NS-Besatzungszeit, die fast 3000 Geistliche (über 20 % des Klerus) mit dem Leben bezahlten. In der Volksrepublik kollidierte sehr rasch der Anspruch der Kommunisten auf ein absolutes, alle gesellschaftlichen Bereiche (also auch die Kirche) kontrollierendes Machtmonopol mit dem Anspruch der Kirche, das authentische Wertesystem der polnischen Nation zu repräsentieren. Die Kirche konnte sich in den teilweise heftigen Auseinandersetzungen mit Partei und Staat nicht auf einen Verbandskatholizismus stützen, der sich in Polen nie so wie in Deutschland ausgebildet hatte und dessen wenige Organisationen Ende der 40er Jahre aufgelöst bzw. wie die »Caritas« parteiloyalen Gruppierungen übertragen wurden. Eine der wichtigsten Institutionen, die die Kirche bewahren konnte, bildete die 1918 gegründete Katholische Universität Lublin.

Die Kommunisten hatten schon 1945 das Konkordat mit dem Vatikan gekündigt und das mit Primas Wyszyński (1948–1981, schon kurz nach seinem Tod zum »Jahrtausendprimas« erklärt) 1950 zur Irritation des Vatikan geschlossene Abkommen – das erste mit einem kommunistischen Staat – nach kurzer Zeit gebrochen. Nach einem danach bis zum Oktober 1956 dauernden Kirchenkampf, in dem die Autonomie der Kirche fast zerschlagen wurde, wurde die Kirche de facto zur einzigen legalen landesweiten Organisation, die nicht der Kontrolle der Partei unterstand. Die nichtkatholischen Kirchen, die sich sowohl dem Druck des Staates als auch dem erdrückenden Übergewicht der katholischen Kirche ausgesetzt sahen, ließen sich teilweise nach dem Muster der russisch-orthodoxen Kirche für die Zwecke von Partei und Staat funktionalisieren. In den Systemkrisen von 1956, 1970/71 und

1980/81 richtete die katholische Kirche ihr Verhalten an den Interessen der Nation aus (Vermeiden einer sowjetischen Intervention), was danach jeweils mit Gegenleistungen honoriert wurde (u. a. 1956 Abbruch des Kirchenkampfes, 1971 Rückgabe des Kirchenbesitzes in den Oder-Neiße-Gebieten, in den 80er Jahren Genehmigung für Neubauten von Kirchen). Erst mit dem Gesetzespaket vom 17. Mai 1989 konnte die Kirche jahrzehntelange Forderungen wie die Anerkennung der Rechtspersönlichkeit durchsetzen und erhielt im einzelnen noch zu konkretisierende Rechte wie die Rückgabe konfiszierten Vermögens oder den Aufbau eigener Rundfunk- und Fernsehstationen zugesichert. Ferner wurden bisher weitgehend informelle Gremien wie die seit 1981 bestehende gemeinsame Kommission des Episkopats und der Regierung, in der am Parlament vorbei etliche wichtige Entscheidungen getroffen worden waren, nun auch formalisiert. Schließlich wurden 1989 auch die 1945 abgebrochenen diplomatischen Beziehungen mit dem Vatikan wiederaufgenommen.

In der gesamten Zeit der Volksrepublik bildete die Kirche die eigentliche Gegenmacht zu Partei und Staat. Sie erreichte den Großteil der Gesellschaft über den Sonntagsgottesdienst (in den 80er Jahren durchschnittlich etwa 50 %, am niedrigsten in der Diözese Lodz, am höchsten im Süden und Südosten) und gewann zusätzlichen Auftrieb durch die Wahl von Kardinal Wojtyła zum Papst 1978. Hatten sich seit dem 19. Jahrhundert große Teile der Intelligenz von der Kirche entfremdet, so entdeckten in den 80er Jahren viele ihr früher fernstehende Künstler und Intellektuelle die christlichen Wurzeln der polnischen Kultur wieder. Kennzeichen der Vitalität der polnischen Kirche ist die hohe Zahl der Neupriester, die – ganz im Gegensatz zur katholischen Kirche in Deutschland – die der verstorbenen Priester regelmäßig um etwa das Doppelte übertrifft.

Besondere Probleme brachte für beide Kirchen in der DDR die Definition der eigenen Rolle im kommunistischen Staat mit sich. Verharrten sie lange Jahre auf einer Position des »Überwinterns« – die katholische Kirche bis Mitte der 80er Jahre –, so gewann die evangelische Kirche dadurch, daß sie akzeptierte, »Kirche im Sozialismus« zu sein, Freiräume gegenüber dem Staat. Sie nutzte sie, um die gesellschaftliche und politische Entwicklung kritisch zu begleiten, Fehlentwicklungen beim Namen zu nennen (z. B. 1978 vor Ausländer- und insbesondere Polenfeindlichkeit in der DDR zu warnen), und wurde in den 80er Jahren – teilweise fast wider Willen – zu einem Forum für eine alternative Öffentlichkeit. Bei der »friedlichen Revolution« im Herbst 1989 spielte sie eine entscheidende Rolle, während die katholische Kirche(nführung) abseits stand. Nach der »Wende« hat sich das zuvor recht gute ökumenische Klima in der Ex-DDR etwas getrübt, da sich die Katholiken nun vor allem in der CDU engagierten und – obwohl in deutlicher numerischer Minderheit – alle vier CDU-Ministerpräsidenten in den »neuen Bundesländern« stellten. Die bei der »Wende« sehr aktiven evangelischen Pastoren scheinen dagegen überwiegend in der SPD engagiert zu sein und stellen mit Konsistorialpräsident Manfred Stolpe auch den Ministerpräsidenten im Bundesland Brandenburg.

Ist der deutsche Protestantismus seit der Auflösung des staatlichen Landeskirchentums 1918 (erst 1948 erfolgte der Zusammenschluß von 13 lutherischen, zwei reformierten und 12 unierten Landeskirchen zur Evangelischen Kirche in Deutschland/EKD) dezentral organisiert und durch das Zusammenwirken von Theologen und Laien in der Kirchenleitung gekennzeichnet und hat der deutsche Katholizismus nach dem Zweiten Vatikanischen Konzil mit der Einführung gewählter Laiengremien (»Pfarrgemeinderäte«) immerhin demokratische Elemente in das Gemeindeleben eingeführt, so ist die katholische Kirche in Polen weiter strikt hierarchisch organisiert. Gremien wie der 1982 durch die ad personam vorgenommene Ernennung vom Primas berufene »Gesellschaftliche Rat beim Primas« können kaum kaschieren, daß die Laien insbesondere auf den unteren Ebenen nur minimale Mitspracherechte haben. Die »Stromlinienform« der katholischen Kirche konnte in der Volksrepublik damit gerechtfertigt werden, daß die Verhandlungsposition der Kirche gegenüber dem Staat nur dann optimal war, wenn der Primas glaubhaft machen konnte, daß seine Position unhinterfragt bis an die Basis mitgetragen würde. Ferner hätte die Partei gewählte Laiengremien gegebenenfalls zum Ansatzpunkt machen können, die Kirche von innen zu unterwandern

Durch die »Wende« von 1989 hat die Kirche ihr Quasi-Monopol auf eine legale politische Opposition verloren, doch scheint ihre Einflußnahme auf das öffentliche Leben nun stärker als je zuvor. Gleichzeitig hat aber die Zustimmung zu ihr beachtlich abgenommen (von 1990 83 auf Frühjahr 1991 58 %). In einigen Massenmedien wird offen von der Gefahr einer »Klerikalisierung« oder gar »Fundamentalisierung« des öffentlichen Lebens gesprochen. In katholischen Intellektuellenkreisen wird angesichts der unterstellten geringen Tiefe des Glaubens, der primär auf äußerliche Handlungen abgestellt sei, ein erheblicher Rückgang der kirchlichen Bindungen in der Zukunft erwartet. Die Grenzen des Einflusses der Kirche auf das Sozialverhalten der Polen wurden schon in den vergangenen Jahrzehnten in zahlreichen fruchtlosen Appellen zu Fragen wie Abtreibung, Alkoholmißbrauch, Arbeitsmoral u. a. sichtbar.

In Deutschland gibt es keine gemeinsamen Gremien Staat – Kirche wie die 1989 in Polen institutionalisierte Kommission von Regierung und Kirche. Büros der katholischen wie der evangelischen Kirche in Bonn erfüllen sowohl die Funktion von Repräsentanten ihrer Kirche als auch die von Lobbyisten. Einfluß üben die Kirchen auch über ihre Vertretungen in etlichen Organisationen und Institutionen öffentlichen Rechts wie den Anstalten für Rundfunk und Fernsehen aus.

Mittel- und langfristig dürften durch Tradition und die konkrete Entwicklung in Politik und Gesellschaft gewachsene, zum Teil paradoxe Unterschiede zwischen den Kirchen in Polen und Deutschland – z. B. in Polen volle Kirchen, aber leere Kassen, in Deutschland umgekehrt – etwas eingeebnet werden. Auf absehbare Zeit dürfte jedoch der Einfluß der Kirche auf das öffentliche Leben in Polen erheblich stärker sein als in Deutschland. Gleichwohl wird das Spannungsverhältnis zwischen der verfassungsmäßigen Trennung von Kirche und Staat einerseits und der Berufung der meisten Politiker auf grundlegende Werte der katholischen Soziallehre im postkummunistischen Polen bzw. der Vereinnahmung christlicher Symbolik auch in der Bundesrepublik durch den Staat andererseits in beiden Ländern diskutiert. In Deutschland steht der schwindenden kirchlichen Bindung großer Teile der Bevölkerung eine gesellschaftliche Erwartungshaltung gegenüber, daß sich die Kirchen zu Fragen von grundlegender moralisch-politischer Bedeutung äußern, wie dies z. B. in der Diskussion über die Gesetzgebung zur Abtreibung, zur Asylantenfrage u. a. geschehen ist.

Heinz-Joachim Fischer

Der Papst aus Polen und die deutschen Katholiken

In der jüngsten Sozial-Enzyklika Papst Johannes Pauls II., »Centesimus annus, der 100. Jahrestag«, bricht an einer einzigen Stelle der Stolz des Polen Karol Wojtyła aus Wadowice bei Krakau durch. Der berechtigte Stolz eines Menschen, der weiß, daß in Polen und von Polen die Weltgeschichte beeinflußt wurde. Da spricht das Oberhaupt der katholischen Kirche, das erste slawische in der zweitausend Jahre alten Geschichte des Christentums, von »den zahlreichen Faktoren des Zusammenbruchs der von Unterdrückung gekennzeichneten Regimes« des realen Sozialismus in Mittel- und Osteuropa und erinnert daran, »daß die entscheidende Krise der Systeme, die vorgeben, Ausdruck der Herrschaft und der Diktatur der Arbeiter zu sein, mit den großen Arbeiterbewegungen beginnt, die in Polen im Namen der Solidarität stattfanden«.

So war es. Johannes Paul II. bestieg im Oktober 1978 als erster nichtitalienischer Papst nach 455 Jahren den Stuhl Petri und rief der Welt die denkwürdigen Worte zu: »Öffnet die Grenzen der Staaten, der wirtschaftlichen und politischen Systeme, die weiten Bereiche der Kultur, der Zivilisation und des Fortschritts! Habt keine Angst!« Dann rückte er der Kirche und Europa ins Bewußtsein, daß man einen Teil des Kontinents fast vergessen hatte, daß Europa mit zwei Lungen atme und aus West und Ost bestehe, daß auch die Slawen-Apostel Kyrill und Methodius zu Recht als Patrone Europas verehrt zu werden verdienten. Es schien, als hätte der Papst dem Westen das Wissen um den Osten zurückgegeben und den slawischen Völkern des Ostens – Selbstbewußtsein.

Als es dann anfing, in Polen zu gären, als man fürchten mußte, die freie Gewerkschaft »Solidarność« würde wie manche Bewegung zuvor vom kommunistischen Regime und »dem östlichen Nachbarn« wieder erstickt werden, da hielt Johannes Paul II. seine schützende Hand darüber, gab Woche für Woche, manchmal Tag für Tag helfenden Rat, verlieh dem, was in Danzig und anderswo geschah, ein weltweites Echo, so daß die Arbeiter an der Ostsee mit Kraft und Zuversicht den Kampf für ihre und anderer Freiheit weiterführen konnten. Ohne den Landsmann im Apostolischen Palast zu Rom, der die Auseinandersetzung zwischen »Solidarność« und Unterdrückung zur Menschheitsfrage erhoben hatte, wäre es in Polen nicht gutgegangen, hätte der Damm der kommunistischen Diktatur nicht jenen entscheidenden Bruch erhalten, der für die weitere Entwicklung in Mittel- und Osteuropa entscheidend war. Keinen besseren »Protector Poloniae« hätte man sich vorstellen können.

Ist dadurch der 264. Nachfolger Petri mehr Pole geworden, als die italienischen Päpste je Italiener waren? Rückte er dadurch vielleicht den Deutschen ferner, weil Karol Wojtyła sich besonders den Umwälzungen in der Zweiten Welt, der östlichen, kommunistischen – und ebenso dezidiert den Schwierigkeiten der Dritten Welt – zuwandte? Diese Fragen sind schon deshalb kaum zu beantworten, weil man sich viereinhalb Jahrhunderte lang daran gewöhnt hatte, daß ein Papst eben Italiener sei. Daß damit auch große Belastungen für die katholische Kirche verbunden waren, etwa mit dem weltlichen Regiment in dem nach europäischem Maßstab unterentwickelten Kirchenstaat in Mittelitalien, daß durch die »Römische Frage«, nach der Einigung Italiens 1870, die Forderung nach einer Rückgabe der weltlichen Macht vom italienischen Königreich an den Vatikan viele Katholiken in unnötige Gewissenskonflikte gestürzt wurden, ist meist vergessen.

Aber noch einmal – und ohne höfliches, dekorierendes Drumherumreden, ohne Angst vor unbequemen Antworten – gefragt: Ist der polnische Papst den Deutschen weniger lieb als ein italienischer? Wird Johannes Paul II. wegen seiner nationalen Herkunft weniger geachtet, werden seine Mahnungen weniger geschätzt, weil er ein Pole ist? Ein klares »Nein« hätte man darauf bei dem ersten Besuch des Papstes in Deutschland im November 1980 sagen können. Überall in den deutschen Städten schlugen Johannes Paul II. Zuneigung und Begeisterung entgegen. Nicht einmal durch den Regen konnte der Zustrom der Massen zu den Veranstaltungen mit dem Papst gemindert werden. Selbst die Reserven vieler evangelischer Christen verwandelten sich in Respekt und Sympathie angesichts der Kraft und der Zuversicht, die Karol Wojtyła ausstrahlte. Seine religiöse Bereitschaft wurde gehört und aufgenommen.

Wodurch aber ist eine Störung eingetreten im Verhältnis zwischen dem polnischen Papst und den Deutschen? Wenn eine solche einmal vorausgesetzt werden darf, ohne daß diese sich unbedingt auf alle Katholiken, Protestanten oder Nicht-Christen in Deutschland erstrecken muß und ohne daß sie alle Bereiche des religiösen Lebens oder Themen von politischer Bedeutung berührt. Manche meinen, Johannes Paul II. sei gerade bei den Besuchen in seinem Heimatland nicht behutsam genug in der heiklen Frage der polnischen West- oder deutschen Ostgebiete aufgetreten, habe mit manchen Äußerungen mehr dem polnischen Nationalbewußtsein nachgegeben, als Rücksicht auf die Gefühle von vertriebenen Schlesiern genommen. Sein Satz, daß östlich von Oder und Neiße »auch die Steine Polnisch sprechen«, habe ihn selbst bei jenen Deutschen viele Sympathien gekostet, die mit Schlesien und Hinterpommern nichts mehr im Sinn hätten; von einem Papst habe man einen unverstellten Blick auf die Geschichte erwartet oder zumindest einen Überblick, der beide Sichtweisen berücksichtigt. Auf dem Stuhl Petri dürfe man sich keine Parteinahme erlauben, so war in Deutschland zu hören, nicht nur von (katholischen) Schlesiern und (protestantischen) Preußen. Lehrmeister sind die Deutschen gern.

Es mag bei manchen diese Reaktionen gegeben haben. Sie erscheinen jedoch nicht bestimmend für die langsame Wandlung eines Verhältnisses. Dabei ist es jedoch wichtiger, diese Beziehung zwischen Deutschen und dem Papst zu bestimmen als zu beurteilen und mit Wertbegriffen zu belegen. Entscheidender waren im deutschen Sprachraum die vom Papst und der römischen Kurie vorgenommenen »verfügten« Bischofs-Ernennungen in der zweiten Hälfte der achtziger Jahre. Hier liefen alte deutsche Vorbehalte »gegen Rom«, »antirömische« Ressentiments, die noch in der katholischsten deutschen Seele von protestantischem Aufbegehren nicht unberührt sind, und Vorwürfe zusammen, Karol Wojtyła sei in einem autoritären Regime groß geworden und habe kein Gespür für demokratische Systeme und pluralistische Prozesse.

Die Versetzung des Berliner Bischofs Kardinal Meisner nach Köln wurde nicht als persönlicher Wunsch des Papstes interpretiert, dem zu willfahren niemand übergroße Schmerzen auf sich nehmen müsse, sondern als Prozedur der römisch-polnischen Obrigkeit »mit dem Kopf durch die Wand«. Die deutschen Katholiken fühlten sich von Johannes Paul II. darin und bei anderen Themen nicht verstanden. Sie zogen daraus den Schluß, der Papst aus dem Osten »habe etwas« gegen die Katholiken in den westlichen Wohlstandsgesellschaften, in dieser Ansicht bestärkt durch manche harsche Kritik Johannes Paul II. an Erscheinungen des Konsumismus. Man konnte sogar hören, der Papst aus Polen habe im Grunde »den Westen« für Religion und Kirche schon abgeschrieben, setze nur noch auf das Christentum »im Osten« und die religiöse Kraft der jungen Völker »im Süden«, ohne daß dieser Verdacht die Katholiken der deutschsprachigen Länder dazu angetrieben hätte, ihn zu entkräften.

Da mag hineinspielen, daß Karol Wojtyła in der weithin säkularisierten Gesellschaft der Bundesrepublik auch bei den Katholiken als religiöse Urpotenz nicht nur Vertrautsein hervorrief. Seine ungebrochene, offenbar urwüchsige Gläubigkeit, die ohne Entschuldigung praktizierte Marienverehrung schienen aus einer inzwischen fremd gewordenen – polnischen? – Welt zu stammen. Diese religiöse Grundeinstellung wurde von den Wohlmeinenden akzeptiert. Aber dem ehemaligen Erzbischof von Krakau gelang es nicht immer, von seiner tiefen Gläubigkeit, seiner selbstverständlichen Religiosität her zu einem mehr rational bestimmten Glauben die Brücken zu schlagen, obwohl Karol Wojtyła als Philosophieprofessor ein guter Kenner des deutschen Denkens ist. Umgekehrt brachten es freilich auch viele deutsche Katholiken nicht fertig, ihre intellektuellen Reserven hinter sich zu lassen und dem Beispiel der religiösen Urkraft im Vatikan zu folgen.

So ergibt sich gegenwärtig ein vielfältiges, von Widersprüchen nicht freies Bild im Verhältnis zwischen dem polnischen Papst und den Deutschen, das gerade bei den letzteren kaum den Gesetzen der Logik folgt. (Zuweilen gewinnt man sogar den Eindruck, den Deutschen gehe allmählich auf, daß sie Johannes Paul II. in ihren Gefühlen und Urteilen unrecht tun, ohne daß dies bisher zu einer Änderung ihres Verhaltens geführt hätte.) Es wäre jedoch verfehlt, das Schwanken in den gegenseitigen Beziehungen, die Unsicherheit im Urteil des einen über die anderen und der Deutschen über den Papst, die Übertreibungen und Verzerrungen in deutschen Reaktionen und Analysen durch nationale Gegensätze oder gar Abneigungen zu erklären. Das erschiene oberflächlich und würde dem Papst als dem vornehmsten Verkünder einer Botschaft »nicht von dieser Welt« – und daher auch im Gegensatz zu ihr –, würde dem Karol Wojtyła aus Wadowice bei Krakau als einem der Hauptakteure der Weltgeschichte am Ende des 2. Jahrtausends nicht gerecht.

Heiko Haumann

Juden in der polnischen und in der deutschen Geschichte

»Herr der Welt, [...] erlöse doch die anderen Völker, [...], aber schnell!« Dieses Stoßgebet Rabbi Israels, des um die Wende vom 18. zum 19. Jahrhundert lebenden Maggid von Kozienice, mit dem er Gott eine Alternative anbot, wenn er schon nicht die Juden erlösen wolle, erfüllte sich nicht, auch nicht im weltlichen Sinn. Weder der polnischen noch der deutschen Gesellschaft gelang ihre Emanzipation, und damit blieb auch die Emanzipation der Juden stekken. Joseph Roth, aus Brody nahe Lemberg (Lwów) stammend, glaubte hellsichtig 1937 nicht mehr, daß die Völker zu »innerer Freiheit« und »jener Würde, die das Verständnis für das Leid gewährt«, vorstoßen würden, die den Juden Gleichberechtigung und äußere Freiheit verleihen könnten.

Dabei waren die Anfänge des Zusammenlebens in Deutschland wie in Polen verheißungsvoll gewesen. Bis ins 11. Jahrhundert lebten die Juden in Deutschland zwar nicht ungefährdet, weil aufgrund der religiösen Konkurrenz bei den Christen immer wieder judenfeindliche Vorstellungen auftauchten, aber sie waren doch frei und als Kaufleute oder Gelehrte vielfach geachtet. Ökonomische Gegensätze, die Tatsache, daß zunehmend Juden zu Gläubigern und Christen zu ihren Schuldnern wurden, sowie eine religiöse Verhärtung im Christentum führten dann zu wachsendem Druck, zu Sonderrechten und zu einem »minderen Status« am Rand der Gesellschaft. Blutige Verfolgungen und Vertreibungen blieben nicht aus, die mit dem ersten Kreuzzug 1096 begannen und in den Pogromen von 1348/49 – den Jahren der Pest – ihren Höhepunkt fanden.

Schutz und Hoffnung auf ein besseres Leben boten den Juden die Fürsten und Könige von Polen. Obwohl jene auch hier seit der zweiten Hälfte des 13. Jahrhunderts einen besonderen Status erhielten, hatten sie zumindest im wirtschaftlichen Bereich die gleichen Rechte wie die Nichtjuden. Diese Stellung war nicht unumstritten. Sie zu erschüttern versuchten immer wieder katholische Kirche, christliche Kaufleute, die die Konkurrenz fürchteten, und bei Juden verschuldete Kleinadlige. Verbote, Ausweisungen aus Städten und Pogrome zählten auch in Polen zum Alltag der Juden. Dennoch: Während sie in Westeuropa aus vielen Ländern vollständig vertrieben und in Deutschland ständig von Verfolgung bedroht waren, in zahlreichen Städten zwischen dem 15. und dem 19. Jahrhundert kein Bürgerrecht erlangen konnten, winkten ihnen in Polen, trotz aller Bedrohung, Schutz durch König und Hochadel, wirtschaftlicher Erfolg, das Leben in blühenden Gemeinden mit berühmten Gelehrten und eine einzigartige Selbstverwaltung bis hinauf zum 1581 erstmals zusammengetretenen »Judenreichstag«, dem Vierländersejm oder Waad arba arazot. So verwundert es nicht, wenn mehr und mehr Juden aus dem Westen zuwanderten. In der Rückschau erschien diese Periode als das »Goldene Zeitalter«.

Die Wende setzte 1648 ein, als sich die Zaporoger Kosaken und ukrainische Bauern gegen die polnischen Herren erhoben und bei ihren Feldzügen unvorstellbare Massaker unter der polnischen und besonders der jüdischen Bevölkerung anrichteten. Die Juden waren in diesem Konflikt als Pächter oder Verwalter der polnischen Magnaten der verhaßte und am ehesten faßbare Gegner; religiöse Aufhetzung trat hinzu. Viele Überlebende flohen nach Westen: Die Wanderungsbewegung kehrte sich wieder um. Zahllose Gemeinden waren zerstört, die Zentren der Gelehrsamkeit vernichtet. Der Schock der Katastrophe veränderte das Leben der Juden. Auch wenn sie bald wieder wichtige wirtschaftliche Funktionen übernehmen konnten und ihre Bevölkerungszahl wieder anstieg, war ihre überkommene Welt nicht mehr die alte. Der Schutz der Adligen erwies sich als brüchig, die Feindschaft der Umwelt verstärkte sich. Sie mußten ihren Platz in der Gesellschaft neu finden.

Die Antwort auf diese Krise bestand in messianistischen Bewegungen, die die sofortige Erlösung erwarteten, und vor allem in der neuen Volksfrömmigkeit des Chassidismus, mit der man sich lebensbejahend in der gegebenen Welt einrichtete. Erst jetzt, im 18. Jahrhundert, bildete sich allmählich ein vom Westen unterschiedener Typus des Ostjuden als eine »in sich abgeschlossene Kulturpersönlichkeit« heraus, mit eigenen Sitten und Gebräuchen, eigener Kleidung, eigener Sprache, strenger Beachtung der religiösen Vorschriften und Traditionen, bewußter Betonung des Judentums und der Erinnerung an die Vergangenheit als Weg zur Erlösung. In der Auseinandersetzung mit der jüdischen Aufklärung, der Haskala, mit den verschiedenen, zumindest im russisch beherrschten Gebiet des geteilten Polen gescheiterten Anläufen, eine rechtliche Gleichstellung zu erreichen, und mit dem seit der zweiten Hälfte des 19. Jahrhunderts anwachsenden Antisemitismus prägte sich dieser Typus weiter aus. Assimilationswillige fanden, nach einem vorübergehenden Aufschwung, nur wenige Anhänger. Bis zum Beginn des 20. Jahrhunderts verbreitete sich – trotz vielfältiger Meinungsunterschiede und Richtungskämpfe – bis in sozialistische und zionistische Strömungen hinein die Überzeugung, daß man eine eigenständige Identität der »Jiddischkeit«, ja eine ostjüdische Nationalität besitze, deren Anerkennung samt Gewährung einer – politisch verschiedenartig akzentuierten – Autonomie gefordert wurde. Diese Haltung blieb auch in der polnischen Republik der Zwischenkriegszeit bestimmend, gegen den heftigen Widerstand polnischer Nationalisten.

Ganz anders verlief die Entwicklung in Deutschland. Hier trafen die Ideen der Aufklärung gerade in der jüdischen Oberschicht auf größere Resonanz, von der Gleichberechtigung erwartete man eine Integration in die deutsche Gesellschaft. Als dann die rechtliche Emanzipation 1871 für das gesamte Gebiet des Deutschen Reiches abgeschlossen war und zahlreiche Landjuden endlich in die Städte ziehen durften, wo sie günstigere Lebensbedingungen erhofften, verstärkten sich die Assimilationstendenzen. Auf die Gegnerschaft antisemitischer Kreise und auf den Antisemitismus als »kulturellen Code« (Shulamit Volkov) all jener Deutscher, die sich als Anhänger eines starken, autoritär-hierarchischen Staates zu erkennen geben wollten, gab es zwar auch die nationalistische Reaktion von Zionisten, ebenso wie viele Juden die Antwort auf die Probleme der Zeit im Internationalismus der Sozialisten suchten. Die kräftige Minderheit der Orthodoxen strebte eine Öffnung zur deutschen Gesellschaft an, ohne das jüdische Eigenleben aufgeben zu wollen. Doch die meisten steigerten eher in einer Art »negativer Integration« (Shulamit Volkov) ihre Anpassung an die deutsche Gesellschaft, sie wollten gar die besseren Deutschen sein. Vermutlich lag das daran, daß in Deutschland die Verbürgerlichung der Juden weiter fortgeschritten war als in Polen, wo sich die soziale Polarisierung zwischen einer kleinen Schicht reicher Unternehmer oder Bankiers und der breiten Masse der armen Handwerker, Händler, Hausierer und »Luftmenschen« eher vertiefte. Der Assimilationsprozeß der deutschen Juden vollzog sich derart schnell, daß daraus wieder ein abweichendes Verhalten wurde. Ein Großteil war »moderner« als die Nichtjuden. Die Geburtenrate und die eheliche Fruchtbarkeit lagen bei ihnen schließlich niedriger, der Wert von Bildung und Erziehung, auch für Frauen, wurde höher eingeschätzt. Herausragende Leistungen, nicht zuletzt im wissenschaftlichen Bereich, erklären sich möglicherweise aus der Diskriminierung, als Versuch, gesellschaftliche Anerkennung zu erreichen.

Erst allmählich drang die Brüchigkeit der Integration ins Bewußtsein vor. Als Katalysator erwies sich dabei vielfach die Begegnung mit zugewanderten Ostjuden, die vor Pogromen geflohen waren oder ihrer erbärmlichen Existenz abhelfen wollten. Zunächst lehnte die Mehrzahl der deutschen Juden diesen fremden Typus ab, weil sie fürchtete, daß dessen Lebensweise die antijüdischen Vorurteile verstärken könne. Doch zunehmend, namentlich in den zwanziger Jahren, erkannte man, daß die Angriffe deutscher Antisemiten auf die Ostjuden im Grunde alle Juden treffen sollten. Die Reaktionen auf diese Erkenntnis reichten von einer Neubesinnung auf die gemeinsamen Wurzeln des Judentums über eine Hinwendung zum Zionismus bis hin zur Trennung vom Judentum und zum Selbsthaß. Die Politik der Nationalsozialisten brach mit der »Endlösung« diese Entwicklungen unter den Juden Deutschlands – wie unter denen Polens – ab. Erst langsam kommt ein Neuanfang zur Identitätsbestimmung in Gang.

Das unterschiedliche Ausmaß von Assimilation, Akkulturation und Integration der Juden beider Länder in die sie umgebende Gesellschaft drückt sich auch in ihrem kulturellen Beitrag aus. Die Werke unzähliger Dichter, Künstler, Publizisten, Maler, Komponisten oder Gelehrter jüdischer – teilweise sogar ostjüdischer – Herkunft sind Bestandteil deutscher Kultur, ohne daß eben diese Herkunft allgemein bekannt wäre oder der jeweilige Beitrag als spezifisch jüdisch angesehen würde.

Ein derartiges Bild ist in Polen nicht zu finden. Das, was Juden zur Hochkultur beitrugen, wird aufgrund der fehlenden Integration überwiegend nicht als Bestandteil der polnischen Kultur betrachtet, obwohl es ein Teil der Kultur Polens ist. Als Folge der geschichtlichen Entwicklung verfaßten nicht so viele jüdische Schriftsteller ihre Werke in Polnisch. Um in ihrer Lebenswelt wirken zu können, schrieben die bedeutendsten jüdischen Dichter und Gelehrten Polens in Hebräisch und Jiddisch. Ob die polnischen und jüdischen Kulturkreise Polens vollständig getrennt voneinander wirkten oder doch eine gewisse wechselseitige Beeinflussung stattfand, bedarf noch weiterer differenzierter Erforschung. Dabei müßte auch der jüdische Einfluß auf den polnischen Messianismus gewürdigt werden.

Nicht gering zu schätzen ist der jüdische Beitrag zur politischen Kultur. Die Diskussionen über nationale und kulturelle Identität, über verschiedene Formen der Autonomie und des Selbstbestimmungsrechtes von Minderheiten, über Gleichberechtigung erhielten von jüdischer Seite wesentliche Impulse. Die jüdische Arbeiterbewegung – vorab der »Bund«, der Allgemeine Jüdische Arbeiterbund in Rußland, Polen und Litauen – hat in Fragen der sozialistischen Theorie des Nationalitätenproblems, der Organisation, der politischen Praxis, der Genossenschaftsarbeit stark auf die gesamte Arbeiterbewegung ausgestrahlt. Für Deutschland ist der jüdische Anteil – etwa im Liberalismus und Sozialismus – schwieriger zu bestimmen, da es in diesem Bereich weniger spezifisch jüdische Organisationen gab. Wie es bei Politikern aussah, wäre im Einzelfall genauer zu betrachten.

Mittler zu sein ist vielleicht der wichtigste Beitrag der Juden zur Geschichte und Kultur. Er beschränkt sich natürlich keineswegs auf Deutschland und Polen, mag aber vielleicht noch durch einige Hinweise auf das Alltagsleben in beiden Ländern erläutert werden. Am deutlichsten prägte sich die Mittlerfunktion in der vorkapitalistischen Gesellschaft und noch lange darüber hinaus im ländlichen Bereich aus. Der jüdische Vieh- oder Textilienhändler stand in Deutschland bis ins 20. Jahrhundert hinein oft in einem Vertrauensverhältnis zum Bauern, der ihn nicht nur als Experten auf seinem eigentlichen Fachgebiet schätzte, sondern ihn auch zu seinem »Bankier« machte und ihm sonstige Geschäfte, ja selbst Behördengänge überließ. Dazu brachte der Jude Nachrichten aus der städtischen Welt und bot Neuigkeiten der Mode sowie Informationen über moderne Bewirtschaftungsmethoden und Techniken in Landwirtschaft wie im Haushalt oder über Versicherungsfragen an. In den Städten wiederum konnten die jüdischen Händler vom Leben und den Zuständen auf dem Land berichten. Ökonomische und kulturelle Einflüsse wurden auf diese Weise zwischen Stadt und Land getauscht. Daß viele jiddische Wörter in die deutsche Sprache eingeflossen sind – kaum jemandem ist das heute noch bewußt –, dürfte wohl darauf zurückgehen.

Ähnlich war es in Polen, nur noch umfassender. Hier erhielten die Juden im Spätmittelalter und in der frühen Neuzeit fast das Monopol auf die Mittlerrolle zwischen Stadt und Land. Als Pächter und Verwalter von Adelsgütern, als Händler und Hausierer sowie nicht zuletzt als Schankwirte standen sie im Zentrum des Wirtschaftskreislaufes zwischen Erzeugern und Aneignern von

Mehrprodukten: zwischen Bauern, Handwerkern, Stadtbewohnern und adligen Gutsherren. Die Beziehungen zwischen Juden und Nichtjuden gingen dabei ebenfalls weit über das rein Geschäftliche hinaus und entwickelten sich häufig zu Vertrauensverhältnissen. Auch das Zusammenleben im Umkreis des jüdischen Schtetls zeugte davon. Allerdings: Die Vertrautheit war nur die eine Seite der Beziehungen zwischen Juden und Nichtjuden, vorab der Bauern. Gerade in Polen waren die Juden zugleich häufig das ausführende Organ des Adels und traten damit für die Bauern als sozialer Gegner auf. Insbesondere aber gehörten die Juden einer anderen Lebenswelt an. Ihre religiösen Praktiken, ihre auf strenger Befolgung religiöser Vorschriften beruhenden Bräuche und Gewohnheiten unterschieden sich tiefgreifend von denen der Christen und erschienen diesen oft als geheimnisvoll. Darüber hinaus trugen die Juden die Welt des profitorientierten, kapitalistischen Wirtschaftssystems in das Dorf, das noch – wenngleich vielfach gebrochen – im Banne der »moralischen Ökonomie« (E. P. Thompson) stand, der Wirtschaftsweise der Existenzsicherung, die wenigstens scheinbar überlieferten Normen folgte. Dadurch konnte immer wieder für antijüdische Aktionen mobilisiert werden.

Innerhalb der kapitalistischen Produktionsweise veränderte sich auch die Mittlerfunktion der Juden. Weniger als Händler denn als Großunternehmer oder Bankiers traten sie hier in Erscheinung, keineswegs mehr in einer Monopolstellung, sondern einem scharfen Verdrängungswettbewerb mit nichtjüdischen Konkurrenten ausgesetzt. Damit gerieten sie auch in neue Konfliktbereiche, die zugleich auf ihr eigenes Selbstverständnis zurückwirkten und eine Neubestimmung ihrer Identität erforderten.

Vertraute und Fremde zugleich, Mittler zwischen Stadt und Land sowie zwischen verschiedenen Lebenswelten und Wirtschaftsweisen – die Juden sind aus der Geschichte und Kultur Deutschlands und Polens nicht wegzudenken.

Paweł Śpiewak
Antisemitismus in Polen

Juden treffen schon vom 11. Jahrhundert an in polnischen Landen ein, eine größere Welle im 14. und 15. Jahrhundert. Sie genießen beträchtliche Freiheiten: persönliche Sicherheit, innere Autonomie. Die Lage der Juden wird von vielen Faktoren mitbestimmt: König und Adel sind an der wirtschaftlichen Aktivität der Juden interessiert, sie sind bereit, ihnen eine Reihe von Rechten und Privilegien zu verleihen. Bürgertum und Geistlichkeit sind dagegen bestrebt, ihre Rechte einzuschränken.

Es kommt in Polen zu judenfeindlichen Ausschreitungen, besonders im 16. Jahrhundert in Krakau. Die größte Tragödie in der Geschichte der Juden im alten Polen war das in der Mitte des 17. Jahrhunderts von dem Kosakenführer Chmielnicki angerichtete Massaker, durch das ein Viertel der jüdischen Bevölkerung umkam. Dieses Massaker beruhte einerseits auf Judenhaß, hatte aber andererseits seine eindeutige Wurzel in den Klassenverhältnissen; im ukrainischen Osten der Adelsrepublik galten die Juden als Bevollmächtigte des polnischen Landadels, gegen den sich der Chmielnicki-Aufstand richtete.

In der zweiten Hälfte des 19. Jahrhunderts breitet sich die moderne antisemitische Ideologie in Polen aus. Sie wendet sich gegen die sich assimilierenden Juden und ihre Beteiligung am gesellschaftlichen und kulturellen Leben Polens. Anfang des 20. Jahrhunderts verschärft sich der polnisch-jüdische Konflikt. Die Partei der Nationaldemokratie fordert die Ausschließung der Juden aus dem künftigen polnischen Staat.

In der Zeit der Wiederherstellung der polnischen Unabhängigkeit (1918–1920) kam es zu Pogromen, z. B. 1920 in Lemberg, und zu judenfeindlichen Ausschreitungen. Man warf den Juden vor, mit den Ukrainern in ihrem Unabhängigkeitskampf zusammenzuarbeiten und die Rote Armee zu unterstützen. Wegen mangelnden Vertrauens wurde 1920 ein erheblicher Teil der jüdischen Offiziere und Unteroffiziere der polnischen Armee interniert. Bis zum Beginn der dreißiger Jahre nahm der Antisemitismus keine brutalen Formen an. Auch wurden die Bürgerrechte der Juden nicht offen eingeschränkt. In der Praxis hatten Juden keinen Zugang zum Staatsdienst und zur Offizierslaufbahn bei Militär und Polizei. Die Beschäftigung von Juden an den Hochschulen und im Schulwesen sah man ungern. Bei der Zulassung zu Hochschulen und Schulen gab es jedoch keine auf der ethnischen Herkunft beruhenden Beschränkungen.

In ihrer Selbstorganisation, bei der Gründung von Schulen, Parteien und Zeitungen, hatten die Juden völlige Freiheit. Im Parlament besaßen sie eine recht starke Vertretung. In der Zwischenkriegszeit erfuhr das politische und kulturelle Leben der polnischen Judenschaft eine große Belebung. Literatur, Theater und Film in jiddischer und hebräischer Sprache blühten auf. Viele Schriftsteller, Schauspieler und Maler jüdischer Herkunft spielten eine wichtige Rolle in der polnischen Kultur.

Die Verschärfung des Antisemitismus in den dreißiger Jahren läßt sich in Zusammenhang bringen mit der Wirtschaftskrise, dem wachsenden Einfluß nationalistischer Einstellungen nach dem Tode Józef Piłsudskis (1935) und der gesamteuropäischen, besonders aber von Deutschland ausgehenden Intensivierung der judenfeindlichen Propaganda und Politik.

In den dreißiger Jahren kam es zu verschiedenen Pogromen; nicht nur die nationalistischen Parteien, sondern auch die staatlichen Behörden und die kirchliche Hierarchie propagierten den Boykott des jüdischen Handels. Gleichzeitig bemühte sich die polnische Diplomatie um eine Aussiedlung von Juden aus Polen, angesichts der begrenzten Einwanderungsquoten in Palästina aber ohne Erfolg. Verschiedene Maßnahmen führten zu einer Ghettoisierung der jüdischen Bevölkerung. An den Hochschulen wurde 1936 das sogenannte »Bank-Ghetto« eingeführt, der Zugang wurde für Juden beschränkt. Etliche Institutionen – von der Regierungspartei OZON über Einzelhandelsverbände bis hin zu Ärzte- und Anwaltsvereinigungen – führten den numerus clausus ein. Juden wurden aus dem diplomatischen Dienst entlassen, und man bereitete eine gesetzliche Beschränkung des Wahlrechts für Juden vor. Fast alle gesellschaftlichen Kreise und Parteien wurden von der antisemitischen Rhetorik erfaßt: Die Juden wurden bezichtigt, Freidenkertum, Liberalismus, Kommunismus und Pornographie zu verbreiten, die polnische Wirtschaft unter ihre Kontrolle bringen zu wollen (verbreitet war der den Juden zugeschriebene Spruch: »Euch die Straßen, uns die Häuser«), im Geschäftsleben unredlich und gegenüber dem polnischen Staat illoyal zu sein. In Hirtenbriefen und in der von ihr gelenkten Presse verstärkte die katholische Kirche die antisemitischen Einstellungen. Eine Ausnahme bildeten die Kommunisten, ein Teil der Sozialisten und liberale Kreise der polnischen Intelligenz.

Während des Krieges trugen die antisemitische Nazipropaganda und die judenfeindlichen Parolen der weiterhin aktiven polnischen Parteien nicht gerade zu einem Nachlassen des politischen Antisemitismus bei.

Im besetzten Polen überlebten (in Verstecken oder in den Lagern) rund fünfzigtausend, in der Sowjetunion rund zweihundertvierzigtausend Juden, die nach dem Krieg nach Polen zurückkehrten. Insgesamt sind also knapp acht bis zehn Prozent der polnischen Juden dem Massaker entgangen. Die meisten von ihnen emigrierten unmittelbar nach dem Krieg. In mehreren Auswanderungswellen haben dreißigtausend Juden während des Jahres 1956 Polen verlassen (gleichzeitig kehrten im Rahmen der Repatriierung rund zehntausend aus der Sowjetunion zurück), weitere fünfzehntausend im Jahre 1968. Gegenwärtig leben zehntausend Juden in Polen, überwiegend alte Leute.

Nach dem Krieg kam es zu zahlreichen individuellen Angriffen auf Juden, die in ihre früheren, zwischenzeitlich zumeist von Polen besetzten Häuser und Wohnungen zurückwollten; im Gebiet Białystok kamen zehn Prozent derer, die den Krieg überlebt hatten, in den Jahren 1945–1946 um. Außerdem gab es eine Reihe von größeren Pogromen, so zum Beispiel in Tarnów, Krakau und Kielce. Bei dem letzteren wurden 42 Juden umgebracht. Es war der größte Pogrom in der neueren Geschichte Polens.

Im Jahre 1953 wurden – unmittelbar nach dem »Ärzteprozeß« in der Sowjetunion gegen jüdische Ärzte, die sich angeblich verschworen hatten, um Stalin zu ermorden – Juden aus der Armee, der Miliz, dem Sicherheitsdienst und dem Parteiapparat entfernt. 1953 und verstärkt 1968 wurden staatliche Institutionen, Hochschulen und Presse »entjudet«. In der antisemitischen Kampagne des Jahres 1968 griff man auf radikalste Vorbilder zurück. Ein im Innenministerium angesiedeltes »Judenreferat« überprüfte Personen, die höhere Stellungen innehatten, bis in die zweite Generation auf ihre nationale Herkunft. Juden wurden beschuldigt, die polnische Staatsräson verraten zu haben und mit den deutschen Revisionisten, die auf die Gebiete jenseits der Oder-Neiße-Grenze Anspruch erhoben, sowie mit dem israelischen Geheimdienst »unter einer Decke zu stecken«. Neben unverhüllten Denunziationen erschienen in der Presse Karikaturen, die dem »Stürmer« abgeschaut waren. Diese antisemitische Propaganda richtete sich gegen Juden, die durch und durch polonisiert waren; in vielen Fällen handelte es sich um langjährige kommunistische Aktivisten. Die antisemitische Kampagne des Jahres 1968 wurde vom gesamten Parteiapparat und einem großen Teil der Journalisten unterstützt.

Die jüngste Welle des Antisemitismus ging im Jahre 1990 durch Polen; sie hat das Klima des Präsidentschaftswahlkampfes entschieden geprägt. Antisemitische Organisationen traten wieder offen hervor. Gegner Wałęsas aus dem Lager Mazowieckis wurden als Juden diffamiert. Mazowiecki selbst wurde von der Kirche gegen diesen »Vorwurf« in Schutz genommen; sie scheute sich nicht, einen Stammbaum seiner Familie vorzulegen, der eine rein polnische Herkunft bewies.

Ein wichtiger Faktor, der gegenwärtig den Antisemitismus anheizt, ist die angelaufene Reprivatisierung verstaatlichten Vermögens. Vielen Menschen wird der Besitz, den sie während des Krieges oder danach übernommen haben, abgenommen, und jüdisches Kapital sowie jüdische Unternehmen erlangen wieder ihre angeblich dominierende Stellung.

Seit Kriegsende hat der Antisemitismus vor allem politische Gründe. Daß Polen kommunistisch wurde, wird den Juden angelastet. Sie hätten, so heißt es, mit Hilfe des Sicherheitsapparats und der kommunistischen Partei den Polen im Namen sowjetischer Interessen ein fremdes System aufgezwungen, die atheistische Ideologie eingeführt und mit polnischen Patrioten abgerechnet, indem sie Soldaten, die im Krieg und der unmittelbaren

Nachkriegszeit der Untergrundarmee dienten, in den Gefängnissen ermordet hätten. Sie hätten fremden politischen Interessen gedient und (besonders in den Jahren 1944–1956) die polnische Kultur, die polnische Unabhängigkeitstradition bekämpft. Wie schon vor vierzig Jahren ist die Überzeugung verbreitet, der Sicherheitsdienst befinde sich in der Hand von Juden. Es wird darauf hingewiesen, daß sich in den von der sowjetischen Armee besetzten Gebieten Polens während der Jahre 1939–1941 gerade Juden besonders brutal aufgeführt und der sowjetischen Polizei und Propaganda als Werkzeuge gedient hätten.

Mit dem Argument, für alle Machtmißbräuche seien die Juden verantwortlich, haben polnische Kommunisten wiederholt versucht, bei der Bevölkerung Anklang zu finden und politischen Einfluß zu gewinnen – 1956 war es die sogenannte Natolin-Fraktion, 1968 die Moczar-Fraktion. Nach den Feststellungen eines polnischen Historikers teilte sich die kommunistische Partei und mit ihr ein beträchtlicher Teil der politisch aktiven Öffentlichkeit nach 1956 in zwei Lager: die »Juden«, eine aufgeklärte, revisionistische, antidogmatische Gruppe, die für eine Demokratisierung von Staat und Wirtschaft eintrat, und die »Bauern« (chamy), die sich patriotischer und antisowjetischer Parolen bedienten und darauf hinwiesen, daß die Reformanhänger früher Stalinisten und Dogmatiker gewesen waren. Diese Spaltung hat sich in anderem Gewand – einerseits Modernisierung und Verwestlichung, andererseits Volkstümelei, Populismus und Patriotismus – in der politischen Rhetorik bis heute erhalten.

Die vielfach und unverhüllt manifestierte politische Abneigung gegen die Kreise der früheren demokratischen Opposition in Polen, die dann zu Beratern und Funktionären der »Solidarität« und schließlich zu führenden Amtsträgern in der Mazowiecki-Regierung wurden, hat eine eindeutig antisemitische Färbung angenommen. Es heißt, viele von ihnen seien jüdischer Herkunft und hingen direkt oder indirekt mit der kommunistischen Nomenklatura zusammen; mit ihrer offen bekundeten antiklerikalen Haltung, ihrer Sensibilität für die Gefahr des Nationalismus und ihrer eindeutigen pro-liberalen Orientierung äußerten und förderten sie Einstellungen, die Polen »wesensfremd« seien, ein in diesem Kontext -

unmißverständlicher Hinweis. Allzu oft wird versucht, zwischen den gesunden nationalen Reflexen der breiten Masse und den politisch-intellektuellen Eliten einen Gegensatz zu konstruieren. Offenbar ist der Antisemitismus in einem Land ohne Juden so stark, daß man jemandem nur ein entsprechendes Etikett anzuheften braucht, um ihn politisch zu erledigen. Judenfeindliche Einstellungen, die völlig eines Adressaten, eines klaren sachlichen Bezuges entbehren, suchen und finden vollkommen wahllos ihre Opfer. Der Antisemitismus kann daher leicht – besonders in politischen Krisenzeiten – mißbraucht werden.

Dan Diner
Antisemitismus in Deutschland

Den Begriff des Antisemitismus in Deutschland aufs neue zu bestimmen wird durch Nationalsozialismus und Massenmord paradoxerweise eher erschwert denn erleichtert. Die Komplexität seiner Ursprünge bringt es mit sich, daß die Tat in ihrem Verhältnis zum Antisemitismus trotz vielfältiger Erkenntnisse weiterhin im Schatten des Verstehens steht. Ohne Zweifel stellt der traditionelle Antisemitismus eine zentrale Komponente des Judenmordes dar, wenn letzterer nicht gänzlich auf den Antisemitismus zurückzuführen ist. Auf eine Formel gebracht: Der Antisemitismus war für den Holocaust an den Juden nötig – jedoch geht letzterer nicht notwendig aus der Judenfeindschaft hervor. Der industrielle und bürokratisch organisierte Judenmord war demnach das Ergebnis einer Kombination aus traditionellem Antisemitismus, Rassismus und Eugenik. Dennoch: Weil die Juden Europas zu den zentralen Opfern des nationalsozialistischen Massenmordes gehören und ihre spezifische Opferschaft sich nur aus der antisemitischen Tradition heraus ableiten läßt, konzentriert sich die Deutung des althergebrachten, historischen Antisemitismus auch für die Zeit vor dem Nationalsozialismus vor allen Dingen auf jene seiner Anteile, die im Holocaust ihre mörderische Steigerung erfahren haben.

In der Tat ist nach Auschwitz eine strikte Unterscheidung zwischen einem traditionellen Antisemitismus und dem zum Genozid führenden Antisemitismus der Nazis weder methodisch noch bewußtseinsmäßig denkbar. Das Ereignis der Massenvernichtung hat im wesentlichen Bewußtsein eine derart gewaltige Wirkung getan, daß eine jegliche Beschäftigung mit diesem Gegenstand oder auch bloß mit jüdischer Zeitgeschichte in den Sog des Holocaust gerät. Darüber hinaus kann jene bewußtseinsmächtige Wirkung des Ereignisses zu Reaktionen führen, die sich ihrerseits antisemitisch auswirken – wenn auch in einem ganz neuen Sinne: Durch die sichtbare Existenz von Juden können sich dem Täterkollektiv verbundene Personen von Gefühlen der Schuld und Scham derart traktiert fühlen, daß sie jene mit den Juden ursächlich in Verbindung bringen. Die Juden werden so zur Quelle und zu vermeintlichen Verursachern historischer Last und nicht zuletzt zu Zielen damit verbundener Wut – auch der nachgeborenen Generation. Ein solches Phänomen läßt sich nicht nur temporal als Antisemitismus nach Auschwitz kennzeichnen, sondern darüber hinaus als ein Antisemitismus wegen Auschwitz. Zwar ist ein solches wenig bewußtes Phänomen aus naheliegenden Gründen gerade in Deutschland weit verbreitet – es bleibt jedoch nicht allein auf Deutschland beschränkt. Es hat eine durchaus europäische Dimension und ist auf das engste mit dem Verhalten verbunden, das die verschiedenen europäischen Kollektive während der Nazizeit den Juden gegenüber an den Tag legten, ein Verhalten, das ein weites Spektrum besetzt – von einvernehmlicher Kollaboration bis hin zu passivem Gewährenlassen. Und diese Verhaltensweisen wiederum verweisen auf eher traditionelle antisemitische Bestände europäischer Kultur denn auf den aktiven Vernichtungsantisemitismus der Nazis.

Der Antisemitismus in Deutschland ist trotz seiner atavistischen Erscheinung ein Phänomen der Moderne. Darauf vermag allein schon die Wortschöpfung verweisen. Das Wort vom »Antisemitismus« kommt erst mit dem Jahre 1879 auf. Diese moderne Judenfeindschaft unterscheidet sich von ihren traditionellen Vorläufern dahingehend, daß sie sich nicht mehr in eher sporadischer Weise und aus religiösen Gründen gegen die Juden als Leugner der Botschaft Christi wendet, sondern im als solchen nicht mehr identifizierbaren Juden ihren Feind erblickt. Der moderne Antisemitismus ist infolgedessen ein Phänomen der Emanzipation. Nicht der Emanzipation der Juden allein, die sich in Deutschland bis zum Jahre 1869 gedulden mußten: Erst dann wurden sie rechtlich völlig gleichgestellt. Die Emanzipation der Juden wurde nämlich weit mehr noch mit der Aufhebung des christlichen Staates verbunden. Die Gleichheit der Juden als Staatsbürger mußte die Christlichkeit des Staates insofern treffen, als er sich zu verallgemeinern und damit auch endgültig zu säkularisieren hatte. Begrifflich gesprochen repräsentierten die Juden die bürgerliche Gesellschaft, die in den ersten Jahrzehnten des 19. Jahrhunderts anhob, sich des Staates zu bemächtigen, ihn seiner metaphysischen Anteile zu entledigen und ihn so in eine bloße Funktion zu verwandeln.

Antimodernismus und Antisemitismus gehen infolgedessen Hand in Hand. Kein Zufall, daß der moderne Antisemitismus in Deutschland nach den Gründerjahren bzw. der Reichsgründung 1871 und der später einsetzenden wirtschaftlichen Depression aufs neue aufschäumte. Die Juden und ihre vermeintlichen Attribute wurden nunmehr mit der unpersönlichen Abstraktheit des Kapitalismus, der Unübersichtlichkeit des Marktes und den vermeintlichen Machenschaften an den Börsen und bei den Banken identifiziert. Sie wurden zum Inbegriff des Neuen und Unbekannten, dessen, was sich als Marktgesellschaft oder als Sphäre der Zirkulation charakterisieren läßt, die nunmehr alles ergriff. Die Abstraktheit der neuen Gesellschaft und der mit ihr verbundenen kulturellen Phänomene wurde bebildert, wobei man sich althergebrachter antijüdischer Bilder und Metaphern bediente, die für die Wirklichkeit genommen wurden. Solche Bilder und Metaphern schreiben den Juden vor allen Dingen schiere übernatürliche Macht zu, vor allem die einer vermeintlichen jüdischen Weltherrschaft. In der zaristischen Fälschung des Machwerkes »Die Protokolle der Weisen von Zion«, die zwar um die Jahrhundertwende entstanden, ihren Siegeszug um die Welt aber erst nach der Russischen Revolution antraten, werden jene vermeintliche jüdische Macht und das behauptete jüdische Weltherrschaftsbegehren zum zentralen antisemitischen Vorurteil. Und ein solches Vorurteil läßt sich durch empirische Widerlegung nicht beseitigen: So werden die Juden ebenso zur Inkarnation der Geldherrschaft zugerichtet, der Plutokratie, wie zu Initiatoren des Bolschewismus. Beiden Antipoden – Plutokratie und Bolschewismus – ist im antisemitischen Bild eins gemeinsam: Sie zerstören bzw. »zersetzen« die alten, tradierten Lebensformen vorkapitalistischer, vormoderner Gesellschaften und Lebensweisen. Dies führe wiederum zur Etablierung vermeintlich jüdischer Macht, die sich über alles erhebe. So wird den Juden das Stigma von Allmacht angeheftet, um sie so umso besser in ihrer realen Wehrlosigkeit treffen zu können. So konnten die Nazis ihren Antisemitismus als bloße Reaktion ausgeben, ja gar als Verteidigung der von den Juden bedrohten Lebensinteressen der Deutschen.

Bevor der Antisemitismus in Gestalt nationalsozialistischer Weltanschauung in Deutschland von 1933 an zur Staatsdoktrin erhoben wurde, war er – so sehen es die Historiker – ein eher marginales Phänomen. Von den frühen 90er Jahren des 19. Jahrhunderts an flaute er nämlich ab, um im Ersten Weltkrieg, anläßlich der sogenannten »Judenzählung« im Jahre 1916, als wahrheitswidrig behauptet wurde, die Juden drückten sich vor dem Frontdienst, besonders aber seit der Etablierung der Republik im Jahre 1918, zum zentralen Rüstzeug der politischen, vor allem der völkischen Rechten zu gehören. Zuvor, um die Jahrhundertwende, wurde der Antisemitismus durchaus weit weniger mit Deutschland denn mit Frankreich – der Dreyfus-Affäre – und mit Rußland, der Pogrome wegen, verbunden. Um so überraschender war, als gerade in Deutschland seine dramatische Zunahme – bis hin zur Massenvernichtung – registriert werden mußte.

Nach der militärischen Niederwerfung des Nationalsozialismus 1945 gilt der Antisemitismus in Deutschland als geächtet. Zwar kann davon ausgegangen werden, daß antisemitische Ressentiments weiterhin verbreitet sind. Sie sind jedoch derart mit Acht und Bann belegt, daß sie in der Öffentlichkeit keine relevante Wirkung tun. Dies galt vor allen Dingen für die alte Bundesrepublik, also vor der Vereinigung 1990. In der DDR, die sich ja vordergründig als antifaschistischer Staat verstand, wurde vor allen Dingen der politische Widerstand gegen die Nazis geehrt – Juden, bzw. die Opfer der rassentheoretisch begründeten Massenvernichtung, traten hingegen fast nicht in Erscheinung. So konnte in der alten DDR trotz antifaschistischer Staatsdoktrin der Antisemitismus seine verborgene Wirkung tun.

Im vereinten Deutschland erhebt sich die Frage, ob die generelle Zunahme des Nationalismus in Europa auch die Wiederkehr antisemitischer Deutungsformen von sozialer Wirklichkeit in sich birgt. Dies wäre in der Tat wenig verwunderlich, traten doch beide deutsche Staaten – bei aller qualitativen Unterschiedlichkeit – historisch als Zwillinge auf.

IV. POLITIK UND ANTIPOLITIK

Franciszek Ryszka
Verständnis von Politik

Politik stellt in der deutschen Begriffsgeschichte ein Problem ersten Ranges dar. Dennoch ist die inhaltliche Bestimmung dieses Begriffs nach wie vor umstritten und seine Geschichte, wie Reinhard Koselleck feststellt, noch zu schreiben. Eine Zäsur in der Wandlung des Politik-Begriffs bildete das 19. Jahrhundert, vor allem dessen zweite Hälfte. Die Epoche nationalstaatlicher, expansiver Politik ließ die alte Einheit von Ethik, praktischer Philosophie und Politik, wie sie von Aristoteles bis Christian Wolff verbindlich gegolten hatte, obsolet werden. Gleichzeitig fand ein »Horizontwechsel vom Disziplinbegriff zum Handlungsbegriff« statt (Kari Palonen). Infolge der allmählichen Durchsetzung des allgemeinen Wahlrechts und des daraus resultierenden Parteiwesens wurde der Politik-Begriff um neue Komponenten sowohl in der Theorie (Wissenschaft) als auch in der Praxis (Handlung) bereichert. Die Demokratisierung der bestehenden staatlichen Machtstrukturen machte die »Handlung« zum wichtigsten Gegenstand der »Wissenschaft«.

Dieser historische Wandel forderte neue Fragen und neue Antworten heraus, um den Begriff »Politik« theoretisch adäquat zu gestalten. Bereits in seiner Antrittsvorlesung 1895 unterschied Max Weber zwischen »normalen Zeiten« und »großen Momenten« in der Geschichte und wies auf die Bedeutung der Situationstypen für eine neue Politikkonzeption hin, in der »das Politische« im Vordergrund erscheinen soll. Das »Politische« als Handlungsmotiv und -methode unterscheidet die Politik von anderen gesellschaftlichen Aktivitäten. Dieses »Wesen« der Politik besteht nach Max Weber im »Kampf, Werbung von Bundesgenossen und freiwilliger Gefolgschaft«; es ist erst in »großen Momenten« der Geschichte zu erkennen, unter den Bedingungen von sozialer Integration, axiologischem Bewußtsein und konkreter Zielsetzung. In seinem berühmten Essay »Politik als Beruf« schuf er aber zugleich das Idealbild eines kompetenten, verantwortungsbewußten, rational denkenden und handelnden Politiker-Beamten.

Die bekannte Webersche »Wertfreiheit« – nach Jahrzehnten übermäßiger Ideologisierung der politischen Probleme – ermöglichte eine neue, wissenschaftliche Debatte. Am Ende des »Schlaraffenlandes« der wilhelminischen Epoche entwickelte sich daneben, wohl aus Protest gegen das kulturpolitische Klima, auch der ästhetisierende Protest der »Moderne«. Die Richtung war programmatisch antipolitisch. Thomas Manns »Betrachtungen eines Unpolitischen« (1918) waren jedoch ebenso gegen die ausgewogenen Thesen von Max Weber wie auch gegen die dramatisierende Politikauffassung gerichtet. Es war eine Kritik avant la lettre der Ideen, die bald von rechts (Oswald Spengler) und von links (Kurt Hiller) die Politisierung des ganzen Lebens anstreben.

Eine Fortsetzung der Diskussion um das »Politische« ist in Deutschland im Werk des umstrittenen politischen Denkers Carl Schmitt zu suchen, der eine Generation jünger, doch ebenso bedeutend war wie Max Weber. Schmitts dubioses Verhalten in den ersten Jahren des Dritten Reiches wie schon seine frühere kritische Haltung gegenüber der Weimarer Republik, schließlich sein Ruf als »Kronjurist des Dritten Reiches« trugen dazu bei, daß sein Werk von Rechtsphilosophen und Politologen Nachkriegsdeutschlands in Frage gestellt oder verschwiegen wurde. Carl Schmitts berühmte Schrift »Der Begriff des Politischen« (1927/1932) enthält eine wirkungsvolle Theorie, die der Außenpolitik das Primat verleiht und auch die Innenpolitik als einen Kampf des von außen bedrohten Volkes um seine Eigenart definiert. Schmitts Freund-Feind-Unterscheidung war im Grunde genommen eine Entscheidung – der Kernpunkt seiner Lehre. Die unbeschränkte Entscheidungsfähigkeit war für ihn Ausdruck der souveränen Macht, die über der rechtlichen Ordnung steht und ihre eigene Ordnung bewahrt. Die menschliche Existenz zwingt den Menschen immer wieder, zwischen Freund und Feind zu wählen – denn ein Feind ist immer da. Schmitt verwandt war wohl die Umkehrung des Clausewitzschen Diktums, Krieg sei Politik mit anderen Mitteln, in die Vorstellung, Politik sei Krieg mit anderen Mitteln.

Carl Schmitts Staatstheorie übt Kritik am vernunftrechtlichen politischen Denken und begründet die Souveränität des Staates in seinem Recht, Wahrheit und Gerechtigkeit zu bestimmen, Widerstand zu unterdrücken, die Menschen mit ihrer bösen Natur vor den Folgen ihrer Autonomiewünsche zu bewahren, die Öffentlichkeit zu steuern. Eine Verwandtschaft dieses Denkens mit realsozialistischen, »totalitären« Legitimationsansprüchen ist kaum zu übersehen.

Das Politikverständnis dieses antiromantischen katholischen Konservativen, der seinerzeit zu den Antiliberalen und sogar zu den Ultramontanen geistige Affinitäten zeigte, ist im heutigen Deutschland nicht besonders gefragt, wenn man von einer kleinen, doch wachsenden Gruppe von Sympathisanten absieht. Darunter finden sich nicht selten jene enttäuschten Linken der Bundesrepublik, von denen Jürgen Habermas meinte, daß sie »das Loch der fehlenden marxistischen Demokratietheorie mit Carl Schmitts faschistischer Demokratiekritik stopfen« (J. Habermas). Es ist nicht zufällig, daß der Schmittsche »Leviathan« von einem enttäuschten linken Aktivisten der späten 60er Jahre in der Bundesrepublik wieder herausgegeben wurde.

Die Kontroverse um den Begriff des Politischen könnte von außen, etwa aus »polnischer Sicht«, als »typisch deutsch« erscheinen. Dazu zählt nicht nur die Faszination durch die Ästhetik der Gewalt, die Schmitt mit der faschistischen Intelligenz teilte, sondern ebenso der Hang zur Metaphysik. Carl Schmitts Antwort auf die Weimarer Republik – eine parlamentarische Demokratie und ein Rechtsstaat in der Krise – war eine religiös-existentiell legitimierte Diktatur. Die im Deutschland der 20er Jahre verbreitete Sehnsucht nach der verloren gegangenen sakralen Aura der Staatsmacht konnte damit befriedigt werden. Die Entzauberung der einst sakralen Staatsgewalt scheint vollendet, der Blick auf den Pluralismus gesellschaftlicher Kräfte gerichtet zu sein. Doch ist in den 80er Jahren eine Rückkehr zur Metaphysik auch im politischen Denken – nicht nur in Deutschland, sondern auch in Frankreich – unverkennbar. Möglicherweise hängt die steigende Popularität von Carl Schmitt auch damit zusammen.

Das Verständnis von Politik im heutigen vereinigten Deutschland steht jedoch den aristotelischen Ursprüngen viel näher. Danach ist Politik vor allem auf Handlung, genauer gesagt auf effiziente Handlung, also programmatisch gegen Ideologien gerichtet. Keine früheren Klassiker dürfen als Lehrer der Nation anerkannt werden. Anfang der 80er Jahre wurde zwar von der jüngeren Generation der Politologen ein »Wertewandel« angekündigt, der sich aber auf einzelne Situationsprobleme (Legitimation, verfassungsrechtliche Fragen, innere Sicherheit) konzentrierte, jede prinzipielle ethische bzw. axiologische Auseinandersetzung vermied. Vorherrschend scheint ein pragmatischer Funktionalismus, den man auf Max Weber zurückführen könnte.

Zu den meistgebrauchten sprachlichen Designaten der Politik als »Handlung« gehören solche Ausdrücke wie »organisieren«, »produzieren«, »rationalisieren«, »programmieren«, »verwalten« und »verbrauchen«. Die konfliktreiche Situation nach der Vereinigung, insbesondere auf dem Gebiet der ehemaligen DDR, könnte allerdings zu einer Revision des Politikverständnisses führen. Weder der Sozialstaat der 70er Jahre noch das rein funktionelle Verständnis aller gesellschaftlichen Bereiche, einschließlich der sich selbst steuernden und reproduzierenden Politik, reichen heute als Antworten auf die neuen Probleme aus. Die funktionalistische Konzeption eines parteiendemokratisch beherrschten Verwaltungsstaates und das technokratische Selbstverständnis der Politik werden immer häufiger mit anderen Theorien und Praktiken konfrontiert, die Politik und Recht nicht entmoralisieren und sich nach wie vor den Fragen nach den normativen Grundlagen der Demokratie stellen wollen.

Das Verständnis von Politik, als Suche nach präzisen Begriffen, oder theoretische Fragen der Politik als Gegenstand öffentlicher Debatten – beides hat in Polen keine breite Tradition, obgleich es bereits frühe, interessante Zeugnisse politischen Denkens gibt. Auf dem Konzil zu Konstanz (1414–1418) trat der Krakauer Gelehrte Paweł Włodkowic (Paulus Vladimiri) mit der damals unüblichen These hervor, auch Heiden dürften unter gewissen Umständen einen gerechten Krieg gegen die Christen führen. Freilich handelte es sich dabei um eine theoretische Unterstützung der Anklage gegen den Deutschen Orden, also um eine politische These im Interesse der polnischen Monarchie. Immerhin wurden mit dieser These die Grenzen des »bellum justum« neu gezogen, was ein Novum in der Rechtsgeschichte war.

In der späten Renaissance erwarb sich der protestantische Denker Andrzej Frycz Modrzewski großes Ansehen, indem er in seinem Buch »De Republica emendanda« (1554) kühne reformatorische Ansätze entwickelte – im Geiste der religiösen Toleranz und der staatsrechtlichen Verantwortung der Staatsmacht gegenüber den Untertanen. In Polen entwickelte sich relativ früh der Begriff des Rechts auf Widerstand, der ein wichtiger Bestandteil der »Adelsdemokratie« war. In der polnischen politischen Kultur wurden zu einer Zeit, als sich in Europa der monarchistische Absolutismus etablierte, starke freiheitliche Positionen gegenüber der königlichen Macht bezogen: Der Begriff »res publica« setzte sich gegenüber dem Begriff »potestas« durch. Mit der triumphierenden Gegenreformation auf dem Höhepunkt des Barocks geriet die ganze polnische Kultur, vor allem aber die politische, in eine tiefe Krise. Der kurzen Periode der aufklärerischen Reformen dagegen setzten die benachbarten absolutistischen Mächte in den Teilungen Polens ein Ende. Seitdem ist das Politikverständnis in Polen einseitig und auf unselige Weise mit dem nationalen Befreiungskampf verquickt.

Die reichhaltige polnische Literatur der Romantik, die nach dem gescheiterten Aufstand von 1830 vor allem im Exil entstand, mied den Terminus »Politik« und erklärte das »Vaterland« (ojczyzna) zum Mittelpunkt allen – letztlich politischen – Nachdenkens und Handelns. Der Begriff »Vaterland« war eine Art ideologische Vorstellung vom Staat, der nicht nur eine »polizeiliche« Machtorganisation, sondern auch eine geistige Gemeinschaft sein sollte. Die Romantik war für Polen eine außerordentlich schöpferische Periode und bleibt bis heute, teilweise in einer verklärten Form, lebendig. Dennoch hatte sie auf dem Gebiet der Wissenschaft, im Sinne einer theoretischen Erkenntnis, nur wenig anzubieten. So ist auch ihr Anteil an der politischen Philosophie gering und gehört eher in das historische Archiv.

Kritisches Denken wird man eher in der positivistisch orientierten Geschichtsschreibung der Krakauer und Lemberger Historiker finden. Ihnen ist eine Durchleuchtung der Vergangenheit Polens zu verdanken. Die »Krakauer Schule« schuf dann auch in den 70er und 80er Jahren des 19. Jahrhunderts die Grundlagen für ein modernes Verständnis der Politik, was sich später in der politischen Publizistik niederschlagen sollte. Die Entstehung moderner polnischer politischer Parteien am Ende des 19. Jahrhunderts verlieh der politischen »Handlung« eine neue Dimension, trotz aller organisatorischen Einschränkungen in den Teilungsgebieten und im Exil. Wegen des 1867 in Galizien (österreichisches Teilungsgebiet) eingeführten Autonomiestatus' gab es dort günstige Voraussetzungen für die politische Praxis, vor allem im regionalen und kommunalen Bereich. Sowohl die »Linke« (Kazimierz Kelles-Krauz etwa über die Ästhetik in den revolutionären Ideen) als auch die »Rechte« (Zygmunt Balicki über Zusammenhänge zwischen nationalem Egoismus und Ethik) brachte ein originelles politisches Denken hervor, das jedoch für die Gestaltung der modernen Begriffe nur wenig nützlich war.

Die Rezeption ausländischer Muster ist vor allem in der sozialistischen Arbeiterbewegung zu beobachten. Westliches, darunter deutsches Gedankengut wurde auch von der »Rechten« rezipiert und fortgeführt, jedoch weniger in den katholischen (mit Ausnahme etwa des sozialen Korporativismus) als in den aggressiven nationalistischen Gruppen um Roman Dmowski. Immer noch spürbar blieb das romantische Erbe mit seinen national-kämpferischen Traditionen. Erst die jüngere Generation der Denker aus der kurzen Zwischenkriegszeit – insbesondere die kleine, doch scharfsinnige Gruppe der Jungkonservativen um die Zeitschrift »Polityka« (früher »Bund Młodych«) mit Jerzy Giedroyć, Ksawery Pruszyński und den Gebrüdern Bocheński an der Spitze – beschäftigte sich in den 30er Jahren mit Problemen der »Realpolitik«. Ihr Einfluß war jedoch gering, die praktische Beziehung zur Politik (»Handlung«) gleich Null.

Der Zweite Weltkrieg und die Besatzung brachten in Polen einen Schub der Politisierung. Freilich war es aber nicht die Zeit für theoretisches Denken. Das Verständnis von Politik blieb unverändert, bestand also aus einer Mischung von »postaristotelischem« Erbe und klarer Ausrichtung auf nationale Freiheit und staatliche Souveränität. Wichtig ist dabei aber die starke Akzentuierung der Feindschaft, derzufolge sich das Denken in Freund-Feind-Kategorien – sowohl im innen- wie im außenpolitischen Sinne – verstärkte. Davon profitierte zweifelsohne die kommunistische Ideologie mit ihrer Kategorie des Klassenfeindes. Aus Karl Marx' Lehre wurde der Aspekt exponiert, nach dem Politik primär als das Handeln *gegen* jemanden und nicht *für* bestimmte Ziele verstanden wird. Für die vom Politbüro arbiträr-dezisionistisch betriebene Politik war der Feindbegriff ein konstitutives Element. Es gab sogar die Vorstellung, Politik sei im Grunde eine Art Klassenkampf »mit geeigneten Mitteln«. »Politik« lag in der alleinigen Kompetenz der herrschenden Gruppe, d. h. des höchsten Gremiums der kommunistischen Partei. Die verschiedenen Bereiche des »politischen Handelns«, etwa die Sozialpolitik, die Kulturpolitik usw., oblagen wiederum den zu diesem Zweck bestimmten Institutionen. Das »politische Handeln« war aber zugleich durch *die* Wissenschaft schlechthin, nämlich den Marxismus-Leninismus, legitimiert.

In Polen fehlt es an einer theoretischen Durchdringung des politischen Wandels der letzten Jahre. Einige »in der Hitze des Gefechts« formulierte Thesen, etwa die von der »sich selbst begrenzenden Revolution« (Jadwiga Staniszkis), haben sich trotz ihrer ursprünglichen Attraktivität nicht bestätigt. Praktische Lösungen wie der »Runde Tisch« waren da wirksamer. Die polnische Gesellschaft erwies sich infolge des Politisierungsversuchs durch die kommunistische Herrschaft als apolitisch; ihr »politisches« Engagement reduzierte sich auf das Bemühen, der Regierung einen (niedrigen) Wohlstand abzuverlangen. Die Massenopposition in Polen hatte weniger einen politischen als einen moralischen Charakter und mündete – auch das eine Erbschaft des Kommunismus – in ein bis heute lebendiges Anspruchsdenken (»wir haben ein Recht darauf«). Im Untergrund entwickelte man ein spezifisches Ethos, einen Lebensstil, ein System der kollektiven Bestätigung innerer Unabhängigkeit – die Realisierung konkreter politischer Ziele war zweitrangig. Bis heute beschränkt sich das Politikverständnis in der Gesellschaft auf die Kategorien Glauben und Vertrauen. Ihre politische Unreife macht sie anfällig für die falsche Alternative: Lösung der sozialen Probleme *oder* Freiheit und Bürgerrechte. Die traurigen Auswirkungen der kommunistischen Herrschaft lassen sich also sowohl in der politischen »Theorie« als auch in der »Handlung« beobachten.

Aus diesen Überlegungen ergibt sich eine vielleicht merkwürdige Assoziation: Carl Schmitts »Begriff des Politischen« scheint eine Parallele zum vereinfachten Marxismus-Leninismus zu bilden, die aus einem manichäischen Verständnis von Politik resultiert. Die postkommunistischen Staaten – so auch Polen und die ehemalige DDR – müssen daher in ihrer politischen Theorie und Praxis mit den sozialpsychologischen und politischen Nachwirkungen des Freund-Feind-Denkens fertig werden, wobei sich dieses sowohl auf der sozialen und ökonomischen als auch auf der nationalen Ebene manifestieren kann. In Polen artikuliert sich die kulturpolitische Verwirrung gegenwärtig stärker denn je, und vieles hängt davon ab, ob sich die demokratischen Institutionen etablieren können und ob sich die kritische öffentliche Meinung, wozu auch die Wissenschaft gehört, durchsetzt. In den neuen Bundesländern wird die Modernisierung des Politikverständnisses freilich anders verlaufen, doch vieles wird, etwa in der Beziehung zum polnischen Nachbarn im Osten (aber auch zum deutschen Bruder im Westen), davon abhängen, wie und wie schnell das Freund-Feind-Denken überwunden werden kann. Der nicht zuletzt in Polen und der ehemaligen DDR gelegentlich vernehmbare Ruf nach einem »starken Staat«, der die Menschen dort von den Schrecken der Freiheit befreien könnte, ist erschreckend genug, um das Bewußtsein dafür wachzurütteln, daß Demokratie kein Zustand ist, sondern stets eine politische Aufgabe bleibt.

Adam Krzemiński
Der politische Alltag

Es gibt kaum eine günstigere Zeit, die Ähnlichkeiten und Unterschiede des politischen Lebens, der Institutionen und der Mentalität von Deutschen und Polen zu vergleichen, als die letzten Jahre des großen Umschwungs und der »Wende« im Osten. Wir können uns so sowohl den Umgang der beiden Völker mit den autoritären Strukturen des ancien régime in Mittelosteuropa anschauen, als auch die Einübung in die Demokratie, wobei die gegenwärtig überstürzte Entwicklung des Jahres 1989 genauso bezeichnend ist wie die unterschiedlichen politischen Traditionen, die die Deutschen und die Polen in den letzten beiden Jahrhunderten verinnerlicht haben.

Die polnische politische Tradition unterscheidet sich von der deutschen in mindestens zwei grundsätzlichen Punkten. Polen hat vor den Teilungen im 18. Jahrhundert keinen Absolutismus durchgemacht. Und: Das moderne Politikverständnis wurde uns im »gestohlenen« 19. Jahrhundert von fremden Staaten beigebracht, von einer fremden Obrigkeit und fremden Institutionen. Ob es der preußische Landtag war oder – kurz vor dem Ersten Weltkrieg – die russische Duma, die polnischen Fraktionen durften nur einen kleinen Teil ihrer politischen Anliegen zum Ausdruck bringen; das eigentliche politische Leben entwickelte sich am Rande der politischen Institutionen. Es wurde in die Literatur, die Religiosität und den Kampf um Selbstbehauptung – vom Schülerstreik bis zum Aufstand – verbannt. Nur im österreichischen Teilungsgebiet Polens – in Krakau und Lemberg – gestand man den Polen eine relative Autonomie und Selbstverwaltung zu. Das ist auch der Grund, weshalb die »galizischen« Polen nach der Wiedererlangung der Unabhängigkeit nach 1918 viele führende Positionen im neuen polnischen Staat bekamen.

Nichtsdestoweniger aber war es gerade das russische Teilungsgebiet Polens, das die gegenwärtige polnische politische Kultur geprägt hat. Erstens: weil es bei weitem das größte war. Zweitens: weil es in der qualvollen Auseinandersetzung mit dem zaristischen Rußland die polnischen Mythen der Romantik und den Ethos der Aufstände schuf. Der preußische Teil – mit Oberschlesien, Posen und Pommern – war relativ klein. Zwar florierte die Landwirtschaft, auch gab es effiziente Genossenschaften von Handwerkern und Kleinunternehmern, aber aufgrund der rigorosen Germanisierungspolitik konnte keine eigenständige kulturelle Emanzipation der höheren Schichten stattfinden. Auch wenn man bedenkt, daß uns das alte Polen die starken Traditionen der Adelsrepublik, mit ihrer zwar umfangreichen, aber auch armen Schlachta, mit dem schwachen, aber gewählten König, mit vielen Völkern und Religionen, überließ, wird deutlich, wie unterschiedlich die Polen und die Deutschen politisch geprägt waren. Das 19. Jahrhundert hat den Deutschen – durch die Erfolge Preußens in Deutschland und Europa – ein anderes Gespür für die Ziele und Methoden der Politik vermittelt als den Polen. Wenn Deutschland eine »verspätete Nation« war, dann war Polen fast eine »geleugnete«, eine Nation, die sich ein ganzes System der Selbstbehauptung in einem feindlichen Europa zurechtgezimmert hatte. Deutschland griff nach der Weltmacht, Polen nach der Freiheit. Die Deutschen des wilhelminischen Reiches bauten Panzerschiffe und warfen sich stolz in die Brust, als der Kaiser rief: »Am deutschen Wesen soll die Welt genesen.« Die Polen schauderte es, als sie in den Romanen von Sienkiewicz von den Ruhmestaten der längst zu Staub gewordenen Generationen lasen und die Denkmäler alter Schlachten – wie der bei Tannenberg 1410 – enthüllen durften. Den Deutschen gab der Wagnerismus ein Gefühl der Stärke, die Polen grübelten über die verlorenen Aufstände und die moralische Überlegenheit der Verlierer nach, sie bemitleideten sich und entwickelten die Ideologie der opferbereiten Kollaboration, nach einem Epos von Adam Mickiewicz »Wallenrodismus« genannt: Ein litauischer Freiheitsheld verstellt sich, schleicht sich beim Deutschen Orden ein, bringt es zum Hochmeister, um dem Orden eine Niederlage zu verpassen. Später, in der Zeit des Nationalismus, galt dieser Held den Deutschnationalen als Zeuge der Anklage gegen die »polnische Falschheit«. Den gleichen Einwand kann man von den Russen hören: Die Polen seien notorische Verschwörer und Zersetzer, sie seien anarchisch und aufwieglerisch. Und die Polen hörten das gerne, sie sahen in sich die wahren »Berufskämpfer« für die Freiheit, die man an allen Barrikaden der Welt finden konnte: in Berlin und Baden 1848, in Ungarn und in Paris, selbst in Mexiko...

Bei allen Unterschieden ist Deutschen und Polen eins gemeinsam: Der Aufbau einer demokratischen Republik nach dem Ersten Weltkrieg mißlang in beiden Fällen. Eine Ankündigung des Desasters waren wohl die Ermordung des deutschen Außenministers Walther Rathenau und die des polnischen Präsidenten Gabriel Narutowicz gewesen. Allerdings wog die Katastrophe der deutschen Demokratie schwerer. Die Winkelzüge der polnischen waren weniger schmachvoll. Beide Demokratien versagten – die eine kürte 1933 mit legalen Mitteln einen Staat »des Ausnahmezustandes«, an dessen Ende Krieg und Völkermord standen. Die andere führte 1926 zum Staatsstreich und zu einer Halbdiktatur, mit einer – zwar drangsalierten, aber präsenten – Opposition, einem gewählten Parlament und einer eigentümlichen Verschwägerung der Machtelite mit den verfolgten Linken. Wenn man bedenkt, daß der Innenminister manchen von ihnen zu Weihnachten Rotwein in die Gefängniszellen schickte und daß sie mit ihren Angehörigen in den Kaffeehäusern über Schuld und Sühne parlierten, war es zwar kein demokratisches, aber auch kein totalitäres Land, dieses Vorkriegspolen.

Trotz dieser Vergleiche sollte man sich doch vor einfachen Gegenüberstellungen hüten: Die Deutschen trieben die Politik rücksichtslos bis ins Extreme, die Polen seien rücksichtsvoll, ihre Politik aber entbehre der Konsequenz, sei verschwommen und unklar. Auch wenn solche Behauptungen hie und da stimmen, im großen und ganzen sind sie nichtssagend.

Selbst wenn man die vierzigjährige Geschichte des real existierenden Sozialismus in der DDR und der Volksrepublik Polen vergleicht, muß man sehr vorsichtig sein. Natürlich hat die Gegenüberstellung von polnischer und preußischer kommunistischer Tradition durchaus ihren Reiz. Eine solche Autoritätshörigkeit wie die DDR-Deutschen kannten die Polen nicht, auch diese ratlose Flucht in die »Nischen der Gesellschaft« mit dem stillen »Leiden an der Wirklichkeit« ist den Polen unbekannt. Nicht anders das Gefühl der Ohnmacht gegen »die da oben«. In Polen hat das generelle Mißtrauen gegenüber den staatlichen Institutionen einen gesunden Individualismus hervorgebracht, der bereits in den 60er Jahren Tausende von jungen Polen nach Schweden, Österreich, Frankreich oder England fahren ließ, um sich dort ein bißchen Geld für eine Wohnung und ein Auto in Polen zu verdienen. Dieser Pendelverkehr zwischen Ost und West schaffte nicht nur eine alternative Schattenwirtschaft, sondern brachte auch die ersten Erfahrungen mit einem »nicht verstaatlichten« Leben. Wenn man dazu die kritische Gegenöffentlichkeit der Literatur nimmt und die ersten Ansätze einer parlamentarischen Opposition – in Form der 4 Abgeordneten der »Znak«-Gruppe, darunter der spätere nichtkommunistische Premierminister Tadeusz Mazowiecki –, dann kommt man schnell zu dem Ergebnis, daß dieser Totalitarismus Stalinscher Prägung in Polen schon ziemlich früh ausgehöhlt war. Ganz im Unterschied zur DDR, die ein Zustand war, war Volkspolen eine Bewegung, ein Prozeß. Während in der DDR die reine Anbetung der politischen Form des Stalinismus herrschte, stellte sich das durch die Polnische Vereinigte Arbeiterpartei regierte Polen als ein permanenter Übergang, als eine Suche nach Form dar. Und diese Suche war ein Vorteil in der Auseinandersetzung mit dem Stalinschen Totalitarismus, genauso wie sie jetzt ein Nachteil ist, wenn es darum geht, eine effiziente Demokratie aufzubauen.

Der »Runde Tisch« des Jahres 1989, eine polnische Erfindung, hat damals Schule gemacht. Es war eine geniale Erfindung, um Feuer mit Wasser zu vereinen, um elegant vom »demokratischen Zentralismus« zum Pluralismus überzugehen. Es war dabei etwas von der Kaffeehauspolitik der Zwischenkriegszeit zu spüren, und es paßte zu dem für alle echten »Totalitaristen« sträflich milden »Kriegszustand« nach 1981. Auch das Ausland zeigte sich beeindruckt, und die »Runden Tische« erschienen kurz darauf in der DDR, in Ungarn und sogar in der Mongolei. Die Polen aber saßen an diesem Möbelstück viel länger als andere. Als hätten wir für diese Institution eine besondere Vorliebe entwickelt und wollten uns davor drücken, durch die Gründung von Parteien politisch Farbe zu bekennen.

Diese Formlosigkeit und der Hang zu Zwischenlösungen, bisweilen durchaus ein Klotz am Bein, haben aber auch ihre sympathischen Seiten. Dem, der das Stasi-Syndrom der DDR-Deutschen beobachtet, muß die politische Nachlässigkeit bei der Verfolgung von Spitzeln unbegreiflich sein. Die Erklärung ist einfach. Einerseits war Polen nicht so »durchspitzelt« wie die DDR, und die Macht der Geheimpolizei – seit 1956 in mehreren Schüben angeknackst – war längst nicht so allgegenwärtig. Wo ständig oppositionelle Grüppchen entstehen bis hin zu einer Millionen Menschen umfassenden unabhängigen Gewerkschaft, da nimmt man weder die Agenten noch die Abhörapparate so ernst wie dort, wo sich jahrzehntelang fast nichts geregt hat. Andererseits hatte bereits das ancien régime nach dem Mord an dem oppositionellen Priester Jerzy Popiełuszko die Geheimpolizei auf die Anklagebank gesetzt und somit deren Ruf ruiniert. Das soll nicht heißen, daß es in Polen keine strafwürdigen Fälle und Personen gibt, aber der Ruf nach einer »Hexenjagd« ist in Polen weniger laut als in der DDR, wo der real existierende Sozialismus perfekter war, überorganisiert bis zum Absurden, getragen von einer Gesellschaft, die die Institutionalisierung des Staatsbürgers und das Vertrauen in die Omnipotenz des Staates tief in die Gemüter eingraviert hatte.

Hier aber sei dem deutschen Leser Trost gespendet. Die Geringschätzung, die viele Polen den braven DDR-Deutschen gegenüber wegen deren Duckmäuserei und Autoritätshörigkeit hegen, wird durch den immer größer werdenden Respekt vor der westdeutschen Demokratie und den westdeutschen Institutionen, die manchmal überschätzt und geradezu idealisiert werden, zur Genüge aufgewogen. Viele Polen möchten nicht nur die 5-Prozent-Klausel oder die Spielregeln des Gewerkschaftsbundes, sondern gleich den ganzen deutschen Föderalismus übernehmen. Unsere »Franzosen« und »Amerikaner« – zu denen Präsident Wałęsa zu zählen scheint – sehen sich immer stärker einer mehr liberalen »deutschen« Politikauffassung gegenüber, die dem Parlament vor dem Präsidenten den Vorzug im Staate gibt.

Wenn man aber vom hohen Roß der Staatspolitik heruntersteigt und den Alltag beobachtet, kann man sehr schnell feststellen, daß die angeblich so gravierenden Unterschiede in der Tagespolitik der Deutschen und der Polen immer kleiner werden. Die Deutschen beginnen wild zu streiken – wie die Reichsbahn, eine der ohnehin unzuverlässigsten Eisenbahnen Europas –, und die Polen führen zunehmend normale Tarifverhandlungen. Die Deutschen zeigen seit einiger Zeit auch ihre anarchische Seite – die Attentate auf Spitzenpolitiker und der Steinhagel auf Ausländer beweisen es. Und die Polen zeigen mehr und mehr ihre disziplinierte Seite, indem sie sich von Premierminister Bielecki sagen lassen, daß ihre Streiks den bankrotten Betrieben nichts nützen und daß nur der Chancen hat zu bestehen, der schnell gesundschrumpft.

Wir beobachten eine Umwandlung der polnischen Gesellschaft. Nicht mehr das »ritterliche Ethos« (Maria Ossowska) ist bestimmend, sondern zunehmend das kleinbürgerliche. Polen wird normaler und zugleich weniger polnisch. Unsere Autofahrer sind alles andere als ritterlich, die Ver- und Gebote nimmt man allerdings weiterhin nicht so genau wie in Deutschland. Aber der Prozeß des Übergangs vom Ethos des Aufstandes und der Untergrundarbeit zur basisorientierten Kleinpolitik wurde eingeleitet. Die ersten Bürgerinitiativen – oft nach deutschem Vorbild – entstehen, und langsam funktioniert auch eine reale Kommunalpolitik. Fünfzehn Jahre nach Wyhl und Gorleben haben auch die Polen eine schlagkräftige oder vielmehr gewaltfreie, grüne Bewegung. Ein Atomkraftwerk hat sie bereits gestoppt, und nun versucht sie mit ihren sit-ins ein Staudammprojekt in einem Nationalpark zu Fall zu bringen. Die Politiker lernen, die Politik nicht als eine Befreiungsbewegung zu betreiben, sondern als Problemlösung und Konfliktbeherrschung, und zwar auf offener Bühne, unter Beteiligung der Öffentlichkeit. Die Formen erscheinen bisweilen recht amateurhaft, und manch einem Maulhelden der früheren Opposition fällt es schwer, sich zum Sachkenner zu mausern, politisch aber gerät das Land nicht aus den Fugen, was nach dem Erdbeben von 1989 schon eine Leistung ist. Auch die Konfliktfähigkeit der Polen scheint nicht gering zu sein. Bei allen widerwärtigen Begleiterscheinungen jeder Verunsicherung, wie antisemitischen Parolen, Steigerung der Kriminalität, Dekomposition der Bürokratie, erscheint das heutige Polen recht stabil. Das sieht man an den Reaktionen auf den »Russenmarkt« in Warschau im Schatten des Kulturpalastes. Man nimmt ihn viel gelassener hin als die Berliner einst den »Polenmarkt«; keine Spur von dem – beinahe rassistischen – Überlegenheitsgefühl und zugleich der Angst der Deutschen vor dem Osten, der angeblich bald einbrechen und alles niedertrampeln wird. Es kann sein, daß die Polen das Nebeneinander mit anderen durch ihre Geschichte gelernt haben, die Prinzipien der »multikulturellen Gesellschaft« werden wir aber wohl von den deutschen Politikern übernehmen. Keiner hier in Europa kann nämlich sagen, er sei sich selbst genug.

Wojtek Lamentowicz

Recht und Gerechtigkeit

Zwischen der polnischen und der deutschen Rechtskultur gibt es etliche Unterschiede, darunter zwei grundlegende: der Grad der Autonomie und der Bedeutung des Rechts gegenüber den anderen Formen der Kultur sowie die Erfahrung eines Lebens unter Bedingungen eines fremden, mit Gewalt aufgezwungenen Rechts, das man nur mit Mühe respektieren kann.

In der deutschen Kultur hat das Recht Autonomie gegenüber Religion, Brauchtum und Moral, aber auch gegenüber Politik und Ideologie erlangt. Seine normative Ordnung wurde auf dem Fundament der römischen Tradition, des germanischen Brauchtums und der christlichen Ethik errichtet. Die deutsche Rechtstradition ist neben der französischen und der italienischen ein exemplarischer und konstitutiver Bestandteil der kontinentalen Spielart der abendländischen Rechtskultur, deren hauptsächliche Entwicklungsrichtungen vom Nebeneinander des kontinentalen Rechtsmodells und der angelsächsischen Tradition des Common Law bestimmt waren.

Eine bedeutende Rolle spielte in diesem gemeinsamen Erbe des Westens die römische Kultur, die in hohem Maße vom *Ideal der Rechtsordnung* inspiriert war. Die im alten Rom entwickelte Form des Rechts war nicht nur präzise, klar und streng, sondern auch kulturell von der Religion getrennt. Dies ist die Grundlage der Autonomie des Rechts, die allein in Rom geschaffen wurde. Das jüdische und das arabische Recht waren – und sind noch immer – inhaltlich von der Religion abhängig. In der chinesischen Tradition ist das Recht nicht sehr stark in der Religion verwurzelt, aber es ist ein Reflex der allgemeinen Moral und einer Ethik der gesellschaftlichen Harmonie. Es ist also ebenfalls nicht autonom.

Das römische Fundament besteht in der Autonomie, Universalität und Abstraktheit des Rechts, in der Überzeugung, daß das Recht *zählt*, daß es wichtig ist und Regierende wie Regierte ihm zu gehorchen und im Alltagshandeln *mit ihm zu rechnen* haben.

Geoffrey Sawer hat die grundlegenden Merkmale der römischen Tradition zutreffend im folgenden gesehen: 1. Komplexität und Elastizität der rechtlichen Formen, so daß das Recht alle wichtigen Bereiche menschlichen Handelns zu regulieren vermag; 2. ein entsprechendes Abstraktionsniveau, so daß die Prinzipien und Regeln des Rechts die gesellschaftlichen Verhältnisse über lange Zeit und in breitem Umfang beeinflussen können, ohne geändert werden zu müssen; 3. Autonomie der rechtlichen Inhalte und Strukturen, die dem Recht Unabhängigkeit gegenüber anderen Formen der Kultur sichern (G. Sawer, International Encyclopedia of Comparative Law, 1975).

Diesem römischen Erbe stand die deutsche Rechtstradition im allgemeinen näher als die polnische. Das *altpolnische Recht* und die Muster der Rechtskultur waren heterogener. In ihnen mischten sich römische, von Deutschland vermittelte Einflüsse mit slawischem Brauchtum und der russisch-byzantinischen Gepflogenheit, die Regierungsgewalt über das Recht zu stellen oder am Recht vorbei auszuüben. Gleichwohl gehörte Polen zur Sphäre der abendländischen Rechtskultur und bildete gewissermaßen deren Grenzprovinz. Französische Einflüsse – nicht nur durch Napoleons Code Civil – wurden in vielen Bereichen von österreichischen und deutschen Einflüssen überlagert. Franz Wiaecker schreibt mit Recht: »Die mitteleuropäischen Länder des Ostblocks (Tschechoslowakei, Ungarn und Polen) haben eine lange Tradition der Verbundenheit mit der lateinischen Kirche, dem römischen Recht und dem politischen System des Westens und standen unter dem Einfluß der österreichischen Gesetzgebung« (The American Journal of Comparative Law, 1990). Allzu oft unterschätzt man jedoch die zerstörerischen wie die schöpferischen Folgen, die sich für die Rechtskulturen aus der geographischen Lage zwischen Westen und Osten ergeben, die in gewissen Geschichtsperioden gleichbedeutend war mit einer Stellung zwischen Rußland und Deutschland.

Damit berühren wir den zweiten grundlegenden Unterschied zwischen der polnischen und der deutschen Erfahrung mit dem Recht. Deutschland war auch schon vor der Vereinigung im Jahre 1870 eine ethnisch sehr homogene Kulturgemeinschaft, die stark genug war, um ein eigenes beziehungsweise freiwillig übernommenes Recht zu besitzen.

Polen dagegen gehörte nicht zu der glücklichen Minderheit unter den Nationen, denen fremde, mit Gewalt aufgezwungene und selten unparteiisch angewandte Gesetze erspart blieben. Diese Gesetze waren bisweilen der Entwicklung des Landes förderlich, doch überwiegend waren sie ein Instrument der Herrschaft und der Unterdrückung. Kein Wunder also, daß viele Generationen von Polen mit dem Grundsatz aufwuchsen, die *eigene* moralische, religiöse oder sittliche Norm müsse gegenüber dem *fremden* Recht Priorität genießen. Das Verhältnis des Rechts zu anderen Normen entbehrt daher der Natürlichkeit, die Moral und Recht dort besitzen, wo sie ein Produkt der angestammten Kultur oder einer Staatsmacht sind, die man als seine eigene betrachtet und für unterstützungswürdig erachtet.

Die Tragik des polnischen Verhältnisses zu Recht und Staat entsprang außerdem der Notwendigkeit, gegenüber der Expansivität und gegenseitigen Aggressivität unserer beiden mächtigen Nachbarn die eigene Identität zu verteidigen. Deutsche und Russen haben die Polen immer wieder gezwungen, die rotierende Vormauer der Zivilisation zu sein, wie es ein hervorragender polnischer Dramatiker so hübsch ausgedrückt hat. Bei einer Umdrehung des Rades der Geschichte war Polen Europas Sicherung vor der russischen Barbarei, und Jahrhunderte später war es Rußlands Schutz vor der Aggressivität des deutschen Faschismus. Nachdem Polen 123 Jahre lang keinen eigenen Staat und kein eigenes Recht besessen hatte, kam es auf dem Gebiet des erst vor kurzem – nämlich 20 Jahre zuvor, am Ende des Ersten Weltkriegs – entstandenen polnischen Staates zum tragischen Zusammenprall zweier Totalitarismen.

Als Deutschland versuchte, Rußland sein totalitäres Recht aufzuzwingen, zwang es dieses zunächst Polen auf (1939–1945), und als die Russen dem östlichen Teil Deutschlands den Bolschewismus aufzwangen (1945–1989), zwangen sie zugleich Polen die »sozialistische Gesetzlichkeit« auf. Dies beschleunigte den Niedergang der Rechtskultur und der Achtung vor dem Recht in Polen.

In der Vergangenheit Deutschlands und Polens gibt es eine gemeinsame Erfahrung: In beiden Ländern wurde die Idee des Rechtspositivismus von totalitären Machteliten politisch instrumentalisiert und für rechtswidrige Zwecke mißbraucht. Wenn man das Recht von seinem moralischen Umfeld und seinen gesellschaftlichen Wurzeln trennt, wird es leicht zu einem Werkzeug in der Hand von Politikern und Ideologen. Weder das Festhalten an der Legalität noch die Autorität der Jurisprudenz schützen das Recht automatisch vor seiner moralischen Entwurzelung. Man braucht nur an den 30. Januar 1933 in Deutschland zu denken.

Ein gesellschaftlich wirksames Normensystem kann als Recht nur funktionieren, wenn es ein Minimum an ethischer Begründung enthält. Welche fatalen Folgen hätte es gehabt, hätte man in Zeiten tiefgreifender gesellschaftlicher Umbrüche – in Deutschland in den Jahren 1945 und 1989, in Polen 1989 – den Rechtspositivismus – »Gesetz ist Gesetz« – angewandt.

Der Legalismus ist tief in der deutschen Tradition verankert und kann sich immer wieder regenerieren. Wie Jürgen Habermas treffend bemerkt hat, »wird der Rechtsfrieden in der Bundesrepublik von zwei Seiten bedroht: nicht nur von denjenigen, die rechtsfremd die Grenzen des zivilen Ungehorsams überschreiten, sondern auch von denjenigen Juristen, die dem autoritären Legalismus anhängen und durch die Verwischung der Grenze zwischen Recht und Gewalt den zivilen Regelverletzer gleich moralisch zu disqualifizieren suchen«. Zum Glück ist in der deutschen Gesellschaft aber auch die Frage lebendig, wie man mit dem unanfechtbaren Anschein des Rechts vom demokratischen Staat zum totalitären Regime übergehen konnte, und es besteht eine Bereitschaft, die legalistische Tradition in Frage zu stellen.

Wie die Stabilität der Strukturen der Bundesrepublik seit 1949 beweist, ist die Schaffung einer liberalen Demokratie und eines Rechtsstaates im westlichen Teil Deutschlands gelungen. Die deutsche Rechtskultur ist zu einer wichtigen Inspirationsquelle für die polnische Rechtsreform geworden. Dies gilt für das neue Wahlrecht und für den Entwurf einer neuen polnischen Verfassung. Viele polnische Juristen sehen allein schon in der Idee des Rechtsstaats einen Reflex auf die deutsche Praxis seit 1949.

Die Tatsache, daß Polen zu einer freiheitlich-demokratischen

Verfassung zurückgekehrt ist, begründet ebenfalls eine neue Nachbarschaft mit Deutschland, einer stabilen Demokratie und einem funktionierenden Rechtsstaat. Der direkte Kontakt beider Kulturen und beider Gesellschaften nach der Öffnung der Grenzen im April 1991 wird – nach anfänglichen Erschütterungen – wahrscheinlich zur Stärkung der Rechtsordnung in beiden Ländern beitragen.

Der östliche Teil Deutschlands steht noch immer unter dem Einfluß des totalitären Erbes, in höherem Maße als Polen, wo es einen eindeutigen, starken Widerspruch gegen Kommunismus und Faschismus gegeben hat. Die volle Integration des östlichen Deutschland in die westlichen Rechtstraditionen wird schwierig sein. Erstmals in der Geschichte kehren Polen und Deutsche gleichzeitig und jeder im eigenen väterlichen Haus zurück zum Rechtsstaat, zur Achtung vor dem Recht, die nicht auf Angst vor einer über dem Recht stehenden Macht beruht. Das ist eine gemeinsame Herausforderung. Wenn wir sie bestehen, wird die Europäische Gemeinschaft einen neuen Impuls im rationalen und kritischen Verhältnis zu den Gesetzen ihrer Staaten und zum Völkerrecht in jenem Teil Europas bekommen, wo das Recht so oft vergewaltigt wurde.

Das Recht wird innerhalb der Kultur Gewicht haben, und die Gesellschaft wird das Recht achten, wenn es sich auf natürliche Weise entwickelt und an neue Erfordernisse anpaßt, statt ein künstliches Produkt eines bürokratischen Staates und lediglich Instrument der Regulierung zu sein. Das Recht kann und muß eine Mittlerfunktion zwischen Staat und bürgerlicher Gesellschaft ausfüllen. Solche Vorstellungen im Rechtsbewußtsein von Politikern und Bürgern zu stärken wird in Polen wie in Deutschland in der vor uns liegenden Zeit nötig sein – einer Zeit, in der Europa als eine sich einende Vielheit von Nationalkulturen zu gemeinsamen – auch rechtlichen – Traditionen zurückkehrt.

Doch selbst die wohlüberlegteste Rechtsreform wird nicht automatisch zu einer neuen Rechtskultur der Bürger führen. Die Polen werden noch viele Jahre lang mit der Hinterlassenschaft des »Realsozialismus« zu kämpfen haben, in dem die Stelle des Rechts von den Prärogativen des Parteistaates eingenommen wurde, der die

Macht über das Recht stellte und die legislatorischen Lösungen den aktuellen politischen Erfordernissen unterordnete. Die Politisierung und der Zufallscharakter des Rechts erzeugten beim Bürger eine Tendenz, sein Handeln von der jeweiligen Situation abhängig zu machen. Dies förderte die Entstehung von »lokalen Gemeinschaften«, die sich an eigenen Regeln orientierten, und die Umwandlung Polens in eine »Gesellschaft der unmittelbaren Gratifikationen« (M. Marody).

Der Zusammenhang zwischen Recht und Moral wird in Deutschland wie in Polen viel diskutiert. In beiden Ländern werden, wie schon erwähnt, Rechtspositivismus und Legalismus lebhaft kritisiert. Die Ähnlichkeit besteht jedoch nur zum Schein. Während das Recht in der BRD auch im allgemeinen Verständnis Autonomie erlangt hat, wird es in Polen stärker mit konkreten moralischen Werten verknüpft. Während die Diskussion über die moralischen Grundlagen des Rechts in Deutschland darauf zielt, es mit abstrakten Prinzipien zu verknüpfen, geht es in Polen um konkrete, »diese und keine anderen« ethischen Werte, deren Instrument das keine Autonomie besitzende Recht sein soll. Das »gerechte« Recht wird häufig als ein Instrument der Revindikation verstanden, der Zurückerstattung verlorengegangener Werte, der Abtragung des Unrechtsempfindens.

Im allgemeinen Bewußtsein sind nicht die Tat und ihre Folgen, sondern Motive und Intentionen Gegenstand der rechtlichen Würdigung einer Tat. Daß man moralische Gründe höher bewertete als den Buchstaben des Rechts, zumal des willkürlichen und durch die Politik der Partei entwerteten Rechts, entsprach einer Ethik, die in der Zeit des »Realsozialismus« hervorragend der Selbstverteidigung der Gesellschaft diente. Allerdings hat sich im allgemeinen Bewußtsein ein Stereotyp verfestigt, in das einerseits die Kritik der Kommunisten eingegangen ist, die das Recht ständig als »seelenlos« und »formalistisch« hinstellten, und andererseits jene moralistische Kritik, die für konkrete Werte optiert. Man löst sich heute nur mühsam von diesem Stereotyp, das zur Folge hat, daß das Recht als »Sphäre inhaltlicher Lösungen, nicht aber allgemeiner Prinzipien« wahrgenommen wird. Auch das beste Rechtssystem wird nicht viel helfen, wenn es nicht durch eine reife, zur

Selbstkorrektur und Entwicklung fähige Rechts- und politische Kultur der Gesellschaft ergänzt wird. Diese Aufgabe haben wir noch vor uns.

Iring Fetscher
Freiheit – Emanzipation

Beide Völker – Polen wie Deutsche – hatten Probleme mit ihrer Staatswerdung. Polen aber war jahrhundertelang eine multikulturelle, durch ein hohes Maß an Toleranz ausgezeichnete Adelsrepublik mit einem gewählten König an der Spitze. Das umstrittene Institut des »liberum veto«, das es einem einzigen »Landboten« erlaubte, eine Gesetzesvorlage zu Fall zu bringen, von der er annahm, sie widerspreche dem Grundgesetz des Landes, hat viel Anlaß zu Kritik und vor allem auch zum Mißbrauch durch auswärtige Mächte gegeben. Die »goldene Freiheit« verwandelte sich im Laufe der Zeit zur konstitutionellen Schwäche, die – zuletzt gewaltsam – von den benachbarten Mächten künstlich erhalten wurde. Im Unterschied dazu bestand das »Deutsche Reich« seit der Reformation aus relativ souveränen Staaten, bis es unter dem Ansturm der französischen Revolutionsheere unterging und dann im 19. Jahrhundert unter preußischer Führung einem modernen Staat Platz machte, dessen Scheinkonstitutionalismus durch eine effiziente und rechtsstaatliche Verwaltung ergänzt wurde. Während der gleichen Epoche – genauer gesagt von 1795 bis 1918/22 – war Polen restlos unter die drei Teilungsmächte Rußland, Österreich und Preußen/Deutschland aufgeteilt.

Ich habe an diese groben historischen Zusammenhänge nur deshalb erinnert, um die Ursachen der Unterschiede deutlich zu machen, die sich auch in den Freiheitsauffassungen beider Nationen offenbaren. Das kaiserliche Deutschland sucht die in seinen Grenzen lebenden Minderheiten der Polen, Elsässer und Dänen mehr oder minder nachdrücklich zu »assimilieren« und wirtschaftlich zu schwächen. Der deutsche Nationalismus war freiheitsfeindlich nicht nur gegenüber Angehörigen anderer Völker, sondern letztlich auch gegenüber der eigenen, »deutschstämmigen« Bevölkerung. Er hatte seinen Ursprung in den »Befreiungskriegen«, deren demokratische Aspekte in der Phase der Restauration wieder verlorengingen und mit der Niederlage der Revolution von 1848/49 endgültig ihre tonangebende kulturelle Bedeutung einbüßten. Der polnische romantische Nationalismus dagegen knüpfte an die Französische Revolution und an die Verfassung von 1791 an, um derentwillen Rußland und Preußen interveniert und das Land zum dritten Mal geteilt hatten.

Während in Deutschland Napoleon als der »Erzfeind« angesehen wurde, setzten die Polen – freilich enttäuschte – Hoffnung auf diesen Erben der französischen Revolution. Deutsche Demokraten allerdings, nicht weniger als französische, sahen in den Jahren von 1791 bis 1848/49 voller Sympathie und Hoffnung auf Polen als auf einen Vorkämpfer des freiheitlichen und demokratischen Europa gegen die zaristische Autokratie. Carl von Rotteck zitiert in dem Lexikonartikel »Polen« des von ihm und Carl Welcker edierten »Staats-Lexikons« (Bd. 10, 1848) voller Zustimmung den deutschen Historiker Friedrich von Raumer, der in seinem Buch »Polens Untergang« die Leistungen der Reformer von 1791 ebenso wie die der mutigen Kämpfer unter der Führung Kościuszkos und anderer Militärs gegen Russen und Preußen feiert. Die Konstitution vom 3. Mai 1791 emanzipierte das Bürgertum, gab die zivilen und geschäftlichen Tätigkeiten für Angehörige des Adels frei und machte die Verträge zwischen Grundherren und Bauern für beide Teile bindend. Die Gewalten waren geteilt, allen Christen wird die freie Religionsausübung zugesichert und den Bekennern aller Konfessionen der Zugang zu allen Ämtern eröffnet usw. »Unter allen in der neueren Zeit seit 40 Jahren entworfenen Verfassungen ist diese polnische die älteste [...] Welch Lob [...], daß sich die Polen aus der ungünstigen Lage [...] emporarbeiteten und sich eine Verfassung gaben, in welcher mehr als fast irgend einem späteren Versuche, die allgemeinen Forderungen der Vernunft und ächten Theorie mit dem geschichtlich Gegebenen, Zeitgemäßen und Erreichbaren wahrhaft ausgesöhnt schienen [...] Und diese Verfassung hatten sich die Polen gegeben ohne Raub, Mord, Blutvergießen oder Verletzung des Eigentums [...] Ein solches in seiner Art bewundernswertes Werk verdient die größte

Dauer, das höchste äußerlich begünstigte Glück; weshalb doppelt verantwortlich sind die schmutzigen Hände, welche die reine Tat beflecken, die Verleumder, welche sie anklagten, und die Frevler, welche sie zerstörten.« Mit den Verleumdern und Frevlern war niemand anders gemeint als der preußische König und die Zarin.

Der Wunsch, das eigene Staatsgebiet auf Kosten Polens zu vergrößern, ging mit der Angst vor dem Vorbild einer freiheitlichen Verfassung Hand in Hand. Wie schon zweimal zuvor, einigten sich die Nachbarstaaten schließlich auf eine neue – jetzt zur Auflösung des Staates führende – Teilung. »Die edlen Polen hofften [in ihrem Abwehrkampf gegen Rußland] auf Österreichs Beistand und rechneten sicher auf Preußens Hilfe.« Friedrich Wilhelm schrieb aber schon am 8. Juni 1792 nach Polen: »Die Republik hat sich eine Verfassung gegeben, ohne mein Wissen und mein Zutun, ich habe nie daran gedacht, sie zu erhalten und zu beschützen.« (So im oben genannten »Staats-Lexikon« wiedergegeben.) Im folgenden Jahr rückten preußische Truppen in Polen ein, um zu verhindern, daß sich »der Geist und die verdorbenen Grundsätze der französischen Demokratie auch in Polen ausbreiten«.

Von Raumer gehörte der Nationalversammlung als »Rechter Zentrumsabgeordneter« an. Womöglich noch enthusiastischer kommentierte ausgerechnet Karl Marx im Londoner Exil die polnische Verfassung von 1791. In einem lediglich in Polen 1971 vollständig edierten Manuskript heißt es: »Mit allen ihren Mängeln erscheint diese Konstitution mitten in der russisch-preußischen Barbarei als das einzige Freiheitswerk, das Osteuropa je selbständig ausgerichtet hat. Und sie ging ausschließlich von der ›bevorrechteten Klasse‹, dem Adel aus. Die Weltgeschichte bietet kein andres Beispiel von ähnlichem Adel des Adels.«

In der Geschichte der zahlreichen Aufstände und Revolutionen, die polnische Patrioten unternahmen, spielt die Erinnerung an den 3. Mai oft eine Rolle. Deutsche Demokraten können die Polen um diese Tradition nur beneiden.

Im Falle Polens steht der Kampf um die Unabhängigkeit und Selbständigkeit der Nation von vornherein im engsten Zusammenhang mit der Herstellung demokratischer Freiheitsrechte und bürgerlicher Emanzipation. In Preußen-Deutschland war das nicht der

Fall. Zwar strebten die bürgerlichen Revolutionäre von 1848/49 gleichfalls nach einem einheitlichen deutschen Staat und entwarfen eine durchaus progressive Verfassung, aber an die mutigen Schritte in Frankfurt schloß sich nur ein begrenzter und lokalisierter Aufstand zur Verteidigung der Verfassung an. Bald waren alle Erfolge der Revolution wieder vergessen, und der geniale Staatsmann Otto von Bismarck setzte sich unter Bruch der Verfassung über das preußische Parlament siegreich hinweg und führte Preußen an die Spitze eines im Krieg gegen Frankreich entstandenen Deutschland.

Während sich in der klassischen deutschen Philosophie die historische Bewegung spiegelte, die in Frankreich zur Revolution geführt hatte, brach die emanzipatorische Entwicklung nach der Niederlage von 1848/49 – jedenfalls im Bürgertum – ab; lediglich die damals noch kleine Arbeiterbewegung suchte an sie anzuknüpfen. Erst jetzt kam die Rede von der »machtgeschützten Innerlichkeit« auf, die den Rückzug der einst politisch aktiven Liberalen auf ihre Privatinteressen (und deren Organisation im Staate) begleitete. Auch die deutsche klassische Philosophie wurde in dieser Zeit und noch bis in die dreißiger Jahre unseres Jahrhunderts hinein »umgedeutet«. Kants und Hegels Beziehungen zur Revolution wurden ebenso »ausgeklammert«, wie Fichtes frühe Begeisterung als Jugendsünde des späteren Patrioten gedeutet. Diese Umdeutung, die schon in der Spätromantik begann, erreichte ihren Höhepunkt in den sogenannten »Ideen von 1914« und der These von der »deutschen Freiheit«, die im Gegensatz zu den »Ideen von 1789« und der »westlichen« Freiheit stehe. Der deutsche evangelische Theologe Adolf von Harnack hat am 29. 2. 1914 in einer Rede Freiheit wie folgt beschrieben: »Nun, wenn's um Freiheit geht – und es geht um unsere Freiheit und um unsre Existenz –, dann erwacht und leuchtet eben der Freiheitswille am stärksten. Was heißt denn Freiheit? Das mit Freude und ganzer Hingebung und unbehindert tun, was man tun soll, das tun wollen, was man tun muß. Die große Selbstverständlichkeit der höchsten Pflicht, in den Willen aufgenommen und zu kräftiger Tat gebracht: das ist wahre Freiheit. Wer in ihr steht, der ist in sich geschlossen, bebt nicht und sorgt nicht und kann nicht zerfallen.« (»Deutsche Reden in schwerer Zeit«, Berlin 1915, Bd. 1.)

In abstrakter, philosophischer Sprache heißt das: Frei ist nur der, der sich (als Soldat oder Zivilist) ganz mit dem Willen der Nation (der wiederum von der Führung ausgedrückt wird) eins weiß und fühlt. Hier ist kein Platz für Abweichung und Besonderheit, für Individualität und Freiheitsspielräume. Harnack vertritt eine metaphysisch gedeutete Lehre von der Einheit des Volkswillens, die sich in der feindlichen Abwehr der Fremden artikuliert. Der »Griff nach der Weltmacht« wird zum aufgezwungenen Überlebenskampf der Deutschen stilisiert.

Vergröbert und rassistisch erweitert haben die Nazis diesen Freiheitsbegriff übernommen. Die Zeitung der Nazis in Sachsen nannte sich »Der Freiheitskampf«. Unter diesem Kampf wurden die Unterdrückung von Minderheiten, das Verbot von Oppositionsparteien, die »Reinigung« des deutschen Volkes durch Ausweisung und Vernichtung der Juden und schließlich die Eroberung von »Lebensraum« verstanden.

Die Freiheit, von der Harnack undeutlich sprach, wurde von konservativen Hegelianern als Identifikation des individuellen Willens mit dem Gemeinwillen der Nation bezeichnet. Die Befreiung des Individuums besteht dann in der erfolgreichen Erziehung zu solcher Identifikation. Nicht viel anders haben später Leninisten Freiheit als »Einsicht in die Notwendigkeit« definiert und diese als – von den Parteiideologen verbindlich interpretierte historische Notwendigkeit des Sozialismus – verstanden. Die paradoxe und zynische Aussage dieser »Freiheitsauffassung« hat Czesław Miłosz in seinem Buch »Verführtes Denken« literarisch auf den Begriff gebracht. Die Annahme der Freiheitsideologie des Leninismus wird dort mit der Einnahme der Wunderdroge »Murti-Bing« verglichen, durch deren Genuß man restlos mit allen Anordnungen der kommunistischen Führung einverstanden ist. Zusammen mit den Büchern von Arthur Koestler (»Sonnenfinsternis«) und George Orwell (»1984«) hat Miłoszs Roman auch in der Bundesrepublik ganz erheblich zur Ideologiekritik des Leninismus wie des Faschismus beigetragen.

Die Erfahrung der Nazidiktatur und der Niederlage im Krieg hat – im Laufe der Jahre – zu einer weitgehenden Umkehr des politischen Denkens der Mehrheit der deutschen Bevölkerung geführt. Aus der »verordneten Demokratie« im Westen wurde schließlich eine dankbar akzeptierte und eine – von Demokraten auf beiden Seiten umkämpfte – Demokratie. Das Freiheitsverständnis der Mehrheit der westdeutschen Bevölkerung dürfte heute mit dem der Engländer weithin übereinstimmen, vielleicht ist es sogar noch ein bißchen »individualistischer«. Das der Bevölkerung der ehemaligen DDR ist erst dabei, sich zu entwickeln. Ein Teil der dortigen Bevölkerung dürfte sich dem bundesdeutschen »Standard« in einer eher vereinfachten Form anpassen (oder schon angepaßt haben), eine kleine aktive Minderheit hat 1989 für die Verwirklichung jener Freiheitsrechte und jener demokratischen Institutionen gekämpft, die den Westdeutschen die Gunst der Umstände geschenkt hatte. Von ihnen könnte ein wohltätiger Einfluß auf das Demokratieverständnis aller Deutschen ausgehen.

Während in der älteren deutschen Tradition Freiheit durch disziplinierte Ein- und Unterordnung defiguriert wurde, tendiert das Freiheitsverständnis des älteren Polen eher in Richtung auf anarchische Willkür, die immer wieder – im Interesse des nationalen Überlebens – zurückgenommen werden muß. Denkbar scheint mir allerdings, daß durch die Erfahrung der kommunistischen Diktatur unter Polen – jedenfalls unter der politisch aktiven Minderheit – ein ähnlich positives Verhältnis zu freiheitlichen Institutionen entstanden ist wie unter den sanften Revolutionären in der ehemaligen DDR.

Am imponierendsten für einen Deutschen ist die polnische Tradition der Toleranz mit dem Schlagwort »für unsere und Eure Freiheit«. Ich muß gestehen, daß ich erst durch Adam Michnik auf den »frühen Piłsudski« und seinen »proletarischen Universalismus« hingewiesen werden mußte. Bis dahin hatte ich in Marschall Piłsudski eine Art polnischen Hindenburg gesehen, der das Land in die Diktatur geführt hatte. Der proletarische Universalismus eines Piłsudski »harmonisierte mit der Vision des Polens der Jagellonen, einer gemeinsamen Heimat aller, die Lande der alten Adelsrepublik bewohnenden Völker, eines offenen und toleranten Polen, das stolz war auf die Losung ›für uns und Eure Freiheit‹«. Daß sich dieses freiheitliche und tolerante Polen während der Jahre 1918 bis 1945 gegenüber dem antisemitischen und nationalistischen Polen der »Nationaldemokraten« nicht behaupten konnte und auch Piłsudski zum Einlenken zwang, ist eine ebensolche Tragödie wie der nicht immer erfolglos gebliebene Versuch der polnischen Kommunisten, das Erbe dieser antisemitischen Nationaldemokraten für die »Fundierung« ihrer Macht zu nützen. Piłsudski weigerte sich damals, »die nationalen Leidenschaften in das Flußbett des – in seinen Folgen prorussischen – Antisemitismus umzuleiten, denn darin sah er zu Recht eine Nachahmung der russischen ›schwarzen Hundertschaften‹. Den Kampf gegen das Zarentum durch das Plündern jüdischer Läden zu ersetzen – das war für ihn Niedertracht und Dummheit [...]« Aber auch wenn sich diese universalistische und tolerante Tendenz in der politischen Kultur Polens damals nicht durchgesetzt hat, so bleibt es doch – so Michnik – das Verdienst dieser Sozialisten und Patrioten, durch ihren Kampf die Freiheit und den neuen Staat ermöglicht zu haben: »Kann eine Nation ohne Unwägbarkeiten existieren? Eine Nation ohne Unwägbarkeiten, eine Nation, die sich von der Verteidigung dessen, was manchmal ungreifbar und unmöglich zu benennen ist, lossagt, sagt sich von ihrer eigenen Kultur los, sinkt auf das Niveau eines Stammes herab. Realismus, Verständigungsbereitschaft mögen bei Politikern Tugenden sein – aber es sind Tugenden, denen man auf die Finger schauen muß [...]« Der Realismus derer jedenfalls, die während der russischen Protektoratszeit für »organische Arbeit« im Rahmen der bestehenden Verhältnisse und für Kooperation mit der zaristischen Regierung eintraten, hat, so Michnik, die Wiedergeburt Polens nicht herbeigeführt, wohl aber der verzweifelte Kampf von Patrioten, die oft Träumer und Romantiker, aber von einem Ideal der Freiheit inspiriert waren, das auf demokratische Traditionen zurückgeht.

Ein schwaches Pendant zu jenen Traditionen und Kämpfen findet sich auch in der deutschen Geschichte, freilich nicht in der älterer preußen-deutscher Historiographen. Die Bauernkriege, die Reformen in Bayern unter Montgelas und in Preußen, die Revolution von 1848/49 trotz ihrer Niederlage, endlich die Ideale der Weimarer Verfassung und der Widerstand gegen die Nazis, an dem Angehörige aller Schichten teilgenommen haben, sowie die »Verarbeitung« der Jugend- und Studentenrebellion von 1968, die die politische Kultur in Deutschland tief verändert hat, und last but not least die mutigen Aufstände der DDR-Bewohner 1953 und 1989 sind Daten, an denen sich das freiheitliche Selbstbewußtsein von Deutschen aufrichten und ausrichten sollte.

Der Kampf, den seit 1980 polnische Arbeiter und Intellektuelle für ihre Selbstbestimmung und die Überwindung der kommunistischen Diktatur geführt haben, ist letztlich auch den Deutschen zugute gekommen, auch wenn sie es nicht immer erkannt haben. In einem gemeinsamen demokratischen Haus könnten Gefühle der Verbundenheit und der Dankbarkeit an die Stelle alter Antinomien treten. Bewunderung für die demokratischen, freiheitlichen und toleranten Traditionen des unglücklichen Polen sollte für deutsche Demokraten selbstverständlich sein. Dank schulden wir nicht nur Michail Gorbatschow, der die Nachbarstaaten in die »Selbständigkeit entließ«, sondern u. a. auch den Polen, die sie durch ihren Einsatz erkämpft haben und die dadurch das Ende des SED-Staates ermöglichten.

Franciszek Ryszka
Totalitarismus

Der Begriff »Totalitarismus« ist italienischer Herkunft. »Lo stato é totalitario« – der Staat versteht sich als Ganzheit. Dieser Satz, der von Mussolini stammen soll und von Giovanni Gentile kommentiert wurde, bevor ihn Erich Voegelin 1936 theoretisch untermauerte, drückt die Überzeugung aus, der menschliche Geist finde seine Vollendung in der staatlichen »Gemeinschaft«. Vor dem Zweiten Weltkrieg verliehen die Liberalen, Demokraten und »Linkischen« das Prädikat »total« oder »totalitär« den deutlich antidemokratischen Systemen mit repressiven Charakterzügen. Das hohe Ansehen, das sich die gesamte antifaschistische Linke erworben hatte, trug dazu bei, daß der Begriff »Totalitarismus« fast restlos mit dem Begriff »Faschismus« gleichgesetzt wurde; seine Hauptvertreter: Hitler, Mussolini und Franco – in dieser Reihenfolge. Der »Kalte Krieg« hat dieses, übrigens ziemlich simple, Bild zumindest in der öffentlichen Meinung verwischt.

Mit Hannah Arendts Buch »The Origins of Totalitarism« (1951, deutsch überarbeitet 1955) etablierte sich der Totalitarismus-Begriff zunächst in Amerika, dann auch in Europa. Einen verdienten Ruf erwarb sich bald auch die eher populäre Darstellung der »totalitären Diktatur« von Carl-Joachim Friedrich und Zbigniew Brzezinski (»Totalitarian Dictatorship and Autocracy«, 1956), die, umgehend ins Deutsche übersetzt (Totalitäre Diktatur, 1957), zum Standardwerk für die politische Publizistik wurde. War der Totalitarismus für Hannah Arendt vor allem ein Begriff der Geistesgeschichte im Zeitalter der Ideologen, so konzentrierten sich Friedrich und Brzezinski auf die politischen Elemente: Das Machtmonopol einer durch Ideologie gesteuerten Massenpartei, die terroristische Herrschaft der Geheimpolizei durch Kontrolle jeglicher zwischenmenschlicher Kommunikation, die bürokratische Lenkung der Wirtschaft, das sind – ihrer Auffassung nach – konstitutive Merkmale des Totalitarismus.

Für Hannah Arendt sind zwei entgegengesetzte Idealtypen repräsentativ: das Deutschland Hitlers seit 1938 und die UdSSR unter Stalin seit den 30er Jahren. Bei Friedrich und Brzezinski wird der Totalitarismus als Erscheinung der Nachkriegszeit mit dem »Roten Imperium« und dessen Satelliten gleichgesetzt.

Die zahlreichen Aussagen historischen, theoretischen und schließlich enzyklopädischen Charakters zum Thema »Totalitarismus«, wie unterschiedlich sie auch waren, scheinen insgesamt übermäßig ideologisiert zu sein. »Totalitär« war menschenfeindlich, also böse, dazu noch der abendländischen Kultur fremd. Der Begriff spielte eine wichtige Rolle in der Bundesrepublik bei der Auseinandersetzung mit der nationalsozialistischen Vergangenheit und auf der Suche nach einer neuen politischen und geistigen Orientierung. In den 50er und 60er Jahren war »Totalitarismus« zu einem Bestandteil des politischen Vokabulars geworden. Das allzu schnelle Vergleichen von faschistischen und kommunistischen Systemen relativierte die eigene, deutsche Verantwortung, unterstützte das Gefühl der Bedrohung aus dem Osten und verlieh dem ideologisierten Antikommunismus eine scheinbar wissenschaftliche Beweisqualität. In der innenpolitischen Auseinandersetzung zwischen der CDU und der SPD drohte sich der wissenschaftliche und publizistische Begriff zu einem politischen Schlagwort zu entwickeln. Dem entgegnete man in der DDR in gleicher Weise, indem man den Totalitarismus, wie auch den Antikommunismus, als Ideologien des »wiedererstandenen Imperialismus« diskreditierte. Auch die Linke in der Bundesrepublik stellte freilich den Erkenntniswert dieses Begriffs in Frage und setzte ihn in die Nähe des primitiven Antikommunismus. In den 70er Jahren hat der Begriff infolge eines Abklingens des Kalten Krieges, aber auch der politischen Wende in Bonn, an Schlagkraft verloren. Nachklängen der Auseinandersetzung um den Totalitarismus-Begriff kann man in dem Historikerstreit der 80er Jahre begegnen. Wie brüchig aber komparative Erwägungen, die auf eine idealtypische Gleichsetzung des Dritten Reiches mit dem stalinistischen Modell der Sowjetunion abzielen, letztlich sind, bekennt selbst Ernst Nolte, der durch seine relativierende Interpretation der Politik Hitlers den Historikerstreit ausgelöst hatte. In seinem Buch »Der europäische Bürgerkrieg. Nationalsozialismus und Bolschewismus« (1987) bestätigt er, daß die beiden äußerst verfeindeten, doch »musterhaft totalitären« Systeme sich sogar in den fundamentalen Strukturen voneinander unterschieden. Neben dem wissenschaftlichen Aspekt der Vergleichbarkeit nicht minder wichtig ist der Hinweis Hannah Arendts auf deren ethische Dimension: Jeder Vergleich totalitärer Elemente nehme den Charakter einer Apologie an, wenn er nicht der Erkenntnis der Einzigartigkeit eines jeden historischen Ereignisses – und damit wohl auch der Einzigartigkeit der individuellen Verantwortung – diene.

In Polen erfuhr der Begriff des Totalitarismus seine höchste Popularität zu einem Zeitpunkt, als er in der Bundesrepublik an Aktualität verlor. Er tauchte in den 60er Jahren in einigen wenigen Arbeiten über den Nationalsozialismus auf, wurde aber später vor allem zu einem Kampfmittel der Opposition gegen das kommunistische Regime. An »totalitären« Charakterzügen und Methoden des Regimes versuchte man das Maß an notwendigen demokratischen Reformen deutlich zu machen. Diese Kritik war in gewissem Sinne der Verwendung des Begriffs in Frankreich in den 70er Jahren vergleichbar, wo vor allem die Linke »Enklaven des Totalitarismus innerhalb der demokratischen Gesellschaft«, im Schulsystem oder den Massenmedien auf der Spur war. Bei der Abrechnung mit der Vergangenheit des kommunistischen Regimes mangelte es vor und nach der Wende aber oft gänzlich an sachlicher Distanz und Differenzierungsvermögen. Die moralischen Kategorien, nach denen die politische Auseinandersetzung mit der kommunistischen Herrschaft beurteilt wurde, legten einen Totalitarismus-Vorwurf gegen den Gegner gerade in den 80er Jahren nahe. In einem im Gefängnis 1983 geschriebenen Essay über den 1943 verstorbenen polnischen Philosophen und Dichter Bolesław Miciński sieht der Wortführer der polnischen Opposition, Adam Michnik, in der Diskussion über den Totalitarismus und über die »richtige« Einstellung ihm gegenüber das »Zentrum der polnischen Erfahrung«. »Totalitarismus« war in der Tat ein Schlüsselbegriff für diese, Michniks, Generation der polnischen Opposition. Der moralische Zwang, Zeugnis von der Reinheit der eigenen Haltung zu geben, ließ sie sich von der Dichotomie des Totalitarismus – Antitotalitarismus gefangen nehmen.

Die Anwendung eines einheitlichen Totalitarismusbegriffs auf das Deutschland Hitlers und die Sowjetunion unter Stalin ist schwierig genug, um so mehr, wenn darunter auch die kommunistischen Staaten der Nachkriegszeit – also auch Polen und die DDR – subsumiert werden sollen. Man sollte daher noch einmal an die wesentlichen Merkmale des »Totalitarismus« erinnern: Dieses System erkennt vor allem keine Unterscheidung zwischen öffentlichen und privaten, zwischen politischen und nichtpolitischen Aspekten des Lebens an. Den Ausgangspunkt bildet der polizeiliche Terror, der zur Verdinglichung des Menschen führt. Dabei ist weder das Leiden noch die Versklavung im traditionellen Sinn ausschlaggebend, sondern das unbeschränkte Entscheidungspotential einer Partei, einer mit einem Verwaltungsapparat ausgerüsteten Elite, die sich als Eigentümer des Staates und seiner Bevölkerung versteht. Der polizeiliche Terror beginnt mit der Kriminalisierung jeglicher Opposition. Dabei ist die Abschaffung der elementaren Rechtssicherheit entscheidend, weil damit die Bedrohung eines jeden in jeder Situation entsteht. Ihr folgt ein spezifisches geistiges Klima der Entfremdung des einzelnen von seiner Umgebung, seiner Gruppe, manchmal von seiner Familie in einer Welt, in der jeder »für sich allein stirbt« (Hans Fallada). Das Sterben ist ein fester Bestandteil des Systems, wie in Franz Kafkas »Strafkolonie«; die Schuld eines Menschen ist stets beweisbar, es gibt also immer Grund zum Töten. Nicht terroristische Maßnahmen allein, sondern das Bewußtsein, ihnen ohne Grund stets ausgeliefert zu sein, ist für eine »totalitäre Herrschaft« konstitutiv. Dieses Klima wird durch das Konzept des »objektiven Feindes« (Hannah Arendt) unterstützt. Denn wer der »objektive Feind« sei, entscheiden allein die Machthaber. Sogar die offizielle Ideologie – die Utopie der Zukunft – ist hier sekundär. Die Feindschaft bleibt der spiritus movens der menschlichen Haltungen und Handlungen und ist die ultima ratio im Entscheidungsprozeß. Nichts kann deutlicher die Macht legitimieren. Der wirklich »totalitäre« Staat muß dabei keineswegs immer rücksichtslos sein, im Gegenteil, er fördert Gesundheit und Zufriedenheit – zum Preis bedingungsloser Unterordnung.

In der Praxis hat der private Bereich auch in einem »totalitären« Staat eine gewisse Autonomie bewahren können, haben die Unzulänglichkeiten der Verwaltung die Praktiken der anonymen Macht »vermenschlicht«. Nach Stalins Tod 1953 begannen sich im ganzen »sozialistischen Lager« die Lebensbedingungen langsam zu verbessern. Der innere Feind verlor ideologisch an Konturen und schien im Dickicht der komplexen sozialen Interdependenzen allmählich zu verschwinden. Die »Normalisierung« der internationalen Beziehungen in europäischem Maßstab, vor allem seit der KSZE-Konferenz in Helsinki 1975, trug dazu bei. Die Loslösung vom totalitären Erbe Stalins nahm in der UdSSR und in den Blockstaaten unterschiedliche Formen an. In Polen (1956) und Ungarn (in den 60er Jahren) versuchte man, das System zu liberalisieren. Die DDR dagegen, ökonomisch in deutlich besserer Position, doch zur Rolle eines »Front-Staates« verurteilt, hielt an den stalinistischen Herrschaftsmethoden fest. Die berüchtigte »Republikflucht« wurde mit ganzer Schärfe, gemäß der Vorstellung vom inneren Feind, als Landesverrat verfolgt. Dabei werden die Macht und die bis tief in die Gesellschaft hineinreichende Verästelung der Stasi erst heute, nach dem Ende der DDR, richtig deutlich.

Die spezifische Situation der DDR darf jedoch nicht darüber hinwegtäuschen, daß auch anderswo, z. B. in Polen, das System keineswegs konsequent das Ziel eines »Sozialismus mit menschlichem Antlitz« verfolgte. Gegner des Regimes hatten mit ständigen Schikanen zu rechnen: mit dem Verbot von Auslandsreisen, mit Schwierigkeiten beim beruflichen Aufstieg (abgesehen davon, daß sie ohnehin dem Ausleseverfahren der Nomenklatura zum Opfer fielen), mit Hindernissen beim Studium usw. Die Opposition wurde nach wie vor kriminalisiert, riskierten doch die Oppositionellen, die man quasi-religiös »Dissidenten« zu nennen pflegte, den Freiheitsentzug oder – eine sowjetische Besonderheit – den Aufenthalt in einer psychiatrischen Klinik.

Dennoch entsprach die idealtypische Vorstellung vom Totalitarismus immer weniger der Realität, vor allem in Polen. Der Durchbruch kam 1956, und es kam trotz aller Rückschläge nicht zu einer vollen Restauration. Als Zbigniew Brzezinski 1957 zum ersten Mal Volkspolen besuchte, stellte er fest, Polen sei nicht totalitär in dem Sinne, den er zusammen mit C. J. Friedrich dem Begriff zuschrieb. Die Reihen des Widerstandes schlossen sich 1970 an der Ostseeküste, in der brutal unterdrückten Streikbewegung im Sommer 1976, am eindrucksvollsten jedoch im August 1980 mit der Gründung der Freien Gewerkschaft »Solidarność«. Sogar die Einführung des Kriegszustandes im Dezember 1981, der in einigen westlichen Massenmedien dramatisiert wurde, konnte die Entwicklung nur für kurze Zeit behindern. Die Parteireformer, so inkonsequent sie auch waren, trugen zumindest dazu bei, daß die ursprüngliche (»totalitäre«) Feindschaft einem zivilisierteren Denken in Kategorien von Dissens und Konsens wich. Der eigentliche Durchbruch kam mit der Entkriminalisierung der Opposition im Herbst 1986. Es war nur der erste Schritt auf dem Weg zum Kompromiß, denn die Partei war noch keineswegs bereit, auf ihre Machtstellung zu verzichten, obgleich man über eine Machtteilung zu sprechen begann. Mit dem »Runden Tisch« im Frühjahr 1989, der zur politischen Anerkennung der Opposition und zu halbfreien Wahlen führte, wurden die letzten politischen »Überbleibsel« eines »Totalitarismus« beseitigt. Der endgültige Zerfall der kommunistischen Herrschaft nahm einen schnellen Verlauf. Nicht zu vergessen ist dabei die Rolle der »mächtigen Dritten«: Gorbatschows Perestrojka mit ihrer außenpolitischen Wirkung und der

Antikommunismus Reagans, der die polnische Opposition unterstützte.

Bei dem Begriff »Totalitarismus« handelt es sich um eine theoretische Konstruktion. In Wirklichkeit umfaßt er die Geschichte von zwei unterschiedlichen Diktaturen, die in Rußland und Deutschland entstanden sind. Dennoch haben Elemente dieses Systems auch in den kommunistischen Regimen in Mitteleuropa überlebt. Wenn man im populären Verständnis »Totalitarismus« mit Massenmord und Genozid assoziiert, so ist das nicht verkehrt. Doch steht dahinter eine »Verabsolutierung« und »Objektivierung« von Feindschaft, die sich gewöhnlich in akutem Haß artikuliert. Hier scheint der Totalitarismus besonders tiefe Spuren hinterlassen zu haben. Dabei ist es zweitrangig, aus welchen Gründen Feindschaft entsteht und wie oder von wem sie gefördert wird. Es gilt in jedem Fall, ihr möglichst früh politisch entgegenzuwirken.

Hans Henning Hahn
»Civil Society«

»Die bürgerliche Gesellschaft ist die Differenz, welche zwischen die Familie und den Staat tritt, wenn auch die Ausbildung derselben später als die des Staates erfolgt; denn als die Differenz setzt sie den Staat voraus, den sie als Selbständiges vor sich haben muß, um zu bestehen.« Dieser Satz aus Hegels Rechtsphilosophie, nur einer von zahlreichen Versuchen im Laufe der europäischen Geistesgeschichte, Gesellschaft zu definieren, setzt die Existenz sowohl des Staates als auch einer Privatsphäre des Menschen als Bedingung für die Ausbildung einer bürgerlichen Gesellschaft voraus, ohne daß diese mit jenen beiden identisch wäre.

In den 70er Jahren kam der Warschauer Soziologe Stefan Nowak bei Untersuchungen zum Grad der sozialen Integration in der polnischen Gesellschaft zu einem erstaunlichen Ergebnis: Alle Befragten gaben als wichtigste soziale Gruppe die Familie und den Freundeskreis an, danach aber sofort die Nation, die als keineswegs identisch mit dem Staat bezeichnet wurde. Zwischen der Intim-Gruppe und der Nation aber »existierte – im Hinblick auf die

Identifikation und das emotionale Engagement – eine Art soziale Leere«. Ein auf der Basis von Gruppenbindungen und -identifikationen skizziertes Soziogramm hätte also die gesellschaftliche Struktur Polens »als eine ›Föderation‹ primärer sozialer Gruppen, Familien und Freundeskreise gezeichnet, die in einer nationalen Gemeinschaft vereinigt sind, mit sehr schwachen Bindungen anderen Typs zwischen diesen Ebenen«. Alle anderen Gruppentypen, vor allem aber die institutionalisierten Strukturen, hatten eine nur sehr schwache gruppenbildende Funktion und waren offensichtlich zur Ausbildung eines Wir-Gefühls nicht imstande.

Heißt das, daß es im modernen Nachkriegspolen die (bürgerliche) Gesellschaft gar nicht gab, daß der totalitäre Staat seinen Bürgern nur noch eine Privatsphäre zugestand und daß die Bürger diesen Zustand mit einer (möglicherweise allzusehr gesteigerten) Nationalidentität kompensierten? Oder besteht gerade in Polen die bürgerliche Gesellschaft aus einer bloßen Addition von Privatsphären? Wie steht es dann mit jener oben zitierten hegelianischen Differenz?

Die Begriffe »civil society«, »société civique«, »bürgerliche Gesellschaft« wurden im Laufe der letzten Jahrhunderte in den verschiedenen Ländern höchst unterschiedlich benutzt und verstanden, und nur ein Teil der zahlreichen Definitionen ist bei der neuerlichen Renaissance der Begriffe wieder aufgegriffen worden. Hier soll und kann nicht versucht werden, eine neue inhaltliche Begriffsbestimmung zu entwickeln; wichtiger erscheint, auf einige funktionale Aspekte hinzuweisen: »civil society« beschreibt nicht einen Zustand gesellschaftlicher Struktur, sondern der Begriff war in den Epochen, in denen er sich als geschichtswirksam erwies, ein Kampfbegriff: Das Politische sollte dem Monopolanspruch des modernen Staates entrissen werden. Sowohl für das anti-absolutistische Denken im 17. und 18. Jahrhundert als auch für die antitotalitären Bewegungen unseres Jahrhunderts war der Begriff von zentraler Bedeutung, denn er ist essentiell für die Vorstellung von Freiheit nicht nur von, sondern auch zu etwas, also für Freiheit im politischen Raum. Gleichzeitig macht der Begriff eine Aussage über die Perzeption von Gesellschaft und Staat in den meinungsbildenden Schichten eines Landes. Darüber hinaus beinhaltet er einen Appell: Nicht jedes statistische Mitglied einer Gesellschaft ist ein »citoyen«, aber er hat das Recht, einer zu sein, und er sollte dieses Recht mit allen seinen Möglichkeiten ausüben.

Die »Rekonstruktion von Gesellschaft« (rekonstrukcja społeczeństwa), die »Selbstverteidigung der Gesellschaft« (samoobrona społeczna), ja schließlich das von Tadeusz Mazowiecki geprägte Wort von der »Subjektrolle der Gesellschaft« (podmiotowość społeczeństwa) waren Schlüsselbegriffe der antitotalitären demokratischen Bewegung in Polen seit der Mitte der 70er Jahre. Für den französischen Historiker Jacques Le Goff war das spezifisch Neue an der Revolution der »Solidarność« »la société comme modèle d'un mouvement historique«. Wie paßt das zu Stefan Nowaks oben zitierter »sozialer Leere« zwischen der Privatsphäre und der Nation? Handelte es sich um unverbindliche Einfälle politologisch gebildeter Intellektueller? Der Ablauf und die Formen der »polnischen Revolution« beantworten diese Frage wohl eindeutig. Offensichtlich war die polnische Gesellschaft doch mehr als nur eine Addition familiärer Kleingruppen.

Um die breite Akzeptanz von der Vorstellung der Selbstverteidigung der Gesellschaft in Polen zu verstehen, muß nach den spezifisch polnischen Traditionen gesellschaftlichen Selbstbewußtseins gefragt werden. Diese sind historisch in drei Epochen festzumachen:

Zum einen ist die politische Gesellschaftlichkeit der polnischen Adelsrepublik der frühen Neuzeit zu nennen, zu deren wichtigsten Maximen der Kampf gegen absolutistische Tendenzen gehörte und die infolgedessen durch einen weitgehenden Mangel an staatlicher »Anstaltlichkeit« gekennzeichnet war.

Die wohl prägendste Etappe stellte die zweite Hälfte des 19. Jahrhunderts dar. Im Zuge der sich beschleunigenden Industrialisierungsprozesse erfuhr die polnische Gesellschaft staatliche Modernisierungspolitik als äußerst bedrohlich, da die Regierungen der Teilungsmächte (mit Ausnahme von Österreich) tendenziell auf eine Entnationalisierung (sprich Germanisierung bzw. Russifizierung) hinzielten. Staatlich geförderter Wandel bedrohte die Existenz als eigener nationaler Gesellschaftskörper. Die Protagonisten der polnischen Nationalbewegung reagierten mit dem

Programm der »organischen Arbeit«, es ging um Modernisierung aus eigenen Kräften. Die spezifische Situation der Polen in Preußen-Deutschland und im Russischen Reich war dadurch gekennzeichnet, daß eine offene Konkurrenz darum bestand, wer nicht nur Nutznießer, sondern auch Initiator und Träger der sozio-ökonomischen Modernisierung sein solle: die Regierungen der Teilungsmächte mit ihren Integrations- bzw. Assimilationszielen oder die polnische Gesellschaft. Die Instrumente waren gesellschaftliche Selbstorganisierung auf allen Ebenen und innergesellschaftlicher Solidarismus. Polnische Politik spielte sich für mehrere Generationen fast ausschließlich außerhalb staatlicher Strukturen, ja gegen sie ab. Politische Aktivitäten und soziales Engagement bedeuteten meist Betätigung im nicht-staatlichen, gesellschaftlichen Bereich, in illegalen, halblegalen oder legal allenfalls geduldeten Vereinen, Verbänden, Genossenschaften, konspirativen Zirkeln, Parteien, Selbstbildungsgruppen usw. Diese Vorgänge prägten eine spezifische politische Mentalität, deren deutlichste Folge eine bis heute feststellbare Dichotomie von Staat und Gesellschaft ist. Im Vordergrund stand bei diesen Auseinandersetzungen weniger die politische Freiheit als primär die nationale Selbstbehauptung.

Um letzteres ging es, in einem noch existentielleren Sinn, während des Zweiten Weltkriegs, als wiederum im »Untergrundstaat« die Gesellschaft bzw. gesellschaftliche Organisationen nicht nur den Staat ersetzen, sondern den Fortbestand der Nation verteidigen mußten.

Die prägenden Folgen dieser kollektiven Erfahrungen sind bis heute spürbar: eine (nicht immer ungefährliche) Gleichsetzung von Gesellschaft (Społeczeństwo) und Nation (Naród) sowie eine tiefsitzende Überzeugung von der unüberbrückbaren Dichotomie von Staat und Gesellschaft, sinnfällig im alltäglichen Sprachgebrauch durch das Gegensatzpaar »my« – »wir« (die Gesellschaft) und »oni« – »sie« (der Staat, die Obrigkeit, die »władza«).

Diese politische Mentalität hat ihre unbezweifelbaren Erfolge. Sie war ein letztlich wirksames Antidotum gegen das totalitäre Modell von »Gesellschaft als staatliche Veranstaltung«. Sie bewirkte, daß die defensiven Erfahrungstraditionen in unerwartet breitem Maße mobilisiert werden konnten, um die totalitären Ansprüche einer zusehends inkompetenteren Staatsmacht in die Schranken zu weisen und schließlich zur Abdankung zu zwingen. Und weil es sich um eine kollektive Erfahrungstradition und nicht um ein intellektuelles Konstrukt handelte, war in Polen »civil society« eher eine Methode praktischer Selbsthilfe als ein utopisches Modell.

Allerdings – der 1981 geforderte und 1989 zustande gekommene »Gesellschaftsvertrag« hat die Dichotomie von Staat und Gesellschaft in den Köpfen nicht auflösen können; im Gegenteil, es erweist sich, daß die Dichotomie zwar ein wichtiges Verteidigungsinstrument war, daß sie aber auch, eben weil sie so stark in der Mentalität verwurzelt ist, eine gewisse Affinität zu fundamentalistischen Einstellungen aufweist. Angesichts eines verständlichen Überdrusses an Politik besteht so die Gefahr, daß sich Gesellschaft in Polen zunehmend auf ein Sammelsurium privater Enklaven reduziert, zusammengehalten von Wertsystemen mit fundamentalistischer Tendenz, und daß sich »civil society« als breites öffentliches gesellschaftliches Leben, das kritisch und komplementär zugleich zu staatlichem Handeln Politik zu diskutieren und zu gestalten sucht, auf eine schmale Intellektuellenschicht zurückzieht. Denn ohne das bewußte Anknüpfen an westliche civil-society-Vorstellungen intellektueller Wortführer der ehemaligen demokratischen Opposition irgendwie in Zweifel ziehen zu wollen, muß doch betont werden, daß in der polnischen Traditionslinie (aus verständlichen und erklärbaren Gründen) die Verteidigung der nationalen Kontinuität im Vordergrund stand und dieses Moment auch die Ursache für die breite Akzeptanz in der Bevölkerung war, wohingegen der Kampf um Freiheit im innergesellschaftlichen Raum eher sekundär war. Das heißt nicht, daß dies immer so bleiben muß. Jedoch die einfache Dichotomie gute Gesellschaft – böser Staat durch ein komplizierteres, aber auch fruchtbares, weil dynamischeres Verhältnis von Gesellschaft und Staat abzulösen, aus dem mentalen Verteidigungszustand herauszukommen, ohne gleichzeitig Gesellschaft aufzugeben, das bedeutet, eine neue und keineswegs leicht zu bewältigende Etappe zu beschreiten.

Es bleibt die Frage, ob Polen der Welt ein Modell (nach Le

Goff) geliefert hat, von dem man (und eventuell speziell die Deutschen) lernen kann. Dies muß ich kategorisch verneinen; nicht etwa, weil wir bzw. der Westen weiter entwickelt wären oder weil man im Westen derartige Probleme schon gelöst hätte. Wenn es aber richtig ist, daß es eine spezifisch polnische Tradition politischer Gesellschaftlichkeit gibt, die durch mentalitätsbildende kollektive Erfahrungen tradiert worden ist und so geschichtswirksam wurde, so läßt sich dies nicht auf Gesellschaften übertragen, die andere Erfahrungen gemacht haben und durch andere Lernprozesse gegangen sind.

Der Verlauf der sogenannten »industriellen Revolution« und die damit einhergehende Umwälzung der gesellschaftlichen Verhältnisse – ihre Intensität, ihre sozialen Begleiterscheinungen, ihre politischen Bedingungen – waren wohl in allen Ländern Europas wesentliche mentalitätsbildende Faktoren. Die deutsche Gesellschaft hat – wie andere Gesellschaften auch, aber im krassen Unterschied zur polnischen – den Staat als weitgehend positiven Faktor im Modernisierungsprozeß erlebt. Während alle politischen Maßnahmen, die regelnd, hemmend oder fördernd in die gesellschaftlichen und ökonomischen Prozesse eingriffen, also jegliche staatliche Wirtschafts-, Sozial-, auch Verkehrs- und Bildungspolitik, schlechthin alle strukturpolitischen Bemühungen, aus der Perspektive der polnischen Gesellschaft im 19. Jahrhundert von fremden Regierungen vorgenommen wurden und tendenziell oder direkt antipolnisch waren, erfuhr dies die deutsche Gesellschaft umgekehrt. Dies hat dazu geführt, daß die Perzeption des Verhältnisses von Gesellschaft und Staat in Deutschland anders aussieht als in Polen, nicht unbedingt besser, aber eben anders. Deshalb gestalten sich auch die Herausbildung bzw. die Erhaltung von civil society und auch das Verständnis davon, was sie ist bzw. besser, was sie sein soll und wie ihre Rolle und Aufgaben zu definieren sind, anders, denn sie müssen auf andere mentale Traditionen zurückgreifen. Die Plurivalenz des Begriffs »bürgerlich« und so auch »bürgerliche Gesellschaft« in Deutschland weist schon darauf hin, daß dies keineswegs unproblematisch ist.

Eine entfernte Analogie zur polnischen Situation im 19. Jahrhundert gibt es in der Bundesrepublik seit den 70er Jahren. Es ist wohl kein Zufall, daß die Vorstellungen von »civil society« in einem Teil der Bevölkerung gerade dann lebendig wurden, als nach dessen Einschätzung die ökologische Problematik vom Staat bzw. von der »Obrigkeit« nicht gesehen, unterschätzt oder gar bewußt heruntergespielt wurde; seitdem eine nennenswerte staatliche Umweltpolitik betrieben oder dies zumindest deklariert wird, scheint die Konzeption von »civil society« als gesellschaftlicher Bewegung an Attraktivität zu verlieren; womit keineswegs gesagt ist, daß damit die Rolle der kritischen Öffentlichkeit in diesen Fragen beendet sei.

Es bleibt für beide Länder die Feststellung, daß sich »civil society« nicht unbedingt in der offensichtlich wenig stabilen Form von gesellschaftlichen Bewegungen verwirklichen muß. Deren Scheitern oder geringer werdende Akzeptanz bedeutet keineswegs das Ende von »civil society«, ohne die ein liberal-demokratischer Staat im Grunde unvorstellbar ist. Allerdings ist »civil society« weder Revolutionsersatz noch Ersatzutopie. Es geht um die Ausbildung bzw. die Weiterentwicklung einer nichtstaatlichen bzw. institutionsunabhängigen politischen Infrastruktur der Gesellschaft. Das ist sicherlich mehr als bloße kritische Öffentlichkeit. Politik darf in einem sich als freiheitlich verstehenden Gemeinwesen nicht die ausschließliche Domäne der Verfassungsorgane sein und auch nicht der Gruppe, die sich als die »politische Klasse« versteht. Aber das ist wohl heute schon eine Selbstverständlichkeit, die man dennoch in beiden Ländern nicht oft genug wiederholen kann und über die einen Dialog zu führen sich sicherlich lohnt (schon damit die politischen Beziehungen zwischen unseren Völkern nicht den »Profis« allein überlassen bleiben). Denn, um mit Reinhart Koselleck diese Überlegungen zu beenden, »nicht alle Erfahrungen, die auf ihren Begriff gebracht worden sind, lassen sich in den scheinbar entsprechenden Begriffen anderer Sprachen reproduzieren. Jede umschreibende Übersetzung verliert den Erfahrungsgehalt konkreter Begriffe.« Deshalb tut Dialog not. Davon war, unter anderem, hier die Rede.

Melanie Tatur
Solidarität und Solidarność

Solidarität hieß die Antwort der sozialen Bewegungen auf die Krise der sozialistischen Gesellschaft. Das gilt nicht nur für die Gewerkschaftsbewegungen in Polen, Bulgarien und der Sowjetunion, sondern auch für das Erwachen nationaler und religiöser Gemeinschaften überall im Osten Europas. Westlichen Beobachtern erschien die Suche nach Gemeinschaft als Anachronismus und die vor allem symbolische Artikulation des Zugehörigkeitsgefühls nicht selten als oberflächlich und hohl. Vielen Osteuropäern wiederum war das Unverständnis der Westler Ausdruck des Materialismus und der Gefühlskälte egozentrischer Wohlstandsbürger. Die unterschiedlichen gesellschaftlichen Kontexte und die lebensweltlichen Spezifika der alltäglichen und theoretischen Diskurse blieben dabei unreflektiert.

Solidarität, das einer moralischen Verpflichtung entspringende Zugehörigkeitsgefühl zu einer Gruppe, ist von dem Begründer der modernen Soziologie, dem Franzosen Emile Durkheim, als Merkmal menschlicher Gemeinschaft betrachtet worden. In der Absicht, Besonderheiten und Probleme der menschlichen Vergesellschaftung in der Moderne herauszuarbeiten, hat Durkheim zwei Formen der Solidarität unterschieden: Als mechanische Solidarität bezeichnete er solche sozialen Bindungen, die aus der Ähnlichkeit der Lebensverhältnisse in einer als natürlich gedachten Ordnung erwachsen und den Menschen direkt und total in die soziale Gemeinschaft einbinden. Diese Form der Integration ist charakteristisch für gegliederte Gesellschaften, die sich aus einem Flickenteppich in sich homogener Sozialverbände zusammensetzen. In großen modernen Gesellschaftsverbänden zerfällt die gemeinsame Lebenserfahrung als Grundlage von verpflichtenden Normen und Wirklichkeitsdeutungen. Mit zunehmender Arbeitsteilung, sozialer Differenzierung und funktionaler Spezialisierung entstehen unterschiedliche Lebensbereiche, die über eigenständige Regelsysteme und Normen gesteuert und integriert werden und von den Menschen, die ja an verschiedenen Bereichen des gesellschaftlichen Lebens teilhaben, die Koordination unterschiedlicher Rollen und Verhaltensstandards verlangen. Die hiermit dem Menschen abverlangte Autonomie erfordert eine andere, weniger direkte Form der Vergesellschaftung, die bei Durkheim als organische Solidarität bezeichnet wird. Von der Seite der Person her werden eigenständige Affektkontrolle, Achtung von Regeln und Normen und abstrakte altruistische Gefühle, die die Verbundenheit mit verschiedenen sozialen Gruppen ermöglichen, zur Voraussetzung für den inneren Zusammenhalt der Gesellschaft und die Freiheit des vergesellschafteten Individuums. Von seiten der gesellschaftlichen Organisation ist die Rationalisierung der Herrschaft – die Bindung der Staatsfunktionen an generelle Normen und damit die Freigabe eines gesellschaftlichen Raumes, innerhalb dessen die Beziehungen über den Markt vermittelt und Privatverträge geregelt werden – Voraussetzung der Möglichkeit der Verinnerlichung von Regeln und Normen und der Bildung solidarischer Bindungen. Schon Durkheim hat die Zerbrechlichkeit dieser modernen Form sozialer Integration erkannt und verschiedene Formen pathologischer Sozialzustände skizziert, in denen der gesellschaftlichen Organisation das Unterfutter moralischer Normen und Gruppensolidaritäten fehlt. Unter dem Stichwort sozialer Anomie werden sie – im Anschluß an Durkheim – auch heute in West und Ost zur Erklärung sozialer Krisenphänomene thematisiert. Die Krisenphänomene, die mit der Anomisierungsthese benannt werden, unterscheiden sich voneinander aber ebenso wie die gesellschaftlichen Verfaßtheiten, die ihnen zugrundeliegen.

Im Westen wird die Anomisierung gesellschaftlicher Beziehungen als Ergebnis fortschreitender Modernisierung gedeutet: Das Vordringen systemischer Formen der Integration – über das Geld und formalisierte Macht – läßt normative Formen der Integration in immer weiteren Bereichen obsolet werden. Als neuer Individuierungsschub werden die Freisetzung des Menschen aus der Einbindung in soziale Großgruppen – Berufsverbände und Klassen – und das Verschwinden des dauerhaft verpflichtenden Charakters der Familie und anderer Primärgruppen, d. h. die Auflösung von Solidargemeinschaften konstatiert, die für Durkheim das Rückgrat der Vergesellschaftung bildeten. Angesichts der Effektivität systemischer Integrationsmechanismen, die die gesellschaftlichen Solidaritäten ersetzen, führt diese Entwicklung nicht zu einer sozialen Krise und zu sozialen Konflikten, sondern zu Friktionen, die ins Innere des Individuums verlagert sind und als Sinnkrise, als Verlust sinnstiftender Globalwerte und persönlicher Identität erfahren werden. Als Reaktion auf diese »Heimatlosigkeit« (P. L. Berger) des modernen Individuums wird die postmoderne Suche nach verpflichtenden Werten und Solidaritäten gedeutet, wobei aber nun in einer Gesellschaft, die der Integrationskraft dieser Bindungen nicht mehr bedarf, der fundamentalistische Wahrheits- und Geltungsanspruch aufgegeben und die Symbolisierung bewußt gemacht und relativiert werden kann.

Die Krise der etatistischen Gesellschaften in Osteuropa ist dagegen das Ergebnis einer blockierten Modernisierung. Der Zwangscharakter der von außen oktroyierten Sozialordnung, die keine Grundlage und Stützung in kulturell tradierten Werten und Sinndeutungen hatte, und die Form der Herrschaft, deren totalitärer Anspruch einer Rationalisierung der Machtausübung im Wege stand, blockierten auch die Herausbildung moderner Formen sozialer Integration: die Verinnerlichung von Regeln und Normen und die Herausbildung sozialer Gruppensolidaritäten. Die Anomisierung gesellschaftlicher Beziehungen bedeutete hier eine Atomisierung der Gesellschaft und die Ersetzung des Gewebes sozialer Bande durch administrative Strukturen, die nur eine Fassade normativer Integration bildeten, hinter der die Segmentierung und Anarchisierung gesellschaftlicher Beziehungen Platz griff. Die Entinstitutionalisierung führte in eine Steuerungskrise, die als Desorganisation und Demoralisierung gesellschaftlichen Lebens erfahren und mit der Reaktivierung vorgesellschaftlicher Solidargemeinschaften – Primärgruppen wie Familie, Freunde und Kollegen – und abstrakter Globalwerte, die als Symbolisierungen der national-kulturellen Gemeinschaft die privaten Bindungen generalisierten, beantwortet wurde. In Polen schlug die gesellschaftliche Krise 1980/81 in einen sozialen Konflikt um, indem sich die atomisierte Gesellschaft als Gemeinschaft konstituierte und in der Solidarność dem »Staat« als dem Symbol ihrer mißlingenden Vergesellschaftung entgegenstellte.

Während die polnische Sozialwissenschaft die Krise der sozialistischen Gesellschaft so in der Sprache des westlichen Liberalismus thematisiert, benutzen die ostdeutschen Sozialwissenschaftler – ebenso wie die russischen, bei denen sie nicht selten ihre Ausbildung erhalten haben – eine andere Terminologie. Gegen das realsozialistische Projekt der »Gesellschaft als Maschine« wird die Gesellschaft als lebendiger »Organismus« postuliert oder gar – in der Absicht defensiver Selbstbehauptung gegen die Vereinnahmung durch die Bundesrepublik – die östliche, gemeinschaftsorientierte, »substantielle« Demokratie gegen die westlich-liberale, »formale« Demokratie ausgespielt. Der Rückgriff auf die Sprache des deutschen romantischen Konservativismus dient der Distanzierung von der konstruktivistischen Utopie der russischen Revolution und deren Übernahme durch die DDR-Elite, zugleich aber auch dazu, die Art abzuweisen, wie die westdeutschen Organisationsstrukturen einer Gesellschaft übergestülpt werden, die diese fremde Ordnung nicht durch hinreichende eigene Lernprozesse mit geltender Verpflichtungskraft füllen kann. Der Rekurs auf den komplementären Gegensatz von technizistischer und organizistischer Vision der Gesellschaft versperrt aber auf begrifflicher Ebene den Blick auf die Gesellschaft als Assoziation und auf das Projekt der »civil society« – der Assoziation autonomer Individuen –, wie sie im Durkheimschen Begriff organischer Solidarität mitreflektiert war.

Gerade diese westeuropäische Begrifflichkeit verbietet es aber auch, theoretische Einsicht als Ersatz für gesellschaftliche Lernprozesse anzunehmen und Osteuropa eine Modernität abzuverlangen oder zuzuschreiben, die sozialstrukturell nicht begründet ist. Die Mobilisierung der polnischen Gesellschaft ist von ihren politischen Wortführern und Interpreten in Kategorien der »civil society« gedeutet worden. Das ist insofern gerechtfertigt, als die Solidarność, was ihre Programmatik, ihre Organisation und die politische Strategie ihrer Führung betrifft, in der Tat als ein erster Versuch demokratischer Selbstorganisation zu verstehen ist. Die Form der Subjektwerdung der Gesellschaft, die der Konstitution der Solidarność zugrundelag, trug aber – notwendigerweise – Merkmale der gesellschaftlichen Verfaßtheit in sich, aus der sie hervorgegangen war und die sie symbolisch negierte. Das betrifft beide Pfeiler der Bewegung: die Arbeiter ebenso wie die demokratische Opposition.

Das Kollektivbewußtsein, das sich in der Streikaktion herausbildete, resultierte nicht aus der Einsicht in die Gemeinsamkeit abgrenzbarer Interessen, sondern aus der Erfahrung gemeinsamer Lebenslagen und dem emotionalen Erlebnis einer Schicksalsgemeinschaft der Menschen, die alle Dimensionen ihrer Existenz einschloß. Die Bewegung, die aus diesem Integrationsprozeß hervorging, war ökonomische Interessenvertretung, Bürgerbewegung und Bewegung für nationale Souveränität in einem und ähnelte in ihrer polimorphen Gestalt und der totalen Form der Einbindung dem totalitären Anspruch der staatlichen Macht, der sie sich entgegenstellte.

Mit dem moralischen Anspruch, »in der Wahrheit zu leben«, definierte sich die demokratische Opposition in Osteuropa als Ethosgruppe und damit – in der Tradition der östlichen Intelligencja – als moralisch-kulturelle Elite und Repräsentant »der Gesellschaft« als Kulturnation. Die Arbeiter ihrerseits akzeptierten diesen Mythos ebenso wie die Hilfe und Kompetenz der »Professoren und Schriftsteller«. Die Solidarität der Arbeiter und Intellektuellen, die sich auf die gemeinsame kulturelle Identität berief, hatte 1980/81 aber auch eine reale soziale Basis in der Gleichheit des politischen Status: der Depravierung als Bürger.

Zehn Jahre später, als die Übereinkunft der Eliten am Runden Tisch den politischen Durchbruch einleitete, hatte die Solidarność ihre Funktion verändert. Die Mobilisierung der Gemeinschaft und die Basisstrukturen der Organisation in den Betrieben waren in den Jahren des Kriegsrechts zerstört worden. Bei der Wahl 1989 wirkte die Solidarność als Symbol, an dem sich die politische Option für »Demokratie und Markt« und »Europa« festmachen ließ. Als zwischen Volk und politischen Eliten vermittelnde demokratische Struktur konnte sie aber nicht mehr gelten. Die Integrationsprozesse, die nun – im Zuge der Revolution von oben – einsetzen, sind weniger spektakulär als die Bewegung der achtziger Jahre. Sie sind auf die Rekonstruktion der Gesellschaft in drei Dimensionen gerichtet: die politische Gruppenbildung mit dem Ziel, die politische

Repräsentation gesellschaftlich zu verankern; die Kristallisation und Organisation ökonomischer Verteilungs- und Produktionsinteressen und die Herausbildung akzeptierter Mechanismen der Konfliktregulierung und des Interessenausgleichs; die Stärkung der disziplinierenden kulturellen Einbindung in die Sozialordnung und die Bindung an die staatliche Form gesellschaftlicher Verfaßtheit.

Ein Ergebnis der Erfahrung mit dem mißlungenen technizistisch verkürzten Projekt der Moderne scheint in Osteuropa und auch in Polen zu sein, daß die Rekonstruktion gesellschaftlicher Strukturen und Solidaritäten sich konservativer Werte und Symbole bedient. Ungeachtet der Symbolik ist aber die Differenzierung der gesellschaftlichen Organisation und die Auffächerung sozialer Solidaritäten ein Merkmal nachholender gesellschaftlicher Modernisierung.

Winfried Thaa

Ende des Marxismus?

Die deutsche Linke sieht sich, wieder einmal, als Verlierer. Keineswegs frei von Selbstmitleid beklagt sie das Unglück, das die Wiedervereinigung und der kapitalistische Sieg im Wettbewerb der Systeme über sie gebracht haben. Während in Polen der oppositionelle Marxismus endgültig 1968 an Einfluß verlor und die Linke heute, wie es heißt, allenfalls noch daran zu erkennen ist, daß sie »links« und »rechts« für unbrauchbare politische Kategorien hält (was die Rechte keinesfalls tut), diskutieren die Intellektuellen zwischen Oder und Rhein, was nach dem Zusammenbruch der Gesellschaften sowjetischen Typs vom Marxismus und Sozialismus bleibt. Dabei geht es mit bisweilen bizarrer Leidenschaft vor allem um die Frage, ob die im Prinzip gute Theorie durch ihre schlechte Realisierung Schaden genommen habe. Woher diese, aus polnischer Perspektive fast gespenstische Nibelungentreue zum Marxismus?

Schon möglich: »Der deutsche Intellektuelle nebst seinen Visionen vom Guten, Schönen und Humanen ist durch keine noch so massive Tatsachenfülle widerlegbar« (Günter Kunert). Tatsache ist jedoch ebenfalls, daß der westliche Marxismus wie auch der marxistische Revisionismus in Polen ihr Selbstverständnis aus der Ablehnung des stalinistischen Herrschaftssystems bezogen. Darauf stützt sich die Selbstgewißheit manches deutschen Diskutanten, der sich und sein politisches Weltbild nicht vom Zusammenbruch eines »realen Sozialismus« in Frage stellen lassen will, der in seinen Augen nie wirklich sozialistisch war.

Diese Art der Distanzierung mag ehrlich sein, ihre Berechtigung und damit die Zukunft marxistischen Denkens hängen aber von der Frage ab, was den westlichen Marxismus von den stalinistischen Herrschaftssystemen Osteuropas trennt bzw. was er, unter Umständen gegen die Intentionen seiner Vertreter, mit diesen gemein hat.

Verdinglichungskritik statt Legitimationswissenschaft

Den Kern des westlichen Marxismus, der in Deutschland vor allem auf Karl Korsch und den jungen Lukács zurückgeht, sehe ich vor allem in drei theoretischen Anliegen:

Erstens rückt er das Problem der Verdinglichung ins Zentrum seiner Kapitalismuskritik. Er überwindet damit den Ökonomismus der sozialdemokratischen und kommunistischen Arbeiterbewegung und stellt sich der Frage, wie die Herrschaft scheinbar sachlicher gesellschaftlicher Zwänge zugunsten menschlicher Selbstverwirklichung zu durchbrechen ist. Diesem humanistischen Anliegen verdankt der westliche Marxismus seine Anziehungskraft auf die Intellektuellen moderner Gesellschaften. In Nordamerika und Westeuropa, wo nach dem Zweiten Weltkrieg das Industrieproletariat als gesellschaftliches Subjekt keine nennenswerte Rolle mehr spielte, schien die Verdinglichungs- und Entfremdungskritik, wie sie etwa Herbert Marcuse in seinem »eindimensionalen Menschen« vortrug, die einzig konsequente Fortsetzung früherer politischer und sozialer Emanzipationsbewegungen darzustellen.

Zweitens wendet sich der westliche Marxismus gegen jede Dogmatisierung. Ideologieverdacht auch gegen sich selbst und die

Zentralität des Praxisbegriffs unterscheiden ihn vom Determinismus der marxistischen Orthodoxie.

Drittens kritisiert der westliche Marxismus parlamentarische Demokratie wie kommunistisches Einparteiensystem vom Standpunkt unmittelbarer oder direkter Demokratie aus.

So gesehen hat der westliche Marxismus, der kritische, humanistische oder Praxismarxismus (und was es an Bezeichnungen sonst noch gibt), nichts gemein mit seinem östlichen Namensvetter, dem Marxismus-Leninismus. Von der Frankfurter Schule über die jugoslawischen Praxisphilosophen bis zum Budapester Kreis um Agnes Heller und Ferenc Fehér zieht sich eine Tradition, die dem »real existierenden Sozialismus« nicht nur die Eliminierung der bürgerlichen Rechte und Freiheiten vorwirft, sondern ihn darüber hinaus als besonders konsequente Verwirklichung der totalitären, alles und jeden funktionalisierenden Tendenzen moderner Industriegesellschaften begreift. Während der westliche Marxismus also Emanzipation mit Marx als Rückführung aller Verhältnisse auf den Menschen selbst versteht und auf eine Subjektwerdung des Menschen in selbstbestimmter gesellschaftlicher Praxis zielt, läßt sich der Marxismus-Leninismus in einem doppelten Sinn als Legitimationswissenschaft kritisieren: Er rechtfertigt die bedingungslose Unterwerfung der Individuen unter geschichtliche und ökonomische Zwänge als naturgesetzliche Notwendigkeit, und er legitimiert die politische Herrschaft einer Avantgardepartei als Verwirklichung der wissenschaftlich erkannten objektiven Gesetze.

Das totalitäre Erbe des marxistischen Einheitsmythos

Woher dann aber, trotz dieses diametralen Gegensatzes in der Intention der beiden Theorien, die weitverbreitete Ahnung, der Marxismus habe sich, wie es früh schon Ernst Bloch formulierte, im stalinistischen Sozialismus nicht nur bis zur Unkenntlichkeit, sondern »streckenweise auch bis zur Kenntlichkeit verändert«?

Die Klassiker des westlichen Marxismus kritisieren Kapitalismus und sowjetischen Sozialismus ausgehend von der Arbeitsmetaphysik des jungen Marx, der die Weltgeschichte als einen Prozeß der Selbsterzeugung der Gesellschaft durch Arbeit begreift. In seiner Gesellschaftskritik radikalisiert der westliche Marxismus mit dem jungen Marx der Religions-, Staats- und Ökonomiekritik das Programm der Aufklärung, wie es dieses »es ist der Mensch« klassisch formuliert, mit dem Ödipus das Rätsel der Sphinx löst und Theben von der Herrschaft des Mythos befreit.

Die Kritikmöglichkeiten, die diese Auflösung der Welt in menschliche Praxis gewinnt, der radikale Humanismus, der in einer solchen Zurückführung auf das menschliche Subjekt liegt, wird jedoch erkauft mit einem Veräußerungsmodell des Handelns, das die Welt als (entfremdete oder authentische) Vergegenständlichung innerer Kräfte des Subjekts sieht und in seinen antipluralistischen Konsequenzen auch eine erstaunliche Nähe zum totalitären Sozialismus sowjetischer Prägung aufweist. Zu nennen wäre dazu nur in aller Kürze,

– daß dieses an der Idealisierung handwerklicher Produktion gewonnene Handlungsmodell als eine Art Schöpfungsakt im Grunde monologisch bleibt und deshalb nicht in der Lage ist, die Verkehrsformen einer gesellschaftlichen und politischen Pluralität zu erfassen,

– daß es einen extremen Subjektivismus enthält, der kein eigenständiges anderes anerkennt und angesichts aktueller ökologischer Gefahren ausgesprochen hybrid scheint,

– daß dieses Handlungsmodell auf eine vollkommen mit sich identische Gesellschaft zielt, in der die für die Moderne so typischen Spaltungen zwischen Individuum und Gesellschaft, Gesellschaft und Staat u. a. m. aufgehoben sein sollen.

Produktivistische Romantik

Gerade im letztgenannten Punkt ähneln sich westlicher und östlicher Marxismus: Beide erzählen sie den »Mythos menschlicher Einheit« (Kołakowski). Und die Faszination, die der Marxismus seit den sechziger Jahren auf die Intellektuellen der Bundesrepublik ausübte, verdankt er nicht zuletzt dem Versprechen, durch die

Aufhebung des Privateigentums an Produktionsmitteln und die Überwindung kapitalistischer Warenproduktion eine neue menschliche Gemeinschaft zu ermöglichen. Diese im Grunde romantische Vision richtet den Blick aber nicht zurück, sondern gewinnt ihre Stärke erst durch die Bindung an ein geschichtliches Fortschrittsprogramm, das zur Freisetzung der Rationalität geplanter Arbeit in einer selbstverwalteten Produzentengesellschaft führen soll. Gerade im Insistieren auf der Arbeit als dem aus kapitalistischen Verkehrsformen freizusetzenden Vergesellschaftungsprinzip, in diesem scheinbar so nüchternen und zukunftsorientierten Zug, beerbt der Marxismus jedoch die romantische, identitäre Tradition der Moderne.

Marxismus als Identitätsersatz

Dieser Hintergrund verdeutlicht, weshalb die marxistischen Intellektuellen der Bundesrepublik lange Zeit so große Schwierigkeiten hatten, über eine theoretische Bürokratiekritik hinaus die Opposition in Ostmitteleuropa politisch zu unterstützen. Während die kritischen Intellektuellen Polens, der Tschechoslowakei und Ungarns gegen die durch den Parteistaat oktroyierte Einheit einen Raum gesellschaftlicher Pluralität erstritten, mußten ihre genuin liberalen Forderungen nach Rechtsstaatlichkeit und Respektierung der Menschenrechte, nach ökonomischer Dezentralisierung und Marktbeziehungen vor dem Horizont einer Produzentengemeinschaft, eines wirklichen Sozialismus eben, als Rückschritt bewertet werden.

Trotz mancher Gegenbeispiele galt dies für die Mehrheit der linken Intellektuellen beider deutscher Staaten. Die breite Diskussion über die marxistischen Wurzeln des Stalinismus, die Solschenizyns »Archipel Gulag« in Frankreich auslöste, wurde östlich des Rheins nicht selten als blasphemische Zumutung zurückgewiesen. Und zu einer Zeit, als polnische Intellektuelle eine folgenreiche Verfassungsdebatte anstießen und ein »Komitee zur Verteidigung der Arbeiter« gründeten, wollte Rudolf Bahro, mit großem Echo auf beiden Seiten der Mauer, einen neuen, selbstlos über den gesellschaftlichen Interessen stehenden »Bund der Kommunisten« aufbauen.

Man mag die Zählebigkeit dieser antiliberalen, heilssüchtigen Seite des Marxismus mit der in der deutschen politischen Kultur traditionell starken Vorliebe für eine durch höhere Zwecke gestiftete Gemeinschaft erklären. Darüber hinaus wurzelt sie jedoch in der Art, wie große Teile der deutschen Intelligenz sich aus der traumatischen nationalsozialistischen Vergangenheit zu befreien versuchten. In Abgrenzung zum bürgerlichen politischen Lager, in dem das »Dritte Reich« jahrzehntelang durch Verdrängung, personelle Kontinuitäten und scheinheilige Distanzierungen »bewältigt« wurde, bot die Identifikation mit dem vermeintlich konsequentesten Gegner des Faschismus einen Königsweg aus der ererbten Verstrickung in die Verbrechen der Nazizeit. Mit dem Marxismus zogen vor allem die jüngeren Intellektuellen einen Trennungsstrich zwischen sich und die Generation der Täter und verschafften sich damit eine neue, moralische Identität auf der Seite der letztlich siegreichen Opfer.

Auch in Polen führte die Abrechnung mit dem Faschismus und mit der eigenen nationalistischen Vergangenheit in den ersten Nachkriegsjahren zu einer Ablehnung des Kapitalismus. Zu keinem Zeitpunkt richtete sich jedoch auf den Marxismus ein vergleichbares Identitätsbedürfnis. In Polen waren die sogenannten Revisionisten die letzten Marxisten, die sich nicht nur aus opportunistischen Gründen zum Marxismus bekannten. Diese Intellektuellen aus den Reihen der Partei formulierten eine marxistische Kritik des Stalinismus. Sie kritisierten schon sehr früh den prometheischen Zug am Marxismus: die Idee der Selbstbefreiung des Menschen und die Überzeugung, daß sich die Freiheit am Grad der Einheit und der Konfliktfreiheit der Gesellschaft bemessen lasse. Ihre wichtigsten Forderungen lauteten: Demokratisierung des öffentlichen Lebens, Souveränität des Staates, Arbeiterselbstverwaltung, Abschaffung der Privilegien der Nomenklatura, Dezentralisierung der Planwirtschaft.

Das Jahr 1968 bedeutete in Polen das definitive Ende des Revisionismus. Allerdings bezog sich ein wesentlicher Teil der demokratischen Opposition (nach 1976) auf das Ethos der linken Tradition. Adam Michnik schrieb in seinem damals vielbeachteten Buch »Die Kirche und die polnische Linke«: »Das Programm der Linken ist das Programm eines nichttotalitären Sozialismus.«

Im Zuge der Konsolidierung der Opposition entwickelte sich ein Konsens mit anderen Gruppierungen. Dieses Programm eines antitotalitären Eklektizismus ging weit über den Rahmen traditioneller linker Denkmuster hinaus. In Kołakowskis Essay »Wie kann man ein liberalkonservativer Sozialist sein?« fand es seine bündigste Formulierung. Von der nationalen Opposition unterschied es sich durch die Hervorhebung der sozialen Komponenten und den reformistischen Ansatz.

Die linke Tradition war in Polen bis zum Ende der achtziger Jahre noch lebendig. Heute ist sie fast vollständig verschwunden und mit ihr die Chance einer Aufarbeitung der eigenen Tradition.

Linkssein wird heute in Polen fast nur noch mit überzogenen populistischen Forderungen assoziiert.

Das radikaldemokratische Erbe des Liberalismus, das sich Teile der deutschen Linken, angestoßen durch die revolutionären Ereignisse in Mittel- und Osteuropa, heute aneignen, spielt in Polen ironischerweise nur noch eine marginale Rolle. Die für die antitotalitären Oppositionsgruppen aller ehemals kommunistischen Länder richtungsweisenden Diskussionen der polnischen Intellektuellen über die »civil-society« wurden mittlerweile im Westen aufgegriffen. In Polen selbst jedoch erwies sich, daß der Neuaufbau der Gesellschaft etwas ganz anderes ist als die Verallgemeinerung der demokratischen Diskussionsgesellschaften und Teilöffentlichkeiten der Oppositionszeit. Die politische Auseinandersetzung wird von den Existenznöten der Menschen und den häufig populistisch vereinfachenden Konzeptionen zu ihrer Lösung bestimmt, ohne daß sich eine pluralistische Gesellschaft bereits sozialstrukturell verankert hätte.

Die kommunikative Wende westlicher Marxisten

Die identitäts- und sinnstiftende Seite des Marxismus, das alternative und moralisch saubere Heimatgefühl, das er den Intellektuellen in beiden deutschen Staaten bot, erschwert ihnen heute den Abschied von historisch längst widerlegten Utopien. Aus ähnlichen Gründen blieb während der letzten Jahre die politische Wirkung theoretischer Ansätze beschränkt, die an der Intention der Verdinglichungskritik des westlichen Marxismus festhalten, die Vision einer versöhnten, mit sich identischen Gesellschaft jedoch aufgeben. Die kommunikationstheoretisch begründete Kritik moderner Industriegesellschaften, für die im deutschsprachigen Raum vor allem Jürgen Habermas steht, versucht system- und handlungstheoretische Ansätze so zusammenzuführen, daß ohne die an Marx so faszinierende Perspektive der Totalität eine Kritik kolonialisierender Übergriffe von Ökonomie und Bürokratie auf kommunikativ zu regelnde Lebenswelten möglich wird.

Daneben, angestoßen durch die ostmitteleuropäische Diskussion des Begriffs der Zivilgesellschaft, entdeckte ein Teil der ehemals neomarxistischen Linken das radikaldemokratische Erbe der liberalen politischen Theorie. Statt an der Utopie der Aufhebung einer eigenen politischen Sphäre festzuhalten, versuchen sie gegen jede transzendente Legitimation politischer Macht von einem kommunikativen Politikbegriff aus eine pluralitäts- und freiheitssichernde Form gesellschaftlicher Selbstregierung zu begründen.

Beide Ansätze lassen sich als Antwort auf das drängendste Problem moderner Industriegesellschaften verstehen: die ungebändigte Eigendynamik der Entwicklungen in Wirtschaft und Staat, Wissenschaft und Technik gesellschaftlicher Kontrolle zu unterwerfen oder doch zumindest deren bedrohliche soziale und ökologische Folgen einzuschränken. Eine derartige »Modernisierung der Moderne« will die Reflexion über Sinn und Zweck der weiteren industriegesellschaftlichen Entwicklung wirkungsvoll verankern – sei es in einer Stärkung der Öffentlichkeit, in einem reformierten Parlamentarismus, in Momenten direkter Demokratie oder in den neuen sozialen Bewegungen.

Sinnstiftende Metaerzählungen sind aus den genannten Ansätzen jedoch nicht mehr zu gewinnen. Unabhängig davon, wie weit sie auf Erkenntnisse des westlichen Marxismus zurückgreifen und sich seinen Anliegen verpflichtet fühlen, belegen sie weniger dessen Kontinuität als vielmehr sein Ende als identitätssichernde, politisch wirksame Großideologie.

Elisabeth Weber

Die Grünen und die polnische Opposition im Dialog

Die Grünen – ein Kapitel im deutsch-polnischen Dialog, geprägt von Asymmetrien und Mißverständnissen, von kultureller Fremdheit und tiefer Freundschaft. Die Grünen, Anfang der 80er Jahre gegründet, repräsentierten eine neue politische Generation: im Westen aufgewachsen, ohne gesamtdeutsche Traditionen, hoch moralisch, voll Naivität und Freiheit am Status quo rüttelnd, dem Status quo der Rüstungskontrollpolitik, der Industriegesellschaft, der traditionellen Parteienpolitik.

Polen Anfang der 80er Jahre: gezeichnet von der begeisternden Erfahrung des gesellschaftlichen Aufbruchs der Solidarność und der bitteren Niederlage des Dezember '81, Missionare des stolzen Aufbegehrens gegen den Status quo und des Standhaltens trotz aller geschichtlichen Niederlagen.

Die Motive des politischen Engagements waren ähnlich: Eintreten für die Rechte des Individuums auf politische Mitverantwortung, Eintreten für eine autonome »civil society«. Die Bedingungen, unter denen dieses Engagement realisiert wurde, waren nahezu vollständig verschieden.

Die Bekanntschaft zwischen Grünen und Polen begann mit einzelnen, die sich 1980/81 an Solidaritätskomitees mit Solidarność beteiligt, gegen den Militärputsch demonstriert und an den Päckchen-Aktionen des Winters 1981/82 teilgenommen hatten. Ein systematischer Dialog zwischen Grünen und Polen wurde erst geknüpft von den Polen und Polinnen, die als Exilierte, als Besucher, als Eingebürgerte oder als Asylsuchende sich während des Kriegsrechts in der BRD aufhielten und neugierig die neue politische Kraft Die Grünen als Teil der Westwelt kennenlernen wollten.

Seit ihrem Einzug in den Deutschen Bundestag, 1983, bekamen die Grünen auch Kontakt zu offiziellen Vertretern Polens. Diese Kontakte entwickelten aber keine eigene Kontinuität. Angesichts der großen Differenzen in Fragen der Ökologie und der Demokratie waren die gemeinsam interessierenden Themen wie Abrüstung oder auch die nach wie vor ausstehende Entschädigung für die polnischen Zwangsarbeiter und -arbeiterinnen nicht umfassend genug.

Innerhalb der Grünen gab es viele, die aus der prinzipiellen Überzeugung, daß Frieden und Menschenrechte zusammengehören, zwar Gespräche mit den Regierungen wünschten, besonders aber die Kontakte zur demokratischen Opposition in Osteuropa suchten. Ein kleinerer Teil der Grünen, der an dogmatisch linken Positionen festhielt und heute meist zur PDS gegangen ist, interessierte sich für offizielle Gespräche in der Sowjetunion, nicht in Polen. Die meisten Grünen waren auf kommunaler Ebene tätig, und Gespräche mit offiziellen Delegationen aus Polen waren für sie einfach langweilig.

Nach der Absage einer offiziellen Delegationsreise der Grünen im Mai '85 – die polnische Seite verbot von vornherein jeden Kontakt außerhalb der offiziellen Begegnungen – schlief der Kontakt zu den offiziellen Vertretern mehr oder weniger ein. So waren die Grünen in den 80er Jahren die einzige politische Kraft in der BRD, deren polnische Gesprächspartner im wesentlichen Aktivisten der Untergrund-Solidarność waren.

Den Kulturschock, der diese Gespräche immer wieder prägte, gibt eine Gruppe der westdeutschen Friedensbewegung in ihrem Reisebericht so wieder: »Wir besuchten erst das polnische Friedenskomitee und waren uns in allen Fragen der 3. Welt, der Abrüstung und der Oder-Neiße-Grenze einig. Doch wir hatten das Gefühl, mit Attrappen zu sprechen. Anschließend besuchten wir eine Gruppe von ›Wolność i Pokój‹ (Freiheit und Frieden), und wir stritten uns leidenschaftlich über die Sowjetunion, über die USA, über Pazifismus und Atomkraftwerke. Aber wir hatten das Gefühl, mit Menschen zu reden. Und dann beschlossen wir, lieber mit Menschen zu streiten, als mit Attrappen einer Meinung zu sein.«

Umgekehrt erzählt eine Warschauer Solidarność-Aktivistin, die wegen einer schweren Körperbehinderung sich nur mit Hilfe des Rollstuhls bewegen kann, von den entsetzlichen Diskussionen mit Grünen, die durch Kriegsdienstverweigerung die westliche Verteidigungskraft gegenüber dem Kommunismus schwächen und sogar die atomare Bewaffnung rückgängig machen wollten. Am nächsten Tag las sie dann mit großem Interesse die Ausführungen des grünen Programms zur Behindertenpolitik, ließ sich eine Kontaktadresse geben und wurde wenig später zu einem Behindertentreffen nach Stuttgart eingeladen. Mit Erschütterung erzählt sie, daß dort wirklich nur Behinderte waren, daß Wettkämpfe der Rollstuhlfahrer ausgetragen wurden. Zum ersten Mal habe sie erlebt, daß Behinderte ihre Interessen selbst vertreten können, daß nicht von Funktionären über sie entschieden wird, die noch nie persönlich mit einem Rollstuhl zu tun gehabt haben. Diese Mischung von Freundschaft und Streit kennzeichnete anfangs alle Gespräche zwischen den Grünen und Solidarność. Den pazifistischen Positionen der Grünen wurden Appeasement-Politik und Naivität gegenüber Moskau vorgeworfen. Die ökologischen Positionen der Grünen wurden als Luxusprobleme eines reichen Landes abgewertet. Grüne Vorstellungen von Basisdemokratie wurden als Mißachtung von Rechtsstaat und parlamentarischer Demokratie eingeschätzt.

Besonders heftig wurden alle feministischen Überlegungen attackiert: »Ihr zerstört die Liebe. Ihr zerstört die Familie, die einzige Kraft gegen den totalitären Staat.« In diesen Gesprächen und nächtelangen Diskussionen hat sicher keine Seite die andere zur Aufgabe der eigenen Position überreden können. Zu stark waren beide Seiten von ihren jeweiligen Erfahrungen, von der Herkunft aus zwei verschiedenen Systemen und Kulturen geprägt.

Für mich, die ich als Mitarbeiterin der Bundestagsfraktion der Grünen sehr oft nach Polen fuhr, gehören diese Gespräche zu den entscheidenden politischen Erfahrungen der 80er Jahre. In der Bundesrepublik Deutschland war ich in der Auseinandersetzung mit der nationalsozialistischen Vergangenheit Deutschlands aufgewachsen. Den Hinweis auf die Verbrechen Stalins kannte ich in der Regel als den Versuch, die Verbrechen Hitlers zu verkleinern und zu entschuldigen. Erst in Polen traf ich Menschen, deren einer Großvater von Hitler, der andere von Stalin ermordet worden war, für die der Haß auf beide Diktaturen sozusagen selbstverständlich war. In Polen lernte ich begreifen, daß demokratische Politik antitotalitär sein muß, daß es nicht genügt, antifaschistisch zu sein. Die Gespräche in und mit Polen ermöglichten mir als Deutsche den Weg zur europäischen antitotalitären Erfahrung.

Viele Jugendgruppen aus der BRD fahren nach Polen, um dort in den ehemaligen deutschen KZs sich mit den Verbrechen Deutschlands auseinanderzusetzen: Sie verstehen diese Besuche als Ausdruck der Trauer und der Versöhnung. So verdienstvoll solche Besuche auch sind: Meine polnischen Freunde und Freundinnen haben mir gezeigt, daß es nicht ausreicht, die nationalsozialistische Vergangenheit zu verurteilen, sondern daß gerade wir Deutschen danach beurteilt werden, wie wir uns in der Gegenwart und zum heutigen Polen verhalten, ob wir immer noch die alten autoritären Besserwisser sind oder ob wir endlich den Wert von Freiheit und Menschenrechten erkennen und Polen als politisches Subjekt respektieren.

Als Mitglied der deutschen Friedensbewegung komme ich aus einer Tradition des Widerstands gegen verbrecherische Kriege. In Polen lernte ich eine andere Tradition kennen, die des bewaffneten Kampfs der Heimatarmee gegen die deutschen Besatzer. Ich begriff in Polen die Gefährlichkeit unserer moralischen Überheblichkeit, die sich im Besitz des moralisch überlegenen Prinzips glaubt.

In Polen erlebte ich die konkrete Verwirklichung der »sich selbst beschränkenden Revolution«. Ich bewunderte ihre moralische Würde, als sie in dem Moment, in dem »die Herrschenden nicht mehr konnten und die Beherrschten nicht mehr wollten«, nicht zum Umsturz und zum Sturz auf die Kommandohöhen der Macht aufrief, sondern mit dem Konzept des »Runden Tisches« ein Modell des gewaltfreien Systemwechsels entwarf.

Über diese Gespräche und Diskussionen der 80er Jahre zwischen den Grünen und Solidarność berichten heißt aber zugleich, über die anderen deutschen Parteien zu schreiben. In Polen traf ich immer wieder Mitglieder aus SPD und CDU, die sich für Gespräche mit Solidarność einsetzten, und mit ihnen habe ich mich so gut verstanden, wie ich es zu Hause nicht für möglich gehalten hätte. Zugleich sah ich aber, wie die Spitzenpolitiker der großen Parteien die Gespräche mit Solidarność mieden. Aus Gründen einer falsch verstandenen Stabilitäts- und Entspannungspolitik beschränkten sie sich in der Regel auf Gespräche mit den Regierenden, was in Polen weder als moralisch achtbar noch als politisch weitsichtig eingeschätzt wurde. Ich bin überzeugt, daß es zwischen Solidarność und den Grünen trotz aller Unterschiede eine geistige Verwandtschaft gibt. Beides sind demokratische Bewegungen engagierter Bürger und Bürgerinnen. Trotzdem weiß ich, daß viele der Gespräche auch aufgrund des Desinteresses und der fehlerhaften Politik der anderen deutschen Parteien zustandekamen und nicht nur unser Verdienst sind.

Ende der 80er Jahre entstanden in Polen ökologische Gruppen. Kleine, miteinander verfeindete grüne Parteien gründeten sich. Auch in Kreisen der Solidarność-Aktivisten glaubte man uns endlich, daß Umweltpolitik kein Luxusproblem reicher Gesellschaften ist, sondern eine Lebensnotwendigkeit angesichts der Umweltzerstörung durch das westliche wie das östliche Industriesystem. Eine Ablösung der Phase des Dialogs hin zur konkreten Zusammenarbeit schien sich anzubahnen.

All dies wurde aber zweitrangig angesichts der großen Umwälzungen in Osteuropa. Mit dem Runden Tisch und den Wahlen in Polen 1989 wurden aus den Untergrundaktivisten Minister und Abgeordnete. Für lange Gespräche über Probleme der Ost-West-Verständigung war keine Zeit mehr. Gebraucht wurden Banker und Ökonomen, nicht mehr Gesprächspartner für Ökologie und politische demokratische Kultur. Für Solidarność begannen die Mühen der Normalität, und wir Grünen mußten lernen, konkrete Hilfe beim Aufbau einer demokratischen Gesellschaft zu leisten.

Einschneidender noch aber als die Veränderungen in Polen war für den deutsch-polnischen Dialog der Grünen die Entwicklung in der DDR und in Deutschland. Seit 1988 hatten uns alle polnischen Freunde und Freundinnen immer wieder gesagt: »Wenn Gorbatschow an der Macht bleibt, wird die Mauer fallen, und Deutschland wird wiedervereinigt werden.« Und immer wieder auch:

»Erst wenn DDR und BRD vereinigt sind, wird die Oder-Neiße-Grenze sicher sein.« Unsere Antwort war stets die gleiche: daß in der DDR zwar grundlegende Reformen notwendig seien, der Nationalstaat aber für Mitteleuropa ein überholtes Konzept sei, eine Wiedervereinigung von keiner politischen Kraft mehr ernsthaft angestrebt werde, es in Mitteleuropa keinerlei territoriale Veränderungen mehr geben könne. Der Herbst und der Winter 1989/90 zeigten, daß Solidarność mehr von Politik und Geschichte verstand als wir.

Seit dem Fall der Mauer entwickelt sich der deutsch-polnische Dialog zu einem komplizierten Trialog zwischen DDR-Deutschen, BRD-Deutschen und Polen. Ein erstes Beispiel für die neuen Asymmetrien dieses Trialogs bildeten die gesellschaftlichen Debatten anläßlich des Golfkriegs. In Westdeutschland spaltete sich die Friedensbewegung. In den 80er Jahren war ihre gemeinsame Parole »Nie wieder Faschismus, nie wieder Krieg« von niemandem in Frage gestellt worden. Angesichts des Golfkrieges zerfiel sie in zwei Teile; da waren diejenigen, die sagten, der Kampf gegen den Faschismus = Saddam Hussein sei das übergeordnete Prinzip, und diejenigen, die die Ansicht vertraten, daß Krieg in keinem Fall ein Mittel der Politik sein dürfe. Zugleich meldete sich eine neue Generation von 12–14jährigen zu Wort, von Kindern, die mit den Idealen der Toleranz und Gewaltfreiheit erzogen worden waren und jetzt auf die Straße gingen, um von den Erwachsenen die Einhaltung dieser Ideale zu fordern.

In Ostdeutschland hatten sich die unabhängigen Oppositionsgruppen gegen die Lügen der SED-Friedenspropaganda herausgebildet. Gegen die Losungen, daß die Waffen des Westens kriegstreibend, die des Sozialismus aber friedenserhaltend seien, gegen die durchgehende Militarisierung der DDR-Gesellschaft durch die SED hatte sich in der Opposition ein prinzipieller Pazifismus herausgebildet. Zugleich wurde deutlich, daß unter den Bedingungen der geschlossenen DDR-Gesellschaft sich weder zu Staat und Kultur der USA noch zu denen Israels eine tiefere Beziehung hatte entwickeln können. Zugleich war jede außenpolitische Debatte in der ehemaligen DDR von den katastrophalen sozialen Folgen überlagert, die die überstürzte Vereinigung für viele Menschen hatte. Eine Debatte zwischen Ost- und Westdeutschen über den Golfkrieg fand kaum statt. Geschweige denn mit Polen, wo nahezu einhellig geurteilt wurde: »Saddam Hussein muß vernichtet werden. UNO und USA muß man unterstützen. Was diskutieren die Deutschen schon wieder?«

Angesichts der Mühen dieses Trialogs kommen mir die Asymmetrien der Gespräche der 80er Jahre als reine Idylle vor. Wir müssen heute realisieren, daß es in Polen ein nahezu vollständig gespaltenes Deutschlandbild gab, alles Gute wurde auf die Westdeutschen, alles Schlechte auf die Ostdeutschen projeziert. Mit Groll erzählen mir DDR-Freunde, wie sie von Polen mitten im Gespräch stehen gelassen wurden, sobald ein Westdeutscher auftauchte. Umgekehrt berichten mir polnische Studentinnen, wie sie noch heute an westdeutschen Universitäten von Studenten aus Ostdeutschland beschimpft werden, was sie denn hier wollten, jetzt seien die Deutschen dran. Nicht zu vergessen die großen Schwierigkeiten des Zusammenarbeitens von Menschen aus den West-Grünen und den DDR-Bürgerbewegungen, Menschen, die in zwei vollständig unterschiedlichen Systemen aufgewachsen sind und Politik gemacht haben. Langsam erkennen wir, daß der wichtige und interessante Dialog zwischen den Grünen und Solidarność in den 80er Jahren zentrale Teile unserer gegenseitigen Realität ausgeklammert hat. Gemeinsam mit einigen Freunden aus den Bürgerbewegungen in der DDR, die sich in der Opposition mit Solidarność beschäftigt haben, beginnen wir, die Fäden des deutsch-deutsch-polnischen Trialogs neu zu knüpfen – nüchterner, realistischer, bescheidener und vor allem erleichtert über die neue Normalität. Geholfen beim Finden der neuen Aufgabe hat mir ein polnischer Freund, der mir sagte: »Daß ihr Grünen nichts von Wirtschaft versteht, weiß ich. Und Geld erwarten wir auch nicht von euch. Aber ihr habt dazu beigetragen, daß die BRD demokratischer und toleranter geworden ist. Und wir erwarten von euch, daß ihr dies auch im vereinigten Deutschland tut.«

Janusz Reiter
Wieviel Nationalgefühl braucht ein Volk?

Der Gegensatz scheint perfekt: auf der einen Seite die Deutschen, die gebrannten Kinder des Nationalismus in diesem Jahrhundert, die auf der Flucht vor ihrer Vergangenheit nach Europa inzwischen alle Nachbarn überholt haben und beinahe schon die strengsten Richter über die Nationalidee geworden sind; auf der anderen Seite die Polen, seit zwei Jahrhunderten im nationalen Überlebenskampf geübt und wohl deshalb in ihrem Umgang mit dem Nationalen so unbefangen, daß das bei manchen Außenstehenden fast Neidgefühle, bei anderen wiederum Zweifel weckt, ob denn dieses Volk »europafähig« sei. Zwei Nachbarn, zwei Extreme – was für ein verlockend einfaches Bild!

Es hat nur einen Schönheitsfehler – es stimmt nicht. Daß die Deutschen mit ihrem Nationalgefühl Schwierigkeiten haben – wen würde es wundern? Daß die Polen in einer ungestörten Harmonie mit ihrer nationalen Identität leben, ist inzwischen nicht viel mehr als eine Legende. In Wirklichkeit, so scheint es, tun sich beide Völker – jedes auf seine eigene Art und Weise – schwer mit der Frage: Was heißt es, Deutscher zu sein? Was heißt es, Pole zu sein? Die alten Antworten sind, vor allem in Polen, überholt, neue werden erst gesucht.

Wenn Nationalismus eine Art Geisteskrankheit ist, dann wurde sie in Deutschland besonders sorgfältig diagnostiziert und in einer umfangreichen Literatur behandelt. Dabei sind sich die meisten Diagnostiker einig: Es handelt sich um keine angeborene Krankheit der Deutschen. Sie kann die Form von Größenwahn oder Minderwertigkeitskomplexen annehmen – der Krankheitserreger ist immer das gestörte Selbstverständnis, das es einem Volk unmöglich macht, mit sich selbst und mit seinen Nachbarn im Einvernehmen zu leben. Christian Graf von Krockow hat eindrucksvoll geschildert, wie die Neurosen der wilhelminischen Gesellschaft Deutschland auf die nationalistischen Irrwege brachten. Die Niederlage des Ersten Weltkrieges hat die Krankheit noch akuter gemacht. Fast masochistisch hat die Weimarer Republik die Wunden des sogenannten Versailler Diktats aufgerissen. Sie sollten weh tun – Schmerz als Ansporn zum Aufbruch.

Es war ein Glücksfall für alle, daß nach dem Zweiten Weltkrieg eine Neuauflage des Versailles-Syndroms verhindert werden konnte. Dabei hätte sich der Verlust der Ostgebiete geradezu ideal geeignet als ein Nährboden für einen neuen, vor allem gegen Polen gerichteten Nationalismus, der Polen in die Rolle des Nutznießers, Deutschland in die Rolle des Opfers der Geschichte versetzt hätte. Der Erfolg des neuen westdeutschen Staates hat das verhindert.

Der deutsche Glücksfall war freilich kein Zufall. Die Bundesrepublik verdankte den Erfolg nicht nur der ungewöhnlichen Gunst der Weltpolitik, sondern auch der Weitsicht der westlichen Alliierten und ihrer deutschen Partner. Diese beiden Seiten haben sich nicht nur auf die Diagnose (Nationalismus – keine Erbkrankheit der Deutschen), sondern auch auf die Behandlungsmethode geeinigt. Es war eine Art Beschäftigungstherapie, nach dem Motto: »Abschwören durch Ablenken«.

Nicht die Umerziehungskampagnen der Alliierten, sondern der wachsende Wohlstand und das Freiheitserlebnis waren die entscheidenden Argumente für die neue, europäisch angelegte Politik. Und nur so konnte Adenauer sein Ziel erreichen: Deutschland in die westliche Welt einzubinden, aber so, daß es von den Deutschen nicht als Demütigung, sondern als Aufwertung empfunden wurde. Keine Wanderer zwischen den Welten mehr, sondern eines unter den europäischen Völkern. Adenauer tat genau das, was noch Thomas Mann in seinen »Betrachtungen eines Unpolitischen« zu verhindern versucht hatte: Er nahm Deutschland das »Problematische«, das das Volk in der Mitte Europas seinen Nachbarn stets entfremdete. Adenauer beschwor die westlichen Verbündeten, die Integrationspolitik schnell voranzutreiben, bevor die Gespenster des Nationalismus aus ihrem Versteck wieder herauskamen. Er wußte, sie würden nicht mehr in NS-Uniformen auftauchen, sondern in ziviler oder gar pazifistischer Verkleidung. Und sie würden die nationale Einheit um jeden Preis, auch den der Neutralität Deutschlands, verlangen. Adenauers Antwort lautete »Freiheit vor nationaler Einheit«. Daß diese Politik von denselben Deutschen akzeptiert wurde, die noch 10 oder 20 Jahre zuvor sich dem nationalen Rausch hingegeben hatten, gehört zu den erstaunlichsten Veränderungen der Nachkriegszeit.

Die Frage nach der Glaubwürdigkeit dieses Wandels wurde erst gestellt, als der Wiederaufbau weitgehend abgeschlossen war und die Bundesrepublik in die Phase der Stabilität eintrat. Jetzt, da die Beschäftigungstherapie ihre Funktion erfüllt hatte, ließen sich die Zweifel nicht mehr unterdrücken. Die 68er Revolte formulierte sie am radikalsten. Sie brach das Schweigen, lieferte aber keine Antworten. Noch in den 80er Jahren, im sogenannten Historikerstreit, kehrten dieselben deutschen Fragen wieder. Ist Patriotismus – so lautete eine von ihnen – nur eine verdünnte Form des nationalistischen Gifts oder eine nützliche Substanz? Und wenn sie nützlich ist – kann man sie auch in Deutschland verwenden?

Ein Begriff aus der Diskussion, der bis heute zirkuliert, verdient besondere Beachtung. Es ist der sogenannte Verfassungspatriotismus. Es sei, so Jürgen Habermas, der einzige Patriotismus, der Deutschland dem Westen nicht entfremde. Er drücke eine »Bindung an universalistische Verfassungsprinzipien« aus, im Gegensatz zu den »konventionellen Formen der nationalen Identität«. Er bietet vor allem Sicherheit vor Mißbrauch: Verfassungspatriotismus kann nicht zum »Verfassungsnationalismus« entarten. Nach der Wiedervereinigung muß das Grundgesetz seine Integrationskraft im Osten entfalten – dort, wo das Nationalgefühl verboten war, aber Nationalismus zumindest geduldet wurde. Anders als Westdeutschland hat die DDR nie eine Auseinandersetzung mit der nationalen Frage erlebt. Die kritische Selbstbetrachtung blieb dort nicht nur wegen des Systemdrucks aus. Die DDR-Bürger sahen sich als Opfer der deutschen Geschichte – und wie soll ein Opfer sich für seine Taten verantwortlich fühlen? Die besondere Erfahrung dieser 16 Millionen Menschen wird sich nicht einfach im Schmelztiegel der gesamtdeutschen Wohlstandsgesellschaft auflösen. Daß Deutschland wieder »deutscher« wird, wie die »Zeit« in einem Leitartikel prophezeite, ist freilich nur eine Mutmaßung. Als sicher kann dagegen gelten, was die ostdeutsche Bürgerrechtlerin Bärbel Bohley bereits Anfang 1990 mit warnendem Unterton formulierte: »Der Westen ahnt noch gar nicht, wie sehr ihn der Osten verändern wird.«

Während in Nachkriegsdeutschland jemand, der sich als deutscher Patriot ausweist, sich mißtrauischen Blicken aussetzt, gerät ein Pole in Rechtfertigungszwang, wenn er kein Patriot sein will. Kein Patriot – was dann also? Ein Internationalist etwa? Das hat nicht einmal die kommunistische Propaganda ernst gemeint. Ein Europäer – in einem Land auf der östlichen Seite des eisernen Vorhangs? Der polnische Patriot ähnelt nicht im geringsten einem Amerikaner, der seine nationale Fahne trägt, stolz, daß er an dem Ruhm seines Landes teilhaben kann. Der polnische Patriot sieht eher aus wie jemand, der sein schweres Kreuz trägt, aus einer Pflicht, die ihm das Schicksal auferlegt hat. Optimistisches Selbstbewußtsein kann er dabei nicht ausstrahlen. Und auch der Stolz wirkt gequält-aufgezwungen.

Nur Anfang der 80er Jahre, als die Solidarność entstand, zeigten sich in Polen Ansätze einer anderen Haltung. »It's exciting to be Polish« hieß es im amerikanischen Stil auf Aufklebern, die damals auftauchten. Sie verschwanden schnell unter dem Kriegsrecht. Von nun an manifestierten sich patriotische Gefühle wieder in Kirchenräumen, in dem sonderbaren Klima einer national-religiösen Trauerfeier. Spätestens beim Kirchenlied »Gott schütze Polen« konnten sich selbst die Skeptischsten nicht dem überwältigenden Gefühl entziehen, mit der nationalen Geschichte vereint zu sein. Müssen nicht schon die Eltern in der Zeit der NS-Besatzung dieselben Worte gesungen und wahrscheinlich dabei ähnliches empfunden haben? Und man könnte noch weiter in die Vergangenheit zurückblicken, auf die Aufständischen von 1863 etwa, die auch in der kirchlich-patriotischen Stimmung der Gottesdienste neue Kraft zu schöpfen gesucht hatten.

Die 123 Jahre staatenlose Existenz hinterließen tiefe Spuren. Nicht nur weil sie zwangsläufig nationalen und nicht staatsbürgerlichen Tugenden Vorrang gaben. Sie stellten Polen in die Reihe der mittel- und osteuropäischen Völker, denen die Gewißheit versagt war, ihre Existenzberechtigung als etwas Selbstverständliches zu betrachten. Die Zeit der Zweiten Republik zwischen den Weltkriegen war zu kurz, um einen Bewußtseinswandel möglich zu machen. Sie blieb eine Episode, der Hitler ein Ende setzte. Und die kommunistische Nachkriegszeit nahm zwar dem Volk die physische Existenzangst, gab ihm aber nicht die Chance, sich frei vom Zwang entwickeln zu können. So wurde der nationale Notstand zu einem Normalzustand. Er ließ eine Mentalität der belagerten Festung entstehen. Belagerte haben zusammenzuhalten, um sich zu wehren...

Die nationale Idee als Integrationskraft hat ihre Funktion zweifellos erfüllt. Auch die Befreiung vom Kommunismus wäre wohl ohne sie viel schwieriger gewesen. Doch der Erfolg verlangt einen hohen Preis. Die Rechnung wird jetzt ausgestellt. Selbst die Kirche bekommt sie. Witold Gombrowicz, einer der rücksichtslosesten Kritiker der polnischen Nationalmythen, warnte schon in den 50er Jahren, daß man in Polen Gott wie eine Pistole behandle, mit der man Marx erschießen wolle. Nun ist Marx tot – was soll mit Gott werden? Er wird nicht mehr der Gott der Nation sein wollen, sondern »nur noch« der Gott der Menschen – wer weiß, was sie Ihm zu sagen haben...

Der nationale Notstand ist vorbei, aber Jubelstimmung kommt kaum auf. Der polnische Patriot sieht sich einer Situation gegenüber, die ihn überrascht oder gar überfordert. Wenn er in andere Länder reist, wird er an der Grenze nicht als ein Freiheitsheld begrüßt, sondern schroff gefragt, ob er nicht zu viele Zigaretten einführe. Sein Volk fällt, wie ein polnischer Publizist es ausdrückte, von der Rolle des Christus der Nationen in die Rolle des Händlers der Nationen. Und als ob das alles nicht genug wäre, muß er auch noch erfahren, daß selbst sein Geschichtsbild so nicht mehr weiter gelten kann.

Für ganze Generationen von Polen war der Glanz der nationalen Vergangenheit eine Kompensation für die Demütigungen der Gegenwart. Die Geschichte gab ihnen die ermutigende Gewißheit, zwar selten Erfolg, dafür aber moralisch recht gehabt zu haben. In keinem anderen Land der Welt blühte so die Kunst, politische oder militärische Niederlagen zu moralischen Siegen zu stilisieren.

Für kritische Distanz war in diesem Geschichtsverständnis kaum Platz. Als Jan Józef Lipski 1982 in seinem Essay »Zwei Vaterländer, zwei Patriotismen« die nationalen Heiligtümer einer skeptischen Prüfung unterzog, fand er selbst unter den Anhängern der Opposition relativ wenig Verständnis. Lipski brach die bestgehüteten Tabus. Er stellte z. B. die Frage, ob denn die Vertreibung der Deutschen aus den Ostgebieten nicht auch das Gewissen der Polen belaste. Und er lehnte die Theorie von sogenannten wiedergewonnenen Gebieten als historisch unhaltbar ab.

Viele seiner Leser waren verunsichert. Sie mögen Lipski objektiv recht gegeben haben, aber mußte diese Wahrheit ausgesprochen werden? Würde sie nicht das ohnehin gestörte Selbstwertgefühl der Bewohner dieser Gebiete ruinieren, die doch den Anspruch haben müßten, endlich Ruhe zu finden, nachdem sie ja aus ihrer Heimat im früheren Ostpolen vertrieben worden waren? Ist Wahrheit ein absoluter Wert, oder muß sie manchmal dem nationalen Interesse untergeordnet werden? Und ist, wer das für legitim hält, ein Patriot oder ein Nationalist?

Lipski war am Anfang ein ziemlich einsamer Rufer, doch im Laufe der Zeit folgten ihm immer mehr seiner Landsleute. Daß die Steine in Breslau auch deutsch sprechen, kommt schon vielen, vor allem jüngeren Polen viel leichter über die Lippen. Und auch das Wort Vertreibung ist kein Tabu mehr. Die Polen gewöhnen sich sogar an den Gedanken, daß selbst ein Volk, das meistens Opfer war, auch selber manchmal Täter sein kann.

Es gibt kein Alibi mehr, um unbequeme Fragen zu unterdrükken. Die Belagerung ist vorbei, die Verteidiger wissen, daß es nicht mehr wie bisher weitergeht. Sie haben sich auf die Normalität eines europäischen Landes einzustellen. Und sie haben noch manches zu klären. Zum Beispiel: Wieviel Nationalgefühl braucht ein Volk, um mit sich selbst, aber auch mit anderen Völkern zurechtzukommen? Eine Frage, die sich auch dem vereinigten Deutschland erneut stellt.

Stanisław Lem

Deutschland und Polen – Die pessimistische Betrachtung eines Futurologen

1. Die im Titel angekündigte Perspektive ist zwangsläufig mit der Einseitigkeit des Komparatisten behaftet. Es ist eine halsbrecherische Aufgabe: Wird sie kurz und bündig erledigt, werden die Dinge unweigerlich vereinfacht und vergröbert, geht sie auf Fein-

heiten ein, entsteht ein unverdaulicher Wälzer. Ich optiere, weil ich ja auch muß, für die Kürze. Dem Folgenden ist daher höchstens das Gewicht feuilletonistischer Bemerkungen mit aphoristischen Abweichungen zuzuschreiben.

2. Die polnische Kultur als »Trägerin des Geistes« ist im Prinzip ungebrochen, auch wenn sie durch zwei aufeinanderfolgende Besatzungen, die deutsche und die sowjetische, verdorben wurde. Die deutsche machte, wie Józef Mackiewicz gesagt hat, aus den Polen Helden, die sowjetische – Scheiße. Und zwar deshalb, weil die Deutschen uns knechten und vernichten wollten, während die Sowjets versuchten, uns geistig nach dem Muster ihres Totalitarismus zu verformen. Das Ziel der ersteren war schlicht und einfach der Tod der Kultur, das der letzteren die Ersetzung unserer Kultur durch ein Substitut, das unsere Dienstbarkeit im Imperium gesichert hätte. Damit zwangen die ersteren uns zur Verteidigung, während die letzteren uns in Judasse und dissidentische Märtyrer aufspalteten (oder in Opportunisten und Unbeugsame).

3. Nach Hitlers Fall kehrte die deutsche Kultur so gewandt zu ihren Wurzeln zurück, als hätte sie sie nie verleugnet. Große Bedeutung hatte dabei der Gehorsam, den das deutsche Volk den westlichen »Lehrern der Demokratie« schenkte, um so erfolgreicher, als die Deutschen eher als die Polen bereit sind, der Stärke Gehorsam zu schenken. Durch die Vereinigung werden die beiden deutschen Staaten wirtschaftlich zusammenwachsen, doch in der Kultur könnte es schwieriger werden. Hüben und drüben steckt ihnen die »Vergangenheitsbewältigung« wie ein Knochen im Hals. Der »Historikerstreit« war ein Versuch, aus diesem Knochen eine recht nahrhafte Suppe zu kochen, damit Hitler in die Reihe der germanischen Staatsmänner aufgenommen werden konnte, weil er den Sowjets gewissermaßen nur einen Präventivkrieg erklärt hat. (Über den »Unfall« des Angriffs auf Polen sind Nolte und Konsorten irgendwie hinweggegangen.) Jüngst hat H. M. Enzensberger (im »Spiegel«) auf sehr intelligente Weise Iraks Hussein mit Hitler gleichzusetzen versucht und dabei gewissermaßen die rein teutonischen Züge des Führers durch »übernationale« Züge des Diktators vertuscht, der schlechthin zum »Feind des Menschengeschlechts« wurde. Hier kann nicht näher auf die Sache eingegan-

gen werden (ich neige eher zu Enzensberger, gegen Augstein), bei der es im Kern um eine »Universalisierung des Genozids« geht. In der Kultur wird die Vereinheitlichung deshalb schwieriger werden, weil die Mitgift, mit der die DDR in den neuen Bund geht, überaus dürftig ist. Die geistige Mitgift der BRD ist durch vier Merkmale gekennzeichnet: A) Faschistischen Anwandlungen ist durch die Verfassung die Rechtsgrundlage für eine Parteibildung entzogen; extreme politische Ausrutscher müssen sich verstellen. B) Der Verlust der deutschen Juden hat bislang nicht geheilte Lükken im intellektuellen Leistungsvermögen der Nation hinterlassen (siehe z. B. die Anzahl der Nobelpreise vor und nach der »Endlösung der Judenfrage«, proportional auf alle Jahrzehnte dieses Jahrhunderts verteilt). C) Ein extremer Wechsel vom völkermörderischen Totalitarismus zur humanitären Demokratie, eine Neigung, vom militaristischen Führerkult zum Pazifismus per fas et nefas überzugehen (einen solchen Pazifismus »um jeden Preis«, auch um den Preis des gesunden Menschenverstandes, hat es in der Geschichte Deutschlands noch nicht gegeben). D) Konzentration der typischen deutschen Tugenden auf wirtschaftliche Probleme, mit einer Neigung, sich der globalen Problematik der Gegenwart zu verschließen.

Die Deutschen in der ehemaligen DDR werden sich um »Anschluß« an die obigen vier Merkmale bemühen, weil ihnen nichts anderes übrigbleibt. In der DDR war der deutsche Gehorsam als gesellschaftliches Merkmal stark in die Interessen der Sowjets eingespannt. Die Vereinigung bedeutet für sie daher nicht nur eine Befreiung von der Abhängigkeit, sondern auch den Verlust des bislang benutzten Kompasses. Deshalb sind die Frustrationen der Ostdeutschen vermutlich größer als die der Polen, obwohl die letzteren keinen reichen Gönner haben. Die Deutschen sind paradoxerweise »nach der Kommune stärker verwaist« als die Polen, weil sie es nicht verstanden haben, Loyalität lediglich vorzutäuschen.

4. Nach meiner möglicherweise nicht unzutreffenden Meinung ist der geistige Ertrag der Zeit der Sowjetisierung in Polen größer und eigenständiger als bei den Deutschen aus der DDR, weil die Polen heftiger gegen den Nachbarn angestrampelt haben. Das ist nicht nur ihren heldenhaften, sondern weitgehend ihren anarchi-

stischen Neigungen zuzuschreiben. Der deutsche Gehorsam hat dagegen seine ganze Sinnlosigkeit bewiesen.

5. Das Maß der geistigen Dinge sind für mich nicht die in den Bibliotheken liegenden Schriften und Druckwerke, noch sind es Denkmäler und Museen, also das historische Erbe, sondern es ist das, was sich gegenwärtig in den Köpfen der Menschen abspielt und damit den Lauf der Zukunft bestimmt. Darum bin ich bezüglich Polens sehr viel gelassener als bezüglich Deutschlands. Die Westdeutschen werden jetzt ihrerseits zu Lehrmeistern der »Ossis«. Wir haben andere Pädagogen. Polen ist derzeit in der Gefahr, sich endgültig vom Erbe der europäischen Aufklärung abzuwenden, zuerst geistig, dann auch zivilisatorisch. Wir sind in diesem Land den Pressionen eines sehr obskuranten Klerikalismus ausgesetzt, Pressionen, die sich geradewegs an dem jesuitischen Protektorat zu orientieren scheinen, mit dessen Hilfe die Spanier (vor dreihundert Jahren) die Kultur der Ureinwohner Süd- und Mittelamerikas zerstörten. Dies ist eine Folge der Verbindung von »kommunizierenden Röhren«, der kirchlichen mit der nationalen, denn in der letzteren herrscht Leere und daher der horror vacui. Es ist nichts da, um die postmarxistische Leere zu füllen, weil es zu einem totalen Kollaps aller Konzeptionen der liberalen Linken und sogar des laizistischen Neokonservatismus gekommen ist. »Habemus papam«, das ist alles. Namen wie »Sozialismus« oder »Sozialdemokratie« sind zu Schimpfwörtern geworden. Daher eine Abkehr von der rationalen Entwicklung von Vertretungen der wirklichen Interessen von Gruppen und Berufen in authentischen politischen Parteien, eine Wende der Politik in Richtung Kirche, in Richtung einer oberflächlichen, folkloristisch angereicherten Religiosität, eine Kriminalisierung und Pönalisierung aller Handlungen, die von der Kanzel als Sünde bezeichnet werden. Alles zusammengenommen steuert Polen auf einen autoritären Populismus zu, in dem »Pluralismus« und »Demokratie«, verstanden als Bereiche individueller Verantwortung (oder, mit anderen Worten, Freiheit), zu ebensolchem Lug und Trug werden wie unterm Kommunismus. In dieser Tendenz sehe ich die Hauptgefahr für die geistige Entwicklung, schlimmer als die Vorherrschaft des »kommerziellen Denkens«, des »Konsumdenkens«, obwohl diese

die Güter der Kultur zu einer den Gesetzen von Angebot und Nachfrage gehorchenden Ware macht. Ich sehe die Herausbildung eines von allen Dogmen unabhängigen Denkens, anders gesagt die Wissenschaft, großen Gefahren ausgesetzt. Die Bildung braucht, wie die Wissenschaftshistoriker und -soziologen wissen, nur während einer Generation als höchster leitender Wert vernachlässigt zu werden, und schon kommt es zu einem Niedergang, zur Atrophie der Wissenschaft, die zuerst einen geistigen und danach auch einen wirtschaftlichen Stillstand nach sich zieht, wogegen es nur ein Mittel gibt: Forschergeist und angewandtes Wissen müssen *importiert* werden. Wer – gewollt oder ungewollt – die Stellung der Wissenschaft in der Gesellschaft vernachlässigt, der zerstört die Stellung dieses Landes in der Welt und die Grundlagen seiner Souveränität. Reiche Länder können die Früchte der Wissenschaft importieren, aber wenn sie gleichzeitig unterentwickelt sind, haben sie davon nicht viel mehr als das, was der Irak für seine Erdölmillionen einkaufte. Eine solche Gedankenlosigkeit, die sich hinter dem religiösen Fanatismus verbirgt, droht auf längere Sicht zum Damoklesschwert Polens zu werden.

6. Die materiellen Bedingungen geistiger Arbeit sind in Deutschland gegenwärtig gut, in Polen dagegen fatal. Es fehlt uns gleichsam sowohl an Kanonen wie an Kanonieren, denn es fehlen die Autoritäten, die nicht im Namen der Kirche und nicht im Namen der Partei, sondern im eigenen Namen sprechen könnten. Wenn die Gruppierung, die Wałęsa ins Präsidentenamt gebracht hat, ihre ideologische Position kurzerhand wechselt und vom Zentrum zur christlichen Demokratie, also zur Rechten übergeht, wenn sie ihren Namen aus »Porozumienie CENTRUM« in »Demokracja Chrześcijańska« abändert, weil diese Übermalung ihres Namensschildes ihr den Erfolg in den Parlamentswahlen sichern soll, und wenn niemand sich darüber empört und niemand sich dessen schämt, dann beweist das nur, daß man ein zynisches Spiel mit dem täuschenden Anschein treibt, hinter dem kein authentisches Programm steht, weder im politischen Bereich noch in bezug auf den nach außen bekundeten Glauben. Solche Christen, die einmal mit den Japanern ins Geschäft kommen wollten, würden, wenn diese es wünschten, bereitwillig das Kreuz in den Dreck tre-

ten. Hier geschieht nichts anderes, als daß man im Bereich des politischen Geschwätzes das Prinzip »cuius regio, eius religio« umkehrt. Man wird jene Überzeugung hervorkehren, die sich am besten auszahlt. Auf diese Weise wird man keinen Freiraum für die geistige Arbeit schaffen.

7. Was sich in der ehemaligen DDR beim postkommunistischen Tauwetter zeigt, sind quasi-nazistische Regungen, politische Orientierungslosigkeit, Verdächtigungen, der »Stasi« als Denunziant gedient zu haben, eine Ratlosigkeit, die – wie Fachleute vielfach schreiben – an neurotische Symptome grenzt. In der alten BRD haben wir es mit einer arbeitsamen, wenngleich ein wenig faul gewordenen Gesellschaft zu tun, ohne ein durch übermaterielle Werte anziehendes oberstes Ziel, und dahinter sehen wir neue Formen des Extremismus: einen »Pazifismus mit antiamerikanischem Antlitz«, der ein versteckt proarabischer Anti-Israelismus (dieser Flügel hat in den USA und den Sowjets seit Jahren »ein und dasselbe Übel« gesehen) und ein pseudoideeller Terrorismus ist. Ziel des Terrors waren nie die Händler des Todes (Waffenverkäufer) oder die Drogenhändler, sondern Menschen, die der Gesellschaft große Dienste geleistet haben (wie der ermordete Chef der Deutschen Bank, Herrhausen). Die ideelle Wurzel des deutschen Terrorismus ist nicht die Sehnsucht nach »Weltverbesserung«, denn das ist nur eine mystifizierende Tarnung. Für mich hatte dieser Terrorismus immer etwas von einem gefährlichen Sport, so wie schwierige Bergbesteigungen oder die Großwildjagd.

8. Ich sehe nichts, womit die Deutschen oder die Polen heute der Menschheit imponieren, sie bereichern könnten, denn sie sind – das gilt für beide Nationen – vor allem bestrebt, sich selbst zu bereichern (meine Landsleute eher auf eigene Faust, ohne sich um legalistische Korrektheit ihres Tuns zu kümmern).

9. Meine Überlegungen waren sehr prosaisch, weil ich einfach nicht glaube, daß akademische Diskussionen und geschichtsphilosophische Diskurse irgend etwas bewirken. Deutschland droht zu einer Festung zu werden, die ihren Wohlstand gegen die Habenichtse verteidigt, Polen zu einer Kolonie des Vatikans. Mehr habe ich hier nicht zu sagen.

[illegible]

[illegible]

[illegible]

[illegible]

V. DER KRIEG UND DIE FOLGEN

Hans-Adolf Jacobsen
Deutsche und Polen: 1945–1991

Ohne Frage hat die schwere Hypothek aus der NS-Zeit das deutsch-polnische Verhältnis seit 1945 schwer belastet und Denken sowie Handeln der Politiker in vielfacher Weise beeinflußt. Zwar spielten auch andere Faktoren, darunter das internationale Umfeld, die Blockzugehörigkeit und die spezifischen Beziehungen zwischen den beiden »Bruderstaaten« DDR – Polen seit 1949, darüber hinaus die Abhängigkeit Warschaus von Moskau eine nicht unwesentliche Rolle dabei, aber diese blieben letzten Endes, gemessen an der Last der Vergangenheit, zweitrangig. Wie ein roter Faden durchziehen die historischen Reminiszenzen fast alle offiziellen Erklärungen, Reden und Ansprachen bei Jahrestagungen und Verlautbarungen auf deutscher und polnischer Seite. Auch bei den zahlreichen Begegnungen und Konferenzen konnte diesen nicht ausgewichen werden. Erst nach weitgehender Klärung der Verantwortung für das Vergangene konnte der Dialog über die Aufgaben in Gegenwart und Zukunft sachlicher geführt werden, was Rückschläge und gegenseitige Vorwürfe nicht ausschloß. Über vier Jahrzehnte deutsch-polnischer Nachbarschaft haben bewiesen, daß ohne Erinnerung auch die ernsthaftesten Bemühungen um Normalisierung, Aussöhnung und künftige Partnerschaft scheitern müssen. Noch Anfang der neunziger Jahre, jetzt vor dem Hintergrund der deutschen Einheit und der Rolle eines wirtschaftlich dominierenden Deutschlands in Europa, waren aufgrund historischer Erfahrungen und der ökonomischen Effizienz in der Bundesrepublik Deutschland (West-Ost-Gefälle) Vorbehalte und Besorgnisse bei vielen Polen ausgeprägter als bei anderen Nachbarn.

Sicherlich läßt sich vergangenes Geschehen in beiden Staaten nicht gegeneinander aufrechnen. Wer das versucht, kann weder Ursache und Wirkung unterscheiden noch begreifen, daß zwischen staatlich sanktioniertem Terror – Konsequenz der nationalsozialistischen Ausrottungs- und Vernichtungspolitik in Polen – und individuellen Racheakten einzelner Polen ein fundamentaler

Unterschied besteht. Aber für die von diesem Schicksal betroffenen Vertriebenen blieb es ein hartes Los.

Was immer auch den Prozeß der Aussöhnung und Normalisierung zwischen der Bundesrepublik Deutschland und Polen gehemmt haben mag, neben den machtpolitisch-ideologischen Gegensätzen waren es vor allem jene aus der Geschichte der beiden Völker resultierenden Probleme von Vertreibung, Aussiedlung und deutschstämmigen Minderheiten in Polen auf deutscher Seite und die vielfältigen Forderungen nach Wiedergutmachung und Entschädigung der millionenfachen Opfer der NS-Willkürherrschaft auf polnischer Seite. Vor dem Hintergrund des eigenen Leidensweges in den Kriegsjahren und der unablässig propagierten Feindbilder haben polnische Behörden und die meisten Polen das Thema der Vertreibung bis in die jüngste Zeit tabuisiert. Mitte der achtziger Jahre erwähnte General Jaruzelski öffentlich zum ersten Mal die menschliche Not der Deutschen, die ihre Heimat im Osten hatten verlassen müssen. Er fügte indessen sogleich hinzu, daß niemand das Recht habe, dieses mit dem beispiellosen Schicksal des polnischen Volkes zu vergleichen.

Seitdem haben sich die Stimmen in Polen gemehrt, die forderten, die »weißen Flecken« in den deutsch-polnischen Beziehungen zu tilgen und der Wahrheit die Ehre zu geben. Das düstere Kapitel der Vertreibung und das damit verbundene Unrecht an den Deutschen sei ebenfalls Teil der polnischen Geschichte. So erinnerte der polnische Außenminister Skubiszewski anläßlich des Jahrestages des Kriegsausbruches am 1. 9. 1990 nicht nur an die »Schrekkensstunden« seines Volkes während der NS-Herrschaft, sondern auch an die Leiden der Deutschen, die ihre Heimat verloren hätten. Dies alles aber gehöre der Vergangenheit an. Polen und Deutsche würden in Zukunft Frieden im Verstand und in der Seele brauchen. Und wenn Anfang September 1990 der neue polnische Botschafter in der Bundesrepublik Deutschland, Janusz Reiter, erklärte, die Probleme der deutschen Minderheiten seien »eines der wichtigsten Themen der deutsch-polnischen Beziehungen«, und wenn er zugleich an die Vertreter der Minderheit in Polen appellierte, die »Lösung ihrer Probleme nicht gegen, sondern mit dem polnischen Umfeld« zu suchen, so dokumentierten sich in diesen und ähnlichen Äußerungen der neue demokratische Geist und das entschiedene Umdenken in Warschau.

Soll und Haben der Deutschen gegenüber Polen seit 1949 beweisen, daß die Mehrheit der Bürger und Bürgerinnen in der Bundesrepublik wohl keinem zweiten Land in Europa, das unter der nationalsozialistischen Herrschaft gelitten hat, so viel Anteilnahme erwiesen hat wie gerade Polen, was in Krisenzeiten besonders spürbar wurde. Dies hing gewiß nicht allein mit der schweren historischen Last zusammen, die abgetragen werden sollte, sondern auch mit der aufrichtigen Sympathie vieler für ein Volk, dessen kulturelle Leistungen sie bewundern, dessen freiheitlicher Gesinnung sie Respekt zollen und dessen Lebensbedingungen sie gern verbessert sehen würden, um Polen aus der Talsohle herauszuführen und ihm wieder zu jenem Platz in Europa zu verhelfen, der ihm im Interesse eines friedlichen Wandels gebührt.

Grenzkonflikt

Die deutsche Außenpolitik hat seit 1949 stets ein doppeltes Ziel verfolgt: einerseits die Erhaltung des Status quo, so wie er sich als Folge des Ost-West-Konfliktes herausgebildet hatte, andererseits die friedliche Überwindung desselben im Interesse der Deutschen und der Europäer. Darin bestand die unzweideutige Herausforderung Osteuropas. Die offene deutsche Frage war einer der großen Systemkonflikte zwischen Ost und West, zumal die UdSSR seit Mitte der fünfziger Jahre die Existenz zweier deutscher Staaten mit unterschiedlichen Gesellschaftsordnungen als eine politische Realität und einen der wichtigsten Faktoren zur Gewährleistung ihrer Hegemonial-Politik betrachtet hat.

Der Grundkonflikt im deutsch-polnischen Verhältnis bestand in der strittigen Grenzfrage (Oder-Neiße). Alle anderen im Verlaufe der Jahre auftretenden Schwierigkeiten, Kontroversen und Meinungsverschiedenheiten waren demgegenüber von sekundärer Bedeutung. Jener hat seit Ende des Zweiten Weltkrieges die Politik der beiden Völker in hohem Maße bestimmt.

Während die Deutschen (West) aufgrund ihrer Interpretation

der Potsdamer Vereinbarungen der Siegermächte von 1945 die Auffassung vertraten, daß Polen die ehemaligen deutschen Ostgebiete noch nicht endgültig erworben habe und erst in einem Friedensvertrag – unterzeichnet von einem gesamtdeutschen Souverän – eine völkerrechtlich für sie verbindliche Lösung möglich sei, ließen die Polen an ihrer grundsätzlichen konträren Einstellung niemals einen Zweifel. Für sie war die Grenzfrage aufgrund der Potsdamer Beschlüsse, der Umsiedlungsaktionen und der Strukturveränderungen (Bildung neuer Wojewodschaften) ein für allemal entschieden. (Dabei konnte allerdings die sog. historische Begründung – »altes polnisches Land« – zu keiner Zeit überzeugen.) Das war jedoch nicht allein die Meinung der von Kommunisten geführten Regierungen, wie es einige Vertriebenenfunktionäre in der Bundesrepublik zu suggerieren versuchten, sondern auch die der demokratisch legitimierten Führung in Warschau, die bei den internationalen Verhandlungen des Jahres 1990 die polnische Position mit allem Nachdruck zu wahren und durchzusetzen verstand.

Zur Rolle gesellschaftlicher Gruppen

Die wechselhaften deutsch-polnischen Beziehungen mit ihren Spannungen, Höhepunkten und Regelungen wurden nicht zuletzt durch zahlreiche gesellschaftliche Gruppen und Einzelpersönlichkeiten in beiden Ländern mitgeprägt. Vertreter der Kirchen, der Parteien, verschiedener Organisationen, der Medien, der Wirtschaft und der Wissenschaft haben dabei in Verantwortung vor der Geschichte und für den friedlichen Wandel Tabus durchbrochen und nicht gezögert, die z. T. illusionäre Polenpolitik der Bundesregierungen in der umstrittenen Grenzfrage zu kritisieren. Mit ihren Appellen, Aktionen und dem persönlichen Engagement veränderten sie das Bewußtsein vieler Mitbürger und Mitbürgerinnen zugunsten einer notwendigen Versöhnung mit dem polnischen Volk und der Anerkennung politischer Realitäten. Gleichzeitig trugen sie ihren Teil dazu bei, daß Ende der sechziger Jahre eine neue Deutschland- und Ostpolitik eingeleitet werden konnte. In deren Mittelpunkt standen die Verträge mit Moskau und Warschau im Jahre 1970. Letzterer stellte zweifellos einen entscheidenden Wendepunkt in den bilateralen Beziehungen dar, zumal er von vielen als ein Schlußstrich unter Leiden und Opfer einer bösen Vergangenheit begriffen wurde. Durch diesen wurde nichts preisgegeben, was Deutschland nicht schon längst verloren hatte. Beide Seiten bekräftigten damals die Unverletztlichkeit der bestehenden Grenzen und stellten klar, daß sie »gegeneinander keinerlei Gebietsansprüche« haben und solche »auch in Zukunft nicht erheben« werden.

Der daraufhin unter günstigeren Bedingungen verlaufende bilaterale Prozeß der Normalisierung in der Phase der Entspannungspolitik stieß in den folgenden Jahren jedoch immer wieder auf Hindernisse, die teils aus der internationalen Entwicklung, teils aus der Innenpolitik der beiden Staaten, insbesondere aus dem triangulären Geflecht der Beziehungen zwischen der Bundesrepublik Deutschland, der DDR und Polen resultierten, ebenso aus den strittigen historischen Problemen. Wesentlicher blieb indessen, daß kontinuierliche politische Konsultationen, ein schnell wachsender Besucherstrom, vielfältige Kontakte auf fast allen gesellschaftlichen Ebenen – gefördert durch einen regen Kulturaustausch, Partnerschaftsabkommen und das Forum der Bundesrepublik Deutschland und Polens – das Netz der Beziehungen so zu verdichten begannen, daß sich die Menschen mehr und mehr mit der Politik der Versöhnung identifizieren konnten. Als in Polen 1981 das Kriegsrecht ausgerufen wurde, ließen sich viele Deutsche in ihrem solidarischen Verhalten mit der polnischen Bevölkerung nicht übertreffen.

Auf dem Wege zur deutsch-polnischen Interessengemeinschaft

Mit den Vereinbarungen zwischen Michail Gorbatschow und Helmut Kohl im Juli 1990 wurde das letzte nennenswerte Hindernis ausgeräumt, um die Bundesrepublik Deutschland, die Deutsche Demokratische Republik und Berlin in einem freiheitlichen Staat zu vereinigen.

Zu den Gründen, die diesen ebenso überraschenden wie erstaunlich schnellen Prozeß der Transformation ermöglichten, zählten neben der bahnbrechenden systemöffnenden Kooperation zwischen Ost und West (KSZE) auf der Grundlage gesicherter Verteidigungsfähigkeit (Harmel) die überragende Rolle Gorbatschows, die »sanfte Revolution« in der DDR und die entschlossene Politik einiger osteuropäischer Länder. Vor allem Polen hat einen besonderen Beitrag zur schrittweisen Evolution in Europa geleistet und damit zur Förderung einer deutsch-polnischen Interessengemeinschaft und des friedlichen Wandels in Europa. Allerdings konnte ein Friede der Wahrhaftigkeit zwischen den einst so verfeindeten Völkern erst dann zur Realität werden, als die Deutschen ohne Wenn und Aber die Oder-Neiße-Grenze als endgültig anerkannten.

Am 14.11.1990 wurde der deutsch-polnische Grenzvertrag in Warschau unterzeichnet, in dem Vertreibung und Aussiedlung der Deutschen als Mahnung und Herausforderung zur Fortsetzung friedlicher Beziehungen beider Völker bezeichnet wurden. Mit dieser einvernehmlichen Regelung fand einer der schwierigsten und längsten Konflikte zwischen Polen und Deutschland sein Ende, was schmerzliche Gefühle bei so manchem Deutschen, der seine Heimat hatte verlassen müssen, ausgelöst haben mag. Aber dieser Grenzvertrag war sicherlich ein Preis für die Entfesselung des Zweiten Weltkrieges 1939 durch das NS-System, mit all den furchtbaren Konsequenzen, und für die Einheit der Deutschen (3.10.1990).

1990/91 wurde schließlich im diplomatischen Raum um den Abschluß eines grundlegenden Vertragswerkes zwischen Deutschland und Polen gerungen. Durch dieses sollten alle wesentlichen Probleme künftiger Zusammenarbeit geregelt werden. Außerdem galt es, zukunftsweisendere Formen der Kooperation festzulegen.

Dies geschah am 17. Juni 1991. Dieser Tag kann als Beginn einer neuen »Epoche« in den beiderseitigen Beziehungen bezeichnet werden, denn mit diesem Vertrag über gute Nachbarschaft und freundschaftliche Zusammenarbeit wurde für das demokratische Polen das »Tor nach Europa« aufgestoßen. Zugleich wurden jene Voraussetzungen geschaffen, die für eine Brückenbildung zwischen Deutschen und Polen unabdingbar waren. Diese Entwicklungen wurden noch dadurch gefördert, daß beide Staaten die Visapflicht abschafften, um die Begegnungen, den kulturellen Austausch, den Reiseverkehr, das gegenseitige Kennenlernen und die Zusammenarbeit auf dem Gebiet des Umweltschutzes soweit wie möglich zu erleichtern. Das große Vertragswerk wird in der Alltagspraxis allerdings erst dann verwirklicht werden können, wenn die Bürgerinnen und Bürger beider Staaten es voll akzeptieren und dies durch ihr stetiges Engagement in Kultur, Gesellschaft und Wirtschaft beweisen. Das erfordert zugleich, entsprechend den europäisch-demokratischen Normen zu denken und zu handeln.

Jerzy Holzer

Jalta

Die Konferenz von Jalta, an der vom 4. bis 11. Februar 1945 die Regierungschefs der Sowjetunion, der Vereinigten Staaten und Großbritanniens teilnahmen, gilt gewöhnlich als Quelle der Beschlüsse, die die Teilung Europas in zwei Blöcke zur Folge hatten. Man spricht gewöhnlich vom System von Jalta. Die Historiker sind darüber geteilter Meinung, auch wenn sie sich darüber einig sind, daß Jalta für die Festlegung sowjetischer Einflußzonen und damit des späteren kommunistischen Blocks eine wichtige Rolle spielte. Die Konferenz von Jalta entschied, zusammen mit der vorangegangenen Konferenz von Teheran und der späteren Potsdamer Konferenz, auch über das Schicksal Deutschlands und Polens.

Auf der Teheraner Konferenz vom 28. November bis 1. Dezember 1943 vereinbarten die Regierungschefs der drei Mächte, daß die Sowjetunion jene Gebiete im Osten Vorkriegspolens erhalten sollte, die in etwa mit der Zone übereinstimmten, die nach dem Septemberfeldzug 1939 abgeteilt worden war. Zum Ausgleich dafür sollte Polen Gebiete im Osten Deutschlands erhalten, und zwar einen Teil Ostpreußens und die östlich der Oder gelegenen Gebiete. Den anderen Teil Ostpreußens sollte die Sowjetunion erhalten.

Andere Beschlüsse außer jenen über die Grenzen (die aber auch im allgemeinen blieben) wurden hinsichtlich der Zukunft Deutschlands und Polens nicht gefaßt. Von einer eventuellen Teilung Deutschlands war die Rede, doch wurden unterschiedliche Meinungen laut. Es ist schwer zu sagen, ob Roosevelt und Churchill sich damals schon über die weitergehenden sowjetischen Pläne im Hinblick auf Polen im klaren waren. Sie hätten jedoch mit ihnen rechnen müssen, denn Stalin machte in Teheran keinen Hehl aus seiner feindseligen Haltung gegenüber der polnischen Exilregierung, die er sogar der Kollaboration mit Deutschland bezichtigte.

Die Beschlüsse von Jalta waren sehr viel konkreter. Vor allem wurde beschlossen, Deutschland in vier Besatzungszonen aufzuteilen, wobei jedoch durch Bildung einer Kommission der Oberbefehlshaber der Besatzungstruppen eine einheitliche Verwaltung erhalten bleiben sollte. Ihren Sieg vor Augen, erklärten die drei Mächte außerdem ihre Entschlossenheit, den deutschen Militarismus und Nationalsozialismus zu zerschlagen und zu verhindern, daß Deutschland noch einmal den Frieden brechen könnte. Deutschland sollte entwaffnet, der deutsche Generalstab ein für allemal aufgelöst werden; Kriegsverbrecher sollten abgeurteilt und die von Deutschland verursachten Schäden vollständig durch Reparationen ausgeglichen werden. »Es ist nicht unsere Absicht, das deutsche Volk zu vernichten. Deutschland wird jedoch nur dann auf ein Leben in Würde und auf einen Platz in der Völkergemeinschaft hoffen können, wenn der Nationalsozialismus und der Militarismus ausgemerzt werden.«

Beriefen sich die Beschlüsse hinsichtlich Deutschlands auf die Ethik, so beruhten die Beschlüsse hinsichtlich Polens auf einem bestimmten Verständnis von »Realpolitik«. Roosevelt selbst hatte schon vor der Konferenz von Jalta gegenüber amerikanischen Senatoren geäußert, daß »es selbstverständlich nicht möglich ist, mit ihnen [den Russen – Zusatz des Verfassers] zu brechen, so daß der einzige realistische Kurs darin besteht, unseren Einfluß im Sinne einer Verbesserung der Situation geltend zu machen«. Man einigte sich daher auf die Bildung einer neuen polnischen Regierung, aber durch Umbildung der von Moskau gesteuerten kommunistischen

Regierung. Auf diese Weise desavouierte man die polnische Regierung im Exil, die während des ganzen Krieges eine Verbündete der Anti-Hitler-Koalition gewesen war. Zwar sprach man in Jalta davon, daß in Polen so bald wie möglich freie Wahlen stattfinden sollten, doch ist es fraglich, ob die amerikanischen und britischen Politiker wirklich glaubten, daß die Sowjetunion ihren in Jalta bestätigten Einfluß wenige Monate später aufgeben würde.

Während der Konferenz auf der Krim faßten die Mächte auch die öffentlich bekanntgegebenen Beschlüsse über die Grenzen Polens und Deutschlands in der Form, wie sie in Teheran festgelegt worden war. Die Ostgrenzen Polens wurden demnach relativ genau festgelegt. Sie sollten sich grundsätzlich mit der sogenannten Curzon-Linie decken, die nur geringfügig zugunsten Polens von der 1939 gezogenen Grenzlinie zwischen der deutschen und der sowjetischen Zone abwich. Die Westgrenze Polens wurde aber noch immer nicht exakt festgelegt; man beließ es bei der Formel vom angemessenen Ausgleich.

Die Amerikaner und Engländer dachten, die Beschlüsse von Jalta über Deutschland und Polen, aber auch über Jugoslawien (und die früheren Beschlüsse über eine gemeinsame Politik gegenüber den besiegten Verbündeten Deutschlands) würden eine Aufteilung Europas in Einflußzonen der Siegermächte verhindern. Dieser Optimismus galt allerdings eher der eigenen Öffentlichkeit. Denn im Grunde war man sich darüber im klaren, daß die Sowjetunion über alle Gebiete, die sie militärisch kontrollierte, die uneingeschränkte Vorherrschaft ausübte, und diese Vorherrschaft akzeptierte man.

Während die Engländer wegen dieser Situation sichtlich beunruhigt waren, schienen Roosevelt und seine Mitarbeiter an eine demokratische Zukunft der sowjetischen Politik zu glauben und eine Art Kondominium der Großmächte, besonders der USA und der Sowjetunion, über Europa für möglich zu halten.

Die Vereinbarungen von Jalta machten weitere Entscheidungen bezüglich Polens notwendig. Belastet wurden sie dadurch, daß der NKWD die Führer des polnischen Widerstands gegen die deutsche Besatzung, die sich zu Gesprächen auf der Grundlage der Beschlüsse von Jalta bereit erklärten, Ende Februar 1945 verhaftete.

Während im Juni kommunistische und nichtkommunistische Politiker in Moskau über die Bildung einer neuen polnischen Regierung verhandelten, standen General Leopold Okulicki, der letzte Oberbefehlshaber der Heimatarmee, und führende Politiker der Untergrundbewegung vor Gericht. Die Provisorische Regierung der Nationalen Einheit war von Anfang an ein Werkzeug Moskaus und der polnischen Kommunisten. Die in Jalta angekündigten freien Wahlen wurden lange hinausgeschoben, und als sie schließlich im Januar 1947 stattfanden, herrschte eine Atmosphäre des Terrors und der unverhüllten Wahlfälschung.

Waren bezüglich der inneren Entwicklung Polens schon auf der Konferenz von Jalta Entscheidungen gefallen, so wurde, was Deutschland und die deutsch-polnische Grenze betrifft, auf der Potsdamer Konferenz, die vom 17. Juli bis 2. August 1945 stattfand, zwischen den Regierungschefs der Sowjetunion, der Vereinigten Staaten und Großbritanniens weiter beraten. Die Absichten bezüglich Deutschlands wurden in die Formel gefaßt: Entmilitarisierung, Entnazifizierung, Entkartellisierung und Demokratisierung. Zusammen mit geplanten gewaltigen Reparationen, die Deutschland zahlen sollte, bedeutete das, außer politischen Wandlungen, eine Veränderung der wirtschaftlichen Strukturen Deutschlands, eine Beschränkung seiner industriellen Entwicklungsmöglichkeiten und eine dauerhafte Senkung seines Lebensstandards.

In Potsdam wurden erstmals auch konkrete Beschlüsse über den künftigen Verlauf der deutsch-polnischen Grenze gefaßt. Man legalisierte sowjetische Maßnahmen, die unter Berufung auf die Beschlüsse von Jalta darauf hinausliefen, daß die Verwaltung östlich der Oder und der Lausitzer Neiße polnischen Behörden übertragen wurde. Ganz konkret entschied man über das Schicksal des nördlichen Teils Ostpreußens mit Königsberg, der der Sowjetunion zugesprochen wurde. Die Westgrenze Polens sollte dagegen erst in Friedensverträgen endgültig festgelegt werden. Im Widerspruch dazu stand jedoch der Beschluß über die Zwangsaussiedlung der Deutschen aus Polen (sowie aus den Gebieten östlich von Oder und Neiße), der Tschechoslowakei und Ungarn.

Auf diese Weise nahm das System von Jalta definitive Gestalt an. Es sollte nach dem Krieg, den die siegreiche Koalition im Namen der unvergänglichen moralischen Werte der Menschheit geführt hatte, eine neue langfristige Lösung bringen. Moralischen Wert hatte in Wahrheit aber nur die Verurteilung der Hitlerschen Verbrechen sowie die Annahme des Grundsatzes der Verantwortung für die Kriegsverbrechen und der Genugtuung für die von den Deutschen begangenen Taten und die von ihnen verursachten Schäden. Die Beschlüsse über die Nachkriegsordnung Europas, also die Einführung des sogenannten Systems von Jalta, waren dagegen in gewissem Sinne eine Fortsetzung des Zweiten Weltkriegs. Das künftige Schicksal der osteuropäischen Völker wurde in die Hände des verbrecherischen Stalinschen Regimes gelegt und den Großmachtinteressen der Sowjetunion untergeordnet. Beispielhaft war hier der Fall Polens, ging es doch um einen Verbündeten im Kampf gegen das nationalsozialistische Deutschland. Um so weniger Verständnis konnten die anderen Länder erwarten, zumal diejenigen, die im Krieg auf der Seite Deutschlands gestanden hatten.

Auch im Hinblick auf die Regelung der Grenzveränderungen und der Umsiedlung der Bevölkerung war die Nachkriegslösung eine Fortsetzung des Zweiten Weltkriegs. Die Sowjetunion erhielt alles, was sie in den Jahren 1939–1940 durch die Vereinbarungen mit Deutschland gewonnen hatte, und konnte sich zusätzlich Territorien einverleiben, die vorher zum feindlichen Deutschland und zur verbündeten Tschechoslowakei gehört hatten. Polen wurde um einige hundert Kilometer nach Westen verschoben. Millionen von Polen und Deutschen mußten ihre seit Generationen angestammte Heimat verlassen, sei es aus Furcht vor Repressionen, sei es – wie im Fall der Deutschen – zwangsweise, nach dem Grundsatz der Kollektivverantwortung.

Das Wesen des Systems von Jalta bestand seitdem fast ein halbes Jahrhundert lang in der Teilung Europas. In seinem westlichen Teil wurden die Menschen- und Bürgerrechte, die politische Demokratie und die freie wirtschaftliche Betätigung wiedereingeführt. Im östlichen Teil setzte die Sowjetunion auf Dauer Regime nach eigenem Muster ein. Im Osten wie im Westen wurde die Existenz des Systems von Jalta mit der Notwendigkeit begründet, in

Europa und weltweit das globale Gleichgewicht aufrechtzuerhalten. Das System von Jalta schuf, wie sein Zusammenbruch im Jahre 1989 bewies, tiefgreifende Gegensätze im Lebensstandard, in den politischen Formen und der Kultur. Selbst wenn es zeitweilig dem internationalen Gleichgewicht gedient hat, so hat es doch für die Zukunft die Voraussetzungen eines äußerst gefährlichen Mangels an Stabilität und Gleichgewicht geschaffen.

Dieter Bingen

Oder-Neiße-Grenze

Mit der Unterzeichnung des »Vertrages zwischen der Bundesrepublik Deutschland und der Republik Polen über die Bestätigung der zwischen ihnen bestehenden Grenze« am 14. November 1990 in Warschau durch die Außenminster Genscher und Skubiszewski und seiner Ratifizierung durch die Volksvertretungen in Deutschland und in Polen fand ein politisch-territorialer Streit sein völkerrechtlich wirksames Ende, der 45 Jahre lang die Beziehungen zwischen Deutschen und Polen belastet hatte. Die Kontroverse um die Oder-Neiße-Grenze als deutsch-polnische Grenze war Gegenstand erbitterter politischer, völkerrechtlicher, moralischer und historischer Debatten im Gesamtkomplex des deutsch-polnischen Beziehungsgeflechts seit dem Ende des Zweiten Weltkriegs gewesen.

Die 1945 faktisch festgelegte östliche Grenze Deutschlands und Westgrenze Polens war das Resultat einer willkürlichen Entscheidung. Sie zog einen Schlußstrich unter eine über 800 Jahre währende Entwicklung, und dennoch war sie nicht aus der Luft gegriffen. James Graf von Moltke und andere Deutsche, die offenen Auges auf das Ende der nationalsozialistischen Herrschaft blickten, prophezeiten die Zurückdrängung des Deutschtums als das fatale Ergebnis einer Politik, die mit der Hitlerschen Machtergreifung und der Unterstützung einer Mehrheit im deutschen Volk begann und in der NS-Vernichtungspolitik in Ostmittel- und Osteuropa, in der Fundamentalnegation der europäischen Zivilisation, ihre selbstzerstörerische Erfüllung fand. Polnische Historiker und Politiker, von dem Westgedanken (myśl zachodnia) gefesselt, hatten von einer »Rückkehr urpolnischer Gebiete zum Mutterland« und von einer polnischen Westgrenze an Oder und Lausitzer Neiße seit Jahrzehnten geträumt – lange vor Hitler.

Jedoch weder Deutsche noch Polen entschieden über die neue deutsch-polnische Grenze, die zugleich die jüngste Grenze zwischen Deutschland und einem Nachbarn überhaupt ist, es waren die Siegermächte des Zweiten Weltkriegs, die USA, die Sowjetunion und Großbritannien, die ihren Verlauf bestimmten. Nicht historische Legitimationsansprüche, sondern die Niederlage Deutschlands und Machtpolitik entschieden in Jalta und Potsdam über die deutsch-polnische Grenze, wie der Posener Völkerrechtler Krzysztof Skubiszewski, Außenminister seit 1989, schon in den siebziger Jahren festgestellt hatte.

In Polen war unmittelbar vor Beginn der Potsdamer Konferenz (17.7.–2.8.1945) eine Übergangsregierung gebildet worden, in der neben den entscheidenden kommunistischen und prokommunistischen Kräften einige bürgerliche Exilpolitiker Platz fanden. Die Regierungsumbildung ermöglichte die Teilnahme einer polnischen Delegation an der Konferenz im Sommer 1945. Nachdem Stalin durch die Annexion der polnischen Ostgebiete im Jahre 1940 eine Alternative für die territoriale Gestalt Polens, die in allen politischen Lagern des Landes, vor allem aber bei den nichtkommunistischen Politikern, seit Jahren kontrovers diskutiert worden war, einseitig ausgeschlossen hatte, galt, für die polnische Seite weitgehend unstrittig, eine territoriale Kompensation im Westen (bis zur Oder einschließlich Stettin und Lausitzer Neiße) und im Norden (südlicher Teil Ostpreußens) als conditio sine qua non einer zukünftigen Friedensregelung mit Deutschland.

Stalins Ziel bei der Verfolgung seiner Polenpolitik war neben der Konsolidierung der Westgrenze des sowjetischen Imperiums die Fortsetzung und Festigung des deutsch-polnischen Antagonismus für alle Zukunft, die Fesselung Polens an die Sowjetunion als den einzigen Garanten der territorialen Integrität Polens angesichts des erwarteten deutschen Grenzrevisionismus und die Legitimierung der ungeliebten polnischen Kommunisten in ihrer Heimat als Vollender der piastischen Staatsidee (territoriale Westorientierung Polens in Anlehnung an die territoriale Ausdehnung unter den Piastenherrschern um die Jahrtausendwende).

Die polnische Forderung nach Anerkennung der Oder-Neiße-Grenze als endgültiger deutsch-polnischer Grenze, die an die Adresse der bundesdeutschen Politik und Gesetzgebung gerichtet war, diente in den folgenden vier Jahrzehnten der Integration der Gesellschaft und der Legitimierung einer politischen Klasse, die nicht durch freie Wahlen an die Macht gekommen war. Zu ihrem Glück sahen sich die neuen Herren in Polen in der ehrenwerten Gesellschaft der römisch-katholischen Kirche Polens, die an der piastischen Staatsidee in Verbindung mit der Gelegenheit zur Rekatholisierung bisher deutscher – überwiegend protestantisch geprägter – Provinzen Gefallen zeigte. Es sei hier erwähnt, daß die katholische Kirche nach dem Umbruch in Polen im Jahre 1989 offensichtlich größere Schwierigkeiten bei der Revision eines polonozentrischen und apologetischen Geschichtsverständnisses hat als die neue politische Elite, die aus der »Solidarność«-Bewegung hervorgegangen ist und den instrumentalen Charakter und die Beliebigkeit historischer Argumente und territorialer Ansprüche sehr kritisch sieht.

In Abschnitt IX des Potsdamer Protokolls wurde die endgültige Festlegung (delimitation/determination) einer deutsch-polnischen Grenze zwar einer Friedensregelung (peace settlement) vorbehalten. Jedoch schufen der in Abschnitt XIII vorgesehene »Transfer« der deutschen Bevölkerung aus Polen (u. a.) und die Rede von »ehemaligen deutschen Gebieten« in Abschnitt IX im Zusammenhang mit den Gebieten östlich von Oder und Neiße gewichtige politische Präjudizien für die tatsächliche Nachkriegsentwicklung. Unter die Verwaltung des polnischen Staates kamen 1945 die Territorien »östlich einer Linie, die von der Ostsee unmittelbar westlich von Swinemünde und von dort entlang der Oder bis zur Einmündung der westlichen Neiße und die westliche Neiße entlang bis zur tschechoslowakischen Grenze verläuft«. Diese Verlaufsbeschreibung wurde mit unwesentlichen sprachlichen Abweichungen im »Abkommen zwischen der Republik Polen und der Deutschen Demokratischen Republik über die Markierung der festgelegten und bestehenden polnisch-deutschen Staatsgrenze« (Görlitzer Vertrag) vom 6. Juli 1950 (Art. 1) und im »Vertrag zwischen der Bundesrepublik Deutschland und der Volksrepublik Polen über die Grundlagen der Normalisierung ihrer gegenseitigen Beziehungen« (Warschauer Vertrag) vom 7. Dezember 1970 (Art. 1) übernommen. Auf diese Artikel wiederum bezieht sich Art. 1 des Grenzvertrages von 1990 zwischen dem vereinten Deutschland und Polen. Eine weitgehend unbeachtete Fußnote der Geschichte blieb die Frage der Zugehörigkeit der in ihrem Kern westlich der Oder gelegenen Stadt Stettin und ihres westlich der Oder gelegenen Umlandes zum polnischen Verwaltungsgebiet. Sie war bis zum Sommer 1945 zwischen den polnischen Behörden und der sowjetischen Besatzungsmacht in Deutschland umstritten. Erst im Oktober 1945 kam es zu einer die polnischen Ansprüche befriedigenden Regelung für Stettin, wobei bis zum 8. Juli 1946 die deutsche Enklave Politz (Police) nördlich von Stettin geduldet werden mußte. Über den erbitterten Kampf um ein polnisches Stettin berichtete in den 80er Jahren ausführlich und subjektiv der erste Stadtpräsident von Stettin (Szczecin), Piotr Zaremba.

Während die polnische Regierung ihren Standpunkt in der Grenzfrage seit 1945 vertreten konnte, befand sich Deutschland bis 1949 unter einem Besatzungsregime und entbehrte einer Exekutive, die außenpolitisch hätte wirksam sein und einen verbindlichen deutschen Standpunkt zur Frage der deutschen Ostgrenze formulieren können. Es bildeten sich aber bereits vor der Gründung der BRD und der DDR im Mai bzw. Oktober 1949 deutsche Standpunkte zur Oder-Neiße-Linie heraus. Die Haltung der großen Parteien in den Westzonen war von Anfang an eindeutig: keine Anerkennung einer deutsch-polnischen Grenze vor Abschluß eines Friedensvertrages mit Deutschland. Die deutsch-polnische Grenzfrage und ihre Diskussion auf internationalen Konferenzen waren von Anfang an durch die unpräzisen Formulierungen belastet, die von den Großen Drei in Potsdam gewählt worden waren.

Während die polnischen Politiker seit Frühjahr 1945 die Endgültigkeit der Oder-Neiße-Grenze betonten, konnte sich in Deutschland anfangs nicht einmal die Sozialistische Einheitspartei (SED) in der sowjetischen Besatzungszone damit einverstanden erklären. Noch 1947 erklärte Otto Grotewohl in Stuttgart: »Die SED bedauert jede Grenzveränderung. Die Oder-Neiße-Linie wird von ihr genauso abgelehnt wie Grenzveränderungen im Westen.« Erst die Verschärfung des Kalten Krieges und die Vertiefung der Spaltung in Deutschland führten seit der Jahreswende 1947/48 zu einer Kehrtwende der SED.

Für die neu gegründete Bundesrepublik Deutschland formulierte Bundeskanzler Adenauer in seiner Regierungserklärung am 20. September 1949 den ablehnenden Standpunkt der Bundesregierung und der bundesdeutschen Parteien mit Ausnahme der KPD zur Oder-Neiße-Grenze: »Wir können uns [...] unter keinen Umständen mit einer von Sowjetrußland und Polen [...] einseitig vorgenommenen Abtrennung dieser Gebiete abfinden.« Dementsprechend entschieden war die Ablehnung des Görlitzer Vertrages durch die Bundesregierung und alle Fraktionen des Bundestages mit Ausnahme der kommunistischen Abgeordneten.

Die Bundesrepublik Deutschland und die Volksrepublik Polen beharrten fast zwei Jahrzehnte auf ihren seit ihrer Gründung eingenommenen Standpunkten und erhielten in diesen Positionen Unterstützung durch die Führungsmächte und jeweiligen Verbündeten, wobei den westlichen Verbündeten der Bundesrepublik bei Respektierung des formalrechtlichen Arguments der Bundesregierung die politische Unterstützung einer Infragestellung der faktisch bestehenden deutsch-polnischen Grenze von Jahr zu Jahr schwerer fiel und in den sechziger Jahren nicht mehr vorhanden war. Einen dezidierten Status-quo-Standpunkt in der Grenzfrage nahm Frankreich bereits seit 1959 ein.

Dem von den deutschen Heimatvertriebenen verfochtenen Recht auf Heimat als einem der von Gott geschenkten Grundrechte der Menschheit (Charta der Vertriebenen vom 5. August 1950) begegneten die Polen im Laufe der Jahre mit immer größerer Berechtigung mit dem Heimatrecht der seit 1945 in den ehemaligen deutschen Ostprovinzen geborenen Polen, deren Familien ihrerseits aus ihrer alten Heimat in den an die Sowjetunion verlorenen Ostgebieten vertrieben worden waren.

In den fünfziger und sechziger Jahren schien sich zwischen den

Deutschen in Westdeutschland und Polen fast nichts zu bewegen, bis in verschiedenen gesellschaftlichen Kreisen die Forderung lauter wurde, die Ebene der völkerrechtlichen Argumentation zu verlassen, die hoffnunglose Verstrickung in vergangenheitsorientierten Abrechnungen aufzulösen und die Grenzveränderung nach dem Zweiten Weltkrieg in dem größeren Zusammenhang moralischer und historischer Dimensionen des deutsch-polnischen Verhältnisses, deutscher Verantwortung und Schuld an dem furchtbaren Schicksal Polens im Zweiten Weltkrieg zu bewerten sowie das Jahr 1945 mit dem Jahr 1933 zu erklären.

Die Bewußtseinsveränderungen und der Generationswechsel in der Bundesrepublik erlaubten es schließlich der sozial-liberalen Koalition unter Bundeskanzler Brandt und Außenminister Scheel, am 7. Dezember 1970 einen »Normalisierungsvertrag« mit Polen abzuschließen, der zwar für unterschiedliche Interpretationen offen blieb und im Artikel 4 eine Nichtberührungsformel bezüglich früher abgeschlossener Verträge der beiden Seiten (z. B. Deutschlandverträge der Bundesrepublik mit Friedensvertragsvorbehalt) enthält, dessen politischen Kern jedoch der Artikel 1 birgt, in dem die Bundesrepublik Deutschland und Polen feststellen, daß die Oder-Neiße-Grenze die Westgrenze Polens bildet.

Am Ende einer langen innenpolitischen Debatte in der Bundesrepublik Deutschland stand die Ratifikation des Warschauer Vertrages am 17. Mai 1972 durch den Bundestag und am 19. Mai durch den Bundesrat. Anläßlich der Abstimmung über den Warschauer und den Moskauer Vertrag erklärte der Deutsche Bundestag in einer Entschließung: »Die Verträge nehmen eine friedensvertragliche Regelung für Deutschland nicht vorweg und schaffen keine Rechtsgrundlage für die heute bestehenden Grenzen.« Gleichzeitig wurde betont, daß »die Rechte und Verantwortlichkeiten der Vier Mächte in bezug auf Deutschland als Ganzes und auf Berlin [...] durch die Verträge nicht berührt« werden. Die alten Bonner Rechtsvorbehalte wurden also ungeachtet des Artikels 1 des Warschauer Vertrages (»Sie bekräftigen die Unverletzlichkeit ihrer bestehenden Grenzen jetzt und in der Zukunft [...]«) nochmals – völkerrechtlich allerdings unverbindlich – festgeschrieben und entwerteten das Vertragswerk für Polen in erheblichem Maße.

Es sollte noch über ein Jahrzehnt dauern, bis die nunmehr regierenden Christdemokraten zumindest die »politische Bindungswirkung« (Volker Rühe) des Warschauer Vertrages mit Blick auf eine zukünftige Friedensregelung mit Deutschland respektierten. Eine regelrechte Kampagne inszenierte die polnische Führung nochmals 1983/84 mit überzogenen Revisionismusvorwürfen und dem Gespenst eines Pangermanismus vor dem Hintergrund des langwierigen Klärungsprozesses bezüglich der Oder-Neiße-Grenzproblematik innerhalb der CDU/CSU. Die Instrumentalisierung eines deutschen Feindbildes stand vorläufig zum letzten Mal auf der Tagesordnung der polnischen Innenpolitik. Nach der Verhängung des Kriegsrechts und der vorläufigen Ausschaltung der »Solidarność« war die Herrschaft der polnischen Kommunisten geschwächt und suchte sich außenpolitische Entlastung. Allerdings stieß auch in der Bundesrepublik die überproportionale Berücksichtigung der Interessen der sogenannten Berufsvertriebenen des Bundes der Vertriebenen (BdV) in den ersten zwei Jahren nach der Regierungsübernahme durch Bundeskanzler Kohl (Oktober 1982) auf Kritik und Unverständnis.

Völlig überraschend für Deutsche und Polen erfuhr das Stichwort Oder-Neiße-Grenze in seiner seit 45 Jahren überkommenen Problemstellung ein letztes Mal Aktualität, als in Mittel- und Südosteuropa der »Völkerfrühling«, der Zusammenbruch der alten Ordnung, die Spaltung des Kontinents und Deutschlands aufhob. Die Friedensregelung (peace settlement), wie sie im Potsdamer Protokoll unbestimmt für Deutschland angestrebt worden war und an die fast niemand mehr in Europa geglaubt hatte, wurde zum Tagesordnungspunkt Nummer Eins der hektischen und schließlich erfolgreichen europäischen Diplomatie im Jahre 1990. Mit den 2 plus 4-Vereinbarungen über die Herstellung der Einheit Deutschlands wurden zuerst die beiden deutschen Staaten, dann das vereinte Deutschland aufgefordert, einen Grenzvertrag mit Polen abzuschließen, der die bestehende deutsch-polnische Grenze an Oder und Lausitzer Neiße völkerrechtlich endgültig bestätigt. Die am 18. März 1990 erstmals frei gewählte Volkskammer der DDR und der Deutsche Bundestag verabschiedeten am 21. Juni 1990 gleichlautende Erklärungen, in denen der Wille zum Ausdruck kommt, »daß der Verlauf der Grenze zwischen dem vereinten Deutschland und der Republik Polen durch einen völkerrechtlichen Vertrag endgültig [...] bekräftig wird« – so geschehen im Vertrag vom 14. November 1990, der in dem engen politischen Zusammenhang mit dem Vertrag über gute Nachbarschaft und freundschaftliche Zusammenarbeit vom 17. Juni 1991 der deutsch-polnischen Grenze eine völlig neue Qualität zuschreibt.

Nach der Vereinigung Deutschlands, der Herstellung der Menschen- und Bürgerrechte und der demokratischen Freiheiten in ganz Deutschland und in Polen soll die Grenze an Oder und Lausitzer Neiße die Völker nicht mehr trennen, sondern Brücke zwischen Deutschen und Polen werden. Die Politiker und die relevanten gesellschaftlichen Gruppen auf beiden Seiten sind bestrebt, der deutsch-polnischen Grenze den verbindenden Charakter zu geben, den die Grenzen im Rahmen der Europäischen Gemeinschaft im Verlauf der vergangenen Jahrzehnte gewonnen haben. Erste Projekte regionaler Zusammenarbeit im Bereich von Natur- und Umweltschutz und Infrastrukturpolitik (Euroregio-Konzepte) wurden bereits vor der Unterzeichnung des Nachbarschaftsvertrages angekündigt.

Wolfgang Benz

Flucht – Vertreibung – Zwangsaussiedlung

Im April 1991 wurde die Oder-Neiße-Linie zu einer normalen europäischen Grenze, die von den Bürgern beider Länder nach flüchtiger Kontrolle ohne Visum jederzeit nach Belieben überschritten werden kann. Einander ganz entgegengesetzte Bilder beherrschten am 8. April, dem ersten Tag der Freizügigkeit, die Medien: stumpfsinnig grölende junge Neonazis, die den Besucherstrom aus Polen zu hindern trachteten, und die Einreisenden mit dumpfem Haß konfrontierten, und eine junge Frau, die Nachbarn aus Polen mit Blumen willkommen hieß. Welche der beiden Reaktionen weist in die Zukunft?

Keine Grenze im Europa des 20. Jahrhunderts war so umstritten wie diese, die nach dem Zweiten Weltkrieg zum Synonym von

Emotionen wurde, des Schmerzes auf der einen, der Angst auf der anderen Seite. Der Schmerz auf der deutschen Seite wurde sublimiert im Bewußtsein, am Ende des Zweiten Weltkriegs Unrecht erlitten und Greuel erlebt zu haben, die beispiellos waren: Flucht und Vertreibung aus den Ostgebieten wurden zum Trauma und zu einer Erinnerung, unter der alles frühere Geschehen verschüttet wurde. Auf polnischer Seite nährten Manifestationen der westdeutschen Vertriebenenverbände wohl die Furcht, der westliche Nachbar würde, wenn nur erst wieder erstarkt, die alte Politik wieder aufnehmen und zurückfordern, notfalls gewaltsam wiedererobern, was 1945 verlorenging. Die Abmachungen und Verträge, die verordnete Freundschaft mit der DDR haben gegen solche Emotionen wenig ausrichten können – die Sprachregelungen Ostdeutschlands im Zeichen sozialistischer Verbundenheit ebenso wenig wie die Sprachregelungen Westdeutschlands, die mindestens zweieinhalb Jahrzehnte lang nach dem Zusammenbruch des NS-Regimes den offiziellen Anspruch auf die ehemals deutschen Gebiete deklamierten.

Die Kultivierung des Unrechtsbewußtseins – über die Rache der Polen, die bei der Vertreibung ihre Wut an Unschuldigen ausließen, über den Verlust von Angehörigen, des Eigentums, der Heimat – half vielen Deutschen, die Ursachen der Katastrophe zu vergessen und zu verdrängen. Daß der Zweite Weltkrieg mit dem deutschen Überfall auf Polen im September 1939 begann, wurde zwar unangefochtenes Schulbuchwissen, aber es war doch einigermaßen abstrakt – das zeigte sich spätestens bei den Aufwallungen, mit denen man auf Willy Brandts Kniefall vor dem Ghetto-Mahnmal in Warschau im Dezember 1970 reagierte. Welche andere Geste aber hätte der deutsche Bundeskanzler machen können, um die einzig mögliche und richtige Emotion auszudrücken angesichts der Opfer deutscher Aggression? Weit über fünf Millionen polnischer Bürger – Juden und Christen – hatten zwischen 1939 und 1945 den Tod gefunden, und die meisten davon waren ermordet worden.

Wer mochte sich nach 1945 an die Ziele der nationalsozialistischen Rassenpolitik erinnern, wer wollte noch von den Methoden und Zielen deutscher Besatzungsherrschaft »im Osten« etwas wissen? Da mußten doch 1939/40 etwa 1,2 Millionen Polen ihre Heimat verlassen, weil sie als »Reichsgaue Wartheland und Danzig-Westpreußen« annektiert war. Sie mußten ins »Generalgouvernement« übersiedeln, denn das Ziel der Deutschen war die »Schaffung einer rassischen und damit geistig-seelisch wie völkisch-politisch einheitlichen deutschen Bevölkerung«. So wurde es in einer Denkschrift vom November 1939 propagiert, deren Verfasser in aller Deutlichkeit ausdrückten, was geplant war: »daß alle nicht eindeutschbaren Elemente rücksichtslos beseitigt werden müssen«. Und in der Praxis kam es noch ärger. Da gab es einen Führerbefehl, der die Säuberung des Reichsgebiets von »Juden, Polacken und Gesindel« gebot, und dann, ab dem Frühjahr 1941, wurde unter Federführung Himmlers, des Reichsführers SS, die Bevölkerung in Kategorien der »Deutschen Volksliste« eingeteilt: »Reichsdeutsche« und »Volksdeutsche« waren die privilegierten Herrenmenschen, Polen wurden verjagt und deportiert oder lebten, ihres Eigentums und ihrer Rechte beraubt, als billigste Arbeitskräfte benutzt, in der Erwartung ihrer Umsiedlung in weiter östlich gelegene Territorien, die die Wehrmacht noch erobern sollte.

Himmler formulierte die bevölkerungspolitischen Ziele der deutschen Besatzungsherrschaft Ende 1939. In seiner Vision war den Polen die Rolle eines »führerlosen Arbeitsvolks« zugedacht, das Deutschland uneingeschränkt zur Verfügung stünde: Sie würden »bei eigener Kulturlosigkeit unter der strengen, konsequenten und gerechten Leitung des deutschen Volkes berufen sein, an dessen ewigen Kulturtaten und Bauwerken mitzuarbeiten«. Solche monströse Ankündigung wurde nach Kräften in die Tat umgesetzt. Man realisierte die Versklavung, Vertreibung, Vernichtung ganzer Völker, und die polnische Nation war von der nationalsozialistischen Politik des Lebensraums und der Rassenideologie (die zwischen wertvollen deutsch-germanischen und minderwertigen sonstigen Menschen unterschied) am ärgsten von allen Staaten Europas getroffen.

Nicht nur, daß Polen als Staat wiedererstehen sollte, war unter den Alliierten lange vor dem Zusammenbruch des Hitler-Regimes unstrittig, auch daß die Polen für den Gebietsverlust in ihrem Osten zu Lasten Deutschlands entschädigt würden. Und konsequent erschien es auch, daß sich die Minderheitenprobleme durch die Umsiedlung der Deutschen westwärts lösen ließen. Daß sich dies auf humane Weise durchführen lassen würde, war freilich ein Irrtum, dem die Teilnehmer der Konferenzen in Teheran, Jalta und Potsdam unterlegen wären, falls sie je daran geglaubt haben sollten.

Mitleid mit den betroffenen Deutschen hatte jedenfalls kaum jemand, zu groß waren bei den östlichen Nachbarn die Leiden, die ihnen nationalsozialistischer Germanisierungswahn und deutsche Besatzungsherrschaft zugefügt hatten. Angesichts der Massenmorde in Auschwitz und Treblinka, Majdanek und Sobibor und an so vielen anderen Orten auf polnischem Boden konnte es kaum Bereitschaft geben, die Leiden der in westlicher Richtung verjagten Deutschen zu würdigen. Die Polen hielten wohl für gerecht, was geschah, die Deutschen rechneten das Erlittene mit den Verbrechen des Hitlerstaates auf, beide Seiten hielten die Bilanz nicht für ausgeglichen.

In den Gebieten des Deutschen Reiches östlich von Oder und Neiße lebten nach dem Bevölkerungsstand von 1939 rund 10 Millionen Deutsche. Nach einer Rechnung von 1950 waren 7 Millionen von ihnen als Vertriebene in der Bundesrepublik und in der DDR registriert. Ungefähr 800000 Deutsche lebten nach Schätzungen (die auf polnischen und deutschen Quellen basierten) noch in Ostpreußen (75000), Ostpommern (50000), Ostbrandenburg (10000) und Schlesien (700000). Ausgehend von diesen Zahlen werden die Verluste – durch Kriegseinwirkung und als Folge der Vertreibung – auf mehr als zwei Millionen Menschen geschätzt. In diesem Gesamtbevölkerungsverlust sind die Gefallenen und in Kriegsgefangenschaft Verstorbenen (maximal eine halbe Million) enthalten und ebenfalls die Zahl von etwa 50000 Zivilpersonen, die vor Beginn der Flucht oder Vertreibung den Tod fanden, u. a. durch Bombenangriffe. Daraus ergibt sich, daß im Zuge der Vertreibung etwa 1,6 Millionen ostdeutsche Einwohner der Gebiete östlich von Oder und Neiße das Leben verloren. Die genaue Zahl wird sich nie ermitteln lassen, ebenso wenig wie man Grausamkeiten, Schikanen und Verbrechen an den bedauernswerten Opfern von Heimat- und Existenzverlust im Detail bilanzieren kann.

Unabhängig von den Quellenproblemen, an denen der Versuch

einer exakten Bilanz der Gesamtverluste scheitern muß, ist von interessierter Seite – Vertriebenenverbänden wie rechtskonservativen Politikern – eine Diskussion über die »Vertreibungsverbrechen« in Gang gesetzt worden, bei der Ressentiments eine wichtigere Rolle spielen als Argumente. Die Zaghaftigkeit amtlicher Stellen trug dazu bei, die These zu stützen, man wolle aus außenpolitischen oder sonstigen Gründen das Leid der Heimatvertriebenen vergessen, die Dimension des Schreckens negieren, die Zahlen und die Umstände der Vertreibung minimieren. Daß die wissenschaftlich so seriöse wie detailgenaue »Dokumentation der Vertreibung der Deutschen aus Ost-Mitteleuropa«, 1951 vom Bundesvertriebenenministerium in Auftrag gegeben, erst in den 80er Jahren eine breitere Öffentlichkeit fand, war zwar bedauerlich, berechtigt aber nicht zur Behauptung, die Vertreibung werde totgeschwiegen. In den vielen Bänden dieser Dokumentation sind Tausende von Erlebnisberichten publiziert, nichts wurde verschwiegen oder beschönigt. Ende der 60er Jahre beauftragte die Bundesregierung – es war die Große Koalition unter Kanzler Kiesinger – das Bundearchiv mit einer Expertise zu den »Vertreibungsverbrechen«. Die Möglichkeiten sollten geprüft werden, statistisch zu erfassen, wie viele Menschen während der Vertreibung Opfer von vorsätzlichen verbrecherischen Handlungen geworden sind. Die Zahl der Todesopfer liegt irgendwo zwischen einhunderttausend und einer viertel Million, soviel geht aus dem Bericht des Bundesarchivs hervor, der längst keine Verschlußsache mehr ist. Das Taktieren der Behörden, die anfängliche Geheimhaltung der Expertise gaben freilich den Interessenten Auftrieb, die die Untaten des NS-Staats mit »den Verbrechen der anderen Seite« verrechnen wollten.

Wenn Deutsche die Härte und Grausamkeit der Polen, die sie bei ihrer Vertreibung im Frühjahr 1945 in zahllosen Gewaltakten und Unbarmherzigkeiten erleben mußten, für beispiellos hielten, so hatten sie darüber ganz und gar vergessen, was polnischen Menschen durch Deutsche geschehen war. Und zwar unmittelbar vorher. Die dem Überfall im September 1939 folgende Politik der Besatzung, Ausbeutung und Annexion Polens stand ganz im Zeichen einer offen propagierten Mißachtung. Das begann mit der

Behandlung der polnischen Kriegsgefangenen, die im Deutschen Reich als Sklavenarbeiter eingesetzt wurden. Als die erbeutete Arbeitskraft einer halben Million Menschen nicht mehr ausreichte, wurden Zivilarbeiter angeworben, wobei sich die Methoden der Werbung zwischen Zwangsrekrutierung und Menschenjagd bewegten. Den deutschen Arbeitgebern, die Polen (vor allem in der Landwirtschaft) beschäftigten, wurde eingehämmert, daß es eine »rassische« und zivilisatorische Kluft zwischen Polen und Deutschen gebe, die nicht nur unüberbrückbar sei, sondern auch unüberbrückbar bleiben müsse.

Die deutschen Behörden waren erfinderisch bei immer neuen Diskriminierungen. So wurden die Löhne für die polnischen »Fremdarbeiter« per Verordnung weit unter dem deutschen Niveau gehalten, und seit Dezember 1941 gab es ein »Polensonderstrafrecht«, das auf der Grundlage einer unbegrenzten Gehorsamspflicht der Polen gegenüber den Deutschen die der Heimat beraubten Polen jeder Willkür auslieferte, in den annektierten Gebieten ebenso wie im Deutschen Reich, denn im Zweifel waren alle Handlungen von Polen strafwürdig und schuldhaft. Und das Polensonderstrafrecht galt ab Anfang 1942 sogar rückwirkend. Daß Arbeits- und Lebensbedingungen, Ernährung und Unterkunft für die polnischen Arbeiter unter dem Diktat einer solchen Mißachtung barbarisch waren, fiel den meisten Deutschen nicht auf, oder – schlimmer, aber auch wahrscheinlicher noch – sie hielten diese Behandlung der Polen für richtig.

Mit dem Zusammenbruch der nationalsozialistischen Herrschaft im Frühjahr 1945 waren die Probleme, die aus der Anwesenheit polnischer Arbeiter und Gefangener auf deutschem Boden resultierten, keineswegs gelöst. Die Probleme wechselten lediglich Erscheinungsform und Richtung. In der Terminologie der Alliierten waren die befreiten KZ-Häftlinge und Fremdarbeiter »Displaced Persons« (DPs), die man so schnell wie möglich in ihre Heimatländer zurückzubringen (zu »repatriieren«) gedachte. Es waren mehr als 10 Millionen Menschen aus vielen Nationen; die Westeuropäer konnten am schnellsten nach Hause gelangen, für die Bürger der Sowjetunion wurde die Repatriierung zum tödlichen Alptraum, am längsten übrig blieben Personen mit ungeklärtem nationalen Status, vor allem Juden und Polen. Sie warteten im besetzten Deutschland unter der Obhut der Alliierten auf den Transport in die alte oder in eine neue Heimat. Im Herbst 1945 lebten noch mehr als 900000 Menschen polnischer Herkunft auf deutschem Boden.

Das Heer der aus KZ und Zwangsarbeiterlagern Befreiten ängstigte die Deutschen, denn nun schuldete man ihnen menschenwürdige Behausung, Ernährung und Bekleidung, und die Opfer der Hitlerherrschaft waren wohl bereit, sich das ihnen Zustehende und Vorenthaltene jetzt auch zu nehmen, wenn man es ihnen nicht gab. Daß sich in die Euphorie der Befreiung auch Rachedurst mischte, lag in der Natur des Menschen. Um so erstaunlicher, daß die Wogen von Gewalt und Kriminalität, die man von den DPs befürchtete, eher niedrig waren. Trotz des Hungers und der Rachebedürfnisse überwogen die Friedfertigen, und es ist eine Tatsache, daß die Kriminalitätsrate der DPs nicht höher war als die der Deutschen. Aber es war bequem, die polnischen DPs als bösartige Horden von Marodeuren und Kriminellen zu betrachten.

Traurig ist es, daß dieses Bild gerade an den Polen hängenblieb. Ihnen wurden in der Erinnerung die Beutezüge und Brandschatzungen der heimwärts ziehenden Franzosen und Belgier ebenso angelastet wie die Alkoholexzesse der sowjetischen DPs. Den überlebenden Juden begegneten Gefühle des Entsetzens über ihr Schicksal und Scham, die in die Sowjetunion Zwangsrepatriierten lebten im kollektiven Gedächtnis der Deutschen fort als bedauernswerte Opfer von Stalins Gewaltpolitik. Für die polnischen Opfer deutscher Gewaltherrschaft gab es dagegen wenig Mitleid und kaum Verständnis. Selbst wenn sie zweimal – als Folge hitleristischer und stalinistischer Politik – die Heimat verloren hatten, wurde ihr Schicksal beim Beklagen deutscher Verluste von Land und Heimat nicht erwähnt. Im Gegenteil: Die polnischen DPs gerieten bei Vorfällen der zeitüblichen Kriminalität immer als erste in Verdacht, die Polen wurden dann von der deutschen Polizei immer härter angefaßt als die Deutschen, und wenn sie sich dagegen zur Wehr setzten, galt das nur als weiterer Beweis für Aufsässigkeit, Unbelehrbarkeit, asoziales Verhalten, bis hin zur kaum verhohlenen Feststellung, die Polen seien wegen eben dieser

Eigenschaften vom Hitlerregime so behandelt worden, wie sie es verdienten.

Solche Denk- und Verhaltensmuster dienten nicht nur der Beschwichtigung und Rechtfertigung, daran Interessierte rechneten auch – Ursachen und Vorgeschichten bewußt außer acht lassend – deutsches Leid nach 1945 mit polnischem Schicksal vor 1945 gegeneinander auf. Aber die Deutschen sollten in dieser Rechnung nach Meinung maßgeblicher Verbandsfunktionäre und deutschnationaler Revanchepolitiker mehr gelitten, mehr verloren und dann beim Wiederaufbau auch mehr geleistet haben als die Polen. Indem man so den alten Rassendünkel konservierte, blieb nicht nur das Unrecht auf polnischer Seite, auch das ökonomische Gefälle blieb erhalten, das die These deutscher Tüchtigkeit und die darauf beruhende Lehre von der deutschen Überlegenheit stützen soll, aus der Hitler das Recht des Stärkeren abgeleitet und angewendet hatte.

Gegen ein solches Geschichtsbild muß die Erinnerung an die Ursachen von Flucht und Vertreibung, Heimatverlust und Zwangsaussiedlung lebendig gehalten werden, wenn das Ziel einer normalen und guten Nachbarschaft zwischen Deutschen und Polen angestrebt wird. Dazu bedarf es aber, neben der freundschaftlichen Geste am Grenzübergang, der Einsicht in die historischen Zusammenhänge und Wechselwirkungen.

Edmund Dmitrów

Flucht – Vertreibung – Zwangsaussiedlung

Die nach dem Zweiten Weltkrieg erfolgte Zwangsaussiedlung der Deutschen aus Polen, von diesen selbst emotionaler als »Heimatvertreibung« bezeichnet, ist im historischen Bewußtsein der Polen kaum vorhanden. Es gibt natürlich Unterschiede zwischen den Regionen und den Generationen, aber man kann wohl sagen, daß, wenn es um gegenseitige Verantwortung und Schuld zwischen Polen und Deutschen geht, die Polen die Geschichte genauso unbedenklich im Mai 1945 enden lassen, wie sie für viele Deutsche erst mit diesem Datum beginnt.

Sofern man die Aussiedlung in Polen überhaupt als Problem wahrnimmt, wird sie nicht als eigenständige Frage gesehen, sondern als Element umfassenderer Prozesse, die als Kontext nicht von ihr zu trennen sind und aus denen Begründungen und Motivationen abgeleitet werden.

Infolge der 1939 zwischen dem Deutschen Reich und der Sowjetunion geschlossenen Abkommen und der Aggression dieser beiden Staaten wurde Polen besetzt und geteilt. 47 Prozent seines Staatsgebietes wurden der UdSSR einverleibt, und rund 1,2 Millionen Bewohner dieser Gebiete wurden deportiert. Auch in den von Deutschland annektierten Gebieten wurden von den Nazibehörden Zwangsaussiedlungen vorgenommen, von denen mehrere hunderttausend Personen betroffen waren. Für die deportierten Polen wurden deutsche Familien aus verschiedenen Ländern Europas angesiedelt. Die Zahl dieser Umsiedler betrug rund 350000; zusätzlich wurden rund 370000 Deutsche aus dem Reich angesiedelt.

Im Juli 1944 legte Stalin die polnisch-sowjetische Grenze längs der sogenannten »Curzon-Linie« fest. Anschließend wurden Verträge über einen Bevölkerungsaustausch zwischen Polen und den Sowjetrepubliken Ukraine, Weißrußland und Litauen abgeschlossen. Noch vor Jahresende trafen die ersten Transporte mit polnischen Umsiedlern »von jenseits des Bug« ein, die man jetzt »Repatrianten«, d. h. Heimkehrer ins Vaterland, nannte. In Wahrheit handelte es sich um die Umsiedlung einer nach Millionen zählenden Bevölkerung, die seit Jahrhunderten in den betroffenen Gebieten lebte und nun infolge der Grenzverschiebung die Heimat verlassen mußte. Darüber hinaus ließen mehrere hunderttausend Polen in den Ostgebieten Haus und Hof im Stich aus Angst vor dem Terror ukrainischer Nationalisten, der dazu beitragen sollte, einen unabhängigen ukrainischen Staat zu schaffen.

Nach Ansicht der maßgebenden politischen Kräfte Polens waren territoriale Neuerwerbungen im Westen und Norden für den polnischen Staat eine Frage von Sein oder Nichtsein. Man sah darin einen Weg zum Ausgleich der durch die Abtrennung der östlichen Landeshälfte eingetretenen Verluste und zur Sicherung der Bedingungen eines Aufschwungs nach dem Kriege. Man berief sich auf die Opfer, die das polnische Volk im Krieg erlitten hatte, und auf seinen Beitrag zum Sieg der Anti-Hitler-Koalition. Man entfaltete eine historische Argumentation, die, tendenziös und oberflächlich, einen eindeutig propagandistischen Charakter hatte und an schlichte nationale Emotionen appellierte; ihr zufolge hatte Polen einen uralten Anspruch auf diese Gebiete.

Polens territoriale Forderungen deckten sich mit den Erklärungen der Großmächte, für welche die deutsch-polnische Grenze ihre gegenseitigen Beziehungen ebenso berührte wie die europäische Gesamtpolitik. Während die »Großen Drei« Anfang 1945 aber die »Curzon-Linie« im Osten billigten, mochten England und die USA sich hinsichtlich der polnischen Westgrenze nicht auf eindeutige Verpflichtungen festlegen. Daraufhin griffen die polnischen Behörden zu einer Politik der vollendeten Tatsachen, indem sie im Frühling und Sommer 1945 in den deutschen Ostgebieten eine eigene Verwaltung schufen, die deutsche Bevölkerung teilweise aussiedelten und ihr die Rückkehr an ihre Wohnorte verwehrten. Man hoffte, der Bevölkerungsstand in den sogenannten Wiedergewonnenen Gebieten werde beim Abschluß eines Friedensvertrages mit Deutschland ein Argument sein, diese Gebiete Polen zuzusprechen. Es war geplant, dort bis zum 1. August 1945 1,85 Millionen Polen anzusiedlen.

Die Aussiedlung der Deutschen betrachtete man in Polen als Bestandteil einer Generallösung der deutsch-polnischen Probleme. Man berief sich auf eine Tradition gegenseitiger Beziehungen, die nunmehr – zumeist einseitig und schematisch – als ein tausendjähriger Konflikt und ein ständiges Ringen mit der deutschen Gefahr dargestellt wurden. Vor diesem Hintergrund wurde mit der deutschen Besatzung der Jahre 1939–1945 abgerechnet.

Im Bewußtsein der polnischen Gesellschaft, die den Terror und die massenhaften Tötungsaktionen gegen die Zivilbevölkerung miterlebt hatte, entstand durch die verbrecherische Aktivität des Nazistaates ein äußerst negatives Stereotyp des Deutschen. Furcht, Mißtrauen und Abneigung, seit langem Elemente der polnischen Vorstellungen und Einstellungen gegenüber dem westlichen Nachbarn, wurden von der Nationaldemokratie politisch und propagandistisch gehätschelt. Zugleich gab es in Polen aber auch von altersher Anerkennung für die deutschen Tugenden und Bewunderung für die Errungenschaften auf den Gebieten der geistigen und materiellen Kultur. Die Nazi-Besatzer nötigten den Polen die Überzeugung auf, das ganze deutsche Volk sei verbrecherisch, und provozierten Feindseligkeit gegenüber allem, was deutsch war.

Die allgemeine Einstellung wurde außerdem beeinflußt durch verallgemeinerte Erinnerungen an die illoyale Haltung jener Mitbürger deutscher Nationalität gegenüber der Zweiten polnischen Republik, die im September 1939 eine »fünfte Kolonne« gebildet hatten und später im Terrorapparat der Besatzer wirkten. Man befürchtete eine Wiederkehr des Irredentismus und Nationalitätenkonflikte.

Aus all diesen Gründen hielt man ein Zusammenleben mit Deutschen innerhalb des polnischen Staates für unmöglich. Von untergeordneter Bedeutung war die Forderung, sie bis zum Wiederaufbau des zerstörten Landes als Zwangsarbeiter zurückzuhalten.

In der Aussiedlungspolitik, auf die man sich schließlich einigte, versuchte man das Bestreben, die Deutschen so rasch wie möglich abzuschieben, mit dem Wunsch, einen Teil der Bewohner Schlesiens und Ostpreußens dazubehalten, und der Notwendigkeit, deutsche Fachleute in verschiedenen Wirtschaftszweigen für eine gewisse Zeit zurückzuhalten, auf einen Nenner zu bringen. Im Zusammenhang mit den Zwangsaussiedlungen fand eine sogenannte Verifikation der Volkszugehörigkeit statt, bei der eine bestimmte Gruppe, die sogenannten »Autochthonen«, als »einheimische polnische Bevölkerung« definiert wurde. Gut eine Million Menschen führte im Rahmen dieser Maßnahme den Nachweis ihrer »vollen Zugehörigkeit zum polnischen Volk«.

1965 vollzogen dann die polnischen Bischöfe und anschließend auch Vertreter von Staat und Gesellschaft in Polen einen bedeutsamen moralischen Akt, indem sie anerkannten, daß die Aussiedlungen für die Deutschen eine Tragödie waren, und über die damit verbundenen Leiden ihr menschliches Bedauern äußerten. Damit begann ein im moralischen und kognitiven Sinne neuer Dialog, der die von uns Polen verschwiegenen Tatsachen enthüllte, uns zwang, uns von bequemen Schemata zu lösen, und Fragen aufwarf, die zur Gewissenserforschung zwingen.

Die wissenschaftliche Literatur Polens hat sich, soweit sie sich mit den Aussiedlungen befaßte, besonders auf den Verlauf der planmäßigen Aktion in den Jahren 1946–1947 konzentriert. Von insgesamt 3,5 Millionen Menschen, die im Zeitraum 1945–1951 von Zwangsaussiedlungen betroffen waren, wurden in diesen Jahren – nach polnischen Berechnungen – rund 2,5 Millionen ausgesiedelt (in deutschen Veröffentlichungen werden ähnliche Zahlen genannt).

Überaus oberflächlich und fragmentarisch ist hingegen die Beschreibung der Vorgänge im Jahre 1945, für die nur teilweise eine mangelhafte Quellenlage verantwortlich gemacht werden kann. Nach polnischen Berechnungen wurden damals rund 800000 Menschen ausgesiedelt – 250000 vor und 550000 nach der Potsdamer Konferenz. Schon in einer so grundlegenden Frage wie dem Bevölkerungsstand in den Polen einverleibten Gebieten vor Kriegsende und dann nach dem Einmarsch der Roten Armee liegen deutsche Schätzungen weit höher als polnische. Polnische Autoren melden sowohl an den Ergebnissen wie an den Berechnungsmethoden der deutschen Forscher Zweifel an. Sehr umstritten ist das Problem der Evakuierung und Flucht der Bewohner des »deutschen Ostens« vor der Roten Armee, das aus polnischer Sicht eindeutig von den Aussiedlungen getrennt werden muß. In polnischen Arbeiten wird, gestützt auf deutsche Quellen, an das tragische Schicksal dieser Flüchtlinge erinnert, und die Zahl der Opfer wird auf rund zwei Millionen geschätzt. Daß die Opfer der von den Nazibehörden angeordneten Evakuierung und der Flucht, die ihren Grund u. a. auch darin hatte, daß man fürchtete, für Kriegsverbrechen zur Rechenschaft gezogen zu werden, in die Gesamtzahl der »Vertreibungs«verluste einbezogen werden, betrachtet man in Polen als eine vorsätzliche Manipulation und als Mißbrauch.

Die strittigen Zahlen sind eine tragische Bürde, und man muß sich, so kompliziert es auch sein mag, nachdrücklich um ihre Klärung bemühen. Doch der Hauptvorwurf, der der polnischen wissenschaftlichen Literatur zu machen ist, betrifft die Enthumanisierung des Bildes der Aussiedlungen. In der polnischen Geschichtsschreibung schrumpft das dramatische Leiden von Millionen von Menschen auf die Dimensionen eines schwierigen organisatorisch-logistischen Unternehmens, das zwar gewisse Mängel aufwies, alles in allem aber doch ein Erfolg war. Wir, die Historiker dieses Zeitabschnitts, sind verpflichtet, die Wahrheit zu verbreiten, daß es im moralischen Sinne niemals und für niemanden ein Erfolg sein kann, wenn Menschen aus ihrem Elternhaus, ihrer Heimat hinausgeworfen werden, wenn man ihnen raubt, was über Generationen geschaffen wurde. Dies ist und bleibt ein Übel, und der Akt der Aussiedlung muß als ein Übel bezeichnet werden, unabhängig davon, welche gewichtigen Gründe dazu geführt haben.

Das, was für die Deutschen wesentlich das Bild der Aussiedlungen bestimmt, nämlich die individuellen Erlebnisse der Aussiedler, ist der polnischen Öffentlichkeit praktisch unbekannt. Das fundamentale Werk »Dokumentation der Vertreibung der Deutschen aus Ost-Mitteleuropa« ist nicht einmal auszugsweise in polnischer Übersetzung veröffentlicht worden. Erst in den letzten Jahren hat die Presse Auszüge aus der reichhaltigen deutschen Memoirenliteratur gebracht und erste Übersetzungen angekündigt.

In der wissenschaftlichen Literatur und in noch stärkerem Maße in der Propaganda war für die Darstellung der Aussiedlungen das Schema verbindlich, daß weder die Behörden noch die polnische Gesellschaft nach Rache für die in Polen verübten Kriegsverbrechen strebten. Die Zensur sorgte für ein mystifiziertes Bild der Politik, die in den sogenannten Wiedergewonnenen Gebieten von einem Staat betrieben wurde, der von Anbeginn kein Rechtsstaat war. Die von ihm verkündeten Prinzipien blieben häufig eine Fassade, hinter der man das reale Geschehen verbarg. Offiziell verkündete man ein Verbot, an den Deutschen Rache zu nehmen. Wer sich solches zuschulden kommen ließ, wurde abgeurteilt, und die Urteile wurden öffentlich bekanntgemacht. Andererseits unterliegt es keinem Zweifel, daß es häufig mit dem stillen Einverständnis der Behörden – besonders der unteren Ebenen – zu Plünderungen und Mißhandlungen von Deutschen gekommen ist und daß zahlreiche Beamte sich an diesem Unwesen beteiligt oder Nutzen daraus gezogen haben.

In den »neuen« Gebieten griff das in totalitären Systemen bekannte Phänomen der »Privatisierung des Terrors« um sich. Einer der wenigen aufgedeckten Fälle ist die Geschichte des Lagers Lamsdorf/Łambinowice im Oppelner Land. Für dieses Lager gab es, wie eine Sonderkommission des Zentralkomitees der Kommunistischen Partei (PPR) im Februar 1946 feststellte, »keinerlei rechtliche Grundlage«. Von den Kriegsbehörden wurden die Einwohner ganzer Dörfer in das Lager geschickt. Die Wachmannschaft lebte davon, daß sie die Gefangenen und die Bewohner der Umgebung ausraubte, wobei sie auch noch Vergewaltigungen und Mordtaten verübte.

Man könnte noch mehr solcher verfälschten und verschwiegenen Themen nennen, die jetzt allmählich zunächst von der Presse angeschnitten werden. Dazu gehören z. B. die der deutschen Bevölkerung auferlegte Zwangsarbeit, die »wilde« Aussiedlung und die Deportationen in die Sowjetunion. Weiterer Erforschung bedürfen sämtliche Umstände der »Operation Schwalbe« und der Verifikation der Volkszugehörigkeit, die Tätigkeit der sowjetischen Organe und ihre Beziehungen zu den Polen und Deutschen.

Bei der Beschreibung der »weißen Flecken« muß man sich jedoch vor der – besonders gegenwärtig starken – Versuchung hüten, alle Übel den Entartungen des kommunistischen Systems in die Schuhe zu schieben. Es stimmt einfach nicht, daß die Polen nicht die Gelegenheit wahrgenommen haben, sich für das im Krieg erlittene Unrecht an der Bevölkerung der »Wiedergewonnenen Gebiete« zu rächen. Daß sie ihr gegenüber im großen und ganzen nicht die gleichen Ausrottungsmethoden anwandten, welche die deutsche Besatzung an ihnen vollzogen hatte, heißt noch nicht, daß sie die Prüfung auf Menschlichkeit bestanden hätten. Als die Rollen vertauscht wurden und die Polen über das Schicksal einer deutschen Bewohnerschaft mit spezifischen demographischen Merkmalen – sie bestand überwiegend aus Frauen, Kindern und Greisen – entscheiden konnten, hat sich vielen der Betroffenen ein Bild des Polen eingeprägt, das schwer zu tilgen sein wird: das eines von bestialischem Haß erfüllten, grausamen Mörders und Diebes.

Es herrscht die begründete Ansicht, daß dafür in erster Linie die sogenannten »szabrownicy« verantwortlich waren. Es sei jedoch daran erinnert, daß dieses mythische Raubgesindel sich nicht ausschließlich aus Berufsverbrechern rekrutierte. Es waren darunter auch »normale«, »anständige« Bürger, die in das »polnische Eldorado« eilten, um sich für kriegsbedingte Verluste zu entschädigen oder sich ganz einfach rasch zu bereichern. Friedliche Bauern aus den angrenzenden »altpolnischen« Gebieten, Staats- und Kommunalbeamte, Polizisten, Siedler, besonders die sogenannten »wilden« Siedler – solche Polen verstärkten in großer Zahl die Reihen des »Gesindels«.

Ein wichtiges Forschungsgebiet bilden die Beziehungen zwischen der einheimischen deutschen Bevölkerung und den zahlreich einströmenden polnischen Neubürgern. Es gab unterschiedliche Einstellungen; häufig waren sie von Feindseligkeit geprägt, die Regel war Gleichgültigkeit, wenn man Zeuge von Übergriffen wurde. Verschärft wurde die ohnehin konfliktträchtige Lage durch das Chaos und die fehlende Organisation der sich gleichzeitig und am gleichen Ort abspielenden Aus- und Ansiedlung. Es soll dabei auch zu menschlichen, das allgemeine Schema sprengenden Handlungen gekommen sein, doch wissen wir darüber zu wenig, als daß sie das idealisierte Bild unseres Verhaltens stützten könnten.

Die Demoralisierung durch den Krieg, das Chaos, die Straflosigkeit von Vergehen, die Entwurzelung, die Unsicherheit, die Verpflanzung großer Menschenmassen, die Willkür der fremden Truppen, der Haß, das frische Bedürfnis nach Vergeltung des erlittenen Unrechts, das Elend – dies alles schuf unzweifelhaft einen außerordentlich fruchtbaren Boden für Brutalität, Habgier und Gewalt. Aber mußten die Polen auf diesem Boden so viele giftige Früchte ihrer Herzlosigkeit und Grausamkeit gegenüber den Bewohnern der gerade erst annektierten Gebiete anbauen?

Wir sollten das Ausmaß unserer nationalen Verantwortung für die Leiden der Deutschen in jenen Jahren zu bestimmen versuchen. Am dringendsten ist diese Klärung für uns selbst, damit wir wissen, wessen wir uns in unserer eigenen Geschichte zu schämen haben und welchen Vorwürfen wir gelassen entgegensehen können.

Hans-Werner Rautenberg
Aussiedler

Wenn in einer unlängst erschienenen Sammelschrift die Aussiedler als die »Vertriebenen von heute« bezeichnet wurden, so wollte man damit zum Ausruck bringen, daß Menschen, die mehr als vierzig Jahre nach Kriegsende in die Bundesrepublik Deutschland einreisen, um »als Deutsche unter Deutschen« zu leben, immer noch zu den Opfern der Ergebnisse des Zweiten Weltkrieges gezählt werden müssen. Als »Vertriebene« im wörtlichen Sinne wird man sie jedoch kaum bezeichnen können, haben sie doch im Gegenteil größtenteils an ihrem Ausreisewillen gegen den massiven Widerstand der Behörden in ihren jeweiligen Herkunftsländern über Jahrzehnte festgehalten.

Im Gegensatz zu Rumänien und der Sowjetunion, den beiden anderen Staaten mit einer deutschen Minderheit, die trotz einer in den ersten Nachkriegsjahren praktizierten Diskriminierungs- und Unterdrückungspolitik deren Vorhandensein nie in Abrede gestellt haben, verlegte sich die Warschauer Regierung in der trügerischen Hoffnung, daß sich dieses Problem im Laufe der Zeit durch Assimilation an das Polentum von selbst erledigen werde, lange – bis weit in die achtziger Jahre hinein – darauf, die Anwesenheit nichtpolnischer, d. h. auch deutscher Volksgruppen auf ihrem Territorium schlichtweg zu leugnen. In dieser Frage konnte sie sich sogar der Unterstützung der Kirche sicher sein.

Es griffe jedoch zu kurz, wollte man die Motive für ein solches Verhalten der polnischen Administration allein der Erinnerung an die Untaten einer menschenverachtenden deutschen Besatzungs»politik« in Polen während des Zweiten Weltkriegs und den sich nach Kriegsende vehement entladenden polnischen Haßgefühlen allen Deutschen gegenüber zuschreiben. Anders nämlich als im Falle Rumäniens und der Sowjetunion verknüpften sich bei den Polen die Aussiedlerproblematik und die Frage der Fortexistenz einer deutschen »nationalen Minderheit« auf ihrem Territorium von Anfang an und direkt mit dem Komplex der völkerrechtlichen Anerkennung ihrer Westgrenze an Oder und Neiße.

Der eklatante Widerspruch zwischen der regierungsamtlichen Behauptung, eine deutsche Minderheit auf polnischem Boden existiere nicht, und den seit 1987 drastisch ansteigenden Aussiedlerzahlen war jedoch schon seit einiger Zeit nicht mehr zu übersehen.

Infolge der sich in den letzten beiden Jahren im ostmitteleuropäischen Raum überstürzenden politischen Entwicklung stellt sich auch das Minderheitenproblem neu dar. Es soll nach dem im deutsch-polnischen »Nachbarschaftsvertrag« vom 17. Juni 1991 bekundeten Willen beider Seiten einer möglichst einvernehmlichen Lösung zugeführt werden.

Trug das Polen der Zwischenkriegszeit mit beinahe einem Drittel nichtpolnischer Bevölkerung trotz seines Anspruchs, als Nationalstaat zu gelten, eher den Charakter eines schon beinahe »klassischen« Nationalitätenstaats mit allen daraus resultierenden Spannungen zwischen dem Staatsvolk und den andersnationalen Einwohnern, so hatte sich dieses Bild am Ende des Zweiten Weltkrieges grundlegend gewandelt. Infolge des Verlusts der polnischen Ostprovinzen und der Vertreibung der deutschen Bevölkerung aus den nunmehr »polnischen Westgebieten« in fünf Wellen bis 1949 wurde Polen zu einem nahezu geschlossenen Nationalstaat, in dem nach amtlichen Angaben nur noch 1–1,5 % nichtpolnische Bevölkerung übrigblieben.

Von den danach noch im Lande verbliebenen schätzungsweise 1,7 Millionen Deutschen wurden von polnischer Seite nur diejenigen, die in Niederschlesien, Pommern und in der Neumark lebten, als solche anerkannt. Im südlichen Ostpreußen (Ermland und Masuren), im Danziger Bereich, in der ehemaligen Grenzmark Posen-Westpreußen und in Oberschlesien hingegen, in Regionen, die nach der Auffassung der polnischen Administration von einer »autochthonen«, d. h. angeblich ursprünglich polnischen Bevölkerung bewohnt waren, wurde die einheimische Einwohnerschaft größtenteils gewaltsam zurückgehalten, anschließend in mehreren Etappen teilweise unter erheblichem Druck »verifiziert« und schließlich 1951 mittels einer Sammeleinbürgerung dem polnischen Volksverband einverleibt. Vor allem aus diesen Gebieten stammt bis in die jüngste Zeit die Mehrzahl der in mehreren Schüben (vor allem 1953–1956, 1958–1959 und 1975–1983) in die Bundesrepublik eingereisten Personen.

Eine amtliche Verlautbarung vom 1. April 1948 wies 1057086 »verifizierte Autochthone« aus, davon allein in Oberschlesien 867105. Sechseinhalb Jahre später gab das polnische Innenministerium die als Polen anerkannten Autochthonen mit rund 1,1 Millionen an. Bezieht man in diese Zahl die bodenständigen Bewohner des ehemaligen Freistaats Danzig ein, so erhöht sich deren Anzahl um weitere 57400 auf 1165000 Personen, die im Jahre 1950 noch knapp ein Fünftel der in den historischen deutschen Ostgebieten wohnhaften Bevölkerung stellten. Zehn Jahre später bildete das einheimische Element aber nur noch 12,6% der Gesamtbevölkerung.

Während sich die in Niederschlesien verbliebenen Deutschen besonders im Waldenburger Industriegebiet und um Breslau herum bis etwa 1957 unter Anerkennung ihres Deutschtums eines gewissen, wenn auch nicht wenigen Restriktionen unterworfenen Eigenlebens erfreuen durften, blieben die »Autochthonen« auch nach ihrer formalen Aufnahme in den polnischen Volksverband zahlreichen Diskriminierungen und Verfolgungen ausgesetzt, die in der heutigen polnischen Publizistik und wissenschaftlichen Literatur nicht mehr bestritten werden. Dazu gehörten vor allem der mit hohen Strafen bedrohte öffentliche Gebrauch der deutschen Sprache, zwangsweise Namensänderungen und die Benachteiligung der bodenständigen Bevölkerung gegenüber den eingewanderten Polen in nahezu allen Lebensbereichen einschließlich der Rechtspflege. Obgleich der »polnische Frühling im Oktober« von 1956 die ärgsten Auswüchse einer – wie sich bald herausstellen sollte – verfehlten Nationalitätenpolitik nach und nach beseitigte, setzte beinahe gleichzeitig ein permanenter Abwanderungsprozeß nach Deutschland ein, der das kulturelle Leben der »anerkannten Deutschen« in Niederschlesien schon 1958/59 weitgehend erlöschen ließ und auch die Zahl der Autochthonen drastisch verminderte. Seit Beendigung der Aktion »Familienzusammenführung« im Jahre 1958, in deren Verlauf ca. 250000 Menschen den polnischen Herrschaftsbereich verließen, gab es nach offizieller Lesart in Polen keine Deutschen mehr.

In bezug auf die »anerkannten Deutschen« traf dies zweifellos zu; anders verhielt es sich hingegen mit den Autochthonen, die im Gebiet des Deutschen Reiches in seinen Grenzen vom 31. Dezember 1937 wohnhaft oder vor dem 9. Mai 1945 dort geboren waren und die (samt ihren Nachkommen) nach deutschem Staatsbürgerrecht im juristischen Sinne unstreitig als Deutsche zu gelten hatten, wenn sich damit auch über ihre Volkszugehörigkeit noch nichts aussagen ließ, da es eine offene Frage bleiben mußte, wie viele derjenigen, auf die diese Bestimmung zutraf, sich tatsächlich als Deutsche fühlten.

In der Bundesrepublik Deutschland gilt – über den Abschluß der beiden deutsch-polnischen Abkommen vom 17. Juni 1991 hinaus – im Grunde immer noch das Staatsbürgerschaftsgesetz von 1913, nur daß sein Geltungsbereich inzwischen auf das Deutsche Reich in seinen Grenzen vom 31. Dezember 1937 beschränkt worden ist. Entsprechend ist nach Artikel 116 des Grundgesetzes für die Bundesrepublik Deutschland Deutscher, »wer die deutsche Staatsbürgerschaft besitzt oder als Flüchtling oder Vertriebener deutscher Volkszugehörigekeit oder als dessen Ehegatte oder Abkömmling in dem Gebiet des Deutschen Reiches nach dem Stande vom 31. Dezember 1937 Aufnahme gefunden hat«.

Diese für alle Einbürgerungsbehörden bindende Gesetzesgrundlage, die durch eine Entscheidung des Bundesverfassungsgerichts vom 7. Juli 1975 erneut bekräftigt worden und in die »Staatsangehörigkeitsrichtlinien des Bundesministeriums des Inneren vom 29. Juli 1976« eingegangen ist, läßt freilich spätere Optionen ebenso außer acht wie die Tatsache, daß es gerade während der deutschen Besatzungszeit im Zweiten Weltkrieg zu besonders zahlreichen – nicht selten gegen den Willen der Betroffenen erfolgten – Einbürgerungen gekommen ist.

Grundlage hierfür wurde die »Verordnung über die Deutsche Volksliste und die deutsche Staatsangehörigkeit in den eingegliederten Ostgebieten« vom 4. März 1941. Danach durften in die »Volksliste« nur ehemalige polnische und Danziger Staatsangehörige eingetragen werden, die zur Bestimmung ihrer Volkszugehörigkeit bestimmten Kriterien genügten. In die Abteilung 1 wurden alle Personen aufgenommen, die unter polnischer Herrschaft in den Organisationen der deutschen Volksgruppe aktiv mitgearbeitet hatten, in Abteilung 2 die übrigen Volksdeutschen. In die Abteilungen 3 und 4 wurden diejenigen eingetragen, die entweder zumindest teilweise deutscher Abstammung waren oder als wenigstens eindeutschungsfähig angesehen wurden. Dies galt in den Augen der deutschen Besatzungsbehörden in erster Linie für die große Masse der Schlonsaken im Teschener Schlesien, die »Wasserpolen« in Oberschlesien und die alteingesessene polnischsprachige Bevölkerung einschließlich der Kaschuben in Westpreußen. Im Jahre 1944 waren von den 9,5 Millionen Einwohnern in den »Eingegliederten Ostgebieten« 1,7 Millionen Deutsche (d. h. Reichsdeutsche und Volksdeutsche der Gruppen 1 und 2), 1,8 Millionen waren in die Listen 3 und 4 eingetragen. Alle anderen waren – nahezu rechtlose – »Schutzangehörige des Deutschen Reiches«, d. h. unzweifelhaft Polen. Ebenso waren die Angehörigen der Gruppen 1 und 2 zweifellos Deutsche, die denn auch nach Kriegsende wie alle anderen Deutschen aus den historischen preußischen Ostprovinzen sämtlich ausgewiesen wurden.

Als außerordentlich schwierig erwies sich hingegen die Definition der Volkszugehörigkeit bei Personen, die als Angehörige der Listen 3 und 4 als »deutsche Staatsbürger auf Widerruf« eingestuft, aber von den NS-Behörden immerhin als »Deutschstämmige« und damit als größtenteils »eindeutschungsfähig« angesehen wurden, während die polnische Administration nach Kriegsende nur oberflächlich germanisierte Autochthone in ihnen sah, die man dem polnischen Volkstum zurückgewinnen mußte. Daß die örtliche Verwaltung in der unmittelbaren Nachkriegszeit bei der oftmals wiederum gewaltsamen »Einbürgerung« dieses Personenkreises teilweise vor mehr als bedenklichen Praktiken nicht zurückscheute, wie sie inzwischen polnischerseits nicht länger geleugnet werden, wird man einerseits als verständliche Reaktion auf die verbrecherische Besatzungs»politik« des Dritten Reiches in Polen während des Zweiten Weltkriegs begreiflich finden.

Andererseits wurde mit der Zeit immer deutlicher, daß die entwürdigende Behandlung der Autochthonen durch die Warschauer Zentralbehörden in der unmittelbaren Nachkriegszeit bei den Betroffenen traumatische Erinnerungen wachgehalten hatte, die langandauernde und allem Anschein nach bis heute nicht restlos bereinigte Konflikte zwischen den Alteingesessenen und den Zuwanderern aus Zentral- und Ostpolen vor allem in Oberschlesien, aber auch im südlichen Ostpreußen nach sich zogen. Jedenfalls blieb der Ausreisewille der meisten Autochthonen ungebrochen und fand seinen Ausdruck in ca. 265000 Anträgen auf eine Übersiedlung in die Bundesrepublik Deutschland, die bis Ende 1970 dem Deutschen Roten Kreuz vorlagen.

Die in der Bundesrepublik seit vielen Jahren mit unverminderter Heftigkeit geführte öffentliche Diskussion um den Artikel 116 des Grundgesetzes dürfte im übrigen nicht eher enden, als bis in den Herkunftsländern der Aussiedler – also auch in der Sowjetunion und in Rumänien – Verhältnisse eingetreten sein werden, die den dort noch verbliebenen Deutschen den Grund zur Abwanderung entziehen. So gesehen ist die infolge der veränderten innenpolitischen Lage in Polen, aber wohl auch infolge der beiden unlängst ratifizierten deutsch-polnischen Abkommen deutlich zurückgehende Zahl von Ausreisewilligen ein ermutigendes Zeichen!

Im Vorfeld der Verhandlungen um den deutsch-polnischen »Normalisierungsvertrag« vom 7. Dezember 1970 kam das Problem nun auch auf Regierungsebene zur Sprache. Unmittelbar nach der Paraphierung des Warschauer Vertrages wurde der Bundesregierung am 18. November 1970 eine »Information der Regierung der Volksrepublik Polen über die Lösung anstehender humanitärer Fragen« übergeben, worin es u. a. hieß, »daß Personen, die aufgrund ihrer unbestreitbaren deutschen Volkszugehörigkeit [!] in einen der beiden deutschen Staaten auszureisen wünschen, dies unter Beachtung der in Polen geltenden Gesetze und Rechtsvorschriften tun können«. Eine Konkretisierung dieser »Information« erfolgte durch ein am 9. Oktober 1975 am Rande der KSZE-Konferenz von Helsinki vereinbartes »Ausreiseprotokoll«, in dem die polnische Seite zusagte, sie werde – nachdem seit 1971 bereits etwa 65000 Personen ausgereist seien – weiteren 120000 bis 125000 die Übersiedlung in die Bundesrepublik gestatten.

Es steht außer Frage, daß sich die polnischen Behörden in der Folgezeit über die bewegten Jahre des »Umbruchs und der Erneuerung« von 1980/81 hinweg im großen und ganzen korrekt an die in der »Information« von 1970 festgelegten Kriterien hielten. Seit 1984 aber kam die Aussiedlung im »legalen Verfahren« fast ganz zum Erliegen und betrug nach Zählungen des Grenzdurchgangslagers Friedland im Jahre 1985 nur noch knapp 9%. Alle anderen Ausreisewilligen waren von einer Besuchsreise in die Bundesrepublik nicht mehr in ihre Herkunftsgebiete zurückgekehrt. Da aber, wie bei allen touristischen Reisen ins westliche Ausland, in der Regel nur einzelnen Familienangehörigen eine Besuchserlaubnis erteilt wurde und mindestens ein Familienmitglied gewissermaßen als »Geisel« in Polen bleiben mußte, drohte aus der Familienzusammenführung eine Familienzerreißung zu werden, da durchschnittlich fünf Jahre vergingen, ehe auch die Zurückgebliebenen ausreisen durften.

Das entgegen allen Erwartungen und Versicherungen seit etwa 1987 einsetzende Anwachsen der Auswanderungswelle löste auf polnischer Seite begreiflicherweise erhebliche Irritationen aus und war wohl nicht zuletzt auch auf das Scheitern der mit der »Erneuerung« der Jahre 1980/81 verbundenen Hoffnungen auf einen Ausweg aus der wirtschaftlichen und politischen Misere des Landes zurückzuführen. Wie die Alterspyramide der Aussiedler zweifelsfrei zeigt, waren es vor allem junge Menschen, die ihre angestammte Heimat verließen, obwohl sie aufgrund ihrer fehlenden Sprachkenntnisse in der Bundesrepublik mit Integrationsproblemen zu rechnen hatten.

In der Bundesrepublik empfing sie eine Öffentlichkeit, die angesichts der steigenden Arbeitslosenziffern durch den Anstieg der Aussiedlerzahlen aufgeschreckt war. Die mit staatlichen »Starthilfen« versorgten Neuankömmlinge weckten Konkurrenzangst und Neidgefühle; ihre kulturelle Andersartigkeit und ihre sprachlichen Probleme haben sie, nunmehr als »Polacken«, erneut diskriminierender Behandlung seitens ihrer neuen Umgebung ausgesetzt.

Nahezu gänzlich verborgen blieb den meisten Deutschen hierzulande, welche sozialpolitischen, wirtschaftlichen und kulturellen Folgen der massenhafte Exodus der bodenständigen Bevölkerung vor allem in Oberschlesien, aus dem das Hauptkontingent der Aussiedler stammte, auf die Dauer zeitigen mußte. Der Grund hierfür dürfte nicht zuletzt darin zu suchen sein, daß die polnische Staatsgewalt – wie schon eingangs erwähnt – die Aussiedlerproblematik bis weit in die achtziger Jahre hinein tabuisierte und die alarmierenden Ergebnisse von Analysen polnischer Soziologen fast völlig unterdrückte. Diese hatten schon früh auf die sich durch die Abwanderung einer durchweg besonders leistungswilligen Bevölkerungsgruppe im »produktiven Alter« anbahnende katastrophale Entwicklung im oberschlesischen Industriegebiet aufmerksam gemacht.

Dabei hatte der kürzlich verstorbene langjährige Abgeordnete für die Wojewodschaft Oppeln, Edmund Jan Osmańczyk, schon am 30. Mai 1981 vor dem Sejm das sofortige Ende der »Aktion Familienzusammenführung« verlangt und die Überschreitung der im »Ausreiseprotokoll« vom 9. Oktober 1975 fixierten Richtzahlen angeprangert. Seiner Ansicht nach war das Protokoll überdies »unter dem Druck von Schulden in Milliardenhöhe« zustande gekommen. »Eine Fortsetzung dieser Aktion«, so hatte der streitbare Deputierte seinerzeit erklärt, »ist daher in keiner Weise gerechtfertigt, vergrößert den politischen und ökonomischen Schaden immer mehr und führt schließlich zu einer weiteren Verelendung unseres ohnehin schon abgemagerten Volksvermögens.«

In eine ähnliche Richtung wiesen Äußerungen des damaligen Premierministers Mieczyław Rakowski, der im Mai 1985 westlichen Korrespondenten gegenüber äußerte, man könne doch nicht guten Gewissens Hunderttausende schlesischer Bergleute ziehen lassen, da dann die dortige Kohleförderung zusammenbreche, »und Kohle ist nun einmal Polens Exportschlager Nr. 1. Eher räumen wir ihnen Minderheitenrechte ein. Darüber ließe sich verhandeln.«

Es dauerte weitere vier Jahre, ehe im Zuge des innenpolitischen Wandels, der das Ende der kommunistischen Parteidiktatur herbeiführte und u. a. die Existenz der in Litauen und in der Ukraine zurückgebliebenen Landsleute erstmals seit Kriegsende wieder ins polnische Bewußtsein hob, ein Wandel in der Behandlung dieses das deutsch-polnische Verhältnis seit Jahrzehnten belastenden Problems eintrat und der bis dahin in Polen weit verbreiteten Überzeugung, die Forderung nach der Anerkennung einer deutschen Minderheit bedeute angesichts der »traurigen Erfahrungen«

vor und während des Zweiten Weltkriegs ein »Anknüpfen an die Politik Hitlers«, ein – hoffentlich definitives – Ende setzte.

Hatte man die sich gegen den zähen Widerstand polnischer Justizbehörden u. a. im »Deutschen Freundschaftskreis« und in der »Sozial-kulturellen Gesellschaft der deutschen Minderheit im Oppelner Schlesien« organisierenden Hunderttausende von Schlesiern anfangs noch als »Volkswagendeutsche« abqualifiziert und die von ihnen bei den zu ihrer Legitimation veranstalteten Unterschriftensammlungen angelegten Verzeichnisse mit den »Volkslisten« aus der Zeit nationalsozialistischer Gewaltherrschaft verglichen, so setzte nun allmählich eine immer intensivere und differenzierter geführte Debatte über Lösungsmöglichkeiten dieser für beide Seiten drängenden und schmerzlichen Frage ein.

Alle daran Beteiligten sind sich heute mehr oder weniger darin einig, daß möglichst rasch alles getan werden müsse, um die anhaltende Abwanderung abzubremsen oder womöglich zu stoppen, wenn die ohnehin schon stark erschütterte demographische und ökonomische Struktur des oberschlesischen Industriegebietes nicht vollends kollabieren soll. Um dieses zu erreichen aber dürften die bodenständigen Schlesier nicht länger das Gefühl haben, von ihrer Umgebung als »Bürger zweiter Klasse« behandelt und wegen wirtschaftspolitischer und sozialpsychologischer Mißgriffe der örtlichen Adminstration in eine – wie dies der in Oppeln tätige Soziologe Jan Korbel ausgedrückt hat – »Apartheid-Situation« abgedrängt zu werden.

Allmählich scheint sich jedoch ein Sinneswandel anzudeuten. Im Frühjahr 1989 fand dieser seinen ersten und bisher deutlichsten Ausdruck in dem damals noch halblegalen oppositionellen »Biuletyn Dolnośląski«, wo es u. a. hieß: »Es müßte für uns ein sehr erfreuliches Faktum sein, wenn es sich herausstellen sollte, daß es in Polen eine Gruppe von Menschen deutscher Nationalität gibt, die als polnische Staatsbürger bei uns bleiben möchten. Wir erklären uns ohne Vorbehalt dafür, ihnen die uneingeschränkten Rechte zu gewähren, ihre eigene Kultur zu pflegen und Schulen und Kirchen, Vereinigungen und Organisationen – darunter auch politische – zu gründen. Wir reichen ihnen freundschaftlich die Hände. Dies gilt für alle in Polen lebenden Minderheiten.«

Sollte sich diese Auffassung in nicht allzu ferner Zukunft durchsetzen und bei allen Beteiligten Allgemeingut werden, dann wäre die Hoffnung vielleicht nicht unbegründet, daß die Schlesier unter Wahrung ihrer so zäh verteidigten Identität die ihnen sozusagen von der Geschichte zugewiesene Brückenfunktion wieder würden wahrnehmen können: Sachverwalter und Vermittler beider Kulturen, der deutschen und der polnischen, in einem »gemeinsamen Haus Europa« zu sein und zu bleiben.

Peter Bender
Deutsche Ostpolitik

Westdeutsche Ostpolitik war zu allen Zeiten weniger eine Frage der Richtung als des Engagements. In der Erkenntnis des Notwendigen unterschieden sich die Politiker in Bonn selten so sehr, wie ihre gegensätzlichen Reden vermuten ließen. Spätestens seit den sechziger Jahren waren sich alle einig: Die Bundesrepublik braucht ein normales, wo möglich gutes Verhältnis auch zu den Völkern und Staaten im Ostteil Europas; nach Krieg und Vertreibung ist das zwar schwierig, aber nötig, denn es nützt dem Frieden, der Entspannung und der deutschen Einheit.

Uneinig wurden sich die Parteien erst, wenn entschieden werden mußte, was eine konsequente Ostpolitik wert sei: die Auflockerung eines nationalen Prinzips wie der Nicht-Anerkennung der DDR? Ärger mit den Amerikanern oder Franzosen? Einige Milliarden D-Mark? Innenpolitische Schwierigkeiten? Das letzte war das Wichtigste: die Sorge, des nationalen Verzichts oder gar Verrats bezichtigt zu werden und Stimmen zu verlieren. Wer Ostpolitik wirklich wollte, nahm dennoch Risiken und Verluste in Kauf und war sogar bereit, Grundsätze aufzugeben und seinen Kurs zu ändern. Wer Ostpolitik für weniger wichtig hielt, beließ es bei der Beschwörung seiner Grundsätze und gutgemeinten Erklärungen.

Ernstliche Auseinandersetzungen, die von Überzeugungen bestimmt waren, gab es nicht sehr oft, sie gingen immer um die Frage, wie weit man sich mit dem Osten einlassen dürfe, ohne sich vom Westen zu entfernen. Die Ostpolitik Bonns wird nur verständlich als die Politik eines *west*-deutschen Staates, der, 1949 auf Weisung der Amerikaner, Briten und Franzosen gegründet, 1955 von ihnen in eine Drei-Viertel-Souveränität entlassen wurde, wobei die Truppen der Westmächte zum Schutz und zur Kontrolle der Bundesrepublik im Lande blieben. Ihr erster Kanzler Konrad Adenauer war ein leidenschaftlicher Westeuropäer und konzentrierte seine große politische Kraft darauf, seinen Teil Deutschlands unlösbar mit dem Westen zu verbinden – vor allem um ihn festzubinden. Adenauer wollte seinen Nachfolgern den Weg nach Osten, zu neuen Großmachtträumen oder neuer »Schaukelpolitik«, verbauen. Die Verankerung im Westen erschien ihm sogar wichtiger als die deutsche Einheit.

Ostpolitik war damit für die gesamte Geschichte der Bundesrepublik auf einen minderen Rang versetzt. Schon die Sprache verrät es: Der Gegenbegriff zu Ostpolitik heißt nicht Westpolitik, sondern Europapolitik. Europa war und blieb für alle Bonner Regierungen die Hauptsache, doch Europa beschränkte sich auf Westeuropa, und Europapolitik galt allein der Vereinigung der westeuropäischen Demokratien. Ostpolitik war daher lediglich eine Ergänzung zur Hauptsache.

Der zweite Konkurrenzbegriff zu Ostpolitik hieß Wiedervereinigungspolitik, auch sie rangierte vor der Ostpolitik. Später, als die Hoffnung auf Wiedervereinigung geschwunden war, sprach man von Deutschlandpolitik; das Wort sollte alle Bemühungen bezeichnen, die Deutschen als Nation und Deutschland trotz Teilung als ein Land zu bewahren. Faktisch jedoch beschränkte sich die Deutschlandpolitik im wesentlichen auf die Beziehungen zur DDR. Diese Beziehungen gehörten also nicht zur Ostpolitik: Nicht das Auswärtige Amt, sondern das Kanzleramt war dafür zuständig. Wer beides meinte, sprach von »Ost- und Deutschlandpolitik«.

Westeuropa und die nationale Einheit waren wichtiger als der »Osten«, der jenseits der Oder und des Böhmerwaldes begann. So hatte Bonn in den fünfziger Jahren keine Ostpolitik, die diesen Namen verdiente. Zur Sowjetunion unterhielt es zwar diplomatische Beziehungen, nutzte sie aber wenig. Mit Polen und der Tschechoslowakei nahm es keine Beziehungen auf, weil Warschau und

Prag die DDR anerkannt hatten. Erst in den sechziger Jahren begann Außenminister Gerhard Schröder vorsichtig, das Verhältnis zum östlichen Europa zu normalisieren, doch er begnügte sich mit Handelsmissionen. Die große Koalition aus CDU/CSU und SPD strebte dann Ende 1966 zwar nach vollen diplomatischen Beziehungen, schloß davon aber die DDR aus und weigerte sich, die Oder-Neiße-Grenze anzuerkennen – sie stieß deshalb auf den geschlossenen Widerstand des »Eisernen Dreiecks« Warschau-Prag-Ostberlin mit Moskau als Dirigenten im Hintergrund.

Erst die sozialliberale Koalition, geführt von Kanzler Willy Brandt und Außenminister Walter Scheel, tat den entscheidenden Schritt und eröffnete, was die Historiker »Neue Ostpolitik« nennen. Sie erkannte den Status quo an, um ihn zu verändern. Sie bestätigte die Unverletzbarkeit aller europäischen Grenzen, die Endgültigkeit der Oder-Neiße-Grenze und die Staatlichkeit der DDR, um die Grundlage für ein normales Verhältnis zu allen Staaten im sowjetischen Machtbereich zu schaffen. Die Verständigung, die Adenauer im Westen erreicht hatte, wollte Brandt im Osten ermöglichen.

Dabei wußte er, daß sich deutsche Politik nach Hitler nicht mit Diplomatie begnügen durfte, und in Warschau bewies er es. Mit dem Grenzvertrag erkannte Brandt an, daß Deutschland den Krieg verloren hatte und fast ein Viertel des ehemaligen Reichsgebiets für immer polnisch bleiben sollte. Mit dem Kniefall vor dem Ghetto-Denkmal bekundete er, daß Deutschland den Krieg begonnen und durch systematischen Massenmord eine beispiellose Schuld auf sich geladen hatte. Am 7. Dezember 1970 wurde sichtbar, was deutsche Ostpolitik in ihrer besten Form sein kann.

Doch Brandt hatte nur die Voraussetzung für ein neues Verhältnis geschaffen; um die Ost-Verträge »mit Leben zu erfüllen«, wie man damals sagte, bedurfte es einer längeren Ruhezeit, großer Geduld und Zielstrebigkeit. Doch an alledem mangelte es. In den siebziger Jahren ging es noch voran, aber dann kamen der sowjetische Einfall in Afghanistan, die zunehmenden inneren Schwierigkeiten aller kommunistischen Führungen, das polnische Kriegsrecht und der Regierungswechsel in Bonn. Die Ostpolitik verkümmerte.

An der Richtung änderte auch der CDU-Kanzler Helmut Kohl nichts, aber er verbarg seine Einsichten und verdunkelte seine Absichten durch bewußt zweideutige Reden und Zugeständnisse an die Deutsch-Nationalen in seiner Partei und den Vertriebenenverbänden. Er hinderte den Bundespräsidenten Richard von Weizsäcker daran, am 1. September 1989 in Polen des deutschen Überfalls auf Polen zu gedenken; er ließ zu, daß sogar Minister seines Kabinetts die Oder-Neiße-Grenze in Frage stellten, und fand sich selbst zu einer eindeutigen Erklärung erst bereit, als er sagen konnte: Wir müssen diese Grenze hinnehmen, sonst bekommen wir die deutsche Einheit nicht. Brandt hatte die Anerkennung der Grenze ostpolitisch begründet, als Brückenschlag zu Polen; Kohl begründete sie national. In der Sache dachte Kohl wie Brandt, doch sie war ihm weniger wert. Als er Ende 1990 die polnische Westgrenze durch Vertrag als endgültig bestätigte, holte er für die CDU/CSU nach, was alle anderen schon zwanzig Jahre vorher vollzogen hatten.

Eine Bilanz der neuen Ostpolitik zeigt drei Hauptwirkungen.

1. Deutsche und Polen kamen zueinander und konnten tausendfache Beziehungen knüpfen. Die Völker waren, wie Ministerpräsident Mazowiecki im Herbst 1989 sagte, weiter als die Regierungen; während man in den Konferenzsälen noch um »Normalisierung« stritt, zog unten bereits Normalität ein.

2. Die Entspannung veränderte das Ost-West-Verhältnis in Europa, weil die Westdeutschen, die am meisten im Osten aufzuarbeiten hatten, sich engagiert beteiligten.

3. Die Solidarność und die Opposition in anderen kommunistischen Staaten konnten siegen, weil Entspannung herrschte und das Gespenst der deutschen Gefahr nicht mehr schreckte.

Das polnische Urteil über die westdeutsche Ostpolitik wandelte sich mit den Zeiten. Zunächst klang das Wort in polnischen Ohren ähnlich wie Ostlandritt, es erinnerte an Kreuzritter und den »Drang nach Osten«. Fast zwei Jahrzehnte lang erlag die Warschauer Führung dem gleichen Irrtum wie fast alle Führungen im Osten. Sie begriff die Bonner Politik als Wiederholung der deutschen Vorkriegspolitik: im Westen Ruhe schaffen und Grenzen anerkennen (Locarno), im Osten alles offen halten, um im geeigneten Zeitpunkt zurückzuholen, was Russen, Polen und Kommunisten den Deutschen geraubt haben. Man nahm die Reden vor Vertriebenenverbänden ernst und bemerkte nicht, daß sich Westdeutschland vom Osten abgewandt hatte. Man hielt für Ostpolitik, was im wesentlichen Innenpolitik war. Man fürchtete einen neuen »Revanchismus« und übersah das wahre Problem: die deutsche Gleichgültigkeit gegenüber Polen.

Erst Ende der sechziger Jahre schöpfte Władysław Gomułka neue Hoffnung. Als er im Mai 1969 der Bundesregierung Verhandlungen über einen Grenzvertrag anbot, sah er auf Brandt, damals noch Außenminister: Gomułka wollte sich weder von der DDR fesseln noch von Moskau überrunden lassen, wenn eine neue Regierung am Rhein eine realistische Ostpolitik der Verständigung anfinge. Als Brandt den Warschauer Vertrag unterzeichnete und vor dem Ghetto-Denkmal niederkniete, fühlten sich viele Polen von ihm verstanden wie von keinem westlichen Staatsmann seit de Gaulle.

In der Folgezeit trübte sich das Bild allmählich. Die Erwartungen waren zu hoch, mancherlei Inkonsequenz und Halbherzigkeiten in Bonn lieferte den echten wie den professionellen Zweiflern in Warschau Argumente; die Opposition wiederum sah sich von den Bonner Sozialdemokraten, den Trägern der Ostpolitik, in einem Maße ignoriert, das viele tief verletzte. Das Bild hellte sich erst 1990 wieder auf, als zwei neue Regierungen die Sache in die Hand nahmen, in Warschau Tadeusz Mazowiecki und in Bonn Helmut Kohl, der sich erstmals ernstlich um Polen bemühte. Und da im menschlichen Leben jeder die eigene Leistung hoch und die seines feindlichen Vorgängers gering schätzt, entstand der begreifliche, aber falsche Eindruck, als habe eine deutsch-polnische Verständigung erst jetzt begonnen.

Sicher ist, daß 1990 ein neuer Abschnitt anfing. Mit der Vereinigung Deutschlands haben sich die Möglichkeiten, aber auch die Schwierigkeiten vergrößert. Nicht nur die Probleme zwischen Polen und Westdeutschen, sondern auch zwischen Polen und Ostdeutschen sind aufzuarbeiten. Die DDR hat niemals Ostpolitik betrieben. Einzelne DDR-Bürger bemühten sich um Verständigung mit den Nachbarvölkern, doch zwischen den kommunistischen Staaten war Freundschaft zwar verordnet, wurde aber nicht von unten aufgebaut – hier ist viel nachzuholen. Die Ostdeutschen sind den Polen näher als die Westdeutschen, daraus entspringt einerseits Feindseligkeit, aber andererseits Vertrautheit. Die demokratischen Politiker der DDR bewiesen in ihrer kurzen Regierungszeit 1990 mehr Verständnis und Engagement für Polen, als in Bonn zu finden war. Und die Regierungen der Grenzländer Sachsen, Brandenburg und Mecklenburg-Vorpommern beginnen, Ostpolitik auch als ihre Aufgabe zu erkennen.

Seit 1990 gibt es nicht mehr westdeutsche, sondern deutsche Ostpolitik; dabei geht es um die gleiche Frage wie früher: Wie weit reicht das Interesse? Daß Polen den gleichen Rang einnehmen soll wie Frankreich, ist ein frommer Spruch, den keiner mehr glaubt, der ihn seit zwanzig Jahren hört. Das Interesse ergibt sich nicht zuletzt aus der Nähe zum Problem – so war es kein Zufall, daß Adenauers Politik von Rheinländern und Süddeutschen getragen wurde, Brandts Politik aber von Norddeutschen, Berlinern und Sachsen. Die neue Bundesrepublik reicht weiter nach Osten als die alte und wird deshalb dem Osten mehr Aufmerksamkeit widmen müssen. Früher konnte man in Bonn nur metaphorisch vom »Nachbarn« Polen reden, jetzt ist Nachbarschaft zur praktischen Notwendigkeit geworden.

Auf längere Sicht wird Deutschlands Verhältnis zu Polen davon abhängen, was aus Deutschland wird: ein um hunderttausend Quadratkilometer und sechzehn Millionen Menschen erweiterter Weststaat oder ein verändertes Land, das mit Westeuropa so unlösbar verbunden bleibt, wie Adenauer es wollte, aber seine Pflichten und Chancen in der Mitte Europas wahrnimmt, wie Brandt es für nötig hielt? Die Pflichten und Chancen liegen darin, den von sowjetischer Hegemonie befreiten Ländern zu helfen, ihre beiden Hauptziele zu erreichen: eine moderne Wirtschaft und die Aufnahme in die Europäische Gemeinschaft. Die deutsche Ostpolitik hätte gegenüber ihren Nachbarn und dem Balkan ihren Zweck erfüllt, wenn sie sich selbst überflüssig machte und von Europapolitik abgelöst würde.

Jerzy Holzer
Teilung und Einheit Deutschlands

In der Endphase des Krieges waren sich die Siegermächte über die Zukunft Deutschlands nicht im klaren; seine dauerhafte Spaltung wurde erwogen. Doch über zwei Grundsätze bestand Einigkeit: die Einverleibung beträchtlicher Gebietsteile Deutschlands in die Sowjetunion bzw. Polen und die Aufteilung des verbleibenden Territoriums in vier Besatzungszonen, eine sowjetische, eine amerikanische, eine britische und eine französische. Indirekt wurde die Einheit Deutschlands schon in den Beschlüssen der Potsdamer Konferenz (17. Juli–2. August 1945) anerkannt, wo es hieß, Deutschland solle als Wirtschaftseinheit behandelt werden. Bald darauf machten sich alle Mächte die für lange Jahre gültige Ansicht zu eigen, daß die Teilung Deutschlands provisorischen Charakter habe.

Die deutschen Politiker nahmen dazu von Anfang an eine unzweideutige Haltung ein. Die Wiederherstellung der deutschen Einheit war für sie ungeachtet ihrer Parteizugehörigkeit eines ihrer programmatischen Ziele. Daß die Spaltung sich aufgrund der unterschiedlichen Politik in der sowjetischen Zone bzw. in den Zonen der drei westlichen Besatzungsmächte faktisch vertiefte, hatte auf die Perspektive der künftigen Einheit Deutschlands keinen Einfluß.

Die westdeutschen Politiker, die, mit Konrad Adenauer an der Spitze, 1949 die Bundesrepublik Deutschland als einen Staat schufen, der in politischer, wirtschaftlicher, kultureller und später auch militärischer Hinsicht mit dem Westen verbunden war, waren sich zweifellos darüber im klaren, daß dadurch die Teilung Deutschlands vertieft würde. Sie waren jedoch überzeugt, daß der Aufbau von Freiheit und Demokratie im westlichen Teil Deutschlands Vorrang vor dem Problem der Einheit haben müsse.

Der Kalte Krieg, der die Bundesrepublik Deutschland und die Deutsche Demokratische Republik in entgegengesetzten Lagern traf, verfestigte die Spaltung. Die einzige ernsthafte Initiative zur Einheit Deutschlands kam von der Sowjetunion, deren Note vom 10. März 1952 den Vorschlag enthielt, daß die Besatzungsmächte aus Deutschland abziehen und ihre bisherigen Allianzen auflösen sollten; Deutschland sollte eigene Streitkräfte aufstellen dürfen und die Oder-Neiße-Grenze anerkennen. Ob es sich hier um den Ansatz zu einer neuen, den imperialen Bestrebungen Moskaus entsprechenden Politik oder nur um einen Propagandavorstoß handelte, darüber sind die Meinungen geteilt. Für die Westmächte wie für die Regierung der Bundesrepublik war die vorgeschlagene Neutralisierung Deutschlands jedenfalls unannehmbar.

Hatte es in den vorangegangenen Jahren in der Bundesrepublik keine größeren Meinungsverschiedenheiten darüber gegeben, daß man am Ziel der Einheit grundsätzlich festhielt, aber eine Verständigung mit der DDR als einem undemokratischen und nicht-souveränen Staat rundheraus ablehnte, so machten sich in der zweiten Hälfte der sechziger Jahre neue Tendenzen bemerkbar. Zaghaft traten sie schon in der Regierung der Großen Koalition zutage, sehr viel deutlicher wurden sie dann ab 1969 in der Regierung der sozialliberalen Koalition.

Im Kern bestand die neue Konzeption darin, durch gewisse Zugeständnisse gegenüber der DDR die innerdeutschen Kontakte zu verstärken, um dadurch nach und nach eine menschliche, wirtschaftliche, kulturelle und im Endeffekt auch politische Annäherung zu erreichen. Man wollte damit weniger den Weg zur Einheit ebnen als vielmehr verhindern, daß die deutschen Teilstaaten noch weiter auseinanderdrifteten. In den Augen der Sozialdemokraten bestand nämlich die Gefahr, daß eine fortschreitende Polarisierung unumkehrbare Tatsachen schaffen würde, selbst für viele Generationen.

Ein Ausdruck dieser Politik war letzten Endes die Unterzeichnung des »Grundvertrages« zwischen beiden deutschen Staaten im Dezember 1972. Er wird – wie die ganze damalige und spätere Politik der deutschen Sozialdemokraten – unterschiedlich bewertet. Einerseits erreichten sie teilweise ihre angestrebten Ziele. Andererseits führte ihre Politik zur internationalen und inneren Stabilisierung der DDR und vertiefte damit die Teilung. Neue Gefahren mochten sich darin andeuten, daß in der Ostberliner Propaganda schon 1971 die Behauptung auftauchte, es gebe zwei getrennte deutsche Nationen.

Im Grunde wurde aber die damals begonnene Politik auch von den späteren CDU-FDP-Regierungen fortgesetzt. Die Opposition, die sich in den achtziger Jahren in der DDR bildete, war mit der dauerhaften Teilung Deutschlands in zwei Staaten einverstanden, obwohl sie in der ferneren Zukunft Chancen ihrer Überwindung sah. Selbst als 1989 schon die Beseitigung des kommunistischen Systems in der DDR begonnen hatte, wurde noch in beiden deutschen Staaten an diesen Positionen festgehalten.

Das Problem der Wiedervereinigung Deutschlands manifestierte sich in der DDR als Ausdruck elementarer Tendenzen auf Massendemonstrationen. Erst später wurde es von der Regierung der Bundesrepublik Deutschland und den wichtigsten Parteien aufgegriffen. Internationale Hindernisse für die Wiedervereinigung Deutschlands wurden im Laufe des Jahres 1990 in den 2 + 4-Gesprächen rasch ausgeräumt.

Formal betrachtet, haben die beiden deutschen Staaten in zweiseitigen Verhandlungen über die Wiedervereinigung und ihre Grundlagen entschieden. Doch nach dem Sturz der kommunistischen Herrschaft konnte die DDR als eigener Staat nicht länger funktionieren. So setzte sich in allen wichtigen Fragen die Auffassung der Regierung der Bundesrepublik durch. Letztlich erfolgte auch die Wiedervereinigung am 3. Oktober 1990 durch Beitritt der DDR zur Bundesrepublik Deutschland gemäß Artikel 23 Grundgesetz.

In Polen hielt man die Wiederherstellung der Einheit Deutschlands nur in der ersten Zeit nach dem Krieg und nur in kleinen Fachzirkeln für geboten; man meinte, die Teilung könne dem deutschen Nationalismus Nahrung geben und ihn zu einer brisanten Kraft machen. Doch ab 1948 wurde die Teilung Deutschlands in Polen faktisch akzeptiert. Sie entsprach den Vorstellungen der polnischen Kommunisten, die weite Kreise der Gesellschaft von ihrer Sicht überzeugen konnten. Die kommunistische Regierung in Warschau hat in der Wiedervereinigung stets das zentrale Problem gesehen – für Polen und für Deutschland. Den offiziellen, d. h. kommunistischen Vorstellungen zufolge bedeutete die Wiedervereinigung Deutschlands eine Katastrophe für die nationalen und staatlichen Interessen Polens. Damit wäre in unmittelbarer

Nachbarschaft Polens wieder eine deutsche Großmacht entstanden, die auf verschiedenen Gebieten eine Gefahr darstellte.

Ausgangspunkt der Politik der polnischen Kommunisten war die Annahme, daß zwischen den deutschen und den polnischen Interessen ein fundamentaler Widerspruch bestehe. Dies vertrug sich im allgemeinen – aber nicht immer – mit freundschaftlichen Beziehungen zwischen Warschau und Ostberlin. Man war nämlich der Meinung, die DDR repräsentiere mehr die sowjetische Politik als die deutsche, da nicht die Nation, sondern die Klasse, eigentlich sogar die Ideologie Grundlage ihrer staatlichen Organisation war. Im kommunistischen Warschau ging man – während offiziell das Gegenteil verkündet wurde – stillschweigend davon aus, daß es ein natürliches Bestreben der Deutschen sei, in einem einheitlichen Nationalstaat zu leben.

Nach den Vorstellungen der polnischen Kommunisten hätte Deutschland für die Wiedervereinigung zumindest den Preis einer partiellen Verständigung mit der Sowjetunion und einer weitgehenden Verselbständigung der neuen mitteleuropäischen Macht gegenüber den Vereinigten Staaten und dem europäischen Westen zahlen müssen. Oder die Wiedervereinigung wäre durch eine Schwächung der Sowjetunion zustande gekommen, die unter dem Druck des Westens zugestimmt hätte. In beiden Fällen wäre Polen unmittelbar mit Deutschland konfrontiert worden, was seine Westgrenze gefährdet hätte. Entweder wäre Polen kommunistisch geblieben, aber als Frontland des Blocks stärker von Moskau abhängig geworden, oder es wäre den wirtschaftlichen und politischen Interessen der Deutschen preisgegeben worden.

Dies war gewiß eine einseitige Interpretation der deutschen Politik, doch muß man sehen, daß sie in den ersten fünfundzwanzig Jahren nach dem Krieg in der Politik der Bundesrepublik – der Regierung wie der Parteien – eine Bestätigung fand. Eine besondere Rolle spielten dabei die Vertriebenenverbände mit ihren Vorstellungen von der territorialen Einheit Deutschlands in den Vorkriegsgrenzen. Die Parteien und andere im öffentlichen Leben tätige Organisationen machten sich diese Vorstellungen weitgehend zu eigen.

In der marxistisch-leninistischen Ideologie des kommunistischen Polen nahm das nationale Selbstbestimmungsrecht zwar den ihm gebührenden Platz ein, in der politischen Praxis spielte es aber keine Rolle. Man nahm ihm mit unterschiedlichen Begründungen seine Bedeutung. Mal wurde erklärt, man müsse es dem Klassenprinzip unterordnen, dann wieder wurde behauptet, die Deutschen hätten durch ihre Kriegsverbrechen das Selbstbestimmungsrecht verwirkt. Vor allem aber wurde – ebenso wie in der DDR – offiziell erklärt, die dortige Bevölkerung habe sich allgemein für den Sozialismus und gegen die großdeutschen Träume der Bundesrepublik entschieden. Schließlich – und mit besonderem Nachdruck ab 1970 – wurde argumentiert, Deutschland müsse im Interesse des europäischen Gleichgewichts und der internationalen Stabilität geteilt bleiben. Im Grunde konnte man auch für die Deutschen nicht mehr Selbstbestimmungsrechte fordern, als sie die Polen für sich selbst forderten. Schließlich wurde ja an der Weichsel – auch wenn die offizielle Version anders lautete – von niemandem in Frage gestellt, daß das in Polen herrschende kommunistische System mit Gewalt und gegen den Willen der erdrükkenden Mehrheit des Volkes aufgezwungen worden war.

Einen Umbruch im politischen Denken Polens bewirkten zwei Texte über das Verhältnis Polens zu Deutschland, die 1978 von der illegalen Vereinigung »Polskie Porozumienie Niepodległościowe« veröffentlicht wurden. An ihrer Ausarbeitung waren Personen aus politischen und intellektuellen Kreisen beteiligt, die später erheblichen Einfluß auf die Deutschland-Politik Polens erhalten sollten. Die wichtigste These lautete: »Die Deutschen haben das gleiche Recht auf Wiedervereinigung wie wir auf Unabhängigkeit«. Ferner hieß es dort, die Wiedervereinigung Deutschlands liege im polnischen Interesse, wenn zwei Bedingungen erfüllt seien: die vorbehaltlose Anerkennung der Grenze zu Polen und die Integration Deutschlands in die Europäische Gemeinschaft.

Bei der legalen »Solidarität« der Jahre 1980–1981 wird man vergeblich nach derartigen Erklärungen suchen. Dies ist jedoch eine Folge der Selbstbeschränkung, die eine Beschäftigung mit außenpolitischen Fragen ausschloß. Es ist eine andere Sache, daß es damals und auch später in der Zeit der illegalen »Solidarität« an einem ernsthafteren Interesse für die deutsche Frage fehlte, weil man Lösungen für die polnischen Probleme entweder im Lande selbst oder in Moskau suchte.

Die Situation änderte sich erst mit den Vereinbarungen des »runden Tisches« und den Parlamentswahlen von 1989, bei denen die Oppostion gewann. Polen erreichte weitgehend sein Selbstbestimmungsrecht, und die neue Regierung konnte nur glaubwürdig bleiben, wenn sie auch anderen Völkern dieses Recht zuerkannte. Am kompliziertesten war in dieser Beziehung die deutsche Problematik, konkret das Recht der Deutschen auf Selbstbestimmung und Wiedervereinigung. Wichtige Signale kamen von der Fluchtwelle aus der DDR über Ungarn, doch im September 1989 wurde Polen direkt in diese Fluchtwelle hineingezogen. Der Beschluß, den Geflüchteten in Polen Aufenthaltsrecht und anschließend Hilfe bei der Ausreise in die BRD zu gewähren, wurde in dem vollen Bewußtsein gefaßt, daß dies das kommunistische System in der DDR untergraben und den Weg zur Selbstbestimmung und Wiedervereinigung Deutschlands eröffnen würde.

Dabei waren nicht nur Prinzipien im Spiel. Aus polnischer Sicht stand die DDR vor einer Alternative: Entweder kam es zu einer blutigen Lösung nach chinesischem Muster, und das bereits schwankende kommunistische Regime der DDR würde durch ein neostalinistisches abgelöst, oder der Kommunismus würde nach polnischem oder ungarischem Muster zerfallen. Neostalinismus in der DDR hätte die Gefahr einer neostalinistischen Restauration in ganz Osteuropa bedeutet und besonders eine Gefahr für Polen.

Natürlich war Selbstbestimmung nicht gleichbedeutend mit Wiedervereinigung. Die der »Solidarität« nahestehenden Politiker waren sich jedoch darüber im klaren, daß die Einheitsbestrebungen in Deutschland das Übergewicht bekommen würden. Zwar zeigte die Regierung Mazowiecki eine gewisse Zurückhaltung, weil sie der Ansicht war, die Wiedervereinigung sei vor allem eine Sache der Deutschen selbst und der seit 1945 für das Schicksal Deutschlands verantwortlichen vier Besatzungsmächte, doch machten Parlamentarier des Regierungslagers keinen Hehl aus ihrer Überzeugung, daß die Wiedervereinigung Deutschlands näherrücke, und sie brachten zum Ausdruck, daß sie sie akzeptierten. Man kann hier namentlich auf die Aussagen von Bronisław Geremek und Andrzej Szczypiorski verweisen.

Der Fall der Berliner Mauer wurde in Warschau mit Befriedigung aufgenommen. Die polnische Regierung und die maßgebenden politischen Kräfte hielten von diesem Zeitpunkt an die Wiedervereinigung für unausweichlich. Allerdings wollte die polnische Seite dabei gewisse Bedingungen erfüllt sehen, die genau denen entsprachen, die elf Jahre zuvor von »Polskie Porozumienie Niepodległościowe« formuliert worden waren. Man forderte die Beteiligung Polens an den Verhandlungen, welche die vier Besatzungsmächte mit den Deutschen über die Wiedervereinigung führten, besonders weil eine Formulierung für die endgültige Anerkennung der deutsch-polnischen Grenze festgelegt werden mußte. Zugleich wandte man sich eindeutig gegen den Plan, mit dem eine Zeitlang in Moskau geliebäugelt wurde, die sowjetische Zustimmung zur Wiedervereinigung an die Neutralisierung Deutschlands zu knüpfen. Das hätte nämlich der Integration des vereinten Deutschlands in die Europäische Gemeinschaft entgegengestanden.

Während die Wiedervereinigung Deutschlands von den maßgebenden politischen Kräften in Polen akzeptiert wurde, löste sie bei der Bevölkerung starke Befürchtungen aus, wie Umfrageergebnisse zeigten. Diese Sorgen hat man von zwei Seiten her politisch auszubeuten versucht. Auf der einen Seite verbreiteten Kommunisten Ängste vor der Wiedervereinigung Deutschlands, sei es in Fortsetzung ihrer langjährigen Politik, sei es, um daraus Munition gegen die Herrschaft der »Solidarität« zu machen. Auf der anderen Seite schlugen lautstarke, aber mitgliederschwache extreme Gruppen der nationalistischen Rechten ähnliche Töne an.

Wie es scheint, hat die Unterzeichnung des Grenzvertrages und besonders des Vertrages über gute Nachbarschaft zur Beruhigung der Bevölkerung beigetragen, und während man die Wiedervereinigung Deutschlands als eine vollendete Tatsache betrachtet, widmet man sich weniger den Gefahren für die Grenzen oder die staatliche Existenz Polens als vielmehr den Problemen der künftigen Nachbarschaft.

Artur Hajnicz
Deutschland 1989–90: Die andere Seite verstehen

Hier wird versucht, die Dinge auf eigenwillige Weise zu sehen. Denn offenbar beruhen die zahlreichen Schwierigkeiten bei der Neugestaltung der deutsch-polnischen Beziehungen darauf, daß die Position des jeweiligen Partners, seine internen Voraussetzungen, seine Schwierigkeiten, aber auch seine allgemeine Strategie auf beiden Seiten nicht hinreichend berücksichtigt wurden. Die Dinge nur aus der eigenen Perspektive zu betrachten, kann zu einem ernsthaften Hindernis werden und zu einer Häufung von einseitigen, nicht selten falschen Einschätzungen führen. Vielleicht sind ja die Motive, ist die Strategie des Partners eine ganz andere, als es die vorschnelle emotionale Reaktion erscheinen läßt.

Ich gehöre in Polen zu den seltenen Ausnahmen: Ich gestehe offen, daß ich die Politik von Kanzler Kohl bewundere, ja, ich halte ihn sogar für den Architekten einer historischen Wende in den deutsch-polnischen Beziehungen. Ich habe mich gewissermaßen »aus der Küchenperspektive« mit den deutsch-polnischen Beziehungen befaßt und beobachtet, wie in Polen die Abneigung gegen diesen Politiker wuchs. Ich habe diese Meinungen nie geteilt. Helmut Kohl ist möglicherweise kein sympathischer, feinsinniger Politiker, aber er ist ungewöhnlich erfolgreich, unwahrscheinlich fleißig, und er besitzt politischen Instinkt, ein Gespür für die Situation. Es stimmt, daß die Umstände ihm entgegenkamen, aber es stimmt auch, daß man imstande sein mußte, die gegebenen historischen Bedingungen zu nutzen; man hätte auch den richtigen Augenblick verpassen können, und die Gelegenheit wäre unwiderruflich dahin gewesen.

Ich sprach von einer Wende in den deutsch-polnischen Beziehungen. Der Begriff ist hier durchaus angemessen und keine Übertreibung. Eine solche Wende vollzieht sich jedoch nicht momentan, sondern erstreckt sich über mehrere Jahre. Auch das ist historisch noch eine sehr kurze Zeitspanne. Im Laufe dieser Wende geschahen und geschehen noch immer ganz merkwürdige Dinge, es knirscht, wie wenn man verrostetes Eisen zersägt, es gibt

Rückschläge und dann wieder gewaltige Schübe. Im großen und ganzen verläuft dieser Prozeß in sich konsequent, auch wenn es anfangs gar nicht gut aussah...

Es begann im Herbst 1989 mit einer Initiative von Tadeusz Mazowiecki, der seit jeher der deutschen Politik sehr große Bedeutung beigemessen hat. Mazowiecki und Kohl kennen sich seit langem, noch bevor Kohl Kanzler und Mazowiecki einer der Führer der Opposition und schließlich der erste nichtkommunistische Premierminister Nachkriegspolens wurde. Nach Meinung Tadeusz Mazowieckis hätte es schon damals, im Herbst 1989, zu der radikalen Wende kommen sollen, und ihr symbolischer Ausdruck sollte die brüderliche Umarmung beider Staatsmänner an einem frostigen Vormittag in Kreisau sein. Die Umarmung fand statt, eine Erklärung wurde unterzeichnet, doch zu der Wende kam es nicht, weil Kohl nicht die von den Polen erwartete endgültige Anerkennung der Oder-Neiße-Grenze aussprach. Mazowiecki kann als Politiker etwas einstecken, aber er hat eine hohe Auffassung von Werten wie Moral und Loyalität, und man kann ihn leicht enttäuschen. Was war mit Kohl los?

Das Rad der Geschichte hatte sich rascher gedreht, als die Politiker vorhersehen konnten. Einen Tag vor der Begegnung in Kreisau fiel die Berliner Mauer, Kohl, der den sorgfältig geplanten Besuch in Polen für einen Tag unterbrach, wurde auf der Berliner Kundgebung ausgepfiffen. Aber er läßt sich nicht entmutigen, ist nicht enttäuscht. Er hatte einige Wochen früher als andere Politiker begriffen, daß das große Spiel um alles oder nichts begonnen hatte. Zwei Wochen nach Kreisau verkündete er seinen 10-Punkte-Plan zur Einheit Deutschlands, der alle, auch die Koalitionspartner, überraschte. Die Karte mit der Anerkennung der polnischen Grenze wurde aufs nächste Spiel verschoben.

Aus polnischer Sicht wirkte das fast wie Verrat, und Kohl hatte bei uns viele Monate lang die schlechtesten Noten. Ich habe jedoch, als ich mich im November und Dezember 1989 und dann wieder im Februar 1990 in Deutschland aufhielt, versucht, dem Partner in die Karten zu schauen. Angesichts der beginnenden Kampagne für eine schnelle Wiedervereinigung Deutschlands und der sich abzeichnenden Perspektive, daß Gesamtdeutschland sein

Verhältnis zur Oder-Neiße-Grenze klären würde, stellten sich die Dinge anders dar. Eine im übrigen nur verbale und deklaratorische Anerkennung der Grenze durch den Kanzler Westdeutschlands wäre zu diesem Zeitpunkt möglicherweise verfrüht und sogar kontraproduktiv gewesen. Vielleicht auch für Polen.

Im Dezember 1989 löste ich Entrüstung mit der Erklärung aus, man solle sich vorbehaltlos auf die Einheit Deutschlands einstellen. Die mühsam ausgehandelte gemeinsame Erklärung von Kohl und Mazowiecki hatte leider schon im Augenblick ihrer Unterzeichnung ihre große Bedeutung eingebüßt. Fast gleichzeitig war nämlich die Frage der generellen, völkerrechtlichen Gestaltung der Beziehungen zwischen *neuen* Nachbarn auf die Tagesordnung gerückt: einem geeinten Deutschland und einem neuen Polen. Neu nicht nur im Inneren, sondern auch in der veränderten geopolitischen Konstellation.

Die zweite dramatische Runde beginnt im Februar 1990. Sie beginnt gut. Außenminister Skubiszewski lehnt am 4. Februar als erster Vertreter Mitteleuropas die sowjetische Konzeption einer Neutralisierung Deutschlands ab und spricht sich für den Verbleib des künftig geeinten Deutschland in der NATO aus. Nach längerer Suche entsteht eine neue Konzeption für die völkerrechtliche Anerkennung und Bestätigung der Grenze zwischen Polen und dem künftig geeinten Deutschland: nicht auf einer Friedenskonferenz, nicht auf einer KSZE-Konferenz, sondern in einem bilateralen Vertrag. Aber auch daraus wird nichts!

In Ottawa einigt man sich darauf, die internationalen Bedingungen der Vereinigung Deutschlands auf einer Reihe von 2 + 4-Konferenzen zu regeln. Gleichzeitig fordert Tadeusz Mazowiecki während eines Besuchs in London die gleichberechtigte Teilnahme Polens an dieser Konferenz. In der Welt löst er Befremden, in Deutschland Unzufriedenheit aus: Kohl versteht nicht, was Mazowiecki eigentlich will. Doch jetzt ist es an der Zeit, dieses Problem zu klären. Im Zusammenhang mit der großen Sache der Wiedervereinigung, in der neuen Verpackung der 2 + 4-Konferenzen, ist Kohl bereit, auch den widerstrebenden Deutschen die Anerkennung der Grenze als den Preis oder als eine der Gebühren für die wunderbare, friedliche Wiedervereinigung zu verkaufen.

Die Situation kehrt sich um: Jetzt versteht Kohl die Polen nicht, er versteht nicht, daß ihre Außenpolitik durch ihre inneren Verhältnisse bedingt ist. Mazowieckis Konzeption findet allgemeine Unterstützung im Lande. Die Polen reagieren nicht nur den tiefsitzenden Jalta-Komplex ab, sondern auch eine große Woge neuer Befürchtungen und Phobien angesichts der raschen Einigung Deutschlands.

Auf das Problem der Beteiligung Polens an den 2 + 4-Gesprächen kann hier nicht eingegangen werden; darüber könnte man ein ganzes Buch schreiben.

Mit ihrem energischen Einsatz für eine Beteiligung Polens am 2 + 4-Prozeß verschaffte die Regierung sich Rückhalt in der Bevölkerung, und zugleich zerstreute sie Befürchtungen, daß unsere Angelegenheiten wieder einmal ohne uns und gegen unsere Interessen entschieden werden. Es war jedoch nicht klar, wie weit die Beteiligung ging, um die sich die polnische Diplomatie bemühte. Was Polen dann im Juli auf der Pariser 2 + 4-Sitzung erreichte, hätte man wohl auch ohne den ganzen mühsamen Einsatz erreichen können: die Teilnahme des polnischen Außenministers Skubiszewski an einer Sitzung, auf der die Einbeziehung der Grenzfrage in die Gesamtregelung der internationalen Bedingungen der Einigung Deutschlands geklärt wurde. In Deutschland kamen jedoch Befürchtungen auf, Polen wolle dem Einigungsprozeß Steine in den Weg legen, man befürchtete sogar, Warschau wolle noch nach der entscheidenden Begegnung zwischen Kohl und Gorbatschow in Stawropol die Zuständigkeit der vier Mächte für Deutschland bis zur Ratifizierung des Grenzvertrags verlängert sehen.

In Deutschland wurden also die innenpolitischen Bedingungen des polnischen Verhaltens, die polnischen Befürchtungen und Frustrationen nicht richtig eingeschätzt, während man in Polen wiederum die deutsche Ungeduld in diesem außergewöhnlichen Moment, da sich die unerwartete Gelegenheit einer friedlichen Wiedervereinigung bot, nicht verstand. Die zweite Runde endete mit dem Pariser Erfolg, der Einbeziehung der polnischen Forderungen in die internationalen Abmachungen. Wegen der Begleitumstände kam es jedoch statt zu der erwarteten Entspannung zu einer Verschärfung des Klimas.

Polen nicht gewogene Kreise auf der Rechten der CDU säumten nicht, dies auszunutzen. In führenden Kreisen der CDU/CSU wurde sogar ohne direkte Beteiligung des Kanzlers der Beschluß gefaßt, nicht gesondert einen Grenzvertrag und einen Generalvertrag mit Polen zu schließen, sondern alles in einem Vertrag zusammenzufassen. Kohl wollte seinen Gegnern auf der Rechten die endgültige Anerkennung der Oder-Neiße-Grenze als Preis für die Wiedervereinigung verkaufen. Demgegenüber wollte die Rechte die Linie verfolgen, daß die Polen jetzt ihren Preis zu zahlen hätten.

Die dritte Runde begann (in den ersten Oktobertagen) mit einer kaum bekanntgewordenen und scheinbar belanglosen »Rettungsexpedition«, die vom Forschungsinstitut der Deutschen Gesellschaft für Auswärtige Politik und vom Zentrum für Internationale Studien beim Senat der Republik Polen unternommen wurde. An beiden Mannschaften waren auch einige Mitglieder der Delegationen beteiligt, die die Vertragsverhandlungen führten. Man hatte sich vorgenommen, sozusagen die »Philosophie« der gegenseitigen Beziehungen zu wechseln. An die Stelle von »Preis« und »Bezahlung«, von »Forderung« und »Konzession« sollten *gemeinsame* Interessen treten. An der endgütligen Anerkennung der polnischen Grenze sind auch die Deutschen interessiert, um zu verhindern, daß nach der Vereinigung eine gefährliche nationalistische »Nachwelle« entsteht. An einer klaren Regelung im Einklang mit den europäischen Normen, an eindeutig festgelegten Rechten und Pflichten der deutschen Minderheit in Polen sind auch die Polen interessiert. Bei dieser Gelegenheit regte der Leiter der deutschen Delegation, Prof. Karl Kaiser, erstmals an, die Minderheitenfrage auf der Grundlage der Kopenhagener KSZE-Akte vom 29. Juni 1990 zu regeln. Dies war im weiteren Verlauf der Verhandlungen von großer Bedeutung. Ferner einigte man sich darüber, daß die vorgeschlagene gleichzeitige Ratifizierung beider Verträge, des Grenzvertrages und des Generalvertrages, nicht als »unannehmbares Zugeständnis« betrachtet werden dürfte – was von Politikern der ehemaligen polnischen Kommunistischen Partei behauptet wurde. Vielmehr seien beide Seiten, also auch Polen, lebhaft an einer Beschleunigung der Arbeiten am Generalvertrag über gute Nachbarschaft und Zusammenarbeit interessiert.

Die ersten beiden offiziellen Verhandlungsrunden liefen »wie geschmiert«. Der Inhalt des Grenzvertrages war rasch geregelt, und auch die Gliederung und die Grundlagen des Generalvertrages wurden abgeklärt. Am 8. und 9. November fand die nächste Begegnung zwischen Kohl und Mazowiecki in Frankfurt an der Oder statt – die herzlichste Begegnung der Regierungschefs in der Geschichte der deutsch-polnischen Beziehungen. Diesmal zeigte Kanzler Kohl Elan; der vereinbarte Grenzvertrag wurde nicht nur paraphiert, sondern am 14. November 1990 erfolgte in Warschau seine feierliche Unterzeichnung durch die Minister Genscher und Skubiszewski. Die polnischen Massenmedien gaben diesem Anlaß nicht die gebührende Publizität, wohl weil sie durch die bisherige Zickzackpolitik verunsichert waren, aber leider fehlte es auch an der richtigen Information. Die öffentliche Reaktion war indes vernünftig. Hatten bislang Phobien dominiert, so fragte man nun – besonders in den gebildeten Schichten – ungeduldig, warum die Verbesserung der Beziehungen zu Deutschland sich allzusehr in die Länge zog, warum der Generalvertrag noch nicht da war, warum die Einreisevisen noch nicht abgeschafft waren, warum so wenige ausländische Investitionen kamen.

Dennoch kam es Ende 1990, Anfang 1991 erneut zu einem Stillstand. Es sei mir gestattet, hier von der nächsten Runde im Prozeß der großen Wende zu sprechen. In der letzten Frage, die deutsche Minderheit betreffend, kam es zu einer dreimonatigen Unterbrechung der Vertragsverhandlungen. Die deutsche Seite legte nicht ihre Vorschläge dar, aber man wußte, daß sich in Bonn verbissene Kämpfe und Diskussionen abspielten. Der Bund der Vertriebenen wollte sich nicht mit der informell bereits gebilligten Kopenhagener Formel zufriedengeben, sondern sie so »erweitern«, daß sie sinnlos wurde. Doch warum maß Kanzler Kohl, nachdem die Bundestagswahlen und die Wahlen in Hessen vorbei waren, der schließlich nicht sehr großen Gruppe radikaler Vertriebener eine solche Bedeutung bei? Ging es nur um einige Stimmprozente? Ich denke nicht. Ich vermute, daß es Kohl darum geht, in der Frage der deutsch-polnischen Beziehungen, die ja nicht geringe Emotionen weckt, auch die Widerstrebenden in eine gewisse Mitverantwortung einzubinden und zu einer wenigstens verbalen Zustimmung zu bewegen. Darum sprach er auch mit Vertretern des BdV, bevor der deutsche Vorschlag zu § 15 des Vertrages, der die Minderheiten betrifft, der polnischen Seite vorgelegt wurde. Sie sollten hinterher nicht sagen können, sie hätten nicht gewußt, es sei ohne sie geregelt worden.

Was nun die polnische Seite betrifft, so teile ich nicht die Auffassung, daß es genügte, sich in allgemeiner Form auf die Kopenhagener Akte zu berufen. Das wird weder ihnen noch uns genügen. Man sollte über alles sprechen, denn der Teufel steckt häufig im Detail. Im übrigen müssen auch wir lernen, uns die europäischen Normen zu eigen zu machen, die uns nicht seit jeher vertraut sind. Bei dieser Gelegenheit darf ich daran erinnern, daß der nach den Wahlen vorgesehene Beitritt zum Europarat nicht bedeutet, einen magischen Kreis mit der Aufschrift »Europa« zu überschreiten; vielmehr werden wir in unsere Gesetzgebung Hunderte von Gesetzen und Vorschriften zu übernehmen haben, die vielen nicht gefallen werden – gerade jenen, die von einem raschen Überwechseln nach Europa träumen.

Eine bedeutende Zeit geht jetzt wohl zu Ende. Beide Verträge: der Grenzvertrag, der gewissermaßen die Vorzeit *abschließt*, und der Vertrag über gute Nachbarschft, der eine neue, noch unbekannte Phase der Beziehungen *eröffnet*, sind im Oktober 1991 von beiden Parlamenten ratifiziert worden. Die langwierige, sich über fast zwei Jahre hinziehende Wende war nicht einfach. Das ist auch gut so. Es konnte nicht anders sein. Ich denke, daß man in Polen und in Deutschland etwas gelernt hat, daß man vieles verstanden hat, sowohl bei den politischen Eliten wie in der breiten Bevölkerung. 1990, als die erwähnten fremdenfeindlichen Befürchtungen noch so verbreitet waren, hätte ich nicht vermutet, daß die Menschen doch relativ schnell eine neue, realistische Betrachtungsweise annehmen würden. Eine Betrachtungsweise, die die Dinge nicht unter dem Aspekt der bösen Vergangenheit sieht, sondern unter dem Blickwinkel der pragmatischen Bedürfnisse von heute.

Ludwig Haesler

Die Auseinandersetzung mit dem Nationalsozialismus im Nachkriegsdeutschland

Die Auseinandersetzung mit dem Nationalsozialismus im Nachkriegsdeutschland ist ein komplexer, schmerzlicher und von daher auch ein vielfältig umwegiger Prozeß, der, bedingt durch seinen Gegenstand, wohl kaum je zu einem endgültigen Abschluß kommen wird und kommen kann. Es ist kein Prozeß der »Vergangenheitsbewältigung«; denn wie es Hannah Arendt deutlich gemacht hat, kann man »wahrscheinlich überhaupt keine Vergangenheit ›bewältigen‹, sicher aber nicht [...] diese. Das Höchste, was man erreichen kann, ist zu wissen und auszuhalten, daß es so und nicht anders gewesen ist [...]« (H. Arendt, 1960: Von der Menschlichkeit in finsteren Zeiten. Rede über Lessing. München, S. 33). Dieser Prozeß hat einen Anfang, eine »Stunde Null«, die mit dem Zusammenbruch des Dritten Reiches gegeben war. Und er hat bis heute, wie wir wissen, zeitweise recht verschlungene Wege genommen, wobei individuelle wie kollektive Formen psychischer Abwehr gegenüber einer horrenden historischen Realität im Umgang mit dieser eine wesentliche Rolle gespielt haben.

1945 war eine Stunde Null. Aber sie war dies zugleich auch nicht. Denn es gab in allem Aufbruch, in allen Versuchen der Besinnung zugleich auch ein Moment von Kontinuität, das schließlich auch zur Grundlage späterer restaurativer Tendenzen vor allem in der Adenauer-Ära werden sollte. So wurden Institutionen vielfach in personeller und geistiger Kontinuität wiedergegründet, in einer Kontinuität, die faktisch oft ungebrochen staatliche und andere institutionalisierte Strukturen übernahm, wobei das dieser Kontinuität zugrundeliegende Selbstverständnis in der Regel auf ein tradiertes Staats- und Gesellschaftsverständnis vor dem Nationalsozialismus zurückzugreifen suchte. Nach diesem die kritische Auseinandersetzung ausblendenden Selbstverständnis galten der Nationalsozialismus und seine fürchterlichen Konsequenzen eher nur als »Unglück der Geschichte« denn als aus ihm selbst hervorgegangen.

Dieses Bemühen um eine wie auch immer geartete Wiederanknüpfung an eine so erlebte schuldfreie Zeit vor der Machtergreifung hatte für die im Krieg und unmittelbar nach dem Krieg verantwortliche Generation eine essentielle individuelle wie kollektive Schutz- und Stabilisierungsfunktion. Denn sich unmittelbar dem, was geschehen war, zu stellen, es anzuerkennen und anzunehmen, hätte für diese Generation bedeutet, anerkennen zu müssen, daß, zumindest in den Jahren der Etablierung der Naziherrschaft und bis weit in den Zweiten Weltkrieg hinein, eine schließlich überwältigende Mehrheit der Deutschen, durch alle Schichten hindurch, Rechte wie Linke, Nichtintellektuelle wie Intellektuelle gleichermaßen der Faszination des Nationalsozialismus und seiner jegliche menschliche Solidarität aufkündigenden Ideologie erlegen war. Es hätte bedeutet, anerkennen zu müssen, daß man aufgrund der eigenen, deutschen Sozialisation und Tradition dafür anfällig gewesen war, daß man durch aktive oder passive Mittäterschaft, durch Mitwissen, Mitdulden oder aber auch nur durch schweigendes Hinnehmen sich mit unvorstellbarem Unrecht belastet hatte und damit, wie es Thomas Mann im »Doktor Faustus« formuliert hat, zu einem Volk geworden war, das sich nicht sehen lassen kann (»Wie wird es sein, einem Volke anzugehören, das dieses gräßliche Scheitern seiner Geschichte in sich trug?«). Angesichts der zur überwältigenden Schuld hinzukommenden vernichtenden Scham über das eigene Versagen und über das Zerbrechen der eigenen Ideale und angesichts der eigenen Verantwortung hierfür scheint für diese erste Generation unmittelbar nach dem Krieg ein wirkliches Anerkennen der Realität kaum vorstellbar und wohl unmöglich gewesen zu sein. Eine solche schonungslos der Wahrheit verpflichtete Realisierung hätte sicher den psychischen Zusammenbruch vieler, eine Art massenweiser Melancholie hervorgebracht. In diesem Zusammenhang haben A. und M. Mitscherlich den Begriff der »Unfähigkeit zu trauern« in die Diskussion eingeführt, wobei sie sich auf einen Begriff von »Trauer« stützen – und ihn als kollektives Phänomen begreifen –, den S. Freud 1917 zur Charakterisierung des individuellen Vorgangs im Gefolge des Verlustes eines geliebten Menschen geprägt hat, ein Vorgang, in dessen Verlauf sich die schmerzlich erschütternde Beziehung zum soeben Verlorenen zu einer erträglichen Erinnerung wandelt.

Die Geschichte der zwölf NS-Jahre und die an sie gebundene Zerstörung aber läßt sich nicht »betrauern« so, wie man den Verlust eines geliebten Menschen betrauern kann, ebensowenig wie sich diese Vergangenheit »bewältigen« ließe. In ihren Auswirkungen läßt sich diese Geschichte auch kaum als eine Realität wie jede andere ohne weiteres annehmen: Man gerät, wenn man sich der Realität dessen nähert, was in Deutschland und dann in deutschem Namen in Polen, in Rußland und mit den Juden geschehen ist und was dies an affektiver menschlicher Wirklichkeit bedeutet, (was heißt, sich in die Opfer und Täter hineinversetzen zu müssen) unweigerlich in Gefühle einer tiefen überwältigenden Bedrohung, die von der nationalsozialistischen Realisierung einer destruktiven Welt pervers-psychotischer Dimension ausgeht. Dies verhindert immer wieder jeglichen schrittweise erfolgreichen Prozeß des Einstellens auf Aspekte des Verlorenen, des schrittweisen Anerkennens und Annehmens einer schmerzlichen Wirklichkeit mit dem Ziel der Transformation zur erträglichen Erinnerung, wie ihn Freud als charakteristisch für den Trauerprozeß beschrieben hat. Vielmehr mobilisiert jede Annäherung an diese kaum begreiflichen, bedrohlichen Realitäten immer wieder vielartige Formen der Abwehr zum Selbschutz, womit jeglicher Prozeß des Trauerns schon im Ansatz abgebrochen wird. Von daher ist der Begriff der »Unfähigkeit zu trauern«, weil er implizit eine Fähigkeit zu trauern um diese deutschen Realitäten suggeriert, unzutreffend und zur Beschreibung der inneren Vorgänge um die Auseinandersetzung mit dem Nationalsozialismus und mit der damit verbundenen Wertekatastrophe und deren Konsequenzen unzulänglich und irreführend. Seine zunehmend unreflektierte, inflationäre Verwendung in der deutschen Öffentlichkeit, seine Aushöhlung und die Mißverständnisse, die sich damit verbinden, etwa, wenn öffentlich lärmend »Trauerarbeit« eingefordert wird, wie dies bis heute immer wieder auch und gerade im Rahmen politischer Polemik geschieht, macht dies mehr als deutlich.

Darüber hinaus ist zu bedenken, daß ein Verständnis des Zusammenbruchs 1945 und die Vernichtung der Naziherrschaft als eines »Objektverlustes« nur für die »erste« Generation um 1945 Geltung haben könnte. Die nachgeborenen Generationen haben einen Verlust dieser Art, den sie »betrauern« könnten, direkt nicht erlitten. Vielmehr wachsen sie in eine Sprach- und Kulturgemeinschaft, in eine Nation hinein, in der sie diesen Verlust, die weitreichenden Zerstörungen durch die Naziherrschaft, als einen untrennbaren Teil ihrer Sprach- und Kulturgemeinschaft bereits vorfinden und dies als Teil der eigenen Geschichte, der eigenen Identität, als unausweichlich zu sich gehörig sich anzueignen haben.

Affektiver Besetzungsentzug, apologetische Tendenzen, projektive Schuldentlastung wie auch das charakteristische Phänomen einer kollektiven Ich-Spaltung bestimmten in den ersten Jahren und bestimmen mit wachsender zeitlicher Distanz von diesem destruktiven Geschehen in allmählich sich abschwächender Form bis heute die Auseinandersetzung mit dem Nationalsozialismus im Nachkriegsdeutschland, die zudem in den ersten Nachkriegsjahren von der Not des Augenblicks, von Hunger, Kälte und Zerstörung sowie von ersten Anstrengungen des Wieder-in-Gang-Bringens überlagert war. Der affektive Besetzungsentzug zielte auf Entlastung durch Relativieren und Beschönigen. Die apologetischen Tendenzen zielten auf Schuldentlastung, indem man die Unmöglichkeit beschwor, angesichts der Vergeltungsdrohungen des Terrorregimes Wiederstand zu leisten. Die projektive Schuldentlastung schließlich versuchte »die anderen« zu »Ebenfalls-Schuldigen«, zu einer Art Komplizen zu machen (etwa, wenn man vom »traditionellen Antisemitismus« der anderen sprach), zu »Auch-Tätern«, und damit zugleich, wo es ging, einen selbst zum »Auch-Opfer«. In diesem Sinne wurde die Bombardierung deutscher Städte mit der großen Zahl auch ziviler Opfer, insbesondere aber auch die Vertreibung aus den früheren Ostgebieten des Deutschen Reichs zur eigenen Entlastung argumentativ herangezogen. Vor allem das Phänomen der kollektiven Ich-Spaltung als eines kollektiven Abwehrphänomens, das Freud (als individuelles Abwehrphänomen) in seinem Aufsatz über den Fetischismus beschrieben hat, verdient in diesem Zusammenhang besondere Beachtung: Ein Teil der Persönlichkeit erkennt die Wirklichkeit an, während mit einem anderen, vor allem affektiv besetzten Teil, die Anerkennung abgewiesen, verweigert wird. Für die Nachkriegsgesellschaft in Deutschland nahm sich das über viele Jahre dergestalt aus, daß man wohl über die Vergangenheit Bescheid wußte, auch mehr oder weniger explizit darüber redete, aber dies geschah in einer Weise, die etwa H. Lübbe als »kommunikatives Beschweigen« bezeichnet hat, eine begriffliche Formulierung, die die hier angesprochene kollektive fetischistische Abwehrdynamik treffend beschreibt: ein kollektives Nebeneinander von die Realität anerkennender und die Realität abweisender Einstellungen, das die Auseinandersetzung mit dem Nationalsozialismus noch bis heute immer wieder augenfällig bestimmt.

Wie wir von unseren Patienten wissen, ist die uns präsentierte Abwehr diejenige, die einem Patienten in einem gegebenen Augenblick zu seinem Schutz und zu seiner Stabilisierung am besten dient. Wir wissen aber auch, daß eine solche Abwehr verfestigt werden kann, wenn sie im weiteren über die aktuelle Stabilisierung hinaus zusätzliche Gratifikationen vermitteln kann und vermittelt. Wir nennen solches den »sekundären Krankheitsgewinn«. Drei Faktoren scheinen hier in der Gesellschaft im Nachkriegsdeutschland dieses anfänglich essentielle Abwehrgefüge im Sinne des sekundären Krankheitsgewinns gefördert und zementiert zu haben: 1. auf politischer Ebene der Ost-West-Konflikt, 2. die daraus erwachsene Spaltung Deutschlands und die mit dem Kalten Krieg notwendig werdende schnelle internationale Wiederakzeptierung und Einbindung des westlichen Teils Deutschlands in das westliche Bündnis und schließlich 3. auf wirtschaftlicher Ebene das enorme Wirtschaftswunder, das die Konfrontation mit der Vergangenheit immer mehr in den Hintergrund drängte.

Der sich verschärfende Kalte Krieg und die Spaltung Deutschlands erlaubten es der bundesrepublikanischen Gesellschaft, Aspekte der Auseinandersetzung auf den politischen Gegner zu verschieben. Dabei wurde die begriffliche Einebnung von Nationalsozialismus und Stalinismus unter dem Begriff des Totalitarismus besonders hilfreich. Beide wurden schließlich als vergleichbar schrecklich gehandelt, eines war die bloße Fortführung des anderen, und das »Böse« aus der eigenen verantwortlichen Beziehung zur Vergangenheit wurde so nach »drüben«, auf »die anderen« verschoben. So sah man in der Bundesrepublik die DDR vielfach in bruchloser Tradition des Nationalsozialismus mit seinen Massenorganisationen, Massenaufmärschen und seiner Massenbegeisterung, und man denunzierte jene als »kommunistisch« oder dem Kommunismus nahestehend, die für die Bundesrepublik eine radikalere Besinnung auf die Vergangenheit und den defensiven Umgang mit ihr forderten. Von der DDR aus gesehen, für die der »Antifaschismus« zum konstitutiven Staatsselbstverständnis erhoben worden war, wurde die Bundesrepublik als alleiniger Traditionsverwalter des Nationalsozialismus betrachtet, während sie selbst in ihrem »antifaschistisch-sozialistischen« Selbstverständnis den Nationalsozialismus gleichsam per Dekret für sich als überwunden erklärte. Aufkommende neonazistische Tendenzen, die in der DDR noch vor deren Zusammenbruch auch den damals noch Regierenden ernsthafte Sorgen bereiteten, konnten aber bereits damals deutlich machen, was hier an kollektiver Auseinandersetzung abgespalten und projektiv entledigt worden war. Das antifaschistische Selbstverständnis des »Arbeiter- und Bauernstaats« war jener Punkt, den eine radikal aufbegehrende Jugend durch Besetzung und Identifizierung mit den radikalsten Gegenpositionen dieses Staates am empfindlichsten zu treffen suchte. So wurde der autoritäre antifaschistische Staat mit radikalen faschistischen Parolen irritiert, deren eigentliche Bedeutung und historische Realität denjenigen, die sie im Munde führten, aufgrund der fehlenden Auseinandersetzung kaum wirklich zugänglich gewesen sein dürften; und somit kehrte die abgespaltene, tabuisierte und auf die andere Seite projizierte Vergangenheit wieder. Dies dürfte im übrigen als ein Aspekt unter anderen des sich in rechtsradikalen Formen darstellenden radikalen Aufbegehrens zukunftsloser Jugendlicher auch in der Bundesrepublik zu verstehen sein. Auch die vom DDR-Staat zu seiner Stützung organisierte und für seine Ziele instrumentalisierte »Völkerfreundschaft«, etwa mit der Sowjetunion oder mit Polen, dürfte eher der projektiven Entledigung gedient haben, die eine wirklich tragfähige Verständigung zwischen den Menschen, die Auseinandersetzung mit der Wirklichkeit ihrer gemeinsamen leidvollen Vergangenheit und deren Folgen bis heute mehr verhindert denn gefördert hat.

Während für die Menschen der früheren DDR erst der Zusammenbruch des Regimes den Weg freimachte, sich mit der nationalsozialistischen Vergangenheit auf eine neue Weise auseinanderzusetzen, kam es in der Bundesrepublik schon 1968 durch die damals aufbegehrenden Studenten zum Aufbrechen der mit Westintegration, vordergründig wachsender internationaler Akzeptanz und Wirtschaftswunder zunehmend stabilisierten kollektiven Abwehrformen gegenüber dieser deutschen Vergangenheit, was den Prozeß der Auseinandersetzung hin zu jenem »wissen und auszuhalten, daß es so und nicht anders gewesen ist« eine neue Qualität verlieh. Bei näherer Betrachtung läßt sich allerdings zeigen, wie in den folgenden Jahren auch die immer offener werdende Diskussion über die Vergangenheit von spezifischen kollektiven Abwehrphänomenen bestimmt wurde, in denen sich jene widerspiegelten, die in dem Bemühen um kritischere Sichtweisen kritisch angegriffen worden waren. So konnte man zum Beispiel in der Art, mit der die 68er Studentengeneration die »schuldigen Väter« anklagte, Bemühungen der projektiven Entlastung und Entledigung wiederfinden. Und ebenso konnte man schließlich auch Aspekte der Wiederkehr des Abgespaltenen, bei der Vätergeneration projektiv Angeklagten erkennen, etwa bei den nach 1968 zunehmend wachsenden Gruppen junger Erwachsener, die radikale, oftmals militant gesinnungsethische Positionen vertraten und sich in einer Art antiliberalen, antiparlamentarischen Bewegung formierten, deren Glaubensinnigkeit und Spruchbandglaube vielen zu signalisieren schienen, daß unkritische Begeisterung, die politische Tradition eines deutschen realitätsfernen Idealismus und der Mangel an »praktischer Gesittung« (Th. Mann) Ausdruck aktualisierter, unaufgelöster Identifizierungen mit unverkennbarem Bezug zum Nationalsozialismus und zu Positionen der im Nationalsozialismus aktiv gewesenen Eltern seien. Und mancher Remigrant sah sich angesichts der unter roten Fahnen und Führeridolen marschierenden Studenten in die Zeit unmittelbar vor der Machtergreifung zurückversetzt.

Auch dies blieb eine Episode unter vielen anderen in dem unabschließbaren Prozeß der Auseinandersetzung mit der Vergangenheit, der auch und gerade mit der Wieder- bzw. Neuvereinigung Deutschlands neue Aktualität gewonnen hat. Die mit der Überwindung der Teilung verbundene Aufhebung der Spaltung, die

Aufhebung der wechselseitigen Projektionen, die Erschütterung und Auflösung der alten Feindbilder aus dem Ost-West-Konflikt zwingen zu einer neuen Besinnung auf die deutsche Sprach- und Kulturgemeinschaft, auf die deutsche Nation und ihre Geschichte, der die zwölf Jahre nationalsozialistischer Herrschaft jetzt und für alle Zukunft einen alles Deutsche bestimmenden Stempel aufgeprägt haben. Es gilt, in der weiteren Auseinandersetzung mit dem Ziel »zu wissen und auszuhalten, daß es so und nicht anders gewesen ist«, die zwangsläufig immer wieder defensiv bestimmten Versionen dieser Vergangenheit immer wieder neu kritisch zu befragen und auf diese Weise den Prozeß der Anerkennung und Aneignung der Geschichte als eigener Geschichte zu fördern mit dem Ziel, diese Vergangenheit und ihre nachhaltigen Folgen jetzt und in der Zukunft nach innen wie nach außen in bekennender und handelnder menschlicher Solidarität zu verantworten. Dies ist eine Herausforderung, die letztlich über die weitere Zukunft der deutschen Gesellschaft, vor allem aber über das Gelingen einer konstruktiven Verständigung zwischen den Deutschen und ihren Nachbarn, vor allem aber den Deutschen und Polen, jetzt und in der Zukunft entscheiden wird.

Marek Prawda

Polnische Neurosen und die Deutschen

Was ist das Besondere an dem polnischen Blick auf Deutschland und die Deutschen, das uns das gegenseitige Verstehen erschwert, das eine Distanz zwischen uns schafft? Verfügen wir über eine entsprechende Sprache, und sind wir geistig schon hinreichend souverän, um normal miteinander Bekanntschaft zu machen, uns normal zu mögen und nicht zu mögen, uns normal zu verstehen und normal miteinander zu streiten? Um nicht, statt Argumente auszutauschen, auf die nationale Zugehörigkeit hinzuweisen, um nicht länger eine schlaue Miene zu machen und alles mit den »unabänderlichen« nationalen Eigenschaften zu erklären? Man sollte sich einmal die Sprache anschauen, die der deutsch-polnischen Erfahrung, wenn man so sagen darf, dient, die in ihr enthaltende

Symbolik, den intellektuellen Hintergrund der landläufigen Theorien und reflexartigen Urteile. Statt über Menschen und Emotionen zu philosophieren, wollen wir uns fragen, ob unsere Sprachen, unsere Symbole und »Lebenswelten« einander heute überhaupt »verstehen« können. Die Frage ist, wie schöpferisch unsere Sprache in dem Sinne sein kann, daß sie den Menschen Begriffe und Interpretationen nahelegt, die den Blick auf die Zukunft lenken, daß sie die Werkzeuge liefert, um in würdiger Weise die Vergangenheit zu bewältigen, aber auch ermöglicht, sich von dem Erlebten in dem Maße zu lösen, daß man nicht bei einer verallgemeinernden Abneigung gegen die Deutschen (einer Abneigung »für jeden Fall«) landet oder in der unergründlichen »Tiefe« der Entdeckung versinkt, daß, wie eine polnische Redensart weiß, »solange die Welt besteht, der Deutsche dem Polen kein Bruder sein wird«. Hat das geistige Leben unseres Landes, soweit es um deutsche Probleme geht, eine – ausreichend begründete – Denkweise hervorgebracht, welche die gemeinsamen Dinge in einer Sprache der Chancen benennt und die schwierigen Erfahrungen zu positiven Projekten verarbeitet? Oder herrscht vielleicht eine andere Art von »schöpferischem Denken« vor, derart, daß man die Liste des erlittenen Unrechts endlos verlängert, um sich noch tiefer in eigenen Komplexen zu vergraben, so daß man überhaupt nichts mehr sieht und nicht einmal mehr neugierig ist?

Man kann sich dem hier skizzierten Problem in der Weise nähern, daß man die Texte von mündlich erzählten Lebensgeschichten analysiert. Ich habe entsprechende Interviews durchgeführt, mit einer anderen Zielsetzung, und so berufe ich mich hier nur auf einige Schlußfolgerungen, die für das Thema relevant sind. Dies kann sich natürlich nur auf einen kleinen Ausschnitt der Realität beziehen, der systematisch untersucht werden müßte. Außerdem übergehe ich hier die andere Seite, nämlich die Merkmale der deutschen Perspektive und möglicher Vereinfachungen in der Wahrnehmung Polens und der Polen. Das autobiographische Material erscheint hier insofern geeignet, als es ermöglicht, in die Innenwelt vorzudringen (ohne sie durch raffinierte Fragen des Interviewers öffnen zu müssen) und festzustellen, in welcher Weise und in welchem Maße deutsche Probleme, gemessen an anderen, im polnischen Bewußtsein bedeutsam sind. Außerdem sind polnische und deutsche Biographien, besonders die älterer Leute, nolens volens in demselben tragischen historischen Kontext verankert. Sie kommen also gar nicht umhin, eine Manifestation der sogenannten äußerlichen Perspektive auf die andere Seite zu sein. In polnischen mündlich erzählten Biographien zeigt sich schließlich, ohne daß der Zuhörer danach gefragt hätte, eine Fülle von Bezügen zu den Deutschen und zu Deutschland.

Es bedarf keines besonderen Scharfblicks, um festzustelen, daß die Vorstellungswelt vieler Polen in erheblichem Maße von Neurosen besiedelt ist, das heißt von Zuständen, die eine rationale Wahrnehmung der Umwelt stören und die Perspektive verengen. In dem gesammelten biographischen Material zeigen sie sich besonders dort, wo die Menschen zu Theoretikern ihres Lebens werden und sich auf unangezweifeltes Alltagswissen berufen. Einige der am häufigsten geäußerten neurotischen Vorstellungen seien hier angeführt, um daran die Überlegung zu knüpfen, was sie im deutsch-polnischen Kontext bedeuten könnten.

In den meisten Lebensgeschichten taucht der *Komplex der Fremdabhängigkeit* auf – Krieg, Stalinismus, Demütigung nationaler Gefühle. Das ständige Streben nach nationaler Emanzipation wird als wichtiger Aspekt der eigenen Biographie dargestellt oder zumindest bewußtgemacht. Daher ist es nicht verwunderlich, daß das Problem der nationalen Souveräntität als wichtigstes Kriterium und als Maßstab für alles genannte wird. Was ist daran nun »neurotisch«? Die Gefahr steckt meines Erachtens gerade in der unanfechtbaren Richtigkeit all dieser Aussagen, in ihrem Historismus, denn allzu leicht können sie mißbraucht werden, können sie die absurdesten Überempfindlichkeiten glaubwürdig erscheinen lassen und in einem gewissen Maße die Wachsamkeit gegenüber nationalistischem Unfug herabsetzen. Allzu spät leuchtet bei uns wohl des Warnlämpchen auf, das uns sagt, daß andere unsere Äußerung als Symptom einer – sagen wir: deutschfeindlichen – Phobie verstehen könnten. Wir sind allzusehr mit unserem Schmerz beschäftigt, um das zu verstehen.

Die Menschen durchleben heute ihre »biographische Wahrheit«, und das ist ihr gutes Recht. Wo damit aber ein Wiederaufleben von Nationalstolz einhergeht, kommt es leicht zur Kollision mit der »gesellschaftlichen Wahrheit« unserer Zeit, es bedarf also, anders gesagt, einer Distanz zur nationalen Identifikation, der Bereitschaft, auf Souveränität im traditionellen Sinne zugunsten übernationaler Strukturen zu verzichten. Es hat sich so gefügt, daß das Wiederaufleben nationaler Gefühle bei uns mit einer »Europäisierung« der Westdeutschen zusammentraf, die die Fähigkeit, vom Denken in nationalen Begriffen abzugehen, zum obersten Bewertungskriterium für andere machten. Angesichts der früheren »Verdienste« der entgegengesetzten Richtung ist ihr heutiger Eifer, von therapeutischen Intentionen beseelt, nicht frei von Merkmalen der Neurose. So trifft, wie man bei fast jeder deutsch-polnischen Diskussion beobachten kann, eine Neurose auf die andere.

Ein anderes Motiv in den Äußerungen derer, die von ihrem Leben erzählen, ist das Bedürfnis, unmittelbar zu den Deutschen oder zum deutschen Problem Stellung zu beziehen. Auffällig ist, daß man sich hier auf eine kollektive Identität, auf eine Gemeinschaft der Werte beruft und sich einer religiösen Rhetorik bedient. Diverse private »Versöhnungskonzeptionen«, die in vielen Fällen tiefempfunden und interessant sind, werden in einer Sprache vorgetragen, die für Deutsche wohl kaum verständlich ist. Die westdeutsche Gesellschaft ist bekanntlich aufgeschlossener für universelle Werte, sensibel für die Freiheiten des einzelnen, der seine eigenen Ziele selbständig und ohne gemeinschaftliche Verstrikkungen formuliert, und sparsam im Umgang mit religiöser Phraseologie. Ich möchte das nicht bewerten, und ich möchte nichts abwerten, sondern nur darauf hinweisen, daß die beiden Arten von Sensibilität keine Berührungspunkte haben, daß es objektiv schwerfällt, eine gemeinsame Sprache zu finden, die der Versöhnung Tiefe und Format verleihen könnte. Die Folge wird nach meinem Eindruck eine Vergeudung von Ideen, werden schlecht vorbereitete und falsch adressierte Gesten sein. Wegen der großen Verdienste unserer Kirche um die deutsch-polnische Verständigung ist es wichtig, welche Sprache diese Kirche heute spricht. Tendenzen zu einer gewissen Abschottung in der Welt der traditionellen Werte und Bestrebungen, andere Gesellschaften zu belehren (wobei an den aktuellen Diskussionen in diesen Gesellschaften wenig Interesse besteht), lassen von außen den Eindruck entstehen, als hätten wir es mit einer weiteren polnischen Neurose zu tun. In den uns hier interessierenden Fragen kann das bedeuten, daß das Überschreiten der Grenze des *»Versöhnungskitsches«* zusätzlich erschwert wird.

Eine andere Spezialität von uns – das *Syndrom der belagerten Festung* – ist ein wohlbekanntes Phänomen, und daß es in den Interviews auftaucht, bedeutet, daß man unbequemen Fragen ausweicht: Eine echte oder eingebildete Bedrohung erzeugt so etwas wie eine geistige Fesselung, sie lenkt die Aufmerksamkeit von den eigenen Schwierigkeiten ab und auf den Gegner hin. Aus den biographischen Texten ist zu entnehmen, daß das deutsche Schreckgespenst, mit dem die Propaganda in der Vergangenheit arbeitete, bleibende Spuren hinterlassen hat; die Deutschfeindlichkeit war die letzte Hoffnung der kommunistischen Propaganda auf einen Legitimationsersatz, sie erzeugte den Mythos, daß die polnische Gesellschaft sich in dieser einen Frage nicht spalten lasse, was aber im Grunde eine Erpressung war. Zum anderen ist aus den Aussagen eine gewisse Verwirrung in der deutschen Frage herauszuhören; viele haben dazu noch immer keine eigene Meinung und tragen statt dessen die alte offizielle Formel von der Wachsamkeit vor – ein gedankenloses Mißtrauen, das als Gipfel der politischen Klugheit gelten soll.

In einer belagerten Festung muß man die Moral stärken, Kundgebungen abhalten und ständig einen Feind haben – für selbstkritische Überlegungen hat man weder die Freiheit noch die Zeit. Es fehlt die Atmosphäre, die zur Überprüfung der eigenen Ansichten, zur Arbeit an sich selbst zwingt, die Sanktionen für geistige Faulheit lassen nach. Dies sind schon allgemeinere Folgen, die aber gerade bei deutsch-polnischen Begegnungen relevant sind, in der Konfrontation mit der deutschen Allergie gegen Phrasen und der unerbittlichen Jagd auf den Schund des sogenannten Nationalcharakters.

Nachdem wir in einigen Varianten das Drama des Opfers betrachtet haben, kommen wir nun zu der Unfähigkeit, ein Opfer zu sein, die gleichfalls ein Drama sein kann. Ich denke dabei an die *»mißglückten Niederlagen«* im Leben der Menschen (*»geglückte*

Niederlagen« sind Schwierigkeiten in der Vergangenheit, die heute als Zeichen von Charakterstärke gelten und positiv interpretiert werden können), an irreparable Erlebnisse, an kaum zu rechtfertigende Irrtümer. In den Lebensgeschichten gibt es viele Beispiele dafür, so etwas die stalinistische Verblendung oder auch das Drama von Menschen, die mit Gewalt politisiert wurden. Jetzt spielen sie sich häufig mit ihrer Bekehrung auf, und was immer sie tun, es läuft auf eines hinaus: Sie basteln an ihrem Lebenslauf, und das schränkt ohne Zweifel die Möglichkeit ein, sich für die Probleme anderer zu öffnen. Dieser Fehler äußert sich auch in eintöniger antikommunistischer Rhetorik, die in Deutschland selbst in rechten Kreisen anachronistisch klingt.

Ein anderes Hindernis für einen sachlichen Dialog mit den Deutschen ist unser *Komplex des armen Verwandten*; seine Spuren finden sich überwiegend in den Erzählungen jüngerer Leute, die sich einer Sprache der Absurdität und der Selbstironie bedienen. Sie versuchen dadurch den deprimierenden Kontrast zweier Gesellschaften, die sie ständig miteinander vergleichen, zu neutralisieren. Für die Deutschen empfinden sie eher Bewunderung, und wenn sie gelegentlich Abneigung gegen sie äußern, dann ist es die instinktive Abneigung des Schwächeren, also ein Gefühl von ganz anderer Art als der dumpfe, verbissene und unheilbare Haß, der ihnen aufgrund verschiedener Umfragen – voreilig, wie ich finde – zugeschrieben wird.

Soviel zu einigen polnischen Neurosen, die meines Erachtens die Möglichkeiten einer besseren Verständigung mit dem deutschen Nachbarn einschränken. Was ergeben sich daraus für Folgerungen? Vor allem dürfen wir das sogenannte deutsche Problem nicht übertreiben und es nicht mythologisieren. Denn tatsächlich haben wir unsere inneren *Schwierigkeiten mit uns selbst* – im deutschen Kontext sind sie nur besser und deutlicher zu erkennen. Indem man sich einredet, gerade in den Beziehungen zu den Deutschen gebe es außergewöhnliche Schwierigkeiten, tut man so, als wäre es in anderen Beziehungen völlig anders. Das stimmt nicht, denn von unwesentlichen Details abgesehen nehmen uns die Deutschen und die Nicht-Deutschen in ähnlicher Weise wahr, und im großen und ganzen haben wir mit allen Ausländern dieselben

Differenzen. Und wir übersehen, indem wir uns das einreden, ganz unnötigerweise, was die deutsch-polnischen Beziehungen positiv von anderen unterscheidet (z. B., daß wir nicht so tun müssen, als interessierten wir uns füreinander).

Wir sollten daher, wie ich finde, das »deutsche Problem« aus einer breiteren Perspektive betrachten, und wir können mit ihm nur zurechtkommen, wenn wir mit unseren grundlegenden Problemen zurechtkommen, von denen es einen Teilaspekt darstellt. Ich kann dazu eine optimistische Bemerkung vortragen, allerdings nur unter Bezugnahme auf eine vergleichende Analyse der Lebensgeschichten, wie sie vor einigen Jahren erzählt wurden – und wie sie heute erzählt werden. Danach machen die Menschen heute öfter die stillschweigende Annahme, daß die sie umgebende Welt prinzipiell unfertig, veränderbar ist, daß sie eine Perspektive enthält, und das nötigt sie in ihren Erzählungen zu diskursiven Erläuterungen anstelle eines Bonmots oder einer effektvollen Pointe, die jede weitere Diskussion ausschließt (und vom Denken befreit).

Wenn man einem Zuhörer sein Leben schildert, möchte man ihm diese oder jene Interpretation der eigenen Person nahebringen, und dabei läßt es sich kaum vermeiden, daß man sich zu wichtigen allgemeinen Fragen äußert. Aussagen in diesem Sinne lassen sich einteilen in *reduktive* und *thematische*. Die ersteren suchen bei komplizierten Sachverhalten nach einer einfachen Erklärung: einer Moral, einer treffenden Bemerkung, einer Denunziation von Schuldigen (die neue Nomenklatura oder der Deutsche, der alles aufkauft). Die letzteren siedeln dagegen das Problem in einem breiten erklärenden Kontext an. Bei der Lektüre meiner Interviews zeigt sich gegenwärtig eine deutliche Verschiebung zu den thematischen Erklärungen hin, es gibt heute mehr angestrengte Analysen, mehr schwierige Überlegungen, auch wenn diese Veränderung nicht sehr eindrucksvoll ist.

Gewiß springen zu Beginn dieses Prozesses stärker die Nebenwirkungen ins Auge, eine gewisse Hilflosigkeit bei der Beschreibung und Erklärung der Realität (daher zum Beispiel die verbissene Suche nach neuen »sie«, neuen »denen da oben«), doch längerfristig kündigt sich ein Fortschritt an, eine verstärkte Kritik an den eigenen Urteilen. Dies betrifft im höchsten Maße die deutschen Fragen – sie fungieren hier als Lackmuspapier –, die immer häufiger »thematisch« und nicht »reduktiv« interpretiert werden. Das deutsche Problem muß sich auflösen in den aktuellen, konkreten, dringlichen Themen, also in anderer Weise in Erscheinung treten, eben dank solcher umfassenderen, internationalisierten Kontexte. So können die reduktionistischen, in der Sprache der Stammesvorurteile geäußerten Formeln zurückgedrängt werden.

Beim direkten Vergleich der Prozesse, die sich in der polnischen bzw. der deutschen Gesellschaft abspielen, drängt sich eine weitere Schlußfolgerung auf. Wir hatten angekündigt, uns hier nur mit unserer, der polnischen Perspektive zu befassen, und zwar mit ihrem neurotischen Aspekt, was ein ziemlich einseitiges Bild ergibt. Wir erwähnten beispielsweise die »neurotischen« Konsequenzen der nachträglichen Korrektur von Lebensläufen – dabei ist schwerlich zu übersehen, daß die Deutschen, was die Verschleierung der Vergangenheit und ideologische Kostümierungen angeht, weit größere Übung haben und die Konsequenzen bei ihnen schwerer wogen. Wenn man hartnäckig ist, kann man für jede polnische Neurose eine erstklassige deutsche Neurose finden. Das verbindet uns sogar in gewisser Weise miteinander, es verstärkt aber auch die Mißverständnisse – und hinzu kommt dann noch die *Ungleichzeitigkeit* der gesellschaftlichen Entwicklungstendenzen; wir sprachen schon davon, daß viele Dinge (z. B. die europäische und die nationale Orientierung) in der zeitlichen Dimension kollidieren, die allgemeinerer Natur sind und deren Ursachen man kennt. Von Ungleichzeitigkeit spricht man in Deutschland in bezug auf die ehemalige DDR, aber diese Formel läßt sich auch auf die deutsch-polnischen Verhältnisse übertragen – von Neurosen werden alle geplagt, nur sind es verschiedene und unterschiedliche Zeiten, aber irgendwann vergehen sie auch.

Ein gutes Beispiel für die Ungleichzeitigkeit, die auf beiden Seiten für Irritationen sorgt, ist das Verhältnis zu den materiellen Werten. Während die Deutschen heute einen Kult um die »postmateriellen« Werte betreiben und von Selbstverwirklichung und Kreativität reden, lernen wir gerade zu rechnen und Geld zu verdienen – solche Leute sind derzeit nicht salonfähig. Man darf jedoch daran erinnern, daß in vielen polnischen Kreisen – und dies bei allen Unterschieden des Einkommens – lange Zeit ein Stil gepflegt wurde, der sich durch eine gewisse Nonchalance gegenüber dem materiellen Aspekt des Lebens auszeichnete, und das war nicht nur eine systembedingte »einstudierte Hilflosigkeit«, sondern oft eine bewußt gewählte Haltung, die ihre kulturellen Vorzüge und Folgen hatte, und es fehlte ihr nicht an gesellschaftlichem Reiz und kreativen Zügen.

Seit wir begonnen haben, einander genauer zu betrachten, sehen wir klarer, daß »man« zur Zeit in beiden Gesellschaften nicht dasselbe »trägt«. Daher rühren einige Mißverständnisse, doch zumindest wissen wir jetzt mehr.

Klaus Bachmann

Ansprüche auf Auschwitz

Am 27. Januar 1945 wurde das Vernichtungslager Auschwitz-Birkenau von der 1. Ukrainischen Front der Roten Armee befreit. Das Ereignis ist bis heute in einem verwackelten Schwarzweißfilm festgehalten, den die Propagandaabteilung der Roten Armee unmittelbar danach im Lager drehte und der bis heute mangels eines besseren im Museum von Auschwitz den Besuchern vorgeführt wird. Schon im Februar kam die »Untersuchungsstelle zur Untersuchung der Hitlerverbrechen« ins Lager und begann mit ihren Nachforschungen. Am 8. Mai war es dann soweit: Ca. 4 Millionen Menschen seien in Auschwitz-Birkenau umgebracht worden, verkündete die Armeezeitung »Krasnaja Zwjezda«.

Der Streit um diese Zahl brach allerdings erst 45 Jahre später vom Zaun. Daß aus den Schätzungen von Historikern, die noch dazu so neu gar nicht sind, eine monatelange Debatte werden konnte, hängt aber längst nicht nur damit zusammen, daß die Zahl schon seit jeher von Rechtsradikalen und den französischen Revisionisten in Frage gestellt wurde. Die wohl heftigsten Wellen nämlich schlug der makabre Zahlenstreit gar nicht in Frankreich, Deutschland oder Israel, sondern in Polen selbst. Inzwischen gibt es fast keine Lokalzeitung mehr, die nicht mindestens ein Interview mit dem Leiter der historischen Abteilung des Auschwitzmuseums, Dr. Franciszek Piper, abgedruckt hätte. Piper stellte als erster in Polen die Zahl von 4 Millionen Opfern in Auschwitz in Frage.

Piper, so weiß man inzwischen, hat damit nichts Neues entdeckt. Schon der polnische Historiker Czesław Madajczyk, Autor einer umfangreichen Monographie über die deutsche Besatzungspolitik in Polen, wies in einer Fußnote auf den Zahlenstreit hin. Als erste haben nämlich jüdische Historiker des Yad Vashem Instituts darauf hingewiesen, daß die Zahl von 4 Millionen zu hoch sein könnte. Dennoch meldeten sich schon kurz nach Pipers vermeintlichen Sensation die ersten Stimmen zu Wort, die seine Äußerung als typischen Ausdruck polnischen Antisemitismus werteten. Tatsächlich geht die Debatte in Polen jedoch in eine ganz andere Richtung – jenes Bild von Auschwitz, das jahrzehntelang im Bewußtsein der polnischen Öffentlichkeit dominierte, wird immer mehr in Frage gestellt. Auf eine Art und Weise, die sich für das so belastete Verhältnis zwischen Juden und Polen nur positiv auswirken kann.

Schon 1946, ein Jahr nach der Befreiung, wurde das Vernichtungslager der Öffentlichkeit zugänglich gemacht. Wie – das stieß bald schon auf scharfe Kritik der veröffentlichten Meinung: Gegen Eintrittskarten, die auf dem Lagergelände verkauft wurden, wo zugleich auch Schnaps und Bier zu haben waren. Auschwitz als Volksfest? »Auch aus einem Friedhof kann man eine Show machen«, befand eine polnische Tageszeitung bitter. Die Augen gingen den Journalisten erst richtig über, als ein Jahr darauf der erste Teil des Museums eröffnet wurde. Plötzlich wurde deutlich, daß in dem Lager offenbar eine wahre »Orgie der Verwüstung« stattgefunden hatte. Auf dem Gelände von Birkenau hatten »Goldgräber« ihr Unwesen getrieben. In genauer Kenntnis des Lagerlebens waren sie davon ausgegangen, daß nicht alle Opfer der Gaskammern vor ihrem Tod den Befehlen der SS gefolgt waren, und ihre Wertgegenstände abgegeben hatten. Viele waren tatsächlich mit Kassibern, die sie in verschiedenen Körperteilen versteckt hatten, in den Tod gegangen. Nun galt es, eben jene Wertgegenstände die nicht mit den Leichen verbrannt, sondern allenfalls geschmolzen waren, wieder zu Tage zu fördern. Als im Frühjahr 1945 eine staatliche Kommission das Lager besuchte, buddelten die »Goldgräber« selbst in Anwesenheit von Regierungsmitgliedern im Sand. Justizminister Edmund Zalewski überlegte sich, ob man das Gelände nicht einzäunen und das Militär mit den Ausgrabungen beauftragen sollte.

In der Presse erregten solche Erscheinungen vor allem aus zwei Gründen Abscheu: weil es sich um »wilde«, nicht autorisierte Grabende handelte und weil damit, so schrieb die »Gazeta Lubuska«, an ein »nationales Heiligtum« Hand angelegt wurde. Zwar erklärte der Landesnationalrat noch im Juli 1945 Auschwitz-Birkenau zu einem »Ort des polnischen und internationalen Märtyrertums«, doch sollte dies an der allgemeinen Überzeugung, daß das Märtyrertum vor allem ein polnisches sei, nichts ändern. Die zwar subjektive, aber dennoch ehrliche und vor allem unerschütterliche Überzeugung, daß es sich bei den Opfern des Holocaust vor allem um Polen gehandelt habe, sollte zum häufig unbewußten, aber deshalb nicht weniger problematischen Stein des Anstoßes im polnisch-jüdischen Dialog werden.

Eine Rolle spielte dabei die Einordnung der polnischen Juden unter »Polnische Staatsbürger«. Die bekannte Formulierung, die Opfer von Auschwitz seien mehrheitlich »polnische Bürger jüdischer Herkunft« gewesen, wurde sogar schon von Primas Glemp gebraucht. Sie liegt auch dem Streit um das Karmelitinnenkloster in Oświęcim zugrunde und der Anklage von jüdischer Seite, Polen wolle die Opfer von Auschwitz nachträglich christianisieren. Der Vorwurf trifft nur zum Teil. In den Augen vieler Polen ist Auschwitz ein Vernichtungslager für Polen gewesen, anders als in praktisch allen anderen Ländern, wo man Auschwitz als Symbol der Judenvernichtung ansieht. Auschwitz stand in Polen, und tatsächlich kamen auch zahllose Polen darin um. Fast die gesamte polnische Auschwitzliteratur nach dem Krieg, historische Darstellungen eingeschlossen, behandelt Auschwitz aus der Sicht von Polen. Kein Wunder – jene jüdischen Intellektuellen, die das Lager anders hätten beschreiben können, wanderten unmittelbar nach dem Krieg zumeist nach Israel aus, so sie überhaupt überlebt hatten. So sie ihre Erinnerungen dort veröffentlichten, sorgten Sprachbarrieren und Zensur dafür, daß ihr Inhalt nicht nach

Polen gelangte. Der offiziellen Propaganda kam dieses Bewußtsein sehr entgegen: Der Erhaltung und Stärkung des antideutschen Konsenses – des praktisch einzigen, der Gesellschaft und kommunistische Herrschaft fast bis zum Schluß verband – konnte es nur zugute kommen, wenn Auschwitz weniger als Verbrechen am jüdischen als am polnischen Volk dargestellt wurde. Stefan Starczewski, Stellvertretender Kulturminister der Regierung Mazowiecki: »Die Machthabenden der Volksrepublik versuchten jahrelang, unser Wissen über die Tragödie der Juden zu marginalisieren, um so die Leiden der Polen zu exponieren.« Die Botschaft kam an und fand ihren Niederschlag nicht nur in der Gestaltung des Museums in Auschwitz-Birkenau, sondern auch in zahllosen wissenschaftlichen und populärwissenschaftlichen Publikationen. Jüdische Besucher des Museums, so befand der Krakauer jüdische Intellektuelle Henryk Halkowski, müßten zwangsläufig zu dem Schluß kommen, in Auschwitz seien nicht vor allem, sondern unter anderem auch Juden ermordert worden, gewissermaßen unter ferner liefen. In einem von der staatlichen Presseagentur Interpress herausgegebenen und im Museum verkauften Führer werden insgesamt 26 Nationalitäten aufgeführt, deren Angehörige im Vernichtungslager ermordet wurden. An erster Stelle Polen, an letzter Juden, lange nach den Deutschen (!). Franciszek Piper: »Die Tatsache, daß Auschwitz vor allem ein jüdischer Friedhof ist, wurde bisher nicht entsprechend deutlich vermittelt. Man hat vom Tod von Holländern, Belgiern, Franzosen gesprochen, aber nicht dazugesagt: holländische Juden, belgische Juden, französische Juden und so weiter. Heute wissen wir mit Bestimmtheit, daß in Auschwitz die meisten Juden aus ganz Europa gestorben sind. Wir können in der Geschichte des Konzentrationslagers Auschwitz zwei Zeiträume trennen: Von 1940 bis zur Jahreshälfte 1942, als die Mehrheit der Opfer und Deportierten Polen waren, und von der Jahreshälfte 1942 bis zum Januar 1945, als Auschwitz vor allem das Zentrum der Vernichtung der europäischen Juden war.«

Der Mystifizierung Auschwitz-Birkenaus als »nationales Heiligtum« und »Ort polnischen Märtyrertums« liegt deshalb nicht unbedingt der Versuch zugrunde, den Holocaust nachträglich christianisieren zu wollen. Häufig wurde so etwa die Errichung des

Karmelitinnenklosters interpretiert. »Betet nicht für unsere Toten«, stand auf den Transparenten jüdischer Demonstranten, die gegen das Kloster demonstrierten. Aus jüdischer Sicht sei es undenkbar, für Tote zu beten, erklärten Judaisten. Aus christlicher Sicht sei es undenkbar, dies nicht zu tun, entgegneten katholische Theologen. So wie in polnischen Kirchen während der sowjetischen Intervention im Frühjahr 1991 für Litauen gebetet wurde, so hielten viele Polen es auch für normal, für die Opfer von Auschwitz zu beten – auch für die Juden unter ihnen. Daran, dadurch die Opfer von Auschwitz zu christianisieren, dachte kaum jemand, man nahm ja an, da lägen vor allem Christen, bzw. »polnische Bürger«, von denen einige auch jüdischer Herkunft waren, wie andere ukrainischer oder weißrussischer Herkunft, deren Nachfahren ja auch nichts dagegen einzuwenden hatten, daß man für sie betete. »In Polen fehlt weitgehend das Bewußtsein für die Einzigartigkeit des Holocaust«, meinte der katholische Publizist Krzysztof Śliwiński. »Wir wollen nicht zugeben, daß es neben unserem Leid auch das Leid der Juden und anderer Nationen gab«, findet der Warschauer Soziologe Paweł Śpiewak, »wir fürchten, das Leid der anderen vermindert unser eigenes.« Tatsächlich meldeten sich nach den jüdischen Protesten vor dem Kloster denn auch die ersten zu Wort, die einen handfesten Anspruch auf Auschwitz als »polnischen Friedhof« anmeldeten. So schrieb damals etwa Stanisław Borkacki in der »Gazeta Krakowska«, Auschwitz sei vor allem eine »Sanktuarium der Martyriologie des polnischen Volkes« und erst danach auch des jüdischen oder der katholischen Kirche. Daher habe die katholische Kirche gar kein Recht gehabt, das Genfer Abkommen (über die Verlegung des Klosters) zu unterzeichnen. Borkacki suggerierte, die Verhandlungen mit der jüdischen Seite seien abzubrechen, da ja somit nur Polen ein Recht an Auschwitz habe.

Diesem eigenen und recht isolierten polnischen Blick auf Auschwitz dürften auch Mißverständnisse zugrunde liegen, wie sie immer wieder zwischen deutschen und polnischen Besuchern des Auschwitz-Museums zu beobachten sind. Friedensgruppen aus Deutschland kommen nach Auschwitz mit einem Gefühl der Schuld den jüdischen Opfern des Holocaust gegenüber. In

Deutschland, wie in den meisten europäischen Ländern, ist Auschwitz das Symbol der Judenvernichtung. In Polen – das war erst vor kurzem im polnischen Fernsehen zu sehen – werden Jugendgruppen, die freiwillig ihre Ferien mit Restaurierungsarbeiten im Lager verbringen, als Boten einer deutsch-polnischen Verständigung begrüßt. Natürlich bedeutet Aufarbeitung der Vergangenheit der Konzentrations- und Vernichtungslager auch Beschäftigung mit den nichtjüdischen Opfern des Massenvernichtungsprogramms. Und das ist meist auch der Minimalkonsens, auf den man sich deutscher- und polnischerseits dann meist unbewußt einigt. Das Mißverständnis wird so gar nicht erst deutlich, bleibt aber in den Köpfen. So sehr der polnische Anteil an den Opfern von Auschwitz in Polen in den Vordergrund geriet, so sehr verschwindet er im deutschen Bewußtsein hinter der Erinnerung an die Leiden der Juden und der Bürger der Sowjetunion. Polen als Opfer des Zweiten Weltkriegs existiert im deutschen Bewußtsein so wenig, daß beim Berliner Filmfestival zum 50. Jahrestag des Ausbruchs des Zweiten Weltkriegs 1989 neben zahllosen sowjetischen Filmen kein einziger polnischer zu sehen war. So jedenfalls wurde das damals in der polnischen Presse kommentiert.

Daß solche deutsch-polnische Mißverständnisse fatale Folgen in der Praxis haben können, ohne daß ihr Vorhandensein den Beteiligten deshalb bewußt sein muß, zeigt die Politik von Aktion Sühnezeichen/Friedensdienste, die bei ihren Aktionen in Polen – im Gegensatz zu ihrem regimekritischen Gegenstück in der früheren DDR – stets mit ZBOWID, dem kommunistischen, von der PVAP gelenkten »Verband der Kämpfer für Freiheit und Demokratie« zusammenarbeitete. ZBOWID ist, wie das bei solchen Verbänden im kommunistischen Machtbereich Mittel- und Osteuropas zu sein pflegte, nicht nur ein Veteranenverband von Weltkriegsteilnehmern, denen gegenüber von deutscher Seite ja bis heute noch moralische Verpflichtungen bestehen. In ZBOWID saßen gleichzeitig neben den einfachen Veteranen-Mitgliedern kommunistische Funktionäre, die nach Kriegsende jene Veteranen als Systemfeinde, Spione und teilweise sogar angebliche Nazi-Kollaborateure verfolgt, gefoltert und hingerichtet hatten. Selbst unter dem Aspekt einer Vergangenheitsaufarbeitung der deutschen Verbrechen gegenüber Polen war eine solche Zusammenarbeit mehr als fragwürdig. Noch problematischer wird sie dagegen bei einer deutsch-polnischen Zusammenarbeit (Sühnezeichen + ZBOWID) zum Gedenken an die jüdischen Opfer. ZBOWID war mindestens zeitweise in seiner Geschichte auch eine ausgesprochen antisemitische Organisation, die beispielsweise in den sechziger Jahren dem Vorreiter der Nationalisten und Reformgegner innerhalb der kommunistischen Partei als Ausgangsbasis und Sprungbrett für den Kampf um die Macht diente. General Moczar entfachte damals mit Hilfe des Veteranenverbandes eine regelrechte antisemitische Hetzjagd gegen seine innerparteilichen Gegner, die häufig jüdische Ahnen, Freunde, Ehepartner oder auch nur Sympathien hatten. Der Bazillus, den Moczar säte, saß in ZBOWID bis in die neunziger Jahre fest, wovon zahlreiche rechtsextreme, orthodox-kommunistische und nationalistische Abspaltungen zeugen, die alle eines gemeinsam haben: ihren geradezu krankhaften, an Verfolgungswahn grenzenden Antisemitismus. Auch wenn sie, was ihren Einfluß betrifft, fast immer am Rande des politischen Spektrums blieben, so gab es doch stets einen Punkt, an dem sie auf Zustimmung auch über ihren Kreis hinaus rechnen konnten: bei der Behauptung, daß Auschwitz ein Symbol polnischen Leidens sei und gegen jüdische »Ansprüche« im Namen der gemeinsamen Identität verteidigt werden müsse.

Ausgerechnet der recht makaber anmutende Zahlenstreit über die Zahl der in Auschwitz-Birkenau umgekommenen Häftlinge dürfte solche Thesen einigermaßen erschüttert haben. Schon 1983 errechnete der Pariser Historiker Georg Wellers die Zahl der insgesamt nach Auschwitz deportierten Häftlinge auf 1613455. Davon seien über 1,4 Millionen Juden gewesen. Piper, der gewisse Vorbehalte gegenüber Wellers Methode hat, bestätigt die Proportionen. »Jedes in der Hölle von Auschwitz eingekerkerte Volk hat das moralische Recht, Auschwitz als Teil seiner Geschichte anzusehen. Aber müßte man nicht heute, da sich die Reihen der ehemaligen Häftlinge immer mehr lichten und bereits eine neue Generation das Gedenken an sie übernommen hat, diese Apokalypse mit anderen Augen betrachten?« fragt Grzegorz Kurkiewicz im »Tygodnik Gdański«. »Wenn über 90 Prozent der Opfer von

Auschwitz Juden waren, gibt dann die 1947 verabschiedete Bezeichnung ›Denkmal des Märtyrertums des Polnischen Volkes und anderer Völker‹ diese Proportionen richtig wieder? Und ist dann unser polnischer, allgemein und offiziell verbreitete Standpunkt im polnisch-israelischen Streit um das Karmelitinnenkloster in Auschwitz überhaupt gerechtfertigt?«

Schon bevor die Differenzen der Forschung über die Opferzahlen in die polnischen Medien gerieten, gab das polnische Kulturministerium eine neue Konzeption des Museums Auschwitz in Auftrag. Als 1989 Bundeskanzler Kohl das Vernichtungslager besuchte, ließ man des Nachts die Aufschrift »Es waren 4 Millionen« übermalen. Nun soll mit der Hilfe internationaler Fachleute eine neue Konzeption erarbeitet werden, die auch dem Leiden von Sinti und Roma, Juden, russischen Kriegsgefangenen und Häftlingen anderer Nationalitäten gerecht wird. In der breiteren polnischen Öffentlichkeit blieb die Arbeit der Historiker weitgehend ohne Echo – bis der Zahlenstreit das hergebrachte Auschwitz-Bild in seinen Grundfesten erschütterte.

VI. MIT- UND GEGENEINANDER

Karl Dedecius
Kulturvermittlung oder die Brücken der Sprache

Es gibt mehrere Möglichkeiten internationaler Zusammenarbeit und Vermittlung: Gesetzgebung, Wirtschaft, Kultur... mir scheint die letzte, die Kulturvermittlung, diejenige zu sein, die am schnellsten und am nachhaltigsten wirkt. Der Kulturaustausch hat zwar auch seine Schwierigkeiten, aber sie sind bei weitem nicht so problematisch und kostenaufwendig – und im Ergebnis so unsicher – wie die der Rechtsprechung oder der Ökonomie, wenn es darum geht, zwei Ungleichheiten auf einen gemeinsamen Nenner zu bringen. Kultur als Medium schafft Verbindungen, also Vertrauen und Gemeinsamkeit, am einfachsten. Mit Mitteln, die am wenigsten negativ besetzt, am wenigsten vorbelastet sind.

Kulturaustausch wird oft als Geben und Nehmen umschrieben. Die Lateiner hatten dafür eine noch überzeugendere, weil zugleich motivierende Formel gefunden: *do ut des* – ich gebe, damit du gibst, oder umgekehrt: gib, damit dir gegeben werde. Kurz: Wollen und Können sind eine unabdingbare Austauschbasis. Wollen und Können sind Verständnisvoraussetzungen.

Das »do ut des« entstammt übrigens dem Römischen Recht und bezieht sich sogar auf folgenreiche Entscheidungen: Actus permutatorii aut dirimunt partes aut communionem adferunt (De iure belli et pacis, II, 12,3,1) was da heißt: Entweder trennen die austauschenden Handlungen beide Teile, oder sie führen zu einer Verbindung.

Sprache ist das, was uns zusammenführt oder auseinandertreibt. Der Sprache, der eigenen und der des anderen, schulden wir besondere Aufgeschlossenheit und Behutsamkeit. Kołakowski hat 1972 in seinem Buch »Die Gegenwärtigkeit des Mythos« eine plausible Conclusio angeboten, die Zielsetzung und Mahnung zugleich ist. Sie lautet: »Kultur lebt stets aus dem Wunsch nach endgültiger Synthese ihrer zerstrittenen Bestandteile und aus der organischen Unfähigkeit, sich diese Synthese zu sichern.« Diese paradoxe Situation – Wunsch einerseits, Unfähigkeit andererseits – gilt es aufzulösen. Es gilt, die Unfähigkeit, die Urbedürfnisse behindert, zu überwinden und neue Fähigkeiten der Synthese – unserer gemeinsamen Kultur wegen – zu entwickeln. Synthesen kommen zustande durch Verzicht auf hinderliche, auch im Grunde wertlose Nebenstoffe und durch Destillation der widerspenstigen, aber im Grunde verbindungsbereiten Essenzen. Wissenschaft und Literatur könnten uns hier ein Vorbild sein. Da, wo sie sich auf der Höhe ihrer Aufgabe befinden, kreieren sie eine interessante, harmonisierende, zur Einheit und Ganzheit führende Verbindung von Kontrasten. Je größer diese Kontraste und je kleiner der Spielraum, auf dem sie ausgetragen werden, desto wichtiger, stärker, wirkungsvoller das Ergebnis.

Die polnische Zeitschrift »Prom« (Fähre) in Posen nahm in der Zwischenkriegszeit lebhaften Anteil an der deutschen Literatur, vermittelte wesentliche Proben davon und trug erheblich zum deutsch-polnischen literarischen Austausch bei. Ihre Nummer VI des Jahrgangs 1933 enthält neben zwölf Lyrik-Übertragungen aus dem Deutschen einen sehr anregenden Beitrag des Kritikers Konstanty Troczyński: »Thomas Mann. Vergleichende Anmerkungen zur polnischen und deutschen Literatur.« Der Autor nennt darin den »Zauberberg« einen Typus »deutscher«, den Polen, wie er sich ausdrückt, »leider nicht zugänglicher Literatur«. Diesem Typus stellt er die Tradition der polnischen Literatur gegenüber und vergleicht ihn mit dem psychoanalytischen Roman »Pałuba« von Karol Irzykowski.

Diese beiden Romane, »Pałuba« und »Der Zauberberg«, wachsen, nach Troczyński, »wie jedes wahre Kunstwerk aus einem Stamm: der extranationalen literarischen Kultur und der supranationalen schriftstellerischen Leistung, beide gespeist aus einer gemeinsamen Quelle – der Redlichkeit der kreativen Gesinnung«.

»Pałuba« stützt sich, so geht es aus Irzykowskis eigenen Bemerkungen hervor, philosophisch auf das System von Ernst Mach. Mach, der den Begriff des ontologischen Dualismus von Seele und Körper verwarf, erarbeitete auf monistischer Grundlage drei Erkenntnisketten, die sich untereinander nicht qualitativ, sondern quantitativ unterscheiden. Die Aufgabe von Irzykowskis »Pałuba« war es, mit Hilfe einer dieser Versuchsketten eine adäquate Analyse der psychischen Vorgänge bei den Helden des Romans durchzuführen. Irzykowski wollte unser hergebrachtes Wissen vom Menschen in Frage stellen und veranschaulichen, wie das »pałubische Element«, das heißt das Element, dessen Wirkung im Prinzip unberechenbar und launisch ist, in den verschiedenen Bereichen der Psyche funktioniert.

Um genau dasselbe – um die Frage, wie das (vom ihm natürlich nicht so nominierte) »pałubische Element« funktioniert – geht es Thomas Mann in seinem »Zauberberg«.

Allerdings unterscheidet sich – laut Troczyński – das Auswahlprinzip bei der Anwendung der Machschen Versuche bei Mann völlig von dem von Irzykowski. Während den Reiz von »Pałuba« die Enthüllung der psychischen Vorgänge ausmacht, auf die neues, überraschendes Licht geworfen wird, indem diese Dinge entbanalisiert, dramatisiert und von den ihnen aufgeworfenen moralischen Gemeinplätzen entblößt werden, besteht der Reiz des »Zauberberg« in der Enthüllung der äußeren, der physiologischen Alltagswirklichkeiten. Die Außenwelt und der menschliche Körper sind die beiden Grundthemen des »Zauberberg«, die beiden Aspekte seiner Wirklichkeit: Über ihnen erhebt sich das Türmchen der Fiktion – die ideologische Polemik; nicht zuletzt die Debatten Settembrinis und Naphtas.

Diese Gegenüberstellung der »deutschen« und der »polnischen« Wirklichkeits- und Kunstauffassung bei Karol Irzykowski und bei Thomas Mann, an ihren berühmten Romanen exemplifiziert, regt zu weiteren Überlegungen an. Nach Troczyński findet Thomas Mann das Ungewöhnliche im äußeren Alltag heraus. Kraft dessen Gestaltung erhebt er das Normale, das Übliche zur höchsten Attraktivität und Effektivität. Die Wirklichkeit des Polen Irzykowski liegt im Bereich der theatralischen Vorgänge, der Komplikationen und Konflikte im Psychologischen. Diese Polarität der polnischen und der deutschen Auffassungen, Begabungen und Lebensweisen empfindet Troczyński zwar als symptomatisch, aber nicht als unüberwindliche Gegensätze, sondern als Teile einer Einheit, in der sie, sich ergänzend, eine gemeinsame Wurzel haben. Man möchte hinzufügen: die sich widersprechend zueinander streben wie die Gegenwerte des elektrischen Stroms, wie die

Temperaturunterschiede der Luft und die Gezeiten des Wassers, die einfach zueinander gehören und erst in der Wechselwirkung die eigentlichen Energien der Natur freisetzen.

Einer der Redakteure der expressionistischen Posener Zeitschrift »Fähre« war Witold Hulewicz, Rilkes erster Übersetzer ins Polnische. Ihm, seinem Nachdichter, widmete Rilkes 1924 ein Gedicht, das den sensiblen Kern der dichterischen und der forschenden, in beiden Fällen der kreativen Wechselbeziehung zwischen den Sprachen, zwischen den Kulturen, zwischen den Völkern in seinem Wesen genau erfaßt. Das Gedicht lautet:

Glücklich, die wissen, daß hinter allen
Sprachen das Unsägliche steht;
daß, von dort her, in Wohlgefallen
Größe zu uns übergeht!

Unabhängig von diesen Brücken,
die wir mit Verschiedenem baun;
so daß wir immer, aus jedem Entzücken
in ein heiter Gemeinsames schaun.

Ich wiederhole die besonders wichtigen Signalwörter dieses Gedichts: Glücklich, Wissen, Wohlgefallen, Größe, Unabhängig. Mit Verschiedenem baun, Gemeinsames schaun. Diese sinngebenden Vokabeln sind die Grundpfeiler unserer Brücke.

Verstand, Verständnis, Verständigung sind auf Vermittlung angewiesen. Die Begriffe Vermittlung, Mittlerschaft, Mittler haben ihre Wurzel in dem Wort Mitte, das zweierlei Assoziationen wekken kann: positive – den Kern der Sache betreffende, das Gleichgewicht der »aurea mediocritas«, der goldenen Mitte, den Mittelpunkt als Achse, um die sich Räder, Kreise, Kugeln drehen; und negative, wie Mediokrität, Mittelmäßigkeit, Scheu vor der zentrifugalen Kraft, vor dem größeren Radius nach links und nach rechts oder rundum; Angst vor den Randerscheinungen, vor dem Äußersten.

Kriegerische Zeiten, Zeiten der Unruhe, des Umbruchs, sind von Natur zentrifugal, sie fliehen das Zentrum, die Mitte, das Vermittelnde, das allen Feldern und Richtungen Gemeinsame; den Mittelpunkt.

Wenn Zerreißproben aber ihr Experiment zu weit getrieben haben, wodurch kontrollierte und kalkulierbare Kreise ihre Kontur und ihre Konstanz verlieren und zu amorphen Nebelfeldern werden, dann ist wieder das Medium gefragt. Das ist der ewige Kreislauf, die Flut- und Ebbe-Bewegung, auch der geistigen Prozesse.

Das geisteswissenschaftliche und literarische Übersetzen ist für die Völker das, was für den Einzelorganismus des Menschen sein Blutkreislauf ist. Übersetzer, Dolmetscher transformieren und transportieren, sie formen um und sie befördern; und ohne Umformung und ohne Beförderung, das wissen die Naturwissenschaftler, gibt es kein Leben.

Daß es in Deutschland und in Polen so viel übersetzte und so viel gut übersetzte Literatur gibt, mag vielleicht daran liegen, daß das Übersetzen dort wie hier immer ernst genommen und hochgehalten wurde und wird.

Zu Beginn des 20. Jahrhunderts, im Zeitalter des Modernismus, als das Polnische zu einer künstlichen Floskelsprache zu verkümmern drohte, schaffte die einsame Tat eines Übersetzers, des Tadeusz Boy-Żeleński, der Bahnhofsarzt war, die Erneuerung seiner Muttersprache: abgesehen davon, daß er den Polen erst eigentlich – in nahezu 200 Ausgaben – die französische Literatur erschlossen hatte. Er übersetzte Villon und Molière, Balzac und Montaigne, Voltaire und Stendhal, Proust und Gide, und sein Werk bezeugt es: Ein Übersetzer kann mehrere, auch unterschiedliche Autoren und Literaturen erfolgreich übersetzen, wenn er es kann. Der Dichter Jan Lechoń gesteht in seinen Tagebüchern, daß er polnische Prosa zu schreiben bei Boy gelernt habe. Von dessen Übersetzungen.

Die Sprache, der Stoff, aus dem unsere, der Übersetzer Brükken gebaut werden, ist schlechterdings der Baustoff der Verständigung. Wo sie Mißverständigung schafft, steht sie im Dienste des Mißbrauchs. Wir leben in Zeiten einer geradezu pausenlosen multimedialen Information. Obwohl uns die Massenverkehrsmittel und die omnipotenten touristischen Unternehmungen fast jede persönliche Anschauung möglich machen (oder abnehmen), obwohl uns täglich, stündlich Bilderkaskaden überfluten, sind wir dennoch nicht immer im Bilde. Im Bilde sind wir erst eigentlich, wenn wir uns der unspezifischen Information bedienen, der Werke der Kunst und der Wissenschaft, die uns weiter helfen als die spezifische aktuelle Faktographie der bebilderten Zeitung.

Der Lyriker Paul Celan, der 1970 fünfzigjährig in Paris freiwillig aus dem Leben schied, ein an dieser Welt Leidender, litt an der spezifischen Faktographie, den falschen Bildern einer falschen Realität. Paul Celan schien sein Leben lang sprachlich gegen die Apokalypse und ihre Dunkelheiten anzukämpfen. Er wurde der Klagen vor ihm, um ihn und in ihm nicht Herr und unterlag dem »Mohn« seines »Gedächtnisses«, ohne die »Sprachgitter«, die ihn gefangen hielten, zu sprengen, ohne die »Atemwende« herbeiführen zu können. Nun aber, zwanzig Jahre nach seinem Tod, wird ein kleiner Vers aus seinem Nachlaß bekannt, der wie ein Vermächtnis an die Hinterbliebenen klingt, an alle, die für die Sprache und die Verständigung durch Sprache verantwortlich sind. (Celan war ein leidenschaftlicher und sehr fruchtbarer Übersetzer aus mehreren Sprachen.) Diesen Vers, vor kurzem in dem schmalen Nachlaßbändchen unter dem Titel »Eingedunkelt« veröffentlicht, darf ich als letzten Willen eines zeitgenössischen tragischen Poeten – über seinen Tod hinaus verpflichtend – optimistisch zitieren:

SCHREIB DICH NICHT
zwischen die Welten,
komm auf gegen
der Bedeutungen Vielfalt,
vertrau der Tränenspur
und lerne leben.

Dieses Vermächtnis der Einsicht – für Celan selbst zu spät – ist für uns wegweisend: Leben wir nicht zwischen den Welten, sondern in ihnen. Fürchten wir nicht die Vielfalt der Bedeutungen, sondern entschlüsseln wir sie und machen sie deutbar und deutlich. Vertrauen wir den Spuren der Trauer, die sich uns anvertrauen, aber bleiben wir nicht in ihnen stecken. Lernen wir leben. Und das heißt: Lernen wir zusammenleben. Die Sprachen sind dazu da, diesen höheren Zweck zu erfüllen. Indem wir Sätze übersetzen, Sinn übertragen, Anmut und Harmonie aus einem Mutterboden in einen anderen verpflanzen.

Richard Grathoff
Nachbarschaft: Grenzen und Schranken

wszystko jedno:
Ist alles eins.

Jedes Schulkind in Polen kennt die Geschichte von Paweł Włodkowic, Rektor der Universität Krakau, der zum Jahreswechsel 1414/15 zum Konstanzer Konzil reiste, um dort die Sache der Polen gegen die Kreuzritter zu vertreten. Weniger bekannt wurde die später oder zur gleichen Zeit von Polen nach Konstanz entsandte Delegation von sechzig Samogiten aus der heidnisch litauischen Nachbarschaft, die vor dem Konzil den empirisch menschenkundlichen Nachweis zu führen hatten, daß diese Nachbarn Polens menschlicher Natur sind. Aber so gut wie unbekannt blieben, zumindest im politisch-öffentlichen Bewußtsein deutscher Sprache, die von Rektor Włodkowic in Konstanz geschriebenen und dort vorgetragenen Grundsätze über Menschenrechte und nachbarschaftliche Pflichten kirchlicher und weltlicher Ordnung. (Nachzulesen in der lateinisch-polnisch-englischen Ausgabe der »Works of Paul Wladimir«, Warschau 1968.)

Die europäische Zeitordnung war offenkundig noch nicht reif für ein solches Begehren nach Sicherung von Menschenrechten. Am 5. Juli 1415 hatte Paweł Włodkowic einen Vortrag vor dem Konstanzer Konzil gehalten, ein in gewissem Sinne historisches Datum der deutsch-polnischen Nachbarschaft. Denn die grundsätzlich verschiedenen Ordnungsvorstellungen, die später die preußische Staatlichkeit auf der einen Seite, die »Rzecz Pospolita« der polnisch-litauischen Vielvölkerfamilie auf der anderen Seite zu ordnen hatten, beide Prinzipien kamen in den Vorstellungen des Krakauer Gesandten klar und deutlich zur Sprache. Im

Grunde ging es um Strukturzusammenhänge von Nachbarschaften. Territoriale Ordnungen, deren Grenzen zu respektieren sind, sind von ganz anderer Art als sequentielle Ordnungen, die mit Hilfe von Schranken sich ordnen, also etwa in Abfolgen vom Ersten bis zum Letzten ihre Rechte zu markieren suchen.

Der polnische Standpunkt mußte nach der Vermittlung, nach »Übergängen« (im heutigen Sprachgebrauch) zwischen territorialer und sequentieller Ordnung suchen, die im Mittelalter zwischen kaiserlicher und päpstlicher Gewalt eingekeilt waren und stets erneut ausgefochten wurden. Die in Konstanz aufgebotene Tradition dominikanischer und luxemburgischer Provenienz bestand auf scharfen *Grenzen* christlicher Territorien, als »Marken« des Reiches, und hielt den polnischen Stand für schrankenlos, da ohne scharfes Grenzbewußtsein. Die »Toleranz gegenüber friedfertigen Ungläubigen im eigenen Lande«, zentrale These in Paweł Włodkowic' Vortrag, bietet ein ganzes Spektrum einzusetzender *Schranken* auf, von der Gütersicherung bis zum Druck von religiösen Schriften Andersgläubiger, die von der Gegenseite als Verletzung territorialer Rechte in ihren Grenzbestimmungen angesehen wurden. So vermengen sich Grenzen und Schranken, die später zu soziologischen Bestimmungsmomenten von Nachbarschaften werden, und beginnen ihr unglückliches Spiel des Mißverstehens europäischer Ordnungen.

Die Soziologie ist keineswegs anders verfahren und hat das Thema der Grenzen fast monopolisiert. Sozialwissenschaftliche Studien über Grenzen und Grenzbewußtsein, über Grenzgänger vom Fremden bis zum Asylanten füllen ganze Korridore in unseren Bibliotheken. Die Folgen dieser Einseitigkeit sind erheblich, betrachtet man etwa die aus der Hegel-Marxschen Tradition sich ganz unmittelbar anschließenden Lehren der Entfremdung und ihrer fremdbestimmten Güterbestimmung, die allesamt von einer Angleichung mit dem Ziel einer Identifikation von Grenzen und Schranken motiviert sind. Es sind diese Grundmotive, die von Paweł Włodkowic in Konstanz bereits lange vor ihrer späteren theoretischen Entfaltung aufgedeckt wurden. Die Vielfalt gesellschaftlicher Ordnungen wird mit der Einfalt traditioneller Militanz konfrontiert. Jene Vielfalt hat sich über Jahrhunderte nicht durchsetzen können, mit erheblichen Folgen für alle. Die meinem Text hier vorangestellte polnische Weisheit des alltäglichen »wszystko jedno«, es sei eben alles eins und einerlei, verbirgt eine historisch gewachsene Grundfigur nachbarschaftlicher Toleranz und respektierlicher Gleichgültigkeit, über die ein wenig weiter nachgedacht werden soll.

Die Differenz zwischen Grenzen und Schranken wird deutlich, wenn man mit einem Soziologen eine Handlungsanalyse in seiner eigenen Nachbarschaft beginnt. Die Enthaltsamkeit im menschlichen Tun, der Verzicht auf die Ausführung eines einmal entworfenen Planes: Diese Freiheitsmomente der Interaktion und Kommunikation sind heute geläufige Charaktere des Alltagslebens. Sie sind ganz zentrale Momente in der Bestimmung von Nachbarn und Nachbarschaften. Während Grenzen durch Fremde bestimmt werden, die aus Territorien jenseits der Grenzen kommen, so werden Schranken durch Nachbarn definiert, die aber weder für ihre Definitionen noch für ihr Handeln oder auch Nicht-Handeln zur Verantwortung gezogen werden. Nachbarn sind konkrete, nächste Andere. Sie mögen als »da« erscheinen oder auch nicht. Nachbarschaften sind kulturspezifische Freiräume. Florian Znaniecki hat den Wandel polnisch-ländlicher Nachbarschaften zum ersten Thema seiner Studien in den USA (1914–1918) gemacht: »The Polish Peasant in Europe and America« berichtet in serienlangen Brieffolgen über den rasanten Wandel nachbarschaftlicher Ordnungen, der die Schranken persönlich-moralischer Orientierung und die Grenzen lebenswichtiger Existenz zur Sprache bringt.

Wie sind Grenzen und Schranken adäquat und sinnvoll zu bestimmen? Die Grenzen des Lebendigen, so hat Helmut Plessner diese Frage variiert, treten an vier Grenzmarken auf: Tod und Scham, Freiheit und Wahrhaftigkeit. Aber auch bei Plessner, so nachhaltig von der Hegelschen Grenzwertlehre beeinflußt, fehlt das methodische Nachdenken über die Schranken. Und daher die engere Frage: Welche Bedeutsamkeit hat die Studie von Nachbarschaften für das Verständnis anderer Kulturen? Im allgemeinsten Sinn gibt es eine ausgezeichnete Antwort auf diese Fragen bei Józef Tischner, eine Antwort, die zudem aus dem polnischen Erleben der Nachkriegsjahre ihre Kraft erhält. Tischner lehrt in Krakau, hat als Schüler von Roman Ingarden (wie Karol Wojtyła) eine phänomenologische Sicht der »Lebenswelt« gewonnen, die nachbarschaftliche Ordnungen als *conditio sine qua non* für soziale Ordnungen überhaupt nachweist. Das »Drama« des modernen Menschen entfaltet sich in diesem Rahmen von Grenzen und Schranken des alltäglichen, die als notwendige, aber differente Ordnungen zusammen und »aufrecht« zu erhalten sind. Hier sind personale Haltung und institutioneller Halt gefragt. Wird dieses Gefüge in Systemen formalisiert, einer Logik von Funktionalitäten und Schemata unterworfen, so gerinnen die Differenzen zu nebensächlichen Akzidenzen. Der Kollaps der osteuropäischen Herrschaftsgefüge kann auf diesen »gemeinsamen Nenner« gebracht werden.

Ein Beispiel aus der Tischnerschen Gedankenführung bringt uns zurück auf das Ausgangsthema der in Konstanz vorgeführten Samogiten. Die Nachbarschaft von Heiden, Gottlosen und Andersgläubigen, die für die ersten Christen so selbstverständlich gewesen ist, sollte – so Tischners Motiv – einfach wieder deutlicher werden. Tritt man mit »Werktätigen« in Polen durch die Werkstore, so ist man auf heidnischem Terrain. Grenzen trennen die Bereiche der industriellen Arbeit und des familiären Milieus. An den Werkstoren wird Individualität wie alle persönliche Habe abgelegt. Man erlebt die mitleidlose Realität von »Helden der Arbeit«, deren Produktion lediglich Teilhabe am kollektiven Prozeß ist. Schranken werden von Grenzen (z. B. von Jahresplänen) aufgesogen. Die Kreativität erlischt im Nihilismus der Systeme. Nachbarschaften verdorren wie der gesamte Bereich des Öffentlichen, der subjektfrei wird wie die Theorie ihrer eigenen Beschreibung. Es ist die Gleichgültigkeit als Folge von nihilistischer Entwertung des Öffentlichen, in der das Drama des modernen Menschen sich abspielt, abgewickelt im Jargon unserer unmittelbaren Nachbarn. So jedenfals die Tischnersche Analyse: Jedes Handeln, das seine eigene Bahn sucht, wird sich in eigenen Widersprüchen verfangen, wenn es sich nicht zur »Haltung« durchringt, zur »Stellung des Menschen« (wie Scheler und Znaniecki dieses nannten). Stellungnahme an der einmal erkannten Schranke: Das verlangt nach weit subtileren Haltungen als ein »Anhalten« an der

Grenze, das stets zum Durchbruch neigt, zum Einbruch in das Terrain des Fremden reizt.

Ich möchte abschließen mit einer eigenen Kindheitserinnerung. Sie ist ein ganz persönlicher Beleg für die polnische Metapher des Distanz-Haltens, der großzügigen Geste gegenüber den Nachbarn, die man erdulden, aber keineswegs im Handeln engagieren möchte: »Wszystko jedno« – das war in meiner eigenen Erinnerung ein unbekannter nachbarschaftlicher Gruß des »pschiskojenno« jener »Russen«, die auf unserem westfälischen Bauernhof in den Kriegsjahren 1941–1944 arbeiteten, in unserer Scheune unter gemeinsamen Dach mit unserer Familie lebten und zeigten, wie aus Strohballen auf der Wiese zum Schutz vor Bombenangriffen hausartige Mieten zu bauen sind, die der Reisende nach Polen Jahrzehnte später wieder sieht, auf den Feldern zwischen Węgrów und Sokołów, deren Nachbarschaften sich inzwischen geöffnet haben. Sequenzen von Schranken, mal »russisch« – mal »deutsch« markiert, strukturieren unsere Nachbarschaft: Grenzen und Übergänge finden ihre lebensweltliche Fundierung.

Christoph Kleßmann
Polen in Deutschland

Die Bundesrepublik und nunmehr das vereinigte Deutschland ist längst ein Einwanderungsland geworden, auch wenn es sich offiziell weigert, diesen Status zu akzeptieren. Die »multikulturelle Gesellschaft« ist vielerorts in Deutschland eine Realität, ihre gesellschaftliche Akzeptanz aber immer noch brüchig. Der in den Ländern der ehemaligen DDR besonders stark zutage tretende Ausländerhaß signalisiert nur in extremer Form ein Grundproblem fast aller modernen Industriegesellschaften, das bereits eine lange Geschichte hat.

Schon die Arbeiterbewegung der Jahrhundertwende hatte sich mit der emotionalen Ablehnung der Arbeitskräfteeinwanderung in den eigenen Reihen auseinanderzusetzen. Der Stuttgarter Sozialistenkongreß von 1907 bekräftigte zwar den Internationalismus als ideologische Orientierung, im Konflikt mit nationalen

Interessen aber konnte dieser sich kaum jemals durchsetzen und blieb plakativ. In der Geschichte der DDR wird die Diskrepanz zwischen Anspruch und Realität besonders deutlich. Die faktische Ghettosituation eines Staates, der sich lautstark zu den Prinzipien internationaler Solidarität bekannte, während er seinen Bürgern verbot, die eigenen Grenzen zu verlassen und andere Völker kennenzulernen, produziert nun nachträglich eine Abwehrhaltung gegen »Fremde«, die alarmierend erscheint. Tempo und Formen des (gewünschten) Vereinigungsprozesses, von der ostdeutschen Bevölkerung vielfach als Demütigung und »Eroberung« empfunden, haben offenbar zu Reaktionen gegenüber nationalen Minderheiten im Lande geführt, die sich als Kompensation für die eigene Misere verstehen lassen. Alte Klischees, Stereotypen und Feindbilder erweisen in solchen Situationen ihre Zählebigkeit und brechen eruptiv wieder auf.

Die Polen sind hier auf Grund historischer Erfahrungen für Ausbrüche von Verachtung oder gar Haß besonders sensibilisiert. Die Erfahrung in der Bundesrepublik aber zeigt, daß jüdische Einwanderer aus der Sowjetunion, Türken, die schon lange in Deutschland leben, oder gar Asylanten aus der Dritten Welt oftmals noch stärker betroffen sind.

In Deutschland wirken trotz wesentlicher Veränderungen im Nationalbewußtsein immer noch die Traditionen eines Nationalstaates nach, in dem ethnische Minderheiten keinen legitimen Platz haben, allenfalls geduldet werden. Solche Dispositionen mit tiefen historischen Wurzeln sind nur mühsam und langfristig aufzubrechen. Historische Reflexion und politische Aufklärung über Minderheiten in Deutschland können dazu einen kleinen Beitrag leisten.

Die Geschichte der deutsch-polnischen Beziehungen, zu der auch die Geschichte der Minderheiten im jeweiligen Staat gehört, ist keineswegs ein ausschließlich düsteres Kapitel, haben doch die Minderheiten einen nicht geringen Beitrag zur wirtschaftlichen, teilweise auch kulturellen Entwicklung des Gastgeberlandes geleistet. Die gegenwärtigen Stereotypen von »dem Polen« in Deutschland sind jedoch eher durch Konflikte geprägt.

Zur Zeit der Reichsgründung 1871 wurden die Polen mit 2,2

Millionen, 5,2 % der Reichsbevölkerung, zur größten nationalen Minderheit: nicht infolge einer massenhaften Einwanderung, sondern weil in den Teilungen Polens Ende des 18. Jahrhunderts und dann auf dem Wiener Kongreß 1815 Teile ihrer Heimat Preußen und im Zuge der kleindeutschen Reichsgründung Deutschland zugeschlagen wurden. Der preußische Staat hatte vor den Teilungen nur mit einer politisch und national nicht aktiven, polnisch bzw. dessen Dialekte sprechenden Minderheit in Oberschlesien und in Masuren zu tun. In der ersten Hälfte des 19. Jahrhunderts schien es Grund zur Hoffnung zu geben, daß die polnische und die deutsche Frage territorial einvernehmlich gelöst werden könnten. Bereits in der Mitte des 19. Jahrhunderts stießen jedoch die nationalen Interessen bei der Frage der Wiederherstellung Polens und damit auch in bezug auf die künftige Behandlung der nationalen Minderheiten handfest aufeinander. Der liberale Abgeordnete Wilhelm Jordan erklärte in seiner berühmten Rede in der Paulskirche 1848: »Polen bloß deswegen herstellen zu wollen, weil sein Untergang uns mit gerechter Trauer erfüllt, das nenne ich eine schwachsinnige Sentimentalität.« Er setzte den »gesunden Volksegoismus« dagegen, und dieser sollte in der Tat auf beiden Seiten die Beziehungen für lange Zeit vergiften. Auch Bismarck sprach die Angst vor der »polnischen Gefahr« einer aufmüpfigen polnischen »Minderheit« (in den gemischt besiedelten Gebieten der preußischen Ostprovinzen machte sie 1861 über 40 % der Bevölkerung aus) in drastischen Worten an, als er 1861 an seine Schwester schrieb: »Haut doch die Polen, daß sie am Leben verzagen [...] Wir können, wenn wir bestehen wollen, nichts anderes tun, als sie auszurotten; der Wolf kann auch nicht dafür, daß er von Gott geschaffen ist wie er ist [...]«

Man muß solche darwinistisch gefärbten Äußerungen sicher nicht wörtlich nehmen, gleichwohl blieben die sich darin spiegelnden Einstellungen im deutschen Nationalstaat offen oder untergründig wirksam, bis der Nationalsozialismus sich im Rahmen seiner ganz anders motivierten imperialistischen Lebensraumpolitik alte Aversionen und Feindbilder zunutze machte und alle Polen zum Helotenvolk innerhalb eines Großdeutschen Reiches erklärte.

Dennoch hat es in Deutschland stets auch eine andere Tradition gegeben: den Appell an die politische Vernunft und die Aufforderung zum friedlichen Miteinander. Darüberhinaus gab es konkrete Beispiele für die Möglichkeit eines friedlichen Zusammenlebens.

Wer heute in Deutschland nach Spuren von Minderheitentraditionen sucht, findet sie – wenn auch äußerlich kaum noch erkennbar – in vielen Gegenden. Die Polen stellen dabei das wichtigste und zahlenmäßig stärkste Element. Was wäre Berlin in der Zeit vor dem Ersten Weltkrieg ohne die etwa 100000 Kleinhändler, Handwerker, Arbeiter, Hausbediensteten und – als kleine Gruppe – Intellektuellen polnischer Herkunft? Was wäre das Ruhrgebiet ohne die nach Hunderttausenden zählenden Einwanderer aus den Ostgebieten des Deutschen Reiches, unter denen die Polen das größte Kontingent stellten? Aber auch in Hamburg, Bremen, Kiel, Hannover, in Oldenburg, Mannheim und München läßt sich die Geschichte polnischer Kolonien verfolgen. Nach dem Zweiten Weltkrieg kamen Displaced Persons, politische und wirtschaftliche Emigranten aus dem kommunistischen Polen, polnische Familienangehörige der deutschen Umsiedler hinzu. Die zahlenmäßige Stärke der polnischen Bevölkerung in Deutschland wurde freilich am nachhaltigsten durch den Verlust der deutschen Ostprovinzen infolge der Grenzziehungen nach dem Ersten und dem Zweiten Weltkrieg beeinflußt. Nach offiziellen deutschen Angaben gab es 1925 noch 784000 Polen in der Weimarer Republik, wovon allein 528000 im deutschen Teil Oberschlesiens lebten. Die Wiederherstellung des polnischen Staates ließ nun das Problem einer deutschen Minderheit in Polen entstehen, wodurch von den Problemen der polnischen Minderheit in Deutschland, die 1922 einen Verband zur Verteidigung der eigenen Rechte gründete, abgelenkt wurde.

Wenn der Grad der Emanzipation einer Gesellschaft sich an ihrem Umgang mit Minderheiten ablesen läßt, dann ist die jüngere deutsche Geschichte kein Ruhmesblatt. Dies gilt vor allem für die preußische Polenpolitik an der Ostgrenze des Reiches mit ihrer Zuspitzung am Ende des 19. und zu Beginn des 20. Jahrhunderts, als man versuchte, die polnische Sprache in Schulen und öffentlichen Versammlungen zu verbieten, die polnische Bevölkerung wirtschaftlich zu schwächen und ihr Vereinsleben einzuschränken, die Gebiete mit Deutschen zu besiedeln. Trotz der nationalen Konflikte übte Deutschland aber ökonomisch und kulturell eine Anziehungskraft aus, die viele Polen auch aus dem russischen Teilungsgebiet, dem sogenannten Kongreßpolen, wo sie einer harten politischen Unterdrückung und Russifizierung ausgesetzt waren, zur Einwanderung bewegte.

An den deutschen Universitäten – vor allem in Berlin, Leipzig, München, Heidelberg und Göttingen – kamen in den Jahren 1871–1914 polnische Studenten aus allen drei Teilungsgebieten zusammen und stellten jeweils die größte ausländische Gruppe dar. Viele stießen dabei, außerhalb der preußischen Polenpolitik, auf ein anderes Deutschlandbild und entwickelten eine andere Beziehung zur deutschen Kultur – unabhängig davon, ob sie sich assimilierten oder im Gegenteil durch das Studium ein ausgeprägteres polnisches Nationalbewußtsein bekamen. In der zweiten Hälfte des 19. Jahrhunderts etablierte sich in München – ohnehin ein Tummelplatz von Emigranten und Künstlern aus verschiedenen Ländern – eine polnische Künstlerkolonie. Der Maler Józef Brandt blieb nach dem Abschluß seiner Studien in München und gründete eine eigene Schule für Malerei, an der viele bedeutende polnische Künstler (z. B. T. Ajdukiewicz, W. Kossak) gelernt haben.

Es sind auch durchaus produktive Ansätze einer sozialen Symbiose zu finden, wie ein Blick auf das Ruhrgebiet zeigt, in dem zu Beginn dieses Jahrhunderts die größte, geschlossenste und auch bekannteste polnische Minderheit lebte. Mit dem Aufschwung der wirtschaftlichen Konjunktur seit den neunziger Jahren des vorigen Jahrhunderts strömten meist ungelernte Arbeitskräfte aus den agrarischen östlichen Provinzen (Deutsche, Polen, Masuren) nach Westen, wo die aufstrebende Schwerindustrie dringend Arbeiter benötigte. Als preußische Staatsbürger waren die polnisch-sprechenden Einwanderer aus den Ostprovinzen in einer erheblich besseren Situation als die Saisonarbeiter aus Galizien und Kongreßpolen, die aufgrund der restriktiven Gesetzgebung im Winter wieder in ihre Heimat zurückkehren mußten. Die Ängste deutscher Arbeiter vor »Lohndrückern«, »Pfaffenknechten« und

»Streikbrechern« aus dem Osten, aber auch das Bewußtsein, selber zivilisatorisch überlegen zu sein, waren jedoch beiden Gruppen gegenüber ähnlich. Solche Ängste erwiesen sich als unbegründet, je länger die Polen in Deutschland lebten und sich an die industrielle Gesellschaft gewöhnten, ohne dabei aber auf ihre nationale Tradition zu verzichten.

Die rund 350000 polnischen Immigranten (wieweit man die ca. 150000 Masuren dazu rechnen kann, ist umstritten) bauten im Ruhrgebiet ein weit verzweigtes Netz von Arbeiter-, Geselligkeits-, Gebets- und Turnvereinen auf, gründeten eine eigene Gewerkschaft, die sich schnell zur drittstärksten Gewerkschaft der Ruhrbergarbeiter entwickelte, und unterhielten eine eigene polnische Presse (den »Wiarus Polski« in Bochum und den »Narodowiec« in Herne). Sie bemühten sich mit Erfolg, in politischen und kirchlichen Wahlen eigene Kandidaten für ihre Interessenvertretung durchzusetzen. Angesichts der massiven politischen Spannungen zwischen Polen und Deutschen in den Ostprovinzen, vor allem in Posen und Westpreußen, sahen die nationalistischen Teile der deutschen Öffentlichkeit sowie die preußische Polizei und Verwaltung in diesen Aktivitäten die Gefahr eines »Polenstaates im Westen« heraufziehen. Sie plädierten daher für die Einschränkung und Unterdrückung der »großpolnischen Bewegung«, womit sie eher dazu beitrugen, die anfangs noch orientierungslosen polnischen Arbeiter ländlicher Herkunft zu nationalbewußten Polen zu machen.

Dadurch verschärfte sich nach außen hin häufig der Konflikt zwischen Deutschen und Polen, zwischen deutscher und polnischer Arbeiterbewegung; langfristig jedoch trug diese »nationale Subkultur« der Polen zur Stabilisierung ihrer sozialen Situation und zur Integration in die deutsche Gesellschaft wesentlich bei. Was von deutschen Beobachtern oft als bloß nationale »Absonderung« registriert wurde, erwies sich somit als ein wichtiger Faktor der Binnenintegration einer Minderheit. Dieser Aspekt macht aktuelle Bezüge zu Gegenwartsproblemen von ausländischen Gastarbeitern deutlich.

Diese Eingliederung verlief keineswegs glatt und konfliktfrei, sondern sie war ein mühsamer, letztlich aber erfolgreicher Lernprozeß. Stereotype wechselseitige Klischees von den rohen und gewalttätigen oder auch tölpelhaften »Polacken« und den Deutschen als »Hakatisten« (nach den Anfangsbuchstaben der Gründer des nationalistischen Ostmarkenvereins Hansemann, Kennemann und Tiedemann) oder »versteckten Lutheranern« (so 1911 eine polnische Zeitung) hielten sich lange und zäh. Dennoch haben Deutsche und Polen über sprachliche, konfessionelle und politische Grenzen hinweg zusammengelebt und kooperiert. In den großen Bergarbeiterstreiks von 1905 und 1912 setzten sich deutsche und polnische Arbeiter und Gewerkschaftsmitglieder für gemeinsame soziale Ziele ein, in politischen Krisensituationen wie dem Kapp-Putsch 1920 oder der französischen Ruhrbesetzung 1923 artikulierten sie im Ruhrgebiet gemeinsam ihren politischen Protest.

Durch ökonomisch bedingte Abwanderung und Assimilationstendenzen schrumpfte die polnische Minderheit an der Ruhr in den folgenden Jahren auf eine kleine Gruppe zusammen, deren Geschichte jedoch über die Repressionen im »Dritten Reich« hinaus bis in die Nachkriegszeit reicht, auch wenn sich ihre sichtbaren Spuren heute weitgehend verloren haben.

In der neuen Phase der Anwerbung von »Gastarbeitern« infolge des sogenannten Wirtschaftswunders in den 60er Jahren waren Polen aus politischen Gründen freilich nicht dabei. Die polnische Minderheit wurde jedoch durch relativ kleine Wellen politischer Emigration (Asylbewerber) wie auch im Zuge der Liberalisierung des Grenzverkehrs durch wirtschaftlich bedingte Kurzeinwanderung verstärkt. Nach dem Ende der Teilung Europas und infolge der europäischen Integration der ostmitteleuropäischen Länder wird man den Blick nun immer mehr sowohl auf den Abbau des ökonomischen Gefälles zwischen Polen und Deutschland als auch auf eine nicht-nationalstaatliche Behandlung der Minderheitenfragen lenken müssen.

Jerzy Tomaszewski
Deutsche in Polen

In den von Polen bewohnten Gebieten gab es seit mehreren Jahrhunderten eine deutsche Bevölkerung, doch erst im 19. Jahrhundert kam es zu unerhört scharfen Konflikten. Das Erbe, das die im Herbst 1918 neuerstandene Republik Polen antrat, umfaßte sowohl erbitterte Auseinandersetzungen mit ethnischem Hintergrund als auch Formen des friedlichen Zusammenlebens. Als die staatliche Unabhängigkeit begann, hatte sich besonders die Germanisierungspolitik Preußens in das Gedächtnis der Polen eingegraben; diese Erinnerung wurde zwanzig Jahre später durch die Nazibesatzung verstärkt.

In Literatur und Schule wurde der Deutsche als Erbfeind dargestellt, der das polnische Volk bedroht. Dieses Bild wurde durch die aktuelle Erfahrung bestätigt.

In Wirklichkeit waren die Beziehungen zwischen deutscher Minderheit und polnischer Mehrheit komplizierter. Man kann eigentlich gar nicht von *einer* bzw. von einer *homogenen* deutschen Minderheit in Polen sprechen; zwischen den einzelnen deutschen Bevölkerungsgruppen gab es erhebliche Unterschiede. Im vormaligen preußischen Teilungsgebiet verloren die Deutschen 1918 ihre bisherige Stellung als Herrenvolk, das von der Überlegenheit der eigenen Kultur überzeugt war und verächtlich auf die unterlegenen Polen hinunterblickte. Charakteristischen Niederschlag fand das in Werken drittklassiger deutscher Autoren, die in Großpolen und Pommerellen lebten und die Polen als primitive oder verächtliche Menschen darstellten. Kein Wunder, daß diejenigen, die in einer solchen Atmosphäre großgeworden waren, besorgt in die Zukunft blickten, an die gute alte Vorkriegszeit zurückdachten und scharenweise über die in Versailles festgelegte Grenze nach Deutschland zogen (die Massenauswanderung wurde 1927 unterbunden, auf Drängen des Reiches, das befürchtete, Großpolen und Pommerellen könnten ganz ihres deutschen Bevölkerungsanteils entblößt werden). Überwiegend schlossen sie sich Gruppierungen mit nationalistischer Einstellung an.

Anders war die Haltung der Deutschen im vormaligen russischen Teilungsgebiet. Diejenigen, die als Bauern einstmals von den Großgrundbesitzern in den Dörfern angesiedelt worden waren, behielten ihre Traditionen und ihre Sprache (zumeist den Dialekt ihrer Herkunftsgegend) bei; sie hielten sich vom politischen Geschehen fern. Die Stadtbewohner – Arbeiter, Handwerker und Unternehmer – waren durch vielfältige Bande mit der polnischen Bevölkerung verbunden. Manche assimilierten sich – daher finden wir bei den Polen gelegentlich deutsche Namen –, während andere ihre angestammten Traditionen beibehielten, aber dennoch zu loyalen Bürgern der Republik wurden.

Im September 1939 wurden die unterschiedlichen Einstellungen unübersehbar. Deutsche Sozialdemokraten meldeten sich zur Verteidigung Warschaus gegen die Wehrmacht, und in Lodz fielen Deutsche unter den Schüssen von Hinrichtungskommandos, weil sie sich geweigert hatten, Bürger des Dritten Reiches zu werden; mögen es auch nicht viele gewesen sein, so verkörpern sie dennoch die nicht realisierten Chancen einer Zusammenarbeit zwischen Polen und Deutschen. Andere Deutsche jedoch arbeiteten – als polnische Staatsbürger – mit der Besatzungsmacht zusammen. Sie sind das Symbol der »fünften Kolonne«, die die Unversehrtheit und Unabhängigkeit des polnischen Staates bedrohte.

Wieder anders gestalteten sich die Beziehungen in Oberschlesien. Der Landadel wurde assimiliert und übernahm größtenteils die deutsche Kultur. Das einfache Volk behielt zumeist die polnische Sprache bei; allerdings gab es unter den Bauern und Arbeitern auch Nachfahren deutscher Siedler aus verschiedenen Jahrhunderten. In der zweiten Hälfte des 19. Jahrhunderts bildete sich bei den plebejischen Schichten immer stärker ein Nationalbewußtsein heraus. Auf der Grundlage volkstümlicher Traditionen und polnischer Dialekte entwickelte sich ein polnisches Bewußtsein, obwohl Verwaltung und Schule Druck im entgegengesetzten Sinne ausübten und die Übernahme der deutschen Kultur und Sprache sozialen Aufstieg versprach. Es entwickelte sich ebenfalls ein deutsches Nationalbewußtsein. Aufgrund der spezifischen politischen Bedingungen gab es außerdem Kreise, die (das von den Deutschen verachtete) Polnisch sprachen (und als »Wasserpocken« bezeichnet wurden), aber ein regionales schlesisches Bewußtsein entwickelten; sie waren keine Deutschen und keine Polen, sondern eben Schlesier. Auch gab es gewisse Kreise, in denen die konkurrierenden nationalen Loyalitäten sich überlappten. Manche wußten überhaupt nicht, wohin sie gehörten, und sprachen sich unter politischem und wirtschaftlichem Druck für die Seite aus, die ihnen gerade die größten Vorteile versprach, oder sie machten ihre Zugehörigkeit zum Handelsobjekt, um unter dem Druck bald der einen, bald der anderen Seite zu überleben. In meinen Augen ist dies eines der größten Dramen für die Einwohner Schlesiens und zugleich ein Beweis dafür, daß eine Politik der nationalen Unterdrückung zur Demoralisierung führt.

Während aber die deutsch-polnischen Beziehungen im vormaligen preußischen Teilungsgebiet den Charakter eines scharfen Konflikts annahmen, konnte in Oberschlesien zwar auch von einem Konflikt gesprochen werden, doch gab es daneben Bevölkerungskreise mit deutscher bzw. polnischer Kultur, die friedlich nebeneinander lebten.

Die Stärke der deutschen Minderheit in Polen läßt sich anhand der Volkszählungen feststellen, die in den westlichen und zentralen Wojewodschaften der Republik recht gewissenhaft durchgeführt wurden. Nach der Volkszählung vom 30. September 1921 lebten im polnischen Staatsgebiet 769,4 Tausend Personen, die deutsch als Nationalität angaben. Da jedoch das Wilnaer Gebiet und Oberschlesien zu diesem Zeitpunkt noch nicht zum polnischen Staatsgebiet gehörten, wurde nach deren Anschluß die Gesamtzahl der Deutschen auf 1,1 Millionen Personen geschätzt. Vielleicht muß diese Zahl ein wenig erhöht werden, denn in manchen Fällen wurde die Nationalität mit der Staatsangehörigkeit gleichgesetzt, doch dürften die darauf zurückgehenden Fehler nicht erheblich sein.

Die nächste Volkszählung vom 9. Dezember 1931 ergab, daß auf dem Gebiet der Republik Polen 739 000 Personen lebten, die Deutsch als Muttersprache angaben. Nun sind Muttersprache und Nationalität zwar nicht deckungsgleich, doch teile ich die Auffassung der Organisatoren der Volkszählung, daß eventuelle Divergenzen unter den Bedingungen Polens nicht allzu groß waren.

Man kann jedoch annehmen, daß in der schlesischen Wojewodschaft im Jahr 1931 von einem Teil der Schlesier, die stärker der deutschen als der polnischen Kultur verbunden waren, Polnisch als Muttersprache angegeben wurde. Die Gesamtzahl der Deutschen betrug daher vermutlich 784000 Personen.

Der Rückgang der Zahl der Deutschen in Polen ist auffällig. Seinerzeit weckte er den Verdacht, die Angaben seien gefälscht. Diese Ansicht wurde durch Nachprüfungen, die von deutschen Organisationen in Polen vorgenommen wurden, widerlegt. Der Rückgang der Zahl der Deutschen betraf Pommerellen, Großpolen und Oberschlesien, und die Ursache war die schon erwähnte Massenauswanderung in den Nachkriegsjahren. Viele Deutsche in den vormals der Oberhoheit Preußens unterstehenden Gebieten befürchteten Vergeltungsmaßnahmen für die polenfeindliche Politik. Es ist auch, wie die mir zugänglichen Quellen zeigen, zu spontanen deutschfeindlichen Reaktionen gekommen, aber sie waren nach Ausmaß und Zahl begrenzt. Angesichts der Methoden der preußischen Politik in den zurückliegenden Jahrzehnten sind weniger die Vorfälle selbst, sondern vielmehr ihr begrenzter Umfang und ihre relative Seltenheit erstaunlich.

Nach der Festlegung der Grenzen stand die Republik Polen vor der schwierigen Aufgabe, eine angemessene Politik gegenüber ihren Bürgern deutscher Nationalität zu bestimmen. Sie war durch internationale Abkommen gebunden; von größerer praktischer Bedeutung waren jedoch die Verfassung und Gesetze, die allen unabhängig von ihrer Nationalität, Sprache und Religion gleiche Bürgerrechte garantierten. Andererseits erwartete jedoch die polnische Bevölkerung der westlichen Wojewodschaften, daß der unabhängige Staat das, was die Politik Preußens genommen hatte, zurückforderte. Einige Veränderungen wurden spontan vorgenommen.

Als erstes wurden Schulen mit Polnisch als Unterrichtssprache geschaffen. Die deutschen Schulen, die zuvor von polnischen Kindern besucht werden mußten, wurden zum größten Teil geschlossen. Was noch an Schulen blieb, war für die deutschen Kinder bestimmt. Doch war damit das Problem noch nicht gelöst – es begann der »Kampf um die Seelen«. Besonders in Oberschlesien wurde der Besuch deutscher Schulen von deutschen Organisationen durch materielle Unterstützung gefördert. Vor allem unter den Arbeitslosen wurde manche Familie, in der sich polnische und deutsche Einflüsse die Waage hielten, durch diese Hilfe bewogen, der deutschen Schule den Vorzug zu geben. Die polnischen Behörden versuchten, mit administrativen Methoden zu verhindern, daß Kinder aus polnischsprachigen Familien auch weiterhin deutschem Kultureinfluß ausgesetzt waren; der Streit darum wurde dem Völkerbund vorgetragen.

Zu einem sehr viel ernsteren Problem wurde das Eindringen des radikalen Nationalismus und – in den dreißiger Jahren – des Nationalsozialismus in die deutschen Schulen. Die polnischen Behörden versuchten, die Tätigkeit deutscher Privatschulen, an denen solche Tendenzen sich am stärksten bemerkbar machten, zu beschränken, was aber die Konflikte eher verschärfte als dämpfte, so daß das angestrebte Ziel nicht erreicht wurde.

Die Durchführung der Bodenreform führte ebenfalls zu Auseinandersetzungen. Der preußische Staat hatte zuvor den Landerwerb durch polnische Landwirte beschränkt und deutschen Siedlern Vorrechte eingeräumt. Die polnischen Behörden nutzten das weiterhin geltende deutsche Recht, um diesen Siedlern Land abzukaufen. Außerdem wurden aufgrund des Gesetzes über die Bodenreform die großen Güter parzelliert. Die Reform sollte die Lage der ländlichen Bevölkerung verbessern, doch in den westlichen Wojewodschaften förderte sie auch eine Verringerung des deutschen Besitzstandes. Eines der großen politischen und gesellschaftlichen Probleme der gesamten Zwischenkriegszeit bestand nämlich darin, daß im vormaligen preußischen Teilungsgebiet landwirtschaftliche Betriebe und Unternehmen, die in den Händen von Deutschen waren, nach wie vor wirtschaftlich privilegiert waren. Das war nicht nur eine Folge der preußischen Politik, die zuvor die Polen diskriminiert hatte. Deutsche Gutsbesitzer, Unternehmer und Bauern erhielten – besonders in den dreißiger Jahren – versteckte finanzielle Hilfe aus dem Reich, zumeist über Danziger und holländische Banken, die landwirtschaftlichen Genossenschaften und anderen deutschen Firmen Kredite gewährten. Die Hilfe war an politische Bedingungen geknüpft und unterwarf die deutschen Organisationen in Polen den vom Auswärtigen Amt gesetzten Zielen. Dieser Fragenkomplex ist nur bruchstückhaft bekannt, und die Archive der »Deutschen Stiftung«, welche die deutschen Organisationen außerhalb des Reiches steuerte, harren noch ihrer gründlichen Erforschung.

Daß die deutschen Organisationen im vormaligen preußischen Teilungsgebiet die Interessen ihrer Mitglieder zu wahren versuchten, ist nicht verwunderlich. Für die polnische Bevölkerung war das jedoch gleichbedeutend mit einer Verteidigung der Folgen der preußischen Germanisierungspolitik und löste folglich eine deutschfeindliche Stimmung sowie Bemühungen aus, die wirtschaftliche Stellung der Deutschen zu schwächen. Für die deutschen Staatsbürger Polens wirkte es sich tragisch aus, daß das Reich sie für seine außenpolitischen Ziele gegenüber Polen ausnutzte. Die meisten deutschen Organisationen in Polen hörten nach 1933 auf, wirklich den Interessen der deutschen Minderheit zu dienen, und wurden zu einem Werkzeug des Dritten Reiches. Nicht-nationalsozialistische Organisationen verloren wegen mangelnder finanzieller Unterstützung rasch an Einfluß.

Man könnte meinen, die polnischen Behörden hätten ein Interesse daran haben müssen, antinazistische Organisationen und Einzelpersonen zu unterstützen, doch das erwies sich als schwierig. Wegen der durch die Politik Hitlers noch gesteigerten deutschfeindlichen Stimmung war man nicht in der Lage, Unterschiede zwischen den einzelnen Richtungen innerhalb der deutschen Bevölkerung wahrzunehmen. Die polnische Rechte kam nicht über den traditionellen Spruch »Solange die Welt besteht, wird der Deutsche dem Polen kein Bruder sein« und das Stereotyp vom Erbfeind hinaus. Doch wie weit war das überhaupt möglich angesichts der lebendigen Erinnerung an die Germanisierungspolitik Preußens, an die Deutschland mit seiner unfreundlichen Haltung gegenüber Polen nach 1918 anknüpfte? Weitere glänzende Argumente lieferten die Einstellungen, die in den dreißiger Jahren unter den polnischen Staatsbürgern deutscher Nationalität vorherrschten.

Gegen den Nationalsozialismus wandten sich insbesondere (aber nicht nur) die deutschen Sozialisten; diese forderten aber – im Einklang mit den polnischen Sozialisten und ihren Genossen aus den übrigen nationalen Minderheiten – Veränderungen im politischen System Polens und die Rückkehr zur demokratischen Verfassung vom März 1921. Für die Kreise, die nach dem Staatsstreich vom Mai 1926 in Polen herrschten, waren sie somit Gegner. Versuche, eine mit dem Piłsudski-Regime zusammenarbeitende einflußreiche Organisation der Hitlergegner in Polen zu schaffen, schlugen fehl.

Schließlich sind noch die Folgen der Annäherung zwischen Polen und Deutschland zu berücksichtigen, die mit der im Januar 1934 unterzeichneten Gewaltverzichtserklärung begann. Aus dem Wunsch heraus, mit dem Dritten Reich zumindest korrekte Beziehungen zu unterhalten, verhielten sich die Behörden positiv gegenüber den in Polen tätigen Gruppen mit nationalsozialistischer Tendenz, die – auf einen Wink aus der Wilhelmstraße hin – scheinbare Loyalität gegenüber dem Staat demonstrierten. Präsident Ignacy Mościcki brachte infolgedessen als Repräsentanten der deutschen Minderheit Verfechter der extrem nationalistischen Strömung in den Senat.

Es trug also vieles dazu bei, daß die polnische Bevölkerung in der deutschen Minderheit ein trojanisches Pferd sah, das die Unabhängigkeit bedrohte. Die Nazibesatzung verschärfte die Konflikte. Daß Deutsche – allerdings nicht viele – sich an der polnischen Widerstandsbewegung beteiligten, war kaum bekannt. Noch weniger wußte man darüber, daß Beamte der Besatzungsmacht Verfolgungsmaßnahmen zu dämpfen versuchten. Das ist nicht erstaunlich, denn Nazigegner riskierten ihren Kopf und versuchten möglichst unauffällig zu bleiben. Was dagegen jeder kannte, war der Terror, und der durchschnittliche Pole sah in jedem Deutschen eine leibhaftige Gefahr, was in den meisten Fällen wohl auch zutraf, denn fast jeder verstieß in irgendeiner Weise gegen Besatzungsrecht. Ich weiß noch genau, wie ich erschrak, als in die Tischlerwerkstatt, in der wir heimlich Schulunterricht erhielten, ein deutscher Soldat eintrat. Es stellte sich dann heraus, daß er ein Nachbar war und von unserem Lehrer einen Hammer leihen wollte; daß ein Soldat der Wehrmacht nichts anderes will, als einen Nagel einzuschlagen, erschien uns damals unvorstellbar. Es war schließlich die Zeit, in der das Warschauer Ghetto unterging.

Zu allem Übel wurden auch noch jene Bürger der Republik Polen privilegiert, die die Chance nutzten, sich unter Vorlage diverser Beweise ihrer deutschen Abstammung in die »Deutsche Volksliste« einzutragen. Sie galten als Verräter.

Das polnische Volk wurde durch Krieg und Besatzung nicht nur dezimiert und materiell ausgezehrt. Es hat tiefe, kaum zu beseitigende Traumata davongetragen. Viele, die diese Zeit durchgemacht haben, können es bis heute nicht ertragen, Deutsch sprechen zu hören, weil es sie an die Untaten der Verbrecher erinnert, und sie bringen es nicht über sich, nach Deutschland zu reisen. Dies werden erst künftige Generationen überwinden können.

In der Besatzungszeit wurde häufig gefordert, an den besiegten Deutschen rücksichtslos Rache zu nehmen. Wenn nach der Befreiung spontane Racheakte auch eher die Ausnahme waren, so herrschte doch die Überzeugung vor, daß ein Verbleiben der deutschen Minderheit in Polen unmöglich sei.

Kein Wunder, daß die nach dem Krieg geplante Aussiedlung der Deutschen einhellige Unterstützung fand. Selbst der im übrigen moralisch anfechtbare Vorschlag eines Wirtschaftsfachmanns von der Bauernpartei, wenigstens einige von ihnen als Arbeitskräfte auf polnischen Bauernhöfen zu belassen, fand keinen Anklang. Es erschien damals unvorstellbar, daß beide Völker künftig zusammenleben könnten – und tatsächlich war es wohl auch zumindest in den ersten Nachkriegsjahrzehnten unmöglich.

Joseph Schechtman, der Flüchtlings- und Umsiedlungsprobleme eingehend erforscht hat, schrieb 1946:

»Angesichts dessen, was uns die bisherige Erfahrung gelehrt hat, ist nicht zu leugnen, daß die Umverteilung ethnischer Gruppen für die betroffenen Personen eine schmerzliche Maßnahme ist und daß sie, zumindest für eine gewisse Zeit, gravierende Schwierigkeiten im Wirtschaftsleben des Ausgangs- und des Aufnahmelandes hervorrufen kann [...] Gleichwohl kann es Situationen geben, in denen die Alternativen noch weniger wünschenswert sind. [...] Das Ziel eines Bevölkerungstransfers ist es nicht, einen hohen Prozentsatz einer Minderheitsgruppe aus ihrem Aufenthaltsland zu entfernen, sondern ein Minderheitenproblem zu beseitigen, eine künftige Gefahr auszuschließen.«

Ich gebe Schechtman nicht in allen seinen kategorischen Folgerungen Recht. Doch es gibt Situationen, in denen keinerlei Hoffnung auf ein normales Zusammenleben zwischen Minderheit und Mehrheit besteht. Wenn die Minderheit obendrein in die verbrecherische Politik des Nachbarlandes verwickelt ist und die Zuspitzung der Konflikte einen Höhepunkt erreicht, kann die Aussiedlung sich als die einzige Lösung erweisen. Vieles spricht dafür, daß die deutsche Bevölkerung innerhalb des polnischen Staatsgebietes sich 1944 in dieser Lage befand. Die Dramen, die einzelne bei der Aussiedlung durchmachten, waren der Preis, der für die Chance einer künftigen Normalisierung der deutsch-polnischen Beziehungen zu zahlen war. Das Verbleiben einer deutschen Bevölkerung innerhalb der neuen Grenzen Polens hätte zu einer weit größeren Tragödie führen können.

Es mag sein, daß man mit größerem zeitlichem Abstand bereit ist, objektiver und differenzierter zu urteilen, doch bei dem geringsten Anzeichen dafür, daß der heutige deutsche Staat die deutsche Minderheit in Polen als politisches Druckinstrument benützt, drohen die traditionellen Besorgnisse, Stereotype und Abneigungen wiederzuerwachen. Die Rechnung dafür könnten, wenn sie die geschichtliche Erfahrung vergessen, erneut die deutschen Staatsbürger Polens bezahlen.

Georg W. Strobel
Lodz: Eine Vielvölkerstadt Polens

Vor dem Zweiten Weltkrieg war Lodz einzigartig, ein großes, in sich geschlossenes Industriemuseum, in dem noch gelebt und gearbeitet wurde. Mit seinem Äußeren, seinen Fabriken und vielen seiner Lebensgewohnheiten war es im ausgehenden 19. Jahrhundert stehen geblieben, damals, als es sich ungestüm zur Industriestadt entwickelt hatte. Zwar hatte Lodz bereits 1423 Stadtrechte erhalten. Als es 1793 bei der zweiten Teilung Polens zu Preußen kam, war es jedoch zu einem Dorf mit 799 Einwohnern, davon 66 % Polen und 34 % Juden, heruntergekommen. Nur Ackerbau und etwas Handel gab es, so daß ihm die Stadtrechte genommen werden sollten. Doch dazu kam es nicht mehr. Nach dem Wiener Kongreß erhielt es 1821 als Teil des von Rußland verwalteten, später Kongreßpolen genannten Königreiches Polen die im russischen Gesetz verankerten Rechte einer Fabriksiedlung.

Die modernen Anfänge der Stadt sind ohne den Fleiß von deutschen Gewerbetreibenden und Unternehmern nicht denkbar. Gestützt auf die weitsichtige Industriepolitik Rajmund Rembielińskis (1775–1841), wurden Weber und Tuchmacher hierher geholt, angeworben in den Rheinlanden, der Eifel, in Baden und Schwaben, Sachsen, Schlesien und Böhmen. Die Not hatte sie aus ihrer Heimat vertrieben.

Die Einwohner dieser Stadt brauchten des Polnischen nicht mächtig zu sein, auch nicht zur Zeit des unabhängig gewordenen Polens. Es war eine Stadt mitten in Polen, in der Deutsch zum Alltag gehörte. Gesungen, aber vor allem erzählt wurde in »Lodzerdeutsch«, der Lingua franca der Stadt seit ihrer Moderne, einem Mischidiom aller deutschen Landschaften mit slawischen Einsprengseln, dem Jiddischen sehr ähnlich. In den ersten vierzig Jahren seiner modernen Entwicklung hatte Lodz bis 1862 nur deutsche Bürgermeister. Sie prägten seine Anfänge als Industriestadt. Die ersten mechanischen Fertigungen, die das Industriezeitalter einläuteten, führte im Jahre 1855 der aus dem Eifeler Monschau gekommene Karl Scheibler in Lodz ein.

Nun trat an die Stelle von Gewerbe und Handwerkskunst moderne Fabrikarbeit, gegen die sich Gesellen und Meister 1861 mit Gewalt zur Wehr setzten. Die Bauernbefreiung führte wenig später in größerer Zahl Menschen vom Lande in die arbeit- und glückverheißende Stadt. Aus diesen beiden Wurzeln, den deutschen Handwerkern und den polnischen Landbewohnern, darunter jüdische Kleinpächter und Landproletarier, entstand die Lodzer Arbeiterschaft, ein bäuerlich geprägtes Proletariat. Die Stadt wuchs rapide. 1831 hatte sie 4700 Einwohner gezählt. 1840 waren es 20000, 1872 bereits 50000, und nur sechs Jahre später, 1878, fünfzig Jahre nach dem Beginn ihrer wirtschaftlichen Moderne, überstieg die Einwohnerzahl die magische Grenze zur Großstadt und erreichte 100000 Einwohner. Das unbedeutende Dorf mit Stadtrechten war zur Industriegroßstadt europäischen Ranges geworden, zur polnischen Industriemetropole, ein »Manchester des Ostens«, wie es bald genannt wurde. 1913 erreichte Lodz 506000 Einwohner, und 1939, in dem Jahr, das ihren Untergang als Vielvölkerstadt einleitete, lebten dort 672000 Menschen. Lodz war die zweitgrößte Stadt Polens und hatte die bedeutendste Industrieproduktion des Landes aufzuweisen.

Beim entwicklungspolitischen Umbruch 1864 hatten die Deutschen immer noch 69 % der Lodzer Bevölkerung ausgemacht. 1884 waren es 38 % und 1913 noch 15 %. Ihr Anteil an der Arbeiterschaft betrug 1913 jedoch 25 %, der der Polen 57 % und der der Juden 12 %. Auch wenn sich 1931 nur noch 9 % der Einwohner als deutschsprachig bezeichneten, bedeutete dies im unabhängigen Polen immerhin, daß Lodz in seinen Mauern eine deutsche Stadt von ungefähr 65000 Menschen beherbergte.

In Lodz lebten Polen, Juden, Deutsche, Russen, Armenier, moslemische Kaukasier, Tataren und Tschechen zwar nicht immer eng miteinander, aber alles in allem doch einträchtig. Besonders Deutsche und Juden bildeten eine durch ihre Sprachähnlichkeit geförderte Gemeinschaft. Das besagt aber nicht, daß es unter Deutschen keinen Antisemitismus gegeben hätte. Er gehörte zu dieser Stadt, auf deren Straßen alte, weißbärtige Juden schon von Kindern geängstigt wurden. Jüdisches kulturelles, politisches und religiöses Leben war dennoch gut entwickelt. Allerdings war die Armut in den jüdischen Stadtvierteln und Straßen voll fremdartig gekleideter Menschen mit koscheren Fleischereien und Läden, jiddisch-hebräischen Inschriften an Häusern und Schaufenstern, ebensolchen Reklameschildern und Plakaten, Kinos und Theatern mit jiddischen Filmen und Programmen, Gebetshäusern und Synagogen, von denen die bedeutendste am Prachtboulevard der Stadt stand, unbeschreiblich.

Für die meisten seiner Menschen war Lodz eine rußgeschwärzte, nach Pferdemist, Rauch und Kloaken stinkende, elende Stadt, die weder eine zentrale Wasserversorgung noch eine Kanalisation besaß. Die Menschen lebten zusammengepfercht in »Wohnungen«, die nur Einzelzimmer waren und an langen dunklen Korridoren mit Spucknäpfen lagen. Nicht weit davon aber standen die prächtigen Paläste der Fabrikherren, meistens von scharfen Hunden bewacht und hohen Zäunen verdeckt, nur durch Astlöcher bewundert und beneidet. Es gab auch Bürgerhäuser, die etwas auf sich hielten, von innen und außen blitzblank, abgeschlossen und unzugänglich. Sie zeigten das andere Lodz – nicht das wirkliche, das der Arbeiter und der Armen. Fabrikherren waren nicht nur Deutsche. Auch Franzosen, Belgier, Engländer, Juden und Polen waren darunter. Sie alle, die Scheiblers, Geyers, Allarts, Kunitzers, Kohns, Kindermanns, Dessurmonts, Grohmanns, Johns, Poznańskis, Rousseaus oder Biedermanns, verlangten harte Arbeit und sahen kaum die Not in der Stadt, der sie doch Lohn und Brot verschafften und für deren Menschen sie Familienhäuser, Fabrikschulen und eine erste Gesundheitsfürsorge einrichteten. Dennoch waren hier Ende des vorigen Jahrhunderts 80 % der Menschen Analphabeten, gab es doch in Kongreßpolen wie im übrigen Rußland bis Ende des Ersten Weltkrieges keine allgemeine Schulpflicht. Das Leben war schwer in Lodz. Immer wieder stellten sich Deutsche an die Seite ihrer Mitbürger, um gemeinsame Interessen zu verteidigen. So war es schon 1861 beim Maschinensturm gewesen, und so blieb es 1863 sogar im nationalen, polnischen Januar-Aufstand. Die Lodzer Aufständischenabteilung, die zu 75 % aus Arbeitern bestand, setzte sich zu einem Drittel aus Deutschen zusammen, darunter Maschinenstürmer von 1861. Auch 1892 bei der von Kosaken gewaltsam niedergeschlagenen 1. Mai-Feier, einer offenen Rebellion der Arbeiter, und bei der Revolution von 1905, als sich Lodzer als erste im russischen Reich auf Barrikaden der zaristischen Staatsgewalt widersetzten, waren Deutsche dabei. Polen, Juden und Deutsche teilten sich den hohen Blutzoll brüderlich. Auch in den Besetzungs- und Hungerstreiks während der Weltwirtschaftskrise mit ihren gewaltsam durch berittene Polizei auseinandergetriebenen machtvollen Arbeiterdemonstrationen standen sie Seite an Seite.

Deutsche waren es, die die eigenen Arbeiterinteressen und die der Lodzer Mitbürger politisch zu organisieren begannen, und zwar bereits in den 60er Jahren des 19. Jahrhunderts in Anlehnung an Ferdinand Lassalle und den Allgemeinen Deutschen Arbeiterverein, lange bevor sich der polnische Sozialismus zu entfalten begann. In diesen Verhältnissen begründeten sie auch ein reiches

Eigenleben. Bis zum Ausbruch des Zweiten Weltkrieges besaßen sie private Gymnasien für Jungen und Mädchen, staatliche Minderheitenschulen mit deutscher Unterrichtssprache, die allerdings nur für die Fächer Deutsch und Religion galt, ein Lehrerseminar, Vereine jeglicher Art, zuletzt 85 an der Zahl, Jugendbünde, Chöre, Orchester, politische Organisationen und Parteien, sozialistische und bürgerliche und später auch »jungdeutsch«-nationalsozialistische, eine Schützengilde, politisch unterschiedlich orientierte Zeitungen und Zeitschriften, Theater, Buchhandlungen, Büchereien, Genossenschaften, ein Krankenhaus und ein Altenheim, eine Bahnhofsmission, Banken, Gewerkschaften, eigene Zünfte und Standesorganisationen.

Als die Nationalsozialisten Anfang September 1939 die Stadt in Besitz nahmen, verkehrte sich die Eintracht, die bis Anfang der 30er Jahre im großen und ganzen unter den Nationalitäten und Religionen geherrscht hatte, endgültig in ihr Gegenteil. Die Lodzer deutschen Mitbürger, die bereits die einrückenden Truppen begeistert mit Blumen begrüßt hatten, stolzierten nun hakenkreuzgeschmückt und winterhilfswerkunterstützt durch die Straßen. Bald begannen sie, ihre NS-entliehene Macht zu genießen. Aus deutschen Lumpenproletariern und Kleinbürgern wurde eine blauberockte Hilfspolizei aufgestellt, die an Juden und Polen, den früheren Nachbarn und Leidensgenossen, gewalttätig ihre Minderwertigkeitskomplexe ausließ. Auch dies waren Deutsche in Lodz: Deutsche hatten es nicht nur zu schaffen geholfen, sondern trugen nun dazu bei, daß es in seiner Einzigartigkeit unterging.

Innerhalb von wenigen Minuten mußten Tausende von Juden und Polen in den besseren Stadtvierteln ihre Wohnungen räumen. Jüdisches und polnisches Eigentum wurde entschädigungslos enteignet. Sehr bald brannten die Synagogen der Stadt. Juden hatten deutsche Hoheitsträger zu grüßen, vor Offizieren den Gehsteig zu verlassen, was mit Beifall nicht nur von Deutschen begleitet wurde. Jeder Deutsche konnte sich »seinen« Juden von der Straße greifen, um ihn für sich Sklavenarbeit verrichten zu lassen, bis er in die Maschinerie des inmitten der Stadt eingerichteten riesigen Ghettos kam – und dann in das Vernichtungslager im nahen Kulmhof (Chełmno).

Doch bald folgten die Polen. Auch ihre Kirchen, Schulen und Büchereien wurden geschlossen, Zehntausende in nächtlichen Blitzaktionen ins Generalgouvernement ausgesiedelt. Den Zutritt zu bestimmten Straßen- und Eisenbahnwagen, Kinos, Parks, Theatern, Restaurants, Geschäften, Cafés und öffentlichen Plätzen verwehrten Verbotstafeln: »Nur für Deutsche«. Die Stadt, die, wie mannshohe Plakate verkündeten, »auf Befehl des Führers« nach einem Weltkriegsgeneral, dem »Löwen von Brzeziny«, der 1915 in der Nähe eine Schlacht geschlagen hatte, Anfang 1940 in Litzmannstadt umbenannt wurde, die Stadt, die deutschen Menschen seit mehr als einem Jahrhundert eine neue Heimat geworden war, wurde nun zur Hölle für jene, in deren Land sie lag.

Wegen ihres national motivierten Bekenntnisses für das »Reich«, das vermeintliche Paradies, waren die Lodzer Deutschen zu Staatsverrätern Polens geworden und damit zu dessen Feinden. 1945 kam daher die Reihe an sie. Sie wurden entrechtet, enteignet, aus ihren Wohnungen in Gemeinschaftsunterkünfte gewiesen und beraubt. In diesem Zusammenhang ist das Zwangslager Sikawa wichtig, in dem die Deutschen am östlichen Rande der Stadt »konzentriert« wurden, brutalen Aufsehern ausgeliefert. Die hierher verbrachten Deutschen, darunter viele alte Menschen, wurden nach ausgeklügelten Erniedrigungen zu unbezahlter harter Arbeit gezwungen, im Lager und außerhalb.

Nur noch wenige Nachfahren der Begründer dieser Industriestadt wollten in ihr wohnen bleiben, wozu nur langwierige, kostspielige und daher unerschwingliche gerichtliche Rehabilitierungsverfahren verhelfen konnten. Auf vielerlei Wegen kehrten sie dorthin zurück, woher ihre Vorfahren gekommen waren. Entweder wurden sie im Laufe der Zeit aus dem Zwangslager Sikawa in den Westen gebracht, oder sie flüchteten bei Nacht und Nebel aus dem ungastlich gewordenen Lodz.

Nicht das kurzlebige Litzmannstadt, sondern das singuläre Lodz fand Beachtung in der Literatur, natürlich einer sozialkritischen Literatur, wie es bei dieser Stadt auch gar nicht anders erwartet werden kann. Władysław Reymont, der spätere Literatur-Nobelpreisträger, beschrieb schon 1899 die Stadt unter dem zynisch-genialen Titel »Das gelobte Land«. In den 70er Jahren konnte der

Roman in Lodz verfilmt werden, ohne daß man Ambiente und Atmosphäre der damaligen Zeit künstlich wieder zu erzeugen brauchte – so wenig hatte sich die Stadt in den Zeitläufen verändert. Für die Spekulanten, Geschäftemacher und Betrüger dieser Stadt prägte Reymont die Bezeichnung »Lodzermensch« – einen deutschen Begriff in einem polnischen Roman. Er wurde zu einem sozialen Stereotyp und einprägsamen Schimpfwort, mit dem man im Alltagspolnischen gern die Deutschen dieser Stadt bedachte, obgleich er bei weitem nicht auf alle von ihnen und auch nicht nur auf sie allein zutraf. Zygmunt Bartkiewicz sah Lodz 1907 in seinem Roman als eine »böse Stadt«. Joseph Roth, der Lodz kennen-, aber nicht lieben gelernt hatte, empfand es in seinem Romanerstling von 1923, im »Savoy-Hotel«, das ja existierte und eines der schönen Lodzer Sezessionsgebäude war, als eine »gottverdammte Stadt«, in der »es roch, als wäre hier der Pech- und Schwefelregen niedergegangen und nicht über Sodom und Gomorrha«, als eine Stadt, die im Aufbegehren ihrer ausgebeuteten und geknechteten Arbeiter ähnlich untergehen werde.

Unter denen, die Lodz wiederum mit Liebe besangen, ist vor allem Julian Tuwim zu nennen, ein jüdischer Lodzer Mitbürger, der nur durch einen glücklichen Zufall dem schrecklichen Schicksal seiner Glaubensbrüder entkommen war. Seine Erstlingsarbeit 1919 hieß ganz schlicht »Łódź«. Sie wurde zum Loblied auf diese Stadt genauso wie sein im Kriege in der amerikanischen Fremde geschriebener Zyklus »Polnische Blumen«: »Sollen Ganges, Sorrento und die Krim / andere in den Himmel heben, – / ich liebe Lodz! Sein Schmutz und Rauch / sind Glück und Wonne für mich.« Und: »Also liebe ich Dich, böse Schönheit, / wie ein Kind seine strenge Mutter liebt, / liebe Deiner Straßen trübes Grau, / Du, mir teuerste Stadt der Welt!«

(Eine erweiterte Fassung dieses Beitrags erscheint im Jahrbuch 1992 des Deutschen Polen-Instituts.)

Hubert Orłowski
»Polnische Wirtschaft«

Die Redewendung »polnische Wirtschaft« ist ein januskôpfiges Gebilde; je nach dem historischen Augenblick, nach der Absicht des Sprechers und der Gesprächssituation vermag sie in der Funktion eines Stereotyps, eines Vorurteils oder auch eines Feindbildes zu erscheinen.

Ihre Geburtsstunde liegt in einer Zeit des endgültigen Untergangs der polnischen Staatlichkeit, einer Zeit der großen wirtschaftlichen Depression, der gesellschaftlichen Rückständigkeit, der spektakulären Verarmung des Volkes und der ostentativen Verschwendungssucht des Adels. Johann Georg Forsters Brief aus Wilna an Samuel Thomas von Sömmerring (vom 13. Dezember 1784) liefert die erste quellenmäßig belegte Verwendung von »polnische Wirtschaft«. Über Fürstbischof Massalskis Gartenanlage unweit von Wilna heißt es: »Aber auch dies, das Beste weit und breit, ist polnische Wirtschaft.« Von Bedeutung ist insbesondere die zweite Erwähnung in einem Brief an Therese Heyne (vom 24. Januar 1785), die zeigt, daß der Begriff »polnische Wirtschaft« in den deutsch-polnischen Grenzgebieten schon zu Forsters Zeiten geläufig war: »Doch ganze Bogen reichten nicht zu, um Ihnen einen Begriff von dem zu geben, was in den angrenzenden Gegenden Deutschlands, mit einem emphatischen Ausdruck, polnische Wirthschaft genannt wird.« Weiter schreibt er: »Die Polen sind Schweine von Haus aus, so Herren als Diener: alles geht schlecht gekleidet, zumal das weibliche Geschlecht; putzen sie sich, so sitzt es wie der Sau das güldne Halsband. Ausnahmen giebts, das versteht sich; ich spreche von der allgemeinen Regel.« In einem Brief an Georg Christoph Lichtenberg (vom 18. Juni 1786) heißt es: »Sie würden an diesem Mischmasch von sarmatischer oder fast neuseeländischer Rohheit und französischer Superfeinheit, an diesem ganz geschmacklosen, unwissenden und dennoch in Luxus, Spielsucht, Moden und äußeres Clinquant so versunkenen Volke reichlichen Stoff zum Lachen finden [...]«

Forsters »polnische Wirtschaft« rekurriert erstens auf die aufklärerische Vorstellung von einer spätfeudal strukturierten, zur Veränderung verurteilten Welt, zweitens auf das moralische Gebot einer Veränderung der (ungerechten) Welt und drittens auf die sittliche Entrüstung, die das nachahmend-selbstgefällige, verschwenderische Verhalten und die Unsauberkeit seiner polnischen Umwelt hervorrufen. Auf Johann Heinrich Zedlers (1748), Johann Christoph Adelungs (1779) und Joachim Heinrich Campes (1811) Definitionen von Wirtschaft sowie auf Forsters die Redewendung begleitenden Briefe und Tagebücher zurückgreifend, wäre »polnische Wirtschaft« mit folgenden Begriffen abzugrenzen: unordentlicher, unsauberer Zustand, ineffektives, verschwenderisches Verhalten.

Diese Art Konnotation der »polnischen Wirtschaft« ist historisch verankert, als ein Ergebnis epochengebundener Wertvorstellungen und Erkenntnisse. Dem historischen Augenblick entrissen, beginnt nun die stereotype Formulierung ein selbständiges Leben zu führen und eine – je nach Gegebenheit und Gelegenheit – unterschiedlich intensive Legitimierungsfunktion in Sachen deutscher »Realpolitik« zu übernehmen.

Wie populär das Stereotyp mit der Zeit geworden ist, zeigen u. a. Erwähnungen von Heinrich Laube, Friedrich Hebbel und Gustav Droysen. In Laubes Erinnerungen an den Nobemberaufstand von 1830 heißt es: »Der Ausdruck ›polnische Wirtschaft‹ war in Schlesien so landläufig, daß man dort absolut nicht an die Möglichkeit eines polnischen Staates glauben mochte«, womit Laube die negativen Konnotationen der »polnischen Wirtschaft« auf eine höhere Ebene hebt. 1853 apostrophiert Hebbel ironisch Polens Erhebung: »Heute muß sein [d. h. des Zaren] Thron hier fallen / Und ein Sprüchwort obendrein, / Jenes Sprüchwort, drin die Deutschen / Unsre Wirtschaft so verschrei'n.« Für Gustav Droysen (1866) ist die Popularität der »polnischen Wirtschaft« selbstverständlich: »Die ›polnische Wirtschaft‹ ist sprichwörtlich geblieben; mögen wir es einen glücklichen Zufall nennen, wenn ›deutsche Verfassung‹ nicht auch sprichwörtlich blieb.«

Allen diesen Feststellungen zur Verbreitung der Redewendung »polnische Wirtschaft« ist durchaus Glauben zu schenken. Sie lassen sich zu diesem historischen Augenblick keineswegs auf das Bildungswissen allein beschränken. Joseph Meyers »Conversations-Lexicon« führte bereits 1850 den Begriff »polnische Wirtschaft« unter Berufung auf Forsters Aussage ein. Forsters Briefwechsel wurde nämlich schon im Jahre 1829 veröffentlicht.

Die vielschichtige »Erneuerung« des Stereotyps, insbesondere um die Mitte des 19. Jahrhunderts, hätte kaum eine solche Reichweite, Intensität und Durchsetzungskraft erlangt, hätte es nicht eine zweite Tradition gegeben, nämlich die der Redewendung vom »polnischen Reichstag«. Im Unterschied zum ersten Stereotyp spielen beim letztgenannten nicht die Erfahrungen des Alltags im deutsch-polnischen Grenzland des 18. und des frühen 19. Jahrhunderts die entscheidende Rolle, sondern die Kenntnisse der Diplomaten und Politiker sowie das überlieferte Wissen der Geschichtsschreiber in Sachen innerpolnischer Staats- und Verwaltungsangelegenheiten. Der Begriff »polnischer Reichstag« in enzyklopädischer, wenn auch noch nicht stereotypisierender Verknappung erreichte sehr früh die deutsche gebildete Öffentlichkeit, nämlich über Zedlers »Großes vollständiges Universal-Lexicon« (1742) – der »polnische Reichstag« als Inbegriff einer chaotisch verlaufenden Versammlung, in der es zu keinem Ergebnis kommen kann.

Die Hypothese, der »polnische Reichstag« sei ein staatspolitischer, in gebildeten Schichten benutzter Terminus, wird durch die skandinavische »Linie« des Begriffs »polsk riksdag« bekräftigt. Die auch heute noch im Schwedischen bekannte Redewendung bedeutet soviel wie »eine stürmische, chaotische Versammlung, ohne Ergebnis endend«. Feldmarschall Magnus Stenbock gebrauchte die Wendung »polsk riksdag« in dieser Bedeutung schon im Jahre 1712. Die Geburtsstunde des Stereotyps »polnische Wirtschaft« lag in der Zeit der »aufklärerischen Polenfeindschaft« (Wolfgang Wippermann), die von der späteren preußischen und der deutschnationalen wohl zu unterscheiden ist. Der Gebrauch des Stereotyps durch Ernst Moritz Arndt (1840, 1843) oder Joseph von Eichendorff (1844) macht das deutlich.

Die bedachtsame Arbeitsamkeit als herausragendes Prädikat des Menschen im System der bürgerlich-frühkapitalistischen Bedürfnisse zeigt sich überdeutlich in der »Bibel« des deutschen Leistungsbürgers des 19. Jahrhunderts, nämlich in Gustav Freytags Roman »Soll und Haben« (1855). Diese Tugend wird der »polnischen Wirtschaft« gegenübergestellt. Der Literaturhistoriker Richard M. Meyer (1912) erkennt im Roman die Konfrontation der »polnische[n] genial-liederliche[n] Wirtschaft« mit der »siegreich hervorbrechende[n] Tüchtigkeit« der Deutschen. »Ordnung, Fleiß und Sparsamkeit« (Paul Münch) brauchen lediglich noch um »Sauberkeit« ergänzt zu werden, um (fast) eine »Gegendefinition« zur »polnischen Wirtschaft« zu liefern.

»Polnische Wirtschaft« im Aufwind: Das belegen überdeutlich die vielen nach 1848 erarbeiteten und sukzessive herausgegebenen Wörterbücher deutscher Dialekte, u. a. das »Wörterbuch der altmärkisch-plattdeutschen Mundart« (1859), der »Leipziger Mundart« (1881), das »Preußische Wörterbuch« (1883), das »Schlesische Wörterbuch« (1885), die »Mausfelder Mundart« (1888), der »Thüringer Sprachschatz« (1895) usw. Das belegt ebenfalls die sogenannte Ostmarkenliteratur, ja sogar die Unterhaltungsliteratur des ausgehenden 19. Jahrhunderts.

Sprichwörterbücher und Wörterbücher sprichwörtlicher Redensarten des 19. Jahrhunderts und der Jahrhundertwende spiegeln die Verbreitung und den Gebrauch der Redewendung »polnische Wirtschaft«. Zugleich hatten sie darauf einen – wenn auch empirisch schwer nachweisbaren – Einfluß. Das zeigen am deutlichsten die populären, handbuchartigen Wörterbücher der deutschen Sprache wie z. B. das von Daniel Sanders (mehrere Ausgaben) oder das Langenscheidt-Wörterbuch von Wilhelm Kohler (1912). In Karl Friedrich Wilhelm Wanders verdientem »Deutschen Sprichwörter-Lexikon« (1873) heißt es: »Es ist eine polnische Wirtschaft. Unordentlich, unsauber.« Wörterbücher sprichwörtlicher Redewendungen des ausgehenden 19. Jahrhunderts führen immer mehr Wissen des Bildungsbürgertums mit. Dabei sind die ideologischen Spitzen und der, was deutsch-polnische Verhältnisse anbetrifft, die Realpolitik rechtfertigende Hintergrund nicht zu übersehen. Die Wendung »polnischer Reichstag« wurde recht früh in Wörterbücher sprichwörtlicher Redensarten sowie in populäre Wörterbücher eingeführt. Die ersten Belege, nämlich: »es geht zu wie auf einem polnischen Reichstag«, verzeichnen die Sprichwörterbücher von Joseph Eiselen (1840) und Karl Simrock (1846). Das »Deutsche Wörterbuch« der Gebrüder Grimm (1893) bringt unter dem Stichwort »Reichstag« folgende Spezifizierung: »sprichwörtlich, bild der unordnung und zerfahrenheit war der polnische reichstag«. In allen großen Lexika und Enzyklopädien des 19. und des frühen 20. Jahrhunderts (Meyers, Brockhaus, Pierer) wird der Begriff »polnischer Reichstag« sprachlich-sachlich definiert. In »Pierers Universal-Lexikon« (1879) heißt es: »Wegen der Unordnung und der leidenschaftlichen Streitigkeiten, die im polnischen Reichstage herrschten, ist ›polnischer Reichstag‹ die Bezeichnung für jede Versammlung geworden, in der Unordnung und Streit herrscht und sonst kein Beschluß zu stande kommt.«

Eine beispielhafte Demonstration der konnotativen Verbindung von »polnischer Reichstag« und »polnische Wirtschaft« bietet das »Handwörterbuch der deutschen Sprache« von Daniel Sanders (1863). Unter »polnischer Reichstag« heißt es da: »zur Bezeichnung des Ungeordneten, wo es bunt drunter und drüber geht; ähnlich, zugleich mit dem Begriff der Unsauberkeit: Polnische Wirtschaft«. In Sanders systematischem Wörterbuch der deutschen Sprache (1873) werden »polnische Wirtschaft« und »polnischer Reichstag« in zwei verschiedenen Kapiteln angeführt: unter den Stichwörtern »Unordnung« (neben u. a.: »wüstes Durcheinander«, »Potpourri«) und »Schmutz« (neben u. a.: »schweinische Sau-Wirtschaft«).

Seit der Aufklärung verstand man unter »polnischer Wirtschaft« sowohl die bürgerlich-alltägliche als auch die staatsbürgerliche Unfähigkeit der Polen, sich und ihr Leben effektiv zu organisieren. In der zweiten Hälfte des 19. Jahrhundets jedoch, im Zuge zunehmender wilhelminischer Polenpolitik, wird das Stereotyp zu einem praktikablen und politisch-ideologisch einsatzfähigen Vorurteil, wenn nicht gar Feindbild.

Hitlers Danziger Rede vom 19. September 1939 kann als der Höhepunkt einer die Aggression rechtfertigenden Instrumentalisierung der Redewendung »polnische Wirtschaft« verstanden werden. Das Unvermögen der Polen »als solcher« zum effizienten und logischen Verhalten sowie dessen Ergebnis, der marode polnische

Staat, galten als Grundlage für die Rechtfertigung des »Polenfeldzugs«: »Es ist in den letzten 20 Jahren klar erwiesen worden: der Pole, der diese Kultur nicht begründet hatte, war nicht einmal fähig, sie auch nur zu erhalten.« Darauf folgt Hitlers Urteil über die »polnische Organisation«: »Der Pole hat an vielen Plätzen tapfer gefochten. Seine untere Führung war zu wenig intelligent, seine oberste Führung schlecht, unter jeder Kritik. Seine Organisation war polnisch!« »Der Pole« wird in direkte Beziehung zur »Organisation« gesetzt. Der Kern der zitierten Passage betrifft die »polnische Wirtschaft«. Diese Redewendung, die selbst schon in der aufklärerischen Frühphase Konnotationen der historisch älteren Wendung »polnischer Reichstag« enthält, führte bis in die jüngste Gegenwart ein über Erfahrungen immer wieder regeneriertes und durch Ideologeme gefiltertes bequemes Leben. Der metaphorischen Unbestimmtheit der Redewendung selbst, der (sprich)wörtlichen Nähe zur Alltagserfahrung und zum Alltagsbewußtsein der Deutschen, der »Dialektik« von Fossilisation historischer Erfahrungen und laufender politisch-ideologischer Aufbereitung – diesen Umständen verdankt das Stereotyp »polnische Wirtschaft« seine Vitalität.

Es hatte eine doppelte Funktion zu erfüllen: als abschreckendes Fremd- und zugleich als bestätigendes Eigenstereotyp. Das Entweder-Oder-Prinzip dieser Redewendung – und die fast zweihundert Jahre alte Praxis belegt das – schließt Vermittlung und Kommunikation zwischen »polnischer« und »deutscher Wirtschaft«, zwischen »polnischer« und »deutscher Mentalität« aus.

Wenn Polen als »unwissend, faul, unreinlich und sinnlich« (»Rheinisches Conversations-Lexicon«, 1828) gelten, wenn uns »Gastfreiheit, Offenheit, Vaterlandsliebe, Opferfreudigkeit bei Fragen des Gemeinwohls, aber auch Leichtsinn, Mangel an Beharrlichkeit [...]« (Meyers »Neues Konversations-Lexikon«, 1871) bescheinigt werden, dann steckt dahinter die strukturierende Macht des stigmatisierenden und denunzierenden Stereotyps »polnische Wirtschaft«, das im asketischen Protestantismus, der wie keine andere Weltreligion »eine derart dezidierte Arbeits- und Berufsmoral« entwickelte, ein günstiges Klima fand. Die moralische Entrüstung wird indes gepaart mit einem ästhetischen Ekel über die »Liederlichkeit« und Unsauberkeit derjenigen Menschen, die die polnische Wirtschaft verkörpern, wodurch sich das dualistisch aufgebaute Weltbild noch deutlicher abzeichnet. Zweifelsohne spielten bei dieser Beurteilung auch die (philosophischen) Vorstellungen von (staatlicher) Organisation eine Rolle, zumindest in der frühen Phase. Pflicht und Pflichtethos waren zentrale (staats)bürgerliche Tugenden.

Auch die Dialekt- und Sprachwörterbücher der Gegenwart bestätigen die Verbreitung der Redensart »polnische Wirtschaft«. Immer wieder findet man die Wendung, u. a. im »Rheinischen Wörterbuch« (1928), im »Hessen-Nassauischen Volkswörterbuch« (1943), im »Schlesischen Wörterbuch« (1964), im »Pfälzischen Wörterbuch« (1965–1968), im »Hochdeutsch-plattdeutschen Wörterbuch« (1970) und im »Frankfurter Wörterbuch« (1981). In »Trübners Deutschem Wörterbuch« (1957) heißt es: »Drunter und Drüber der sprichwörtlich gewordenen polnischen Wirtschaft [...]« Heinz Küppers »Wörterbuch der deutschen Umgangssprache« (1963) ist bemüht, die Redensart historisch zu verankern: »große Unordnung; unbeschreibliches Durcheinander. Bei den preußischen Soldaten im Bezirk Warschau und Umgebung aufgekommen.« In der jüngsten Ausgabe (1987) heißt es, geringfügig geändert: »unvorstellbare Unordnung. Aufgekommen um 1795 bei den deutschen Soldaten im Bezirk Warschau und Umgebung in Anspielung auf mancherlei Mißstände, die die Preußen nach der dritten Teilung Polens antrafen.«

Die Gefahr einer Neubelebung des Stereotyps »polnische Wirtschaft« in absehbarer Zukunft ist nicht von der Hand zu weisen. Die »geballte Ladung« der in verschiedenen Bereichen der Öffentlichkeit funktionierenden Redewendung – vom Wörterbuch und Lexikon über den dialektalen Gebrauch bis zum Gespräch unter Intellektuellen – kann in einer Situation, in welcher das idealisierte Bild, das Image der Nation von »edlen«, d. h. rebellierenden Polen, von tapferen und listigen Bezwingern des realen Sozialismus, mit dem Alltagsbild einer Gesellschaft von Normalverbrauchern konfrontiert zu werden beginnt, durchaus wieder ihre Wirkung zeigen.

Noch eines müßte uns Polen beunruhigen: die notorische Verdrängung des Stereotyps aus unserer eigenen nationalen Selbstbefragung. Keines der aktuellen polnischen Fremdwörterbücher z. B. hält es für erwähnenswert. Selbst die opulenten »Geflügelten Worte« von Henryk Markiewicz und Andrzej Romanowski (1990) kennen nur ein »Wirtschaftswunder«, aber keine »polnische Wirtschaft«.

Ludwig Mehlhorn

Die Sprachlosigkeit zwischen Polen und der DDR: Eine Hypothek

Ein Rückblick auf die nunmehr abgeschlossene Periode deutsch-polnischer Nachbarschaft unter kommunistischen Bedingungen zeigt, daß die »Freundschaft zwischen sozialistischen Brudervölkern« von beiden Seiten zum Zweck der machtpolitischen Stabilisierung des eigenen Regimes instrumentalisiert wurde. Hinter den groben Rastern der Propaganda verbargen sich handfeste Interessen. Beide Partner brauchten sich gegenseitig, um ihre jeweilige Position gegenüber der eigenen Bevölkerung und innerhalb des östlichen Bündnisses zu festigen.

Polen war nach der territorialen Westverschiebung und den massenhaften Zwangsmigrationen als nationaler Einheitsstaat wiedererstanden, bekam aber ein fremdes System aufgezwungen und fiel dem Stalinschen Imperialismus zum Opfer. Einzig der »Große Bruder« war in der Lage, die neuen Grenzen im Westen zu garantieren. Die DDR, als ostdeutscher Teilstaat ebenso wie Polen in die eiserne Blockdisziplin eingebunden, wurde für Polen zu einem Pfuffer gegen den westdeutschen Revisionismus. Die polnische Propaganda unterschied zwischen den ewiggestrigen Westdeutschen und den neuen, besseren Deutschen in der DDR, die die Lehren aus der imperialistisch-militaristischen Geschichte gezogen hatte.

Aber auch die DDR brauchte Polen. Aus der Konkursmasse des Dritten Reiches hervorgegangen, konnte sie ihre Staatlichkeit nur durch die Differenz zur Bundesrepublik legitimieren und war deshalb darauf angewiesen, von den Verbündeten als der »bessere« deutsche Staat anerkannt zu werden.

Doch überlassen wir die Beziehungsgeschichte der kommunistischen Parteien getrost den Historikern. Interessanter ist die Frage, wie die beiden Gesellschaften beiderseits der Oder und Neiße auf die Doktrin ihrer Führungseliten reagierten und welche Konsequenzen für das Nachbarschaftsverhältnis von Polen und Ostdeutschen bis heute fortwirken. Die weit verbreitete Beziehungslosigkeit ist auch nach dem Umbruch der politischen Verhältnisse nicht automatisch gewichen. Es liegt deshalb die Vermutung nahe, sie habe ihren Grund darin, daß die Gesellschaften diesen Manipulationen wenigstens teilweise erlagen.

Zu der angeblichen Freundschaft zwischen Polen und der DDR kam es nie. Die beiderseitigen Freundschaftsbekundungen unterlagen der politischen Konjunktur und wurden bei Bedarf zur Disposition gestellt. Nicht obwohl, vielmehr weil die Freundschaft angeordnet war, ließ sie sich auch wieder verbieten. Das läßt sich an den teilweise hysterischen Reaktionen der DDR auf die in immer kürzeren Abständen auftretenden »polnischen Krisen« ablesen. Immer dann, wenn die Polen einen neuen Anlauf zu mehr innerer Liberalität nahmen oder die Umklammerung durch die Sowjetunion zu lockern versuchten, drängten sich die Funktionäre der DDR in die Rolle des Musterschülers der Sowjetführung. So war es 1956, 1968, 1970 und 1976. 1980/81 schloß die Strategie zur Abwehr des größten polnischen Reformversuchs auch Propagandamethoden ein, die in der eigenen Bevölkerung Gefühle der Abneigung und Herablassung gegenüber dem polnischen Volk in seiner Gesamtheit förderten. Als sich die chronische Legitimationskrise des kommunistischen Systems nur noch provisorisch durch die Zulassung der »Solidarność« bewältigen ließ, versuchte die DDR-Führung, mit dem Betonflügel der polnischen Partei ein Bündnis gegen die »antisozialistischen Kräfte« zu schmieden. In der Parteipresse lief eine Desinformationskampagne unter Schlagzeilen wie »Solidarność stürzt Polen ins Chaos«, »Ohne Arbeit kann keine Gesellschaft leben« oder »Antisozialistische Kräfte werden immer dreister«. Der nur notdürftig zwischen den Zeilen verborgene Appell an das Vorurteil von der »polnischen Wirtschaft« brachte einen gewaltigen Resonanzboden nationaler Ressentiments zum Schwingen.

Die große Mehrheit der DDR-Deutschen ließ sich von der brutalen Banalität dieser Sprache lähmen und einschüchtern. Sie sah der Entwicklung in Polen mit zwiespältigen Gefühlen zu. Anfängliche Sympathie und Bewunderung für die streitbaren Polen, die es gewagt hatten, ihrer Führung den Fehdehandschuh hinzuwerfen, wichen immer mehr der Angst vor einer drohenden militärischen Intervention der Armeen des Warschauer Pakts. Man wußte nach den Erfahrungen von 1968, daß sich daran auch die DDR beteiligen würde. Die Angst war nicht grundlos, wie man heute weiß – in den Aktenbergen des Staatssicherheitsdienstes wurden auch Unterlagen über einen geplanten Einsatz in Polen gefunden. Deshalb war die Erleichterung groß, als am 13. Dezember 1981 der Kriegszustand eingeführt wurde, ohne daß eine militärische Intervention von außen erfolgte.

Wir haben hier ein Beispiel für Sprachlosigkeit und Sprachverfall, wie sie in kommunistischen Gesellschaften typisch sind. Die Gesellschaft wird vom Staat umklammert, die öffentliche Sphäre, in der sich ein unabhängiger politischer Wille artikulieren könnte, vernichtet. Eine Gegenkultur, getragen von der zivilen, sich unabhängig vom Staat konstituierenden Gesellschaft, kann sich nicht mehr entfalten. Das öffentliche Monopol der Propagandasprache wirkt nicht nur deshalb destruktiv, weil es ein »falsches Bewußtsein« hervorbringt. Schlimmer ist, daß es eine unverfälschte Wahrnehmung der Wirklichkeit überhaupt unmöglich macht. Czesław Miłosz hat dieses Phänomen in seiner Stockholmer Nobel-Vorlesung beschrieben, als er über die Sprache einer unfreien Gemeinschaft sagte: »Ganze Sphären der Wirklichkeit hören einfach deshalb zu existieren auf, weil es für sie keine Namen gibt.« Dies läßt sich an der Art und Weise verifizieren, wie in der alten DDR die polnischen Nachbarn wahrgenommen wurden. Die offizielle Sprache, derer sich ganze Scharen von DDR-Journalisten bedienten, wurde zwar von den Bürgern nicht übernommen, die bloße Ablehnung ideologischer Klischees bedeutet aber noch nicht, daß für einen öffentlich geführten wirklichen Dialog zwischen Polen und DDR-Deutschen geeignete Mittel der Verständigung zur Verfügung gestanden hätten.

In der DDR bot die kommunistische Führung der demoralisierten Bevölkerung auf der Basis eines mystifizierten »Antifaschismus« einen Gesellschaftsvertrag an: Wir vergeben euch eure Verstrickung in das Terrorregime des Nationalsozialismus und sprechen euch los von eurer Mitverantwortung für den Mord- und Raubkrieg. Wir erteilen euren gequälten Gewissen Absolution. Ihr akzeptiert dafür die Legitimität unserer Macht. Wir sind berufen, die Führung zu übernehmen, denn nur wir haben die Stürme der Geschichte siegreich bestanden. Wenn ihr in loyaler Treue zu uns steht, machen wir euch neben uns zu »Siegern der Geschichte«.

Natürlich wurde dieser Pakt niemals offen formuliert, aber er ist die eigentliche Gründungsurkunde der DDR und ihre spätere Staatsraison – noch die Mauer wurde zum »antifaschistischen Schutzwall« verklärt. Ralph Giordano hat den »verordneten Antifaschismus« als »Teilung der Humanitas« charakterisiert: »Die stalinistische Pervertierung hat ja rasch erkannt, was sich da an Verhaltensweisen, Denknormen und Ängsten aus der Vergangenheit nutzbar machen ließ. Die lange Tradition von Untertanengeist und Obrigkeitshörigkeit kam ihr doch keineswegs ungelegen Der mündige Bürger war das letzte, was die DDR-Oligarchie brauchen konnte.« Der »radikale Bruch« mit der Vergangenheit entpuppt sich als verschleierte Kontinuität der autoritätsgläubigen Linie in der politischen Kultur der Deutschen. Die Konsequenzen für das deutsch-polnische Verhältnis ergeben sich beinahe zwangsläufig:

Die wichtigsten Themen blieben tabuisiert oder marginalen, gesamt-gesellschaftlich irrelevanten Eliten überlassen. Ein Neuanfang in den Beziehungen war indessen ohne die Berücksichtigung einer geschichtlich-moralischen Tiefendimension nicht möglich. Auch die alte Bundesrepublik tat sich schwer mit der Last der Vergangenheit, aber seit den frühen sechziger Jahren gab es wiederholt große Debatten, die zu einer Neubesinnung führten und in den deutsch-polnischen Beziehungen die Grundlagen für gegenseitiges Vertrauen schufen.

Wir dagegen hatten in unseren Schulbüchern zwar keine Karten in den Grenzen von 1937, doch im Geschichtsunterricht erfuhren wir kaum etwas vom Terrorregime der Nazis in Polen (es ging immer nur um die Sowjetunion). Die Auschwitz-Erzählungen von Tadeusz Borowski, die ein differenzierteres Bild vom Menschen unter unmenschlichen Verhältnissen zeigen und nicht nur das Schema des heldenhaften und schließlich siegreichen Kampfes gegen die Unterdrücker variieren, durften in der DDR, von Ausnahmen in Anthologien abgesehen, auf Veranlassung des Verbandes der Naziverfolgten nie erscheinen. Und gar nichts erfuhren wir von dem gesamten Komplex Flucht und Vertreibung. Schlesische, pommersche und ostpreußische Landsmannschaften waren verboten, die Erfahrungen dieser Menschen traten nicht ins öffentliche Bewußtsein, und die Auseinandersetzung mit der politisch militanten Führungsspitze des Bundes der Vertriebenen blieb lediglich ein Argument im «Klassenkampf«. Die meinungsbildenden Diskussionen um die Denkschrift der EKD und den Briefwechsel der katholischen Bischöfe blieben uns ebenso »erspart« wie die Kontroversen um die Ostverträge der sozialliberalen Regierung. Mit Willy Brandts Kniefall haben sich auch viele Ostdeutsche identifiziert, doch repräsentiert durften sie sich von dieser Geste ebensowenig fühlen wie von der Rede des Bundespräsidenten zum 8. Mai 1985. Wir hatten keinen Historikerstreit, keine deutsch-polnische Schulbuchkommission, und die »Blechtrommel« erst mit 25-jähriger Verspätung.

So verschwand mit der angemessenen Sprache der Gegenstand selbst. »Weiße Flecken« im Bewußtsein der nachwachsenden Generationen überlagerten die unbearbeiteten »schwarzen Flecken« aus der Vergangenheit. Die Beziehungen blieben neurotisiert, und heute läßt die Normalität einer offenen Grenze die angestaute untergründige Aggressivität offen zutage treten.

Aber auch auf der polnischen Seite blieben die Möglichkeiten für einen offenen Dialog begrenzt. Ein im Umkreis nationaler Tradition und Symbolik lebendes Volk wie das polnische hat trotz aller gegenteiligen Propaganda die DDR natürlich als Teil Deutschlands betrachtet. Obwohl die deutsche Zweistaatlichkeit nicht nur bei den Regierenden auf eine breite Zustimmung stieß, haben viele Polen weniger an deren Dauerhaftigkeit geglaubt als die Deutschen selbst – die in der DDR nicht ausgenommen.

Und bei Reisen in den Westen trafen die Polen in der DDR auf mehr Deutsches, als ihnen lieb war. Sie mußten sich akribischen Grenzkontrollen unterziehen, das militärische Gepränge der öffentlichen Selbstdarstellung weckte böse Erinnerungen. Für viele, die nur durchreisten, blieb die Grenze als einzige Erfahrung im Gedächtnis. Aus organisiertem Massentourismus und individuellem Handel ergaben sich selten mehr als oberflächliche Kontakte. Gaststudenten und -arbeiter wurden in Wohnheimen isoliert. Ein nennenswerter gesellschaftlicher Widerspruch gegen das Regime war nicht zu erkennen.

Auch die Kirchen, die hier wie dort eine große Rolle als einzige landesweite und staatsunabhängige alternative Struktur spielten, vermochten die weißen Flecken nicht auszufüllen. Die evangelischen Kirchen in der DDR hatten kaum eine Möglichkeit, sich mit der katholischen Kirche Polens zu verständigen – der Staatssekretär für Kirchenfragen wachte mit Argusaugen darüber, daß Kontakte zu Katholiken unterblieben. Umgekehrt löste der DDR-Protestantismus mit seinem Konzept der »Kirche im Sozialismus« in Polen Irritationen und Verdächtigungen aus – das waren ebenfalls keine guten Voraussetzungen für einen fruchtbaren Dialog.

In dem Maße, wie sich die Kontakte zum westlichen deutschen Teilstaat verbesserten, das Vertrauen in die westdeutsche Demokratie wuchs und die Schere der unterschiedlichen gesellschaftlichen Erfahrungen während der achtziger Jahre immer mehr auseinanderging, hat man in Polen die DDR einfach ignoriert. Die Sprachlosigkeit zwischen Polen und Ostdeutschland erhielt damit auch Nahrung von polnischer Seite. Was zu Hause als Zumutung empfunden wurde, praktizierte man gegenüber der DDR: die Gleichsetzung von Staat und Gesellschaft. Viele DDR-Deutsche fühlten sich von den Polen behandelt wie von den Brüdern und Schwestern im Westen – als Deutsche zweiter Klasse.

Dennoch haben sich bis zuletzt auch unabhängige Kreise in Polen auf die »Freundschaft« mit der DDR berufen. Noch im Juli 1989 schrieb Stefan Kisielewski, der einflußreiche Feuilletonist der Opposition: Eine der wirksamsten Garantien, die der polnische Staat für seine Westgrenze noch erhalten könne, sei »die Existenz der DDR und die Politik Honeckers«. Dieses Schwanken zwischen der Option für eine zwar illiberale, zum Machtbereich der Sowjetunion gehörende DDR, die aber für Polen ein geopolitisch notwendiger Partner ist, und dem Wunsch nach einem demokratischen Nachbarn mit der Tendenz zur Auflösung hat auch die Kontaktaufnahme der polnischen Opposition zur DDR erschwert.

Und schließlich war das Zwischenland DDR auch für die Westdeutschen ein bequemer cordon sanitaire. Die Linken konnten in Polen ihr von der Praxis der DDR ramponiertes Bild der »sozialistischen Gesellschaft« aufbessern. Dort trafen sie auf Kommunisten, die nicht ideologisch borniert waren, dort gab es schon seit 1956 ein – im Vergleich mit der DDR – hohes Maß an geistiger Freiheit an den Universitäten und in der Kultur. Konservative fanden in Kreisen der katholischen Kirche einen starken Partner. Die kulturellen und politischen Eliten konnten über die DDR hinweg einen Dialog aufbauen, ohne Auswirkungen der innerpolnischen Krise auf das eigene Land befürchten zu müssen. Erst heute erkennen viele Westdeutsche, daß auch sie in einem zweifelhaften »Schutz« der Mauer gelebt haben, der nun nicht mehr besteht.

Manfred Mack
Schulbuchgespräche

»Kriege entstehen in den Köpfen der Menschen«, lautete einer der Kernsätze in einer Veröffentlichung der UNESCO von 1946. Diese Einsicht war nicht neu, ebensowenig wie die Tatsache, daß feindselige, nationalistische Einstellungen nicht von selbst entstehen, sondern u. a. durch den Schulunterricht vermittelt werden. Deshalb waren internationale Schulbuchgespräche zumeist Teil einer allgemeinen Suche nach den Wurzeln und Gründen kriegerischer Katastrophen. In der Revision von einseitig nationalistischen Schulbuchtexten sah man einen Ansatzpunkt, um künftige Kriege verhindern zu helfen. Die Anfänge dieser »Friedensdiplomatie« (K. Zernack) gehen auf die Pariser Weltfriedenskonferenz von 1889 zurück; mit besonderer Intensität wurden sie nach dem Ersten Weltkrieg im Rahmen des Völkerbundes in Angriff genommen. Auch zwischen Deutschland und Polen gab es 1937/38 Gespräche mit dem Ziel, verzerrende und einseitige Darstellungen aus den Schulbüchern beider Länder zu verbannen. Die Verhandlungen wurden dann allerdings ergebnislos abgebrochen. Die Kriegsvorbereitung in den Köpfen konnte unbeirrt weiterbetrieben werden...

Trotz fürsorglicher »Reeducation« in der Bundesrepublik Deutschland und proklamierter Völkerfreundschaft in der DDR und in Polen blieben die Schulbücher in allen drei Ländern auch Jahre nach dem Ende des Zweiten Weltkriegs noch von einseitigen, nationalistischen Sichtweisen infiziert. Nicht weniger deutlich waren die Spuren, die der Kalte Krieg in den Schulbüchern hinterließ. In der Bundesrepublik überlebten oft alte polenfeindliche Vorurteile in abgeschwächter Form im neuen Gewand antikommunistischer Stereotypen. In der DDR wurden antipolnische Traditionen lediglich per Dekret vom proletarischen Internationalismus übertüncht. In Polen verhinderten die Zugehörigkeit zum sowjetischen System und vor allem die schrecklichen Erfahrungen mit der deutschen Besatzungsmacht eine substantielle Abkehr von einseitigen Geschichtsbildern. Das Klima zwischen Ost und West war so vergiftet, daß bis zum Beginn der 70er Jahre an offizielle Schulbuchgespräche zwischen der Bundesrepublik und der Volksrepublik Polen nicht zu denken war. Auf privater Ebene gab es allerdings schon 1956 einen mutigen Versuch in dieser Richtung. Enno Meyer, ein Oberstudienrat, veröffentlichte 47 Thesen »Über die Darstellung der deutsch-polnischen Beziehungen im Geschichtsunterricht«. Ausgehend von diesen Thesen entwickelte sich eine kurze Diskussion zwischen einigen westdeutschen Wissenschaftlern und Pädagogen und polnischen Historikern aus dem Exil und aus der Volksrepublik. Auswirkungen auf die Schulbücher konnte dieser Dialog damals noch nicht haben, zumal das Ende der Tauwetterperiode des »Polnischen Frühlings im Oktober« dazu beitrug, daß das vorsichtig in Gang gekommene Gespräch abrupt beendet wurde. Es dauerte fast sechzehn Jahre, bis der Gesprächsfaden – wiederum von privater Seite – wieder aufgenommen wurde. Die evangelische Akademie in Westberlin lud deutsche und polnische Experten zur Überprüfung der Schulbücher ein. Der deutschen Öffentlichkeit wurde damals der Revisionsbedarf westdeutscher Schulbücher in einem Taschenbuch mit dem Titel »Polen – ein Schauermärchen oder Gehirnwäsche für Generationen« ebenso drastisch wie polemisch überspitzt vorgestellt. Das Klima der ersten Phase der Entspannungspolitik und die Vorarbeiten von Georg Eckert, dem Direktor des Braunschweiger Instituts für Internationale Schulbuchforschung, ermöglichten es, daß 1970 die Schaffung einer deutsch-polnischen UNESCO-Schulbuchkonferenz vereinbart werden konnte. Trotz diplomatischer Störversuche von Seiten der DDR und der Sowjetunion konnte die Konferenz im Februar 1972 ihre Arbeit aufnehmen. Die Anfänge waren vielversprechend. Die auf den ersten Tagungen vereinbarten Empfehlungen wurden in der Bundesrepublik und in Polen wohlwollend aufgenommen. Aber das günstige Klima war nur von kurzer Dauer. Nach der Veröffentlichung der Empfehlungen zur Zeitgeschichte im Herbst 1974 formierte sich in der Bundesrepublik, inspiriert und angetrieben von den Vertriebenenverbänden, eine breite Opposition gegen die Arbeit der Schulbuchkommission. Was einer vorsichtigen und pfleglichen Behandlung bedurft hätte, wurde nun zum lauten öffentlichen Streitfall. Die Befürworter nahmen die Herausforderung an, und in der zweiten Hälfte der siebziger Jahre wurden die Schulbuchgespräche zum bevorzugten Thema bei den Nachhutgefechten um die Ostpolitik der sozialliberalen Koalition. In allen Länderparlamenten und im Bundestag wurde wiederholt über die Schulbuchempfehlungen debattiert und gestritten.

Ins Kreuzfeuer der Kritiker geriet besonders die Empfehlung über die Bevölkerungsverschiebungen als Folge des Zweiten Weltkriegs. Auf Wunsch der polnischen Seite war hier auf den Terminus *Vertreibung* verzichtet worden. Statt dessen wurde der Vorgang in seiner zeitlichen Abfolge geschildert, als *Evakuierung* durch NS-Stellen, *Flucht* vor der anrückenden Roten Armee, *Zwangsumsiedlung* und freiwillige Ausreise bzw. *Umsiedlung*. Die Vermeidung der emotional sehr stark belasteten Vokabel *Vertreibung* hatte – in der Intention der Autoren – die Diskussion versachlichen sollen. Erreicht wurde das Gegenteil. Man unterstellte den deutschen Teilnehmern »Geschichtsfälschung« und warf ihnen vor, daß sie sich »kommunistischem« Druck gebeugt hätten, oder denunzierte sie gar als »Helfer panslawistischer Agitatoren«.

Heftig kritisiert wurde auch die Tatsache, daß unter Bezug auf die bilaterale Sichtweise das geheime Zusatzprotokoll zum Hitler-Stalin-Pakt in den Empfehlungen nicht erwähnt wurde. Freilich machten sich die wenigsten Kritiker die Mühe, den Text der Empfehlungen genau zu lesen. Man überging geflissentlich die in der Einleitung formulierte Absichtserklärung, daß die Empfehlungen als Anregung und Orientierung für Schulbuchautoren konzipiert worden waren und daß nicht daran gedacht war, sie als verbindliche Sprachregelungen wörtlich in die Schulbücher zu übernehmen. Zu diesem Mißverständnis trug mitunter auch ein Teil der Befürworter bei, etwa wenn die vorbehaltlose Übernahme der Empfehlungen zum Gradmesser der Bereitschaft zur Verständigung mit Polen gemacht wurde. Die Empfehlungen wurden entweder pauschal gebilligt oder grundsätzlich abgelehnt, ihr eigentlicher Text und Inhalt waren dabei nebensächlich. Wichtig waren die Empfehlungen nur als politisches Signal, für differenzierte Einschätzungen blieb auch wegen der starken emotionalen Reaktion bei Gegnern und Befürwortern kaum Platz. Die Gegner weigerten sich, wie ihre »Alternativ-Empfehlungen« von 1978 belegen, die historische und politische Dimension des Vorhabens zur Kenntnis zu nehmen. Sie waren nicht gewillt, sich auf einen tatsächlichen Dialog einzulassen und zusammen mit polnischen Experten nach Lösungen zu suchen, die einseitige und deshalb falsche und gefährliche Sichtweisen überwinden helfen. Auch waren sie nicht bereit zu berücksichtigen, daß alle Belastungen und Irritationen in den politischen Beziehungen zwischen beiden Ländern Auswirkungen auf die Konferenzen haben mußten.

Die politischen Einschränkungen waren den Konferenzteilnehmern durchaus bewußt: die deutsche Seite mußte den verfassungsrechtlichen Vorbehalt bzgl. der ehemaligen deutschen Ostgebiete in den Grenzen von 1937 beachten, während auf der polnischen Seite die Zugehörigkeit zum sowjetischen Einflußbereich verhinderte, daß das geheime Zusatzprotokoll zum Hitler-Stalin-Pakt in den Empfehlungen zur Sprache kommen konnte. Die Autoren der Empfehlungen agierten auf dem schmalen Grad zwischen historischen Möglichkeiten, politischen Absichten und wissenschaftlicher Forschung.

Glücklicherweise konnte der oft erbittert geführte Streit zwischen Gegnern und Befürworten der Sache selbst nur wenig anhaben. Aus der zeitlichen Distanz betrachtet, muß man Leuten wie Herbert Hupka sogar dankbar sein. Ohne ihre »mit alttestamentarischem Zorn geführten Angriffe« (J. Hoensch) hätten die Empfehlungen nie einen vergleichbaren Bekanntheitsgrad erlangt. Schulbuchgespräche mit anderen Ländern waren von der Öffentlichkeit kaum beachtet worden.

Die Reaktionen in Polen waren gänzlich anders, aber doch hinsichtlich ihrer politischen Instrumentalisierung vergleichbar. Zunächst war das öffentliche bzw. das veröffentlichte Interesse eher gering. Das war mit darauf zurückzuführen, daß in der zentral gesteuerten Presse der 70er Jahre fast durchweg der Eindruck vermittelt wurde, als ob die Schulbuchkonferenzen lediglich das Ziel hätten, einseitige deutsche Sichtweisen zu korrigieren. Nach der Veröffentlichung der Empfehlungen im Jahre 1976 warf man der Bundesrepublik gebetsmühlenartig vor, die Verwirklichung der Empfehlungen zu hintertreiben. Die führenden Deutschlandexperten der Presse spezialisierten sich darauf, das Thema zur Schaffung eines negativen Deutschlandbildes auszuschlachten. Man schrieb von der »großen Schlacht um die Schulbücher« an der »Front der Schulbuchpraxis« (E. Guz). Es gab damals keine offizielle deutsch-polnische Begegnung, keine Verhandlung, auf der nicht der deutschen Seite ihr schlechter Wille bei der Einführung der Empfehlungen vorgehalten wurde. Die polnische Seite ging sogar so weit, den vereinbarten Jugendaustausch zu torpedieren unter dem Vorwand, daß es polnischen Schülern nicht zugemutet werden könne, mit deutschen Schülern zusammenzutreffen, die noch im alten Geist erzogen seien.

Intern freilich bewertete man die ganze Sache ganz anders: »In den letzten Jahren entstanden Möglichkeiten der unmittelbaren Beeinflussung der westdeutschen Öffentlichkeit, die bisher nicht bestanden. Ich denke hierbei besonders an die Tätigkeit der Schulbuchkommission. Die Vereinbarung der Empfehlungen stellt für die polnische Seite einen ungeheuren Erfolg dar.«, so der Posener Historiker Trzeciakowski in einer Schulungsbroschüre für Deutschlandexperten der Presse.

Im Gegensatz zur veröffentlichten läßt sich die öffentliche Reaktion nur schwer abschätzen. Dabei ist zu berücksichtigen, daß die historische Debatte in oppositionellen Kreisen damals sehr stark auf tabuisierte Themen der russisch- bzw. sowjetisch-polnischen Geschichte fixiert war. Deutsch-polnische Themen spielten kaum eine Rolle. Eine Ausnahme bildete nur die Arbeit von Jan Józef Lipski »Zwei Vaterländer – zwei Patriotismen«, in der auch die Stereotypen und Vorurteile im deutsch-polnischen Verhältnis angesprochen wurden. Die in einer Untergrundbroschüre erschienene Abhandlung, die sich inhaltlich auf den Geist und die Ziele der deutsch-polnischen Schulbuchgespräche bezieht, wurde in den offiziellen Medien heftig angegriffen. Als ihr Autor zu Beginn der 80er Jahre im KOR-Prozeß angeklagt war, war diese Schrift Teil der Prozeßunterlagen. Dies ermutigte einige »polnische Hupkas«, nun ihrerseits polnische Teilnehmer der Schulbuchgespräche vehement anzugreifen. Wie ihre deutschen Kollegen in den 70er Jahren, mußten sich nun auch polnische Wissenschaftler »Vaterlandsverrat« und den »Ausverkauf nationaler Interessen« vorwerfen lassen.

Zum Glück konnten auch diese Angriffe der Arbeit der *gemeinsamen* deutsch-polnischen Schulbuchkommission wenig anhaben. Unbeschadet von den Fährnissen der politischen Beziehungen, hat sie ihre Tagungen Jahr für Jahr fortgesetzt und die Arbeitsergebnisse der Öffentlichkeit in beiden Ländern vorgestellt.

Um die Leistungen der bisherigen Konferenzarbeit zu würdigen, sollte man sich nicht auf kleinkarierte Erbsenzählerei einlassen. Schulbuchanalysen dürfen nicht dazu mißbraucht werden, um daraus Vorwürfe gegen die andere Seite zu konstruieren. Es ist offensichtlich, daß sich in den Schulbüchern vieles zum Besseren verändert hat, genauso offensichtlich ist es, daß noch vieles in den Schulbüchern beider Länder geändert werden muß. Die positiven Auswirkungen der Schulbuchgespräche reichen weit über die Schule hinaus. Die Mitglieder der deutsch-polnischen Schulbuchkommission können stolz sein auf ihre Arbeit. Die in den Jahren entstandenen persönlichen Kontakte zwischen Wissenschaftlern, Pädagogen und Schulbuchautoren, die Schärfung des öffentlichen Bewußtseins bezüglich der Revisionsbedürftigkeit der gegenseitigen Vorstellungen, Vorurteile und Stereotypen sind gute Voraussetzungen dafür, daß der Geist der Empfehlungen weiterhin verwirklicht und mit Leben erfüllt werden kann.

Rüdiger Stephan
Deutschland – Frankreich – Polen

Franzosen und Polen sind der Deutschen wichtigste Nachbarn. Vergangenheit, Grenzverlauf und Bevölkerungszahl bezeugen dies. Ihre Geschichte riß sie oft auseinander, führte sie aber doch wieder zueinander.

In der zweiten Hälfte unseres Jahrhunderts wird die deutsch-französische »Erbfeindschaft« begraben, schwinden hier und dort Polen- und Deutschenhaß. Der Vertrag vom 22. Januar 1963 zwischen der Bundesrepublik Deutschland und der Französischen Republik über die deutsch-französische Zusammenarbeit, häufig als Freundschaftsvertrag bezeichnet, und der Vertrag zwischen der Bundesrepublik Deutschland und der Republik Polen über gute Nachbarschaft und freundschaftliche Zusammenarbeit vom 17. Juni 1991 weisen in die gleiche Richtung – nach Europa.

Zu wenig Beachtung in der Öffentlichkeit fand die gemeinsame Erklärung der Außenminister von Deutschland, Frankreich und Polen am 29. August 1991 in Weimar. Europa stehe an einem historischen Wendepunkt seiner Geschichte. Seinen Völkern biete sich eine »einmalige Chance«, ein neues Europa gemeinsam zu entwickeln. Polen, Deutsche, Franzosen trügen dabei eine maßgebende Verantwortung. Vorrang habe eine grenzüberschreitende regionale Zusammenarbeit. Sie sei »zwischen Deutschland und Frankreich selbstverständlich geworden«, an der deutsch-polnischen Grenze sei sie »ein Schlüssel für die künftige Gemeinsamkeit der Staaten und ihrer Bürger«.

Die geopolitischen und strategischen Glaubenssätze des 19. und 20. Jahrhunderts gehören der Vergangenheit an. Mit der Politik der Rückversicherungen, ententes cordiales, Achsenmächte oder cordons sanitaires, hat es ein Ende. Ist damit alles getan? Im Gegenteil, vor uns liegt eine große Aufgabe, die politische Union Europas. Die deutsch-französische Verständigung war zwar ein entscheidender Schritt in Richtung auf dieses Fernziel. Nun soll sie als Beispiel für die deutsch-polnische Verständigung dienen. Zur politischen Leitlinie erklärte dies Bundeskanzler Helmut Kohl am 17. Juni 1990 in Bonn: »Mit unserem westlichen Nachbarn Frankreich haben wir vorgezeichnet, wie Völker den Schutt unheilvoller Geschichte beiseite räumen und zu engen Freunden werden. Von diesem Vorbild lassen wir Deutsche uns auch gegenüber unseren polnischen Nachbarn leiten.«

Wir können hoffen, daß unser Verhältnis zu Polen in absehbarer Zeit eine ähnliche Intensität erreicht wie das zu Frankreich. Heißt das auch, daß der Weg zur Verständigung den gleichen Ausgangspunkt, die gleichen Orientierungsmarken hat? Daß die Steine, die wir wegräumen, die Hürden, die wir überspringen müssen, dieselbe Gestalt haben?

Zum ersten Mal in der Geschichte Europas sind die Grenzen Deutschlands – kein europäisches Land hat mehr – von innen wie von außen unbestritten. Die politische Wasserscheide von Oder und Neiße wird, wie wir hoffen dürfen, in nicht allzuferner Zukunft die gleiche Bedeutung haben, wie sie der Rhein im Westen hat, die einer geographischen Bezeichnung. Der Rhein trennt nicht mehr, er verbindet. Schon im Blick auf die Grenzgebiete im Osten und Westen Deutschlands stoßen wir auf die Grenzen des Vergleichs.

Das Elsaß und Lothringen kehrten 1945 nach Frankreich zurück, die Saar, wenn auch nach langer Verhandlung und Volksabstimmung 1956, nach Deutschland. Es gibt ungelöste Fragen der deutsch-französischen Zusammenarbeit im Grenzbereich – die wichtigsten Problemfelder heißen Sprache, Industrie und Umwelt –, Grenzfragen und Territorialansprüche spielen jedoch seit dem Zweiten Weltkrieg keine Rolle mehr.

Im Osten bedurfte es eines mühevoll zustandegekommenen Grenzvertrags, der erst jetzt, fast zweihundert Jahre nach der dritten Teilung Polens, dauerhaften Frieden stiftet. Wenn Deutsche und Polen weiter aufeinander zugehen, gemeinsam den Weg in die Zukunft suchen wollen, dann müssen sie mit mehr Engagement noch als bisher das fortsetzen, was die Deutsch-Polnische Schulbuchkommission, die Historische Kommission zu Berlin und einzelne deutsche und polnische Historiker begonnen haben – aus den Schatten der Vergangenheit heraustreten, indem die einen die Verdrängung der eigenen Geschichte, die anderen ihre egozentrische Geschichtsdeutung aufgeben.

Das friedliche, doch überraschende Zusammenwachsen von 80 Millionen Deutschen hat die Weltanschauung unserer westlichen und östlichen Nachbarn verändert: 56 Millionen Franzosen und 39 Millionen Polen empfinden den Puls zweier nun im Gleichklang schlagender deutscher Herzkammern als verstärkten Druck, manche nicht ohne Besorgnis. Niemals zuvor wurde so häufig bei den Nachbarn wie bei uns der Pulsschlag gemessen. Längst stehen Deutsche und Franzosen auf der Sympathieskala des andern an erster Stelle. Auf die Frage, in welchem Land sie außer dem eigenen gerne leben würden, antwortet heute eine Mehrheit der Franzosen sogar mit Deutschland an erster Stelle vor den USA, Italien und Spanien. Hier fanden vierzig Jahre deutsch-französischer Verständigung auch Eingang in Grundeinstellungen. Werden wir jemals im deutsch-polnischen Verhältnis zu ähnlichen Einschätzungen der Bevölkerung kommen? Sicher haben deutsche Wirtschaft und Wohlfahrt für die östlichen Nachbarn auch weiterhin eine große Anziehungskraft. Sie können aber kaum Verständnis und Sympathie ersetzen, die gegenseitigen Respekt und Bereitschaft zur Verantwortung füreinander voraussetzen. Es ist noch nicht lange her (1987), daß die Bundesrepublik Deutschland in den Augen der Polen die vergleichsweise größte Bedrohung darstellte. Die wichtigsten östlichen Nachbarn landen ihrerseits bei uns Deutschen in der Reihenfolge der Beliebtheit auf den hinteren Rängen. Die Umfragen decken es auf – der Weg zueinander ist weit, wenn wir den Maßstab der deutsch-französischen Beziehungen anlegen.

Die bisherigen Gleichungen von Politik, Wirtschaft, Sicherheit stimmen nicht mehr – weder auf bilateraler noch auf europäischer Ebene. In Frankreich reagierten die classe politique und das Militär am stärksten auf die Veränderungen, die als Gefahr für Unabhängigkeit, vor allem als Verlust von Macht und Einfluß empfunden werden. Ein Bedürfnis nach erneuter Selbstvergewisserung entstand, das heißt nationale Rückschau auf althergebrachte Klischees, Selbst- und Fremdbilder. Trotzdem läßt sich in Frankreich – auch nach der Einheit Deutschlands – mit der Vergangenheit keine Politik mehr machen. Nicht zuletzt hat die französische Wirtschaft dies offenbar erkannt, sie steht als ausländischer Investor in den neuen Bundesländern an erster Stelle. Deutsche und Franzosen sehen einander als wichtigste Partner, das gemeinsame Ziel heißt die Union Europas. Alle bedeutenden Initiativen gerade auch der jüngsten Zeit zur Förderung der europäischen Union stammen aus deutsch-französischer Zusammenarbeit.

Demgegenüber wiegt Vergangenheit in Polen und den deutsch-polnischen Beziehungen ungleich schwerer. Der Vorgang der deutschen Einigung rief, wenn auch weniger in der politischen Elite, so doch in der polnischen Bevölkerung insgesamt spürbare Betroffenheit und Besorgnis hervor. Dazu kam, daß das wirtschaftliche Ungleichgewicht der beiden Länder zwischen dem Wunsch nach deutschen Investitionen und der manchmal auch als nationale Bedrohung empfundenen erdrückenden wirtschaftlichen Übermacht des westlichen Nachbarn ein Spannungsverhältnis erzeugte. Die »Rückversicherung« der eigenen nationalen Geschichte und Vergangenheit war verführerisch.

Mit der Entstehung der Nationalstaaten hatte die Rivalität der europäischen Großmächte eine neue Dimension erhalten – mit schwerwiegenden Folgen. Polen war von der politischen Landkarte verschwunden. Deutsch-französische Rivalität bestimmte mehr und mehr die Geschichte Europas. Sie äußerte sich nicht nur in politischer und kriegerischer, sondern auch in scharfer geistiger Auseinandersetzung, wie sie ein französisches Buch mit dem Titel »Die französische Krise deutschen Denkens« (Claude Digeon, 1957) treffend kennzeichnet. Das Anderssein faszinierte Franzosen und Deutsche aneinander, bewirkte Abwehr und Anziehung. Die Kultur Polens dagegen entwickelte sich weitgehend im vorbehaltosen geistigen Austausch mit der deutschen. Das Bewußtsein geistiger Wahlverwandtschaft ging nie ganz verloren. »Wie bist Du, Deutschland, mir so gleich!«, heißt es in einem Gedicht von 1849 (Robert Prutz, Polen und Deutschland). Am Ende des 19.

Jahrhunderts noch entstanden die folgenden Verse, für Karl Dedecius »eines von jenen Gleichnissen, die das Verhältnis zwischen Polen und Deutschen in den tausend Jahren nachbarlicher Geschichte erhellen können« (Deutsche und Polen, 1971):

> Einst wenn die trauer unseres sinnes entschlafen
> Erblicken die völker zweier sterne schein.
> Dies sind dann unsrer entfernten tage strahlen
> Die brennen werden über Weichsel und Rhein.
> *(Stefan George an Wacław Rolicz-Lieder)*

Dennoch stellte die preußische und deutsche Polenpolitik vor dem Ersten Weltkrieg für Polen eine ungleich größere Gefahr dar, als sie je im wechselseitigen Verhältnis zwischen Deutschen und Polen bestanden hatte. Es galt nicht, geistige Krisen zu bewältigen, vielmehr geistiges Überleben zu sichern. Zwischen den Weltkriegen traten Verletztheit und Verletzlichkeit auf beiden Seiten zutage.

»Deutschland liegt vor Polens Tür, es ist ihm nie ganz fremd gewesen. Welchen Umfang auch von Zeit zu Zeit die gegenseitige Abneigung angenommen hat, eine gewisse Intimität war immer da. Diese beiden Länder haben sich im Laufe ihrer Geschichte entsetzlich weh getan. Es hat Haß gegeben. Zu roh und lärmend war der Triumph des neuen polnischen Staates über die am Boden liegende und noch im Fall überlegene Kulturmacht.« Das Zitat entstammt einer Artikelserie Friedrich Sieburgs, einer umstrittenen Mittlergestalt der deutsch-französischen Beziehungen, zum deutsch-polnischen Verhältnis aus den Jahren 1933/34, die großes Aufsehen erregte. Dann schien die nationalsozialistische Schreckensherrschaft die deutsch-polnische Wahlverwandtschaft endgültig zerstört zu haben.

Deutschland, Verursacher und Verlierer des Zweiten Weltkriegs, ist heute gleichberechtigter Partner der einstigen Sieger, darunter auch Frankreichs. Zu diesen konnten sich die Polen nur formal rechnen, sie waren vielmehr Opfer. Das historisch gewachsene Bewußtsein, stets an der Geschichte leiden zu müssen, verstärkte sich. Es liegt heute in deutscher – und französischer – Verantwortung, die polnischen Nachbarn ein für allemal von dem

Bewußtsein zu befreien, die »Verlierer Europas« zu sein – durch partnerschaftlichen Dialog und praktische Hilfe.

Nach der Regelung des Grenzproblems im Vertrag vom 14. November 1990 rücken aber auch in Polen zukunftsorientierte Perspektiven ins Licht der Öffentlichkeit. Polnische Politiker und Intellektuelle sehen im deutschen Nachbarn den Wegbereiter in die Europäische Gemeinschaft.

Mit dem Hinweis auf historische Gemeinsamkeiten beginnt der Vertrag über gute Nachbarschaft und freundschaftliche Zusammenarbeit: »In dem Bestreben, die leidvollen Kapitel der Vergangenheit abzuschließen und entschlossen, an die guten Traditionen und das freundschaftliche Zusammenleben in der jahrhundertelangen Geschichte Deutschlands und Polens anzuknüpfen [...]« Ein Vergleich mit dem deutsch-französischen Vertrag von 1963 läßt die großen Fortschritte innereuropäischer Beziehungen seit fast drei Jahrzenten hervortreten. Den drei Teilen des deutsch-französischen Vertragswerks – Organisation, Programm (Auswärtige Angelegenheiten, Verteidigung, Erziehungs- und Jugendfragen), Schlußbestimmungen – stehen achtunddreißig ausgefeilte Artikel des deutsch-polnischen Vertrags gegenüber. In ihnen spiegeln sich die ganze Breite und Vielfalt gesellschaftlicher, wirtschaftlicher und politischer Aufgaben wider - und die Erkenntnis, daß Innen- und Außenpolitik, zumal im Bezug auf die Nachbarn, nicht mehr voneinander zu trennen sind. Zentrale Punkte sind, neben der Organisation der Zusammenarbeit und der Konfliktregelung, die Heranführung der Republik Polen an die Europäische Gemeinschaft, die Rechte und Freiheiten von Minderheiten, insbesondere der deutschen und polnischen, sowie die Schaffung eines deutsch-polnischen Jugendwerks. Gewiß geht die deutsch-französische Zusammenarbeit heute weit über die Bestimmungen des Vertrags von 1963 hinaus. Im Vergleich zum Vertrag mit unserem polnischen Nachbarn erscheint aber der deutsch-französische Vertrag heute ergänzungsbedürftig, vor allem im gesellschaftlichen und kulturellen Teil. Der Eindruck muß sich verstärken, wenn wir die Bestimmungen in Betracht ziehen, die bisher nicht oder nur unvollständig erfüllt wurden. Vor allem in den Bereichen Kultur und Bildung besteht Anlaß zur Kritik, sei es an der mangelnden Förderung des Sprachunterrichts, der Schul- und Hochschulbeziehungen im Studium, der Lehre und Forschung oder auch des geistigen Austausches. Wenn sich heute die Stimmen mehren, die im Blick auf das deutsch-französische Verhältnis mit Besorgnis feststellen, daß unterschiedliche Denkweisen und Vorstellungen im Zusammenhang mit der gesellschaftlichen und politischen Entwicklung in Europa nicht nur fortbestehen, sondern sich verstärken, dann finden wir hier eine plausible Erklärung.

Der deutsch-polnische Vertrag bietet im Vergleich zu seinem deutsch-französischen Vorgänger weitergehende Möglichkeiten, die es jetzt voll zu nutzen gilt, indem auch aus den Schwächen des deutsch-französischen Vertrags und aus seiner fehlerhaften Anwendung entsprechende Lehren gezogen werden.

Ein vielzitierter Spruch aus dem 19. Jahrhundert besagt, daß der Deutsche dem Polen niemals ein Bruder sein könne. Die erzwungene sozialistische Bruderschaft mit der DDR hat diesen Spruch auf eigene Weise bestätigt – und ad absurdum geführt. Im zukünftigen Europa bedarf es keiner Verbrüderung, sondern guter Nachbarschaft.

Stanisław Bieniasz

Schlesien – die dritte Option

Wenn ich an Schlesien denke, schwebt mir ein Bild aus einer Erzählung von Heinz Piontek vor, die zu seinen besten gehört, obwohl sie nur den Deutschen Gerechtigkeit widerfahren läßt – das Bild eines Trecks, der vor Hunderten von Jahren auf der Suche nach Land gen Osten zieht –, und daneben ein anderes, täuschend ähnliches Bild, das einer Kolonne, die vor fünfzig Jahren gen Westen flieht. Doch damit war die Geschichte, auch die deutsche Geschichte dieses Landes nicht zu Ende: Kaum waren die Flüchtlinge hinter dem Horizont verschwunden, da tauchte eine andere Kolonne auf – aus den Ostgebieten vertriebene Polen. Zwischen diesen beiden großen Migrationswellen der Kolonisten und der Vertriebenen gab es kleinere, als nach der Volksabstimmung und den schlesischen Aufständen viele Polen in den polnischen Teil und viele Deutsche in den deutschen Teil des geteilten Oberschlesien fliehen mußten. Nach dem Einmarsch der Truppen Hitlers flüchteten dann ehemalige Aufstandsteilnehmer weiter nach Osten, nicht ahnend, daß es nirgendwo eine Zuflucht gab, denn kaum vierzehn Tage später sollte die Falle für lange Jahre zuschnappen. Bilder von Kolonisten- und Flüchtlingstrecks kennt man aus der Geschichte vieler Regionen, doch in der Geschichte Schlesiens besitzen sie eine einzigartige Dynamik: Von der Ankunft der ersten Kolonisten bis zu den ersten Flüchtlingen vergingen mehrere Jahrhunderte, in denen die Zuwanderer und die angestammte Bevölkerung im großen und ganzen friedlich zusammenlebten und miteinander verschmolzen. Man darf nämlich nicht übersehen, daß die Siedler nicht in menschenleere Gebiete kamen; sie stießen in Schlesien stets auf Menschen, die dort »zu Hause« waren. Vor den Kolonisten waren das die slawischen Einwohner, und bei der Ankunft der Polen aus dem Osten war noch ein Teil der bisherigen Einwohner vorhanden, besonders in Oberschlesien.

Für beide Völker ist dieses Land von altersher ein Zankapfel. Die Polen betrachteten Schlesien – und viele sind bis heute dieser Meinung – als seit Urzeiten polnisches, von den Deutschen mit Gewalt germanisiertes Land, während unter den Deutschen viele der Meinung sind, Schlesien sei im Laufe der Geschichte hundertprozentig deutsch geworden. In beiden Auffassungen steckt ein Körnchen Wahrheit, mit der Folge, daß die ganze Wahrheit über Schlesien vieldeutig und verwickelt ist. Es ist im Grunde ein gordischer Knoten aus gegenseitigen Vorurteilen, Stereotypen und frommen Wünschen, den man nicht aufknoten, aber auch nicht durchhauen kann; so bleibt nichts anderes übrig, als der anderen Seite geduldig die eigenen Ansichten zu erläutern und ebenso geduldig deren Argumente anzuhören, mühsam nach Kompromissen zu suchen und sich schrittweise der Wahrheit über dieses Land, über die Ereignisse, die die dort bestehenden Verhältnisse prägten, zu nähern und nach Wegen zu suchen, sich mit dem heutigen Zustand auszusöhnen, um eine friedliche Lösung zu finden, die beide Seiten akzeptieren können.

Jahrhundertelang war Schlesien eine Brücke, auf der Polen und Deutsche sich begegneten. Es ist nicht die ganze Wahrheit, daß die slawischen Einwohner dem deutschen Geist erlagen; es fehlte auch nicht an deutschen Studenten aus Schlesien, die z. B. in Krakau studierten, so wie es andererseits Polen gab, die nicht nur in Nürnberg, sondern auch in Breslau studierten. Geht man noch weiter zurück, so waren es Deutsche und Polen, die gemeinsam das schlesische Liegnitz gegen die tatarischen Horden verteidigten. Der Schlesier Joseph von Eichendorff sammelte die Legenden, die in der ländlichen Bevölkerung in der polnischen Mundart Schlesiens überliefert wurden, um sie auf dem Weg über die deutsche Sprache in das kulturelle Erbe Europas einzubringen. In Schlesien haben Deutsche und Polen sich jahrhundertelang verstanden und gegenseitig akzeptiert, und die bloße Aufzählung von Beispielen würde ein dickes Buch füllen. Gerade in Schlesien kam es zu einer einzigartigen Verschmelzung dessen, was man gemeinhin als »Nationalcharakter« der Deutschen und der Polen bezeichnet, und die Schlesier können sich, wie Hans Lipinsky-Gottersdorf gesagt hat, als »slawische Preußen« oder »preußische Slawen« fühlen. Als bereits der Nationalitätenkonflikt ausgebrochen war, prägten polnischsprachige Schlesier das Gesicht des Ruhrgebiets ebenso, wie Deutsche das Industriegebiet an der Rawa prägten.

Schlesien war und ist kein homogenes Gebiet. Im westlichen Teil, in Niederschlesien, erfolgte die Einschmelzung der slawischen Elemente in germanische und ihr allmähliches Verschwinden viel rascher als im Osten, in Oberschlesien, wo sich die polnische Sprache behauptete, bis die deutsche Staatlichkeit dort endete, trotz aller Germanisierungsbemühungen, die von Friedrich dem Großen über Bismarck bis Hitler immer mehr verstärkt wurden. Deutsch- und polnischsprachige Einwohner dieses Landes lebten nebeneinander und vielfach auch miteinander. Die Wirkungen der deutschen Kultur erwiesen sich jedoch als weit stärker als die Einflüsse der polnischen Kultur, besonders in Niederschlesien, und Anfang des zwanzigsten Jahrhunderts gab es westlich von Brieg kaum noch Menschen, die sich der polnischen Sprache bedienten. In Oberschlesien war damals alles noch im Fluß, und es ist bis heute wechselhaft und unbestimmt geblieben. Die Konfession war dafür von großer Bedeutung: In Oberschlesien lebten überwiegend Katholiken, und die katholische Kirche förderte, ähnlich wie während der Teilung Polens, das Polentum, was ihr, nebenbei gesagt, von August Scholtis, dem größten Schriftsteller Oberschlesiens, sehr verübelt wurde. Und nicht nur von ihm.

Während also in Niederschlesien das Gesicht dieses Landes seit langem, schon weit vor dem Beginn des »Kulturkampfes«, überwiegend deutsch geprägt war, wurden die Konflikte in Oberschlesien gerade durch den «Kulturkampf« erheblich verschärft. Drei Faktoren lagen diesen Konflikten zugrunde: der materielle, um nicht direkt zu sagen, der klassenmäßige, der religiöse und der nationale. Für sich genommen hätte wohl keiner dieser Faktoren zur Explosion geführt, doch wirkte jeder von ihnen wie ein Katalysator auf die übrigen, so daß die Spannung wuchs. Die soziale Ungerechtigkeit und das schreiende Elend, in dem die polnischsprachigen Katholiken lebten, die nichts besaßen als Hände zum Arbeiten, während sie regiert wurden von deutschen Protestanten, welche die Besitzenden repräsentierten, ließen eine revolutionäre Stimmung entstehen. Als Katholiken lehnten die Oberschlesier jedoch Klassenkampf und Revolution ab. Man bot ihrer Empörung ein anderes Ziel an: den Kampf für den Anschluß an Polen, das dem ausgebeuteten Volk Gerechtigkeit bringen sollte. Diese Erwartungen wurden auf dramatische Weise enttäuscht. Doch zuvor mündeten sie in zwei Aufstände vor der Volksabstimmung und anschließend in einen dritten. Dieser Bruderkrieg – denn die polnischen wie die deutschen Oberschlesier durften Oberschlesien mit vollem Recht als ihr Land betrachten – brachte Polen einen Teilerfolg, da der reichere Teil dieses Landes an den polnischen Staat fiel, der nach mehr als hundert Jahren der Teilung wiedererstanden war. Ein relativer Erfolg war es auch für die Deutschen, denn anderswo endeten ähnliche Konflikte, deren Ursache eine für einen großen Teil der Bevölkerung fremde Herrschaft war, weitaus blutiger; in der gleichen Zeit wie die Polnische Militär-Organisation (POW) entstand zum Beispiel die irische Sinn Fein die bis heute Terrorakte organisiert. Das Ergebnis der Volksabstimmung – 40 Prozent für den Anschluß an Polen, 60 Prozent für den Verbleib im deutschen Staat – belegt vor allem, daß zwei Fünftel der Einwohner ihrem bisherigen Los eine ungewisse Zukunft vorzogen. Viele polnischsprachige Oberschlesier stimmten aus Furcht vor Veränderungen für Deutschland, denn zu grundlegenden Veränderungen ist nur der bereit, der nichts zu verlieren hat. Auf der Seite der Aufständischen kämpften polnische Offiziere, auf der deutschen Seite Freiwillige aus dem Reich, unter denen sich besonders die Bayern durch große Grausamkeit »auszeichneten«.

Die Teilung Oberschlesiens war also ein Sieg für Polen, während sie für Deutschland das kleinere Übel war. Die eigentlichen Verlierer waren die Oberschlesier, und zwar sowohl die, die sich Polen verbunden fühlten, als auch die, die sich als Deutsche fühlten. Die Teilung eines Landes geht immer quer durch die Familien und zieht häufig eine Spaltung des Bewußtseins beim einzelnen nach sich. Spuren dieser nationalen Schizophrenie sind bei den Oberschlesiern bis heute zurückgeblieben, obwohl inzwischen so viel geschehen ist: Nach dem Anschluß ganz Schlesiens an Polen, nach der Aussiedlung der Deutschen und der Ansiedlung der Polen aus dem Osten, wurde dieses Land ebenso wie ganz Polen der aufgezwungenen kommunistischen Herrschaft unterworfen. In Oberschlesien gedachten die neuen Machthaber, auf Arbeitskräfte angewiesen, die örtliche Bevölkerung zu polonisieren. Doch dieses Vorhaben konnte nicht gelingen, denn die Einheimischen besaßen eine eigene Kultur, eine eigene Werteskala mit einer von der polnischen abweichenden Arbeitsethik, und der Versuch, ihnen fremde Muster aufzuzwingen, führte zu nichts. Als nach dem Ende des Stalinismus die Auswanderung in begrenztem Umfang möglich wurde, begannen die Oberschlesier in großen Scharen als deutsche »Aussiedler« in die Bundesrepublik auszureisen. Unter ihnen waren auch solche, die aus Familien stammten, welche zuvor für ein polnisches Oberschlesien gekämpft hatten, überwiegend aber Menschen, denen ihre nationale Zugehörigkeit gleichgültig war. Eine gewisse, wenngleich nicht die wichtigste Rolle spielten bei dieser neuen Wanderungswelle materielle Motive. Wie seicht die nationalen Gefühle der deutschen »Aussiedler« sind, zeigt sich daran, daß nur ein unbedeutender Prozentsatz von ihnen in den letzten zehn Jahren den Landsmannschaften der Schlesier beziehungsweise der Oberschlesier beigetreten ist. Die Mehrheit der »Spätaussiedler« teilt nicht die politischen Ziele des Bundes der Vertriebenen. Dennoch haben die deutschen Massenmedien seit Jahren mit einer Hartnäckigkeit, die einer besseren Sache angemessen gewesen wäre, nur Umsiedler in den Vordergrund gestellt, bei denen nach der Überwinterung im Kommunismus wieder faschistische Ansichten hochkamen. Das war letztlich genauso unredlich wie der Versuch der polnischen Behörden und Medien, die Existenz einer deutschen Minderheit in Oberschlesien in Abrede zu stellen.

Seit die orthodoxen Realsozialisten die Macht in Polen verloren haben, wird immer vernehmlicher von der Notwendigkeit der Versöhnung zwischen Deutschen und Polen gesprochen, und in diesem Prozeß sollte Schlesien eine Brückenfunktion zukommen. So hübsch das klingt, fürchte ich doch, daß es noch nicht möglich sein wird, weil beide Seiten einen grundlegenden Fehler gemacht haben.

In Niederschlesien, wo es schon seit langem keine Einheimischen mehr gibt, wo im Grunde die Polen aus den polnischen Ostgebieten, die hier in der dritten Generation leben, zur einheimischen Bevölkerung geworden sind, bestehen größere Chancen für die Überwindung der Vergangenheit. Es war zum Beispiel ein Zeichen der Versöhnung, daß Bundeskanzler Kohl und Premierminister Mazowiecki in Kreisau, einem Ort, der für den deutschen Widerstand gegen Hitler ein wichtiges Symbol ist, gemeinsam am Gottesdienst teilnahmen. Ein Besuch des Annabergs in Oberschlesien durch den Kanzler war nicht möglich, weil die Nationalitätenprobleme in Oberschlesien noch immer akut sind und die Möglichkeit ihrer endgültigen Überwindung noch nicht absehbar ist.

Die Geschichte Oberschlesiens im 20. Jahrhundert ist die Geschichte eines fatalen Mißverständnisses. Die schlesischen Aufstände, die Volksabstimmung, die Teilung, die Einstufung der Oberschlesier durch Hitler als Deutsche dritter Klasse und danach durch die polnischen Kommunisten als Polen, die man aber gleichwohl noch ein bißchen polonisieren muß, der allgemeine Beitritt der örtlichen Bevölkerung im Bezirk Oppeln zur deutschen Minderheit, und das trotz kaum vorhandener deutscher Sprachkenntnisse, sowie das Gefühl der Bedrohung unter den Nachkommen der polnischen Oberschlesier, ganz zu schweigen von den Zugezogenen, angesichts der Übernahme der Phraseologie und der Ziele des Bundes der Vertriebenen durch die deutsche Minderheit – das alles geht auf ein und dasselbe Phänomen zurück: Es mangelt an einer hinreichenden Artikulation dessen, was man als »dritte Option« in der Nationalitätenfrage bezeichnen könnte.

Seit die Gesellschaft in Polen wieder über sich selbst bestimmen kann, sind in Oberschlesien zahlreiche Organisationen entstanden, die sich zwar unterschiedlich ausdrücken, im Grunde aber dasselbe Ziel zu artikulieren versuchen: die Erlangung einer weitgehenden kulturellen und wirtschaftlichen Autonomie. Das hat nichts zu tun mit der von den Vertriebenen gewünschten »Autonomie« der Gebiete, in denen die Deutschen in der Mehrheit sind, vielmehr geht es um eine Regionalisierung nach dem Vorbild westlicher Staaten, die – wie Deutschland und die Schweiz – föderativ aufgebaut beziehungsweise – wie Italien und Frankreich – dezentralisiert wurden. Diese Bestrebungen stoßen auf manchmal an Hysterie grenzende Widerstände bei den Mitgliedern der ehemaligen Nomenklatura, die sich jetzt als Nationalisten aufspielen sowie bei allen »nationalpolnischen« Kräften. Auf deutscher Seite bemühen sich die demokratischen Institutionen nach Kräften, diese Organisationen zu ignorieren, weil sie in ihnen die Gefahr einer »Balkanisierung« sehen. Diese Haltung ist verkehrt. Die Loslösung von Polen haben sich nur die radikalsten »Autonomisten« zum Ziel gesetzt, doch diese separatistischen Gruppierungen sind praktisch ohne politische Bedeutung. Das Ziel der überwältigenden Mehrheit der Mitglieder des Oberschlesischen Bundes und des Bundes der Oberschlesier, aber auch eines Teils der oberschlesischen Deutschen ist die Erlangung der regionalen Selbstverwaltung innerhalb des polnischen Staates. Damit bietet sich die Chance, in Oberschlesien eine politische und administrative Struktur zu schaffen, die sich mit dem europäischen Modell deckt, und zugleich bietet sich erstmals in der Geschichte die Möglichkeit, daß die Einwohner dieses Gebietes die Regierung ins eigene Land bekommen, denn bislang wurden sie von Berlin aus über Breslau beziehungsweise von Warschau aus – fast hätte ich gesagt: über Sosnowiec – regiert.

Die Chance, daß Oberschlesien eine Brückenfunktion zwischen

Polen und Deutschland sowie zwischen Polen und Europa übernimmt, besteht durchaus. Bevor dieses Land jedoch diese Aufgabe übernehmen kann, müssen die Einwohner der Region ihre eigene Identität gewinnen und den Komplex ablegen, schlechtere Polen oder schlechtere Deutsche zu sein. Dabei sollte man sie nicht stören.

Günter Grass und Paweł Huelle im Gespräch
Danzig / Gdańsk

Huelle: Sie sind vor dem Krieg hier, in Danzig, geboren. Oft haben Sie diese Stadt beschrieben, und Sie haben sie bald nach dem Krieg wieder besucht. Können Sie hier in Danzig so etwas wie eine Kontinuität erkennen? Hat sich hier nach allem, was geschehen ist – ich denke dabei an die gewaltigen Verschiebungen der polnischen und der deutschen Bevölkerung, an die Kriegszerstörungen, den Wiederaufbau und die fast fünfzigjährige Herrschaft der Kommunisten –, hat sich hier trotz allem etwas erhalten? Die Frage von Tradition und Kontinuität betrifft ja nicht nur Danzig, sondern das ganze Mitteleuropa der Nachkriegszeit. Für mich, für meine Generation, für jemanden, der hier geboren und nach dem Krieg im sogenannten Realsozialismus aufgewachsen ist, war das eine wichtige Frage, und sie ist weiterhin wichtig, denn man hat uns davon zu überzeugen versucht, daß die Geschichte hier in Danzig eigentlich erst im Jahre 1945 begonnen hat. Wir mußten in einer merkwürdigen Zeitzone leben, die aus dem Nichts kam.

Grass: Das wirft natürlich eine Reihe von interessanten Fragen auf, aber zuerst einmal die Fragen, die mich betreffen. Ich kann nicht sagen, daß ich von einer Kontinuität ausgegangen bin. Als ich zum ersten Mal, 1958, hierher kam, weil ich an dem Buch »Die Blechtrommel« gearbeitet habe, war das eine Reise zurück. Ich wußte, daß das, was ich hier vorfinde, für mich verloren ist, etwas ganz Fremdes, ganz anders ist. Und dennoch war ich in Gdańsk auf der Suche nach Spuren von Danzig. Die ersten positiven Kontakte ergaben sich dann aus zwei Motiven heraus. Das eine war die Gegebenheit: Hier lebte meine Familie, der kaschubische Teil, von meiner Mutter Seite. Das andere war das beginnende Gespräch mit Polen, die hier lebten und fremd waren, d. h. sie kamen aus Wilna oder aus Lemberg, die meisten aus Wilna, und wenn ich über meine eigenen Gefühle sprach, verstanden sie mich. Sie waren genauso wie ich heimatlos, hatten ihre Heimat verloren, oder was sie darunter verstanden. Sie mußten sich woanders zurechtfinden. Schwieriger war eher der Umgang mit den Polen, die vom Warschauer oder einem anderen Hintergrund aus rein national argumentierten. Mein Standpunkt bis heute ist, daß es weder darum gehen kann, daß Polen uralte polnische Gebiete zurückgewonnen hat, noch darum, daß Deutschland uralte deutsche Gebiete verloren hat. Wir haben einen Krieg begonnen, verbrecherisch geführt und verloren. Der Preis dafür ist der Verlust von Provinzen, sind Menschen, die ihre Heimat verloren haben. Jetzt aber zu Ihrer Frage zurück. Merkwürdigerweise trat Danzig durch die häufigen Besuche in Gdańsk als etwas zu Erinnerndes immer mehr zurück, Gdańsk wurde für mich gewichtiger. Z. B. erinnere ich mich daran, daß ich im Dezember 1970, als es die großen Streikbewegungen in polnischen Hafenstädten, und vor allem in Gdańsk, gab, großen Stolz verspürte, ich hatte das Gefühl, es sind meine Leute, ich identifizierte mich, obgleich ich ein Deutscher bin, mit dem, was hier in Gdańsk geschah, und das war so etwas wie ein erweitertes Heimatgefühl. Ich kann mich heute über einen polnischen Politiker wie Wałęsa, den ich für einen guten Gewerkschaftsmann, aber für einen miserablen Präsidenten halte, genauso ärgern wie über einen deutschen Politiker. Das ist mein Anteil... ich kann mich auch über Bush oder Mitterrand ärgern, aber dies immer mit einer Distanz, während es bei Wałęsa so ist, als ärgerte ich mich über einen deutschen Politiker.

Huelle: Hatte das, was 1970 und dann in den achtziger Jahren hier in Danzig geschehen ist – diese ganze Solidarność-Revolution auf der Werft –, nach Ihrer Ansicht in irgendeiner Weise mit der Stadt zu tun, mit ihrer Tradition, ihrer Geschichte? Viele polnische Historiker und Soziologen haben diese Frage positiv zu beantworten versucht, doch die eigentliche Ursache sahen sie in der sozialen Zusammensetzung der Bevölkerung, die nach dem Krieg aus allen Teilen Polens hierher geströmt ist, in dem dadurch entstandenen unruhigen Schmelztiegel unterschiedlicher Mentalitäten und Traditionen. Für einen Schriftsteller dürfte diese Erklärung vermutlich unzureichend sein – da muß es doch noch etwas anderes geben ...

Grass: Es ist ja interessant, daß im 14. Jahrhundert in fast allen Hansestädten soziale Aufstände der Zünfte gegen das Patriziat stattfanden. Daß ein Teil des Patriziats, in manchen Städten auch der Adel eine gewisse Rolle gespielt, und sogar gemeinsame Sache mit den Zünften gemacht hat, oft zu deren Schaden, weil das Karrierepolitiker waren. Es herrschte eine Unruhe in diesen Hansestädten, eine soziale Unruhe, die man durchaus in der Tradition zu dem sehen kann, was hier in den 70er und 80er Jahren geschah.

Huelle: Das ist überraschend, was Sie da über die hanseatische Tradition sagen. Für mich hatte sie immer etwas Faszinierendes, aber ich kannte sie nur aus Büchern, und nur dort war sie zu finden. Im Hafen jedenfalls nicht, der hermetisch von der Stadt abgesperrt war, so daß eine jahrhundertealte Tradition zerstört wurde. Auch nicht in den Straßen, wo Amtsgebäude und Transparente dominierten. Das Wort »Hanse« hatte, wenn ich an meine Schulzeit zurückdenke, etwas von einer verbotenen Frucht. Freihandel. Weltoffenheit. Ein Geist der Unabhängigkeit. Kaufleute. Abenteurer, Korsaren und die schönen Kirchen, die aus roten Backsteinen mit ihrem Geld errichtet wurden. Davon durfte man im Danzig der Nachkriegszeit unter der Herrschaft der Kommunisten nicht offen reden, schon gar nicht in der Schule, wo nur das vom Politbüro verordnete Schema galt: Hanse, Deutsche, Imperialismus, Faschismus und – Revanchisten. Für mich verband sich die hanseatische Tradition mit etwas längst Vergangenem, von dem in der Stadt nichts mehr zu finden war. Es war nichts Reales, sondern eine Legende.

Grass: Diese falsche, verlogene, nationalistisch bestimmte Erziehung in der polnischen Schule der 50er, 60er Jahre und später wird Folgen bis in die Gegenwart hinein haben. Da werden jetzt bei der Öffnung der Gesellschaft manche Tabus gebrochen werden müssen.

Huelle: Die Schule, das war in den 50er und 60er Jahren etwas Furchtbares, ich weiß es noch aus eigener Erfahrung. Alles war von der Ideologie durchtränkt. Zum Glück haben nicht alle sich verrückt machen lassen. Nicht alle erlagen der chauvinistischen Propaganda, daß allein der Arbeiter der DDR – natürlich gehörte er der Partei an – ein guter Deutscher sei. Ich möchte noch einmal auf das zurückkommen, was Sie über die Polen aus den östlichen Grenzmarken Vorkriegspolens, aus Wilna oder Lemberg, gesagt haben. Besonders zu ihnen, sagten Sie, hätten Sie in Danzig guten Kontakt gehabt. Mir ging es auch so! Ich denke, das liegt nicht nur daran, daß sie ihre Heimat verloren hatten. Sie waren wohl immer schon weltoffener, offener für das Andersartige, für andere Kulturen, sie waren toleranter als beispielsweise die Polen aus dem ehemaligen Kongreßpolen, aus Masowien. Für mich verkörpert Zbigniew Żakiewicz, ein polnischer Schriftsteller aus der Wilnaer Gegend, der seit Jahren in Danzig lebt, diese Haltung. Er hat nach dem Krieg in verschiedenen Städten Polens gelebt, sich aber nirgendwo wohlgefühlt, richtig zu Hause. Erst hier in Danzig hat er wieder Wurzeln geschlagen und seine schönen Bücher über Wilna und Umgebung geschrieben, zuletzt auch eines über die Kaschuben. Mich interessiert, ob es in der deutschen Kultur so etwas wie eine unverkennbare Tradition der Grenzmarken gibt; gibt es so etwas wie eine spezifische Mentalität der deutschen Grenzmarken?

Grass: Zumeist war das eine politisch aufgesetzte Sache. Die Leute haben in der Nachbarschaft gelebt und hatten die normalen Differenzen und Streitigkeiten, die sich im Zusammenleben von Menschen verschiedener Kultur und Sprache ergeben. Sie sind von Politikern mißbraucht worden und haben sich mißbrauchen lassen. Die Grenzlandfrage ist politisch gewesen, von der Politik hinein gebracht worden, die die normalen Probleme, die es natürlich gab, zur Explosion brachte. So verschieden die Geschichte Polens und Deutschlands auch gelaufen ist, beide Völker waren Opfer des Nationalismus. Und das ist ja eine relativ junge Idee, sie kommt aus dem 19. Jahrhundert. Die Menschen haben vorher zum Teil recht gut zusammengelebt. Die Hanse beispielsweise war etwas Übernationales und reichte von Brügge bis Nowgorod. Der Streit zwischen den Hansestädten auf der einen und dem deutschen Ritterorden auf der anderen Seite war ein Streit zwischen

Leuten deutscher Herkunft. Damals waren die Konflikte zwischen Polen und dem Deutschen Ritterorden gar nicht so stark. Da waren zwei Wirtschaftssysteme, die miteinander konkurrierten: das zentralistische, sehr moderne System des Ritterordens, ein funktionales Wirtschaftssystem, und die Hanse, auch ein sehr modernes, übergreifendes System. Da ging es um Zölle usw. Nach meiner Kenntnis wird diese Geschichte in den polnischen wie in den deutschen Geschichtsbüchern zumeist nur aus nationalistischem Blickwinkel dargestellt, während wir wissen, daß die ökonomischen Fragen im Vordergrund standen. Die sogenannten preußischen Städte wie Danzig oder Elbing (Elbląg) stellten sich nicht deshalb gegen den Ritterorden, weil sie den polnischen König besonders liebten, sondern weil sie sich nicht wirtschaftlich bevormunden lassen wollten.

Huelle: Nun zu einem anderen Thema. Das Buch, an dem ich derzeit arbeite, spielt im Danzig der dreißiger Jahre. Ein wichtiges Moment sind die Wagner-Festspiele in Zoppot. Das war eine ganz eigentümliche Form, die deutsche Romantik zu zelebrieren, und als ich die Berichte und Dokumente studierte, tauchte gleich die Frage auf, welches Verhältnis die Deutschen selbst zu dieser Tradition haben. Der deutschen Romantik ist ja vielfach vorgeworfen worden, sie enthalte Motive, die dem Nationalismus und später dem Faschismus den Boden bereiteten...

Grass: Der Begriff der deutschen Romantik ist sehr weit. Da gibt es auf der einen Seite – von der Frühaufklärung herkommend – einen Mann wie Herder, der im Grunde ein Antinationalist war. Er hat die Lieder anderer Völker gesammelt und für die Deutschen den Begriff der Kulturnation geprägt. Sie haben es leider nie akzeptiert, sondern versucht, den politischen Begriff der Nation zu formulieren.

Huelle: Herder verdanken aber gerade wir die Idee der Kulturnation, die Vorstellung, daß die kulturelle Gemeinschaft höher zu bewerten sei als die politische. Das war eine gute Grundlage für den polnischen Messianismus, der sich in degenerierter Form bis heute erhalten hat. Gibt es in Deutschland innerhalb des – wie man sagen könnte – modernen Modells der deutschen Kultur so etwas wie eine Rückwendung zur Romantik?

Grass: Ich glaube, daß der Kulturbegriff heute nicht nur in Deutschland, sondern im Westen überhaupt äußerst konfus ist. Es gibt modernistische Strömungen postmoderner Art in wechselnder Mode – die stehen so im Vordergrund, daß man von einer Kulturabsicht gar nicht reden kann. Es herrscht eine gewisse Beliebigkeit: Alles geht oder geht nicht. Das hat weder mit Deutschland noch mit Polen zu tun, es ist eine weltumfassende Ratlosigkeit... Denn die eigentlichen Probleme, vor denen wir stehen, sind viel größer als die deutsch-polnischen oder polnisch-deutschen Probleme. Weil man merkt, daß diese Weltprobleme zu groß sind oder nicht zu lösen, stürzt man sich auf die alten, die sind vertraut. Das ist wahrscheinlich mit ein Grund dafür, daß der längst überholte Nationalismus, der so viel Unglück gebracht hat, jetzt wie etwa in Jugoslawien wieder aufbricht. Das ist die schrecklichste Entwicklung überhaupt.

Huelle: Ausgehend von meiner eigenen Erfahrung glaube ich, daß Polen und Deutsche gegenwärtig dasselbe Problem zu lösen haben: den Kommunismus abzustreifen. Das ist, wie sich zeigt, nicht nur eine Geldfrage.

Grass: Es gibt Anzeichen in Polen wie in Deutschland dafür, daß man für jede Fehlentscheidung, für die wir heute verantwortlich sind, immer die Ausrede bereit hat: Wir haben doch 40 oder 50 Jahre Kommunismus gehabt. An allem sind die Kommunisten schuld. Ich sage jetzt mal etwas Ketzerisches, ich bin nun mal Sozialdemokrat und immer ein Gegner des totalitären Kommunismus gewesen. Aber man muß anerkennen, daß der Kommunismus in Polen, den ich zu beobachten Gelegenheit hatte, von den 50er Jahren an immerhin zuließ, daß in den politisch schlimmsten Zeiten das kulturelle Klima in Polen weit freier war als in der DDR, der Sowjetunion, der Tschechoslowakei und in Ungarn nach dem Aufstand. Das war auch ein Verdienst der polnischen Kommunisten. Es dürfte die schlechteste Form der Überwindung des Kommunismus sein, ihn für alles verantwortlich zu machen.

Huelle: Das haben Sie im Scherz gesagt, und so will auch ich eine eigenwillige Antwort darauf geben. Gombrowicz meinte, die Polen hätten seit jeher Schwierigkeiten gehabt, die Dinge bis zu ihrer vollendeten Form zu entwickeln. Deshalb haben sie gewissermaßen das Extreme gemieden, und darauf beruht der relative »Liberalismus der Polizei« – und nicht auf der Gutartigkeit der Kommunisten. Ich habe zweiunddreißig Jahre unter ihrer Herrschaft gelebt, und das reicht, um nicht an ihren guten Willen zu glauben. Wenden wir uns wieder der Literatur zu. Ich möchte sie nicht in ihrer Bedeutung überschätzen, denke aber, daß Ihre Werke in Polen eine ungeheuer wichtige Rolle gespielt haben, gerade im Hinblick auf die Annäherung zwischen Deutschen und Polen. Durch Ihre Bücher hat sich bei uns das Bild Deutschlands und der Deutschen gewandelt. Das war sehr wichtig, besonders für meine Generation und besonders hier in Danzig. Hat die Literatur des ausgehenden 20. Jahrhunderts Ihrer Meinung nach noch etwas zu sagen? Ich sehe überall, nicht nur in Polen, Niedergangstendenzen, einen gewaltigen Glaubwürdigkeitsverlust der Literatur.

Grass: Ja... es gibt viele gängige Erklärungen dafür, wie das Zunehmen des Visuellen, über das Fernsehen, aber nicht nur; es sind die neuen Medien überhaupt, die zu einer Verminderung der Lesekultur führen. Und wahrscheinlich ist es so, daß das langsame Entstehen von Literatur mit der Fülle der Probleme und der Schnelligkeit, in der die Probleme voranschreiten, gar nicht mehr Schritt halten kann. Die Literatur wird nur dann wieder wachsende Aufmerksamkeit gewinnen, wenn sie diese Problematik, diese Schnelligkeiten und Langsamkeiten, das Unproportionierte der menschlichen Entwicklung zum Thema macht. Anfang der 80er Jahre habe ich einen kurzen Aufsatz darüber geschrieben, in dem ich davon ausging, daß die Literatur, soweit wir über ihre Geschichte Bescheid wissen, immer unter Verbot stand. Solange es Literatur gab, gab es auch Zensur. Aber die Literatur hatte immer den längeren Atem, sie hat die Zensur immer überlebt... Die Wirkungsgeschichte der europäischen Aufklärung ist ohne diesen langen Atem der Literatur gar nicht denkbar, denn die meisten Bücher waren entweder der kirchlichen oder der staatlichen Zensur unterworfen, und dennoch haben Diderot und Rousseau diese Prozesse überlebt. Der Schriftsteller konnte sich darauf verlassen: Auch wenn das Buch heute verboten wird, auch wenn ich nicht mehr lebe, das Buch wird da sein und seine Wirkung haben. Es gab einen nahezu ungebrochenen Glauben an die Unendlichkeit der menschlichen Fortentwicklung. Und diesen Glauben können wir heute nicht mehr haben, es sei denn, wir sind Idioten. Spätestens seit der Erfindung der Atombombe ist der Mensch in der Lage, die Geschichte der Menschheit zu beenden, und damit ist auch die Endlichkeit der Literatur terminiert. Heute muß ein anderes Verständnis von Literatur vorausgesetzt werden. Ich habe damals diesen Aufsatz geschrieben und dann eine vier Jahre lange Schreibpause eingelegt, und die Bücher, die ich später geschrieben habe, die »Rättin« z. B. oder das Buch über Kalkutta oder über den sterbenden Wald, oder das, was ich jetzt mache, all das ist in dem Wissen um die Endlichkeit menschlicher Existenz geschrieben.

Huelle: Für mich ist es das Wichtigste, daß die Literatur ihre Autonomie wahrt.

Grass: Was verstehen sie unter Autonomie der Literatur?

Huelle: Mir geht es um eine Schreibweise, die keinen Kompromiß mit dem audiovisuellen Zeitalter schließt, denn ein solcher Kompromiß würde bedeuten, daß man von vorneherein sein Einverständnis damit erklärt, daß die Literatur bloß Stofflieferant für die Massenmedien ist. Daß sie sich in ihrer Phantasie und Erzähltechnik der Art und Weise unterwirft, in der die Kamera die Welt erfaßt und in der die Leute schmerzlos und hygienisch unterhalten werden wollen. Es geht mir dabei nicht um irgendwelche Experimente, sondern um lesbare Bücher.

Grass: Und trotzdem ist jeder Autor ein Kind seiner Zeit. Die Themen sind nicht frei verfügbar. Von meinen Talenten her hätte ich ohne weiteres ins experimentelle Feld der Literatur nach dem Krieg abschwirren können, aber durch den Verlust von Heimat, durch das deutsche Kriegsverbrechen, durch die ganze Belastung, die die Nazizeit gerade für meine Generation bedeutet, war meine Autonomie sehr beschränkt, mir waren die Themen vorgeschrieben, und ich glaube, daß es bei Ihnen im gewissen Grad auch so ist. Gerade weil die Ideologie den Hintergrund der Stadt, in der Sie aufgewachsen sind – Gdańsk –, entweder weggewischt oder durch Lügen verborgen hat, mußten Sie sich davon ein eigenes Bild machen. Ihre Autonomie war von der Thematik her beschränkt.

Huelle: Für mich liegt das Problem der Ewigkeit, der »ununterbrochenen Entwicklung«, anders gesagt: das Problem des Verhältnisses zwischen dem Endlichen und dem Unendlichen, denn doch auf einer anderen Ebene. Für mich ist das nicht eine Frage des ununterbrochenen Fortschritts bzw. der Unmöglichkeit eines solchen Fortschritts in Kunst, Literatur und Geschichte. Vielleicht liegt es an meiner katholischen Erziehung, daß mir die »naiven Fragen des Kindes« näherlagen. Was ist dort, jenseits der Realität? Wird sie von dieser oder jener Definition der Materie erschöpfend beschrieben? Wie kann man an Gott glauben, und ist dieser Glaube überhaupt möglich? Andererseits ist der Schriftsteller natürlich ein Kind seiner Zeit, und er kann sich ihr nie entziehen. Er muß seine Fragen, wie auch immer sie lauten, an einem konkreten Ort und zu einem bestimmten Zeitpunkt stellen. Künstliche Fluchten enden meist in der Katastrophe. Deshalb empfinde ich gegenüber der Avantgarde in der Prosaliteratur, auch der polnischen, mehr als nur Abneigung. Die Avantgarde ist etwas Künstliches, sie ist eine Flucht.

Grass: Ich bin immer davon ausgegangen, daß der Inhalt die Form bestimmt. Und damit ist die ganze Frage nach der Avantgarde beantwortet. Eine Kunst, die die Form über alles stellt – so wunderbar diese auch sei –, ist oft ein inhaltloses Gebäude. Es ist leicht zu sagen, Literatur habe mit Politik nichts zu tun. Die Politik aber ist ein Teil der Wirklichkeit und ein gefährlicher Teil, weil sie den Anspruch stellt, die Wirklichkeit zu sein. Und die Literatur ist eigentlich der Widerspruch dazu, der, manchmal erfolgreiche, Versuch zu zeigen, daß die Politik selbst dort, wo sie sich als absolut versteht, immer nur ein Teil der Wirklichkeit ist.

Huelle: In Polen ist die Situation gegenwärtig verrückt geworden. Die Politik verdrängt die Literatur, die Kunst, überhaupt jede Ausdrucksweise. Spüren Sie nicht diese fieberhafte Atmosphäre in Polen?

Grass: Sie sind doch ein Beispiel dafür, daß man sich als Schriftsteller in Polen dieser Entwicklung widersetzt. In einer Ihrer Erzählungen tauchen die Mennoniten auf... die waren hier einmal eine Realität. Den Machtfaktor der kommunistischen Parteizensur gibt es nicht mehr. Bevor die neue Zensur durch die katholische Kirche kommt, ist die Zeit günstig, das muß man ausnutzen. Und dafür ist die Neugier eines Schriftstellers eine wunderbare

Voraussetzung. Wir leben ja alle – und akzeptieren es mittlerweile – entweder in deutscher oder in polnischer Geschichtsfälschung. Ich wohne hier in Danzig im Hotel »Hevelius«. Hevelius wird hier dauernd polonisiert, was ein Unsinn ohnegleichen ist. Die Familie kam aus Niedersachsen. Daß dieser Mann sich dennoch nicht als Deutscher verstanden hat, lag daran, daß die Frage der nationalen Zugehörigkeit in einer Stadt, die im Grunde international war, keine so große Rolle spielte. Da gab es schottische Einwanderer, Mennoniten aus den Niederlanden und englische Kaufleute, da gab es eine große jüdische Gemeinde, die seit Jahrhunderten in Danzig ansässig und angesehen war. Die Stadt war damals viel europäischer, als sie es heute ist. Und wenn wir es schaffen, und zwar Deutsche und Polen zusammen, ebenso europäisch zu werden, dann spielt es einfach keine Rolle mehr, ob Hevelius Deutscher oder Pole war. Hevelius hat die meisten Briefe sowieso auf lateinisch geschrieben.

Huelle: Dieser polnische Nationalismus ist eine sehr komplizierte Sache. Man kann ihn nicht einfach in Bausch und Bogen verwerfen, dafür ist der nationale Diskurs viel zu tief mit unserer ganzen Kultur verwoben. Wir sind nach dem Krieg zu einem praktisch homogenen Staat geworden, ohne eindeutige Minderheiten wie in Jugoslawien oder der Sowjetunion. Konflikte, die in nationalen Begriffen artikuliert werden, sind daher Stellvertreter-Konflikte, hinter denen sich etwas anderes verbirgt. Ich meine damit nicht die kommunistische Homogenisierung der Gesellschaft, die ist ja eine offenkundige, banale Tatsache. Es geht mir um die Kultur, die von der Opposition gepflegt und von ihr in Gestalt der einen, entscheidenden Tradition des Widerstandes dargestellt wurde, um den Blick, der auf die Meister gerichtet war, statt auf die Welt, in der wir leben. Ich verweise nur auf die großartige Literatur der östlichen Grenzmarken, auf Miłosz etwa oder Konwicki. Junge Schriftsteller und Dichter haben sich ihre »Grenz-Literatur« geschaffen, die jedoch nicht ihren eigenen Erfahrungen entspricht, sondern der Lehre der Meister. Da herrschte ein unerhörter geistiger Kollektivismus, da ist man gewissen Moden erlegen...

Grass: Ich glaube, daß die homogenen Kulturen langweilig sind.

Die besten Geschichten entstehen da, wo die Kulturen zusammenstoßen, sich mischen. Ich bin ein typisches Mischprodukt aus dem Deutschen, Kaschubischen... das ist spürbar. Dann kommt man gar nicht auf diese dumme Idee, sich national zu begreifen. Auch Polen schöpft aus der Vielgestalt, aus den Ukrainern, die da waren, aus den Deutschen, die da waren, aus den Juden. Ich weiß ja, was die deutsche Kultur durch die Vernichtung der Juden verloren hat. Diese Dimension des jüdischen Denkens, des Philosophierens, des Auffassens von Musik, der Umgang mit Kultur auch im passiven Sinne. Ich meine hier nicht nur die Künstler. Es gab ein jüdisches Publikum, das Musikpublikum, Wagner. Ich bin kein Wagnerfan, aber die größten Wagnerfans waren die Juden. Das ist weg, für alle Zeiten weg und nicht mehr zu ersetzen. Es ist ein Verlust. Die Tatsache, daß Polen heute ein homogener Staat ist, daß es dort kaum noch Minderheiten gibt, ist kein Gewinn, und das führt eher zu einer Verflachung. Sie führt zu einer narzißhaften Selbstbeschäftigung mit dem Polnischen an sich, und so was kenne ich von der deutschen Selbstbespiegelung, die langweilig und steril ist. Besonders in Gdańsk, wo ich recherchiere, entdecke ich nur Reste, nur Spuren der Vielfalt, z. B. die polnische nationale Kirche, die den Papst nicht anerkennt, oder eine orthodoxe Gemeinde von 1000 Leuten, in der Petri Kirche ist auch eine armenische Gemeinde zu finden.

Huelle: An der Ulica Polanki gibt es eine Moschee, von polnischen Tataren moslemischen Glaubens errichtet, die nach dem Krieg aus den Ostgebieten nach Danzig kamen.

Grass: Das gibt mir ein bißchen Hoffnung, daß Gdańsk eines Tages wieder ein Gemisch wird. Sie haben meinen Aufsatz über Chodowiecki gelesen, der väterlicherseits polnischer Herkunft und von der Mutter her kalvinistisch-schweizerisch war. Sein Tagebuch von Berlin nach Danzig schrieb er in französischer Sprache. Er war preußischer Beamter, was die dummen polnischen Nationalisten ihm heute noch übelnehmen... Aber er war ein großartiger Präsident der Berliner Akademie, er hat sie reformiert, er war ein Mann der Aufklärung und hat seine polnische Herkunft nie verleugnet... Das sind für mich diese europäischen Figuren, die es in Deutschland wie in Polen gibt, und da ist der Zusammenhang zu suchen.

Huelle: So denke ich auch. Nur sind wir eben nach Jalta zu einem homogenen Land geworden. Ich sehe in dem, was nach Jalta geschehen ist, das größte Problem für die polnische Kultur. Wo ist angesichts dieser Homogenisierung der Ort des Schriftstellers? Man kann natürlich aus der Vergangenheit schöpfen, so wie ich sie hier in Danzig suche, diese Vergangenheit heute zeigen. Das ist sehr wichtig. Aber die Realität ist eine völlig andere. Die Literatur ändert natürlich nichts an ihr. Das tun Wirtschaft und Politik, und schon die Öffnung der Grenzen ist ein Schritt in diese Richtung. Es hat Stimmen gegeben, die Polen fürchteten sich vor dem vereinten Deutschland. Andererseits haben viele, hat die Opposition seit Jahren immer wieder gesagt, der Weg Polens nach Europa führe über das vereinte Deutschland; das Ende der Teilung Deutschlands sei das Ende der Teilung Europas, das Ende der Ordnung von Jalta. Doch Sie stehen der Einheit Deutschlands äußerst kritisch gegenüber.

Grass: Ich unterstelle den Deutschen erst einmal gar keine böse Absicht. Sie haben sich in der Tat geändert. Ich glaube nicht, daß von einem wiedervereinigten Deutschland irgendeine militärische Gefahr ausgeht. Aber es sind achtzig Millionen sehr tüchtige Leute, die effektiv arbeiten. Polen muß versuchen, im Verlauf der nächsten zehn Jahre die Wirtschaft so zu konsolidieren, wie es, sagen wir, in Spanien nach Franco immerhin gelungen ist. Spanien war in der Zeit von Franco isoliert, und es erbrachte danach eine große Leistung innerhalb ganz kurzer Zeit, mit den Sozialisten in der Regierung. Ein Land, das sich vom Mittelalter und vom Faschismus befreit. Je schneller also Polen zu einem wirtschaftlich und sozial konsolidierten Land demokratischer und moderner Prägung wird, desto geringer wird die Gefahr der deutschen ökonomischen Übermacht.

Huelle: In Polen beschäftigt man sich jezt sehr mit Fragen der Dezentralisierung und der kommunalen Selbstverwaltung. Die wirtschaftliche Seite ist das A und O. Ohne Geld kann eine Kommune nicht viel tun. Aber allzu optimistisch darf man das nicht sehen. Bislang gibt es noch kein vernünftiges Dezentralisierungskonzept. Das ganze politische Leben spielt sich in Warschau ab. Bezeichnend ist, daß die Eliten nach Warschau abwandern. Dabei wäre die Dezentralisierung wichtig, beispielsweise für eine verantwortlichen Umgang mit dem Umweltproblem. Damit hätte man sich ja schon längst befassen können. Aber in Polen war das ein zweitrangiges Problem, das im Kulturbereich keinen Ausdruck fand. Viele meinten, die Gefährdung der Umwelt sei nichts, verglichen mit den Gefahren des Kommunismus.

Grass: Das mag sein. Es geht aber mehr darum, daß Länder entstehen, daß aus den Regionen ein Gegengewicht kommt, daß nicht der Präsident das Gegengewicht zum Parlament bildet, sondern daß dieses als Bundesparlament da ist, als ganz wichtige Instanz und als eine zweite Kammer, die aus den Ländern entsteht. Dann kann sich der Regionalismus auch entwickeln, dann hat er einen gewissen politischen Schutz. Nach der deutschen Wiedervereinigung sehe ich vor allem die Gefahr, daß mit dem groß gewordenen Deutschland dessen föderale Struktur geschwächt wird. Das beste, was wir im Nachkriegsdeutschland geschaffen haben, ist das Grundgesetz, die Verfassung. Sie muß jetzt vorsichtig geändert werden, neue Verfassungsziele müssen hinein. Ein sehr wichtiges Verfassungsziel im Grundgesetz ist z. B. die soziale Verpflichtung des Eigentums. Nur deswegen war es möglich, eine soziale Marktwirtschaft, eine Marktwirtschaft zwar, aber dennoch eine mit sozialer Verpflichtung, aufzubauen.

Huelle: Das ist ein haariges Problem. Eine Prise Liberalismus wird Polen sicherlich nicht schaden, besonders was die Beziehungen zwischen Staat und Bürger betrifft. Insofern finden Premierminister Bielecki und seine Danziger Kollegen vom »Liberaldemokratischen Kongreß« meine Sympathie. Andrerseits befürchte ich aber, daß sich so mancher Liberale, statt ein pragmatischer Realist zu sein, in seiner Doktrin verfängt und zu ihrem Gefangenen wird. Der Staat kann sicherlich nicht der allseitige Fürsorger sein, und die Menchen müssen endlich lernen, gewisse Risiken auf sich zu nehmen. Aber man kann nicht zu Millionen von Bürgern, die abhängig Beschäftigte sind und auch in Zukunft sein werden, sagen: So, jetzt ist Schluß, seht zu, wie ihr zurechtkommt.

Grass: Ich möchte gerne wieder zur Literatur zurückkommen und zu den merkwürdigen Kontinuitäten, die sich da manchmal entwickeln, z. B. in unserem Fall. Meine Geschichte, die ich über Danzig erzählt habe, mußte 1945 aufhören. Dann lese ich Ihren »Weiser Dawidek« und sehe, wie Sie eine ganz andere, aber dennoch ähnliche Jugendkonstellation zehn Jahre später, in den 50er Jahren, an vergleichbaren Schauplätzen, Ihre eigene Geschichte, weiter erzählen.

Huelle: Das ist ein herrliches Gefühl, wenn sich die Bücher jenseits der Ideologien und der Politik miteinander unterhalten können, wenn Schriftsteller, die aus verschiedenen Kulturen, aber aus derselben Stadt stammen, sich begegnen. Gerade darin sehe ich einen Sieg der Literatur. Wenn das wirklich gelungen sein sollte, wäre ich glücklich. Und was die Verwandtschaft angeht: Ich habe nie bestritten, daß Sie als Schriftsteller für mich wichtig waren und weiterhin wichtig sind. Nicht nur, weil ich – wie Sie – meine Kindheit in Wrzeszcz/Langfuhr verbracht habe. Ich betone aber immer, daß es sich um eine Wahlverwandtschaft handelt. Wie die Menschen, müssen auch die Bücher miteinander reden und einen Dialog führen.

Grass: Es freut mich, daß Sie sich zu dieser Verwandtschaft bekennen. Ich selbst habe von Dos Passos und Döblin gelernt, ich bekenne mich zu meinen Meistern. Es freut mich, wenn jemand, wenn ein begabter Schriftsteller von mir lernen möchte und lernen kann. Zum Beispiel Salman Rushdie. Seine »Mitternachtskinder«, das ist gewissermaßen die »Blechtrommel« in Bombay. Es gibt eine Art zu schreiben, deren Ausgangspunkt ein Verlust ist. Ich habe über Danzig schreiben können, weil ich es als Heimat für immer verloren habe. Auch Rushdie hat sein Bombay verloren, und er hat großartige Literatur daraus gemacht. Oder Joyce, der ja nie wieder nach Dublin zurückgekehrt ist, er haßte es. Schreiben aus dem Bewußtsein eines Verlusts heraus, mit einer Verlustmentalität, das ist für mich sehr wichtig.

Huelle: Bewußtsein eines Verlusts ... Wenn Sie das sagen, dann sehe ich vor mir Ihr Danzig, das Lemberg meiner Großeltern, das Wilna von Zbigniew Żakiewicz, aber auch das Wrzeszcz meiner Kindheit, das es nicht mehr gibt. Aber sind wirklich die Paroxismen der Geschichte an allem schuld? Das ist natürlich das Thema eines anderen Gesprächs. Es sollte vielleicht mit dem »flammenden, blitzenden Schwert« aus der Genesis beginnen. Ich danke Ihnen für diese Begegnung in Danzig.

Danzig, Juni 1991

Zu den Autoren

Bachmann Klaus, geb. 1961, Korrespondent der »taz« in Warschau. Geschichte.

Baran Bogdan, Dr., geb. 1952, Schriftsteller, Krakau.

Barudio Günter, Dr., geb. 1942, freier Publizist. Jura, Osteuropäische Geschichte, Skandinavistik.

Bender Peter, Dr., geb. 1923, Publizist. Geschichte.

Benz Wolfgang, Prof. Dr., geb. 1941, Leiter des Zentrums für Antisemitismusforschung an der TU Berlin.

Bieniasz Stanisław, geb. 1950, Journalist und Schriftsteller.

Bingen Dieter, Dr., geb. 1952, Referent im Bundesinstitut für ostwissenschaftliche und internationale Studien in Köln, Lehrbeauftragter für Politische Wissenschaft an der Universität Bonn.

Błoński Jan, Prof. Dr., geb. 1931, Direktor des Instituts für Polnische Literatur an der Universität Krakau.

Bohrer Karl-Heinz, Prof. Dr., geb. 1932, Professor für Neue Deutsche Literaturgeschichte und Ästhetik an der Universität Bielefeld. Herausgeber der Zeitschrift »Merkur«.

Dedecius Karl, Dr. h.c., geb. 1921, Leiter des Deutschen Polen-Instituts. Übersetzer.

Diner Dan, Prof. Dr., geb. 1946, Professor für Zeitgeschichte an der Universität Essen und der Universität Tel Aviv.

Dmitrów Edmund, Dr., geb. 1949, wissenschaftlicher Mitarbeiter der Forschungsgruppe Deutschland am Institut für Politische Studien der Polnischen Akademie der Wissenschaften in Warschau.

Fetscher Iring, Prof. Dr., geb. 1922, Professor em. für Politikwissenschaft an der Universität Frankfurt/Main.

Fischer Heinz-Joachim, Dr., geb. 1944, Korrespondent der FAZ in Rom und Vatikan.

Garewicz Jan, Dr. hab., geb. 1921, Dozent am Institut für Philosophie und Soziologie der Polnischen Akademie der Wissenschaften in Warschau.

Grass Günter, geb. 1927, Schriftsteller und Graphiker.

Grathoff Richard, Prof. Dr., geb. 1934, Lehrstuhl »Allgemeine Soziologie« mit Schwerpunkt Sozialphänomenologie an der Universität Bielefeld.

Haesler Ludwig, Dr. med., geb. 1942, Psychoanalytiker in Hofheim, Lehrauftrag für Psychoanalyse an der Universität Jena.

Hahn Hans-Henning, Dr. hab., geb. 1947, Privatdozent an der Universität Köln. Neuere und Osteuropäische Geschichte.

Hajnicz Artur, Dr., geb. 1920, Berater im polnischen Parlament. Redakteur von »Życie Warszawy« und »Tygodnik Solidarność«.

Haumann Heiko Prof. Dr., geb. 1945, Professor für Osteuropäische und Neuere Allgemeine Geschichte an der Universität Basel.

Hirsch Helga, Dr., geb. 1948, freie Journalistin. Warschau-Korrespondentin für »Die Zeit«.

Holzer Jerzy, Prof. Dr., geb. 1930, Professor für Zeitgeschichte an der Universität Warschau. Leiter der Forschungsgruppe Deutschland am Institut für Politische Studien der Polnischen Akademie der Wissenschaften.

Huelle Paweł, geb. 1957, Schriftsteller.

Jacobsen Hans-Adolf, Prof. Dr. Dr. h. c., geb. 1925, Professor em. für Politische Wissenschaft an der Universität Bonn.

Janion Maria, Prof. Dr., geb. 1926, Literaturwissenschaftlerin an der Universität Warschau.

Jaworski Rudolf, Prof. Dr., geb. 1944. Professor für osteuropäische Geschichte an der Universität Kiel.

Karpiński Wojciech, Dr., geb. 1943, Schriftsteller.

Kleßmann Christopf, Prof. Dr., geb. 1938, Professor für Zeitgeschichte an der Universität Bielefeld.

Kobylińska Ewa, Dr., geb. 1954, wissenschaftliche Mitarbeiterin am Deutschen Polen-Institut Darmstadt. Philosophie und Romanistik.

Koenen Gerd, geb. 1944, Historiker und Publizist.

Koestler Nora, Dr., geb. 1929, wissenschaftliche Mitarbeiterin am Institut für Osteuropäische Geschichte in Tübingen.

Kołakowski Leszek, Prof. Dr., geb. 1927, Professor der Philosophie am »All Souls« College Oxford.

Król Marcin, Dr. hab., geb. 1944, Chefredakteur von »Res Publica«. Geschichte.

Krzemiński Adam, geb. 1945, Redakteur von »Polityka«. Germanistik.

Kuderowicz Zbigniew, Prof. Dr. hab., geb. 1931, Professor für Philosophie an der Universität Warschau, Filiale Białystok.

Lamentowicz Wojciech, geb. 1946, Prof. Dr., Professor für Rechtsphilosophie an der Universität Warschau. Direktor für wissenschaftliche Forschung am Institut für Politische Studien der Polnischen Akademie der Wissenschaften.

Lawaty Andreas, Dr., geb. 1953, wissenschaftlicher Mitarbeiter am Deutschen Polen-Institut Darmstadt. Geschichte.

Lem Stanisław, geb. 1921, Schriftsteller.

Lemberg Hans, Prof. Dr., geb. 1933, Professor für osteuropäische Geschichte an der Universität Marburg. Präsident des J.-G.-Herder-Forschungsrates.

Luks Leonid, Dr. hab., geb. 1947, Privatdozent für osteuropäische Geschichte an der Universität Köln, stellvertretender Leiter der Osteuroparedaktion der Deutschen Welle.

Łysakowski Piotr, Dr., geb. 1953, wissenschaftlicher Mitarbeiter am Westinstitut, Filiale Warschau. Geschichte.

Mack Manfred, geb. 1955, wissenschaftlicher Mitarbeiter am Deutschen Polen-Institut Darmstadt. Geschichte, Slavistik.

Małłek Janusz, Prof. Dr., Professor für Geschichte an der Universität Thorn.

Markiewicz Władysław, geb. 1920, Prof. em. für Soziologie an der Universität Warschau. Mitglied und ehemaliger Vizepräsident der Polnischen Akademie der Wissenschaften. Ehemaliger Vorsitzender der Deutsch-Polnischen Schulbuchkonferenz.

Mehlhorn Ludwig, geb. 1950, Teilnehmer der demokratischen Opposition der DDR, Aufbau einer unabhängigen Kultur- und Begegnungsarbeit mit Polen. Mathematik.

Müller Michael G., Dr., geb. 1950, wissenschaftlicher Mitarbeiter an der Historischen Kommission zu Berlin. Osteuropäische Geschichte.

Namowicz Tadeusz, Prof. Dr., geb. 1938, Professor für deutsche

Literaturgeschichte/Komparatistik an der Universität Warschau.

Nowakowski Tadeusz, geb. 1917, Schriftsteller, freier Publizist.

Olschowsky Heinrich, Prof. Dr., geb. 1939, Professor für Polonistik an der Humboldt-Universität Berlin. Literaturwissenschaftler, Übersetzer und Publizist.

Orłowski Hubert, Prof. Dr., geb. 1937, Leiter des Lehrstuhls für deutsche Literaturgeschichte der Universität Posen.

Prawda Marek, Dr., geb. 1956, Mitarbeiter des Instituts für Politische Studien der Polnischen Akademie der Wissenschaften in Warschau. Soziologie.

Rautenberg Hans-Werner, Dr., geb. 1938, wissenschaftlicher Mitarbeiter am Johann-Gottfried-Herder-Institut in Marburg, Lehrbeauftragter am Institut für osteuropäische Geschichte an der Universität Mainz.

Reiter Janusz, geb. 1952, Botschafter der Republik Polen. Germanistik.

Ryszka Franciszek, Prof. Dr., geb. 1924, Professor am Institut für Politische Wissenschaften der Universität Warschau.

Salmonowicz Stanisław, Prof. Dr., Professor an der Polnischen Akademie der Wissenschaften, Thorn. Geschichte und Rechtswissenschaften.

Sauerland Karol, Prof. Dr., Lehrstuhl für Germanistik an der Universität Thorn.

Schmid Thomas, geb. 1945, Redakteur und Herausgeber verschiedener Zeitschriften, freier Autor. Germanistik.

Scholze Dietrich, Dr. hab., geb. 1950, Polonist. Direktor des Sorbischen Instituts in Bautzen.

Schramm Gottfried, Prof. Dr., geb. 1929, Lehrstuhl für Neuere und Osteuropäische Geschichte an der Universität Freiburg.

Siciński Andrzej, Prof. Dr., geb. 1924, Lehrstuhl am Fachbereich Philosophie und Soziologie der Polnischen Akademie der Wissenschaften.

Śpiewak Paweł, Dr., geb. 1952, Redakteur der Zeitschrift »Res Publica«. Soziologie.

Staszewski Jacek, Prof. Dr., geb. 1933, Professor am Institut für Geschichte und Archivistik der Universität Thorn.

Stephan Rüdiger, Dr., geb. 1938, Leiter des Referats Völkerverständigung bei der Robert Bosch Stiftung. Romanistik.

Strobel Georg W., Prof. Dr., geb. 1926, Professor em. für Politikwissenschaft an der TH Darmstadt, Honorarprofessor am Institut für Osteuropäische Geschichte der Universität Mainz.

Szacki Jerzy, Prof. Dr., geb. 1930, Professor für Geschichte der Sozialwissenschaften an der Universität Warschau.

Szarota Tomasz, Prof. Dr., geb. 1940, Professor am Historischen Institut der Polnischen Akademie der Wissenschaften.

Tatur Melanie, Dr. hab., geb. 1944, tätig am Institut für Politische Studien an der Polnischen Akademie der Wissenschaften in Warschau und an der Forschungsstelle Osteuropa der Universität Bremen.

Tazbir Janusz, Prof. Dr., geb. 1927, Professor am Historischen Institut der Polnischen Akademie der Wissenschaften.

Thaa Winfried, Dr., geb. 1952, wissenschaftlicher Mitarbeiter am Institut für Politikwissenschaft der Universität Tübingen.

Tomaszewski Jerzy, Prof. Dr., Professor am Historischen Institut der Universität Warschau.

de Vincenz Andrzej, Prof. Dr., geb. 1922, Professor em. für slavische Philologie an der Universität Göttingen.

Waterkott Brigitte, geb. 1943, Bildungsreferentin beim Bistum Limburg, Diplom-Theologin.

Weber Elisabeth Dr., geb. 1941, Referat Ost-West-Politik beim Bündnis 90 / Die Grünen. Theatergeschichte.

Winkler Heinrich August, Prof. Dr., geb. 1938, Professor für Neuere Geschichte an der Humboldt-Universität Berlin.

Ziemer Klaus, Prof. Dr., geb. 1946, Professor für Politikwissenschaft an der Universität Trier.

Żyliński Leszek, Dr., Germanist an der Universität Thorn.

Personenregister

Sachregister

Serie Piper Panoramen

Lisaweta von Zitzewitz
5mal Polen

356 Seiten mit 17 Abbildungen
und 4 Karten. Serie Piper 5117

Geprägt wurden die Polen von ihrem wechselvollen historischen Schicksal. Davon erzählt dieses Buch ebenso wie von ihrer Liebe zur Tradition und zu nationalen Mythen. Es beschreibt bekannte und unbekannte Polen, ihren Widerstandsgeist, ihren Humor, ihre Kultur, ihre Lebensart sowie ihre Alltagssorgen.

»Ihr Einfühlungsvermögen und politisches Gespür überzeugen ebenso wie die Treffsicherheit der Formulierungen. Es ist ein sehr persönliches Buch: einerseits durch den Ton, der mal streng journalistisch, mal weiblich sanft ist, andererseits durch die vielen Einschübe – Anekdoten, Sprichwörter, Zitate aus polnischer Presse –, die der Autorin wahres Insidertum bescheinigen.« Süddeutsche Zeitung

Träume sind frei
Polnisches Lesebuch

Herausgegeben von
Olga Mannheimer.
371 Seiten. Serie Piper 1430

An der Schwelle zu einer neuen, mit dem Umbruch 1989 eingeleiteten Epoche, zeichnet dieses Lesebuch die Entwicklung polnischer Erzählprosa seit dem Positivismus Ende des 19. Jahrhunderts nach. Die »offizielle«, die Untergrund- und die Exilliteratur sind gleichermaßen vertreten. Neben charakteristischen Alltagserfahrungen widerspiegeln die Texte die Geisteshaltung eines Volkes, das in rund zweihundert Jahren Unfreiheit gelernt hat, Zwangslagen mit Ironie zu trotzen. Dem Streben nach Authentizität stehen die von Traum und Phantasie inspirierten Geschichten gegenüber, gelassen, aggressiv oder heiter geschildert.